연세경영연구소 총서 시리즈 2018-02

시사적인
회계 이슈들

손성규

박영사

머리말

　「전략적 회계 의사 결정」이라는 저술을 간행한 이후, 1년 만에 다른 저술을 간행할 수 있어서 매우 기쁘다. 2016년 8월부터 시작된 금융위의 회계제도 개혁TF에 배석하면서 기업, 회계감사, 감독 차원에서의 여러 가지 회계제도의 개선에 대한 의견을 나눴다. 이 용역 결과에 의해서 금융위원회는 2017년 1월 정책방향을 설정하여 정부 입법 외감법 전면 개정안을 발표하였으며 2017년 9월에는 외감법이 개정되었다. 본 저술이 간행되는 2018년 초에 외감법 시행령 개정 작업이 진행 중이다.

　회계제도 개혁과 관련된 국회의원들의 외감법 부분 개정안 의원 입법도 16여 개가 동시에 진행되면서 진행이 더디어 개선에 대한 방향성을 설정하기 어려웠고 외감법 개정도 어려움을 겪었다.

　대우조선해양의 5조원 대 분식회계 이후에 분식회계에 대한 여론 및 사회의 관심이 뜨겁다. 아마도 1997년 IMF 경제 위기 당시의 대우의 분식 사건 이후에 가장 큰 분식으로 기록될 것 같다. 또 우리나라의 회계 순위가 64(?) 개국 중에 꼴찌라고 하는 어처구니없는 순위에 대해서도 대응하여야 하는 것인지 해답이 없다.

　회계를 전공하는 입장에서는 무척이나 당혹스러운 회계사기 사건이지만 자본주의가 가장 발전하였다는 미국에서의 2002년 엔론 사태나 일본의 최근의 도시바 사태를 보면 사람 사는 데서는 어디서나 발생할 수 있는 일이다. 2002년 엔론 사태 이후에 Sarbanes－Oxly 법안이 통과되면서 미국에서도 회계 관련된 많은 제도가 개선되는 계기가 되었다. 그 유명한 엔론 사태의 주범인 제프 스프링이 24년 구형을 받고 2017년 현재, 아직도 복역하고 있다니 미국의 자본주의를 지키는데도 범법자에 대한 냉혹한 처벌이 필수적이다.

미국에서 엔론 사태 이후에 SOX 법안이 제정된 것이 9개월 만이라고 한다. 우리나라에서 대우조선해양의 사태가 언론에 보도되기 시작한 이후에 금융위원회는 외감법 전부 개정안을 제안하였으나 국회에서의 입법화 과정은 오랜 시간이 소요되었다.

이러한 사태는 회계 전체적으로는 위기이지만 동시에 기회 요인으로 작동되었다. 미국의 회계감독 법안의 기초가 되었던 Sox법안도 결국은 엔론 사태에 이은 의회/감독기관의 대응이었으며 기존의 감독기관으로는 효과적인 제재가 가능하지 않다는 판단하에 PCAOB라는 새로운 감독기관이 태동되는 계기가 되었다.

외감법이 개정된 이후에도 이 법안에 포함된 내용들이 너무 개혁적이라고 하는 비판도 끊이지 않으며 과도한 법안은 시행령에 예외를 두어야 한다는 의견이 있는 반면, 시행령을 통해서 많은 기업이 규제에서 빠져 나간다면 개혁에 대한 의지가 많이 희석되는 결과라고 해서 시행령에 의한 예외를 최소화하여야 한다는 반론도 제기되어 외감법 개정안이 정착하는 데도 시간이 조금 더 필요한 듯하다.

사회현상은 그 일면만 봐서는 안 되며 그 주위 환경적인 요인도 동시에 고려하여야 한다. 감사인 등록 제도 등, 2011년 공청회 이후에 반발이 강하여 수면 아래로 잠겼던 제도들이 이번 분식 건으로 인해서 다시 채택되는 것을 보면 회계/감사와 관련된 제도는 순환(circular)된다고 생각된다. 분식 건이 터지면 강한 제도에 대한 요구가 있고, 이러한 충격이 잠잠해 지면 강한 제도의 단점이 부각되어서 이 제도를 추진하기 어렵게 된다.

이러한 분식 건들이 노출되는데 감독기관은 손 놓고 무엇을 하고 있는지에 대해서 공격의 화살이 감독기관에 쏠릴 수도 있다.

예를 들어, 중국기업들이 상장할 수 있도록 문호를 너무 넓게 열게 되면 우량기업들이 상장하는 계기가 되는 동시에 분식회계, 불성실공시 기업들이 상장하는 계기가 되기도 한다. 시장의 자율적인 기능이 작동하지 않을 때, 감독/규제 기관이 감독의 고삐를 더 죄는 것은 당연하다.

지금 현재는 수익성이 좋지 않지만 미래 성장 가능성이 높은 기업들에게 상장의 기회를 주어야 한다는 정책 방향은 옳은 방향일 수 있지만 그럼에도 현재 이익을 내지도 못하는 기업을 어떻게 믿고 상장의 기회를 부여하였는지에 대하여 책임을 물을 수도 있다.

미국에서 PCAOB가 설립될 때 우리나라에도 독립된 회계감독기관의 필요성이 대두되었지만 별도의 감독기관의 이슈가 아니라는 것으로 정리되었다. 그러나 대우조선해양 사태가 불거지자 다시 한 번 이러한 이슈가 제기되기도 한다. 감사인 등록제가 시행된다면 회계법인의 품질관리 수준이 공개되어야 할 수 있고 그러기 위해서는 회계법인에 대한 평가가 조금 더 세밀하게 진행되어야 할 수 있다.

법안과 관련된 논의가 진행될 때는 확정되지는 않았지만 개정안에 포함된 내용도 본 저술에서는 그 내용을 포함한다. 법안이 제출된 것이 법안이 확정되는 것을 의미하지는 않지만 적어도 국회의원들의 법 개정에 관한 정신이나 정부 입법의 경우는 해당 부서의 정책 방향을 엿볼 수 있다.

19대 국회에도 개정안이 상정은 되었으나 회기 만료로 자동 폐기된 입법안이 다수라서 제출된 법안 중, 42.8%만이 통과되는 통계치를 보인다. 신문기사 등도 법안이 제출되면 거의 통과되는 것이 기정 사실인 듯 기사화를 하게 되어서 어느 법안이 국회 안에서 어느 단계에 가 있는지를 가늠하기는 어렵다.

본 저술은 「회계감사이론, 제도 및 적용」(2006), 「수시공시이론, 제도 및 정책」(2009), 「금융감독, 제도 및 정책 – 회계 규제를 중심으로」(2012), 「회계환경, 제도 및 전략」(2014), 「금융시장에서의 회계의 역할과 적용」(2016), 「전략적 회계 의사결정」(2017), 「지배구조의 모든 것」(2018)에 이은 저술이다.

시사적인 회계이슈, 제도 및 정책에 관심을 가져온 이후 이러한 성격의 저술을 지속적으로 간행하는 저자의 시도가 우리나라의 회계 수준과 감사 품질을 제고하는 데 조금이라도 보탬이 되었으면 하는 바람이 있다.

시사적인 내용을 다루다 보니 저술 작업 중에도 내용이 변경되는 경우가 있었다. 예를 들어, 외감법 개정에 회계학회가 중심이 된 TF에서는 혼합선임제를 제안하였으나 정부 입법 전면 개정안에서는 선택지정제가 제안되었고 국회의 논의 과정에서 다시 혼합선임제로(최근에는 주기적 지정제로 명칭 통일) 외감법이 정리되었다. 그러나 제도권에서 검토한 내용도 언젠가 다시 채택될 수 있으므로 선택지정제의 내용도 본 저술에서는 포함하였다. 우리가 폐지한 감사인 강제 교체제도를 EU에서 채택한 것을 보아도 제도는 순환될 수 있다.

저술 중간에 외감법이 2017년 말 개정되면서 구 외감법에 근거한 신문기사의 법 규정 번호는 현재의 외감법과 일치하지 않을 수 있다. 저자가 저술한 내용은 가능한 한 개정된 외감법의 법규정 번호로 대체하였다.

외감법 시행령의 경우는 2018년 4월 8일 발표되고 2018년 11월 1일 적용되는 입법예고된 내용에 기초한다.

본 저술 과정에서 도움을 주신 금융감독원의 회계심사국 정규성부 국장, 윤동인 회계제도 실장, 이동선 선임, 이재훈 수석, 감사원의 남궁기정 국장, 삼일회계법인의 박정선 상무, 박수민 이사, 삼정회계법인의 김유경 상무, 한국공인회계사회 박영필 팀장, KB생명보험의 홍한택 부장, 한국상장회사협의회의 정우용 전무님, 회계기준원의 김대현 수석연구원, 블룸버그 장지영 기자께 감사한다.

본 저술이 진행되는 동안 연구실에서 박사과정으로, 조교로 같이 연구를 수행한 배창현 박사, 김혜림·지은상 조교에게 감사한다.

사랑하는 아내 두연이 항상 곁을 지켜 주어 이 모든 것이 가능하게 된 것이니 아내에게 무한한 감사의 뜻을 전하며 우리의 두 아들 승현, 승모가 자신의 위치에서 건강하게 사회의 구성원으로 건실한 생활을 해 나가고 있으니 감사하다. 부모님과 장모님께서 건강하게 생활하고 계시니 이 또한 감사하며, 항상 건강하시기를 위해 기도한다.

본 저술의 chapter는 별다른 의미를 갖지 않고 순차적인 의미가 있지 않다. 단, 관련된 내용의 chapter가 다수 있어서 관련된 내용을 각주에서 소개한다.

2018. 5

저자

이 책은 연세대학교 경영연구소의 '전문학술저서 및 한국기업경영 총서' 프로그램의 지원을 받아 출간되었습니다.

차 례

chapter 1

영어 공시

공시를 국제화하여야 한다고 최근에 와서 강하게 주장되고 있다.

매일경제신문. 2016.3.14. 삼성전자 현대차 한전 외국인 지분 많은 169사. 영어로 공시

삼성전자 현대차 등 외국인 지분율이 높은 유가증권시장(코스피) 상장기업들은 앞으로 국문과 동시에 영문으로도 공시를 해야 할 전망이다.

한국거래소는 13일 유가증권시장에 상장된 169개 기업을 우선 선정해 이달 중순부터 영문 공시를 하도록 사실상 제도화할 방침이라고 밝혔다.

대상 기업에는 한국전력 네이버 아모레퍼시픽 LG화학 등 외국인 지분율과 외국인 거래대금 비중이 높은 기업들이 포함됐다. 유가증권시장 상장기업 770개사 가운데 약 10%에 해당한다. 이는 국내 외국인 투자 비중이 늘어나는 상황에서 영문 정보는 턱없이 부족하다는 글로벌 투자자들의 지적에 따른 것이다.

거래소는 다만 영문 공시를 의무화하지는 않고 매년 3월 영문 우수 공시 기업을 선정한 후 이들이 불성실 공시 법인이 되더라도 제재 심의를 감해 주는 등 파격 인센티브를 주기로 했다. 기업 부담을 덜어주기 위해 일정 형식으로 규격화된 영문서식도 만들어져 있다.

모든 공시를 영문으로 할 필요는 없고 공시의무가 있는 전체 374개 공시 사항 중에서 투자 의사 결정에 중요한 자율공시 174개가 영문 공시 대상이다.

거래소는 우선 영문 공시 대상으로 선정된 169개사에 대해 이달 말 설명회를 개최한다.

거래소는 영문 공시 활성화를 통해 국내에 등록된 4만명의 외국인 투자자들에게 정확한 정보를 주고 외국 기업 상장이나 투자 유치, MSCI 선진지수 편입 등에도 큰 도움이 될 것으로 기대하고 있다. 홍콩 싱가폴 등 영어를 공용어로 사용하는 아시아 국가는 물

론이고 일본도 영문 공시를 하고 있다. 하지만 국내에서는 영문 공시 활용이 매우 저조해 작년 전체 공시 중 영문 공시는 1%도 안 된다.

아울러 금융위원회도 상반기에 도입을 추진하고 있는 기업지배구조 관련 핵심 사항공시(기업지배구조모범규준)에서도 국문과 더불어 영문으로도 공시할 것을 추진하고 있다. 만약 영문 공시를 안 할 경우 미 이행 사유를 밝히도록 할 예정이다.

매일경제신문. 2016.3.14. 거래소, 영문공시 잘하는 기업에 인센티브 왜?

지난해 9월 23일 현대자동차 노조가 파업에 돌입했다. 현대차 노사가 임금 단체협상 교섭에 실패했기 때문이다. 조업중단으로 적잖은 손실이 예상됨에 따라 일부 국내 투자자들은 즉시 현대차 주식을 내다 팔았다.

하지만 조업 중단 소식이 한글로만 공시됐기 때문에 외국인 투자자들은 뉴스를 보고서야 이 소식을 접했다.

일부 외국인 투자자들은 "선진 증시 진입을 코앞에 두고 있다는 한국 증시에서 여전히 기본적인 공시조차 영문으로 확인할 수 없다"며 볼멘소리를 냈다.

한국 증시에 대한 외국인 투자자 관심이 날로 커지고 있지만 외국인 투자자들에게 국내 투자 여건은 열악하다.

단적인 예가 전체 공시 중 영문 공시 비중이다. 지난해 쏟아진 공시 약 1만 5,000건 중 영문공시는 1% 남짓한 168건에 불과했다. 그나마도 공시가 아니라 영문 기업설명회(IR) 자료를 첨부한 게 대부분이었다. 홍보자료만 영문으로 작성했을 뿐 정작 현대차 파업같이 투자 결정에 큰 영향을 미치는 것은 영문으로 공시하지 않았다.

이 같은 문제점을 개선하기 위한 한국거래소는 외국인 지분율이 높고 외국인 거래대금 비중이 큰 기업을 대상으로 영문 공시를 제출하도록 사실상 제도화한다. 우선적으로 유가증권시장에 상장된 회사 770곳 중 169곳을 대상으로 골랐다.

거래소가 영문 공시를 추진하는 이유는 국내 외국인 투자 비중이 크게 늘어나는 상황에서 영문 투자 정보가 턱없이 부족하기 때문이다.

국내 증시에 투자할 수 있는 외국인 투자 등록자는 지난해 말 4만 1,602명을 기록했다. 2008년 2만 5,740명이던 것이 몇 년 새 두 배가량 늘어날 정도로 가파른 상승세를 타고 있다. 코스피 시장에서 외국인 투자자 보유금액 비중도 줄곧 30%대를 유지하고 있을 정도로 외국인 투자자 비중이 높다.

하지만 우리나라 증시는 홍콩 싱가포르 증시와 달리 공시가 한글로 이루어지기 때문에 국내 투자자와 외국인 투자자 간에 정보 비대칭성이 일어날 수밖에 없는 구조다. 한국 증시를 선진국 증시에 편입하는 것을 검토 중인 MSCI에서도 영문 정보 부족 등 정보 흐름에 대한 개선을 꾸준히 요구해오던 터다. 영문 공시는 외국기업 국내 증시 상장에도 도움이 될 수 있다. 사실 영문 공시는 기업들이 외국인 투자자들에게 충분한 자금을 투자받기 위해서라도 필요한 일이다. 가령 같은 전자업종이라도 A기업이 영문 공시를 하고, B기업이 영문공시를 하지 않는다면 당연히 외국인 투자자들은 A기업에 대한 투자를 선호하게 마련이다.

모든 공시를 영문으로 하면 기업들은 전담 직원을 둬야 하는 등 비용 부담이 커진다. 거래소는 투자자들에게 꼭 필요한 것만 공시할 수 있도록 영문화한 견본을 거래소 홈페이지에 제공한다. 기업들이 견본에 있는 숫자만 바꿔 넣으면 충분히 공시할 수 있도록 최대한 편의를 제공하겠다는 것이다.

이에 대해 거래소는 영문 공시를 잘하는 상장사에 불성실공시법인 벌점 감경 등 인센티브를 부여하기로 했다.

영문 공시를 잘하면 국문 공시에서 다소 실수하더라도 봐줄 수 있다는 게 핵심이다. 기업이 억울하게 불성실공시법인 지정 위기에 몰릴 수 있는데, 영문 공시만 잘해도 영문 공시 우수 법인으로 선정돼 이를 피할 수 있도록 특권을 주기로 한 것이다. 국문 공시 우수법인으로 지정되는 것은 경쟁률이 워낙 높기 때문에 쉽지 않겠지만 현재 영문 공시를 하는 기업이 별로 없어 영문 공시 우수법인으로 지정되는 것은 상대적으로 수월하다.

예를 들어 지난해 LG화학은 하마터면 불성실공시법인으로 지정될 뻔했다. 2011년 6월 4,910억원 규모 폴리실리콘 공장을 건설하겠다고 공시했는데 태양광 업황이 급속도로 나빠짐에 따라 이를 번복했기 때문이다. 기업으로서는 억울하겠지만 공시번복이기 때문에 불성실공시 기업이 될 수밖에 없다. 불성실공시법인이 되면 투자자에게 신뢰를 잃을 뿐만 아니라 거래 티커 앞에 '불'자도 붙는다. 하지만 LG화학은 전년에 거래소에서 우수공시법인으로 지정된 바 있어 벌점 2점을 유예받았고 결국 불성실공시법인 지정을 면할 수 있었다.

LG화학 사례는 국문 우수공시거래 기업에 해당하지만 앞으로는 영문 공시를 잘하는 기업에도 이러한 혜택을 부여할 것이라고 거래소 측은 설명했다.

외국인 투자자 비율이 높아지는 현실에서 영문 공시는 조만간 선택이 아니라 필수조건으로 되어야 한다.

위의 신문 기사에서도 기술되었듯이 영문으로 공시되는 기업과 그렇지 않은 기업 간에는 당연히 정보비대칭이 존재한다.

주요경영사항공시에서는 천재지변 등의 경우가 아닐 경우는 공시번복을 허용하지 않는다. 공시번복이 허용되는 경우는 조회공시일 경우뿐이며 이 경우도 시황과 관련된 조회공시는 15일이 지나야 번복이 가능하며 그 이전에 조회공시 내용을 번복할 경우는 불성실공시로 조치를 받는다.

물론, 기업의 입장에서는 통제할 수 없는 사후적인 상황의 변화 때문에 주요 경영사항으로 공시하였던 내용을 지킬 수 없는 불가피한 경우가 발생한다. 그러나 거래소의 차원에서 이러한 경우에 예외를 인정하다 보면 공시의 건전성과 안전성을 유지하기 어렵기 때문에 주요경영사항 공시에 대해서는 공시번복을 인정하지 않는다.

chapter 50에서도 정부 당국도 주요경영사항 공시를 충실하게 준수하면서 공시번복을 회피하는 것이 용이하지만은 않다는 것을 고려하여 공시번복을 정책 수단으로 사용함에는 신중을 기하고 있다.

우수공시법인으로 지정된 경우에 조치를 경감해 주는 제도는 공인회계사 개인에 대한 징계일 경우도 금융감독원장 등 표창을 받았던 경력이 있으면 조치를 경감해 주는 제도와 유사한 제도이다. 이는 정책의 입안에 있어서 채찍과 당근을 병행하는 것이다.

과거의 잘못된 회계정보를 자진 정정하는 경우도 조치를 두 단계 감경하는 제도도 있는데 이러한 모든 제도가 당근으로 제공되는 것이다. 반면에 감사인 지정제도로 정해진 감사인이 부실감사를 범했을 경우는 조치가 강화되기도 한다.

chapter 2

최저 보수 한도

　　모든 재화와 용역에 대해서는 품질에 상응하는 가격이 형성되게 되어 있다. 즉, 고품질의 용역에 대해서는 당연히 높은 가격을 지불하여도 아깝지 않으며 낮은 품질의 용역에 대해서는 지불하는 가격도 당연히 낮아지게 된다. 이러한 가격 기능은 효율적인(efficient) 시장에서 가능하다. 그러나 이러한 가격 기능을 회계감사라고 하는 용역에 대입하여 볼 때 회계감사에서 만큼은 이러한 효율적인 가격 기능을 기대하기가 어렵다.

　　왜냐하면 회계감사의 품질이라는 것을 구분해 낸다는 것이 어렵기 때문이다. 회계감사 용역의 최종적인 산출물이 감사보고서이며 이에 포함된 감사의견인데 거의 99%(2015년에는 99.6%, 2016년에는 99%) 이상 되는 감사의견이 적정의견이다. 어느 감사인은 신의 성실(due care)을 다하여 적정이라는 감사의견에 도달하였을 것이지만, 반면에 다른 감사인은 신의성실 의무를 하지 않고도 적정감사의견을 표명했을 것이다.

　　사후적인 검증과정이 없다고 하면 노력을 기울이지 않고(effort averse) 적정의견을 표명하는 것이 감사인의 입장에서는 가장 합리적이고 경제적인 의사결정일 수 있다. 단, 이러한 일탈을 예방하기 위해서는 감리라고 하는 점검과정이 필수적이며 이러한 일탈에 대해서는 이에 상응하는 penalty라는 것이 존재하여야 한다. 그래야 균형(equilibrium)이 형성된다.

　　감리 이외에도 분식회계에 대해서는 주식시장에서 기업 valuation에 대한 penalty가 존재하거나 시장이 소송을 통해서 엄청난 부담을 기업, 감사인, 공인회계사, 또는 분식에 관여한 기업의 임원에게 부담시킬 수도 있다. valuation이나 소송, 모두 시장기능이 작동하는 것이다. 물론 소송의 순기능이 있지만

濫訴일 경우는 역기능도 동시에 존재한다.

의견을 떠나서도 회계정보가 회계기준에 부합하지 않는 부분이 포함되어 있을 경우, 감사인이 이를 수정하도록 하여서 수정 내용이 반영된 재무제표가 있을 것이며, 감사인이 이렇게 수정 내용을 요구하였음에도 불구하고 기업이 이를 수용하지 않아서 감사인이 이를 관철시키지 못하였고 또 이러한 이견에도 불구하고 적정 이외의 의견을 표명하지 못하였을 경우도 존재할 것이다.

그러나 감사인과 피감기업간에 어떠한 의견 조정의 과정이 있었는지는 외부에서는 관찰할 수 없고, 우리는 단지 그 결과물에 대해서만 접근이 가능하다.

어쨌거나 기업과 감사인 이외의 회계 정보 이용자에게 감사라고 하는 용역은 black box와 같다. 이러한 용역에 대해서 pricing이 진행되고 가격을 지불하는 것이다. 따라서 어떻게 보면 이 용역은 매우 불완전한 용역이다. quality가 어떤지를 확인하지도 않고 확인할 수도 없는 상황에서 가격을 지불한다.

이와 같이 불완전한 용역에 대해서는 높은 가격을 지불할 의욕이 감퇴된다. 결과가 가시적으로 드러나거나 나타나지 않기 때문이다.

전문가 집단으로서 흔히 변호사와 회계사를 비교한다. 많은 client들이 최고의 법무법인에 높은 수임료를 지불하고도 용역을 맡기는 이유가 승소할 가능성 때문이다. 즉, '성공'의 대가에 대한 pricing이다. 또는 대형 법무법인의 품질이 더 높을 것이라는 (이에 대한 사실 여부는 주관적인 판단의 영역이지만) 판단 때문이다. 높은 품질의 법무법인에 용역을 맡겼다가 패소하는 경우는 결과를 수용하게 되지만 그렇게 않은 법률 대리인에게 소송을 맡겼다가 패소하면 수임료 얼마 절약하려다가 소송에 패하였다는 질책이 뒤따를 수 있다.

그러나 이러한 '성공'의 개념이 회계감사라고 하는 용역에서는 적용되지 않는다. 아마도 '성공' 비슷한 회계감사에서의 개념은 오류 없이 감사가 진행되는 것일 것이다.

단, 피감사기업은 '성공'을 '적정'이라고 잘못 이해하고 있을 수 있다. 그렇기 때문에 법률 서비스에서는 당연히 성공보수라는 것이 존재하지만 회계에서는 성공보수가 금지되어 있다.

회계정보 이용자들은 용역에 대한 대가를 지불하지 않지만 이용자들이 높은 품질의 감사를 희망하는지도 명확하지 않다. 투자의사결정을 수행할 때

회계정보가 이용되지만 회계 정보 이외의 정보에 근거하여 의사결정을 수행하거나 아니면 회계정보를 판독할 수 있는 능력이 부족할 수도 있다. 회계 정보의 제공자, 감사인, 회계 정보의 이용자 모두가 회계 감사 품질에 관심이 없다면, 그렇다면 과연 누가 높은 감사품질을 희망하는지 자체도 명확하지 않을 수 있다.

이용자가 고품질의 회계정보를 요구하지 않는데 굳이 공급자가 이러한 용역을 제공할 필요가 없게 된다.

피감기업도 품질과 가격의 관계에서 낮은 가격에만 관심이 있고, 이 용역을 제공하는 감사인도 가격에만 관심이 있다면 이 시장은 품질 경쟁은 없는 가격 경쟁만이 남는 시장이 될 것이다. 즉, 가격 효율적인 시장이 아니며 완전한 시장 실패로 귀착될 수 있다. 즉, 가격 결정의 딜레마로 귀착되면서, 균형가격(equilibrium price)이 형성되기 어려운 형국에 이르게 된다.

이와 같이 감사 수임료의 시장 기능이 작동을 하지 않고 가격 경쟁은 품질을 낮춘다. 회계법인은 가격을 낮춰야 용역을 수임할 수 있고 피감기업은 감사인들이 경쟁적으로 가격을 낮추므로 이에 편승하여 낮은 수임료를 향유한다.

결국, 감독기관/규제기관이 최소한 품질 수준을 유지하기 위해서 개입하지 않는 한 이 시장은 가격의 자율적인 기능이 작동하기 어려운 시장이 되는 것이다.

> 주식회사 외부감사에 관한 법률 시행령
> 제4조의 2(감사인 지명 시 감사인 선임 등)
> 3. ⑤ 증권선물위원회는 법 제4조의 3에 따라 감사인을 지명하거나 변경 선임 또는 선정을 요구한 경우에는 감사계약의 원활한 체결과 감사품질의 확보 등을 위하여 적정 감사투입시간 및 감사보수기준 등을 정하여 권장할 수 있다.
> 전문개정 2009.12.31

1999년 카르텔일괄처리법에 의해서 감사보수규정이 폐지되었지만 위의 시행령에 의해서 감사인이 지정되는 경우에 한해서는 수임료를 정할 수 있도록 제도는 되어 있다. 단. 이 시행령이 2009년에 개정되었는데, 지난 8년 동안 감사보수기준이 정해지지 않았고 그러한 적극적인 시도도 없었다.

카르텔일괄처리법이 제정된 배경이 가격 경쟁이 제한되면서 품질이 낮아진다는 판단하에 카르텔일괄정리법에 의해서 회계감사를 포함한 9개 전문가 용역에 대해서 보수를 정해주는 것을 금지하고 있다. 그러나 위에서도 기술하였듯이 회계감사시장은 가격 경쟁이 품질을 낮춘다. 그러면 이 문제를 어떻게 타개해야 할까?

아마도 기준이 정해진다면 감독원에서 그 실무 업무를 진행하여야 할 것인데, 어느 기관이 되었건 표준이 될 수 있는 기준을 정하는 것이 쉬운 작업이 아니다. 감사인이 지정되는 경우에 수임료를 정할 수 있으므로 자유수임일 경우도 수임료를 정하는 것이 가능한지에 대해서 검토한다.

특히나 최소 감사수임료를 정하겠다는 내용은 현 한국공인회계사회 회장이 2016년 6월 취임하면서 회장 선거 과정에서 제시한 공약사항 중 하나이다.

「독점규제 및 공정거래에 관한 법률」제58조에 따라 한국공인회계사회가 외감법에 최저한도 보수를 정할 수 있는 근거 마련을 시도 중이다.

> 제12장 적용 예외 제58조(법령에 따른 정당한 행위) 이 법의 규정은 사업자 또는 사업자단체가 다른 법률 또는 그 법률에 의한 명령에 따라 행하는 정당한 행위에 대하여는 이를 적용하지 아니한다.

보수한도와 밀접한 관련성이 있는 표준 감사시간을 한공회가 정하는 것에 대해서는 금융위원회도 반대를 하지 않지만 수임료 만큼은 공정거래위원회는 매우 부담스럽게 생각하고 있는 듯하다. 이는 1999년도의 정책 방향을 거꾸로 바꾸는 것이기 때문이다.

아래의 경우는 카르텔일괄처리법에 의해서 폐지되었지만 예외적으로 부활한 전문가의 보수규정 list이다. 물론, 위에서 기술된 외감법 시행령의 내용도 반복되어 표에 포함되어 있다.

구분	법률 내용
건설기술진흥법 (감리대가기준 포함)	제37조(건설기술용역 대가) ① 발주청은 건설기술용역을 건설기술용역업자에게 수행하게 한 경우에는 **다른 법령이나 국토교통부장관이 정하여 고시하는 건설기술용역비 산정기준**에 따라 산정한 건설기술용역비를 지급하여야 한다. ② 제1항에 따라 국토교통부장관이 건설기술용역비 산정기준을 정할 때에는 미리 기획재정부장관 또는 산업통상자원부장관 등 관계 행정기관의 장과 협의하여야 한다.
감정평가 및 감정평가사에 관한 법률	제23조(수수료) ① 감정평가업자는 의뢰인으로부터 업무수행에 따른 수수료와 그에 필요한 실비를 받을 수 있다. ② 제1항에 따른 **수수료의 요율 및 실비의 범위는 국토교통부장관이 제40조에 따른 감정평가관리 · 징계위원회의 심의를 거쳐 결정**한다. ③ 감정평가업자는 제2항에 따른 수수료의 요율 및 실비에 관한 기준을 준수하여야 한다.
공인중개사법	제32조(중개보수 등) ④ **주택**(부속토지를 포함한다. 이하 이 항에서 같다)의 **중개에 대한 보수**와 제2항에 따른 **실비의 한도 등에 관하여 필요한 사항**은 국토교통부령이 정하는 범위 안에서 특별시 · 광역시 · 도 또는 특별자치도(이하 "시 · 도"라 한다)의 **조례로 정하고**, 주택 외의 중개대상물의 중개에 대한 보수는 **국토교통부령**으로 정한다.
주식회사의 외부감사에 관한 법률 시행령	제4조의2 (감사인 지명 시 감사인 선임 등) ⑤ 증권선물위원회는 법 제4조의3에 따라 감사인을 지명하거나 변경선임 또는 선정을 요구한 경우에는 **감사계약의 원활한 체결과 감사품질의 확보** 등을 위하여 **적정 감사투입시간 및 감사보수기준 등을 정하여 권장할 수 있다.**

최저한도보수와 관련되어 우려되는 부분 중에 하나는 최저한도보수가 최고한도 보수가 될 수 있다는 점이다. 즉, 최저한도보수만 지급하면 되는 것이라고 이해되면 '최저'의 개념 자체가 혼동될 수도 있다. 이러한 것이 거의 모든 규제에 수치화할 수 있는 금액이나 기간을 정의하는 것의 단점이다. 즉, 이 수치만 만족시킬 경우는 아무 문제가 없다고 판단하기 쉽다.

낮은 감사보수가 이슈가 되자 한국공인회계사회 차원에서 이를 개선하기 위한 여러 가지 대안이 제시되었다. 회계감사라는 용역이 공공재적인 성격을 가지고 있고 또한 그럼에도 낮은 감사보수 때문에 감사품질이 지속적으로 낮아진다고 할 때는 감사보수규정이 정당화될 수 있다.

최저 감사보수의 개념은 cap을 두어 최소한의 품질을 유지하도록 하자는 것이다.

회계에서의 중요성(materiality) 기준도 동일하다. 회계기준에서는 중요성이 수치화되어 있지 않다. 이러한 수치화된 기준이 존재한다면 이 한계점만 지키면 되는 것이라는 바람직하지 않는 실무 관행이 나타날 개연성도 존재한다. 따라서 각 회계법인에서는 내부적으로 수치화된 중요성 기준을 갖고 있지만 이는 내부에서 사용하는 잣대이다.

한공회가 제시한 대안은 감사시간을 제시하는 대안과 감사보수를 제시하는 두 대안이 있다.

한공회는 수년 동안 표준감사시간을 산업별 규모별로 공표하고 있는데 이는 평균의 개념이며 그 이상의 내용은 아니다. 즉, 표준의 개념으로 이를 이해하면 된다.

2017년 외감법 개정안에는 '최소시간'을 정해주는 정책방향을 설정하였고 금융위원회가 금액에 개입하는 방안을 선택하지는 않았다. 이 내용은 chapter 50에서 기술된다. 수임료가 시간당 단가×감사시간인데 시간당 단가가 빅4 회계법인일 경우 큰 차이가 나지 않으므로 결국은 수임료의 이슈는 감사시간의 이슈와 크게 다르지 않다.

한국경제신문. 2016.11.4. "최저 감사보수, 공정거래법 위반 안 해"

외부감사 보수의 기준이 부활해야 한다는 주장이 회계업계에서 강력 대두하고 있다. 세계적으로 낮은 수준인 감사보수를 현실화해야 제대로 된 감사가 이뤄질 수 있고 공정거래법 위반 소지도 없다는 회계업계의 주장이다.

최중경 한국공인회계사회 회장은 지난 2일 서울 여의도에서 기자간담회를 열고 "현행 감사인 자유선임제가 제 기능을 다하지 못하고 있다"며 "신뢰할 수 있는 회계정보를 제공하기 위해서는 회계사들의 노력에 상응하는 충분한 보수가 주어져야 한다"고 주장했다. 이어 "감사보수 최저 기준의 도입은 회계 투명성을 위한 필요조건"이라고 강조했다. 공인회계사회는 금융위원회가 이달 내놓을 회계투명성 개선안에 '최저표준투입기준(minimum standard input)'이 포함돼야 한다고 건의했다.

이 같은 최저 기준 도입은 독점규제 및 공정거래에 관한 법률 등 관련 법 위반 소지가 없다는 주장도 이날 간담회에서 나왔다. 간담회에서 주제 발표를 한 윤용희 법무법인 율촌 변호사는 "공정거래법은 시장 실패의 해결 등 공익적 목적을 위해 정부가 규제하는 산업에 대해서는 예외를 허용한다"며 "외부 감사는 많은 정보 이용자들에게 제공되는 공공재 성격이 강하다는 점에서 최저 기준 도입 등이 가능할 것"이라고 말했다. 공정거래법 제58조는 공공성의 관점에서 고도의 공적 규제가 필요한 사업일 것, 자유 경쟁의 예외가 법률에 구체적으로 규정돼 있을 것, 법률 또는 그 법률에 의한 명령의 범위 내에서 행하는 필요 최소한의 행위에 해당할 것 등 세 가지 전제조건이 충족되면 예외를 인정한다.

공인회계사법은 1999년까지는 보수의 상한 등 보수 기준을 정해놓았다. 경제협력개발기구(OECD) 권고로 카르텔 담합소지가 있는 법 규정이 모두 정리되면서 폐지됐다.

공공재라고 하면 회계감사 업무만큼 자본주의에서 공적인 용역이 더 있을까라는 생각을 해본다. 이러한 공공재라고 할 수 있는 회계감사가 산업조직론적 구조상의 문제 때문에 시장 메커니즘이 적절하게 작동하지 않아서 회계감사 품질에 문제가 있다면 공공성이 정당화되면서 가격을 제한하는 문제점을 뛰어 넘어 가격제한이 합리적인 대안으로 정착될 수 있다.

회계감사라는 용역과 같이 광범위하게 공공재로 사용될 수 있는 용역을 찾기는 어렵다. 투자활동은 기업 내부에서 외부로 전달되는 정보에 기초하며 이러한 정보가 왜곡이 없는 정보로 보장되기 위해서는 회계감사가 필수적이다. 공정거래위원회도 정부나 감독기관이 자율적인 시장에 개입한다는 차원에서 수임료의 규제를 이해하지 말고 정형화된 회계감사 및 감사수임료가 경제에 미치는 순기능을 생각해야 한다.

매일경제신문. 2016.7.11. 매경이 만난 사람

공공성을 확보하기 위해서는 제도적인 뒷받침이 필요하다. 1982년 자유수임제가 도입된 후 이를 보완하기 위해 부동산 공인중개사처럼 공정 수수료율표가 있었다. 외환위기 직후인 1999년 2월 공정거래위원회가 경쟁제한이라고 해서 없앤 게 큰 화근이 됐다.

공정수수료는 가구당 연간 3,500원 정도 되는데 예전 1,000원보다 조금 더 올라간 것이다. 제대로 된 감사를 받으면 비용보다 관리비 누수액을 3배나 줄일 수 있다는 통계가 있다. 물론 회계사 협회가 자체적으로 수수료 한도 등을 정한 것은 절차상 문제가 있다고 본다. 국토부가 2015년 주택법을 개정해 300가구 이상 단지에 외부감사를 의무화했을 때 정부에 공정 수수료율표도 함께 만들어 달라고 요청하는 게 옳았다.

아파트단지의 회계감사만큼이나 공공재적인 성격을 갖는 용역도 찾기 어렵다. 전체 국민의 49.6%가 아파트라는 공동 주택에 거주하고 있다.[1] 기업의 외부감사라고 하면 주식투자를 하지 않는 국민들에게는 왜 감사보고서가 공공재인지에 대한 의문이 제기될 수도 있으나 국민 과반이 거주하는 공동 주택인 아파트 감사에 대해서는 공공재라는 데 아무런 이견이 있을 것 같지 않다.

전국 아파트 단지의 평균 감사보수 금액이 190만원이라고 한다. 실로 어처구니없이 낮은 가격이라서 공인회계사들이 어떠한 업무를 수행하고 이러한 수임료를 받았는지에 대하여 의문이 있다.

조선일보. 2017.8.1. 아파트 단지 감사 눈독 들이는 변협

사건 수임 경쟁이 치열해지자 변호사단체가 '아파트 회계감사' 시장에도 눈을 돌리고 있다.

대한변호사협회(변협)는 최근 500가구 이상 아파트 단지에 외부 감사를 둘 수 있게 하고, 그 감사는 변호사나 5년 이상 경력의 주택관리사, 상장회사 감사 출신이 맡는 내용의 공동주택관리법 개정 청원에 나섰다.

500가구 이상 아파트 단지는 전국에 약 5,000곳쯤 되는데 관리비 비리 등을 방지하기 위해 회계사 등에 정기적으로 회계감사를 받도록 의무화돼 있다. 하지만 외부 감사를 둘 필요는 없다. 이로 인해 개인 회계사들이나 규모가 작은 회계법인이 주로 아파트 회계 일감을 따내고 있다.

변협은 이 틈새시장을 파고들어 매년 1,600명씩 쏟아져 나오는 청년 변호사들의 일자리 문제를 일부라도 해결해 보자는 것이다. 현재 등록 변호사수는 2만 3,000명, 변호사 1인당 월평균 수임 건수는 2건에 못 미친다. 변협이 지난 4월 변호나 476명을 상대로 실시한 설문 조사에선 응답자의 87.4%인 416명이 '아파트 감사를 해볼 의향이 있다" 답했다. 변협 관계자는 "회계법인들이 아파트 회계 일감을 덤핑 수주해 관리비 부실을 부추기는 측면이 있는데 변호사들이 고정적으로 감사 업무를 맡게 되면 다를 것"이라고 했다.

회계사들은 반발하고 있다. 개인 사무소를 운영하는 한 회계사는 "변호사들이 막강한 로비력을 활용해 회계사들의 밥그릇을 빼앗겠다는 것"이라고 말했다.

하지만 변협의 이런 시도에 대해 법조계 내부에서도 회의적인 반응이 없지 않다. '변호

---

1) 아파트 49.6%, 연립 3.4%, 다세대 6.2%로 약 59.2%가 공동주택이다.

사 감사'를 두려면 아파트 입주자들의 관리비 부담이 늘어날 수밖에 없는데, 입주자들이 받아들이겠느냐는 것이다. 실제 변협의 요청을 받은 국회의원 중 일부는 법안 발의에 난색을 보인 것으로 알려졌다.

한국경제신문. 2017.9.27. '아파트 감사'에 눈길 돌리는 변호사들

변호사들이 아파트 회계감사 시장 진출을 추진하고 있다. 변호사 수 급증으로 법조 시장이 좁아지면서다. 아파트 회계감사를 맡고 있는 공인회계사들이 크게 반발하고 있어 논란이 예상된다.

대한 변호사협회는 27일 서울 테헤란로 대한변협회관 대강당에서 '아파트 감사제도 도입 관련 세미나'를 연다.

변협은 "외부회계감사, 입주자대표회의 감사제도 등에도 불구하고 아파트 관리비 횡령, 회계조작, 위법한 입주자 대표회의 운영 문제 등이 끊이지 않고 있다"며 "이번 세미나에서 공동주택관리법 등 관계 법령 및 관리규약에 전문성을 가진 변호사 자격자를 외부업무감사로 두는 내용의 공동주택관리법 개정안을 두고 학계, 유관기관, 시민단체 등과 논의할 예정"이라고 설명했다.

현재 300가구 이상의 아파트는 외부회계감사 대상이다. 전국 8,500여 개 아파트 단지가 매년 공인회계사의 감사를 받고 있다. 관리비 횡령 등 각종 비리를 차단하기 위해서다. 하지만 외부 감사를 둘 필요는 없다. 아파트 주민단체 등에서 개인 회계사나 회계법인을 고용해 감사를 받는 구조다.

변호사 업계가 아파트 회계감사 시장에 관심을 갖는 것은 법조계의 일감 부족 때문이다. 매년 변호사가 1,600여 명씩 쏟아지고 있지만 법조 시장은 그만큼 성장하지 못하고 있다.

현재 등록 변호사는 2만 3,000이 넘어 변호사 1인당 월평균 수임 실적은 2건을 밑돈다. 변협이 지난 4월 변호사 476명을 상대로 한 설문 조사에선 응답자의 87.4%인 416명이 "아파트 감사를 해 볼 의향이 있다"고 답했다.

아파트 회계감사 업무를 도맡고 있는 공인회계사들은 크게 반발하고 있다. 한 회계법인 관계자는 "변호사들이 강한 로비 능력을 앞세워 변호사 자격증을 '만능 자격증'으로 만들려 하고 있다"고 비판했다. 변호사는 회계사뿐만 아니라 변리사, 세무사, 행정사, 공인노무사, 법무사 등과도 다툼을 벌이고 있다.

　　300세대가 넘는 아파트의 경우 의무적으로 외부 감사를 받게 되어 있지만 많은 주민이 동의하면 이를 면제할 수도 있다. 아파트 외부 감사의 평균 감사 수임료가 190만원임에도 일부의 아파트 단지에서는 회계 감사 수임료가 부담이 되어 회계 감사를 받지 않으려 한다.

　　아파트와 관련된 감사 업무가 회계 감사 관련이라고 하면 공인회계사나 회계법인이 전문성이 더 있는 것이고, 이러한 감사 업무가 업무 감사 관련 업무라고 하면 변호사들이 더 많은 전문성을 갖는다고 할 수도 있다. 아파트 관리에 비상근 감사가 필요한 것인지, 감사가 맡아야 할 업무가 있는 것인지 등에 대한 고민이 선행되어야 할 듯하다.

　　다음과 같은 여러 통계치에 의하면 우리나라의 총 감사수임료나 시간당 감사수임료가 다른 국가에 비해서 많이 낮다고 한다.

　　이재은(2016)에 의하면 미국의 시간당 평균 감사 수임료는 24만원인데 한국은 7~8만원에 그친다고 한다.

　　이러한 비교는 양국간의 경제력을 비교하여도 우리나라의 시간당 감사보수가 낮다고 할 수 있다. 정확한 비교 잣대가 무엇일지는 주관적인 판단의 영역이지만, 미국과 우리나라의 일인당 GNP 차이인 2.2배를 감안하여도 낮은 수준이다.

박종성(2017)은 2006년부터 최근까지의 시간 당 감사 보수가 다음과 같이 하락하고 있다고 보고하였다.

2006년 95,044원

2007년 96,001원

2008년 94,791원

2009년 95,764원

2010년 93,773원

2011년 86,252월

2012년 88,176원

2013년 85,532원

2014년 78,931원

2015년 79,632원

박종성에 의하면 2006년부터 2015년까지 지난 10년 동안, 시간당 감사보수가 16% 하락한 것으로 보고한다.

매일경제신문. 2017.7.27. 외부감사 '시간당 보수' 되레 감소

국내 회계법인이 기업을 감사할 때 투입하는 감사 시간이 늘고 있지만 시간당 보수는 줄고 있는 것으로 나타났다.

25일 금융감독원은 최근 3년 연속 외부감사를 받으면서 감사의견 '적정'을 받은 비금융사 1만 4,606곳을 분석했더니 이 같은 결과가 나타났다고 밝혔다.

평균 감사 시간은 2014년 382시간에 불과하던 것이 2015년 393시간, 지난해 407시간으로 꾸준히 늘었고 감사보수는 2014년 3,200만원에서 2015년 3,300만원, 지난해 3,200만원으로 증가했다. 하지만 시간당 보수는 2014년 8만 3,800원에서 2015년 8만 4,000원으로 올랐다가 지난해 다시 8만 3,500원으로 떨어졌다.

Financial Executive Survey Report(2016)에 의하면 미국에서의 감사시간은 우리나라의 3배, 시간당 수임료는 2.5배라고 한다.

회계감사 용역이라는 것은 인적 용역이라서 시간당 인건비를 비교해 보면 우리나라의 감사용역이 다른 나라들과 비교해서 어느 수준인지를 확인할 수 있다. 최근 정치적인 이슈가 되고 있는 급여 관련된 내용도 결국은 최저 임금수준의 결정으로 관심이 모아진다.

매일경제신문. 2017.5.22.미 10분의1 회계감사 수수료… 한 증시 발목

한국과 미국의 주요 기업 간 회계감사 보수 차이가 기업 자산가치와 국가 소득 수준을 감안해도 최대 10배까지 차이 나는 것으로 나타났다.

현대자동차와 한국전력은 비교 대상 미국 기업의 10분의 1 수준이었고, 국내에서 감사에 가장 많이 신경 쓴다는 삼성전자도 애플의 68% 수준에 그쳤다.

이처럼 지나치게 낮은 국내 기업 감사보수로 인해 감사의 질이 떨어지고 기업 실적에 대한 신뢰도 하락과 주가 저평가 문제가 해소되기 어렵다는 지적이 나온다. 때로는 부실감사로 이어져 '제2의 대우조선' 사태가 나타나 국내 자본시장 경쟁력을 떨어뜨릴 우려가 커지고 있다.

21일 매일경제가 한국공인회계사회에 의뢰해 한미일 주요 기업 상장사 작년 기준 사업 보고서로 감사보수 수준을 비교 분석한 결과 국내에서 가장 감사보수가 높은 곳은 삼성전자로 연간 37억원으로 나타났다.

비교 대상으로 꼽히는 미국 정보기술 (IT) 기업 애플은 작년 168억원을 지급했다. 2015년(112억원)보다 56억원을 올려 지급했다. 삼성전자가 같은 기간 감사보수를 동결한 것과 대조된다. 이에 따라 작년 기준 애플의 감사보수는 삼성전자보다 4.5배 많았다.

작년 미국의 1인당 국내총생산(GDP)이 한국의 2.1배인 점, 애플이 삼성보다 자산이 124조원 많은 것을 감안해도 삼성전자의 감사보수는 애플의 68%에 불과했다. 애플 주가는 올 들어 지난 18일까지 31.7% 올랐다. 삼성전자는 같은 기간 24.1% 상승했다.

업계 관계자는 "기업 실적과 주주 환원 정책이 주가에 영향을 주지만 투자결정의 기초가 되는 재무제표에 대한 신뢰도도 중요하다"고 말했다.

현대차는 2015년 18억원의 감사보수를 작년 17억원으로 오히려 줄였다. 미국 자동차 기업 GM은 같은 기간 감사보수를 5억원 올렸다. 작년 기준 현대차 감사 보수 수준은 국가별 소득 수준과 자산 규모를 고려했을 때 GM의 13% 수준에 그쳤다.

국내 최대 은행인 KB국민은행과 미국의 BOA를 비교해 봤더니 자산규모가 307조원인 국민은행의 감사보수는 20억원으로 BOA 감사보수의 46분의 1 수준에 불과했다. 자산소득 결차를 따져 실질 감사보수를 비교해도 국민은행 감사보수는 BOA의 40%에도 못미쳤다.

포스코는 사정이 더 심각하다. 포스코는 일본의 대표 철강사인 신일본제철보다 자산규모에서 2배 크지만 오히려 감사보수는 신일본제철이 3배 많다.

주요 변수를 고려한 실질 보수는 신일본제철의 29%에 그쳤다.

한국전력은 미국 발레로에너지보다 자산 규모가 3배 이상 많은데 명목 감사보수는 6분의 1 수준이다. 자산 소득수준을 따져보면 발레로에너지 감사보수가 한국전력보다 10배 많은 셈이다. 한국공인회계사회 관계자는 "국내 대표 6개 기업의 감사보수를 해외 주요 기업과 비교해보니 해외 주요 기업의 감사보수가 국내 기업보다 적게는 5배에서 많게는 46배까지 차이 났다"며 "자산 규모와 소득수준을 고려해도 최대 10배까지 차이가 나 국내 감사보수가 국제 기준에 비해 심각하게 낮은 것으로 나타났다"고 말했다.

낮은 감사보수가 저품질의 감사 서비스로 직결되는 만큼 제도 개선이 시급하다는 지적이 나온다. 김광윤 아주대 교수는 "감사보수가 낮으면 투입인력과 시간이 줄어들고 이는 부실 감사의 원인이 된다"며 "소유와 경영이 분리되지 않은 국내 기업 지배구조 특성상 자유수임제하에서는 회계법인들이 저가 수임 경쟁을 할 수밖에 없다"고 진단했다. 그는 이어 "기업 지배구조가 개선될 때까지는 감사인 지정제 확대를 통해 기업과 회계법인 간 갑을 관계를 바로잡아야 한다"며 "파급력이 큰 상장법인이라도 지정제를 확대 도입하는 것이 시급하다"고 말했다.

일부에선 기업 감사 투입시간과 인력을 고려하면 이 같은 보수 격차는 불가피하다는 의견도 있다.

상장사의 한 관계자는 "외국 기업들이 돈과 인력을 많이 투입하기 때문에 이 같은 보수 격차가 나는 것"이라며 "향후 지정감사제와 최저 감사보수 기준이 도입되면 자연스레 해결될 문제"라고 강조했다.

윤용희(2017)는 감사인이 제3자에 대해 지는 책임과 유사한 용역을 수행하는 다른 전문가인, 신용평가회사, 감정평가인들이 제3자에 대해서 지는 책임과 대비하였는데 그 내용은 다음과 같다. 그 목적은 감사인만이 유사한 전문가 직종과 비교하여 과도하게 높은 책임을 지는 것을 확인하기 위함이다.

신용평가회사의 제3자에 대한 책임
학계: 신용평가회사의 제3자에 대한 손해배상책임은 사실상 사문화되었다고 평가
- 신용평가회사의 신용평가서에 채무상환 가능성에 대한 "주관적 의견" 기재, 현실적으로 신용평가서에 중요사항에 관한 거짓 기재 내지 누락이라는 손배책임요건 충족이 어려움.
- 신용평가회사의 제3자에 대한 손해배상책임은 매우 제한적 vs 외부 감사인의 제3자에 대한 손해배상책임은 매우 과중함

이러한 내용은 또한 신용평가업이 회계감사와는 달리 어떠한 기준과 manual에 따라서 수행되는 용역이 아니라 평가라는 작업 자체가 매우 주관적인 판단의 영역의 대상이기 때문이기도 하다. 평가라는 것도 주관적인지만 신용(credit)이라는 단어 자체가 주관적이다.

감정평가사의 제3자에 대한 책임

선의의 제3자로 제한(감정평가법 제28조 제1항)

선의의 제3자: 감정 내용이 허위 또는 감정평가 당시의 적정가격과 현저한 차이가 있음을 인식하지 못한 것뿐만 아니라, 감정평가서 자체에 그 감정평가서를 감정의뢰 목적 이외에 사용하거나 감정의뢰인 이외의 타인이 사용할 수 없음이 명시되어 있는 경우에는 그러한 사용 사실까지 인식하지 못한 제3자 (대법원 2009.9.10. 선고 200664627 판결)

즉, 대법원의 판례는 감정평가사의 경우는 제3자에 대한 책임을 매우 제한적이고 협의로 해석한 것이다. 감사보고서의 경우도 그 사용의 제한에 대한 이슈가 있다.

외부 감사인과 이사/감사/감사위원회의 제3자에 대한 손해배상책임을 비교한다.

외부감사인은 고의나 과실이 있을 경우 손배책임이 있는데, 이사/감사/감사위원은 악의나 중과실이 있을 경우에 손배책임이 있어서 외부감사인이 내부 감사기능에 비해서 훨씬 높은 수준의 법적 책임을 안고 있다.[2]

외부감사인이 되었건 이사/감사/감사위원이 되었건 어느 정도 경영자에 대한 감시의 역할을 수행한다는 차원에서는 차이가 없다. 단지 내부에서 이러한 기능을 수행하는지 아니면 외부에서 기능을 수행하는지의 차이만 존재한다.

물론, 이사와 감사/감사위원을 대비하면 감사/감사위원은 이사회의 이사에 비해서는 monitoring 역할이 훨씬 강화된 기능을 수행하여야 한다고 할 수 있다. 이는 감사/감사위원회의 주된 업무가 자문보다는 감시역할에 있기 때문이다.

외부감사인의 counter part는 이사라기보다는 감사/감사위원이어야 한다. 그러나 이사회의 기능도 자문기능과 포괄적인 감시 기능이라고 하고 또한 어

---

2) 본 chapter에서는 이사, 감사, 감사위원을 구분하지 않았지만 chapter 50에서는 이들에 대한 법적 책임도 차등화하여 기술한다.

차피 감사/감사위원도 등기한 임원이므로 이사/감사/감사위원을 구분하는 것은 의미가 있지 않다. 단, 감사위원회에서의 의사결정에 대해서 별도의 책임 여부를 묻게 되면 감사위원이 아닌 사외이사는 이러한 책임으로부터는 무관하게 된다.

외부감사인 또는 이사/감사/감사위원 중 어느 경제 주체가 분식회계에 대해서 더 큰 책임을 져야 하는지는 매우 주관적인 판단의 영역일 듯하다. full time으로 업무를 수행하였는지로 판단한다면 상근이사(감사)과 비상근 사외이사로 구분하여야 할 듯도 하여 비상근의 한계가 있을 것이며, full time으로 업무를 진행한 감사인이라는 점도 고려하여야 한다. 대우조선해양의 경우, 사외이사는 책임에서 면제되는 것으로 대법원에서 2018년 확정되었다.

반면, 외부 감사인은 제3자인 외부자로서의 한계가 존재하므로 내부자들이 더 많은 책임을 안아야 한다는 주장을 할 수도 있다. 단, 제3자로서의 한계는 외부 감사인이 전문가이므로 제3자라는 한계와 상계되면서, 책임이 적지 않다는 결론을 도출할 수도 있다. 특히나 규모가 크지 않은 기업일 경우, 기업은 내부에 회계 전문가가 없어서 몰랐다고 하더라도 외부 감사인은 전문가인데 왜 몰랐냐고 하면 책임의 회피가 궁색해진다.

종합하여, 이사/감사/감사위원은 외부 감사인보다도 내부자이므로 더 많은 책임을 져야 하는 것이 당연하다. 단, 상근이 아닌 자일 경우는 법적으로는 상근 이사와 동일한 선관의 의무(선량한 관리자의 의무, fiduciary duty)를 갖지만 현실적인 한계점이 법정에서 고려될 수는 있다.

또한 법정 소송에 가면 입증 책임을 누가 지는 것인지에 의해서 유불리가 극명하게 나눠질 수도 있는데 외부감사인의 경우는 외부감사인이 인과관계와 면책에 대한 입증책임을 안는 반면, 이사/감사/감사위원회의 경우는 손해 주장자, 즉 제3자가 모든 요건에 대한 입증책임을 진다.

민법 제750조에 따라 불법행위에 기한 손해배상을 청구하기 위해서는 위법성, 피해자의 손해, 고의 또는 과실, 인과관계, 책임능력이 인정되어야 하고 이에 대한 입증책임은 원고(투자자)가 지게 되어 사실상 원고가 불리하다.[3] 이에, 외감법에 규정을 두어 제3자가 감사인등에게 손해배상청구를 보다 쉽게

---

3) 이와 관련된 더 상세한 설명은 손성규(2017) chapter 6를 참고한다.

할 수 있도록 하였다. 즉, 입증책임을 일부 감사인(피고)에게 전가하여 감사인 (또는 감사에 참여한 공인회계사)이 그 임무를 게을리하지 아니하였음을 증명하여야 한다(외감법 제17조 제7항 참고).

즉 그 입증 책임이 감사인이나 공인회계사에게 있다. 단 아래의 다섯 경우는 입증책임이 원고(피해를 본 투자자나 금융기관)에게 있다. 즉, 원고(회사나 금융기관)가 감사 또는 공인회계사가 업무를 게을리하였음을 증명하여야 한다.

외감법에서 이와 같이 다섯 경제 주체에게 입증책임을 전환한 것은 이들 경제 주체가 상당한 수준의 회계에 대한 전문성을 가지고 있기 때문이다. 즉 본인들이 회계 전문가이기 때문에 본인들이 분식회계를 파악하고 있을 가능성이 높으며 그렇기 때문에 어떠한 과정을 거쳐서 분식으로 인해서 피해를 보았는지를 본인들이 입증하여야 한다.

외감법 제31조(손해배상책임) 7항은 다음과 같다.

⑦ 감사인 또는 감사에 참여한 공인회계사가 제1항부터 제3항까지의 규정에 따른 손해배상책임을 면하기 위하여는 그 임무를 게을리하지 아니하였음을 증명하여야 한다. 다만, 다음 각 호의 어느 하나에 해당하는 자가 감사인 또는 감사에 참여한 공인회계사에 대하여 손해배상 청구의 소를 제기하는 경우에는 그 자가 감사인 또는 감사에 참여한 공인회계사가 임무를 게을리하였음을 증명하여야 한다.

1. 제10조에 따라 감사인을 선임한 회사
2. 「은행법」 제2조제1항제2호 및 제5조에 따른 은행
3. 「농업협동조합법」에 따른 농업은행 또는 「수산업협동조합법」에 따른 수협은행
4. 「보험업법」에 따른 보험회사
5. 「자본시장과 금융투자업에 관한 법률」에 따른 종합금융회사
6. 「상호저축은행법」에 따른 상호저축은행

소송에서는 입증책임을 지는 경제주체가 많은 부담을 안고 간다.

감사인/감정평가사/신용평가사의 제3자에 대한 책임 관련 내용에 대해

서 다시 정리하면, 외부 감사인과 유사한 업무를 하고 있는 감정평가사나 신용평가사에 대비해서 외부감사인만이 유독 과도한 책임을 지고 있다고도 판단된다.[4]

이를 회계정보에 대입해 보면 분식된 회계정보로부터 피해를 보았다고 주장하는 투자자 즉, 원고는 적어도 어느 정도는 재무제표를 판독할 수 있는 능력이 있는 투자자여야 한다. 회계정보를 이용할 수 있는 어느 정도의 지식이 있어야지만 회계정보를 이용해서 의사결정을 하였다는 것이 타당하다. 물론, 개인간의 회계에 대한 지식을 판단하기도 어려운 이슈이다.

회계이용자들이 회계정보를 이용해서 투자활동을 수행하였는지를 확인할 수도 없고, 투자자들의 회계정보에 대한 이해도도 어느 정도인지를 가늠하기도 어려운데, 그럼에도 감사인들에게 입증 책임이 있다는 것은 원천적으로 소송에 불리한 입장에 놓일 수 있다. 감사인들은 분식이 있었다는 가정하에 투자자들이 분식된 회계정보가 아니라 다른 정보에 기초하여 투자의사 결정을 수행하였다는 점을 밝혀야 하는데, 다른 사람이 어떠한 정보에 기초하여 투자의사결정을 하였는지를 밝히는 것은 여간 어려운 일이 아니다.

캘리포니아 대법원 Bily vs Arthur Young and Co[5] (1992)
− 실무상 피감법인이 회계감사 주도, 외부 감사인이 제2차적 역할에 지나지 않음에도 제3자에 대한 소송에서 대신하여 거액의 배상책임을 부담하는 것은 불합리.
원고(신주인수권부증권에 투자하여 손실을 입은 자)가 제기한 파산회사 재무제표를 감사한 회계사무소의 불법행위상의 과실책임을 부정(감사보고서 이용할 것으로 예견 가능한 모든 제3자가 해당하지 않음): 실제 예견된 제3자에 대해서만 책임 부담한다는 취지.
− 투자 등 의사결정에서 감사보고서가 수행하는 역할은 제한적이고, 최종적 결정은 감사보고와 관계없는 많은 다른 요소를 포함하므로 제3자의 배상 청구를 허용하면 회계사는 <u>불량투자의 보증인</u>이 됨

4) 아래의 많은 부분은 윤용희(2017)을 참고한 내용이다.
5) 참고로 Arthur Young은 엔론 사태로 청산한 과거 big 8 시절의 대형 회계법인이었다.

분식회계에 관련된 손해 배상 소송의 대부분은 다음과 같을 것이다. "분식된 회계정보에 기초해서 투자의사결정이 수행되었고 이 투자의사결정의 결과 투자손실을 입었다. 회계정보가 분식이 된 정보가 아니었다면 애당초 투자를 하지 않았을 것이며 분식된 정보가 아니라고 하면 해당 기업의 주식 가격도 현재와 같이 낮지 않았을 것이다."

흔히들 '주가는 신도 모른다'는 얘기를 할 정도로 주가에 영향을 미치는 변수는 매우 많다. 그중에 하나가 회계정보인 것은 분명하다.

회계정보를 전혀 고려하지 않고 투자의사결정을 수행한 투자자도 사후적으로 잘못된 회계정보에 기초하여 투자의사결정을 하였다고 주장할 수 있으며 해당 기업과 감사인이 이러한 주장에 대한 피해자일 수 있다.

기업 가치에 대한 valuation에 있어서 계량화할 수 있는 숫자보다도 비계량화하는 무형자산에 의한 valuation의 비중이 더 커진다고 한다. 1975년에는 80%가 유형자산에 의해서 영향이었는데, 현재는 80%가 무형자산에 의해서 영향이라는 주장도 있다.[6]

> 손해배상을 청구할 수 있는 제3자는 계약관계 없는 자(기존주주, 투자자 등)를 모두 포함하여 그 인정 범위가 지나치게 광범위함

즉, 감사인은 회사와 감사계약을 체결한 것이지만 감사인들이 산출하는 감사보고서라는 용역보고서는 불특정 다수에 대한 공공재적인 성격을 갖는 보고서라서 그 문건이 '주주 및 이사회 귀중'이기는 하지만 여기에서의 주주는 법적으로는 현재의 주주에 대한 인증이지만 불특정 다수에 대한 보고서라는 의미에서는 잠재적인 주주까지 즉, 모든 투자자에 대한 용역이라고 할 수 있다. 그래서 제3자에 대한 범주가 매우 광범위하다는 의미이다. 따라서 감사인은 소송 위험으로부터 무방비하게 노출될 위험이 존재한다.

감사인들은 자본주의에서 꼭 필요한 회계감사라고 하는 용역을 제공하고 있으며 누군가는 이러한 업무를 맡아 주어야 한다. 감사인마저도 이 업무를 맡지 않겠다고 하면 인증의 주체가 없어지는 것이니 감사인이 감당할 수 있을

---

6) 2017년 미국하계학술대회 발제 내용.

정도의 소송 위험 하에서 업무를 감당할 수 있도록 시장이 감사인을 어느 정도까지 보호해 줄 책임도 있다.

조달청은 2016.2.1.부터 300억원 이상의 국가 및 공공기관 발주공사에 대해 '종합심사낙찰제'를 시행하고 덤핑 방지를 위해 입찰 가격 하위 20%는 낙찰사 선정에서 배제하였다.[7]

이는 과거에 차저낙찰제(second lowest bidder)의 성격과 동일한 것이다. 즉, 최저가는 어차피 덤핑이니 次저가를 적어낸 업체를 선정한다는 의미이다.

이렇게 저가 수주가 품질에 미치는 영향을 사전에 예방하는 system이 회계에서는 마련되어 있지 않다.

특히 건설공사와 회계감사 모두 해당 재화 또는 용역이 제공되는 시점에는 결과물을 검수하여 품질의 하자를 발견하기 어렵고, 시간이 상당히 경과한 후에야 비로서 부실공사/부실감사라는 결과를 확인하는 것이 가능하다.

1999년 카르텔일괄정리법에 따라 9개 전문자격사(변호사 변리사 세무사 관세사 건축사 노무사 수의사 행정사 회계사)의 보수 기준이 일괄 폐지되었다.

폐지 이유(기대효과)로서 "전문 자격사가 제공하는 서비스의 품질 수준에 의해 가격이 차별화되게 되어 전문자격사가 소비자에게 양질의 서비스를 제공하고자 노력하게 될 것임"이라고 명시하고 있다.

해답은 염가의 서비스가 제공되지 않도록 가격을 보장해 주는 대안이 남게 된다. 그러나 1999년 공정거래위원회가 가격 경쟁이 제한되면서 품질이 낮아진다며 카르텔일괄정리법에 의해서 회계감사를 포함한 9개 전문가 용역에 대해서 보수를 정해주는 것을 금지하고 있으나 위에서도 기술하였듯이 회계감사시장은 가격 경쟁이 품질을 낮춘다.

가격경쟁이 품질을 낮추는 것이 자명한데도 시장 기능이 언제까지나 작동할 것을 믿고 기다리는 것은 정부가 맡겨진 일을 하고 있지 않은 것이다.

---

7) 조선일보. 2017.4.5. 최저가 낙찰제 개선했다는 종합심사제.. 원성 자자한 까닭

즉, 공정거래위원회가 명시한 기대효과와 완전히 상반된 결과가 발생할 수 있는 것이다.

품질경쟁이 불가능하고 저가 가격경쟁만 존재 → 품질 차별화나 양질의 서비스 제공과 같은 기대효과 달성 실패

왜곡된 시장구조: 감사보수기준을 두는 것이 품질경쟁을 촉진하여 소비자 후생을 증대시킨다는 점을 방증하는 것. 여기서 소비자라 함은 회계정보의 이용자를 지칭함

공정거래위원회가 시행 중인 부당지원행위에 대한 규제와 같은 맥락에서 외부감사시장에서의 자원배분의 왜곡을 해결하기 위한 공공개입도 필요하고 타당함

3자 구조 시장의 특수성: 외부감사서비스 시장은 카르텔일괄정리법에 따른 보수기준 폐지 대상에서 제외된 감정평가서비스시장과 경쟁 환경 내지 시장구조가 유사함

변호사 시장은 2자 구도, 등가적 교환 관계, 즉 이용자와 용역에 대한 비용 부담자가 일치, 품질경쟁이 가능하고 가격경쟁도 존재.

고가격/고품질, 저가격/저품질

회계사 시장은 3자 구도를 보인다. 즉 용역의 제공자와 용역에 대한 대가를 지불하는 자와, 용역의 이용자가 일치하지 않는다.

품질경쟁이 불가하고 가격경쟁만 존재. 저가격/중저품질

경쟁제한성 부재라는 윤용희의 주장은 다음과 같다.

대법원 판례:

경쟁제한성 여부는 "당해 상품의 특성, 소비자의 제품 선택 기준, 당해 행위가 시장 및 사업자들의 경쟁에 미치는 영향 등 여러 사정을 고려하여, 당해 행위로 인하여 일정한 거래분야에서의 경쟁이 감소하여 가격 수량 품질 기타 거래 조건 등의 결정에 영향을 미치거나 미칠 우려가 있는지를 살펴 개별적으로 판단하여야 한다"(대법원 2004두14564 판결)

이러한 법리에 따르면 감사보수기준에 경쟁 제한성이 있다고 보기 어려움.

　　감사보수기준을 설정한다고 경쟁이 제한되는가? 아니다. 즉, 감사보수기준을 설정하더라도 그 기준이 허황된 기준이 아니라고 하면 이 기준을 맞출 수 있는 외감기업들이 시장에 진입할 것이다.

　　감사보수규정은 1967년에 제정하여 1999년까지 운영되었으며, 재무부장관[8](증권관리위원회) 승인 사항이었다. 보수규정 개정은 물가상승률을 고려하여 한국공인회계사회가 상장회사협의회(상장협)와 협의하여 정부기관에 개정안을 승인 요청하는 형태였는데, 상장협과의 협의는 문서로 이루어진 것이 아니고, 비공식적으로 진행되었다.

---

8) 재무부가 이 기간 동안 재정경제원 등의 여러 명칭으로 기구의 변화가 있어 왔다.

chapter 3

내부회계관리제도 검토 의견

내부회계관리제도는 2004년에 도입되었으며 내부회계관리제도에 대한 인증도 구조조정촉진법에 의해서 한시적으로 우리의 제도로 도입되었다가 2007년 외감법으로 도입되면서 제도로 정착되었다.

회계정보라는 것이 system에서 생산되는 것이므로 일단, 회계정보를 산출하는 시스템만 적절하게 완비되어 있다고 하면 이로부터 산출되는 정보는 문제가 없을 것이라는 논지였다.

감사보고서 감리를 위주로 감리가 진행되다가 감사를 수행하는 감사인에 대한 좀 더 원천적이고 근본적인 점검이 필요하다는 논지에서 품질관리감리가 수행된 것이다. 즉, 품질관리감리는 회계감사를 수행하는 회계법인 그 자체의 품질에 대한 평가이다. 내부회계관리가 system적인 접근인 것이나 품질관리감리가 사전적인 system적인 접근이라는 점에도 유사하다.

회계법인 자체의 운영이 투명하고 신의성실에 기초하여 수행된다면 산출되는 용역보고서에는 문제가 없을 것이라는 차원에서 논지가 출발한 제도이다.

2016년 회계제도개혁 TF에서도 내부회계관리제도에 대한 검토 의견이 검토의견이 아니라 감사의견이 되어야 한다는 논의가 있었고 동시에 이 검토가 도입될 때도 검토가 되었거나 감사가 되었거나 용역의 실체에는 차이가 없으니 어떠한 수준의 용역인지에 대한 논의가 크게 중요하지 않다는 의견도 있었다. 동시에 대부분의 우리나라의 회계 관련된 제도는 미국의 제도를 도입한 것인데 미국은 내부회계관리제도에 대한 인증이 감사인증이다. 이에 대한 정책방향의 변화는 chapter 50에서 기술된다. 즉, 정부는 내부회계관리제도에 대한 검토의견을 기업 규모별로 점진적으로 감사의견으로 상향 조정한다.

검토(review)가 아니고 감사(audit)인증이라고 하면 내부회계관리제도에 대해서도 감사인들이 더 많은 책임을 져야 하며 따라서 당연히 인증에 대한 수임료도 높아져야 한다.

단, 회계 관련 되어서는 감독기관이 대부분 외감법, 공인회계사법, 자본시장법으로 규제를 하게 되는데 용역의 수준이 감사가 아니고 검토라고 하면 외감법으로 제재하지 못하는 문제가 발생한다. 그렇기 때문에 중간 재무제표, 즉, 분반기 재무제표에 대한 검토에서 문제가 발생하였다고 해도 감독기관에서 이에 대해서 외감법에 근거하여 조치를 하기는 어렵다. 그렇기 때문에 감사인들은 분반기 검토에서 미심적은 회계이슈를 발견한다고 해도 이를 깊게 고민하기보다는 연차 재무제표에 대한 감사 시점까지 미루는 일이 다반사로 발생한다. 현업의 공인회계사들이 분반기 검토에 임하는 태도나 마음가짐은 다음의 기사에도 나타난다.

매일경제신문. 2010.4.21. 회계법인 감사보고서 못 믿겠네. '적정의견' 반년새 '의견거절'로 뒤집기도.

회계법인들의 형식적인 반기 회계검토 작업에 대해 한 대형 회계법인 출신 회계사는 "반기 검토 때는 편안한 마음으로 자료를 훑는다"면서 "문제를 알아내기도 쉽지 않지만 문제가 있어도 연말까지는 두고 보자는 게 실무 태도"라고 털어놨다.

내부회계관리제도에 대한 검토의견과 재무제표에 대한 감사의견이 항상 같이 가는 것은 아니고 그러할 당위성도 없지만, 내부회계관리제도가 도입된 취지 자체가 system이 갖추어진 기업의 경우는 그 운용이나 회계기록은 그 system의 산출물이므로 당연히 내부회계관리제도와 재무제표는 연관되게 된다.

내부회계관리제도가 도입된 초기에는 내부회계관리제도에 대한 검토의견과 재무제표에 대한 감사의견이 동일하지 않아서 내부회계관리제도에 대한 인증의 도입 자체에 대한 의문이 제기되었는데 그 이후에는 내부회계관리제도에 대한 인증과 재무제표에 대한 감사가 거의 같이 움직이는 모습을 보이면서 감독기관에서도 내부회계관리제도의 도입이 유의미한 제도의 도입이었다고 판단하였다.

이 두 의견이 상이할 수 있는 정황은 다음과 같을 것이다. 첫째는, 의사결정하는 system에는 문제가 없어서 내부회계관리제도에 대해서는 적정의견인데, 분식회계가 발생하여서 재무제표 감사에 대해서는 비적정의견이 표명된 경우가 있다. 시스템이 잘 갖추어져 있다고 항상 due care로 업무가 수행되는 것은 아니다.

둘째로, 의사결정하는 process에는 문제가 발견되었지만 재무제표 감사에는 문제가 포함되지 않은 경우가 가능한 경우이다.

최근의 외감법 시행령의 개정으로 인해서 내부회계관리제도가 적정하게 설계, 운영되고 있다고 표명되지 않은 회사일 경우는 감사인이 지정되게 되었다. 즉, 감독기관의 입장은 내부회계관리제도에 허점이 있을 경우는 당연히 회계에도 허점이 있을 가능성이 높다는 생각을 하고 있는 것이다.

품질관리감리에 문제가 없다고 해서 회계법인이 부실감사를 하지 않는 것은 아니다. 내부회계관리제도도 같이 이해할 수도 있다. 시스템에는 문제가 없지만 이 시스템을 적용함에 있어서 오류가 발생할 수 있다. 즉, 시스템이라 함은 적절한 운용에 대한 필요 조건이지 충분 조건은 아니다.

최근에 회계사기로 문제가 된 대우조선해양이 재무제표를 재작성하면서 과거의 회계 정보를 수정하는 사건이 발생하였다. 흑자였던 재무제표가 적자로 반전되면서 감사를 맡았던 안진회계법인이 어느 정도 대우조선해양의 분식을 인지하고 있었는지에 대해서도 안진의 책임과 관련된 여러 가지 문제가 제기되었다. 이 내용은 chapter 5에서 기술된다.

문제는 재무제표 재작성 등 과거의 회계 오류를 수정하는 기업/감사인에게 감독기관이 매우 강하게 조치를 한다면 어느 기업/감사인이 적극적으로 회계적인 오류를 드러내고 재무제표를 수정하려고 할 것인지에 대한 고민이다. 안진회계법인도 법인에 대하여 검찰이 강한 조치를 요구하자 이 점에 대해서 강하게 반발하고 있다.

대우조선해양은 2015년 3월 13일 2014년 대우조선의 내부회계관리제도에 대한 검토의견을 표명하였고, 대우조선해양의 분식 건이 문제가 되자 재무제표를 재작성하였으며, 2016년 4월 14일 내부회계관리제도에 대한 검토보고서를 거의 1년 만에 정정 신고 보고하게 된다.

2015년 3월 13일의 정정 전, 검토의견은 아래와 같다. 통상적이고 표준적인 검토 보고서이다.

내부회계관리제도 검토의견
경영자의 내부회계관리제도 운영실태평가보고서에 대한 우리의 검토결과 상기 경영자의 운영실태보고 내용이 중요성의 관점에서 내부회계관리제도 모범규준의 규정에 따라 작성되지 않았다고 판단하게 하는 점이 발견되지 아니하였습니다.
우리의 검토는 2014년 12월 31일 현재의 내부회계관리제도를 대상으로 하였으며 2014년 12월 31일 이후의 내부회계관리제도는 검토하지 않았습니다. 본 검토보고서는 주식회사의 외부감사에관한법률에 근거하여 작성된 것으로서 기타 다른 목적이나 다른 이용자를 위하여는 적절하지 않을 수 있습니다.

물론, 검토 보고라는 것이 적극적인 인증이라는 감사와는 달리, 소극적인 인증이다. 즉, 검토한 것만에 대해서 책임을 지는 것이지, 검토하지 않은 것에 대해서는 의견을 내지 않는 형태이다. 이러한 것이 이 두 인증의 가장 큰 차이이다.

즉, 검토하지 않은 것에 문제가 있다면 검토 수준의 인증의 경우는 문제가 되지 않는다. 단, 감사수준의 인증에서는 이러한 점도 문제가 된다. 물론, 감사에서의 재고실사라고 하여도 전수조사가 아니라 표본조사이므로 표본으로 선정되지 않으면 감사도 조사한 것에 대해서만 인증이 진행된다고 할 수 있다. 조사는 했지만 표본으로 선정되지 않는다는 개념과 아예 조사의 대상이 되지 않을 수도 있다는 '검토'의 개념과는 차이가 있다.

2016년 4월 16일 정정 후 검토보고서는 아래와 같다.

우리는 회사로부터 주식회사의 외부감사에 관한 법률 제2조의2에서 정하고 있는 내부회계관리제도에 관한 운영실태 평가보고서는 제시받았으나 이를 검토할 수 있는 충분한 내부 평가자료를 제시받지 못했습니다. 따라서, 우리는 회사의 내부회계관리제도 운영실태에 대한 보고내용을 검토·보고하는 데 필요한 절차를 수행할 수 없었습니다.

우리는 상기 문단에서 설명하고 있는 사항이 재무제표 및 내부회계관리제도에 미치는 영향이 중요하기 때문에 대우조선해양주식회사의 2014년 12월 31일 현재의 내부회계관리제도의 운영실태보고의 내용이 내부회계관리제도 모범규준에 따라 작성되었는지에 대하여 검토의견을 표명하지 아니합니다.

우리의 검토는 2014년 12월 31일 현재의 내부회계관리제도를 대상으로 하였으며 2014년 12월 31일 이후의 내부회계관리제도는 검토하지 않았습니다. 본 검토보고서는 주식회사의 외부감사에 관한 법률에 근거하여작성된 것으로서 기타 다른 목적이나 다른 이용자를 위하여는 적절하지 않을 수 있습니다. 또한 본 검토보고서는 <u>회사의 2014년 12월 31일로 종료되는 보고기간의 재무제표의 재작성에 따라 필요한 감사절차를 수행하면서 재발행하게 되었습니다.</u> <u>따라서 2014년 3월 13일자의 내부회계관리제도 검토보고서는 더 이상 유효하지 않습니다.</u>

위의 내용에서 재무제표가 수정된다는 것까지는 그럴 수도 있다고 이해할 수 있지만 내부회계관리제도에 대한 검토의견이 적정의견에서 비적정의견으로 수정된다는 것도 매우 흥미로운 건이다.

물론 대우조선해양이나 안진회계법인의 경우는 상당한 정도의 고민을 하지 않을 수 없었을 것이다.

재무제표가 잘못 되어서 과거의 재무제표를 2년씩이나 수정하는데 내부회계관리제도에 아무 문제가 없었다고 하는 것을 이용자들은 이해하기 어려웠을 것이다. 또한 이 건이 최근에 와서 드러난 가장 심각한 분식 건인데 감사인이 나몰라라 하기도 어려웠을 것이다.

검토보고서에서도 이러한 안진회계법인의 고충을 읽을 수 있다. 구체적으로 "<u>재무제표의 재작성에 따라 필요한 감사절차를 수행하면서 재발행하게 되었습니다</u>"라고 기술하고 있다. 원래 내부회계관리제도에 대한 인증과 재무제표에 대한 인증은 분리하려도 해도 분리할 수 없다. 안진이 사용한 이러한 구절은 내부회계관리제도에 대한 인증과 재무제표에 대한 인증이 별도의 인증인지 아니면 동일한 인증인지에 대해서 다시 한 번 생각하게 한다. 인용된 문구에만 기초하여 적용하면 내부회계관리제도에 대한 인증을 재무제표에 대한 인증과 구분하여 해석하기는 어렵다고 판단할 수 있다.

내부회계제도에 대한 인증과 재무제표에 대한 인증을 순차적으로 판단해 본다면 내부회계제도에 대한 인증이 우선되어야 하며 재무제표에 대한 인증이 뒤따라 와야 한다. 따라서 '재무제표의 재작성에 따라 필요한 감사절차를 수행하면서 재발행하게 되었습니다'라는 문장의 논리성에 대해서도 얼마든지 의문을 제기할 수 있다.

즉, 이를 비판적으로 해석하면 재무제표가 재작성되지 않았더라면 내부회계관리제도에 대한 인증이 재작성되지 않았을 것인데 재무제표가 재작성되었으므로 내부회계관리제도에 대한 인증도 재작성하지 않을 수 없었다는 안진회계법인의 현실적인 고충을 이해할 수 있다.

원래 내부회계관리제도에 인증이 처음으로 도입되었을 때, 기업들과 감사인들은 이 인증이 개별적인 별개의 인증인지에 대한 이견을 보였다.

이 두 용역이 별개인지 아니면 동일한 실체의 용역인지에 따라서 용역에 대한 대가가 달라지므로 이를 어떻게 해석하는지는 금전적으로 매우 민감한 이슈였다.

기업들은 과거에도 내부회계관리제도에 대한 점검을 수행하면서 감사가 수행되었으므로 내부회계관리제도에 대한 인증은 재무제표 감사와는 분리될 수 없는 동일한 인증이며 따라서 별도의 인증에 대한 대가는 필요하지 않다는 입장이었다. 즉, 내부회계에 대한 검토 없이는 회계감사는 불가하다는 주장이었으며 내부회계관리제도에 대한 인증이 제도화되었지만 과거에 비해서 달라진 것이 것이 없다는 주장이었다.

반면에 감사인의 입장에서는 내부회계관리제도에 대한 인증은 이제까지 해 오던 인증에 추가되는 별도의 인증이므로 당연히 별도의 용역에 대한 수임료가 책정되어야 한다는 입장이었다.

그렇기 때문에 내부회계관리제도에 대한 검토 인증이 처음 도입되었을 때는 수임료가 약간 상승하는 모습을 보이다가 다시 원위치되었다.

안진의 위의 수정한 내부회계관리제도에 대한 의견서의 문구를 보면 과연 내부회계관리제도가 재무제표에 대한 감사의견과 별도의 용역인가에 대한 의문을 갖게 한다.

특히나 이러한 점이 이슈가 될 수 있는 점이 chapter 50에도 기술되듯이 내부회계관리제도에 대한 인증이 자산 규모에 따라 점진적으로 검토에서 감사로 변경될 때, 수임료에 대해서 피감기관과 감사인간에 이견이 있을 수도 있다. 즉, 검토라는 인증이 처음 도입되었을 때, 수임료가 크게 상승되지 못하였지만 감사라는 인증으로 인증의 수준이 업그레이드될 때, 수임료가 상승할 수 있다.

어떻게 보면 수임료라고 하면 업무에 대한 대가일 수도 있지만 위험에 대한 보상일 수도 있는데 그렇다고 하면 추가적인 용역으로 인해서 더 많은 위험을 감사인이 안을 수 있다고 하면 이에 대해서도 피감기업이 보상을 해 주어야 한다고도 생각할 수 있다. 즉, 내부회계관리제도에 대한 인증이 검토 수준일 경우와 감사수준일 경우를 비교하면 감사 수준일 때 더 많이 위험에 노출된다고 하면 이에 대한 보상도 수임료의 일부로 책정되어야 한다고 할 수 있다.

내부회계관리제도에 대한 인증과 회계정보에 대한 인증이 별개의 용역이라고 하면 각각의 인증에 대해서 소송이 제기될 수 있으며 감사인은 별도의 손해배상 책임을 질 수도 있다. 따라서 업무가 구분되지 않는다고 해도 손해배상에 대해서는 더 많은 위험에 노출될 수 있다.

단, 내부회계관리제도가 도입되면서 회계법인이 수임하는 수임료가 많이 증액되었다는 내용을 접할 수 없었으므로 아마도 기업도 그렇고 감사인도 내부회계관리제도에 대한 인증을 재무제표에 대한 인증과 구분하여 별도로 인식하거나 진행되지는 않는다는 생각을 할 수 있다.

물론, 재무제표를 재작성한다는 것도 쉽지 않은 의사결정이지만 그 다음의 이슈는 내부회계관리제도에 대한 인증과 재무제표에 대한 인증의 상호관계이다.

내부회계관리제도에 대한 검토 인증이 비적정일 경우에 감독기관은 감사인을 지정하게 된다. 이는 내부회계관리제도와 재무제표가 결코 무관하지 않다는 생각을 감독기관이 하고 있는 것이다.

내부회계관리제도에 대한 인증이 도입된 사유가 회계정보가 도출되는 과정이나 시스템이 문제가 없다면 이 시스템에서 산출되는 회계정보도 문제가 없을 것이라는 논지에서 출발되었다.

회계업계의 혹자는 과거 수년간 회계업계가 회계수임료를 획기적으로 높일 수 있는 기회를 상실하였는데 첫 번째는 내부회계관리제도의 도입이며 두 번째는 국제회계기준의 도입으로 인한 감사수임료의 증가를 뽑는다. 이 두 기회를 실기하면서 감사수임료의 급격히 높일 수 있는 기회를 놓치게 되었다는 주장이다. 국제회계기준(IFRS)이 도입될 때에도 수임료가 상승하는 모습을 보이다가 바로 원위치하였다.

내부회계관리제도가 시스템에 대한 내용이므로 내부회계관리제도만 잘 완비되어 있어도 재무제표는 자동으로 문제가 없다는 논지는 정보 산출 원천의 중요성을 강조하는 접근인데 감독기관이 감사보고서 감리에 치중하기보다는 품질관리감리에 집중하면서 감사를 수행하는 회계법인의 의사결정과정, 지배구조 등에 대한 점검만을 적절하게 수행하여도 이들이 수행하는 감사에는 문제가 없다는 접근과는 일맥상통하는 점이 있다.

즉, 업무의 system적인 접근이다. 개별적인 업무는 system을 적용하면서 기계적으로 산출되므로 system의 완비가 필수적이라는 것이다.

다만, PCAOB가 금융감독원에 미국의 거래소에 상장된 기업을 공동으로 점검하는 과정에서도 회계법인 자체의 의사결정과정에 대한 점검만을 수행하는 것이 아니라 개별 감사 건에 대해서도 표본 추출에 의해서 점검을 하면서 시스템에 대한 점검과 개별 감사 건에 대한 조사를 병행하게 되는 것을 보면 사전적인 점검만이 완벽하다고 할 수 없고 시스템에 대한 점검과 개별 조사 건은 상호보완적으로 수행되어야 한다. 이러한 차원에서는 내부회계관리제도에 대한 인증과 재무제표에 대한 인증 또한 상호 보완적이라고 할 수 있다.

미국에서 SOX가 되입되었을 때, 도입 초기에 일시적이기는 하지만 내부회계관리제도에 대한 감사의견이 30%가 비적정의견이 표명되었다고 하니 검토가 아니고 감사라는 것이 엄청난 파문을 불러일으킬 수도 있다.

chapter 4
IFRS 9

금융상품기준서가 도입되면서 직접적인 영향을 받는 금융기관뿐 아니라 많은 기업이 영향을 받게 되었다.

한국경제신문. 2016.10.11. 'IFRS9' 예정대로 2018년 시행되면… 은행, 충당금 10조 더 쌓고 보험사는 주식 팔아야

대출채권의 손실 인식 범위와 규모를 확대하는 내용을 담은 '금융상품 국제회계기준 (IFRS9)'이 예정대로 2018년부터 시행되면 은행들의 대손충당금 규모가 현행보다 최대 30% 늘어날 전망이다. 또 보험사들은 보유주식 가치 변동에 따른 손익 불확실성을 피하기 위해 주식 비중을 줄이고 채권 비중을 늘릴 것으로 예상된다. IFRS9은 금융사가 보유한 지분증권(주식 등) 변동을 당기손익에 즉각 반영하도록 하고 있다.

• 은행 회계 어떻게 달라지나

10일 금융업계 등에 따르면 은행들이 삼일(신한 농협은행), 삼정(국민 우리 하나), 한영(기업 부산은행), 안진(산업은행) 등 4대 회계법인을 통해 IFRS 9 영향 평가를 한 결과 대손충당금 적립 부담이 은행별로 현재보다 10~30% 증가하는 것으로 분석됐다. 각 은행은 영향 분석 결과를 토대로 시스템 구축 작업에 들어갔다. 국내 은행 대손충당금 규모가 올 3월 말 기준 34조 6,879억원임을 감안하면 2018년 도입 즉시 최대 10조원이 넘는 돈을 추가로 적립해야 한다. 한 회계법인 관계자는 "은행별로 최소 2,500~3,000억원 수준의 대손충당금을 추가로 쌓아야 할 것"이라고 말했다.

IFRS 9은 손상 발생이 객관적 증거가 있을 때만 충당금을 인식하도록 했던 기존의 '<u>발생손실(incurred loss, 저자 추가)</u>'이 아니라 앞으로 발생할 것으로 예상되는 손실까지

인식하도록 하는 '예상손실(expected loss, 저자 추가)'을 적용해 충당금을 쌓도록 한다. 이에 따라 기존에 정상으로 간주되던 여신 상당수가 '요주의' 여신으로 분류돼 충당금 규모가 늘어난다. 한 은행의 IFRS 9 컨설팅 보고서에 따르면 신용등급 BB등급을 기준으로 1,000만원짜리 10년 만기 신용대출의 충당금 규모는 현재 기준보다 약 3.6배 증가하는 것으로 나타났다.

특히 IFRS 9에서는 주택담보대출 등 만기가 긴 여신에 대한 충당금 부담이 커질 전망이다. 기존에는 12개월을 기준으로 부도율을 산정했지만, 새 회계기준에서는 잔존 만기를 기준으로 누적 부도율을 적용해 충당금 규모를 정한다. 주택담보대출처럼 만기가 길면 그만큼 부도율이 늘어난다. 대손충당금은 'PD(부도확률)×LGD(부도시 손실률)×EAD(여신잔액)'[1]를 통해 산출하기 때문에 부도율이 높아지면 그만큼 충당금 규모도 늘어나는 구조다. 지난 7월말 기준 전체 주택담보대출 규모는 506조 6,000억원에 달한다.

이 같은 회계기준 변경은 대출부실이 본격화될 때 은행권에 큰 재앙을 몰고 올 수 있다는 우려가 나오고 있다. 한 은행 관계자는 "주택경기 하강 등으로 주택담보대출에 부실이 발생하기 시작하면 충당금 규모는 걷잡을 수 없이 불어날 것"이라며 "앞으로 대출자산을 어떻게 효과적으로 운용하고 관리하느냐에 따라 은행들의 생사가 엇갈릴 것"이라고 내다봤다.

• 보험사 자산운용에도 큰 변화

보험사들은 자산 운용 전략을 전면 수정하고 있다. IFRS 9에서는 금융사가 보유한 지분증권을 당기손익으로 즉각 반영하기 때문이다. 보유주식이 하락하면 곧바로 회계 상 손실이 급증하는 등 자산운용이익의 변화 폭이 커지게 된다. 지난 7월 기준 생명보험 운용자산 600조원 중 주식과 유가증권 비중은 9.8%(59조 8,245억원) 수준이다.

삼성 교보 한화 등 대형 생명보험사들이 다음 달 발행되는 50년 물 국공채에 경쟁적으로 참여할 뜻을 내비치는 것도 회계제도 변경에 따른 자산운용 전략 변화의 일환이다. 동부화재는 최근 미국 뉴욕에 사무소를 냈다. 지분증권 비중을 줄이는 대신 미국 우량기업이 발행하는 장기채권 투자를 확대하기 위해서다. 한 보험사 관계자는 "주식 투자비중을 줄이는 내용을 담은 자산운용가이드라인을 정해 포트폴리오 조정 작업을 하고 있다"고 말했다.

---

1) PD; Probability of Default, LGD;Loss Given Default, EAD; Exposure At Default

삼성전자 등 계열사 주식을 20조원 가량 보유한 삼성생명은 '전략적 보유 목적'이라는 이유로 계열사 주식을 자본반영자산으로 분류, 변동성 리스크 증가를 피해갈 방침이다. 다만 자본반영자산으로 분류한 계열사 주식은 나중에 매각하더라도 손익으로 인식할 수 없다는 점은 부담이다.

IFRS9 대부분 금융회사가 이 회계기준을 적용받는다. 대손충당금을 산출할 때 기존 발생손실에서 미래 예상손실로 기준을 변경한 것이 핵심이다. 주택담보대출 등 장기여신에 대한 대손충당금 규모가 크게 늘어난다.

IFRS가 도입되기 이전의 K-GAAP 시절의 기업회계기준은 원래 예상손실모형이었다가 발생손실 모형으로 전환된 것이다. 즉, IFRS9는 기업회계기준의 적용을 조금 더 보수적으로 가져가는 것이다.

은행업감독규정 제29조, 자산건전정 분류에 의하면 대손충당금은 여신 분류 등급상 정상은 추정 손실의 0.85% 이상, 요주의 7% 이상, 고정 20% 이상, 회수 의문으로 분류할 경우 대손충당금을 50% 이상 쌓아야 한다.

아래 신문기사에서도 다음으로 기술하고 있는 것이나 동일한 내용이다.

한국경제신문. 2017.1.24. IFRS9 도입 땐 대기업 여신도 '흔들'

2018년부터 한국에서 금융상품 국제회계기준 IFRS9이 시행되면 두산중공업, LG상사, 포스코건설, 대한항공 등 주요 대기업들의 여신건전성이 '정상'에서 '요주의'로 재분류되는 것으로 나타났다. 충당금 적립 부담을 느낀 시중은행들의 여신 운용이 보수화될 가능성이 커 일부 기업은 자금 회수 압박에 시달릴 전망이다.

23일 A은행이 금융감독원에 제출한 'IFRS9 손상적용에 따른 재무영향 분석 결과' 보고서에 따르면 IFRS9 도입으로 두산중공업, 포스코건설, 대한항공, LG상사, 이랜드 리테일 등의 여신 건전성이 정상(stage 1)에서 요주의(stage 2)로 재분류되는 것으로 나타났다. 부도율이 1% 미만일 때를 '낮은 신용위험 상태'라고 가정해 최대한 보수적으로 분석한 결과다.

은행은 대출을 회수하지 못할 가능성에 따라 여신 건전성을 정상, 요주의, 고정, 회수 의문, 추정손실 등 5단계로 나눈다. 현행 기준 정상은 대출자산에 대한 충당금을 대출금의 0.85%만 쌓으면 되지만, 요주의로 분류하면 7~19%로 충당금 적립을 늘려야 한다.

A은행은 현재보다 LG상사는 2배, 대한항공은 약 3.1배, 두산캐피탈은 8.5배 더 충당금을 쌓아야 하는 것으로 분석했다. 이처럼 은행의 대손충당금 적립 부담이 늘어나는 것은 IFRS9이 손상발생의 객관적 증거가 있을 때만 충당금을 인식하도록 했던 기존의 '발생손실'이 아니라 앞으로 발생할 것으로 예상되는 손실까지 인식하도록 하는 '예상손실'을 적용해 충당금을 쌓도록 해서다. 기존 12개월 기준이 아니라 잔존 만기 기준 누적 부도율을 적용하는 점도 충당금 규모를 증가시키는 이유다.

금융업계는 IFRS9이 도입되면 대손충당금 적립 부담이 은행별로 현재보다 10~30% 증가하는 것으로 보고 있다. 회계업계 관계자는 "IFRS9에서는 은행별 기준에 따라 기업별 부도율 산출 방식이 달라진다"며 "충당금을 현재보다 10배 더 쌓아야 하는 경우도 생길 것"이라고 말했다.

이 때문에 은행권의 대출심사가 깐깐해질 가능성이 커 신규 대출을 원하는 기업들에 부담으로 작용할 전망이다. 충당금 적립 부담이 늘면 은행권의 여신 정책이 보수적으로 변할 수 있어서다. 실제로 지난해 여신 성장 목표치를 6%로 잡았던 B은행은 올해 그 절반인 3%로 줄였다. 구조조정 위험이 높아진 기업들에 대한 대출심사 문턱을 높인 것은 물론이다. 여신 건전성 요주의 기업에 대해선 순차적으로 대출 축소를 검토할 가능성도 있다.

한 시중은행 관계자는 "요주의 기업에 대해 곧바로 대출회수에 나서진 않겠지만 신규 대출은 제한할 수밖에 없다"며 "새로운 회계제도 대비 차원에서 대부분 시중은행들이 올해 여신을 보수적으로 운용할 것"이라고 설명했다.

기존 12개월 기준이 아니라 잔존 만기 기준 누적 부도율을 적용하는 점도 충당금 규모를 증가시키는 이유라는 의미는 기존엔 기간에 상관없이 과거 실적치를 바탕으로 1년 평균 부도율을 산정해 충당금을 적립했지만, 바뀐 규정에서는 잔존 만기까지의 누적 부도율을 적용해야 한다는 것으로 가령 만기가 3년인 대출채권의 경우, 향후 2년간 신용등급에 영향을 미칠 만한 경제, 업황 변수 등을 반영해 예상 부도율을 측정하는 등 미래 손실을 반영해야 한다.

새로운 기업회계기준이 도입되는 경우는 새로이 적용되는 기준하에서의 이전 연도의 회계정보를 소급하여 비교 목적적으로 보여야 하지만 IFRS9은 이러한 조정 금액의 차이가 너무 클 것이며 동시에 너무 많은 기업에 적용되는 변화이므로 이러한 조정을 수행하지 않는다. 이를 표시하지 않음은 IFRS9의 다음의 경과 규정에 근거한다. 아마도 이러한 비교목적 표시가 너무 번거로울 수도 있어서 기초 이익잉여금에 모두 반영하는 회계원칙을 채택하였을 듯하다.

제7.2절 경과규정

7.2.1 이 기준서는 기업회계기준서 제1008호 '회계정책, 회계추정의 변경 및 오류'에 따라 소급 적용한다. 다만 문단 7.2.4~7.2.26과 7.2.28에서 정한 규정은 제외한다. 이 기준서는 최초 적용일에 이미 제거된 항목에는 적용하지 아니한다.

7.2.15 문단 7.2.1의 요구사항에도 불구하고 이 기준서의 분류와 측정 요구사항(제5.4절과 제5.5절의 금융자산의 상각 후 원가 측정 요구사항과 손상 요구사항을 포함)을 적용하는 경우에는 기업회계기준서 제1107호의 문단 42L~42O를 공시해야 하지만 과거 기간을 재작성할 필요는 없다. 사후판단을 사용하지 않고 재작성할 수 있는 경우에만 과거 기간을 재작성할 수 있다. 과거 기간을 재작성하지 않는 경우에 종전 장부금액과 최초 적용일을 포함하는 연차 보고기간 시작일의 장부금액의 차이를 최초 적용일이 포함된 연차 보고기간의 기초 이익잉여금(또는 적절하다면 자본의 다른 분류)으로 인식한다. 그러나 과거 기간을 재작성하는 경우에는 재작성된 재무제표는 이 기준서의 모든 요구사항을 반영하여야 한다. 기업이 이 기준서를 적용하는 접근법의 선택에 따라 서로 다른 요구사항에 하나 이상의 최초 적용일이 발생하는 경우에 문단 7.2.14는 매 최초 적용일에 적용한다(문단 7.2.2 참조). 예를 들면 이 기준서의 다른 요구사항을 적용하기 전에 문단 7.1.2에 따라 당기손익－공정가치 측정 항목으로 지정한 금융부채의 손익 표시 요구사항만을 적용하기로 선택한 경우가 이에 해당한다.

chapter 5

대우조선해양 분식회계 건

대우조선해양의 분식회계 건은 최근에 발생한 회계사기 중에 가장 큰 금액의 사기이므로 비교적 자세하게 다룬다.

한국경제신문. 2016.6.22. 대우조선 사외이사에겐 왜 책임 묻지 않나

강원랜드는 감사원 감사 결과에 따라 회사에 손실을 입힌 사외이사들을 상대로 손해배상 소송 중이다. 법원은 1심 판결에서 이들에게 30억원 및 이자와 지연손해금을 회사에 지급하도록 했다. 어떤가.

사외이사에 대한 소송에서 원고가 투자손실을 입은 투자자가 아니라 회사라는 점이 흥미롭다.

2000년대 초반 SK글로벌의 분식회계이슈가 불거져 나왔을 때 모 인사는 SK 사태에 대해 "SK 글로벌의 분식회계를 감사할 책임이 있는 감사위원에 노령의 대학 심리학과 교수가 계셨다"면서 "이같이 사외이사의 전문성 등이 담보되지 않은 것이 우리 대기업의 현실"이라고 비판했다(오마이뉴스 2003.5.2.).[1]

한국경제신문. 2016.5.25. '부실회계' 뒤늦게 시인하고 세금<법인세> 2,300억원 돌려받는 대우조선

대우조선해양이 지난 3월 부실 회계처리를 시인하며 2013~2014년도의 재무제표를 수

---

1) 아마도 이분이 문제를 삼으셨던 부분은 연령보다는 전문성의 이슈였을 것이다.

정 공시함에 따라 해당 연도에 납부했던 법인세 2,340억원을 뒤늦게 돌려받게 된 것으로 밝혀졌다. 당초 흑자로 발표했던 두 회계연도 실적을 적자로 바꾼 것이 법인세법상 세금 환급 요건을 충족하고 있기 때문이다. 하지만 대규모 손실을 숨겨왔던 일정의 위법 행위가 드러났음에도 세금 환급이 가능하도록 규정한 현 법인세법이 과연 적절한 것인지를 놓고 논란이 일고 있다.

24일 세무당국과 회계업계에 따르면 대우조선은 2013년도와 2014년도에 각각 4,409억원, 4,711억원의 영업이익을 반영한 재무제표를 발표했다. 이에 근거해 두 회계연도에 법인세를 1,291억원, 1,049억원(현금흐름표상 법인세 납부액 기준)씩 납부했다. 하지만 이 회사는 2015년 상반기 말 일시에 5조 5,000억원 규모의 적자를 냈다고 발표해 조선 회계업계에선 대우조선의 분식회계 가능성을 강하게 제기했다.

• 회계부실 인정 후 '세금횡재'

외부감사인인 안진회계법인은 올 초 2015년 결산 감사 과정에서 부실 회계감사에 대한 '뒷북 고백'을 했고, 대우조선에 과거 손실을 반영한 재무제표 정정을 요구했다. 이에 따라 대우조선은 지난 3월 25일 2013년도와 2014년도 재무제표를 수정해 공시했다. 당초 2,209억원이었던 2014년 영업이익은 7,784억원의 영업적자로, 4,711억원이었던 2014년 영업이익은 7,429억원의 영업손실로 각각 바꾼 것이다. 업계에서는 "재무제표 정정으로 대우조선이 분식회계 또는 심각한 부실회계 부실을 시인한 것"이라고 평가했다.

하지만 재무제표 정정으로 대우조선은 뜻하지 않은 '횡재'를 얻게 됐다. 영업손실을 낼 경우 법인세가 부과되지 않는데, '법인세법 제58조의 3(사실과 다른 회계처리에 대한 경정에 따른 세액공제)'에 근거해 과거에 내지 않아도 됐던 세금에 대해 '경정 청구(과다 납부한 세액을 바로 잡을 것을 요청하는 행위)'할 수 있기 때문이다. 국세청 법인세 납세국 관계자는 "법인세법 58조의 3은 업무착오 등은 물론이고 분식회계에도 적용된다"며 "대우조선해양은 경정 청구를 해 관련 혜택을 볼 수 있을 것"이라고 말했다.

• 세금 환급 적정성 논란

현행 법인세법상 경정 청구를 한 기업들은 세금을 당장 돌려받지는 않는다. 대신 해당 기업은 향후 5년간 법인세를 내야 할 경우 경정 청구한 세금으로 대신 납부할 수 있다. 그러고도 남는 세금이 있으면 5년 후 잔액을 환급받는다.

하지만 대우조선은 5년 뒤 2,340억원을 고스란히 돌려받을 것으로 예상된다.

2013~2015년 5조원이 넘는 대규모 이월결손금(세무상 적자)을 내서다. 세법에 따라 대우조선은 이 이월결손금을 2016년 이후 세금 산정 때 공제받을 수 있다. 때문에 5년간 5조원의 이익을 내지 않는 한 대우조선은 세금을 내지 않게 된다.

경정 청구제도는 1998년 외환위기 이후 정착됐다는 게 국세청 설명이다. 당시 다수의 분식회계 기업들이 구조 조정되는 과정에서 과세당국에 세금을 돌려달라는 소송을 냈는데, 당시 대법원이 분식회계기업도 경정 청구를 할 수 있다고 판결했기 때문이다.

이 제도가 과연 적절한 것인지를 놓고 과세당국과 학계의 의견이 갈리고 있다. 국세청 관계자는 "세금 문제만 놓고 보면 분식회계로 내지 말았어야 할 세금을 낸 것이기 때문에 '실질과세의 원칙'에서 경정 청구 후 세금을 돌려주는 것이 타당한 측면이 있다"며 "대신 분식회계는 자본시장법 등 다른 법률로 처벌하고 있다"고 말했다.

반면 제도를 바꿔야 한다는 목소리도 적지 않다. 자본시장법상 분식 회계 관련 과징금이 최대 20억원으로 묶여있고 형사처벌도 5년 이하 징역이나 2억원 이하 벌금에 그치는 등 '솜방망이 제재'가 이뤄지고 있는 만큼 세법에도 분식회계에 대한 징벌적 요소를 강화해 회계투명성을 높여야 한다는 것이다. 홍기용 인천대 교수는 "분식회계에 대한 법원 확정 판결이 나와 고의성이 입증되는 경우 등에는 경정 청구를 못하도록 하거나 법인세 환급액을 감액하는 방안 등을 검토할 만하다"고 말했다.

---

chapter 3의 내부회계관리제도에 대한 인증에서도 안진회계법인이 분식회계가 드러난 이후에 검토보고서를 수정하게 된다. 세금보고도 이에 따라서 수정하는 것이다.

원래 보고된 이익과 법인세 부담액은 두 마리의 토끼와 같다. 재무회계와 세무회계 간에 차이가 있지만 세전이익이 증/감하면 과세소득이 증/감하고 이익을 증가하는 임의적인 회계가 진행된다면 이에 따라 법인세 부담액은 따라서 증가할 것이다. 따라서 기업은 보고되는 이익을 선택하여 영업의 결과가 좋게 보이게 하려면 법인세 차원에서는 더 높은 부담을 안을 수밖에 없다.

영업의 결과를 좋게 보이려 분식을 하였는데 이러한 분식이 발각된 이후에는 높은 과세소득에 근거한 높은 법인세 부담액을 되돌려 받기 위해 환급을 요청하는 것이다. 분식이 발견되지 않으면 영업의 결과가 과장되면서 높은 법인세를 부담할 수 있는데, 분식이 적발되어 영업의 결과를 포장하는 것이 실패하였으니 높게 납부한 법인세라도 환급을 받겠다고 하는 생각이다. 무척이나 악의적이고 기회주의적인 접근이다.

높은 금액의 영업의 결과가 높은 기업 가치를 통해서 주가의 상승으로 연결된다면 분식을 통해서 주식 가액을 높이는 효과를 얻는데, 동시에 나중에 분식이 드러나면 법인세도 환급받겠다고 하면 두 마리의 토끼를 모두 얻겠다는 속셈이다. 제도가 이러한 악의적인 분식회계로 인한 기업까지 보호해 주어야 하는지에 대해서는 의문이 있다.

대법원의 판례는 세법의 논리에 대한 접근인데 사회 정의의 차원에서 이러한 해석에 대한 고민이 진행되어야 한다고 생각된다.

이에 대한 반대되는 논리는 즉, 법인세를 환급해 주어서는 안 된다는 주장은 다음과 같이 전개될 수 있다.

법인이 분식회계를 하지 아니한 것처럼 재무제표를 공시하고 과세당국에 동 재무제표에 의하여 법인세를 신고·납부하였다고 주장하는 것은 청구법인이 신의성실의 원칙을 위배한 경우에 해당된다.

여기에서 신의성실의 원칙이란 국세기본법 제15조는 과세관청 및 납세의무자에 대한 신의성실에 대하여 규정하고 있는바, 이러한 신의성실의 원칙 또는 禁反言의[2] 원칙은 자기의 과거의 언동에 의하여 어떤 사실을 표시한 자는 그 사실의 존재를 믿고 어떠한 행위를 한 상대방에 대하여 그 사실의 존재를 부정하는 것이 허용되지 아니한다는 것으로서 이는 법의 근저를 이루는 정의의 관념에서 비롯된 것으로 국세기본법도 이러한 원칙의 예외가 되지 않는다고도 할 수 있다.

주식회사의 외부감사에 관한 법률을 위반하여 분식결산을 한 후 분식결산사실이 적발되는 경우 분식결산으로 납부한 세금을 돌려받을 수 있다는 것을 용인하게 되면 주식회사의 외부감사에 관한 법률의 입법취지를 몰각시키고, 사회적으로 분식결산을 조장할 우려가 있는 심히 불합리한 결과를 초래하게 될 수 있다는 점에서도 분식결산사실을 인정하여 관련 조세를 환급할 수는 없다는 것이 1998년 이전의 심판례와 각종 예규의 입장이었는데 1998년의 대

---

2) 영미법에서 일단 행한 표시나 행위를 번복할 수 없다는 법률상의 원칙.

법원의 판결 이후 이러한 해석이 반전된 듯하다.

한국경제신문. 2016.7.5. '회계부정' 대우조선, 국민연금 발 줄소송 당하나

대우조선해양이 2012년부터 분식회계를 해온 정황이 검찰 수사과정에서 드러나면서 당시 재무제표를 보고 이 회사 주식과 채권에 투자했던 국민연금공단이 손해배상 소송에 나설 가능성에 무게가 실리고 있다.

검찰은 고재호 전 사장이 재임하던 2012년부터 2014년 사이 5조 4,000억원대 분식회계가 있었던 것으로 보고 수사하고 있다. 분식을 거쳐 부풀려진 이익이 회사가 매년 공시한 사업보고서에 반영된 것으로 검찰은 파악하고 있다.

대우조선해양이 2012년부터 분식회계를 해왔을 것이란 혐의가 제기되면서 당시 재무제표를 보고 투자를 결정했던 국민연금 등 기관투자자들이 강경 대응에 나설 것이란 관측이 나온다. 시장에서는 국민연금이 잘못된 정보를 바탕으로 대우조선해양 주식에 투자해 2,000억원 가량의 손실을 본 것으로 추정하고 있다.

국민연금은 2013년 한 해 동안 대우조선해양 주식 1,744만 1,569주(지분율 9.11%)를 사들였다. 매매 가격을 밝히지 않고 있지만 2013년 대우조선해양의 평균 주가(2만 9,920원)를 감안하면 투자금액은 약 5,218억원에 달할 것으로 추산된다.

국민연금이 보유하던 주식을 본격적으로 매도하기 시작한 것은 정성립 사장이 새로 취임해 대우조선해양의 이전 분식을 떨어내기 이전이다. 공시일 기준 지난해 3월 25일 191만주를 매도한 것을 시작으로 6월 11일까지 781만 8,926주를 팔아치웠다. 남아 있던 4% 가량 지분도 지난해 6월 모두 매각했을 것으로 업계는 보고 있다. 지난해 상반기 대우조선해양의 평균 주가는 1만 7,894원 수준으로 2013년 대비 40%가량 낮았다.

국민연금은 주식과 별도로 지난해 3월 대우조선해양 회사채에 1,000억원을 투자해 105억원의 평가손실을 보고 있다.

한 대형 로펌 변호사는 "잘못된 재무제표가 투자 판단에 영향을 줬다면 국민의 돈을 굴리는 국민연금은 강력하게 문제를 제기하고 보상을 받아야 할 것"이라고 말했다. 이어 "국민연금이 소송에 나서면 대우조선해양 주식이나 채권에 투자한 다른 기관투자가들도 적극적으로 따를 것"으로 내다봤다.

국민연금 관계자는 "여러 가지 대응을 검토 중이지만 아직 결정된 것은 없다"고 말했다. 일각에서는 대우조선해양에 공적자금이 투입되고 있어 소송을 통해 국민연금이 손실을 보전받기 부담스러울 수 있다는 분석도 나온다.

2013년과 2014년 재무제표를 보고 대우조선해양 주식을 산 일반투자자 중 일부는 대우조선해양과 외부감사인 안진을 상대로 소송을 제기했다. 소액주주들이 대우조선해양을 대상으로 서울중앙지법에 제기한 손해배상소송은 총 6건으로 약 249억원 규모다.

위의 내용에서 공적자금이 투입되어 국민연금이 손실을 보전받기 부담된다는 내용은 이해하기 어렵다. 공적자금은 모든 국민의 세금이지만 모든 국민이 국민연금에 가입한 것은 아니기 때문이다.

한국경제신문. 2016.7.13. 국민연금, 대우조선 손배소 결정

국민연금공단이 대우조선해양의 분식회계로 인한 투자 손실에 대해 손해배상소송을 제기할 방침인 것으로 확인됐다. 연기금 등 기관투자자가 대우조선해양에 대해 제기하는 첫 민사소송이다.

12일 투자은행업계에 따르면 국민연금공단은 내부 법률 검토를 통해 대우조선해양의 분식회계와 관련해 손해배상소송을 제기한다는 방침을 세웠다. 자본시장과 금융투자업에 관한 법률 162조 '사업보고서 거짓 기재에 대한 배상 책임'이 근거 조항이다. 소송 대상은 대우조선해양과 당시 경영진, 딜로이트 안진 등으로 한정했다.

국민연금이 소송 방침을 정한 것은 분식 회계 정황이 뚜렷하다는 이유에서다. 지난 3월 딜로이트 안진이 2013~2014년 재무제표를 수정해 2조원 규모 손실을 늦게 반영한 점과 감사원이 2013~2014년 2년간 1조 5,000억원 규모 분식 회계 혐의를 공식 발표한 점 등이 대표적인 예다. 관련 법률에 따라 국민연금이 소송을 제기할 수 있는 제척기간(위법사실을 안 날로부터 1년)이 오는 15일까지로 촉박한 것도 소송을 결정하게 된 주요 사유다.

손해배상소송 규모는 유동적이다. 국민연금은 대우조선해양이 2013 사업연도 감사보고서를 제출한 2014년 3월부터 매입한 대우조선해양 주식 중 회계분식 혐의를 인지한 2015년 7월까지 주식을 보유한 데 따른 손실을 1차 배상 대상으로 삼고 있다. 규모는 수백억원 정도다.

국민연금이 소송을 제기하면 대우조선해양 투자로 손실을 입은 다른 연기금 보험사 자산운용사 등 기관투자자들도 소송에 나설 수 있다. 금융위원회와 산업은행은 손해배

상소송이 잇따를 경우 대우조선해양의 경영 정상화에 상당한 지장을 초래할 것으로 우려하고 있다.

산업은행 관계자는 "법원 확정 판결이 나올 때까지 손해배상 청구 받은 금액이 우발채무로 남아 향후 경영권 매각 등에 걸림돌이 될 것"이라고 말했다.

국민연금은 2013년 말 6,109억원(9.12%) 규모의 대우조선해양 주식을 보유했지만 2015년 초부터 주식을 단계적으로 대부분 매각했다.

집단소송제도에 의한 소송도 상당할 정도의 파급효과가 있듯이 국민연금과 같은 영향력이 있는 기관투자자의 소송은 파급력이 있다.

대우조선해양의 분식회계의 여파가 엉뚱하게 다른 곳으로 뛰고 있다.

문화일보. 2016.7.14. 한화, 대우조선 인수 이행보증금 일부 환수 가능성

- 대법, 반환 청구소 '파기 환송'

대법원이 한화그룹의 대우조선해양 인수 이행보증금 반환청구소송에 대해 파기 환송 결정을 내렸다. 이에 따라 한화그룹은 3150억원의 이행 보증금 중 일부를 되돌려받을 가능성이 크게 높아졌다. 한화그룹 입장에선 생각지도 못했던 '횡재'를 눈앞에 두고 있는 셈이다.

대법원 2부(주심 김창석 대법관)는 14일 한화그룹 한화건설 등과 컨소시엄을 구성해 대표로 나선 한화케미컬이 산업은행과 한국자산관리공사(캠코)를 상대로 낸 이행 보증금 반환청구소송에서 원고 패소로 판결한 원심을 깨고 사건을 서울고법에 돌려 보냈다. 이 사건은 한화그룹이 지난 2008년 대우조선해양 인수를 위해 3,150억원의 이행보증금을 지불했다가 2009년 인수가 무산되자 '대우조선해양 매각 결렬의 책임이 산업은행에 있다'며 이행 보증금 반환소송을 내면서 시작됐다.

현재 한화그룹이 납부한 이행 보증금 3,150억원은 산업은행 계좌에 있다. 2008년 당시 글로벌 금융위기 반발 등으로 자금 확보에 어려움을 겪은 한화그룹은 본 계약을 계속 미루다가 2009년 6월 계약을 체결하지 않겠다고 통지했다. 대우조선해양 노조가 실사를 저지했다는 게 주된 이유였다. 이후 한화그룹은 산업은행에 이행보증금을 돌려달라는 취지의 소송을 냈다. 그러나 법원은 2011년 1심과 2012년 2심에서 산업은행의 손을 들어줬다.

하지만 최근 조선업종 대규모 구조조정이 진행되고 산업은행의 부실관리와 대우조선

해양의 분식회계 사실이 검찰 수사로 드러나면서 새 국면을 맞았다.

대법원이 산업은행에도 계약 무산의 책임이 있다고 판단, 파기 환송 결정을 내림에 따라 한화그룹은 파기 환송심을 통해 이행 보증금 일부를 되돌려 받을 가능성이 크게 높아졌다. 파기 환송심에선 책임 비율을 고려해 반환금을 결정한다.

한국경제신문. 2016.7.15. 한화 '대우조선 계약금' 소송 승소

재판부는 판결문에서 "한화는 대우조선 재무상태 등에 대한 정보를 제대로 인식, 이해하지 못한 상황에서 양해 각서를 체결한 것으로 보인다"고 지적했다. 워크아웃 절차를 밟은 기업은 인수 협상 단계에서 예상치 못한 우발채무가 발생하거나 자산가치가 실제보다 과장된 것으로 드러날 가능성이 크다는 설명도 덧붙였다.

이행보증금 성격에 대한 법리적 판단도 법원 간에 달랐다. 1, 2심은 '위약벌'로 봤지만 상고심은 '손해 배상액의 예정'으로 봤다. 계약 이행 위반에 대한 징벌 성격인 '위약벌'에 해당하면 납부한 이행보증금은 몰수가 가능하다. 그러나 채무를 이행하지 못했을 때 생길 수 있는 배상액을 미리 정해두는 '손해배상액 예정'의 성격이라면 계약이 이행될 것으로 믿었던 신뢰이익상당의 손해만 물어주면 된다.

대법원은 지난 3월에도 인수합병 과정의 이행보증금을 돌려주라고 판결한 적이 있다. 대법원은 현대상선이 현대건설을 상대로 이행보증금을 돌려달라고 낸 소송에서 주관기관인 외환은행이 이행보증금 2,755억원 중 2,066억원은 돌려주라는 원심을 확정했다.

"대법원의 이번 판단은 M&A 과정에서 매도인과 매수인의 권리의무 관계를 공정하게 해석하는 데 크게 기여할 것으로 기대된다"고 말했다.

매일경제신문. 2018.1.12. 한화, '대우조선 인수 무산' 1천억원대 보증금 돌려받는다

한화케미칼리 대우조선해양 인수를 추진하며 3,000억원대 이행보증금을 걸었다가 돌려받지 못했던 돈을 일부 되찾게 됐다. 서울고법 민사 16부(김시철 부장판사)는 11일 한화케미칼이 산업은행과 한국자산관리공사를 상대로 "대우조선해양 인수 해지에 따른 인수보증금을 돌려달라"며 낸 소송의 파기환송심에서 산업은행 등이 1,260억원과 지연이자를 지급하라고 판결했다.

위에서도 대우조선해양의 분식 건에 대한 사외이사의 책임의 이슈에 대한 논란이 있었다.

조선일보. 2016.7.9. 사외이사에 법적 책임만 묻는다면 분식회계 줄어들까

이른바 수주산업이라고 불리는 조선업과 건설업에서 사용하는 '공사진행기준'이라는 특수한 회계처리법을 이해해야 한다. 예를 들어, 120억 달러에 수주한 해양플랜트 건설 사업의 총공사예정 원가가 100억 달러라고 가정해보자. 작업을 시작한 1차 연도에 공사 원가 30억 달러를 썼다면 공사진행률은 30%이다. 이 경우 매출액은 총 수주 금액의 30%인 36억달러다. 공사진행기준을 적용하기 위해서는 총공사 예정 원가를 정확하게 추정하는 것이 필요하다. 제작 기술 문제 등으로 실제 공사 비용이 예상보다 많이 들면 공사 진행률이 하락하고, 그 결과 매출은 감소하기 때문이다. 현재까지 보도된 내용을 보면, 대우조선해양은 2015년 1분기 총 공사 예정 원가를 실제보다 낮게 잡아 공사 진행률을 높게 기록하는 방법으로 매출을 부풀린 것으로 보인다.

비슷한 시기에 해양플랜트 사업을 수주한 현대중공업은 공사 비용이 예상보다 늘어나 적자를 볼 가능성이 크다며 재무제표에 3조 2,000억원 영업 손실을 반영했고, 같은 해 삼성중공업의 영업이익은 1,700억원으로 대폭 줄었다. 반면 대우조선해양의 영업이익은 4,700억원으로, 두 경쟁업체보다 실적이 좋은 것처럼 보였다. 다른 두 회사와 달리 대우조선해양이 2014년 총공사 예정 원가를 낮게 잡았다고 볼 수 있다.

매경이코노미. 2016.7.6.-7.12 대우조선해양 부실 대출 놓고 은행권 갑론을박 다들 충당금 쌓는데 산은 수은 '모르쇠'

대손충당금은 쉽게 말해 은행이 돈을 빌려준 기업에 떼일 상황을 대비해 미리 준비해 두는 돈이다. 각 은행은 자체 기준에 따라 대손충당금을 쌓는다. 문제는 요즘 이슈가 되는 대우조선해양을 두고 각 은행마다 다른 기준으로 충당금을 쌓고 있다는 점이다. 여신 등급을 산업은행, 수출입은행 등 국책은행은 '정상'으로 분류한 반면, 시중은행은 '요주의'로 재분류했다. 앞으로 문제가 있을 것으로 예상되니 좀 더 돈을 많이 쌓아두겠다고 입장을 바꿨다는 말이다.

최근에 농협은행도 요주의로 하향 조정했다. 여기에 따라 상반기에만 대손충당금은 1조 3,000억원(조선 해양 전체)을 더 쌓았다. 전년 5,000억원 대비 2배 이상 늘린 금액이다.

그러자 다시 시선은 주채권은행인 산업은행과 수출입은행으로 쏠린다. 아직까지 두 은행은 대우조선해양 여신 분류 등급을 '정상'으로 두고 있다.

최근 이동걸 KDB산업은행 회장은 "국책은행은 시중은행과 다르게 국가적 상황, 기업이 미칠 영향 등을 고려해야 하기 때문에 필요하다면 대우조선해양의 건전성 등급 하향도 고려하겠지만 지금은 그런 상황이 아니다"라고 선을 그었다.

수은도 마찬가지다. 수은 관계자는 "감독원 감독 규정에 이자 연체가 1개월이 넘으면 요주의로 분류해야 하는데 현재 상황만 놓고 보면 요주의로 바꿀 만한 이유는 없다"고 잘라 말했다.

부실 조짐이 있어 구조조정을 해야 한다는 점엔 채권단 모두 동의한다. 하지만 이처럼 은행 간 이견이 생기는 이유는 뭘까. 표면적으로는 은행별 충당금 부담이 각자 달라서라고 볼 수 있다. 시중은행의 경우 대우조선해양 관련 채권이 수백억원대로, 수천억원 대인 산은 수은과는 입장이 다르다.

- 농협은행도 최근 '요주의'로 내려 '정상' 고집 이유는 서별관 회의 면피 때문

은행업감독규정 제29조에 따르면 대손충당금은 여신 분류 등급상 정상은 추정 손실의 0.85% 이상, 요주의 7% 이상, 고정 20% 이상, 회수 의문으로 분류할 경우 50% 이상 쌓아야 한다. 산은, 수은의 경우 대우조선해양을 '요주의'로 분류하면 최소 5,000억원, 최대 수조원 가량 대손충당금을 더 쌓아야 한다. 이럴 경우 산은은 추가 자본 확충 요청, 수은도 기획재정부에 추가 증자를 요청해야 할 판이다. 이는 최근 나온 감사원 감사보고서에서도 지적된 사항이다.

이를 다른 저의가 있다고 보는 시각도 있다. 지난해 서별관 회의에 참석한 이들이 내린 정무적 결정으로 '정상' 등급을 만들어놨는데 지금 와서 산은 수은이 고치려 든다면 당시 의사결정 과정에 관여한 이들도 책임론에서 자유로울 수 없다는 것이다.

전성인 홍익대 경제학부 교수(차기 금융학회장)는 "지난해 서별관회의를 통해 산업은행과 수출입은행이 4조 2,000억원의 대우조선해양에 대한 신규 대출을 제공하면서 급한 불을 껐다. 하지만 최근 또 다시 자본 확충 얘기가 나올 정도로 대우조선해양 상황이 좋지 않다. 서별관 회의 주동자들은 입을 굳게 닫고 애꿎은 산은 수은만 '괜찮다'고 하는데 차라리 관련자 책임을 묻고 추가 부실에 대비할 때"라고 말했다.

금융감독원 규정상 문제가 없다 하더라도 '소 잃고 외양간 고치기'보다 차라리 시중은행처럼 지금이라도 국책은행이 여신 분류 등급을 전향적으로 할 수 있도록 시스템 개선

이 필요하다는 의견도 있다.

윤석헌 숭실대 금융학부 교수는 "금융당국이 대손충당금 설정 시 미국처럼 채권은행은 1~2년 정도를 내다본 미래지향적(FLC) 기준에 따라야 한다고 주장해오면서도 국책은행 부실이 우려되는 이번 사안에 대해서는 입을 다물고 있다는 점은 문제가 있다"고 주장했다.

국책은행이 일반 시중 은행과 비교해서 정무적인 판단을 수행한다는 것은 이해를 해야 한다.

단, 위의 신문기사에서 기술된 FLC라는 것은 매우 가변적인 위험을 동시에 띤다. FLC의 잣대는 이상적이기는 하지만 동시에 매우 추상적이다. 미래를 예측하여 의사결정을 수행한다는 것은 무척이나 어려운 일이다.

한국경제신문. 2016.7.15. "대우조선, 사외이사도 책임져라" 소액주주들, 손배소 추가 제기

수조원대 분식회계 의혹으로 검찰 수사를 받고 있는 대우조선해양에 대해 소액주주들이 수십억원대의 손해배상 청구 소송을 추가로 제기했다. 조전혁 전 새누리당 국회의원 등 사외이사들도 처음으로 피소됐다.

14일 법조계에 따르면 강모씨 등 소액주주 21명은 이날 법무법인 한누리를 통해 대우조선해양 법인과 전 현직 임직원, 딜로이트 안진 등을 상대로 하는 손해배상 청구 소장을 서울중앙지방법원에 냈다. 고재호 전 사장을 비롯한 김갑중 전 대우조선해양 재경실장 등 사내외사 2명과 조전혁 전 의원 등 사외이사 5명도 피고에 포함됐다. 배상 청구 규모는 약 36억원이다.

소액주주들은 소장에서 "대우조선해양이 분식회계를 해 사업보고서 등을 허위로 작성해 공시했고 딜로이트 안진은 부실 감사를 했다"며 "원고들은 이를 알지 못하고 허위로 기재된 대우조선의 사업보고서와 감사보고서를 신뢰하고 주식을 매수했다가 손해를 입었다"고 주장했다. 대우조선해양 등이 자본시장법 등에 따라 원고들의 피해액을 배상해야 한다는 주장이다.

대우조선해양을 상대로 한 소액주주 소송은 이번이 처음은 아니다. 다만 이번 소송은 손해배상 청구 대상으로 삼은 주식 매수 기간을 2013년 8월 16일부터 올해 4월 14일까

지로 잡았다. 이전에 제기된 소송들은 2014년 사업보고서 공시 시점 (2015년 3월 31일) 또는 2013년 사업보고서 공시 시점(2014년 3월 31일) 이후에 매수한 경우였다.

원고 측을 대리한 김광중 법무법인 한결 변호사는 "대우조선해양의 분식 회계가 2012년부터 시작됐고, 2013년 반기 보고서부터 허위로 작성됐다는 것이 우리 입장"이라며 "연말 기준으로 작성된 사업보고서뿐 아니라 그전에 작성 및 공시된 반기 분기 보고서도 책임 대상이 된다"고 주장했다.

사외이사에게 배상 책임이 있다고 본 것도 기존 소송과 차이점이다. 김변호사는 "막대한 분식이 일어나는 동안 사외이사들이 감사 직무를 제대로 수행하지 않았다"며 "회사를 제대로 감시하지 못한 사외이사에 대해 책임을 인정한 판례들이 있는 만큼 재판 과정에서 이를 입증할 계획"이라고 설명했다.

서울중앙지법에는 소액주주 427명이 대우조선해양을 상대로 낸 손해배상 소송을 포함해 총 8건의 관련 사건이 계류 중이다. 현재까지 피해 액수는 250억여 원이며 이번 소송을 통해 300억원 규모로 늘어날 전망이다.

대법원은 사외이사들의 책임을 묻지 않았다. 회계정보는 누적되는 것이기 때문에 2013년 사업보고서가 잘못되었다고 하면 2013년 사사분기 재무제표나 삼사분기 재무제표가 분식되지 않는 한, 2013년 반기보고서가 분식의 대상이었을 것이며 따라서 분식보고서가 발표된 이후에 주식을 매수했던 투자자부터가 분식으로부터의 잠재적 피해자일 것이다.

매일경제신문. 2016.7.16. 국민연금 "대우조선 손배소 확대할 수도"

국민연금공단이 대우조선해양 주식과 채권에 투자해 2,000억원이 넘는 손실을 봤음에도 손해배상 소송 청구액이 489억원에 불과하다는 주장이 제기됐다. 이에 대해 국민연금은 실제 발생한 손실액은 그보다 적으며 검찰 수사 경과에 따라 손해배상 규모를 확대할 수 있다고 밝혔다.

15일 정춘숙 더불어민주당 의원은 국민연금이 제출한 자료를 분석한 결과 국민연금이 2013년부터 올해 3월까지 대우조선해양에 1조 5,542억원을 투자해 총 412억원 손실을 본 것으로 집계됐다고 밝혔다. 국민연금이 주식에 1조 1,554억원을 투자해 2,360억원 손실을 봤고, 채권에는 3,988억원을 투자해 현재 52억원 손실을 봤다고 지적했다.

국민연금은 2013년 대우조선 주식에 투자해 지분율을 9.12%까지 늘렸다. 대우조선의 분식회계 이슈가 발생한 2015년 6월 이후부터는 투자 비중을 줄이려 지분을 매각했지만 이 과정에서 주가하락에 따른 손실을 봤다. 국민연금은 지난 13일 분식회계로 손해를 입었다며 대우조선과 회계감사를 담당한 딜로이트 안진 등을 상대로 489억원 규모의 손해배상 소송을 청구했다. 국민연금이 분식회계로 입은 손해를 배상하라며 기업을 상대로 소송을 낸 것은 이번이 처음이다.

국민연금은 "정의원의 분석은 특정 기간 주식의 장부상 평가액 변화 등을 나타내는 것으로 실제 발생한 손해액과는 차이가 있다"며 "손해배상 청구 가능금액 및 투자손실액은 분식회계 의혹이 있는 2012년과 2013년의 편입 여부 등에 따라 기간별 매매손익, 시점별 보유 수량과 기준 주가가 달라지면서 차이가 발생한다"고 밝혔다. 아울러 "검찰 수사 경과에 따라 손해배상 청구 범위 등은 달라질 수 있다"며 분식회계 혐의가 확정되면 추가 소송을 제기할 수 있음을 시사했다.

한국경제신문. 2016.7.19. 공무원 사학연금도 대우조선에 소송

국민연금에 이어 사학연금과 공무원 연금이 대우조선해양을 상대로 200억원대 손해배상청구 소송을 제기했다. 대우조선해양의 회계 부정에 따른 피해에 대해 연기금들이 잇따라 소송에 나서면서 소송 규모는 눈덩이처럼 불어날 전망이다.

18일 관련 업계에 따르면 사학연금과 공무원 연금은 지난 15일 법무법인 한결을 통해 대우조선해양 법인과 전 현직 임직원, 외부감사를 담당한 딜로이트안진을 상대로 한 손해배상청구 소장을 서울 중앙지방법원에 냈다.

고재호 전 사장을 비롯한 김각중 전 재경실장 등 사내이사 2명과 조전혁 전 국회의원 등 사외이사 5명이 피고 명단에 포함됐다. 배상 청구액은 사학연금이 147억원, 공무원 연금이 73억원으로 총 200억원이다. 원고 측은 소장에서 "대우조선해양이 회계분식을 통해 사업보고서 등을 허위로 작성해 공시했고, 딜로이트안진은 부실감사를 했다"며 "허위로 기재된 대우조선의 사업보고서와 감사보고서를 신뢰하고 주식을 매수했다가 손해를 입었다"고 주장했다.

국민연금은 지난 14일 대우조선해양과 이 회사 경영진 10명, 회계법인 딜로이트안진을 대상으로 489억원 규모의 손해배상청구 소송을 청구했다고 밝혔다.

법조계 관계자는 "연기금 1~2곳이 추가로 소송을 검토하고 있는 것으로 안다"며 "연기금들의 총 소송 규모만 1,000억원 선을 넘어설 가능성이 있다"고 말했다. 대우조선해양 비리를 수사 중인 검찰 부패범죄특별수사단은 2012~2014년 대우조선해양의 분식회계 규모가 5조 7,000억원에 달한 것으로 보고 수사를 하고 있다.

법조계에서는 연기금들이 회사 및 감사법인으로부터 분식회계로 인한 피해를 배상받은 사례가 있는 만큼 피해액 일부를 돌려받을 가능성이 있는 것으로 보고 있다. 올 들어 삼일회계법인은 한솔신텍(엣 신텍)의 과거 분식회계로 투자 피해를 입은 국민연금 등 연기금과 은행 등 기관, 소액주주들에게 57억원을 배상금으로 지급했다.

한국경제신문. 2016.8.10. 삼일회계, 대우조선 반기 보고서 검토의견 '주목'

- 이번주 내 검토의견 결정

대규모 분식회계 의혹을 받고 있는 대우조선해양의 외부감사인 삼일회계법인이 이번 주 반기보고서 검토의견을 내 놓는다. '의견 거절' 가능성을 배제하기 않고 있는 것으로 알려졌다. 의견이 거절되면 대우조선해양은 관리종목으로 지정된다.

9일 회계업계에 따르면 삼일은 대우조선해양의 올해 반기보고서 검토 의견을 거절할지 내부적으로 논의 중이다. 검찰 조사 등으로 기존 감사인인 딜로이트 안진과 회사로부터 제때 회계정보를 받지 못한 데다 회사가 제출한 숫자가 검찰 수사 결과와 일부 차이가 있는 것으로 전해졌다. 삼일은 이번 주에 검토의견을 결정할 예정이다.

대우조선해양은 지난해까지 6년간 딜로이트안진으로부터 감사를 받았다. 재무구조가 악화되면서 올해 1분기부터 삼일회계법인이 지정감사를 맡았다. 회계법인 검토의견은 회계처리기준위반이나 계속기업 불확실성 정도에 따라 적정 한정 부적정의견 및 의견거절로 구분된다.

대우조선해양은 2013~2014년 전 경영진 주도로 5조 5,000억원 대의 분식회계를 한 혐의로 검찰과 금융당국의 조사를 받고 있다. 최근 검찰이 현 경영진이 2015년 회계제도를 결산하면서 1,200억원대 영업손실을 숨겼다는 의혹을 추가로 제기하면서 논란이 확대되고 있다.

분식회계문제로 상장폐지 실질심사를 받는 상황에서 관리종목으로 지정되면 대우조선해양에 대한 금융권 지원이 얼어붙을 가능성이 있다는 관측이 나온다. 관리종목은 영업실적 악화 등 부실이 커져 상장폐지 기준에 해당될 우려가 있는 종목을 말한다. 대우조선해양은 실질심사가 마무리되는 오는 29일까지 거래가 정지된다.

안진회계법인의 입장에서는 검찰 조사를 받는 중에는 대우조선해양과 관련된 내용을 후속 감사인 포함 외부로 유출하지 않으려 할 것이다. 안진회계법인의 법정 대리인인 김앤장에서도 외부 유출을 자제하라는 자문을 했다고 한다.

매일경제신문. 2016.8.16. 대우조선 '관리종목 추락' 피했다

대우조선해양이 유가증권시장 관리종목으로 지정되고 금융거래가 끊기는 최악의 사태는 일단 모면할 것으로 보인다.

올해부터 외부감사를 맡은 삼일회계법인이 상반기 결산 보고서에 대한 감사의견을 '의견거절' 대신 '한정'으로 내기로 했기 때문이다. 하지만 한국거래소는 감사의견과 무관하게 재무상태 내부통제 매출 전망 등이 총체적으로 부실하다고 판단하고 있어 주식거래정지는 적어도 내년 9월까지 1년 이상 연장될 것으로 보인다.

15일 회계업계에 따르면 삼일회계법인은 대우조선해양이 16일 금융감독원과 한국거래소에 대해 내부적으로 '한정'의견을 내기로 잠정 결론을 내렸다.

한정 의견은 감사인이 경영자와 의견 불일치 등으로 '적정'의견을 줄 수는 없지만, 그렇다고 이보다 강도가 센 '의견거절'이나 '부적정' 의견을 낼 수준은 아니라고 판단할 때 내리는 등급이다. 한정의견이 떨어지면 시장의 평판이 나빠져 주가나 신용등급이 부정적인 영향을 받을 수 있다. 또 금융기관 대출이나 채권발행 등 자금 조달에서도 일부 불이익을 당할 수 있다. 하지만 업계는 당국에서 거론됐던 '의견거절'이라는 최악의 폭탄은 일단 피할 수 있게 됐다.

반기보고서가 의견거절을 받으면 당장 한국거래소 소속부가 관리종목으로 떨어지고, 연간 결산보고서까지 의견거절이나 부적정을 받으면 상장폐지까지 될 수 있다. 회계법인이 사실상 '사형선고'를 내린 셈이어서 대개 법정관리나 청산절차로 가는 경우가 많다.

회계업계 관계자는 "이번 반기 결산까지는 경제 전반에 미치는 영향, 검찰 수사 등 복잡한 변수가 많아 의견거절까지 내기는 부담스러웠을 것"이라며 "그러나 회사 측의 회계 증빙자료 미제출 등이 계속되면 연말 감사보고서에선 의견거절을 낼 가능성도 배제하기 어려워 보인다"고 말했다.

이 관계자는 "검찰수사에서 현 경영진도 지난해 결산 때 1,200억원대 영업손실을 축소 조작했다는 의혹이 제기됐다"며 "2015년 결산실적을 확정하지 않으면 올 실적도 유동적

일 수밖에 없어 현재로선 어떤 방향이든 결론을 내리기 쉽지 않았을 것"이라고 덧붙였다. 또 회사 측은 물론 지난해까지 6년 연속 대우조선 외부감사를 맡았던 안진회계법인 역시 소송을 앞두고 과거 회계자료 제공이 미온적이라는 점도 한정 의견에 영향을 미친 것으로 알려졌다.

시장에서는 대우조선해양의 2분기 영업손실이 1,000억원대를 웃돌아 1분기 263억원보다 상당 부분 늘어날 것으로 보고 있다. 물론 지난해 결산 때 잠재손실을 한꺼번에 터는 '빅 배스'를 단행한 덕분에 2014년 1조 2,140억원, 2015년 9,372억원처럼 대규모 손실을 염려한 수준은 아니다. 하지만 지난해 결산실적 재수정 여부 등이 변수로 남아 있는 만큼 1~2분기 결산 실적 숫자 자체가 큰 의미를 갖기 어렵다는 지적도 나온다.

대우조선해양은 분식회계 논란 등으로 지난 7월 15일부터 주식거래가 정지돼 이달 29일까지 거래를 할 수 없는 상태다. 하지만 '의견거절'을 피했다고 해서 당장 8월 30일부터 거래가 재개되기는 어려워 보인다.

한국거래소 관계자는 "회계처리의 적정성 여부는 정상적으로 주식이 거래되기 위해 갖춰야 할 조건 중 일부에 불과하다"며 "좀 더 검토를 해봐야겠지만 지금으로선 자본잠식 가능성 횡령 배임 혐의, 향후 매출 불투명성 등 총체적 난국에 처한 대우조선해양은 거래가 재개되기에 부족한 점이 너무 많다"고 말했다.

이 관계자는 "오는 29일 거래 재개가 어렵다는 판단이 내려지면 20일 이내에 기업심사위원회가 열리게 되고 회사는 경영 개선 계획서를 제출해야 한다"며 "현재로선 투자자 보호를 위해 최소한 1년 정도 개선 기간을 부여할 가능성이 커 보인다"고 말했다.

매일경제신문. 2016.8.17. 대우조선의 어두운 민낯

업황 부진과 분식회계에 대한 검찰 수사 등 대내외 위기에 처한 대우조선해양이 1분기 1조원 넘는 대규모 당기순손실을 냈다.

대우조선해양은 반기보고서 제출 마감 시한인 16일 2분기 4,236억원 영업손실, 1조 2,209억원 당기 순손실(연결 재무제표 기준)을 기록했다고 공시했다. 전 분기인 1분기 영업손실 263억원, 당기 순이익 314억원에서 크게 후퇴한 것이다.

당초 증권가에서 예상했던 영업이익 전망치(-334억원)보다 손실 폭이 훨씬 크다. 2분기 매출액은 3조 3,880억원으로 전분기 대비 4.1%줄었다. 지난해 빅배스(누적 손실을 한번에 털어 내는 회계기법)를 단행하며 5조 5,000억원 손실을 재무제표에 반영했고, 산업은행 등 채권단이 4조 2,000억원 자금 지원을 결정했음에도 대규모 적자를 냄에 따라 향후 경영 정상화 과정이 순탄치 않을 것으로 관측된다.

감사를 맡은 삼일회계법인이 대우조선 이연법인세 자산을 인정하기 않으면서 당기 순손실이 8,500억원 가량 불어난다.

이연법인세 자산이란 미래에 발생할 법인세 감세 금액을 뜻한다. 기업이 산정한 법인세 과세 금액과 실제 세무회계로 산출된 과세금액이 다를 때 그 차액을 처리하는 회계 항목으로 향후 세금을 공제받을 수 있기 때문에 자산으로 분류한다.

하지만 회계 이익이 발생하지 않으면 자산으로 인식되지 않는다. 삼일회계법인이 순손실 8,500억원을 추가한다는 것은 대우조선이 앞으로 이익을 낼 가능성이 낮다고 판단했다는 뜻이다. 한편 삼일회계는 대우조선 보고서에 대해 '한정의견'을 내놓았다.

조선일보. 2016.8.17. 대우조선, 2분기에도 1조 2,209억원 순손실

"회계법인 보수적인 감사 영향"

"일부 해양 프로젝트에서 선주와 합의된 보상 프로그램을 인정하지 않았고, 선주 측 요구로 공사가 연장된 부분에서도 자체 보상금 발생 사유로 손실 처리했다"고 설명했다.

한국경제신문. 2016.8.17. 대우조선, 완전자본잠식

대우조선해양이 올 2분기 1조원 대 당기순손실을 내면서 완전자본잠식 상태에 빠졌다. 부채가 자산보다 많아 자기자본이 마이너스가 된 완전자본잠식이 연말까지 지속되면 주식시장에서 상장이 폐지된다.

대우조선은 지난 6월말 기준 자산 총계가 15조 5,946억원, 부채총계는 16조 8,230억원이라고 밝혔다. 자본총계는 -1조 2,284억원으로 완전 자본잠식(별도 재무제표 기준) 상태다. 회계연도 말 기준으로도 완전 자본잠식상태이면 즉시 상장폐지된다.

상장폐지를 피하려면 채권단의 유상증자나 출자전환이 이뤄져야 한다. 채권단은 지난해 대우조선에 4조 2,000억원을 지원하기로 결정했다. 지금까지 3조 2,000억원을 공급해 추가로 1조원을 더 지원할 수 있다. 그러나 대우조선의 현 경영진도 회계조작 혐의로 검찰 수사를 받고 있어 채권단이 추가 지원할지는 불투명하다. 조선업계 관계자는 "채권단이 대우조선에 추가 자금 지원을 하면 '밑 빠진 독에 물 붓기'라는 비판을 받을 수 있다"며 자금 지원이 안 되면 대우조선은 "생사 갈림길에 놓인다"고 말했다.

한국경제신문. 2016.8.18. 회계법인 바뀌자, 깐깐한 잣대 들이대, 조선사 부실 커졌다

 "조선산업 회계 정상화한 것"

 "고무줄 잣대에 업계 피해" 불만

　회계법인들이 경영난을 겪고 있는 조선사에 대해 깐깐한 잣대를 들이대기 시작했다. 계속되는 '수주절벽' 때문에 조선사 실적이 악화될 것으로 보고 2분기 순손익을 상당히 보수적으로 산정했다. 선박을 건조하는데 드는 비용은 늘어나고 건조 중인 선박 대금을 제대로 받을 가능성은 줄었다는 이유로 과거 재무제표를 수정하는 일도 발생했다. 조선업계에서는 "회계법인들이 갑자기 엄격한 잣대를 대는 바람에 경영환경이 더 나빠졌다"고 반발하고 있다. 회계업계에서는 "기존에 느슨한 잣대를 바로 잡은 것"이라고 설명한다.

　• 회계법인 바꾸자 조선사 실적 출렁

　대우조선해양은 올 2분기에 연결재무제표 기준 영업손실 4,499억원, 당기순손실 1조 1,895억원을 기록했다고 17일 발표했다. 당기순손실과 영업손실 규모가 7,973억원 가량 차이가 나는 것은 외부감사를 맡은 삼일회계법인이 대우조선 이연법인세 자산을 인정하지 않은 결과다. 대우조선 이연법인세 자산은 1분기 1조 187억원에서 2분기 3,658억원으로 줄었다. 삼일회계법인은 향후 대우조선의 실적이 지난해 전망치보다 나빠질 것으로 보고 이연법인세 자산을 대폭 줄였다.

　같은 날 한진중공업은 2014년 및 2015년 재무제표를 수정했다고 발표했다. 2014년과 2015년의 영업손실 규모가 각각 1,313억원과 502억원 늘어나게 됐다. 담당 회계법인인 딜로이트안진이 선박을 건조할 때 드는 비용을 좀 더 늘려 계산했기 때문이다. 발주사의 경영 사정이 악화된 것을 반영해 선박대금 회수 가능성을 보수적으로 봐야 한다는 의견도 반영됐다.

　회계법인이 일부 조선소에 보수적인 잣대를 들이대자마자 해당 조선사의 실적이 추락했다는 분석이 나왔다. 공교롭게도 대우조선과 한진중공업은 모두 올 초 외부 감사기관을 변경했다. 대우조선 감사기관은 딜로이트 안진에서 삼일회계법인으로 바뀌었다. 한진중공업 감사기관은 삼일회계법인에서 딜로이트 안진으로 변경됐다.

- 엄격해진 잣대… 책임 회피 논란

조선업계에서는 회계법인이 지나치게 엄격한 잣대를 들이대는 바람에 가뜩이나 어려운 조선사 경영환경을 더욱 악화시키고 있다고 불만을 토로한다. 조선사에 대한 회계법인의 부실 감사 논란이 불거지자 지나치게 보수적으로 평가하기 시작했다는 설명이다. 새 외부감사기관이 과거 회계법인의 감사가 느슨했다고 공격하는 방식으로 향후 리스크를 줄이는 전략이란 분석도 나온다.

업계 관계자는 "대우조선의 이연법인세 자산 축소와 한진중공업의 건조비용 확대 등이 불가피하다고 해도 정도가 지나쳤다"며 "딜로이트 안진과 삼일회계법인이 서로를 공격하는 바람에 조선사들이 불필요한 피해를 보게 됐다"고 말했다.

이들 회계법인이 1분기 보고서를 검토할 때는 회계 문제를 거론하지 않다가 2분기에 갑자기 수면 위로 끄집어 낸 것도 이해하기 힘들다는 지적이다.

삼일회계법인과 딜로이트안진은 종전보다 엄격한 잣대를 들이댄 것은 사실이지만, 이는 사회적 요구에 따른 결정이라고 설명했다. 회계업계 관계자는 "조선사 감사에 인력을 약 50% 이상 더 투입했고, 그 결과 수정해야 할 부분을 더 많이 찾아낸 것"이라며 "현대중공업과 삼성중공업 등 다른 대형 조선사들은 이미 엄격한 기준으로 감사를 받고 있다"고 말했다. 다른 관계자는 "책임을 회피하거나 다른 회계법인을 공격하기 위해 기준을 강화한 것으로도 조선사에 엄격한 잣대를 댈 것"이라고 말했다.

대우조선의 이연법인세 자산 축소 규모가 지나치다는 지적에 대해선 "현재 수주 실적 등을 감안하면 앞으로 10년간 3~4조원 규모의 이익을 내기 힘들기 때문에 줄일 수밖에 없다"고 회계법인은 설명했다.

이연법인세 자산: 미래에 발생할 법인세 감세 금액. 기업회계로 산정한 과세금액과 세무회계상 계산한 과세금액이 서로 다를 때 처리하는 회계 상 항목을 의미한다. 앞으로 회사가 이익을 많이 낼 것으로 전망되면 이연법인세 자산이 늘어나고 반대의 경우 줄어든다.

조선일보. 2016.8.24. 한진중 1,900억대 부실회계

결국 회계법인으로 '불똥'
삼일회계법인 정정 공시 땐
투자자들로부터 소송당할 판

한진중공업이 2014~2015년 사이 발생한 1,900억원대 손실을 뒤늦게 인정해 재무제표에 반영하면서 그 불똥이 회계법인에도 튀고 있다. 지난 2년간 한진중공업의 회계감사를 맡은 곳은 삼일회계법인이었는데 이런 회계오류를 발견하지 못하고 회사의 회계처리가 적정했다고 의견을 내놨기 때문이다. 게다가 한진중공업이 손실을 축소한 방법이 대우조선해양의 분식 회계와 비슷한 점이 많아 감사를 담당했던 회계 법인의 책임론도 불거질 수 있는 상황이다.

한진중공업은 지난 16일 반기보고서를 공시하면서 2014년과 2015년도 재무제표를 수정했다고 밝혔다. 이에 따라 2014년과 2015년 한진중공업의 감사인이었던 삼일회계법인도 문제가 있었던 게 맞는지 확인하고 정정공시를 내게 된다.

회계업계에서는 삼일이 정정공시를 하게 되면 올해 초 안진회계법인처럼 난처한 상황에 빠질 수 있다고 보고 있다. 안진은 지난 4월 대우조선해양의 회계가 잘못됐다는 점을 인정하면서 정정 공시를 했는데 이후 손해배상 소송을 당하고, 회계감사 일정이 끊기는 등 상당히 곤란한 처지가 됐다. 분식회계를 묵인한 것이 아니냐는 비난도 받았다. 삼일도 정정 공시를 하면 한진중공업 투자자들로부터 소송을 당하거나 제대로 회계감사를 하지 않았다는 비판에 직면할 수 있는 상황이다.

한진중공업이 손실을 축소한 내용이 대우조선해양의 분식회계와 유사한 부분이 많다는 점도 삼일로서는 부담스러운 대목이다. 한진중공업에서는 "고의가 아닌 회계적 오류"라고 설명하지만, 금융권에서는 "조업 비용으로 들어갈 원가를 낮게 계산해 손실을 줄이는 방법은 수주 산업에서 흔히 쓰이는 방법"이라는 지적이 나오고 있다.

금융당국은 한진중공업이 고의로 회계 장부를 조작했는지를 놓고 감리 착수 여부를 검토하고 있다. 회계감리를 하게 되면 감사를 했던 회계법인도 대상이 된다.

회계업계 관계자는 "과거에 용인했던 손실을 축소하는 회계 방법이 더 이상 사회적으로 용인되지 못하면서 벌어지는 일"이라면서 "수주산업을 중심으로 비슷한 사건이 계속 발생할 소지가 있다"고 말했다.

한국경제신문. 2017.3.22. 한진중, 금감원 회계감리 받는다.

금융감독원이 재무제표 정정을 통해 1,300억원 가량의 손실을 뒤늦게 반영한 한진중공업을 회계감리하기로 결정했다.

21일 회계업계에 따르면 금융감독원은 조만간 한진중공업의 2014년, 2015년 재무제표 감리에 들어간다. 회사 측이 고의나 중대한 과실로 당기순손실을 과소 계상하고 순자산은 과대계상했는지 등을 들여다 볼 것으로 알려졌다. 당시 외부 감사인이 적절하고 충분한 검토를 거쳐 '적정'의견을 줬는지도 감리대상이다.

한진중공업은 지난해 8월, 2016년도 반기보고서를 제출하면서 2015년과 2014년 재무제표를 수정했다. 이에 따라 2015년 영업손실은 당초 792억원에서 2,200억원으로, 당기순손실은 2,600억원에서 3,900억원으로 늘었다. 반면 순자산은 당초 밝힌 금액보다 1,900억원 줄어 들었다. 자회사인 필리핀 수비크조선소에 지원된 선수금환급보증 등의 회수 가능성을 낮추고, 영도조선소의 총 예정원가를 수정하면서 추가 손실이 발생했다.

회계법인이 달라지면서 회계처리 기준을 바꾼 데 따른 것이라는 게 회사 측 설명이다. 대우조선해양의 부실회계 논란 이후 수주산업의 회계처리에 대한 관심이 높아지면서 지정감사를 맡은 딜로이트안진이 보수적인 회계처리를 요구했다는 것이다. 한진중공업의 외부감사는 2014년과 2015년에는 삼일회계법인이, 지난해부터는 안진회계법인이 하고 있다.

감리 결과에 따라선 감사 과정에서 회계오류를 발견하지 못한 회계법인도 제재 대상에 포함될 가능성이 제기된다.

한진중공업은 징계를 받더라도 자진 정정한 점이 반영돼 두 단계 가량 제재 수준이 감경된다. 삼일은 당시 주어진 상황에 맞춰 적절한 감사를 수행했다면 외부 감사보고서를 수정하지 않았기 때문에 감경 대상에서는 제외된다.

이 제도는 기업이 자발적으로 오류를 수정하기 위한 인센티브로 주어지는 제도이다.

매일경제신문. 2016.9.8. '비극의 전주곡' 회계보고서 <작년 삼정KPMG의 경영진단 보고서>… 실사 부실했나 채권단 눈치봤나

　지난해 10월 대우조선 정상화를 위한 서별관회의는 삼정 KPMG가 실시한 실사 결과가 토대가 됐다. 삼정KPMG 회계법인은 실사를 거쳐 대우조선이 2015년 11월 1조 8,000억원의 자금이 부족하고 2016년 최대 4조 2,000억원의 자금이 부족할 것이라고 전망했다. 당시 보고서는 최상 통상 최악 등 3단계로 나눠 시나리오를 가정했다. 정부와 채권단은 이 중 통상적인 시나리오로 간다고 보고 4조 2,000억원 규모의 지원안을 결정했다. 이는 신규수주가 연간 110~120억 달러를 기록하고, 건조 공정이 차질 없이 진행되며 수주 선박이 선주사로 정상 인도되는 것을 가정했다. 그러나 이런 대 전제들이 올해 들어서 모두 지켜지지 않고 있다. 당시 실사를 담당했던 회계법인이 부실 실사를 한 것인지, 발주자였던 정부 채권단의 눈치를 보며 맞춤형으로 한 것인지에 대한 시시비비가 가려져야 한다. 또 삼정KPMG 실사 결과는 수출입은행의 요청으로 삼일회계법인이 실사과정과 결과를 점검했었다. 용역비로 대우조선에서 6억원이나 받은 삼일회계법인은 검증 결과 보고서 하나 작성하지 않아 사실 관계가 더욱 미궁에 빠져 있는 상태다.

문화일보. 2017.3.20. 대우조선 정상화 끼워 맞춘 엉터리 보고서 되풀이되나

　2015년 채권단의 대우조선해양 지원 당시 법정관리나 기업개선작업(워크아웃) 등 다양한 구조조정 수단을 고려하지 않고 오로지 '정상화' 결론을 끼워 맞추는 데 활용됐던 회계법인의 대우조선해양 실사 보고서가 또다시 오는 23일 발표할 정부의 대우조선 신규 추가 지원 논리로 활용될 수 있다는 우려가 일고 있다.

　20일 삼정KPMG가 2015년 11월 작성한 비공개 보고서 '대우조선해양 재무실사 및 자금수지 검토 결과'에 따르면, 삼정KPMG는 당시 대우조선의 2016년 매출액을 13조 5,432억원으로 전망했다. 또 영업이익과 당기순이익을 각각 4,653억원, 2,802억원으로 내다봤다.

　하지만 최근 금융감독원 전자공시시스템에 공시된 대우조선의 지난해 매출은 12조 7,374억원이다. 삼정KPMG 전망치보다 1조원 정도 차이가 났다. 영업이익과 당기순이익 전망치는 더 '엉터리'다. 지난해 대우조선이 거둬들인 '영업이익(-1조 6,089억원)과 당기순이익(-2조 7,107억원)은 삼정KPMG 전망치보다 각각 2조 742억원, 2조 9,909억원 차이를 보였다. 이 보고서는 정부가 산업은행과 수출입은행 등을 통해 대우조선에 4조

2,000억원을 지원하는 명분을 제공했다.

　대우조선 실적과 삼정KPMG의 전망치가 큰 차이를 보인 이유는 회계법인의 '무 비판적'이고 '낙관적인' 수주 전망에 기초하고 있다는 분석이다. 삼정KPMG는 대우조선의 지난해 신규 수주 규모로 115억 달러를 전망했다. 또 올해부터 2019년까지도 매년 117~120억 달라 규모의 신규 수주를 할 것으로 가정했다.

　그러나 실제 지난해 대우조선 신규 수주는 삼정KPMG 전망치의 13.0%에 불과한 15억 달러였다. 보고서는 신규 수주 계획과 관련 "삼정KPMG가 회사(대우조선)와 다수 논의를 거쳐 협의한 것"이라고 설명했다. 대우조선이 내민 낙관적인 수주 전망을 삼정KPMG가 회사(대우조선)와 다수 논의를 거쳐 협의한 것이라고 설명했다. 대우조선이 내민 낙관적인 수주 전망을 삼정KPMG가 무비판적으로 가져다 붙이고, 정부가 이를 지원 논리로 활용한 셈이다.

　이 같은 악순환은 되풀이 될 수 있다. 대우조선 신규 지원 여부와 규모를 가늠할 재무상황 실사가 지난 1월부터 똑같은 회계법인인 삼정KPMG에서 이뤄져 대략적인 결과가 나왔기 때문이다.

　국책은행 관계자는 "새로운 가정 아래 진행한 실사를 통해 대우조선 지원 방안을 확정할 것"이라고 말했다.

　평가라는 것은 인증이 아니므로 매우 주관적일 수밖에 없다. 특히나 회계법인이 평가의 주체가 된다고 하면 이 평가 보고서를 이용하는 경제 주체는 다른 기관이 평가를 한 것에 비해서 더 높은 수준의 평가가 되었다고 이해할 수도 있다. 어쨌거나 평가라는 용역은 주관적일 수 있기 때문에 다음과 같은 가이드라인이 적용된다.

　금융감독원은 2009.6.25. 비상장법인 자산의 과대평가 등 부실평가를 방지하기 위하여 공인회계사회, 감정평가협회, 변리사회 등이 공동 참여한 TF팀 협의를 거쳐 「외부평가업무 가이드라인」을 제정하였다. 이 가이드라인 중, 몇 가지 중요한 내용을 다음에 기술한다.

- 평가자는 평가업무를 수행함에 있어 공정하고 불편·부당한 자세를 유지하여야 하고 평가업무를 수행하는 과정에서 객관성을 유지해야 한다 (제2편§5).

- 평가자는 대상자산의 평가를 위해 수집한 기초자료의 합리성·타당성에 대하여 검토한 후 적정한 경우에만 수집한 기초자료를 평가에 이용하여야 한다(제3편§10).
- 감사받지 않은 재무제표의 경우 평가자가 당해 재무제표에 대한 신뢰성을 확보할 수 있는 정도의 필요한 절차를 수행하여야 한다(제3편§22).
- 평가자는 회사 등이 제시한 평가를 위한 기초자료에 대하여 객관성·적정성 여부를 확인하기 위하여 상당한 주의를 기울여야 하며 이러한 적정성에 대한 검토과정 없이 동 자료를 평가에 사용해서는 안 된다(제3편§24).
- 평가자는 평가접근법을 선택할 때 대상자산의 특성을 분석하여 반영하여야 한다. 예를 들어, 설립된 지 5년 미만인 기업이 발행한 지분증권을 자산접근법 이외의 평가접근법을 적용하여 평가하고자 하는 경우 거래처 목록, 고객 또는 공급자와의 관계, 고객충성도 등을 고려하여 자산접근법을 적용하는 경우와의 차이금액에 대한 합리적 근거를 확보하고 이를 문서화하고 평가의견서에 기재하여야 한다(제3편§27).

회계법인이 이러한 외부평가업무 가이드라인을 준수하지 않은 부분에 대해서 이 가이드라인이 구속력이 없는 가이드라인이라는 변명을 하기도 한다. 다만 감독기관의 가이드라인은 법적으로는 구속력이 없다고 하더라도 의미 없이 존재하는 것은 아니다.

평가에 있어서 아마도 가장 많이 사용되는 기법인 NPV의 계산 등일 것인데 discounting rate을 어떠한 수치를 사용하는지 등에 따라서 추정치에 큰 변화가 있을 것이며 동시에 여러 가지 가정 하에 숫자가 구해질 수 있을 것이다.

한국경제신문. 2016.9.10.대우조선 감사실폐지 '청와대 개입' 논란

서별관회의 청문회 둘째 날에도 2008년 대우조선해양 매각 타이밍을 놓치고 이후 경영 부실을 방치한 정부와 산업은행 책임이 도마에 올랐다. 청와대의 외압으로 대우조선 감사실이 폐지됐다는 지적도 다시 나왔다.

김종석 새누리당 의원은 9일 청문회에서 산업은행이 2008년 대우조선을 매각하지 않은 이유를 집중 추궁했다. 그는 "산업은행이 4,000억원에 산 대우조선을 2008년 6조 3,000억원에 사겠다는 한화그룹에 왜 못 팔았냐"고 따졌다.

갑작스러운 대우조선의 감사실 폐지가 대규모 부실을 감시하지 못한 요인이라는 주장도 나왔다. 증인으로 나선 신대식 전 대우조선 감사실장은 "내부통제시스템이 무너져 관리 감독해야 하는 산은도 제대로 감독 역할을 할지 못했다"고 말했다.

산은 출신인 신 전 감사실장은 2008년 9월 퇴직했다. 그는 "당시 산은을 통해 '청와대 세 사람을 내려 보내려 하니 대우조선에 들어와 있는 외부인사 세 사람이 나가야 한다'는 얘기를 들었다"고 말했다. 이어 "청와대 행정관이 당시 민유성 산은 회장과 남상태 대우조선 사장에게 연락한 것으로 안다"고 덧붙였다.

민 전 산은 회장은 "상장회사라 감사실을 폐지하고 사외이사로 구성된 감사위원회로 제도를 바꾸려고 했던 것"이라고 해명했다.

이날 증인으로 출석한 강만수 전 산은 회장도 "산은에 갔을 때 대우조선은 법률상 산은의 자회사가 아니어서 감사를 할 수 없었다"며 "산은에 정기적으로 보고도 하지 않아 대우조선의 경영상태를 잘 알지 못했다"고 말했다. 당시 대우조선은 통제 밖에 있었다는 설명이다.

"상장회사라 감사실을 폐지하고 사외이사로 구성된 감사위원회로 제도를 바꾸려고 했던 것"이라는 문장은 신문에 인용된 내용이기는 하지만 이해가 어렵다. 상장회사라는 것과 감사실을 유지한다는 사실은 아무런 연관성이 없다. 상법상의 감사체계로 가던지 아니면 감사위원회 체계로 가던 대우조선과 같은 대규모 기업에서 실무조직인 감사실은 필수적이다. 특히 대우조선해양은 자산 규모 2조원이 넘는 상장기업이므로 당연히 감사위원회가 의무적으로 설치되어야 한다.

조선일보. 2015.7.20. 2조 부실 숨긴 대우조선… 지난 9년간 주인들은 낙하산 사장들이었다.

이 같은 왜곡된 관계를 보여주는 사례로 산업은행에서는 지난 2008년 벌어졌던 대우조선해양 감사실장 해고 사건을 꼽는다. 산은이 감사 기능 강화를 위해 감사위원회와 감

사실은 신설하면서 산은 리스크관리본부장을 지낸 신모씨를 감사실장으로 보냈는데, 대
우조선해양 경영진이 감사위원회나 이사회 의결 없이 대표이사 전결로 감사실을 폐지하
고 신씨를 징계위원회에 회부해 해고했다.

대표이사가 본인도 감사를 해야 할 위치에 있는 감사실장을 징계위에 회
부해 해고 했다는 사실은 믿기가 어렵다. 금융공기업의 경우, 감사실장의 (혹
은 일부의 기업의 감사실의 직원까지도) 任免에 있어서 상법상의 감사나 감사위원
회의 승인을 받아야 한다. 임면이 되었다고 해도 감사위원회에서 승인이 되지
않는다고 하면 임면은 무효이다. 이는 감사실장의 신분을 보호해 주려는 제도
이다. 아마도 거의 대부분의 금융기관은 이렇게 제도가 되어 있는 것으로 이
해하고 있다.

삼성전자의 2016년 2월 12일 내부감시장치에 대한 감사위원회의 의견서
에는 다음과 같은 문구가 포함되어 있다.

(2) 내부 감사부서 직원의 인사상 신분보장
내부 감사부서 직원의 해고시에는 감사위원회와 사전 협의하게 하는 등 인사
상 신분이 보장되어 있습니다.

경향신문. 2016.6.8. [홍기택 전 산업은행장 인터뷰] "대우조선 지원, 최경환 · 안종범 ·
임종룡이 결정"

"(낙하산으로 임명된) 대우조선 사장이 오히려 대우조선 회계를 들여다보던 산업은행
출신 감사를 해임하기도 했다"고 주장했다.

위의 신문 기사가 사실이라면 시스템이 완전히 붕괴되고 있는 것이다. 조
선일보의 기사와 경향신문의 기사에는 약간 차이가 있는데 조선일보의 기사는
감사실장을 사장이 징계위원회에 회부했다고 되어 있으며 경향신문의 기사는
감사를 해임했다고 적고 있다. 실무 책임자인 감사실장이 되었건 임원급인 감
사가 되었건 대표이사까지도 감사를 해야 하는 직에 있는 사람들이 제 역할을
못하게 되는 결과가 초래된 것이다.

매일경제신문. 2016.10.11. 대우조선 회계사기 눈감아줬나 검, 안진회계 기소 검토

딜로이트 안진회계법인(대표 함종호)이 2010~2015년 대우조선해양의 중요 회계자료를 보지도 않은 채 '적정' 감사의견을 내려 회계사기를 눈감아줬다는 혐의(주식회사 외부감사에 관한 법률 위반)에 대해 검찰이 수사 중인 것으로 알려졌다.

검찰이 법인 차원의 조직적인 회계사기 방조 혐의에 대해서도 조사한다는 방침이어서 담당 회계사는 물론 법인에 대한 기소도 이뤄질지 주목된다.

10일 법조계에 따르면 대우조선과 산업은행 비리 의혹을 수사 중인 대검찰청 부패 범죄특별수사단은 안진 측이 대우조선의 회계사기를 이미 눈치 채고도 눈감아 준 혐의를 잡고 이르면 다음 주 감사 실무를 총괄했던 안진 고위 임원 A씨를 소환할 계획이다.

A씨는 안진의 공동경영자(파트너) 직급이어서 그의 결정은 법인 차원의 결정으로 볼 여지도 있다는 게 회계법인 의견이다. 검찰은 이미 감사에 관여한 회계사 10여 명을 소환 조사했고, 전 현직 대표들에 대한 조사도 검토 중이다. 검찰은 앞서 지난 6월 대우조선 비리 의혹에 대한 수사에 착수하면서 A씨 집무실 등을 압수수색한 뒤 법인 차원의 회계사기 방조 혐의를 수사해 온 것으로 알려졌다. A씨는 -대우조선의 중요 회계자료를 확인 분석하지 않은 채 감사를 진행한 게 대우조선의 요청에 따른 것이었는지, - 그 과정에서 고의로 회계사기를 묵인했는지 - 감사 계약 연장과 컨설팅 용역 수주 등 대가를 기대하고 적정의견을 준 것인지 등에 대해 조사받을 것으로 보인다.

이날 매일경제가 안진과 대우조선 관계자 등에게 확인한 바에 따르면 안진의 외부감사팀은 2014 회계연도 감사 당시 대우조선 측에 "총 공사 예정원가(예상비용) 산정의 근거가 된 상세자료를 제출하라"고 요구했다.

하지만 대우조선 측은 "자료가 없다"는 등 핑계를 대며 제출하지 않았다. 안진감사팀은 다시 자료 제출을 요구해야 했지만 그런 절차를 밟지 않았다. 당시 안진 측 일부 실무 회계사들은 "이 문제를 절대 덮고 넘어 가선 안 된다"고 반발했지만 최종 의사결정권자인 A씨 등이 이를 무시한 채 감사를 마무리 지은 것으로 알려졌다.

이에 대해 안진 측 관계자는 "불법행위에 대해 법인 차원의 묵인은 결코 없었다"고 주장했다.

이 관계자는 또 "그 밖에도 일부 의혹은 사실과 다른 점이 있으나 현재 관계기관의 수사가 진행 중이라서 답변하기 어렵다"고 밝혔다.

회계업계 일각에선 안진이 대우 조선의 외부감사 때 회계사기를 어느 정도 눈감아 준대가로 고액의 수임료나 컨설팅 용역을 받은 것 아니냐는 의혹을 제기한다. 대우조선은 2010년 민유성 전 산업은행장의 지시로 외부감사 법인을 종전의 삼정KPMG에서 딜로이트 안진으로 바꿨다는 의혹을 받고 있다. 안진은 2010~2012년에 이어 2013~2015년 대우조선의 외부감사 법인으로 선정돼 6년간 대우조선과 자회사 30여 곳에서 외부감사 수임료 50억여 원, 컨설팅 비 10억여 원 등 총 60억원 이상의 일감을 따갔다.

또 업계에선 지난해 대우조선의 회계사기 의혹이 불거졌을 때 안진이 기존 감사팀에 심리실 인력을 추가해 두 배 가까운 감사 인력을 투입한 것도 이전의 외부감사 결과를 스스로 신뢰하지 못했다는 근거로 보고 있다. 심리실은 감사가 적정하게 이뤄졌는지 자체 조사하는 부서다.

안진이 법인 차원에서 공모 또는 방조했다는 혐의가 인정되면 금융당국은 공인회계사법 등에 따라 과징금을 부과하거나 최고 영업정지나 등록취소 같은 중징계도 내릴 수 있다. 회계법인에 대한 행정처분은 통상 손해배상 공동기금 추가 적립, 해당 회사에 대한 감사업무 정지, 과징금 부과 등이었다. 2000년 업계 3위였던 산동회계법인은 당시 대우그룹의 회계사기를 묵인해 준 사실이 드러나 1년간 문을 닫았다. 지금까지 영업정지를 받은 회계법인은 청운 화인까지 포함해 모두 3곳이었고 결국 전부 폐업했다. 회계법인 등록취소 사례는 아직 없다. 회계업계 관계자는 "대우조선이 안진 최고위층에 부실회계 묵인을 요청했는지, 또 안진 내부에서 법인 차원의 의사결정 과정이 있었는지가 향후 수사와 재판에서 핵심 쟁점이 될 것"이라고 말했다.

최근에 와서는 특히나 분식과 관련된 건이 이슈가 되었을 때, 회계법인이 분식회계를 눈감아 주는 대신, 감사수임료나 비감사수임료를 과도하게 받지 않았는지를 점검하게 된다. 이러한 모든 과정을 공모의 일환으로 볼 수 있다.

매일경제신문. 2016.10.17. 대우조선 감사 때 회계사기 공모혐의 안진회계법인 전현직 임원 2명 검 소환

2010~2015년 대우조선해양 외부 감사책임자였던 딜로이트 안진회계법인(대표 함종호)의 임 모 상무와 배 모 전 이사가 대우조선 회계사기 공모 혐의로 검찰에 소환된다.

대검찰청 부패범죄특별수사단(단장 김기동 검사장)은 대우조선의 중요 회계자료에 대한 검토 분석을 건너뛰고 수조 원대 회계사기를 저지른 혐의(외감법 및 공인회계사법 위

반)로 배 전 이사를 이르면 이번 주 소환조사할 것으로 16일 알려졌다. 배 전 이사를 조사한 뒤 임 상무도 소환한다.

이날 안진과 회계업계 등에 따르면 배 전 이사는 안진의 대우조선 외부감사팀을 이끌던 이사급 회계사로 현장 실무책임자였다. 회계법인은 통상 파트너-이사-인차지(중간 감독자)-회계사 4~5명 등을 한 팀으로 묶어 각 기업의 외부감사를 전담한다. 검찰은 배 전 이사가 회계사기 의혹이 제기된 뒤 퇴사한 배경 등에 대해서도 조사할 계획이다.

임 상무는 지난해 9월 정무위원회의 산업은행 국정감사에서 증인으로 출석해 대우조선의 조 단위 부실에 대해 "회계사기가 아니라고 생각한다"고 주장한 바 있다. 또 "2015년 발생한 유가하락, 예정원가 증가, 미래 손실을 미리 반영한 것 등 조선업의 진행기준 특성 때문에 거액의 손실이 발생했다"고 말했다.

그러나 검찰은 대우조선 수사 착수 이후 임 상무 주장과 그 경위에 대해 면밀히 조사를 벌여온 것으로 알려졌다. 특히 지난 7월 고재호 전 사장을 순자산 기준 5조 7,000억 원대 회계사기 등 혐의로 구속 기소한 이후 회계사기는 기정사실이 됐기 때문이다.

검찰 수사가 속도를 내면서 대우조선과 안진이 갈등을 빚었던 사실도 드러나고 있다. 대우조선과 안진 관계자 등에 따르면 안진이 올해 3월 대우조선에 정정공시를 요구하며 사실상 회계 오류를 인정한 것은 딜로이트 본사의 강력한 요구 때문이었다고 한다. 세계 1위 회계컨설팅 회사인 딜로이트 그룹은 대우조선의 회계사기 의혹이 불거지자 안진이 서둘러 외부감사에서 손을 떼게 했다. 한국 시장에서의 부정적인 평판을 우려했기 때문인 것으로 알려졌다.

대우조선은 지난해 5월 정성립 신임 사장 취임 후 전 경영진 시절의 5조원 대 적자를 그해 재무제표 반영해 부실을 떨어내는 '빅배스'를 단행했다.

이에 따라 안진은 지난 3월 "지난 해 추정 영업손실 중 약 2조원을 2013년과 2014년 재무제표에 나눠 반영했어야 한다"며 대우조선에 정정공시를 요구했다. 당시 대우조선은 안진의 요구를 거부했지만 안진이 "정정공시를 하지 않으면 '의견거절'을 하겠다"고 공문을 보내자 결국 수락했다. 2013~2014년 연속으로 흑자를 냈다는 재무제표 내용은 거짓으로 드러난 셈이다.

매일경제신문. 2016.11.3. '대우조선 부실 감사' 회계법인 임원 구속

2010~2015년 대우조선해양 외부 감사 책임자였던 딜로이트 안진 회계법인의 배모 전 이사가 구속됐다. 대형 회계법인 임원이 대기업 부실감사와 회계사기 개입 등의 혐의로 구속된 것은 처음이다.

2일 대우조선 및 산업은행 비리를 수사 중인 대검찰청 부패범죄 특별 수사단(단장 김기동 검사장)은 대우조선 외부감사 때 중요 회계자료에 대한 검토 분석을 건너뛰고 이 회사의 회계사기에 가담한 혐의(외감법 위반)로 배씨를 구속했다.

서울중앙지법은 성창호 영장전담부장판사는 전날 배씨에 대한 구속 전 피의자심문(영장실질심사)을 한 뒤 "구속의 사유와 필요성이 인정된다"며 구속영장을 발부했다.

특수단 등에 따르면 배씨는 대우조선의 부당한 요구를 들어줘 성과급을 받을 수 있게 해준 것으로 드러났다.

대우조선은 배씨에게 "2013~2014회계연도 영업비용으로 처리해달라"고 요구했다. 이렇게 하면 장부상 영업이익이 실제보다 1,000억원 이상 늘어나게 돼 더 많은 성과급을 받을 수 있게 된다.

이는 대우조선이 주채권은행 산은과 해마다 경영실적평가 양해각서를 맺고 영업이익 등을 기준으로 성과급을 받았기 때문이다. 배씨는 대우조선의 회계사기를 알고도 감사를 부실하게 한 혐의도 받고 있다. 안진 감사팀은 2014년 8~11월 대우조선에 대한 '실행예산(배를 짓는 데 들어갈 것으로 예정되는 총원가) 검토 프로그램'을 실시했다.

배씨는 이 과정에서 대우조선이 실행예산을 이중장부로 관리하며 회계사기를 하고 있다는 사실을 알게 됐지만, 실사를 통해 규모를 파악하기는 커녕 '적정의견'으로 감사보고서를 작성했다는 게 검찰 조사결과다. 배씨는 또 일부 감사조서를 변조한 혐의도 있다. 그는 실행예산에 대해 적정의견을 준 게 뒤늦게 문제가 되자 실행예산 검토조서를 작성한 것처럼 꾸며 아무렇게나 끼워 넣은 것으로 드러났다.

이 밖에도 2015년 6월 정성립 사장(66)이 취임 직후 빅배스(누적 잠재손실을 한 회계연도에 한꺼번에 처리하는 것) 단행 방침을 밝히자 회계사가 흔적을 숨기려 한 혐의도 받고 있다.

특수단은 이르면 이번 주 안진 임모 상무도 피의자 신분으로 불러 회계사기에 가담한 경위를 피의자 신분으로 불러 회계사기에 가담한 경위를 추궁할 방침이다. 임 상무는 파트너급(임원)회계사로 대우조선 관련 모든 의사결정을 주도한 총괄 책임자다.

　위의 기사에서는 실행예산이라는 용어가 사용되었지만 우리가 회계학 교과서에서 흔히 사용하는 표현은 '총공사예정원가'이다.

매경이코노미. 2016.11.23.-29 대우조선 분식회계로 사면초가 몰린 딜로이트안진 검찰서 줄 소환… 조직적 묵인 땐 등록취소

　배 전이사는 2013~2014 회계연도 영업비용 1,000억원 이상을 영업외 비용으로 처리해 달라는 대우조선의 부당한 요구를 들어줘 대우조선이 성과급을 받을 수 있게 해준 협의다.

　때문에 검찰 조사대로 1,000억원대 영업비용을 영업외 비용으로 처리해 달라는 대우조선의 요구가 있었다면 인차지급 회계사가 이를 배 전 이사에게 보고했고, 그 또한 파트너급 이상 임원진에게 보고했을 것이란 게 업계의 대체적인 시각이다.

　안진이 오너가 없는 기업만 골라 일종의 '회계 준법투쟁'(평소 잘 지켜지지 않던 관행을 엄격히 준수하는 것)을 벌일 것이란 얘기도 나온다.

　안진은 이미 지난해 소액주주들과 200억원 이상의 손해배상 소송에 휘말린 데 이어 최근에는 국민연금까지 대우조선과 안진회계법인을 상대로 489억원의 손해배상소송을 냈다.

　검찰 수사와 금융당국 감리 결과에 따라 딜로이트 안진과의 브랜드 라이선스 계약을 해지할 가능성도 거론된다. 딜로이트는 안진에 내년 매출의 10% 가량을 라이센스피로 받고 있다.

매일경제신문. 2016.12.24. 검, 대우조선 분식회계 관련 회계법인 대표 조사

　'대우조선해양 5조원 대 회계사기'를 수사 중인 검찰이 딜로이트 안진회계법인의 함종호 대표를 불러 조사한 것으로 23일 드러났다. 대우조선 외부감사를 맡은 안진이 수년간 회계사기를 묵인하고 심지어 적극적으로 개입했다는 의혹에 대해 대표까지 조사한 것이다. 이르면 다음 주 안진의 법인 기소를 결정할 것으로 보인다. 검찰은 수년간 사상 최대 규모의 회계사기가 가능했던 데에는 부실감사 등 구조적인 문제가 있다고 보고 안진 등에 대한 수사에 집중해왔다.

　대검찰청 부패범죄특별수사당(단장 김기동 검사장)은 지난 19일 법인 기소 여부 조사를 위한 마지막 단계로 함 대표를 소환 조사했다. 함 대표는 2014년 6월 1일 안진 대표

로 취임해 2년 7개월째 업계 2위 회계법인을 이끌고 있다. 특수단은 이 기간에 안진이 대우조선에 사실상 회계사기를 계속하라고 부추긴 정황을 확보한 것으로 알려졌다.

특수단은 함대표를 상대로 안진이 대우조선의 회계사기 정황을 알면서도 회사 차원에서 이를 묵인 또는 방조했는지 캐물었다. 특히 안진이 2010년 부실감사 혐의(주식회사의 외부감사에 관한 법률 위반)로 기소돼 벌금형을 선고받은 뒤에도 이 같은 문제점이 시정되지 않은 것에 대해 집중 추궁한 것으로 알려졌다. 안진은 광주지검 부대인 파트너급 회계사 김 모씨가 특정 업체에 유리하게 거짓 감사를 한 것을 제대로 관리감독하지 못한 혐의로 재판에 넘겨져 벌금 1,000만원을 선고받았다.

당시 재판부는 "안진은 감사팀으로부터 해당 기업의 대여금 회수에 문제가 없다는 등의 말만 듣고 별다른 조치를 취하지 않았고, 선임 회계사가 팀원들의 의견을 무시하고 잘못된 의사결정을 한 경우에 대비한 내부적인 통제장치를 마련하지 않았다"고 지적했다.

특수단은 조사 내용을 토대로 안진의 기소 여부를 적극 검토 중이다. 외감법 21조 양벌규정에 따라 부실감사에 대한 주의와 감독을 게을리한 경우 회계사와 회계법인을 동시에 처벌할 수 있다. 20조는 부실감사 시 5년 이상의 징역 또는 5,000만원 이하의 벌금에 처한다고 규정했다.

단, 회계법인에 대해서 조치를 하기 위해서는 회계법인이 조직적으로 관여하였다는 사실이 밝혀져야 한다.

매일경제신문. 2016.12.28. 검, 대우조선 부실감사 안진회계법인 기소

검찰 "6년간 적정의견 신뢰 해쳐"... 대형법인 재판 넘겨 이례적
금감원 "5조원대 분식회계 공모 확인되면 영업정지까지 검토

• 관련 법규
외감법21조(양벌규정) 법인이 소속 회계사의 위반행위를 막기 위해 상당한 주의와 감독을 게을리한 경우에는 벌금형에 처함

• 판단근거
조직적 가담: 담당 팀 의사결정 라인 전체 연류. 일선 회계사들이 '진행률 왜곡으로 인

한 분식 위험성 보고했는데도 윗선이 묵살

부대표의 묵인: 감사본부, 위험관리본부 부대표 등이 부실감사와 미흡한 업무처리 방치

검찰이 업계 2위 딜로이트 안진회계법인(대표 함종호)을 대우조선해양의 외부감사를 맡아 5조원대 회계사기에 적극 개입한 혐의(외감법 위반 등)로 27일 기소했다. 공인회계사 개인이 아니라 대형 회계법인이 기소된 것은 극히 이례적이다. 검찰은 대우조선이 수년간 사상 최대 규모의 회계사기를 할 수 있었던 것은 안진의 부실감사 때문이라고 판단했다.

검찰은 "안진을 기소함에 따라 금융감독원과 증권선물위원회에서 별도의 행정조치를 할 것으로 보인다"고 밝혔다. 이날 금감원 고위 관계자는 "안진에 대한 중징계를 검토 중이며 내년 1분기 안에 결정할 것"이라고 말했다. 앞서 금감원은 "안진의 책임이 확인되면 최대 영업정지까지 가능하다"고 밝힌 바 있다.

대검찰청 부패범죄특별수사단(단장 김기동검사장)은 이날 안진 법인과 임모 상무 등 소속 회계사 3명을 외감법 위반, 공인회계사법 위반 혐의로 일괄 기소했다. 앞서 지난달 22일 안진 전 이사 배 모씨를 같은 혐의로 구속 기소했다.

안진은 소속 회계사들이 대우조선 감사보고서를 허위로 기재하거나 감사조서를 변조하는 것을 제대로 주의 감독하지 못한 혐의를 받고 있다. 외감법 21조 양벌규정에 따라 부실감사에 대한 주의와 감독을 게을리한 경우 회계사와 회계법인을 동시에 처벌할 수 있다. 법인은 5,000만원 이하 벌금에 처한다.

수사 결과 안진의 대우조선 감사팀은 등기이사인 파트너부터 매니저, 인차지(중간 감독자)까지 사실상 모든 회계사가 직접 범행에 가담한 것으로 검찰은 판단했다. 이들은 "회계사기 위험이 있다"는 실무자들의 보고를 묵살했다. 심지어 대우조선의 회계원칙에 반하는 논리를 개발해 적극적으로 회계사기를 돕기도 했다.

검찰 특수단 관계자는 "안진 감사본부 부대표는 회계기준을 위반한 부실 감사를 묵인했고, 위험관리본부 부대표는 자신이 총괄하는 품질관리실에서 감사조서조차 확인하지 않았다"고 말했다.

그 결과 대우조선의 회계사기 규모는 5조 7,000억원대로 단일 기업 사상 최대를 기록했다. 안진은 대우조선 소액주주 1,080명과 국민연금 등 기관투자자들에게 1,500억원대 손해배상 소송을 당한 상태다. 검찰의 법인 기소로 민사소송에서도 불리해질 가능성이 커졌다.

이 관계자는 "안진은 지난 6년간(2010~2015회계연도) 대우조선에 대해 '적정 의견'을 부여해 투자자들의 신뢰를 해치는 등 위반행위와 그 피해가 증대된다"고 밝혔다. 또 "회계법인 내부의 품질관리시스템이 미흡하고, 2011년 부실감사 혐의로 벌금형을 받고도 또다시 범행을 저지른 점 등도 고려했다"고 설명했다.

특수단은 올해 3월부터 대우조선 회계사기 수사를 위해 금감원 국세청에서 10~30년 경력의 베테랑 전문가 7명을 파견 받아 3개월간 자료를 분석했다. 이를 통해 수사 착수한 달 만에 오랜 기간 의혹으로만 떠돌던 대우조선의 5조원 대 회계사기를 밝혀내고 남상태 고재호 전 사장을 구속 기소했다.

특수단은 정성립 사장 등 대우조선 현 경영진도 소환 조사할 방침이다. 정 사장은 취임 후 부실 경영을 극복하겠다고 했으나 1,200억원의 회계사기를 지시한 혐의(자본시장법 위반 등)를 받고 있다. 대우조선은 올해 3월 공시된 2015년 사업보고서에서 1,200억원 대 손실을 축소 기재해 실제 자본잠식률 54.3%보다 낮은 수치가 나오도록 회계를 조작한 것으로 조사됐다.

산은 관계자들도 수사 대상이다. 민유성 전 산업은행장은 2010년 대우조선이 안진을 외부감사인으로 지정하도록 지시한 의혹을 받고 있다. 정부가 지난해 10월 청와대 '서별관회의'를 통해 대우조선에 4조 2,000억원을 지원하도록 한 결정도 수사선정에 올라 있다.

한국경제신문. 2016.12.28. 대우조선 분식회계 방조 협의 안진회계법인 존폐 '갈림길'

회계법인 딜로이트안진이 대우조선해양의 수조원대 분식회계를 방조한 혐의 등으로 기소됐다. 대형 회계법인이 임직원이 아닌 법인으로 직접 기소되기는 이번이 처음이다.

대우조선해양 경영 비리 의혹을 수사 중인 검찰 부패범죄특별수사단은 27일 안진 회계사들과 법인을 대우조선의 5조 7,000억원대 분식회계를 방조한 혐의로 기소했다. 검찰은 안진 회계사들이 단순히 대우조선의 분식회계를 잡아내지 못한 데 그친 것이 아니라 그런 정황을 잘 알고 있었음에도 분식 가능성을 묵살했거나 감사 서류 조작에도 가담했다는 결론을 내리고 법인에도 양벌규정으로 책임을 물었다.

이번 검찰 수사 결과는 금융당국의 처분 수위에도 상당한 영향을 미칠 전망이다. 그동안 금융당국은 자체적으로 감리를 벌여 왔다. 최고 등록 취소도 가능하다는 얘기가 흘러나올 정도로 분위기가 강경한 것으로 알려졌다.

'외부감사 및 회계 등에 관한 규정'에 따르면 금융당국은 위법 행위를 한 회계법인 등 감사인에 대해 최고 등록 취소부터 1년 이내 영업정지 등의 조치를 취할 수 있다. 안진에 회계 감사를 맡긴 기업들의 타격을 막기 위해서라도 등록취소보다는 단계적인 영업정지 처분이 내려질 것으로 전망된다. 안진은 입장 자료를 내고 "검찰의 법인 기소는 전혀 근거가 없다"며 "대우조선 등 이해관계자들의 강력한 압박에도 재무제표 재작성이라는 '옳은 일'을 요구하는 등 감사 업무에서 어떤 위법한 일도 하지 않았다"고 항변했다.

재작성을 하였는데도, 강한 조치를 받는데 대해서 안진이 반응하는 것은 일응 이해가 간다. 과거의 회계가 잘못되었다는 것은 사후적으로는 어쩔 수 없는 것이라고 하면 과거의 잘못을 기업이나 감사인이 어떻게 처리하는지에 대해서는 두 가지 대안이 있을 수 있다.

하나는 대우조선해양과 같이 재무제표를 재작성하는 대안이고 또 하나의 대안은 오류를 덮는 대안이다. 물론, 대우조선해양의 경우는 문제점들이 드러났기 때문에 덮는 대안은 가능하지 않았을 수도 있다. 감독기관이 과거의 오류를 인정하고 재무제표 재작성 등을 하는 기업에 대해서 강한 조치를 취한다고 하면 기업들은 앞으로도 오류를 덮으려 하지 이를 인정하고 수용하지 않으려는 경향을 보일 수도 있어서 바람직하지 않게 대응할 수도 있다. 어느 기업/감사인이거나 의도적이든 순수한 오류이던 오류를 범할 수 있으며 감독당국은 가능하면 이러한 오류의 공시에 기업이나 감사인이 전향적으로 대응하도록 독려하여야 한다. 이렇게 재작성을 진작하기 위해서 자진 정정일 경우, 조치가 감경된다.

일단, 과거의 오류를 드러낼 때, 민사소송의 대상이 된다는 것은 피할 수 없다. 전기오류를 신고한 기업에 대해서는 조치를 경감할 수 있다든 것은 감독기관의 형법의 적용 이슈이지만 민사 소송은 이와는 별도이다.

감독기관은 기업들에게 자진 정정을 유도하기 위하여 자진 정정한 경우는 두 단계 정도 수준을 경감한다.

단, 문제가 드러났는데도, 이를 조사하지 않는다면 이는 정부나 감독/규제 기관이 주어진 임무를 수행하지 않는다고도 할 수 있다. 이에 정부가 감독기관의 dilemma가 있다고도 할 수 있다. 또한 이미 분식이 드러난 기업에 대해서 행정력을 집중한다면 다른 기업에 대한 조사/검사에 소홀할 수 있다.

매일경제신문. 2017.1.12. 금융당국 분식회계 징계, 골든타임은?

2015년 여름, 우리 사회는 대우조선해양발 쇼크에 빠졌다. 2014년까지만 해도 4,000억원대의 영업이익을 내놨던 대우조선해양이 2015년 2분기 3조원가량의 영업손실을 냈다. 여기에 그치지 않고 2013년과 2014년 각각 7,700억원과 7,400억원씩의 영업손실을 냈다고 재무제표까지 수정했다.

5조원 넘는 규모의 분식회계로 얼룩진 대우조선해양 민낯이 공개된 것이다. 대우조선해양의 전 경영진은 자리보전을 위해 손실을 이익으로 밥 먹듯이 둔갑시켰다. 외부감사인 딜로이트 안진회계법인은 오히려 분식회계를 묵인하거나, 더 나아가 추가 분식회계를 부추긴 사실이 검찰 수사 결과 속속 드러나고 있다. 민낯이 드러난 직후 대우조선해양 주가가 폭락한 것은 당연지사였다. 거짓 공시에 속은 애꿎은 투자자들은 막대한 재산을 잃었지만 정작 대우조선해양과 딜로이트안진은 잃은 게 많지 않아 보인다.

고재호 전 대우조선해양 대표와 외부감사를 맡았던 딜로이트안진의 A이사 등이 구속된 게 가장 큰 죗값으로 여겨진다. 하지만 이마저도 회계부정 사건을 엄하게 단죄하는 선진국에 비하면 '솜방망이' 수준이다. 미국의 2002년 '엔론사태' 당시 엔론의 분식회계를 눈감아준 회계법인 아더앤더슨은 회계면허를 반납하고 시장에서 퇴출됐다.

지난해 알려진 일본의 '도시바 회계부정' 사건에서도 도시바의 회계감사를 맡았던 신일본감사법인은 총 21억엔(약 210억원)에 달하는 과징금을 부과 받았다. 국가마다 분식회계에 대한 처벌시스템이 다르다는 목소리가 있을 법하다. 검찰 수사와 관련해서도 딜로이트안진은 "대우조선의 감사 과정에서 방해를 받는 등 어려움이 있었다"고 항변하고 있다. 하지만 기업과 회계법인은 투자자의 피해에서 자유로워서는 안 된다.

'칼자루'는 금융당국이 쥐고 있다. 금융당국 고위 관계자는 "검찰 수사 등을 종합 검토해 딜로이트 안진의 징계를 결정할 것"이라고 말했다. 검찰 수사에서도 분식회계가 드러난 만큼 1년 이하의 영업정지 등 중징계가 예상된다. 핵심은 금융당국이 딜로이트 안진의 징계에 대해 '실기'해서는 안 된다는 점이다.

'주식회사의 외부감사에 관한 법률(외감법)'에 따라 기업은 사업연도 개시(1월 1일)부터 4개월 이내 외부감사인을 선임해야 한다. 4월까지 당국의 징계가 내려지지 않으면 딜로이트안진은 다른 기업과 외부감사인 계약을 맺고 징계에 관계없이 외부감사를 진행하면 된다. 이 때문에 당국의 '징계 실기'는 부정행위를 엄격하게 단죄해 유사행위를 막겠다는 징계 취지를 무색하게 만들 수 있다. 이처럼 금융당국 징계의 골든타임은 정해져 있다.

　　이 신문기사는 매우 흥미로운 timing 이슈를 언급하고 있다. 피감기업의 입장에서는 감사인과 계약을 해야 하는데 만에 하나 안진이 영업정지를 받는다면 중간에 감사인을 변경해야 하는 일이 발생할 수도 있고, 그렇기 때문에 회계법인에 대한 영업정지 등의 조치는 timing이 중요하다.

한국경제신문. 2017.1.18. 2.8조 혈세 들여 살려놨더니, 대우조선 또 분식회계 리스크

　　대우조선해양이 검찰, 국세청, 금융당국 등의 수사와 조사가 겹치면서 몸살을 앓고 있다. 지난해 말 국책은행 지원으로 기사회생했지만 '분식회계 후폭풍'이 계속되고 있는 것이다. 검찰이 최고경영자(CEO)를 공개 소환하면서 해외 수주전에도 악영향을 미치고 있다.

　　정성립 대우조선 사장은 17일 피의자 신분으로 검찰에 소환됐다. 정사장은 '영업 손실 축소 등 회계조작을 지시한 사실이 있느냐'는 기자들의 질문에 "아니다. 검찰에서 얘기하겠다"고 말했다.

　　2015년 5월 취임한 정사장은 그해 결산 과정에서 1,200억대 영업손실을 축소 조작한 혐의를 받고 있다. 검찰은 대우조선이 관리종목 지정을 피하기 위해 자본잠식률 50%를 초과하지 않으려 분식회계를 저질렀다고 의심하고 있다. 2015년 말 대우조선의 자본잠식률은 45.6%를 기록해 관리종목 지정을 피했다.

　　조선업계는 대우조선이 대규모 수주를 앞둔 시점에 이런 사건이 터져 안타깝다는 반응이다. 중국 일본 경쟁사들이 정 사장의 소환사실을 활용해 수주전을 자신에게 유리하게 뒤집으려 하고 있어서다.

　　대우조선 측은 이날 정 사장의 소환을 비공개로 해 달라고 검찰에 요청했으나 거절당했다. 회사 관계자는 "현재 유동성이 부족해 하루 빨리 수주를 따내지 않으면 생존이 쉽지 않다"며 "경영진의 소환 사실이 공개돼 네다섯 건의 국제 입찰에서 피해를 볼 수 있다"고 말했다. 대우조선 대주주인 산업은행 관계자도 "누가 처벌을 받든 수사가 빨리 마무리되는 것만이 국민 혈세가 추가로 투입되는 것을 막는 길"이라고 말했다.

　　2015년부터 시작된 검찰수사로 남상태, 고재호 전 사장이 구속기소됐고 지난해 9월 국회에선 관련 청문회가 열렸다. 지난해 9월 국회에선 관련 청문회가 열렸다. 지난해 10월부터는 국세청의 특별 세무조사가 진행 중이다. 금융당국은 검찰 수사가 끝나는 대로 분식회계에 대한 조치를 내릴 전망이다.

한국경제신문. 2017.2.15. 대우조선 감사의견 '적정' 유력

지난해 반기와 3분기 재무제표에 외부 감사인으로부터 '한정' 의견을 받은 대우조선해양이 연간 감사의견에서는 '적정'을 받을 가능성이 높아졌다. 회사채 만기상환 부담과 수주난 등 삼중고를 겪어온 대우조선해양이 부정적인 감사의견에 따른 신뢰도 위기에서 한숨 돌리게 됐다.

14일 회계업계에 따르면 대우조선해양과 외부감사인인 삼일회계법인은 2016년 재무제표의 기초잔액 수치에 대한 불확실성을 상당 부분 해소했다. 대우조선해양의 분식회계를 조사해온 검찰과 금융감독원이 회사의 분식회계 규모를 확정하면서 그동안 문제가 됐던 미청구공사 규모 등도 확정한 것으로 알려졌다. 삼일이 요구한 대로 회사 측이 수정사항을 반영하면서 감사보고서에 적정의견을 받을 가능성이 높은 것으로 회계업계는 보고 있다.

삼일은 앞서 "미청구공사 등 주요 계정의 기초잔액에 대해 적정성 여부를 판단할 절차를 충분히 수행하지 못했다"며 대우조선해양의 반기 및 3분기 보고서에 검토의견 '한정'을 제시했다.

시장에서는 대우조선해양이 감사의견 불확실성에서는 한숨 돌리게 했다는 분석이 나온다. 회사가 감사인으로부터 분 반기 재무제표에 부정적인 의견을 받더라도 별도 조치를 받지 않지만, 연간 재무제표의 경우 강력한 시장조치가 뒤따른다. '한정'을 받으면 관리종목으로 지정되고 '의견거절'이나 '부적정'의견을 받으면 상장폐지 사유가 된다. 시장에서는 가뜩이나 수주 난을 겪고 있는 대우조선해양이 부정적인 감사의견을 받게 되면 수주 난과 재무위기가 가중될 것으로 우려해왔다. 외부감사인은 감사 대상 기업의 재무제표에 적정, 한정, 부적정, 의견거절 등 네 가지 의견을 낼 수 있다.

대우조선해양이 유동성 위기를 해결할 수 있을지에 대한 우려는 여전하다. 대우조선해양은 오는 4월 21일 4,400억원을 시작으로 올해 총 9,400억원의 회사채 만기가 돌아온다. 한편 금감원은 다음 주께 감리위원회를 열고 대우조선해양에 대한 제재를 확정할 예정이다. 자본시장법상 최대수준의 행정제재인 과징금 20억원과 외부감사인 지정 등의 징계가 내려질 것으로 알려졌다.

문화일보. 2017.2.17. 딜로이트 안진 '영업정지설'에 회계업계 속앓이

최중경 한국공인회계사회 회장은 17일 문화일보와 전화 통화에서 "대우조선 분식회계 의혹 관련 딜로이트안진에 대한 고의성 등을 가리는 법원의 결정이 나오지 않는 시점에서 제재를 내리면 경제 사회적 혼란만 불러올 수 있다"며 "만약 금융당국이 영업정지를 염두에 두고 '유효한 제재'를 고려한 것이라면 내년으로 제재 기간을 미루는 방안도 있을 것"이라고 밝혔다.

현재 금융당국은 이르면 3월, 늦어도 4월까지 안진회계법인에 대한 제재 수위를 정해 징계할 것으로 보인다. 기업과 외부 감사인 계약을 맺는 시기인 4월 이후 영업정지 등의 제재가 내려지면 시장에 혼란을 줄 수 있어 금융당국이 서두르고 있는 것으로 알려졌다. 대개 기업들은 4월 한 달 간 회계법인과 감사 계약을 맺는다. 이에 금융당국의 영업 정지 제재 유효성을 높이려면 4월을 제재 기간에 포함해야 한다.

하지만 회계업계는 사안이 복잡한 만큼 징계 시점을 신중하게 판단해야 한다고 주장하고 있다. 딜로이트안진 회계사의 유무죄가 확정되는 1심 판결일(저자: 6월 9일에 판정) 이후 제재를 확정해야 한다는 것이다.

최회장은 "법원 판단이 나오지 않은 상황에서 유효한 제재만을 고려해 국내 경쟁력 있는 회계법인이 문을 닫는 일이 있어선 안 된다"고 강조했다. 그는 이어 "만약 법원 판결로 영업정지 제재를 내릴 정도의 잘못이 드러나면 금융당국은 딜로이트안진이 내년 4월 영업을 못하도록 제재 기간을 미루면 될 것"이라며 "이와 관련 금융당국에 탄원서를 내는 방안도 고려하고 있다"고 했다.

실질적으로 한공회와 삼일회계법인은 당국에 탄원서를 제출한다.[3]

한국경제신문. 2017.2.20. '수조원대 분식회계' 대우조선해양 부실감사 혐의

"법원의 판단과 행정제재의 기준은 다르다. 시장의 혼란을 줄이려면 제재를 최대한 앞당겨야 한다." (금융감독원 관계자)

"기소 3개월 만의 행정제재는 이례적이다. 회계법인의 존폐가 달린 문제인 만큼 법원 판결을 기다려야 한다." (딜로이트 안진 관계자)

---

3) 매일경제신문, 2017.11.7. "안진회계 선처를" 총대 맨 최중경.

대우조선해양이 수조원대 분식회계를 하는 과정에서 부실감사를 했다는 혐의를 받고 있는 딜로이트 안진회계법인이 다음달 안에 행정제재를 받을 것으로 예상되면서 회계업계가 강하게 반발하고 있다. 국내 2위 회계법인인 안진의 징계 시기와 수위에 따라 국내 감사시장에 큰 파장이 불가피할 전망이다.

• 제재수위 이번 주 윤곽

금융위원회와 금융감독원은 3월안에 안진에 대한 행정제재를 마무리한다는 방침이다. 이번 주 열리는 감리위원회에서 대우조선해양의 분식회계 결과와 안진에 대한 징계 수위, 안진 소속 회계사들에 대한 개인 제재 여부 등의 윤곽이 나온다. 금감원이 1년여 간의 감리 끝에 안진에서 조직적인 묵인과 방조가 있었다는 결론을 낸 만큼 6개월가량의 '부분 업무 정지'가 불가피하다는 게 일반적인 관측이다.

금감원은 안진의 업무 마비에 따른 시장 혼란을 최소화하기 위해 제재를 서두른다는 방침이다. 안진이 부분 업무정지 조치를 받으면 일정 기간 새로운 감사계약을 끝내야 하기 때문에 최대한 제재를 일찍 마무리해 안진과 일해 온 기업들이 새로운 감사인을 찾을 시간을 줘야 한다는 논리다. 2016 회계연도 기준 안진이 감사하는 기업은 총 1,068개(상장회사 223개 포함)에 달한다.

제재의 실효성을 위해서도 빨리 판단을 내려야 한다고 금감원은 주장한다. 부분업무 정지는 새로운 감사계약을 체결하는 행위만 금지할 뿐 이미 맺은 감사계약에 따른 업무 수행에는 제약이 없다. 대부분의 신규 감사계약이 종료되는 4월이 지나 부분 업무 정지와 같은 제재가 이뤄지면 결국 유명무실한 제재가 되고 만다는 설명이다.

한두 달 안에 1심 판결이 나오기 때문에 재판 결과를 보고 제재해도 늦지 않다는 주장에 대해서는 사법적 판단기준과 행정제재를 위한 판단기준은 엄연히 다르다는 입장으로 알려졌다. 고의성에 대한 입증이 엄격히 요구되는 사법적 판단과 달리 중대 과실에 대한 책임만 분명하게 드러나면 행정제재를 하는 데는 문제가 없다는 이유에서다.

• 회계업계 "법원 판결 기다려야"

딜로이트안진 측은 이 같은 움직임에 강력 반발하고 있다. 안진에 대한 법원의 1심 판결이 나오는 5월 전에(저자: 실질적으로는 6월 9일) 행정제재가 먼저 이뤄지는 것은 '무죄 추정의 원칙'에 어긋난다는 이유에서다. 안진은 회계 감사기준 적용지침에 명시된 '감사의 고유한계'를 적용하면 법인뿐 아니라 개인들도 사법적으로 문제가 되지 않을 수 있다고 주장한다. '감사의 고유한계'는 회계부정이 회사 측에 있을 경우 이는 회계법인의 감사 실패로 볼 수 없다는 것이 골자다. 대우조선해양의 이중장부 의혹, 회계사들을 고의로 속이려 한 정황이 담긴 이메일 등을 무죄 근거로 제시하고 있다.

업계도 비판적이다. 행정제재는 법원 판결과 관계없이 내릴 수 있다는 금감원 주장은 형식 논리만 강조한 것으로 업계를 감독하고 이끌 책임 있는 입장은 아니라는 것이다. 한국 공인회계사회는 "재판이 진행 중인 상황에서 2,000여 명에 달하는 딜로이트안진 직원들의 생존권과 직결되는 제재를 우선적으로 내리는 것은 부당하다"는 취지의 탄원서 제출을 검토 중이다.

'시장 혼란 최소화'도 법원의 '유죄 판결'을 염두에 둔 논리라는 지적이다. 안진 관계자는 "3월말 영업 정지가 내려지면 이후 5월 판결에서 무죄를 받더라도 업계 전체가 돌이킬 수 없는 큰 타격을 받는다"고 걱정했다. 만약 안진이 3월말 영업 정지를 받으면 1,068개에 달하는 해당 회계법인 담당 감사기업은 새로운 감사법인을 선임해야 하는 혼란에 빠진다.

회계업계도 빅4체제가 빅3체제(삼일 삼정 한영)로 개편되면서 남은 회계법인들이 1,000개의 기업을 분담해 감사해야 하기 때문에 '감사의 질' 하락을 초래할 수 있다는 우려가 나온다. 청년공인회계사회는 "신속한 처리만 강조할 경우 회계투명성이 낮아지는 부작용이 나타날 수 있다"고 비판했다.

'감사의 고유 한계'는 분명한 사실이지만 감사의 고유 한계가 부실 감사를 정당화할 수는 없다.

위에서 '사법적 판단기준과 행정제제를 위한 판단기준은 엄연히 다르다'는 내용이 기술되고 있다. 민사소송은 자유심증주의로서 판사의 재량이 많은 편이나 감리의 경우 행정처분으로서 민사소송보다는 엄격한 증거주의에 근거한다.

또한 쌍용자동차에 대한 사법부의 판단이 진행되었던 경우에도 검찰은 유사한 조사를 사법부의 판단이 진행될까지는 중단했던 사례도 있다.

감독원도 과거에는 검찰 조사가 진행될 경우도 감독원 차원의 별도의 조사를 진행하지 않았던 경우도 많았다.

조선일보. 2017.2.20. '미청구 공사'가 뭐기에… 건설사 희비 가르는 해외플랜트

2010~2014년 연평균 650억달라(약 75조원)가 넘었던 한국 해외 건설 수주액은 2015
년 461억 달러, 작년에 282억 달러로 급감했다. 해외 플랜트 수주가 눈에 띄게 급감했다.
해외 플랜트 수주가 눈에 띄게 감소한 게 주요 원인으로 꼽힌다. 플랜트 사업은 쉽게 설
명하면 정유공장이나 발전소처럼 전력 석유 가스 담수 등을 생산할 수 있는 설비를 공급
하거나 공장을 지어 주는 것이다. 그런데 2014년 중반부터 국제 유가가 떨어지면서 국내
건설사의 '수주 텃밭'이던 중동 산유국들이 플랜트 발주 물량을 급격히 줄였다. 비싼 플
랜트 지어 석유를 생산해봤자 값이 싸니 지을 필요를 못 느끼는 것이다. 여기에 국내 건
설사들이 과거 저가로 수주한 일부 플랜트 현장에서 대규모 손실을 보면서 신규 수주에
소극적으로 나선 것도 해외 수주 감소에 영향을 미쳤다.

이런 상황에서 '미청구 공사 금액'에 따른 부실 우려가 건설업계 쟁점으로 떠오르고 있
다. 미청구공사란 업체가 공사를 수행하지만, 사업을 발주한 곳에 금액을 청구하지 못한
'미수 채권'이다. 작년 말 기준 국내 10대 건설사 미청구공사 금액은 11조원이 넘는데 상
당 부분이 해외 플랜트 사업과 중동 북아프리카 지역 공사에 몰려 있다. 대규모 부실을
낳을 수 있는 미청구공사는 왜 대형 플랜트 사업에서 주로 발생하는 것인가?

- 플랜트 공사에서 손실이 잦은 이유는

우선 플랜트가 뭔지, 플랜트 공정 특성을 알아야 한다. 플랜트 건설은 아파트나 도로
를 짓는 일반 토목, 건축 공사보다 훨씬 복잡하다. 제품을 생산하는 데 필요한 기계 장비
같은 하드웨어와 이를 설치하기 위한 설계 과정 등 소프트웨어와 시공 시운전 등이 복합
적으로 연계되는 것이다.

일반적으로 플랜트 건설 과정은 설계, 조달, 시공으로 이뤄진다. 설계는 프로젝트 기획
부터 견적 수주 설계 등을 총괄하는 것이고, 조달은 사업에 필요한 각종 자재와 설비의
공급, 물류를 통한 현장 설치 과정이 포함된다. 조달이 완료되면 본격적인 공사가 시작되
고, 건설이 끝나면 시운전 후 준공한다. 이런 전 과정을 수행할 수 있는 업체를 EPC기업
이라고 한다.

건설사라고 해서 모두 플랜트를 지을 수 있는 건 아니다. 대표적인 플랜트 사업인 원전을
지을 수 있는 나라는 우리나라를 비롯해 미국 영국 중국 프랑스 일본 등 손에 꼽힌다. 삼성
물산 현대건설 대우건설 GS건설 대림산업 등 국내 대형 건설사들이 바로 EPC기업이다.

- 설계 조달 시공 동시다발로 이뤄져

일반적인 건축 토목 공사와 다른 플랜트 건설의 특징은 무엇인가? 우선 프로젝트 규모에 따라 다르지만, 통상적으로 플랜트 건설은 짧게는 2년에서 길게는 5년 이상 시간이 걸린다. 플랜트는 한 번 지으면 가스 전기 등을 생산하며 20년 이상 운영된다. 이 때문에 사업 초기 단계에서부터 운영 유지 보수 계획을 면밀하게 마련하는 게 중요하다.

둘째, 설계와 물품 조달, 시공이 동시다발적으로 이뤄지기 때문에 핵심 공정을 변경하기가 매우 어렵고, 건설 과정에서 설계를 변경할 경우 막대한 추가 비용이 들어간다. 설계를 변경해 추가로 공사 비용이 들면 시공사가 이를 부담하는 경우가 많다. 프로젝트 규모가 크면 클수록 막대한 금액이 추가될 위험성이 있다. 끝으로 플랜트 하나를 성공적으로 건설하기 위해선 프로젝트와 관련한 이해 관계자들이 유기적으로 협력해야 한다. 이해 관계자에는 구체적인 요구 조건을 가진 발주처, EPC 공정을 담당하는 기업, 기자재와 물류 등을 공급하는 기업, 법령과 규제를 시행하는 정부 지자체 등이 모두 포함된다. 설계에서부터 시운전에 이르는 모든 과정에서 의견을 교환하고 조정하는 긴밀한 협력이 필요하다. 특히 EPC 기업은 다양한 공정과 서로 다른 이해관계를 종합적으로 관리할 수 있는 역량을 갖춰야 한다.

- 구조적으로 미청구공사 발생 쉬어

최근 건설사 회계에서 논란이 되고 있는 미청구공사 금액은 대형 플랜트 사업에서 주로 발생한다. 지난 2013년 일부 건설사가 수천억원 '어닝쇼크'를 기록한 게 해외 플랜트 때문으로 밝혀져 이슈가 됐다. 이어 대표적인 수주산업인 조선업에서 대형 업체들이 해양 플랜트로 큰 손실을 떠안은 것이 알려져 미청구공사의 회계처리가 불투명하다는 의심의 눈초리를 받기도 했다. 미청구공사가 위험 자산으로 분류되는 것은 회수 기간이 길고, 떼일 가능성도 크기 때문이다.

사실 해외 사업 비중이 큰 건설사는 플랜트 사업으로 인한 미청구공사 발생 위험을 피하기 어렵다. 예를 들어 '착공과 동시에 공사 금액의 20%를 지급하고 전체 공정률이 10%에 달하면 공사금액의 60%를 지급한다. 나머지 20%는 완공 후 지급한다'는 조건으로 계약을 했다고 가정하자. 명시된 공정률이 되기 전까지 돈을 들여 공사하지만, 돈은 받을 수 없는 것이다. 플랜트 사업은 공사 기간을 단축하기 위해 착공에 앞서 사전 제작하는 기자재의 비중이 높기 때문에 미청구공사가 발생하기 쉬운 구조이다.

• 건설업계, 부실 사업장 대거 정리

물론 미청구공사가 모두 부실로 이어지는 건 아니다. 건설사들은 "플랜트 기자재 조달 등 정상적인 공사 과정에서도 발생할 수 있기 때문에 모든 미청구공사액을 잠재 부실로 보는 것은 무리가 있다"고 설명한다. 하지만 저가 수주를 해 예정 원가가 지나치게 낮거나 설계변경이 계속돼 완공 때까지 추가 금액이 계속 투입되는 경우 등에는 미청구공사가 부실로 연결될 수 있다.

매일경제신문. 2017.2.22. 영업정지 위기 딜로이트 안진 분식회계 고의성 여부가 관건

금융위원회 증권선물위원회가 5조원대 대우조선해양 분식회계에 가담한 혐의를 받고 있는 딜로이트 안진 회계법인에 대한 제재 절차에 본격 착수했다. 제재 수위를 결정하는 최대 쟁점은 대우조선해양 감사인인 딜로이트 안진이 소속 회계사의 위법 행위를 알고도 묵인하거나 방조했는지 여부다. 딜로이트안진이 고의적으로 분식회계에 가담했다고 밝혀지면 영업정지 처분이 내려져 사실상 폐업이 불가피할 전망이다.

21일 금융당국과 회계업계에 따르면 이날 증선위는 전문심의기구인 감리위원회를 열어 대우조선해양 감사와 관련해 딜로이트안진에 대한 제재 수위를 논의하기 시작했다. 증선위는 23일 예정에 없던 임시회의를 열어 추가로 안건을 논의한 후 이르면 다음달 초중순 정례 증선위에서 최종 제재안을 결정할 예정이다. 증선위 관계자는 "관련자가 많고 제재 수위를 두고 의견이 엇갈리는 만큼 결정하기까지 상당 시간 논의가 필요해 보인다"고 말했다. 금감원 감리 양정 기준에 따르면 감사인이 소속 공인회계사의 회계감사기준 위법 행위를 묵인 방조 지시하는 등 조직적으로 관여한 것이 확인되면 업무정지나 등록 취소를 받을 수 있다.

금감원은 이 같은 기준에 근거해 딜로이트 안진에 업무정지 가능성을 통보한 것으로 전해졌다. 안진과 회계업계에서는 금감원 제재 시점을 1심 법원 판결 이후로 미뤄야 한다고 주장하고 있다. 만약 안진이 3월에 영업정지 처분을 받으면 사실상 감사 일감의 80%에 해당하는 1,100여 곳의 기업 고객을 잃게 되고, 생존이 어려워지기 때문이다.

한국경제신문. 2017.2.25. 부실감사 최대 과징금이 고작 5억

"회계법인에 대한 업무정지를 과징금 5억원으로 대체하는 게 말이 되나요. 있어도 쓸 수 없는 '그림의 떡' 같은 조항입니다."

24일 기자와 만난 회계업계의 한 관계자는 "'대우조선해양 사태'로 촉발된 최근 회계업계 상황이 산동회계법인이 문을 닫은 2000년대 초의 데자뷔처럼 느껴진다"고 한숨을 쉬었다. 당시 회계업계 2~3위이던 산동은 외부감사를 맡은 대우그룹 분식회계의 역풍으로 업무정지 12개월의 제재를 받은 뒤 해산했다.

그로부터 3개월이 지난 2001년 4월 금융당국은 '외부감사 강화 및 실효성 제고' '분식회계에 대한 조사 감리 및 책임추궁 강화' '사회적 통제환경 조성' 등을 골자로 하는 분식회계 근절 방안을 발표했다. 16년 뒤인 지난 1월 금융당국이 발표한 회계 투명성 제고 방안과 판박이처럼 닮아 있는 근절 방안 내용에는 '부실감사 회계법인에 대한 영업정지 등의 제재보다는 과징금 부과를 적극 활용해 제재의 실효성을 높이겠다'는 내용도 포함돼 있다.

이 방안에 따라 공인회계사법에 신설된 조항이 과징금이다. '감사 또는 증명에 중대한 착오나 누락'이 있어 업무정지나 직무정지 처분을 해야 할 경우라도 '이해 관계인 등에게 중대한 영향을 미치거나 공익을 해할 우려가 있다'고 판단하면 제재를 과징금으로 갈음할 수 있도록 한 게 골자다. 개별감리 양정기준에 포함돼 있던 '등록취소'나 '업무정지'와 같은 강력한 조치들은 별도 문단으로 분리했다.

당시 법 개정에 참여한 한 관계자는 "산동이 해산된 이후 투자자 보호와 회계법인 조직 차원의 감사 노하우 축적과 피감사회사의 계속 감사 문제 등 여러 가지 문제점이 드러났다"며 "대형 회계법인에 대한 업무정지가 사회적으로 미치는 파장을 고려해 과징금 등 경제적 제재를 적극 활용하자는 게 당시 법 개정의 취지였다"고 설명했다.

하지만 당시 야심차게 이뤄진 법 개정안은 사실상 사문화됐다는 게 대다수 전문가의 지적이다. 과징금 수준이 지나치게 낮아서 실효성 있는 수단이 될 수 없다는 것이다. 회계법인에 5억원 이하, 회계사는 1억원 이하로 정해진 부과 한도는 이후 한 차례도 개정되지 않았다. 분식회계에 연루돼 사회적 물의를 일으킨 회계법인에 과징금만 5억원을 때린다면 누가 납득하겠는가. 다른 나라들은 과징금 관련 규정을 마련할 때 위반 규모를 기준으로 과징금을 정한다든지, 아니면 물가 상승률에 따라 과징금을 계속 올리도록 하는 등 제재의 실효성을 확보하려는 노력을 하고 있지만 우리 금융당국 공무원들은 어떤 연유에서인지 전혀 사후관리를 하지 않았다.

대우조선해양 부실감사로 행정 제재를 앞두고 있는 딜로이트안진회계법인이 해당 조항의 적용 대상이 되는지는 예단하기 어렵다. 하지만 이 같은 과징금 조항을 적극적으로 고민해 볼 수 있는 환경조차 조성되지 않았다는 것은 큰 문제다. 설사 적용이 가능하다고 해도 과징금 수준이 너무 낮아 '솜방망이 처벌'이란 비판이 제기될 게 틀림없다.

중대한 위법행위를 한 기업(기관)에는 마땅히 강도 높은 징계를 해야 한다. 하지만 17년 전 대우사태라는 뼈아픈 경험에서 얻은 교훈이 제대로 작동하지 않은 것은 전적으로 금융당국의 책임이다. 이번에도 '제재만 하면 끝'이라고 생각한다면 여론이야 어떨지 모르겠지만 업계 사정에 밝은 전문가 그룹에서 엄청난 질타를 받을 것이다. '보신주의' '면피주의' 등의 거친 단어들과 함께...

2017년 개정된 외감법에서는 과징금 관련 내용이 대폭 강화되었다.

한국경제신문. 2017.3.10. 딜로이트 안진 업무정지 불가피

금융당국이 대우조선해양이 분식회계를 하는 과정에서 부실감사한 딜로이트 안진회계법인에 대해 업무정지가 불가피하다는 판단을 내렸다. 국내 '빅4' 회계법인인 안진에 대한 중징계가 확정되면 감사시장과 회계업계에 적지 않은 파장이 예상된다.

9일 금융당국에 따르면 증권선물위원회의 전문심의 기구인 감리위원회는 이날 임시회의를 열고 안진에 업무정지가 불가피하다는 판단을 내렸다. 과거 대우조선해양을 감사하는 과정에서 안진 내 파트너급 이상 책임자들의 조직적인 묵인과 방조 등이 있었다고 본 것으로 알려졌다. 현행법상 감사인에게 최대 12개월의 업무 정지 조치를 할 수 있지만 감리위는 업무정지 기간을 최소로 해야 한다는 의견인 것으로 전해졌다.

안진에 대한 제재 수위는 오는 15일 증선위 정례회의 등을 거쳐 최종 확정된다. 회계업계에서는 증선위가 감리위보다 징계 수위를 낮추기는 어려울 것이란 쪽에 무게를 두고 있다.

앞서 금융위원회는 2008~2016년 분식회계와 공시위반 등을 반복한 대우조선해양에 현행 최대 행정 제재인 과징금 45억 4,500만원을 부과했다.

당일 감리위원회에서는 회계사들 간의 공모는 인정되는데 회계사들 간의 공모가 감사인의 공모인지에 대한 논쟁이 있었다고 한다. 외감법에서 감사인이라고 하면 회계법인과 감사반을 의미한다.

조선비즈. 2017.2.16 [갈길 먼 회계선진화], 중징계 앞둔 안진?

　대표적 분식회계 사건인 미국의 엔론 사태를 보면, 이 회사 외부 감사인인 아서앤더슨이 파산한 후 3년이 지나서야 재판부가 증거 부족으로 무죄를 선고했다. 이 사건 이후 미국은 전문서비스 기업과 소속된 전문가 개인의 문제를 분리해 신중하게 대처하게 됐고, 이후 미국 검찰은 회계법인에 대해서는 수사권만 유지하고, 징계는 철저하게 관계당국에 맡기는 구조적 변화를 택했다.

　일본은 지난 2015년 전자기업 도시바의 2,248억엔(약 2조 2,500억원) 회계부정 사건이 발생했다. 당시 경영진이 홍역을 치루면서 외부감사이자 글로벌 빅4 중 하나인 EY신나흔(EY Shinnihon LLC)이 '3개월간 신규 감사계약 수주 불가'의 업무 정지를 받았다.

　전문가들은 업무 정지라는 중징계를 면할 수 없다면, 미국 상장사회계감독위원회(PCAOB) 사례처럼 상장사 신규 고객 감사계약에 한해 적용하는 게 사회적 파장을 줄일 수 있는 방법으로 보고 있다. 통상 상장기업은 회계법인과 감사계약을 3년으로 맺는데, 이 계약 기간이 끝나는 기업에 대해서만 업무를 정지하도록 하는 것이다. 외감법 기업 스스로에 감사인을 유지할지, 아니면 새로 교체할지 시장에 선택권을 주자는 취지다.

　기관과 개인에 대한 징계를 구분하자는 내용은 양벌규정과 연관된다.
　외감법 21조의 단서조항에 양벌규정의 정신이 2009년 2월 3일에 신설되었다가 2017년 외감법 개정시 제46조로 변경되면서 내용도 약간 개정되었다.

제46조(양벌규정) 법인의 대표자나 법인 또는 개인의 대리인, 사용인, 그 밖의 종업원이 그 법인 또는 개인의 업무에 관하여 제39조부터 제44조까지의 위반행위를 하면 그 행위자를 벌하는 외에 그 법인 또는 개인에게도 해당 조문의 벌금형을 과한다. 다만, 법인 또는 개인이 그 위반행위를 방지하기 위하여 해당 업무에 관하여 상당한 주의와 감독을 게을리하지 아니한 경우에는 그러하지 아니하다.

자본시장법 제448조(양벌규정)
법인(단체를 포함한다. 이하 이 조에게 같다)의 대표자나 법인 또는 개인의 대리인, 사용인, 그 밖의 종업원이 그 법인의 업무에 관하여 제443조부터 제

446조까지의 어느 하나에 해당하는 위반행위를 하면 그 행위자를 벌하는 외에 그 법인 또는 개인에게도 해당 조문의 벌금형을 과한다.
다만 법인 또는 개인이 일반 행위를 방지하기 위하여 해당 업무에 관하여 상당한 주의와 감독을 게을리하지 아니한 경우에는 그러하지 아니하다.

외감법상의 양벌규정과 자본시장법상의 양벌규정은 그 내용이 거의 유사하다. 즉, 감사인에 소속된 공인회계사와 회계법인의 책임을 구분하기가 현실적으로 어렵다는 점이 양벌규정의 정신과 일맥상통하고 있다.

한국경제신문. 2017.3.14. 대우조선 '분식회계 제재' 금융위에 행정소송

정성립 사장, 김열중 부사장 등 대우조선해양 경영진이 금융위원회를 상대로 행정소송을 검토하고 있다. 금융위원회 증권선물위원회가 내린 과징금과 해임 권고 등의 제재가 과도하다는 판단에서다. 대우조선 경영진은 원가 절감을 지시한 것이 회계 조작 지시로 오해받고 있으며 이를 해소하기 위해선 법적 대응이 불가피하다고 보고 있다. 대우조선은 경영진의 분식회계 혐의 해소 없인 '수주 절벽'과 유동성 위기를 넘어서기 힘들다고 지적하고 있다.

- "조작이 아니라 원가 절감 지시"

13일 조선업계에 따르면 대우조선은 이달말 열 예정인 주주총회에서 김 부사장 해임 건의안을 안건에 넣지 않기로 했다. 주총 날짜는 아직 정해지지 않았다.

지난달 증선위는 대우조선이 분식회계를 저질렀다며 −과징금 45억원 −외부감사인 지정 3년 − 고재호 전 대표이사 사장 과징금 1,600만원 − 정사장 과징금 1,200만원 −김부사장 해임 권고 등의 조치를 내렸다. 시장에서는 주총을 통해 새 CFO를 선임할 것으로 예상했다.

대우조선은 그러나 정 사장과 김 부사장의 책임을 물은 증선위에 행정소송을 제기할 준비를 하고 있다. 검찰은 지난 1월 정사장에게 회계 사기 혐의를 적용해 피의자 신분으로 소환조사했다.

검찰과 증선위는 2015년 5월 취임한 정사장이 2016년 대규모 실적 개선 효과를 보기 위해 2013년과 2014년 손실을 2015년에 한꺼번에 반영했다고 보고 있다. 대우조선은 손

실을 잘못 반영한 것은 '직원 실수'라고 인정하면서도 '고의성'은 없었다고 해명했다.

검찰과 증선위는 또 현 경영진이 작년 1~3월 회사 재무부서에 영업손실 규모를 1,200억원가량 축소하라고 지시했다고 보고 있다. 이는 대우조선이 자본잠식률 50%를 넘어 주식시장에서 관리종목으로 지정되는 것을 피하기 위한 분식회계라는 판단이다. 대우조선은 "실제 축소 규모는 300~400억원이었고 당시 정 사장이 '원가 절감'을 지시했지만 실무 직원이 오해해서 벌어진 일"이라고 해명했다. 또 관리종목 지정을 고의로 피했다는 주장도 "이미 2015년 10월 청와대 서별관회의를 통해 4조 2,000억원을 지원받기로 한 만큼 관리종목 지정 여부가 회사 경영에 큰 의미가 없다"고 반박했다.

• "현 경영진 없으면 위기 심화"

대우조선은 세계 해운업계 '큰 손'인 그리스의 존 안젤리쿠시스, 노르웨이 '선박왕' 존 프레드릭센 등과 친분이 깊은 정사장이 검찰 조사 이후 물러나면 수주 전선에 '빨간불'이 켜질 것으로 우려하고 있다. 대우조선 관계자는 "경영진이 바뀌면 수주 영업이 어려워진다"고 말했다. 정부도 검찰이 불구속기소를 검토하자 정 사장이 없으면 막대한 공적자금이 투입된 대우조선의 생존에 타격이 빚어질 가능성이 있다는 우려를 검찰에 전달한 것으로 알려졌다.

금융당국은 이달 하순 대우조선의 2016년 실적이 나오는 것을 고려해 대규모 자본 확충과 유동성 공급 대책을 준비하고 있다. '밑 빠진 독에 물 붓기'라는 지적을 피하기 위해 최종 대책은 여야 정치권 동의를 얻어 확정하기로 했다. 하지만 대통령 탄핵 이후 대선 모드로 전환되면서 설득에 어려움을 겪고 있는 것으로 알려졌다. 금융당국 관계자는 "종합대책은 차기 정부에서 세우고 이번에는 단기적인 유동성 대책만 나올 가능성이 있다"고 말했다.

대우조선해양 실적

	2013년	2014년	2015년	2016년
매출	14조 7,105억	15조 4,553억	15조 70억	9조 9,732억
당기순익	-6,834억	-8,630억	-3조 3,066억	-1조 4,276억
영업손익	-7,783억	-7,429억	-2조 9,371억	-5,912억

매일경제신문. 2017.3.22. 대우조선 '한정' 가능성… 투자자 비상, 내주 초 회계감사 의견 공시

대우조선해양이 지난해 연간 재무제표에 대한 감사보고서에서 '한정'의견을 받을 것으로 알려졌다. 회계법인이 과거 분식회계를 한 대우조선해양의 회계 처리가 여전히 불투명하다고 판단했기 때문이다.

다음 주 공시될 감사의견이 '한정'이면 대우조선해양은 즉시 한국거래소의 관리종목으로 지정된다. 대우조선해양 주식의 거래 재개가 불투명해지면서 개인투자자뿐 아니라 채권을 보유한 금융기관 실적에도 비상이 걸렸다.

22일 금융투자업계와 회계업계에 따르면 대우조선해양은 24일 외부감사인인 삼일회계법인의 감사보고서를 공시하는데 대우조선해양 재무제표에 대해 '한정'의견을 낼 가능성이 높은 것으로 알려졌다.

회계업계 관계자는 "회사가 자료를 제대로 제출하지 않거나 감사인과 의견 충돌이 있을 경우 범위제한에 따른 한정 판정을 할 수밖에 없다"며 "대우조선의 경우 엄격하게 따지면 '의견거절' 가능성까지 있기 때문에 적정 의견을 내기는 어려운 분위기"라고 전했다. 대우조선해양은 작년 반기와 3분기 재무제표에서도 한정 의견을 받은 바 있다. 대우조선해양이 이번 재무제표에서 '한정' 감사의견을 받으면 거래소의 관리종목으로 지정된다. 이렇게 되면 당장 오는 6월 대우조선해양은 코스피 200지수에서 제외되고 대우조선에 투자한 자산운용업에 혼란이 예상된다.

올해 상반기 재무제표에서도 적정 의견을 받지 못하면 올해 하반기 주식거래 재개는 불가능해진다. 대우조선해양은 작년 7월 이후 주식 거래가 정지된 상태로 올해 10월 기업심사위원회에서 주식 거래 재개 여부를 재심사 받게 돼 있다. 이번 '한정' 의견으로 기존 개인투자자들뿐 아니라 대우조선해양에 출자전환한 채권 금융사의 실적에도 부담이 커질 전망이다.

조선일보. 2017.3.25. '대우조선 5조 분식회계' 안진에 신규 영업정지 1년

증권선물위원회 중징계 결정
내달 금융위 회의서 최종 결정

국내 4대 회계법인인 딜로이트안진이 대우조선해양의 5조원대 분식회계(회계사기)를

묵인 방조한 혐의로 1년간 신규영업(감사업무) 정지라는 중징계를 받았다. 금융위원회 산하 증권선물위원회는 24일 임시회의를 열어 이같이 결정하고 금융위에 건의하기로 했다. 이에 따라 금융위가 내달 5일 열리는 정례회의에서 증선위 건의안을 수용하면 딜로이트 안진은 향후 영업에 타격을 받을 것으로 보인다.

증선위는 "딜로이트안진의 대우조선해양 감사팀 담당 파트너, 부대표가 대우조선해양의 분식회계를 알면서도 묵인했다"며 "이는 2010~2015년 동안 감사인으로서의 기본 책무를 저버린 것"이라며 중징계 이유를 밝혔다. 딜로이트 안진은 대우조선해양 분식회계 의혹이 불거지자 1년간 금융감독원으로부터 특별감리를 받았다. 대우조선해양은 2012~2014년 매출액을 실제보다 부풀리거나 자회사의 손실을 반영하지 않는 등의 방식으로 회계장부를 조작해 5조원대 분식회계를 한 것으로 드러났다.

이번 징계가 확정되면 딜로이트안진은 의결일부터 1년간 2017 회계연도에 대한 신규 감사업무를 맡을 수 없다. 영업금지 대상 기업은 감사 3년 차 상장법인, 비상장 금융회사 등이다. 또 증권신고서 거짓 기재로 과징금 16억원, 2014년 위조감사조서 제출 과태료 2,000만원, 손해배상공동기금 추가 100% 적립, 대우조선 감사업무 제한 5년 등의 조치도 건의안에 포함됐다.

딜로이트안진은 "거래 기업들과의 돈독한 관계를 고려할 때 기존 거래처들이 쉽게 이탈하지 않을 것으로 본다"고 말했다. 딜로이트안진과 재계약이 불가해지는 기업은 작년 기준 감사 3년차 기업 80여 곳과 지정감사 회사 70여 곳에 비하면 비중이 크지 않다는 것이다.

하지만 재계약이 불가능해지는 고객 중 대형 상장사가 많고, 회계법인에 가장 중요한 신뢰에 손상을 입은 만큼 손해가 막대할 것으로 업계에선 보고 있다. 2000년 대우그룹 분식회계 당시 외부 감사인이었던 산동회계법인은 금융 당국으로부터 1년간 영업정지를 받은 뒤 결국 폐업했다.

위의 기사에서 영업금지 대상 기업은 감사 3년 차 상장법인이라는 내용은 상장기업이 3년간의 감사를 받은 이후에는 감사인 유지제도에 의해 신규 감사인과 다시 계약을 해야 하기 때문에 상장기업에 대한 신규 감사 계약의 제한이라는 제도와 동일한 내용이다.

매일경제신문. 2017.3.25. 안진회계법인 1년 업무정지 '중징계'

증선위는 딜로이트안진이 올 들어 재계약 시점에 도래한 3년차 상장회사와 재계약을 완료한 건에 대해서도 업무정지 조치를 사실상 소급 적용하기로 했다. 딜로이트안진이 제재가 최종 결정되기 전 서둘러 계약을 체결해 제재를 피해갈 수 없도록 조치한 것이다.

회계업계에 따르면 2015년 기준 딜로이트안진이 감사를 맡고 있는 총 1,068곳의 기업 중 상장사는 223곳이다. 상장사의 감사계약은 3년 단위로 이뤄져 올해 계약을 다시 체결해야 하는 상장사는 80곳 정도로 추산된다. 이 중 기아차, KT, 현대건설, 현대위아 등 20여곳이 이미 계약을 체결한 것으로 알려졌다.

증선위 관계자는 "조치일로부터 감사 업무를 할 수 없다"며 "올해 계약한 회사들에 대해선 감사를 하지 못하게 되는 것"이라고 밝혔다. 안진 측은 감사지정기업과 비상장 금융회사에 대한 조치까지 감안하면 매출액 기준으로는 300억원 이상 손실이 예상된다. 2015년 매출액 규모인 3,006억원의 10% 수준이다.

증선위는 업무 정지 범위에 비상장까지 포함시킬 것인지를 두고 막판까지 고민한 것으로 전해졌다. 비상장사는 감사 계약이 1년 단위로 이뤄지기 때문에 이번 제재에 비상장사까지 포함됐다며 딜로이트안진은 845개 비상장사에 대한 계약을 전부 잃을 수도 있는 상황이었다.

조선일보. 2017.3.29. '감사보고 지연' 대우조선, 코스피 200 퇴출되나

대우조선해양이 30일 정기 주주총회를 이틀 앞두고도 감사보고서를 제출하지 않은 것으로 나타났다. 대우조선이 31일까지 감사보고서를 내지 않으면 관리 종목으로 지정되고, 다음 달 10일까지도 제출하지 않으면 상장폐지된다.

28일 한국거래소에 따르면, 이날 오후 5시 현재 12월 결산 법인이면서 감사보고서를 제출하지 않은 기업은 모두 11곳이다. 유가증권시장 상장사는 대우조선과 KGP 등 두 곳이다.

회생 절차 중인 법인이나 외국 법인을 제외한 모든 상장사는 주총 일주일 전까지 금융감독원에 감사보고서를 제출해야 한다. 이에 따라 대우조선도 지난 22일까지 내야 했는데, 일정이 늦어지자 이번 감사보고서가 비적정 의견에 해당하는 '한정의견' 아니냐는 관측이 나오고 있다.

보통 감사보고서 공시가 늦어지는 것은 외부감사인이 관련 자료를 제출받지 못하거나 감사 내용을 두고 회사 측과 의견 차가 큰 경우 등이 많다.

대우조선이 이번 감사보고서에서 삼일회계법인으로부터 한정 의견을 받으면 관리종목으로 지정된다. 관리 종목 지정은 상장 기업으로서의 적격성이 떨어진다는 뜻으로, 이 경우 대우조선은 코스피200 구성 종목에서 제외된다.

대우조선은 작년 7월부터 주식거래가 정지된 상태다. 코스피200에서 제외되면 향후 거래가 재개되더라도 이미 대우조선 주식을 편입한 펀드 투자자 등의 손실은 커질 수밖에 없다.

한국경제신문. 2017.3.30. 대우조선 청산가치 5.6조

대우조선해양이 위기를 넘기지 못해 도산할 경우 청산가치가 5조 6,000억원이라는 분석 결과가 나왔다. 재무제표상 자산가액이 작년 말 기준 15조원을 웃돌지만 청산가치 때 가치는 3분의 1 수준으로 쪼그라든다. 은행 사채권자 보유 채권이 21조 5,000억원에 달하는 점을 고려하면 청산 땐 최대 80% 가까운 손실이 불가피하다.

한국경제신문이 29일 단독 입수한 정부의 '대우조선 구조조정 추진 방안'에 따르면 정부와 산업은행은 삼정 KPMG 실사 보고서를 토대로 자율 채무재조정, P플랜(초단기법정관리), 회사 청산 등 시나리오별 손실률을 이같이 추산했다.

정부추정에 따르면 모든 채권자가 출자전환과 상환유예에 참여하는 자율 채무재조정 때는 금융권 채권 회수율이 53.2%이지만, 대우조선이 P플랜에 들어가면 회수율은 43.4%로 낮아진다. 최악의 경우 대우조선이 도산하면 회수율은 23.7%로 급락한다.

삼일회계법인은 이날 대우조선의 지난해 재무제표 감사를 끝낸 뒤 '한정의견'을 냈다. 이에 따라 현재 거래정지 상태인 대우조선은 30일부터 관리종목으로 지정된다. 정부는 반기 결산 때까지 한정 사유를 해소해 오는 10월께 주식 거래가 재개되도록 한다는 계획이다.

한국경제신문. 2017.3.30. 삼일회계 "대우조선 자금지원 불확실… 재무제표 못 믿어"

대우조선해양이 지난해 재무제표에 대해 '한정'이란 감사의견을 받음에 따라 30일부터 관리종목으로 지정된다. 채권단 신규자금지원 계획에 관한 불확실성 등 때문에 재무제표를 100% 신뢰할 수 없다는 것이 외부감사인(삼일회계법인)의 설명이다. 상장적격실질심사를 받고 있는 대우조선은 오는 9월까지 이미 거래가 정지돼 있다. 관리종목 지정에 따른 거래정지의 추가 파급 영향은 없겠지만 이른 시일안에 '한정' 사유를 해소하지 않으면 투자자 피해는 물론 회사 회생에 걸림돌이 될 수 있다는 지적이다.

대우 조선은 29일 외부 감사인인 삼일회계법인으로부터 지난해 감사의견 '한정'을 받았다고 공시했다. 삼일은 대우조선에 대해 "계속기업에 대한 의문(계속기업 불확실성)이 있을 뿐만 아니라 감사를 위한 충분한 자료를 제시받지 못했다(감사범위제한)"며 한정의견을 낸 배경을 설명했다.

삼일은 우선 채권은행들의 신규 자금지원 계획, 이해관계자들과의 손해 분담이 성공적으로 마무리될 수 있을지에 대해 의문을 제기했다. 삼일은 "계속기업 가정의 적정성을 평가하기 위해 회사의 영업목표와 구조조정, 유동성 확보를 위한 자구계획 등의 자료를 검토했다"며 "하지만 가치 평가에 결정적인 영향을 미칠 채권은행들의 신규자금 지원계획, 이해관계자들의 손해분담에 관해서는 구체적이고 확정적인 자료는 제출받지 못했다"고 밝혔다. 매입거래와 관련해 충분한 증빙서류를 보지 못했다는 점도 이유로 들었다 "매출원가의 적정성에 대해 충분하고 적합한 감사증거를 입수할 수 없었기 때문에 회사가 제시한 금액에 수정이 필요한지 결정할 수 없었다"는 것이다.

한국거래소는 30일 감사의견 한정의견을 받은 대우조선을 관리종목으로 지정할 예정이다. 이에 따라 1거래일 매매금지, 대용증권으로 사용금지 등의 시장 조치를 받게 된다. 현재 편입돼 있는 코스피200지수에서도 제외된다.

대우조선이 상장적격성실질심사에서 문제가 없다는 판정을 받아 오는 10월 거래가 재개되더라도 투자심리 등에 부정적 영향을 줄 수 있다는 관측이 나온다. 발주사들이 '재무제표를 믿을 수 없는 기업'이라며 선박 발주를 기피할 경우 대우조선의 재기에 걸림돌이 될 가능성이 있다.

금융위원회와 대우조선은 주식 거래가 재개되기 전 한정사유를 해소해 시장영향을 최소화하겠다는 계획이다. 거래소는 오는 9월 28일 실질심사 개선기간이 종료되면 심의위원회의 논의를 통해 대우조선 거래 재개 여부를 결정할 예정이다.

매일경제신문. 2017.3.30. 삼일, 감사의견 '한정' 제출

삼일회계법인이 주주총회 하루 전 제출한 대우조선해양의 감사보고서에서 기업의 존속 가능성이 불확실하다며 감사의견을 '한정'으로 평가했다. 29일 대우조선해양은 2016년 감사보고서에 대해 외부감사인인 삼일회계법인이 한정의견을 냈다고 밝혔다.

삼일은 "대우조선해양 기업의 계속성을 평가하는데 채권은행들의 신규자금 지원계획과 이해관계자들의 손해분담 등이 절대적인 영향을 준다"면서 "이에 관해 구체적이고 확정적인 자료를 제출받지 못해 검토할 수 없었다"고 설명했다.

이어 삼일은 "회사의 일부 매입거래와 관련한 내부통제가 취약해 증빙서류가 충분히 제시되지 않았다"며 "매출원가에 대해 적합한 감사증거를 입수할 수 없어 회사가 계상한 금액의 수정 여부를 결정할 수 없었다"고 덧붙였다.

삼일은 30일 주주총회를 단 하루 앞두고 감사보고서를 제출하면서 막판까지 자료 검토에 집중한 것으로 알려졌다. 삼일은 감사보고서에 "구체적인 정보가 제공됐다면 감사의견이 달라질 수도 있었다"고 언급해 눈길을 끌었다.

대우조선해양의 2016년 감사보고서가 한정 의견을 받으면서 향후 대우조선해양 주식거래 재개와 금융권 투자자에게도 큰 영향을 미칠 전망이다.

우선 대우조선해양은 코스피200 지수에서 제외된다. 아울러 채권은행들의 충당금 적립 부담도 늘어날 것으로 보인다.

한국거래소는 30일 대우조선을 관리종목으로 지정하고 다음달 21일부터 코스피200 구성종목에서 제외시키기로 했다. 대우조선이 29일 감사보고서 한정 의견을 받게 되자 거래소는 이날 저녁 긴급회의를 열고 이같이 결정했다.

한국경제신문. 2017.3.31. '결별설' 일축한 딜로이트 안진에 220억 자금 지원

글로벌 회계 컨설팅 기업 딜로이트 글로벌이 국내 제휴사인 안진회계법인에 수백억대 자금을 지원키로 했다. 대우조선해양 부실 감사로 업무정지 2년이란 중징계를 받은 안진회계법인에 대한 적극적인 자금 지원으로 시장에서 끊임없이 돌고 있는 딜로이트 안진의 결별설도 잦아들 전망이다.

30일 회계업계에 따르면 딜로이트 글로벌은 안진에 2,000만 달러(약 200억원)의 자금 지원을 결정했다. 안진의 자금 사정에 따라 추가 지원도 약속한 것으로 전해졌다. 안진이 필요할 때마다 언제든지 돈을 빼쓸 수 있도록 크레디트라인(신용공여한도)을 열어 주는 방식이 유력한 것으로 알려졌다.

딜로이트 안진과의 제휴를 흔들림 없이 이어갈 것이란 강한 의지를 내비친 것이라는 게 회계업계 해석이다. 감사부문 매출 감소와 대우조선해양 관련 소송 등으로 안진의 자금사정이 나빠질 가능성이 있다는 점도 고려했다는 전언이다.

지난 24일 증권선물위원회에서 안진에 대한 중징계가 결정된 이후 시장에서는 끊임없이 딜로이트 안진의 결별 가능성이 제기됐다. 하지만 딜로이트 글로벌이 금전적인 지원까지 약속한 이상 제휴 관계가 끊길 가능성은 낮다는 분석이 힘을 얻고 있다. 2001년 대우그룹 분식회계를 방조한 혐의로 안진과 같은 업무정지 조치를 받은 산동회계법인은 당시 글로벌 제휴사였던 KPMG와의 결별 등이 법인 해산에 결정적인 영향을 미쳤다.

문화일보. 2017.4.5. 국민연금, 대우조선 분식회계 손보 청구액 늘려

국민연금공단이 대우조선해양의 분식 회계 관련 손해배상소송 청구액을 확대하기로 결정했다. 투자 판단의 '바로미터' 성격을 가지는 국민연금이 이 같은 결정을 내리면서 다른 기관투자자의 관련 소송 규모도 불어날 전망이다.

5일 금융권에 따르면 국민연금 준법지원실은 지난 3월 31일 '대우조선 소송 청구액 확장 계획안'을 마련했다. 이 계획안에는 대우조선 분식회계 관련 소송 청구액을 확대하는 내용이 담겨 있다. 국민연금 관계자는 "분식회계 기간이 추정했던 것보다 늘어나면서 피해 규모도 증가한 데 따른 조치"라고 했다.

앞서 지난해 7월 13일 국민연금은 대우조선과 회계법인 딜로이트안진 등을 상대로 489억원 규모의 손해배상소송을 제기했다. 대우조선이 지난 2012년부터 2014년까지 왜곡된 회계정보를 제공해 투자 피해를 입었다는 판단에서다.

하지만 올 2월 금융당국은 대우조선이 2008년부터 2016년 3월까지 분식회계를 저지른 사실을 발견, 과징금을 부과했다. 국민연금이 한정한 대우조선 분식회계 기간보다 앞뒤로 늘어난 것이다. 다만 이번 소송은 사채권자 집회(17~18일)을 앞두고 있는 회사채 투자와는 무관하다. 이와 관련, 국민연금 관계자는 "이번 (청구액 확대) 계획안에는 주식투자에 따른 피해만 한정했다"며 "분식회계 기간에 발행된 회사채 관련 소송은 아직 검토 단계"라고 말했다. 우정사업본부와 공무원 관리공단 등 다른 기관투자자도 소송 규모 확대에 동참할 것으로 보인다.

매일경제신문. 2017.4.8. 4위의 반란..EY한영, 기아차 회계감사 따내

국내 4위 회계법인인 EY한영회계법인이 업계의 예상을 뒤 업고 기아차의 새 외부감사인으로 선정됐다. 7일 회계업계에 따르면 기아차는 이날 감사위원회를 열고 EY 한영회계법인을 외부감사인으로 선임했다. 시장에서는 국내 1위 회계법인인 삼일회계법인을 가장 유력한 후보로 지목했지만 결과는 빅4회계법인 중 가장 작은 EY한영이었다.

기아차는 지난달 감사계약을 체결한 안진회계법인이 금융당국으로부터 업무 정지 제재를 받으면서 이번에 외부감사인을 다시 선임했다. 지난해 기아차의 감사보수는 9억 2,000만원으로 회계입장에서는 초대형 고객이다. 삼성전자의 지난해 감사보수는 36억 9,000만원이었고 현대차와 포스코가 각각 17억원, 16억원을 감사보수로 지급했다.

EY한영이 기아차 감사계약을 확보하면서 업계에서는 EY한영이 시장 영향력 확대 기회를 잡았다는 관측이 나오고 있다. 2015년 기준 EY한영의 감사부문 매출액은 735억원으로 같은 기간 삼일회계법인이 기록한 1,710억원의 절반에도 미치지 못한다. 당장 다음 주부터 회계사들이 현장에 투입돼야 하는 만큼 인력 쟁탈전에도 불이 붙을 전망이다. 이번 딜로이트 안진의 제재로 외부감사인을 새로 찾아야 하는 상장사 80여 개가 한꺼번에 시장에 나오면서 회계법인들이 인력 유출 단속에 신경 쓰는 모습이다. 삼일회계법인은 현대건설과 LG유플러스의 외부감사인으로 유력한 것으로 전해졌다.

조선일보. 2017.4.11. 대우조선 부실 감사 회계법인 중징계

회계법인 딜로이트안진은 대우조선해양의 분식회계를 묵인 방조 지시한 혐의로 지난 5일 금융위원회로부터 '12개월 일부 업무 정지'라는 중징계를 받았다. 이날부터 내년 4월 4일까지 상장법인과 증권선물위원회의 감사인 지정회사. 비상장 금융회사의 감사업무를 새로 맡을 수 없게 된 것이다. 딜로이트 안진이 감사 중인 회사 중 재계약 시점이 도래한 3년차 상장회사도 회계법인을 다른 곳으로 바꿔야 한다.

딜로이트안진에서는 금융 당국의 중징계 방침이 보도될 때마다 "업무 정지는 곧 폐업"이라며 '앓는 소리'를 해왔다. 하지만 정작 중징계가 확정된 지금, 회계업계는 오히려 잠잠하다.

이번 징계로 딜로이트안진과 재계약이 불가능해진 기업은 약 100개, 감사 매출 규모 약 200~300억원으로 추정된다. 딜로이트안진의 연간 매출(약 3,000억원)과 감사기업 수(약 1,100여 개)의 10% 남짓이다. 회계업계에서는 "회계법인 빅4의 연간 매출이 1조원이 넘는다는 점을 고려해볼 때 (이번 징계가) 업계 판도를 흔들 수준은 아니다"며 "경쟁 회계법인들도 넉넉지 않은 회계사 수 등을 새로 추가하기도 쉽지 않다"고 이야기한다.

하지만 더 깊게 들여다보면 당국의 중징계가 '찻잔 속 태풍'에 그치게 된 배후에는 감사 업무 특유의 관행이 있다. 우리나라는 1980년대부터 '자유수임제'를 채택하고 있다.

감사 대상 기업이 감사를 하는 회계법인을 선택하는 식이다. 회계업계 경쟁을 유도해 감사 품질을 높인다는 취지였지만, 기업이 '입맛에 맞는' 회계법인을 고르는 제도로 변질되었다는 평이 나온다. 국내 한 회계법인 관계자는 "한 기업의 감사를 몇 년 진행하면 'A계정의 B항목은 내선 00번에 물어보라'는 안내서가 생길 정도로 전문성이 쌓인다"며 "기업 입장에서는 업계에 대한 이해가 부족한 새 회계법인과 일하면 번거롭기 마련"이라고 이야기한다.

금융당국은 기업을 '갑', 회계법인을 '을'로 만드는 자유수임제를 선택지정제로 바꾸는 방안을 추진하고 있다. 상장회사가 3개의 회계법인을 추천하면 금융위원회 산하 증권선물위원회가 지정해 주겠다는 것이다.

미국 유럽 등 선진국 대부분은 기업내 감사위원회가 회계법인을 자유롭게 선택하는 자유선임제를 택하고 있다. 감사위원회가 독립성을 유지하기 때문에 가능한 일이다. 아직은 '자율'에 맡기기에는 우리 기업의 투명성은 갈 길이 먼 것 같다.

매일경제신문. 2017.4.16. 검 "금융당국도 회계사기 인정" vs 안진 "소송 검토"

검찰이 딜로이트안진회계법인 재판에서 "금융당국이 안진의 조직적인 회계사기 묵인을 인정했다"며 지난 5일 금융위원회의 '업무정지 1년' 결정을 유력한 증거로 제시했다. 안진 측은 "형사 재판에서 사실 관계가 밝혀진 뒤 행정처분을 해달라고 했으나 금융위가 받아들이지 않았다"며 "행정소송을 검토하고 있다"고 밝혔다. 이 같은 진술은 지난 14일 서울중앙지법 형사합의 28부(부장판사 최병철) 심리로 열린 안진과 전 현직 소속 회계사에 대한 13회 공판에서 나왔다. 이들은 대우조선해양의 외부감사를 맡아 5조원대 회계사기에 적극 개입한 혐의를 받고 있다. 이날 법정 서증 조사에서 대검찰청 부패범죄특별수사단은 안진에 대한 금융당국의 감리 결과 등을 공개했다. 특수단은 "금융위 산하 증권선물위원회는 안진과 소속 회계사기를 고의로 묵인한 사실을 인정했다"고 설명했다. 이에 대해 안진 측은 "감사에 미흡한 점이 있지만 이는 중대한 과실일 뿐 알고도 한 것인지는 재판을 통해 확인돼야 한다"고 주장했다.

매일경제신문. 2017.5.16. 부실감사 안진회계법인 대법 "1억 8천만원 배상"

대우조선해양의 회계 사기를 방조한 혐의를 받고 있는 안진회계법인이 다른 기업의 감사보고서를 부실하게 작성한 사실이 드러나 주주배상액 1억 7,966만원을 지급하게 됐다.

15일 대법원 1부(주심 김용덕 대법관)는 철근 제조 판매업체 A사가 안진회계법인을 상대로 낸 구상금 청구 소송 상고심에서 "1억 7,966만원을 지급하라"는 원심 판결을 지난달 28일 확정했다고 밝혔다. 재판부는 "재무제표와 감사보고서를 믿고 주식을 산 주주의 손해는 회사와 회계법인이 내부 부담 비율에 따라 공동으로 부담해야 한다는 원심 판결에 위법이 없다"고 판단했다.

안진은 2007년부터 2009년 3분기까지 A사를 외부감사하면서 대여금을 회수하지 못할 가능성과 '우발채무'가 존재한다는 사실을 기재하지 않은 채 감사보고서를 작성해 공시했다. 금감원은 이 같은 회계 사기와 부실감사 정황을 2009년 10월에 적발했다. A사는 주주 54명이 낸 손해 배상 청구 소송 1심에서 18억 5,456만원을 배상하라는 판결을 받았고, 주주들과 합의해 17억 5,456만원을 지급했다. A사는 안진이 공동 불법행위자이므로 합의금의 절반인 8억 7,728만원을 지급해야 한다며 소송을 제기했다.

아래의 내용은 법원에서의 2017년 6월 9일, 1심 재판장 선고와 설명자료이다.

2016고합1357, 2017고합(병합). 서울중앙지방법원 제28 형사부(재판장 부장판사 최병철)

분식회계규모는 자기자본(순자산) 기준으로 2012 회계연도에 6,842억원(당기순이익 4,454억원), 2013회계연도에 1조 7,189억원(당기순이익 1조 347억원), 2014회계연도에 2조 5,190억원(당기순이익 8,001억원) 상당

재무제표에 영향을 미치게 될 중요한 부정이나 오류의 가능성을 보여 주는 여러 표지가 있음을 인식하였고 또 그러한 경우 감사범위를 확대하여야 함을 알고 있었던 이상, 감사절차를 수정 또는 추가하여 감사 범위를 확대하지 아니한 채 만연히 감사보고서에 '적정의견'을 기재하였다고 하면 이는 허위의 기재에 해당할 뿐만 아니라 그것이 허위라는 점에 대하여 적어도 미필적 고의는 있었던 것으로 보아야 함

위와 같은 상황에서 피고인들이 만연히 감사보고서에 '적정의견'을 기재하였다면 이는 허위 기재에 해당하고, 그것이 허위라는 점에 대하여 피고인들에게 미필적 고의가 있었던 것으로 보아야 함

그럼에도 안진회계법인 부대표까지 참여한 회의를 통해 회사의 요청을 받아

들이기로 하고 이에 대한 외부대응논리를 만들어서 보내주었음
안진회계법인의 부대표가 감사팀 파트너에게 현장 감사업무에 참여하지 말고
보고만 받으라고 하였고, 파트너는 별다른 이의 없이 받아들임(이에 대해 강
×현은 올바른 의사결정을 위해 의견을 드렸음에도 윗분들이 위와 같은 결정
을 했다고 진술)

양형이유
이러한 대우조선해양 사태를 해결하기 위해 현재까지 투입된 공적자금만 해
도 7조원에 달하는 등 국민경제에 미친 파장이 엄청나 피고인들의 행위로 인
한 결과가 매우 중대하다.

안진회계법인:
대우조선해양에 대응 논리를 알려주며 공동 대응을 논의하는 등 그 책임을
피하기에 급급했다.

매일경제신문. 2017.6.10. 5조원대 대우조선 회계 사기 안진 회계사 3명 실형선고

딜로이트안진 회계법인이 대주조선해양의 조직적 회계사기에 가담한 혐의로 법정 최고
형을 선고받았다. 소속 회계사 3명도 실형을 선고받았다. 9일 서울중앙지법 형사합의 28
부(부장판사 최병철)는 외부감사법 위반 등 혐의로 재판에 넘겨진 안진에 벌금 7,500만
원을 선고했다. 가중처벌 형량까지 더해 검찰이 구형한 벌금 5,000만원보다도 높은 최대
치의 형을 내렸다.

또 2013~2015년 안진의 대우조선 감사팀에서 현장 감사 총괄을 했던 전 이사(매니저)
배 모씨에게는 징역 2년 6개월을, 상무 (파트너) 임 모씨와 실무 회계사 강 모씨에게는
각각 징역 1년 6월을 선고했다. 이들은 선고 직후 모두 법정 구속됐다. 2013회계연도 감
사에만 관여한 상무 엄모씨는 징역 1년과 집행유예 2년을 선고받았다.

재판부는 "안진과 소속 회계사들이 적합한 감사 증거를 확보하지 않은 채 대우조선
감사보고서에 '적정의견'을 기재한 것은 허위 기재에 해당한다"고 밝혔다. 이어 "이들은
회계전문가로서 유지해야 할 전문가적 의구심과 독립성을 저버린 채 대우조선의 회계사

기를 눈감아줬고, 외부 감사인으로서의 권한을 행사하지 않고는 '별 문제가 없다'는 결론에 맞추기 위한 조서화 작업에만 치중하는 모습을 보였다"고 질타했다.

안진이 소속 회계사에 대한 주의 감독을 소홀히 했다는 점도 지적했다. 특히 "감사 재계약이나 기타 용역 수주를 위해 피감사회사의 눈치를 보는 비정상적인 상황에서 이런 사건이 발생했다"고 꼬집었다. 안진이 2010년 같은 혐의로 기소돼 벌금 1,000만원 확정 판결을 받고도 문제를 해결할 노력을 하지 않았다는 점도 짚었다.

안진 측은 이와 관련해 "대우조선 직원들의 거짓말과 비협조 탓에 감사 업무에 차질을 빚었다"고 주장했지만 재판부는 "이런 사실이 면죄부가 될 수 없다"고 선을 그었다. 이어 "외부 감사인에게는 법률상 회계 자료 제출권 등이 보장되어 있고, 감사인의 합리적인 확신에 따라 감사의견을 표명해야 한다"고 강조했다.

앞서 지난해 10월 대검찰청 부패범죄특별수사단(단장 김기동검사장)은 안진에 대한 본격 수사에 착수한 뒤 같은 해 11~12월 이들을 재판에 넘겼다.

안진 등은 대우조선이 산업은행과 맺은 업무협약상 영업 목표를 달성하고자 회계 장부를 조작한다는 사실 등을 알고서도 2013~2015회계연도 감사보고서에 '적정의견'을 허위로 기재하고 공문서와 감사조서를 꾸며 쓴 혐의 등을 받았다.

안진 측은 "법원 판단에 매우 유감스럽게 생각하며 즉시 항소하겠다"고 밝혔다.

한국경제신문. 2017.8.11. 안진회계 '업무 정지 1년' 불복 행정소송

딜로이트안진 회계법인이 대우조선해양의 수조원대 분식회계를 묵인한 혐의로 금융위원회로부터 받은 '업무정지 1년' 징계에 불복해 행정소송을 냈다.

10일 법조계에 따르면 안진회계법인은 금융위를 상대로 서울행정법원에 업무 정지 1년 처분이 과도하다는 점을 들어 선처를 호소할 것으로 알려졌다. 형사 사건 재판이 확정되지 않은 시점에 내려진 행정소송으로 큰 영업 손실이 발생한 사실에 대해서도 설명할 계획이다. 금융감독당국이 주요 회계법인에 영업정지를 내린 것은 세 차례에 불과하고, 1년은 이 중 가장 강력한 징계다. 첫 변론은 오는 10월 20일 열린다.

금융감독원은 감리 결과 안진회계법인이 2010~2015년 대우조선의 감사를 맡으면서 분식회계를 묵인했다는 결론을 냈다. 이에 따라 금융위는 지난 4월 5일 정례회의를 열어 안진회계법인에 감사부문 업무 정지 1년 및 과징금 16억원 부과를 결정했다. 이 조치로 안진회계법인은 2017 회계연도에 상장사와 증권선물위원회의 감사인 지정회사, 비상장금융회사 등과는 새로운 감사업무 계약을 맺을 수 없게 됐다.

안진회계법인은 대우조선 사태와 관련한 형사 재판에서 소속 감사팀을 제대로 감독하지 않은 혐의로 기소돼 지난 6월 1심에서 벌금 7,500만원을 선고받았다. 함께 재판에 넘겨진 엄모 회계사와 임모 회계사 등 안진회계법인 전 현직 임직원 4명에게는 각각 집행유예부터 징역 2년 6개월 형까지 내려졌다. 회계업계 관계자는 "분식회계를 한 대우조선 관계자는 아무도 처벌받지 않고 감독 소홀의 책임을 물어 회계법인과 회계사들만 처벌한 것은 이해하기 힘들다"고 말했다.

한국경제신문. 2017.8.14. 딜로이트, 아시아 8개국 '원펌 체제'로 통합

국내 2위 회계법인 딜로이트안진이 '안진'이라는 이름을 떼고 '딜로이트아시아'로 통합한다. 딜로이트 본사가 아시아 각국 회원사(member firm)를 하나의 회사로 통합하는데 딜로이트안진도 참여하기로 결정한데 따른 것이다.

딜로이트아시아로 합쳐지면 국내 기업에 대한 글로벌 서비스가 강화되고 임직원 처우도 개선되는 등 대우조선해양 사태 등으로 홍역을 앓아온 딜로이트안진에 새 전환점이 될 것이라는 분석이 나온다.

- 글로벌 서비스 강화 위한 체제 전환

13일 회계업계에 따르면 딜로이트 글로벌 본사는 한국, 중국, 대만, 인도, 호주, 뉴질랜드, 동남아시아의 8개 회원사를 딜로이트아시아라는 이름으로 통합하기로 최근 방침을 정했다. 딜로이트아시아는 뉴욕에 본부를 둔 딜로이트 본사의 자회사가 된다. 딜로이트안진을 비롯한 각국 회원사도 이 같은 통합체제 구축에 동의했으며, 올 하반기부터 본격적인 전환 작업에 들어간다. 앞으로 2년 안에 통합을 마무리한다는 계획이다.

딜로이트, 프라이스워터하우스쿠퍼스(PwC), KPMG, 언스트영(EY) 등 글로벌 '빅4' 회계법인은 '멤버십' 혹은 '원펌' 형태로 세계 여러 나라에 진출해 있다. 멤버십은 현지 회계법인과 제휴하는 방식이고, 원펌은 자회사 형태로 글로벌 본사가 통합 관리하는 체제다. 국내에서는 딜로이트안진, 삼일PwC, 삼정KPMG 등이 멤버십을 유지하고 있고, EY한영은 원펌 체제를 구축하고 있다.

딜로이트는 삼성, 애플, 구글과 같은 글로벌 기업에 국경을 초월한 서비스를 제공해야 한다는 판단 아래 5년 전부터 통합 작업을 해왔다. 북유럽과 서유럽을 하나로 묶은 딜로이트NWE(North West Europe), 동남아시아 지역의 통합 회사인 딜로이트SEA(South East Asis)를 이미 출범시켰다.

딜로이트아시아를 설립하려면 각 지역 회원사의 지분 정리가 선행돼야 한다. 딜로이트안진은 142명[4] 파트너가 적게는 0.01%에서 많게는 3.06% 가량 지분을 나눠 갖고 있다. 각 파트너는 딜로이트안진 지분을 모두 반납하고, 딜로이트아시아의 지분을 다시 배정받게 된다. 지분율은 지역별 매출비중, 파트너 실적 등을 고려해 재산정된다. 아시아에서는 중국, 일본, 호주의 매출 비중이 높은 편이어서 통합 딜로이트아시아의 총괄 본부도 이 국가들 가운데 나올 가능성이 높다.

• 딜로이트 안진, 위기 극복 돌파구 될까

딜로이트아시아로의 통합은 대우조선 분식회계 사태 등으로 어려움을 겪어온 딜로이트안진에 일종의 돌파구가 될 전망이다. 세계 최대 컨설팅 회사인 딜로이트의 자원을 자유롭게 활용하며 국내 기업에 해외 진출, 다국적기업과의 제휴 등 다양한 서비스를 제공할 수 있어서다. 감사 부문도 신뢰를 되찾을 것으로 회사 측은 기대하고 있다.

무엇보다 인수합병 자문 및 실사를 담당하는 재무자문본부에 대한 기대가 크다. 원펌 체제를 구축하면 각국에 흩어져 있는 기업 및 시장 정보를 활용해 서비스를 강화할 수 있어서다. 딜로이트안진은 이 같은 이유로 최근 임직원에게 '우리는 글로벌 딜로이트의 일원'임을 부쩍 강조하고 있다.

임직원 처우도 개선될 가능성이 크다. 한국 매출 비중이 중국, 일본에 비해 적어 파트너들의 지분율은 줄어들 가능성이 있지만 배당액은 글로벌 수준으로 높아질 것으로 업계는 예상하고 있다.

딜로이트안진 관계자는 "국내에서는 아직 멤버십을 유지하고 있는 회계법인이 많지만 해외에서는 원펌 체제가 추세로 자리 잡고 있다"며 "기업들의 글로벌화에 회계법인도 발을 맞추는 과정"이라고 말했다.

삼일회계법인은 member firm의 개념보다는 network firm의 형태로 PwC로부터의 어느 정도는 독자적인 경영의 형태를 유지하고 있다. 그렇지만 member firm들도 대부분 독자적으로 운영되는 것이 원칙이며, 상호 출자관계

---

4) 약 1,000명 한국회계사 중에서 파트너가 차지하는 인원이다.

가 없고 자국의 공인회계사법과 PwC 내규를 모두 준수하는 식으로 운영된다.

network firm은 member firm보다 좀 더 독자적으로 운용되고 있다고 보면 된다. 신문에 난 기사는 Deloitte의 내규변경을 의미하는 것으로 이해되지만, 공인회계사법으로는 한국공인회계사만 회계법인의 주주가 될 수 있다.

매일경제신문. 2017.11.7. "안진회계 선처를" 총대 맨 최중경

• "대우조선 회계사만 처벌 가혹"

딜로이트안진회계법인을 구명하기 위한 탄원서가 회계업계에서 화제다. 한국공인회계사회와 삼일회계법인은 검찰에 딜로이트안진에 대한 탄원서를 제출한 반면 삼정과 한영은 '모르쇠'분위기다. 업계 1위 삼일회계법인의 리더십과 2위권 밖 업체들이 대비된다. 딜로이트안진은 대우조선해양 분식회계를 방조한 혐의로 재판을 받고 있다.

딜로이트안진 구하기에 먼저 나선 곳은 공인회계사회다. 최중경 공인회계사회 회장은 최틀러라는 별명이 붙을 정도로 강직한데, 최근 검찰에 딜로이트안진에 대한 탄원서를 전달했다. 대우조선 분식회계 방조 여파로 법 앞에 선 딜로이트안진뿐만 아니라 한국 공인회계사들의 명예를 지키기 위해서다.

6일 최회장은 "대우조선해양 내부 감사나 실제 분식을 담당했던 직원들은 구속을 면한 반면 회계사들에게만 화살이 쏟아지고 있다"며 "1차 책임자들은 놔둔 채 회계사만 처벌하는 게 과연 온당한 법집행인지 의문이 간다"고 강조했다.

삼일회계법인도 딜로이트안진 구하기에 나섰다. 회계업계에 따르면 김영식 삼일회계법인 대표도 검찰에 딜로이트안진 선처 탄원서를 제출했다.

반면 삼정과 한영은 딜로이트안진에 대한 탄원서 제출에 동참하지 않았다. 이에 대해 삼정과 한영 측은 "공식적으로 딜로이트안진과 관련한 탄원서 요청을 받은 적이 없다"고 밝혔다.

지난 6월 딜로이트안진 소속 전현직 회계가들은 1심에서 유죄를 선고받았다. 대우조선해양 분식회계를 묵인한 혐의다. 또한 불법행위자와 소속 법인을 모두 처벌하는 양벌규정에 따라 1심 법원은 딜로이트안진에 벌금 7,500만원을 선고했다. 딜로이트안진 측은 이에 항소해 현재 2심 재판이 진행 중이며, 판결은 다음 달로 예정돼 있다.

안진회계법인 관련자에 대한 형은 대법원에서 확정되었다.

chapter 6

회계기준 제정 논란

회계의 투명성과 관련된 의문이 제기될 때마다 감독기관이 민간의 회계기준 제/개정 활동이나 한국공인회계사회의 활동에 개입하려는 움직임을 보인다.

한국경제신문. 2016.2.25. "수주산업 부실회계 막겠다"며 회계기준 개입 나선 금융위원회

앞으로 기업들에 대한 회계감사 기준을 마련할 때 금융위원회가 적극적으로 개입하기로 했다. 대우조선해양을 비롯한 기업들의 회계부실 문제가 잇따라 불거지자 민간에 위탁했던 회계권한 전반에 걸쳐 정부의 역할을 강화하기로 한 것이다. "부실회계를 막기 위해 필요하다"는 의견과 "부작용만 커질 가능성이 있다"는 주장이 맞서고 있다.

24일 업계에 따르면 금융위가 지난 17일 회계처리 감사 위탁감리 기준을 정하는 위원회를 구성 운영할 때 금융위의 역할을 강화하는 내용의 '외부감사에 관한 법률 시행령 개정안'을 입법예고하자 관련 학회와 업계가 반발하고 있다. 한국회계학회와 공인회계사회 등은 "회계투명성을 오히려 갉아 먹을 수 있다"는 취지의 반대 의견서를 제출했다. 이 개정안은 규제개혁위원회와 법제처 심사 등을 거쳐 시행된다.

개정안은 회계기준원(회계기준)과 공인회계사회(감사기준, 위탁감리기준)가 회계 관련 기준을 정하는 위원회를 구성할 때 금융위가 직접 개입할 수 있는 근거를 명시했다. 감사기준 관련 위원회에 대해 '위원회 구성 운영을 금융위가 정하는 바에 따른다', '금융위는 기준의 변경을 명할 수 있다'는 내용을 새로 넣었다. 회계기준위원회와 비상장회사를 감리하는 위탁감리위원회의 구성 운영 역시 '금융위가 정하는 바에 따라'하도록 했다. 회계기준은 기업이 재무제표 등을 작성할 때 따라야 하는 기준이다. 감사기준은 회계사가 재무제표를 감사할 때, 감리는 회계처리와 감사가 제대로 이뤄졌는지 볼 때 따라야 하는

지침이다.

금융위는 1998년 외환위기 당시 국제통화기금(IMF)으로부터 차관을 받는 조건으로 해당 권한을 민간에 위탁했다. 다만 회계기준원의 정관승인권과 각각의 기준에 대한 사전승인권(감사기준) 및 사후수정권(회계기준)을 통해 간접적으로 기준 제정에 관여해 왔다. 금융위 관계자는 "권한을 민간에 위탁해도 위원회 구성에 대한 기준은 법으로 명시하는 게 일반적"이라며 "위원회 구성이 공정하고 투명하게 이뤄질 수 있도록 하기 위한 것"이라고 말했다.

업계에서는 회계감사 관련 기준이 정부의 '입맛'대로 바뀔 우려가 있다고 주장한다. 한 회계법인 관계자는 "국제사회에서 한국의 관치주의에 대한 이미지만 강화시킬 가능성이 높다"고 했다.

회계학회 감사분과위원회 관계자는 "공공성을 높이려면 정부의 영향력을 확대하기보다는 정부 기업 회계사 주주 등이 활발한 논의를 거쳐 합의를 이끌어낼 수 있는 시스템을 구축해야 한다"고 말했다.

미국의 경우도 민간기구인 FASB가 회계기준을 제정하고 있지만 정부기구인 재무부(Department of Treasury) 산하의 SEC가 감독권한이 있다. 금융위가 회계기준위원회가 제정한 기준에 대해서 사후수정권(수정명령권)을 행사한 경우는 지난 17년 동안 단 1회만 있다.

그 내용은 다음과 같다.
1. 금융위 수정요구일자: 2008. 12. 29.
2. 내용: (1) 외화환산 회계처리 관련 기업회계기준 등 수정요구 (2) 장외파생상품 관련 기업회계기준 수정요구
3. 관련 기준: (1) 기준서 제5호 유형자산: 재평가허용 (2) 기업회계기준(신설): 기능통화회계제도 도입 (3) 기업회계기준등에 관한 해석 53－70 파생상품등의 회계처리: 외화위험에 대한 위험회피수단을 금융상품까지 확대 (4) 기업회계기준등에 관한 해석 53－70 파생상품등의 회계처리: 확정계약에 대한 위험회피회계 중단시 회계처리 개선 (5) 기준서 제14호 중소기업회계처리특례: 비상장중소기업의 외화환산 특례 (6) 기업회계기준: 파생상품의 처리에 대한 특례

　　이러한 이슈는 회계 관련된 主權을 정부가 가지고 있는지 아니면 민간이 가지는지와 관련된 내용이기도 하다. 물론 회계 관련된 국가 간 주권의 이슈는 PCAOB가 미국 거래소 시장에 상장한 외국 기업을 감사하는 회계법인을 직접 해외에 나가서 해당 국가의 감독기구와 같이 joint inspection을 하는 이슈와도 맞물린다. 중국, 일본, 스위스 등은 미국의 자국에 대한 회계 주권 침해라고 해석하여 이를 허용하지 않고 있으며 일본의 경우는 PCAOB가 자국의 회계법인을 inpection하는 것은 허용하지만 일본 영토 내에서 이러한 업무를 수행하는 것은 허용하지 않고 일본 회계법인의 담당자들이 미국의 PCAOB를 방문하여 inspection을 받는 것은 인정하고 있다.

　　위는 국제적인 회계 주권의 이슈이지만 국내에서도 정부의 권한은 어디까지여야 하는지에 대한 상이한 주장이다. 자본시장을 주관하고 관리하여야 하는 입장에서의 정부는 규제기관/감독기관의 역할을 해야 한다는 입장이고 민간의 입장에서는 시장 기능에 맡겨 두었으면 정부는 간섭을 하지 말라는 요구이다.

chapter 7

매도가능증권

투자자산은 단기매매증권, 매도가능증권, 만기보유증권으로 분류되며 어떻게 분류되는지에 따라서 각각 회계처리가 달라진다.[1] 물론, 장단기 보유의 의지와 장기 투자의 능력에 따라 분류가 달라지지만 이러한 요인 이외에 기업의 자의적인 판단이 개입될 수 있다. 뒤에서도 기술되지만 의지에 의해서 분류가 달라진다는 내용에는 변화가 있다.

다음과 같이 기업이 자의성을 띨 수 있다.

한국경제신문. 2016.5.26. 보유주식 회계처리 변경으로 자본 확충 '매각가 띄우기' 논란 휩싸인 ING생명

국내 5위 생명보험사인 ING생명이 지난해 만기보유증권을 매도가능증권으로 재분류하는 '회계상 편법'을 동원해 자본량을 크게 증가시킨 것으로 확인됐다. ING생명의 주인인 국내 최대 사모펀드(PEF) MBK파트너스가 회사 매각가를 높이기 위해 의도적으로 이같은 회계를 조정한 것 아니냐는 지적이 나오고 있다.

---

1) 2018년부터 적용되는 금융상품기준서 1109에 의해서 만기보유증권은 AC(amortized cost)금융자산이나 상각후 원가측정금융자산, 매도가능증권은 FVOCI(Fair Value OCI)금융자산이나 기타포괄손익－공정가치측정금융자산, 단기매매증권은 FVPL(Fair Value Profit Loss)금융자산이나 당기손익－공정가치측정금융자산으로 계정과목 명칭이 변경되게 된다. 그러나 새로운 계정 과목 명칭이 도입되어도 수년 동안은 기존의 계정과목 명칭이 더 익숙하기 때문에 과거에 사용되던 계정 과목 명칭을 사용한다.

- 갑자기 늘어난 자본

25일 투자은행업계에 따르면 ING생명은 지난해 보유하고 있던 만기보유증권 5조 850억원 어치를 매도가능증권으로 회계 상 재분류했다. 이는 만기까지 보유할 의도를 가지고 있던 장기채권 등을 차익 실현을 위해 언제든 팔 수 있도록 채권 보유 목적을 전환했다는 의미다. 이 덕에 ING생명은 지난해 1조 5,333억원의 기타포괄이익금이 발생, 회계 상 자본량을 크게 늘릴 수 있었다. 만기보유증권과 달리 매도가능증권은 금리 변동에 따라 바뀌는 채권 평가액을 곧바로 손익으로 인식한다.

MBK파트너스가 ING생명을 인수한 2013년 당시 2조 1,874억원이던 회사 자본규모가 지난해 말 4조 2,608억원까지 늘어난 것도 회계 분류 변경에 따른 효과다. ING생명은 지난해 자본량이 급증하면서 지급여력비율(RBC) 등 자본으로 계산되는 각종 건전성 지표가 개선됐다.

- 장기 건전성 얼마나 훼손됐나

이처럼 ING생명의 단기 경영지표는 좋아졌지만 이번 '회계 편법'이 회사의 장기 건전성을 훼손했다는 시각이 많다. 만기보유증권을 매도가능증권으로 분류했을 때 나타나는 각종 부작용 때문이다. 우선 금리 리스크가 높아지면서 ING생명의 재무건전성이 커지게 됐다. 매도가능증권으로 분류한 채권은 금리가 상승하면 하락한 채권가격이 곧바로 회계 상 손실로 반영되기 때문이다. 한 보험사 회계담당자는 "보험사가 아무리 영업을 잘해도 금리 상승으로 대규모 손실을 볼 수 있다는 의미"라고 설명했다.

두 번째, 장기적으로 보유자산 수익률이 하락할 가능성이 커졌다. 만기보유증권과 달리 매도가능증권은 이익 실현 필요성이 생기면 언제든지 처분이 가능하다. 우량 장기채권을 처분하면 단기 실적은 개선되지만 만기까지 보유할 때보다 결과적으로 수익률은 떨어지게 된다. 한화생명도 지난해 ING생명과 같은 방식을 통해 당기순이익을 높였다가 업계에 논란을 야기한 적이 있다. 우량 장기채권 처분에 나설 경우 자산 듀레이션이 줄어드는 점도 부담이다.

부채를 시가로 평가하는 새로운 국제회계기준인 IFRS4 2단계와 IFRS9이 2020년 도입되면 재무변동성과 부채 듀레이션이 커진다. 보험사들은 변동성 리스크를 줄이면서 늘어나는 부채 듀레이션에 대응하기 위해 자산 듀레이션을 늘려야 한다. IB업계는 MBK파트너스가 회계상 자본 확대, 건전성 지표 개선, 당기순이익 증가 등의 단기 실적을 통해 매각가 띄우기에 나선 것이라는 관측을 내놓고 있다.

이 같은 사실이 알려지면서 매각 협상에도 부정적인 기류가 형성되고 있다. ING생명 매각 예비입찰에 참여한 교보생명의 고위 관계자는 "냉정하게 회사 가치를 분석했을 때 2조원 이상은 무리"라고 말했다. 중국 안방보험 측도 "2조원 안팎이 적정 인수가"라는 견해다.

이에 ING생명 측은 채권 재분류는 자산 유동성 확보를 통해 새 회계기준에 대응하기 위한 조치라는 설명이다. ING생명 관계자는 "만기가 다가오는 채권을 처분한 뒤 장기채권에 투자해 오히려 자산 듀레이션을 늘리기 위해 채권 재분류를 할 것"이라며 "당기 실적 개선을 위해 우량 장기 채권을 파는 일은 없을 것"이라고 설명했다.

매각가 띄우기 논란에 대해서도 "회계상 자본 증가가 보험사의 실질적인 가치와 관련이 없다는 건 모든 회계 전문가가 아는 사실"이라며 "매각가를 높이려는 의도는 없다"고 해명했다.

IFRS9(금융상품기준서)의 내용이다.

회계상의 자본증가는 회계상의 수치일 뿐이다. 우리가 구분해야 하는 것은 회계상의 paper gain인지 혹은 현금 흐름을 유발하는 이익의 증가인지를 구분하여야 한다.

매도가능증권과 만기보유증권은 모두 투자자산을 어떻게 분류하는지에 따른 차이가 존재한다. 단, 어떻게 분류하든지 기업의 주관적인 판단의 영역이지만 분류에 따른 회계처리는 매우 큰 차이가 있으므로 당연히 기업은 고민을 하게 되는 사안이다. 기업이 매도가능증권과 만기보유증권의 분류에 있어서 임의성을 가질 수 있지만 단기매매증권과 매도가능증권의 분류와 관련되어서도 임의성을 가질 수 있다. 단기매매, 매도가능, 만기보유 증권의 분류는 투자의 기간과 관련된다. 기업회계기준에는 이러한 투자자산을 어떠한 형태로 기업이 분류하는지는 기업의 의지와 능력에 따라서 달라진다고 하였는데, 새로운 금융자산 기준서에서는 아래의 기준에서와 같이, 사업모형은 개별 상품에 대한 경영진의 의도와는 무관한 것으로 본다.

B4.1.2   사업모형은 특정 사업 목적을 이루기 위해 금융자산의 집합을 함께 관리하는 방식을 반영하는 수준에서 결정한다. 사업모형은 개별 상품에 대한 경영진의 의도와는 무관하다. 따라서 이 조건은 금융상품별 분류접근법이 아

니며 더 높은 수준으로 통합하여 결정해야 한다. (후략)

B4.4.3 다음은 사업모형의 변경이 아니다.

(1) 특정 금융자산과 관련된 <u>의도의 변경</u>(시장 상황이 유의적으로 변경되는 경우도 포함) (후략)

BC4.17 (중략)

금융상품에 대한 사업전략은 개별 금융상품에 대한 <u>의도에 기초하는 것이 아니라</u> 금융상품을 관리하는 방식에 기초하여 평가될 것이다. 또 비슷한 상품 중 상당 부분을 계약상 만기와 관련하여 장기간 보유한다도 것을 제시할 것이다.

장기투자하려고 해도 유동성에 문제가 있으면 투자자산을 처분하여야 하며 단기투자목적이었지만 場이 좋으면 장기투자로 전환할 수도 있다. 단, 이는 경제상황의 변화에 따라서 투자자산의 성격이 달라지는 것을 의미하지 임의적으로 재무제표를 포장하기 위해서 재분류를 하는 것을 의미하지는 않는다.

만기보유증권은 공정가치 평가를 하지 않으므로 평가손익이 발생하지 않는다. 매도가능증권으로 재분류하면서 위의 신문기사에도 기술되었듯이 평가익이 보고되면 자본이 증가하게 된다.

이러한 투자자산의 임의적인 선택은 매도가능증권과 만기보유증권 간에만 존재하는 것이 아니고 아래 신문 기사에서 보듯이 단기매매증권과 매도가능증권에서도 가능하다.

아래의 신문 기사의 보도 시점은 2009년의 금융위기 시점이다. 단기매매증권으로 분류한다면 손익계산서에 평가손실(이익)로 인식하여야 하는데 매도가능증권으로 분류한다면 평가손실(이익)이 포괄손익과 재무상태표의 포괄손익누계액으로 당기손실(이익)로 보고되는 것을 피할 수 있다. 물론, 이러한 손실이 회복되지 않는다고 하면 어차피 처분시점에 새로운 금융상품 기준서에서는 매도가능증권 채무증권의 경우는 처분손실로 재순환되겠지만[2] 기업의

---

2) 새로운 금융상품 기준서에서는 매도가능증권 지분증권인 경우는 재순환되지 않는다. 즉, 평가손익이 매도가능증권의 처분 시점에 정리되는 것이 아니고 재무제표에 남아 있을 수도 있으며 처분 시점에 또는 그 이후에 예를 들어 이익잉여금 등으로 대체될 수 있다.

입장에서는 어쨌거나 당장에 보고해야 하는 평가손실의 인식을 늦추기를 희망할 것이며 또한 주가가 회복되면 손실을 보고하지 않을 수도 있어서 단기매매증권으로 보고하면서 손실을 재무제표에 보고하는 회계를 회피하고 싶을 것이다.

단, 지속성(persistence)이라는 차원에서는 분류를 변경하는 것을 긍정적으로만 이해하기는 어렵다. 또한 이러한 분류의 변경은 감사인이 동의하여야 진행할 수 있는 내용이다. 감사인은 당연히 이러한 변화가 정당화될 경우만 이를 인정하여야 한다.

연합인포맥스. 2009.9.2. 증권사 RP 회계처리 변경으로 금리 상승 파고 넘는다.

단기물 채권금리가 급등하고 국채선물 등을 통한 헤지의 효율성이 떨어지면서 평가손실 우려에 직면한 일부 증권사 RP계정들이 보유채권의 회계 분류기준을 '단기매매증권'에서 '매도가능증권'으로 바꾸는 방식으로 대응에 나섰다.

2일 채권업계에 따르면 대우증권은 4조 5천억원에 달하는 RP형 CMA 보유채권 중 30~40%를 이미 매도가능채권으로 분류하는 작업을 대부분 완료했다. 이와 함께 현대증권도 회계처리 변경을 위한 준비를 마치고 이미 매도가능증권을 담을 펀드를 만들어 놓은 상태다. 현대증권은 1~2조원 규모의 채권을 단기매매증권에서 매도가능증권으로 바꾸어 나갈 예정이다.

보유채권의 분류기준을 단기매매증권에서 매도가능증권으로 바꾸게 되면 증권사RP계정은 단기 금리급등에 따른 평가손실 위험에서 벗어나게 된다. 매도가능증권은 월말 또는 분기 말에 시가평가를 해서 손익계산서에 반영해야 하지만, 매도가능증권은 시가평가를 하더라도 대차대조표상의 자본조정 항목(기타포괄손익누계액)에 반영해 손익에 영향을 주지 않기 때문에 사실상 장부가평가를 받게 된다.

최근 단기물금리가 급등세를 타는 가운데 저평가 요인 등으로 인한 국채선물 헤지의 어려움 등이 겹치면서 어려움을 겪고 있는 증권사 RP계정 입장에서는 회계처리변경이 나쁜 선택은 아니다. 평가손실 급증의 원인으로 지목되고 있는 2년물 등 일부 구간의 채권을 매도가능증권으로 분류하면 단기수익으로만 평가하는 외부의 압력에서 벗어나 시간을 벌 수 있는데다 만기상환을 받을 경우 안정적인 수익을 유지할 수 있기 때문이다. A증권사의 한 관계자는 "채권을 단기매매증권이 아닌 매도가능증권으로 분류하면 채권

매매차익이 발생하지 않고 유효이자율만큼만 반영된다"며 "평가손실 우려 없이만 기상환을 받을 수 있다는 점에서 회사로서는 안정적인 수익을 유지할 수 있다"고 설명했다. B증권사의 관계자는 "증권사 RP담당자들 간에 회계처리 변경규정에 대한 '스터디'가 진행 중이며 먼저 회계처리 변경을 시작한 증권사에 문의도 늘어나고 있다"며 "매도가능증권의 경우 매도가 불가능한 것은 아니지만, 만기상환 가능성이 커 RP의 원래목적의 충실한 측면이 있다"고 말했다.

반면 채권운용자 입장에서는 불편한 점도 적지 않다. 증권사들은 기존에 보유하고 있는 채권을 자전거래와 같은 방식으로 회계처리기준만 바꿔 매도가능증권화할 수는 없다. 오직 새롭게 매입하는 채권에 한해서만 매도가능증권으로 분류할 수 있기 때문에 회계처리 변경을 원하는 증권사는 보유채권을 먼저 팔고 비슷한 만기의 '새로운 채권'을 시장에서 매수해야 한다. 또 매도가능증권의 경우 단기매매증권 펀드보다 매매빈도가 적어야 하며 적어도 6개월 안에 팔 경우 감사시 지적요인이 될 수 있다는 견해도 있다. RP잔고의 안정성이 없는 곳은 펀드 환매 가능성 때문에 회계처리 변경이 쉽지 않은 점도 있다. 채권이 매도가능증권으로 분류되면 증권사 RP운용팀 입장에서는 영업자산이 줄고 성과반영이 안 된다는 점에서 운용자에게는 그다지 반가운 선택은 아니다.

위의 기사에서 손익에 영향을 주지 않는다는 표현은 당기손익에 영향을 주지 않는다는 표현이다.

따라서 투자주식의 분류가 어떠한 분류를 하거나에 무관하게 상당한 영향을 재무제표에 미치게 된다. 매도가능증권의 경우 단기매매증권보다 매매빈도가 적어야 하며 적어도 6개월 안에 팔 경우는 감사시 지적 요인이 될 수 있다는 내용도 흥미롭다.[3] 단기매매증권은 당연히 매도가능증권보다도 매매빈도가 더 많아야 한다. 이 빈도수가 역전되거나 매도가능증권을 조기에 매도한다면 사후적인 판단이기는 하지만 이 두 증권의 분류가 잘못된 것은 아닌지에 대한 판단을 할 수도 있다.

그러나 이러한 6개월이라는 기한은 기준에서 정한 기한이 아니며 주관적인 판단이 기사화된 것이다. 단, 감사인들이 단기매매증권도 아닌데 매도가능증권을 6개월 이내에 처분하는 것에 대해서는 당연히 부정적인 시각을 가질

---

3) KOSPI 상장기업의 평균적인 주식 보유 기간은 6개월이다.

수 있다.[4]

　기업회계기준에 의해서 수치화로 기준이 정해지지 않은 경우에도 회계법인들은 내부 가이드라인을 가질 수 있다. 예를 들면 중요성에 대한 측정이라든지 어느 정도 주가가 하락하여야 손상차손을 인정할지, 등등 매우 많은 수치적인 판단이 수행되어야 한다.

　다만, 기업회계기준은 특히나 원칙 중심의 국제회계기준은 많은 회계적인 판단을 기업의 회계담당자에게 맡기고 있다.

매일경제신문, 2016.12.15. 회계꼼수 쓰다 제 발등 찍은 손보사들[5]

　동부화재는 지난 3분기 결산보고서에서 원래 만기까지 보유하기로 했던 금융자산 2조원을 시장가치에 중도 매각할 수 있는 자산(매도가능자산)으로 재분류했다. 회계를 한번 손질했을 뿐인데 동부화재의 매도가능자산은 전 분기 대비 무려 5조원이나 불어났다. 지난 7월 10년 만기 국고채 금리가 1.3%를 찍으면서 채권가치의 상승분까지 장부에 반영됐기 때문이다. 만기보유자산과 달리 매도가능자산은 시장가치가 고스란히 장부에 반영됐기 때문이다. 자산이 늘어나면서 동부화재가 계약자에게 보험금을 지급해 줄 수 있는 지급여력비율(RBC)도 전 분기 230%에서 260%로 30%포인트 가량 급등했다.

　하지만 불과 두 달이 채 안 돼 시장은 180도로 변했다. 지난 11월 예상과 달리 도널

---

4) 이러한 기간이라는 것은 어차피 주관적인 판단의 영역이다. 손상차손일 경우는 다음과 같은 기준을 기업 내부적으로 가질 수 있지만 이는 기업마다 상이할 것이다.

　중앙선데이. 2017.11.12. ‒ 11.13 주가 폭락할 경우 손실 처리 기준 필요성

　한국채택국제회계기준에서는 "지분증권의 공정가치가 취득원가 이하로 '유의적' 또는 '지속적'으로 하락할 경우 손상차손을 인식해야 한다"고 규정하고 있다. 그러나 회계기준에서는 구체적인 기준을 제시하지는 않고 있다. 예를 들어 1만원에 산 주식이 얼마까지 떨어져야 유의적인 것이 될까. 그리고 얼마나 오랫동안 하락 상태가 유지되어야 지속적인 것이 될까. 그래서 일반적으로 기업들은 '30% 이상 9개월' '50% 이상 6개월' 식으로 자체 내규를 마련해 놓기도 한다. 이런 내규에 따라 손상차손 인식 여부를 결정하면 된다.

5) 이 기사의 내용은 어떻게 보면 기업들이 환위험에 노출되지 않기 위해서 hedge를 하는데 한쪽 방향으로의 위험만으로부터 보호받기 위해서 hedge를 하는 경우는 다른쪽으로 환율이 움직이는 경우는, 오히려 환에 더 많이 노출될 수 있다. 따라서 혹자는 환율이 어느 쪽으로 간다는 어느 정도의 확신이 없을 경우는 섣불리 hedge를 하는 것보다는 오히려 hedge를 하지 않고 환위험에 노출되는 것이나 한쪽 방향으로의 hedge를 하는 것이나 risk aversing에 있어서는 별 차이가 없다고도 할 수 있다. 즉, 때로는 hedge가 결과적으로 hedge가 아닐 수 있다.

드 트럼프가 미국 대통령에 당선되면서 채권금리가 급등한 것. 동부화재는 보유한 채권 가치가 급락하면서 연말 실적이 비상이 걸렸다. 연말 RBC는 190% 수준으로 70%포인 트 가량 급락할 것으로 예상된다. 동부화재 관계자는 "다른 보험사들과 마찬가지로 저 금리 기조 하에 자산 관리 차원에서 회계를 손질했는데 금리가 이렇게 급등할 줄 몰랐 다"며 "앞으로 금리 인상에 따른 변동성은 불가피하겠지만 관리 가능한 수준이라고 본 다"고 말했다.

올해 저금리를 이용해 자산가치를 올리기 위해 재무제표를 '손질'한 손해보험사들이 금리 인상 충격에 고스란히 노출되고 있다.

14일 금융권에 따르면 메리츠화재와 현대해상은 올해 2분기에 각각 1조 5,000억원, 5 조원 가량의 만기보유증권을 전부 매도가능으로 재분류했다. 2015년 1분기 일찍이 자산 을 재분류한 한화손해보험을 포함해 동부화재, 메리츠화재, 현대해상 등 손보사 4곳이 보유한 만기보유증권은 현재 '제로'다. 올해에만 총 8조 5,000억원가량의 만기보유자산 이 매도가능자산으로 재분류됐다. 이로 인해 금리가 1% 포인트 올라가면 총 5,000억원 가량의 채권평가손실이 추가로 발생할 것으로 추정된다.

올해 2분기와 3분기에 시장금리 하락으로 자산 가치 상승의 재미를 본 손보사들이 연 말에는 반대로 금리 인상에 따른 자산 가치 하락의 쓴 맛을 볼 것으로 예상된다. 이달 13일 현재 10년 만기 국고채 금리는 2.2%로 지난 9월말 1.3% 대비 1% 포인트 가량 급 등했다. 이에 따라 이들 보험사 모두 연말 RBC가 200% 아래로 떨어질 것으로 예상된 다. 보험업법상 보험사는 RBC를 100% 이상 유지하도록 규정하고 있다. 이병건 동부증 권 연구원은 "연말 금리 인상으로 RBC가 급락할 손보사들이 자본 확충에 나설 것으로 보인다"며 "증자는 주가에 부정적인 영향을 미치기 때문에 후순위채나 신종자본증권을 발행할 가능성이 높다"고 말했다.

보험사는 고객으로부터 받은 보험료를 채권이나 주식에 투자해 굴리면서 만기로 보유 할 증권과 중도 매각할 증권을 구분해 재무제표에 기재한다. 만기보유증권은 취득원가 기준으로 가치를 평가해 변동성이 적은 반면 매도가능증권은 분기별로 시장가치를 평가 해 평가손실이나 이익을 자본계정에 반영하게 돼 있다. 보통 장기적으로 자산을 굴리는 보험사들은 자산의 상당 부분을 만기보유자산으로 분류해 왔다.

하지만 올해 3분기까지 시장금리가 하락세를 보이자 보험사들이 속속 자산을 매도가 능자산으로 재분류했다. 보험업계 관계자는 "저금리를 틈타 보험사들이 단기적으로 보유 한 채권을 비싸게 매각하거나, 채권평가이익을 올려 RBC를 관리하기 위해 "회계 마사지

를 한 것"이라며 "새로운 국제회계기준 도입을 앞두고 금리변동성이 커질수록 보험사들
의 자산건전성이 취약해질 수밖에 없다"고 말했다.

　더 큰 문제는 금리가 계속 급격히 올라갈 경우다. <u>한번 매도가능자산으로 재분류한 보험사들은 앞으로 신규 매입하는 채권들도 3년간 무조건 매도가능자산으로 재무제표에 기입해야 한다. 금융당국이 무분별한 실적 마사지를 방지하기 위해 한번 매도가능자산으로 재분류한 보험사는 3년간 만기보유자산으로 분류할 수 없도록 정하고 있기 때문이다.</u> 신규 매입한 채권들도 금리 인상의 충격에 노출되는 셈이다.

　오진원 하나금융투자 연구원은 "미국의 금리 인상 이후 장기금리 급등세가 지속된다면 부담이 더욱 커질 것"이라고 말했다.

─────────

　이러한 문제를 해결하기 위해서 보험사들이 후순위채권을 발행하고 있다는 기사가 다음 chapter에 인용된다.

　임의적인 회계선택을 하였던 것이므로 지속성의 차원에서 다시 원위치하는 것을 미연에 방지한 것이다.

　'손질', '마사지' 등의 단어는 흔히들 회계에서 얘기하는 공격적인 회계(aggressive accounting)로 분류할 수 있다. 물론, 공격적인 회계가 불법적인 분식회계나 회계사기와는 구분되어야 한다.

　밑줄 친 제도는 기업이 기회주의적으로 회계처리를 수행하지 못하도록 하기 위한 내용이다.

　매도가능증권으로 재분류한 경우, 3년간 만기보유자산으로 분류할 수 없지만 즉, penalty를 부과하지만, 매도가능증권에서 만기보유자산으로 재분류한 경우는 매도가능증권으로 다시 복귀하는데 대한 제한은 없다. 이는 만기보유증권에서 매도가능증권으로 재분류했을 경우가 기회주의적인 재분류이기 때문에 기준에서 이를 제한하고 있다고 판단된다. 즉, 이는 재량적이고 임의적인 회계원칙 적용에 대한 penalty의 개념이다.

　매도가능증권으로 재분류한 경우 3년간 만기보유증권으로 분류할 수 없는 것은 taint rule이라고 하는데 새로운 금융상품 기준서에서는 이러한 taint rule이 폐지되었다.

chapter 8

IFRS 17(보험회계)

　　IFRS 17은 처음에는 IFRS 4로 numbering되었다가 2016년 후반부터 17으로 새로운 numbering되었기 때문에 과거의 신문기사에서는 IFRS4로 numbering되어 있다. 여러 혼란이 있었으나 2017년 5월말에 확정이 되었고 2021년부터 적용된다.

매일경제신문. 2016.7.4. IFRS발 회계대란… 반값 땡 처리 보험사 나왔다

　　국내 자산 기준 12위 생명보험회사인 KDB생명이 장부가 6,800억원의 절반에도 못 미치는 3,000억원에 매물로 나왔다. KDB생명 최대주주(지분율 85.13%)인 KDB칸서스밸류 사모투자전문회사는 최근 크레디스위스를 매각 주간사로 선정하고 예상 매각 가격을 장부가의 절반 이하로 책정했다. 매각 공고는 7월 하순께 하기로 했다.

　　KDB생명이 싼값에 매물로 나온 이유는 2020년 도입 예정인 새 국제회계기준(IFRS4 2단계)에 따라 1조원 이상의 자본 확충이 필요하기 때문이다.

　　지난 4월에 국내 11위 생보사인 알리안츠생명이 중국 안방보험에 35억원이라는 충격적인 가격에 팔렸다. 알리안츠 생명 역시 1조원 이상의 자본금이 추가로 필요할 것이라는 예측이 나왔다.

　　보험사들이 새 회계기준 도입 이후 대규모 자본 확정 부담에 따라 싼값으로 팔려나가면서 보험업계 판도에도 큰 변화가 예고되고 있다. 보험업계 관계자는 3일 "자본 확정 부담 때문에 추가 매물로 나올 것으로 예상되는 외국계나 중소형 보험사가 많다"며 "생명보험사 매각 가격 하락을 부추기는 형국"이라고 전했다.

　　'시가평가제'로 요약되는 새 회계기준이 시행되면 보험사들은 계약자들에게 앞으로 지급할 보험금(보험부채)을 현재 금리로 다시 평가해야 한다.

보험 계약 당시 금리보다 훨씬 낮아진 현재 저금리 상황에서는 보험사들의 부채가 급격히 늘어날 수밖에 없다. 과거에는 보험상품을 만들 당시의 금리를 반영한 예정이율과 고객과의 약정이율의 차이만큼만 자본금을 쌓으면 됐지만 앞으로는 보고서 작성 시점마다 현재 금리를 반영한 예정이율과 약정 이율과의 차이만큼 자본금을 쌓아야 한다.

예를 들어 과거 보험사들이 7% 약정금리로 팔았던 상품에서 올해 예정 이율이 3%면 두 금리 간 격차인 4%포인트만큼 자본금을 쌓아야 하지만 금리가 추가 인하돼 예정이율이 2%가 되면 5% 포인트 차이만큼 더 커진 자본금을 쌓아야 한다.

금융당국과 업계에 따르면 새 회계기준 도입 때 보험회사들의 부채 증가분은 96조원(2015년 말 기준)에 이를 전망이다.

금융당국 관계자는 "임기가 기껏 2~3년에 불과한 보험사 최고경영자들의 무관심 속에 자본 확충을 게을리할 경우 몇 년 후 보험사들의 붕괴와 보험계약자들의 혼란을 가져오는 '보험사발 금융위기'가 발생할 수 있다"고 말했다.

용어: 국제회계기준 2단계

국제회계기준위원에서 정한 국제회계기준 가운데 보험에만 적용되는 기준이 IFRS4이며 두 번째 개정안이 2단계이다. 보험계약자들에게 돌려 주어야 할 보험금(보험부채)을 시가로 평가하기 때문에 계약 이후 금리가 떨어질수록 계약자 수익률과 보험운용 수익 차이가 나 그만큼 재무건전성 유지를 위해 준비해야 할 자본금이 늘어난다.

매일경제신문. 2016.7.4. 자본 40조 '생보 빅3' 부채 60조<지급준비금 40조+미래 이익금 20조> 늘어 재무건전성 빨간불

2020년 5월 투자자 김모씨는 자신이 투자한 A 보험사의 공시를 보고 깜짝 놀랐다. 며칠 전까지만 해도 멀쩡한 회사인 줄 알았던 A사가 2020년 1분기 보고서 기준으로 자본이 전부 잠식돼 있는 것이었다. A사는 매년 수천 억원 이익을 내는 우량 회사였지만 2020년부터 새 회계기준 시행으로 인해 부채가 급격히 늘어 그 부분만큼을 자본금에서 상각하다 보니 자본이 전액 잠식된 것이다. 회사가 기재한 주석란에 제도 변경에 따른 것일 뿐 회사 수익성에는 큰 문제가 없고 상장폐지 여부는 거래소와 협의해 나갈 것이라는 내용이 기재돼 있었다. 하지만 김씨는 상장 A사의 주가 하락은 물론 자신이 가입한 A사 보험 상품이 걱정돼 마음을 놓을 수 없었다.

새 회계기준 도입은 20~30년 전 고금리 확정형 상품을 많이 팔았던 대형 생명보험사

들에게는 재앙과 같다. A사와 같이 자본금 확충 노력을 게을리한 기업은 제도 시행과 함께 투자자나 보험계약자들에게 '부실한 기업'이라는 낙인이 찍혀 외면당할 가능성이 높다. 심할 경우 A사 보험계약자들이 이탈해 다른 보험사로 옮겨가는 회계기준 변경으로 인한 '인슈어런스런 run(보험대량해지)' 사태마저 올 수 있다.

보험사들 부채는 보험계약자들로부터 받은 보험료를 운용해 향후 계약자들에게 돌려줘야 할 보험금이다. 새 회계기준은 이를 제대로 준비하고 있는지를 파악하기 위해 보고서 작성 시점에서의 가치로 제대로 평가하기 위한 취지에서 도입된 제도다. 부채가 크고 자기자본이 작은 회사들은 '보험금을 떼일 수도 있는 기업'이라는 인식을 줄 수 있다.

일단 금융감독원이 지난해 말 기준 33개 주요 보험사를 대상으로 새로운 회계기준 적용 시 부채 증가 예상 규모를 산출했을 때 총 96조원 정도 부채가 늘어나는 것으로 조사됐다. 이 중 삼성생명, 한화생명, 교보생명의 부채 증가액은 60조에 달한 것으로 알려졌다. 이들 3개사가 과거 7%대 고금리 확정형 상품을 가장 많이 팔았기 때문인 것으로 보인다. 2015년말 기준 3개사의 총 자본금은 40조원 정도로 2020년 1분기 보고서에 자본 전액 잠식으로 기록되는 것을 면하려면 20조원 이상은 자본금을 추가 조달해야 하고, 기존 재무건전성(자본금 40조원)을 유지하려면 60조원을 추가로 준비해야 한다. 물론 올해 기준 금리가 0.25% 포인트 인하된 것을 감안하면 이 규모는 더 늘어날 것으로 예상된다.

하지만 실제 이 금액을 전부 준비해야 하는 것은 아니다. 새 회계기준에 따르면 보험계약을 통해 들어올 미래이익까지 부채에 포함시켜야 한다. 60조원에는 이 금액도 포함돼 있다. 금감원은 생보사 빅3의 미래이익금을 20조원 정도로 추정하고 있다. 또 사업보고서 등에 기재되는 일반 회계기준과 달리 보험사들 건전성을 평가하는 금융당국의 감독 회계기준에서는 부채 시가평가와 함께 보험사들이 가지고 있는 자산(만기보유채권)도 시가평가해 줄 예정이다. 이럴 경우 실제 준비해야 하는 금액은 더 줄어들 수 있다.

한 업계 관계자는 "보험사 오너가 현재 재무건전성을 유지하지 않겠다고 결정한다면 이 경우도 준비해야 할 자본금은 줄어든다"고 말했다. 하지만 이럴 경우 타사에 비해 악화된 재무건전성을 우려한 보험 계약자들의 이탈이 우려된다.

보험사로서는 최근 평균수명이 늘어 보험금 지급 기간이 늘어난다는 점도 부담이다. 보험업계 관계자는 "저금리 상황에서 보험금 지급 기간도 늘어나면 시가평가 시 부채규모는 더욱 급증할 것"이라고 밝혔다.

보험업계에서는 대규모 자본 확충 이외에도 계약자 이탈, 인력과 시스템 구축 비용 증가, 사업비 감소로 인한 영업력 축소 등을 우려하며 제도 도입 연기를 주장하고 있다. 중소형 보험사들의 경우 KDB생명이나 알리안츠와 같이 존립 자체가 위협을 받을 수 있다고 반발하고 있다.

하지만 회계업계와 금융당국에서는 유럽과 미국도 비슷한 제도를 도입하는 상황에서 한국만 예외일 수 없다며 제도 도입을 강조하고 있다. 금융당국관계자는 "도입하지 않을 경우 한국 기업들이 해외에서 외화표시채권 발행 자체가 어려워져 자금 조달에 어려움을 겪을 수 있고 국내 증권사들을 바라보는 외국인 투자자들의 시각이 급속히 나빠질 것"이라고 말했다. 정도진 중앙대 교수는 "국제 전문가들이 각국 금융당국이 회계기준을 뭘 썼는지 뿐 아니라 어떤 감독기준을 썼는지 등도 철저히 보기 때문에 기본적인 틀에서 멀어진 기준을 적용하면 인정받기 어렵다"고 말했다.

상황은 이렇지만 보험사들은 제대로 된 자금 마련 계획을 세운 곳이 없다. 금감원 관계자는 "3월 조사 때 자본금 확충 계획을 세운 곳은 단 한 군데도 없었다"며 "새 회계기준 전담 조직들도 비상근 인력으로 채우는 곳이 있는 등 한심한 수준"이라고 밝혔다.

---

insurance run이란 bank run과 같이 보험사의 부도위험으로 인해서 보험자들이 보험을 인출하면서 걷잡을 수 없이 보험사들이 무너지는 현상을 표현한다.

한국경제신문. 2017.2.18. 미룰 수 없는 IFRS17… 보험사, 자본 쌓아라

진웅섭 금융감독원장은 17일 "보험사들은 금리 인상 흐름 및 새 국제회계기준에 대비해 이익 내부 유보와 증가 등을 통해 자본을 확충해야 한다"고 말했다.

진원장은 이날 이수창 생명보험협회장, 장남식 손해보험협회장 및 11개 생명 손해보험사 최고경영자들과 한 오찬 간담회에서 "미국의 추가 금리 인상 가능성 등에 따라 시중 금리가 빠르게 상승하고 있다"며 이 같이 강조했다.

보험사가 보유한 단기매매 매도가능 증권은 금리가 오르면 평가손이 발생해 지급여력비율을 떨어뜨리는 요인이 된다. 지난해 9월말 기준 보험업계 전체 운용자산(815조)의 46.4%(378조)가 단기 매매 및 매도가능증권이다.

진원장은 또 2021년 시행 예정인 IFRS17에 대해 "더 이상 미룰 수 없는 만큼 감독당국도 책임준비금 적정성 평가와 RBC 제도 개선 등을 포함한 IFRS17 연착륙 방안을 올 상반기 중 마련할 예정"이라고 전했다. IFRS17은 보험 부채 평가 방식을 '원가'에서 '시

가'로 바꾸는 것이 핵심으로 보험사들은 부채 증가로 인해 자본확충 부담을 지게 된다. 진 원장은 "각 보험사는 다양한 방식의 자본확충을 IFRS17 시행에 따른 자본잠식을 방지해야 한다"고 강조했다.

진 원장은 보험사가 자율적으로 상품을 개발하되 '이익에만 몰두한다'는 비판을 받지 않도록 보험료, 보장 범위 등을 합리적으로 책정해 달라고 당부했다. 보험계약 유지 관리와 법규 준수 등 내부통제 강화에도 힘써 달라고 주문했다.

그는 "보험상품 자율화는 보험사들의 상품 개발 경쟁 활성화를 통해 소비자 선택권을 확대하기 위한 것"이라며 "온라인 단독 실손의료보험 등 경쟁력과 편의성을 갖춘 상품을 확대해 달라"고 말했다.

문화일보. 2017.3.8. 새 회계기준 앞두고.. 보험업계 '부채폭탄' 우려

오는 2021년 1월부터 시작될 새 국제회계기준 적용을 앞두고 보험업계가 회계상 '부채폭탄'을 막기 위해 자본 확충에 비상이 걸렸다. 금융당국은 보험업계와 머리를 맞대고 새 회계기준 도입에 따른 충격을 최소화하는 방안을 고심하고 있지만 상품 구조 변화와 전문 인력 충원 등 풀어야 할 과제가 첩첩산중이다.

IFRS17은 보험사 부채(가입자에게 지급하는 보험금) 평가를 계약 시점의 '원가' 대신 '시가'로 전환하는 게 핵심이다. 이를 적용하면 보험사 자산은 시가로 평가하지만 부채는 원가로 평가하는 불균형을 해소할 수 있다. 그만큼 보험사의 보험금 지급 능력을 정확하게 따져볼 수 있다.

문제는 국내 보험사가 과거 고금리 시기에 경쟁적으로 금리 확정형 상품을 팔았다는 점이다. 한국은행 금융안정보고서를 보면 국내 생명보험사의 지난해 9월말 기준 연 3% 이상 금리 확정형 상품 비중은 전체 67%에 달한다. 또 만기 20년 이상인 상품이 전체 66.8%를 차지한다. 과거 연 7%대 확정 금리로 판 저축성 보험 상품의 시장금리가 판매 당시보다 떨어져도 이를 부채로 인식하지 않았지만 앞으로는 시장금리를 반영해 그만큼 부채로 전환해야 한다. 한은은 IFRS17 도입에 따라 국내 생보사의 부채가 적게는 23조원, 많게는 33조원까지 증가할 것으로 내다봤다.

새 회계제도 도입까지 4년이 채 남지 않으면서 보험사의 발등에도 불이 떨어졌다. 한화생명과 삼성생명 등 대형 생보사는 배당금을 줄여가면서까지 IFRS17 도입에 맞춰 자본 확보에 열을 올리고 있다.

한국경제신문. 2017.4.20. 재무개선 '발등의 불' 현대해상, 동부화재, 후순위채 발행

국내 2~3위 손해보험사인 현대해상과 동부화재가 후순위채권 발행에 나선다. 지난해 채권금리 상승 여파로 떨어진 지급여력비율(RBC비율)을 끌어올리는 동시에 2021년 도입될 새로운 국제회계기준(IFRS17)에 대비하기 위해 자본확충에 나선 것이다.

19일 투자은행업계에 따르면 현대해상과 동부화재는 다음달 말 후순위 채권을 발행키로 하고 실무 작업을 하고 있다. 발행 규모는 현대해상 3,000억원, 동부화재 4,000억원어치다. 동부화재는 주관사로 미래에셋대우, 한국투자증권 KB증권을, 현대해상은 미래에셋대우 KB증권 NH투자증권을 선정했다. 발행사와 주관사는 어떤 구조로 후순위채를 발행할지 논의하고 있는 것으로 알려졌다.

현대해상과 동부화재가 후순위채 발행에 나선 건 지난해 채권금리 상승으로 크게 떨어진 RBC비율을 끌어올리기 위해서다. 상당수 손보사들은 지난해 투자한 채권을 만기보유증권에서 매도가능증권으로 재분류했다가 작년 11월 채권금리가 상승(채권값이 하락)하자 큰 폭의 평가손실을 입었다. 이에 따라 동부화재의 RBC비율은 지난해 3분기 말 258.85%에서 4분기 말 173.16%로, 현대해상은 같은 기간 222.02%에서 158.29%로 크게 떨어졌다.

보험업계 관계자는 "손보사가 공모 후순위채를 발행한 건 2015년 10월 4,000억원어치를 발행한 현대해상 이후 처음"이라며 "두 보험사의 RBC비율이 금융감독원의 기준치(150%)를 조금 넘는 수준까지 하락하자 후순위채를 발행해 수치를 끌어올리기로 한 것"이라고 해석했다.

2021년 IFRS17 도입을 앞두고 자본건전성을 끌어올리기 위한 조치란 해석도 있다. IFRS17이 도입되면 보험 부채를 시가로 평가하기 때문에 보험사 부채 규모가 지금보다 크게 늘어나게 된다. 후순위채를 발행하면 발행 초기 몇 년간은 발행금액의 100%를 자기자본으로 인정받고, 일정 기간이 지나면 매년 20%씩 줄어든다.

전문가들은 손보업계에 자본확충 움직임이 잇따를 것으로 예상하고 있다. 이동선 나이스신용평가 책임연구원은 "금융당국이 IFRS17 도입을 앞두고 자본건전성 규제를 강화하고 있는 만큼 손보사들이 후순위채나 신종자본증권 발행 등을 통해 앞다퉈 자본 확충에 나설 것으로 보인다"고 전망했다.

보험사들이 만기보유증권에서 매도가능증권으로 투자자산을 재분류하면서 평가손실을 보고하였다는 기사는 이전 chapter에서 인용된다.

한국경제신문. 2017.5.18. "보험상품 회계처리 기간 따라 부채 수십조원 차이" 생보 손보사 'IFRS17' 놓고 충돌

3~5년마다 특약을 갱신하는 보험상품에 대한 회계처리 방식을 놓고 생명보험업계와 손해보험업계가 '샅바싸움'을 벌이고 있다. 2021년 도입되는 새로운 국제회계기준(IFRS17)을 적용할 때 국제회계기준위원회와 한국 금융당국이 누구 손을 들어주느냐에 따라 각 업계의 부채 부담이 수십조씩 늘거나 줄어들 수 있어서다.

17일 회계업계에 따르면 삼성화재 메리츠화재 등 주요 손보사는 금융위원회 금융감독원 주도로 설립한 'IFRS17 준비태스크포스팀'에 "갱신형 보험상품에 대한 회계처리 기간을 주계약이 만료되는 시점이 아니라 특약 갱신 시점으로 적용해 달라"고 공식 요청했다.

예컨대 30년 만기 주계약(건강보험)에 3년짜리 특약(실손보험)을 더한 보험 상품의 미래 보험부채(보험사가 고객에게 내줘야 할 보험금 추정액)의 시가 평가 기간을 주계약 만기 시점(향후 30년)이 아니라 특약 갱신 시점(향후 3년)으로 계산해야 한다는 것이다.

대다수 손보사 상품은 실손보험 등 만기가 짧은 특약에서 손실을 내고 있는 만큼 시가 평가기간이 길어질수록 회계상 부채 부담이 커진다는 게 손보사들의 설명이다. 3년 뒤 갱신할 때 보험사에 유리하게 특약 계약을 변경하면 이후 보험사의 부채 부담이 줄어들기 때문에 시가 평가 기간이 짧을수록 유리하다.

한 손보사 관계자는 "주계약이 바뀌지 않더라도 특약이 갱신되면 해당 보험은 기존 보험과 다른 새로운 보험 계약이 되는 만큼 특약 갱신 시점으로 회계처리 기간을 한정하는 것이 합리적"이라며 "주계약 만기 시점으로 바꿀 경우 손보업계 전체적으로 회계상 부채 부담이 수십조원 늘어날 가능성이 있다"고 주장했다.

반면 생보사들은 보험부채 시가 평가 기간을 주계약 만기 시점으로 잡아야 한다고 주장한다. 생보사는 손보사와 반대로 암보험 상품 등 특약에서 이익을 내는 구조여서다. 따라서 주계약 만기 시점으로 시가 평가 기간을 늘려 잡을수록 회계상 장래 이익이 늘어나게 된다.

한 대형 생명보험사 관계자는 "보험부채 시가 평가 기간을 주계약 만기 시점으로 잡으면 2021년 기준 회계상 부채는 지금보다 줄어들고 오히려 회계상 자본 규모가 8조원 가

량 늘어나게 된다"며 "반대로 특약 갱신 시점으로 정하면 부채가 늘어나 자본을 확충해야 할 수도 있다"고 설명했다.

TFT는 의견 차이가 워낙 큰 탓에 쉽게 결론을 내리지 못하고 있다. 생보사와 손보사 상품이 본질적으로 다르다는 점이 입증되면 각기 다른 기준을 적용할 수 있지만, 아직 IASB를 설득할 마땅한 논리를 찾지 못한 것으로 알려졌다.

회계업계 관계자는 "TFT가 조만간 IASB에 이 문제에 대한 해법을 문의하기로 했다"며 "워낙 첨예한 사안이라 IASB가 어느 한쪽 손을 들어 줄 경우 업계에 큰 파장이 일 것"이라고 말했다.

한국경제신문. 2016.11.17. 부채 회계의 '대반전'.. 보험사 가용자본 오히려 10조 이상 증가

국제회계기준위원회(IASB)가 2020년까지 발생한 계약서비스마진에 대해 회계상 부채가 아니라 자본(잉여금)으로 분류할 수 있도록 IFRS17 기준서 내용을 수정하기로 한 것은 '대반전'으로 평가할 만하다는 지적이다. 삼성 교보 한화 등 국내 생명보험사들은 안도의 한숨을 내쉬고 있다. 2021년 IFRS17 시행에 따른 부채 폭증 부담에서 벗어날 길이 열렸기 때문이다. 현재 감독당국이 마련 중인 신지급여력제도에서 CSM을 전액 가용자본으로 인정하면 보험업계 전체 가용 자본은 현재보다 10~20조원 늘어나고 지급여력 비율도 250% 이상을 유지할 수 있을 전망이다.

• 보험 연합군의 설득

CSM은 보험계약시 미래에 발생할 것을 예상되는 이익의 현재 가치를 뜻한다. 당초 IASB는 IFRS17 시행 이전인 2020년까지 발생한 CSM은 부채로 인식하지 않고, 장래손실과 상계해서 회계상 잉여금으로 분류할 수 있도록 했다.

예를 들어 보험사 자본이 10조원인데 장래 손실이 10조원이었다고 가정하자. 이 경우 2021년 IFRS17 시행 시점에 총 자본은 15조원(자본+장래이익+장래손실)이 된다. 반면 IASB 원안대로 하면 총 자본은 0(자본-장래손실)이 된다.

IASB가 CSM을 자본으로 전환하는 길을 열어준 것은 IFRS17 최종 문구 수정 작업(필드테스트)에 참여한 글로벌 보험사들이 공고한 협력 관계를 구축, IASB를 설득하는 데 성공했기 때문으로 풀이된다.

　IASB '내부보고서(AP02A)'에 따르면 IFRS17의 최종 문구 수정작업에는 한국의 삼성생명을 비롯해 AIA그룹, 알리안츠그룹, AXA그룹, 중국생명보험, 그레이트-웨스트 라이프코, HSBC, 메이지야스다생명, 푸르덴셜PLC 등 글로벌 금융사 12곳이 참여했다. 이들은 IASB가 IFRS17 시행 시기를 늦출 의사가 없다는 사실을 확인한 뒤 기준서 내용을 수정하기 위해 집요한 설득작업을 벌인 것으로 알려졌다. IFRS17의 영향이 가장 심각한 한국 보험업계가 '보험연합군' 형성에 결정적 역할을 한 것으로 알려졌다.

- 신지급여력제도가 관건

　보험사들은 우선 IASB의 이번 결정을 크게 반기고 있다. 현재 금융당국이 준비 중인 신지급여력제도에서 자본으로 전환한 CSM을 전액 가용자본으로 인정하면 보험사 건전성 평가 지표인 RBC비율이 크게 개선되기 때문이다.

　국내 보험 및 회계업계 분석에 따르면 CSM의 자본 전환 허용에 따라 국내 생보사 RBC비율은 250~300% 수준을 유지할 것으로 추정된다. 당초 IFRS17 원안대로 따랐을 경우 국내 생보사의 RBC비율이 100% 초반 대까지 떨어질 것으로 예상됐던 점을 감안하면 큰 진전이다. 과거부터 글로벌 기준에 맞춰 부채 관리를 해온 외국계 보험사들은 오히려 RBC 비율이 증가할 전망이다.

　한 회계업계 관계자는 "RBC 비율이 100% 이하로 떨어질 것으로 예상했던 삼성 한화 교보 흥국 DGB, KDB 알리안츠 동양생명 등은 RBC비율이 크게 개선될 것"이라며 "추가 자본 확충이 없을 경우 퇴출 대상이 되는 생보사는 한 곳뿐"이라고 말했다.

　아직 감독당국의 신지급여력 제도가 확정되지 않은 점을 감안해 지나친 낙관론은 금물이라는 지적도 있다. IFRS17에 따라 자본으로 전환한 CSM의 가용자본 인정 비율을 어느 수준으로 정할지는 감독회계에서 판가름나기 때문이다.

- 계약서비스마진(CSM) Contractual Service Margin

　보험계약으로부터 미래에 발생할 것으로 예상되는 이익의 현재가치. IFRS17 시행 시점에 각 보험사 선택에 따라 부채로 인식하지 않고 장래손실과 상계해 회계상 자본으로 인식할 수 있다.

매일경제신문. 2016.11.18. 계약 정보 불충분할 땐 시가평가 안 해… 최악은 면해

보험사에 수십조원에 달하는 자본 확충 부담을 지우는 새 회계기준(IFRS17)이 당초 예정됐던 2021년부터 적용된다.

16일 국제회계기준위원회는 영국 런던에서 회의를 열고 새로운 보험회계기준을 'IFRS17'로 명명하고 2021년 1월 1일부터 시행한다고 확정했다. 보험사들은 2021년 1분기 보고서부터 바뀐 회계기준을 적용해야 한다. IASB는 내년 초 세부 회계기준을 발표할 예정이다.

IFRS17 골자는 보험사 부채를 시장가격(시가)으로 평가하는 것이다. 보험사는 계약자로부터 받은 보험료를 운용해 약속한 수익률에 맞춰 나중에 계약자들에게 돌려준다. 이때 보험사가 돌려 줘야 하는 돈이 바로 보험사의 부채로 잡힌다. 그동안 보험사는 계약 시점에 약속한 금리에서 계약 시점 당시 시장금리 등을 반영해 보험사가 거둬들일 수 있는 예정이율만큼을 뺀 부분만 부채로 인식했다. 이를 기준으로 매년 자본금을 쌓아 왔다.

이렇게 하면 고객에게 향후 줄 돈과 보험사가 벌어 들일 수 있는 돈의 비율이 계약 시점이나 보험 계약이 끝날 때까지 변하지 않는다. 그래서 보험사들은 처음 보험 계약할 때 계산한 일정한 금액만 준비하면 됐다. 하지만 시가평가가 도입되면 현재 시장금리를 반영해 산출해야 한다. 그만큼 지금 같은 저금리 상황에서는 고객 보험료를 벌어들일 수 있는 보험사 이익이 줄고 과거 팔았던 <u>고금리 확정형 상품</u> 때문에 보험사가 지불해야 할 부채 규모가 커질 수밖에 없어 큰 부담이 된다.

지난해 말 기준으로 금융당국이 주요 보험사 33곳을 대상으로 신회계제도 도입에 따른 부채 증가 예상 규모를 뽑아본 결과, 96조에 달하는 것으로 조사됐다. 올해 기준금리 인하가 반영되지 않은 규모가 이 정도다. 물론 보험사들이 현재 재무건전성을 유지하지 않기로 결정하면 늘어나는 부채만큼 자본 확충이 모두 필요한 것은 아니다. 다만 국내 보험사 부담을 완화해 주기 위해 보험 계약으로 미래 벌어들일 이익(CSM, 계약서비스마진)에 대해 과거 계약 정보가 불충분할 경우 시가가 아닌 공정가치를 이용해 반영하면서 최악의 시나리오는 면했다는 게 업계의 평가다. CSM은 보험계약을 통해 미래에 들어올 보험료에서 향후 지급할 보험금 사업비 등을 제외하고 생기는 이익을 현재 가치화한 금액이다. 만약 보험사들이 CSM을 전부 부채로 잡지 않아도 된다고 하면 자본 확충 규모는 66조원 정도로 줄 것으로 금감원은 추산했다. 하지만 CSM을 공정가치로 적용할 수 있는 조건(과거 계약 데이터가 불충분한 경우)에 해당하는 계약이 얼마나 될지 모르는 상황이기 때문에 66조 정도로 줄 것으로 감독원은 추산했다. 하지만 CSM을 공정가치로 적용할 수 있는 조건(과거 계약 데이터가 불충분한 경우)에 해당하는 계약이 얼마나 될지 모르는 상황이기 때문에 66조보다 부채 규모가 더 커질 가능성이 높다. 과거에 추산해 놓은 CSM이 없으면 작성 시점에 정한 공정가치 계산법에 의해 CSM을 산출하는 것도 허용된 상태이기 때문에 과거 고금리 확정형 상품을 팔았던 보험사들의 경우 최근 저금리로 인해 실제 발생하는 이익이 적어져서 CSM 규모가 줄어 전체 부채로 감소할 것이라는 게 업계 관측이다.

한국경제신문. 2017.5.2. IFRS17시대… 보험의 틀이 바뀐다

보험회사에 적용되는 새 국제회계기준이 이르면 이달 확정된다. IFRS17은 보험회사가 판매하는 상품 중 저축성보험에 대해선 보험료 대부분을 매출로 잡지 못하도록 하는 것이 핵심이다. 이 때문에 보험회사들은 저축성 보험 판매를 대폭 줄이는 포트폴리오 조정 작업에 나서고 있다.

금융위원회 관계자는 "국제회계기준위원회가 이르면 이달 IFRS 시행을 위한 기준서를 발표할 것"이라며 "금융당국은 2020년까지 준비 유예기간을 두고 2021년 본격 시행할 것"이라고 1일 말했다. 이와 관련, 보험개발원은 "IFRS17이 도입되면 국내 보험사 매출이 지금의 30%로 떨어질 것"으로 예상했다.

보험사들은 현재 저축성보험을 매출로 잡고 있지만 IFRS17에선 저축성보험 마진만을 매출로 인식한다. 보험사가 고객에게 지급해야 하는 저축성보험 보험금도 당장 부채로 잡힌다.

이준석 보험개발원 상무는 "보험사들은 저축성보험을 줄이고 보장성 보험 중심으로 영업할 수밖에 없다"며 "저축성 상품을 판매하더라도 이율은 낮추고 보험료는 높일 수밖에 없을 것"으로 분석했다.

IFRS의 핵심은 두 가지다. 우선 매출에서 저축성보험료를 제외하고, '시가'기준으로 보험부채를 계산한다. 현재 저축성 보험료는 전부 매출로 잡는다. IFRS17은 저축성보험료에서 나갈 것으로 예상되는 보험금과 사업비를 제외한다. 일부 마진만 매출에 포함하도록 했다. IFRS17이 도입되면 한국 보험사들의 매출은 현재의 30% 수준까지 급락할 것으로 보험개발원은 예상했다.

다음으로 보험사가 고객에게 내줄 보험금, 즉 보험부채 계산 기준도 '원가'에서 '시가'로 바뀐다. 현재는 고객에게 고금리를 약속한 보험상품 부채를 계산할 때도 고금리를 적용한다. 회계장부에 부채 규모를 작게 잡아도 보험금 지급 시점까지 충분히 자산을 불릴 수 있는 것처럼 보인다. 앞으로는 현재 금리 수준을 반영해야 한다. 저금리 상황에선 부채 규모를 더 크게 잡아야 고객에게 줄 보험료 수준에 도달할 수 있다.

한국 보험사들은 앞으로 저축성 보험을 대폭 줄이는 대신 보장성 보험과 변액보험 비중을 늘릴 수밖에 없다. IFRS17에 따르면 저축성 보험에서 올릴 수 있는 매출이 현재 수준에서 70% 가량 떨어질 뿐 아니라 수익성 측면에도 도움이 안 된다. 실제 생명보험사들의 보장성보험에 따른 수입 보험료 규모는 2014년말 33조원 규모에서 2016년말 40조원 가량으로 급증했다.

반면 저축성보험의 수입보험료는 같은 기간 44조원대에 머물러 있다. 이 같은 현상이 나타나는 것은 금리변동 리스크를 부채에 반영토록하는 IFRS17이 예고됐기 때문이다.

김대규 보험개발원 팀장은 "보험사들이 보험성보험과 변액보험으로 영업의 무게 중심을 옮기는 것도 금리변동 리스크를 덜 수 있어서다"고 설명했다. 보장성보험은 저축성 보험에 비해서 이자가 적다. 변액보험은 금리 변동 리스크를 소비자가 안는다.

보험료도 기존보다 오를 가능성이 높다는 게 전문가들의 공통된 의견이다. 변액보험이라고 하더라도 변액연금보험 중에 최저연금적립금 혹은 실적배당연금액을 최저 보증해주는 상품이 있다. 이 같은 최저보증장치도 IFRS17이 도입되면 부채로 계산되기 때문에 보험사로선 최저보증 옵션을 없애거나 보험료를 올리는 수밖에 없다. 이준섭 보험개발원 상무는 "종신보험 중엔 추가 비용 없이 연금으로 전환할 수 있는 상품도 있다"며 "앞으로는 여기에도 보험료가 계산될 것"이라고 내다봤다.

IFRS17: 보험회사에 적용되는 국제회계기준. 전 세계 보험회사의 재무상황을 같은 기준에 따라 평가 비교하기 위해 마련됐다. 보험회사가 가입자에게 지급해야 하는 보험금을 가입시점의 원가가 아닌 매 결산기 시장금리 등을 반영한 시가로 평가하는 것이 핵심이다.

변액보험: 보험계약자가 납입한 보험료 가운데 일부를 주식이나 채권 등에 투자해 그 운용 실적에 따라 계약자에게 투자 성과를 나누어 주는 보험 상품

보험업에서는 최근 정권 차원에서 국민의 기본적인 건강과 관련되어 국가 차원에서 혜택을 확대해 나가려 하고 있으므로 실손보험에 대해서도 많은 변화를 예상할 수 있다.

한국경제신문. 2017.5.2. 저축성보험 판매 고집 땐 20년 전 일 보험업계처럼 줄파산할 수도

한국보험회사들이 새 국제회계기준을 제대로 준비하지 못하면 1990년대 말 이후 일본처럼 위기를 맞을 수 있다는 경고가 나오고 있다. 일본 보험회사들은 1990년대 들어 저금리가 이어지는 상태에서 저축성보험 위주로 영업을 지속하다가 8개 보험회사가 파산하고 대규모 통폐합이 이뤄졌다.

한국 보험업계는 20여 년 전 일본 보험업계와 두 가지가 닮았다. 우선 저축성 보험을 중심으로 한 외형 성장 전략을 취하고 있다. 파산한 닛산생명과 다이이치화재는 저축성 보험이 계약액 기준으로 전체의 60%를 넘었다. 상대적 고금리로 보험계약을 유치해 왔는데 금리가 떨어지다 보니 대규모 역마진이 발생했다.

한국 보험사들도 2000년대 중반까지 팔았던 확정금리형 저축성 보험에 따른 역마진에 시달리고 있다. 예금보험공사에 따르면 보험업계 총부채 527조원의 평균 부담 이율은 약 4.4%다. 이 중 금리가 확정된 부채는 223조원으로 평균 부담이율은 6.1%다. 노석균 예금보험공사 연구위원은 "국고채 5년물 금리가 연 2%가 채 안 되는 상황에서 보험사들의 금리 부담이 상당한 편"이라고 분석했다.

역마진을 극복하려는 방법도 비슷하다. 파산한 일본 보험사들은 외국 위험자산 투자 비중을 늘렸다. 2008년 파산한 야마토생명은 투자 수익률 제고를 위해 해외 투자 비중을 2005년 18%에서 2007년 38%까지 확대했다.

투자자산 대부분은 대출담보부증권 등 구조화금융과 헤지펀드 및 부동산 신탁 등으로 구성됐다. 고수익을 기대할 수는 있지만 위험 역시 큰 상품이었다.

한국 보험사들도 해외 투자 비중을 늘려달라고 금융당국에 지속적으로 요청하고 있다. 현재 생명보험사의 해외 투자 자산 비중은 12% 수준이다.

금융당국도 총자산의 30%로 묶어 놓은 보험사의 해외자산 투자 한도를 연내 풀겠다는 방침이다. 하지만 해외 투자를 늘리면서 위험자산 비중을 일시에 높이면 시장 상황 변화에 따른 부메랑을 맞을 수 있다는 우려도 상당하다.

한국경제신문. 2017.5.4. 보험업 판도 바꾸는 IFRS17

지난해 국내 보험업계는 '회계공포'에 휩싸였다. 이전과는 전혀 다른 새 국제회계기준이 2021년 도입되면 부채가 급증하고 그만큼 자본이 줄어들 것이란 위기감이 팽배했다.

지난해 11월 IFRS17 최종안이 확정되면서 보험사들이 부담해야 할 부채 규모가 일부 줄었지만 여전히 자본확충 부담은 크다. 국내 보험사가 추가로 확충해야 할 자본 규모가 최대 46조원에 달한다는 분석 결과도 나왔다.

최근 국내 보험사들이 자본확충을 위해 분주하게 움직이는 것도 이 때문이다. 후순위채, 신종자본증권 등 가능한 모든 수단을 동원해 자본확충을 서두르는 분위기다.

- 커지는 자본 급감 우려

2021년 도입되는 IFRS17은 보험부채를 시가로 평가하는 게 골자다. 이 여파로 보험사들의 회계상 자본은 대폭 줄어든다. 보험개발원은 국내 보험사들은 자본 감소 규모를 약 46조원으로 추정했다. 그만큼 추가로 자본을 쌓아야 한다는 의미다.

다행히 지난해 11월 국제회계기준위원회가 발표한 IFRS17 확정안에 따르면 보험사가 부담해야 할 부채규모는 당초보다 다소 줄어들 전망이다.

IFRS17은 보험 계약이 성사됐을 때 장래에 예상되는 이익, 즉 계약서비스 마진(CSM)을 처음엔 부채로 분류하다가 보험료가 들어오는 시점부터 자본계정상 이익으로 반영한다. IASB는 이 같은 회계처리 과정에서 과거 데이터가 부족해 보험부채를 정확하게 산정하기 어려울 경우 부채 규모를 줄여서 반영할 수 있게 허용했다. 부채로 반영해야 할 CSM 규모는 각국 금융당국에 일임했다. 한 보험사 관계자는 "금융당국은 보험사들이 한꺼번에 자본을 대량 확충할 수 없는 현실을 감안해줘야 한다"며 "당초보다 보험사의 부담이 다소 줄기는 했지만 여전히 국내 보험사들은 수십조의 자본 확충을 해야 하는 상황"이라고 말했다.

- 분주한 보험사들

'발등에 불'이 떨어진 국내 보험사들은 뒤늦게 대응에 나섰다. 앞다퉈 후순위채와 신종자본증권을 발행해 자본확충에 나서는 분위기다.

흥국생명과 현대라이프 생명이 지난해 후순위채를 발행한 데 이어 농협생명도 올 상반기 5,000억원의 후순위채를 발행할 계획이다.

문제는 후순위채 발행만으로 자본을 전부 확충할 수 없다는 데 있다. 후순위채는 발행 절차가 비교적 간편하지만 발행 이듬해부터 자본 인정 비율이 해마다 20%씩 줄어든다. 또 전체 자본의 50%까지만 발행할 수 있다.

현재 국내 생명보험사들의 후순위채 발행 한도는 38조원 가량이다. 보험연구원 추정대로 46조원 가량의 자본확충을 해야 한다면 후순위채만으로는 부족하다.

이에 따라 최근 보험사들은 신종자본증권으로 눈을 돌리고 있다. 한화생명은 최근 5,000억원의 신종자본증권을 발행했으며, 교보생명도 지난달 5억 달러의 해외 신종자본증권 발행계획을 내놨다. 보험업계 관계자는 "IFRS17이 도입되는 2021년까지 보험사들의 후순위채 신정자본증권 발행이 줄을 이을 것"이라고 전망했다.

한국경제신문. 2017.5.4. 자본 건전성 '빨간불' 켜진 토종 생보사들

금융당국이 23개 생명보험사의 리스크 관리 실태를 점검한 결과 라이나생명, ING생명 등 외국계 보험사가 우수한 성적을 거뒀다. 반면 국내 보험사들은 대체로 낮은 점수를 받았다.

3일 금융감독원에 따르면 지난달 생보사를 대상으로 한 '경영실태평가(RAAS)' 결과 라이나생명과 ING생명이 가장 높은 종합등급을 받았다.

RAAS는 보험사의 리스크 규모 관리능력을 계량화해 종합 평가하는 제도다. 보험, 금리, 자본 적정성등 6개 항목별로 1~5등급으로 평가한 뒤 이를 합산해 종합등급(15등급)을 매긴다. 종합등급은 '1+'가 가장 높고 '5-'가 가장 낮다.

보험업계에선 IFRS17 도입에 맞춰 금융당국이 다음달부터 새 지급여력 비율 제도를 시행하면 외국계 보험사와 토종 보험사 간 건전성 격차가 더 벌어질 것으로 보고 있다.

새 제도는 부채 듀레이션(잔존만기 가중평균) 산출 때 기존 공시 기준이율이 아니라 시장금리를 사용하고, 현행 최장 20년까지 인정하는 부채 듀레이션을 최장 30년까지 연장하는 게 핵심이다. 이 제도가 도입되면 장기 자산 투자 비중이 높은 외국계 보험사의 건전성이 크게 개선된다.

보험업계에선 새 제도가 도입되면 메트라이프생명, 푸르덴셜생명 등의 RBC비율이 500%를 넘어설 것이란 전망이 나온다. ING생명도 RBC비율이 400% 후반까지 오를 것으로 분석된다.

반면 한화 교보생명의 RBC비율은 100% 밑으로 떨어지고, 삼성생명은 190% 가량으

로 하락할 전망이다. RBC비율이 100% 이하로 하락하면 감독당국의 시정조치 대상이
된다.

한국경제신문. 2017.9.13. 신지급여력제도 적용해봤더니… 보험사 '충격'

• "지분 보유 주식 투자 말라는 얘기"

금융감독당국이 2021년 보험 부채 시가 평가를 기반으로 한 신지급여력제도 도입을
앞두고 주식 및 지분 투자에 대해 35~49%의 준비금(요구자본)을 쌓는 기준을 제시해
보험사를 대상으로 '필드 테스트'를 했다. 12%의 위험계수를 적용하는 지금보다 주식 투
자 손실에 대비해 적립해야 하는 자본이 최대 네 배 이상 늘어나는 강도 높은 규제다.
이 제도가 시행되면 약 202조원의 자산을 운용하면서 삼성전자 등 계열사 주식을 보유
한 삼성생명은 9조원에 가까운 준비금을 쌓아야 할 전망이다. 보험업계는 "자산운용을
하지 말라는 말"이라며 기준 완화를 호소하고 있다.

• 신흥국 48%, 선진국 35% 반영해야

12일 보험업계에 따르면 금융감독원은 신지급여력제도 도입에 앞서 보험사의 자본 건
전성 수준을 파악하기 위해 주식 투자 시 신흥국은 48%, 선진국은 35%의 주가 하락 시
나리오를 반영해 요구자본을 쌓도록 하는 필드 테스트를 지난 4월부터 했다. 비상장 주
식, 헤지펀드, 대체투자 등은 지분 가치가 49%까지 하락할 것에 대비해야 한다. 1조원의
재원으로 대체투자 상품에 지분 투자하면 4,900억원, 베트남, 인도네시아, 브라질 등 신
흥국 상장 주식을 사면 4,800억원의 자본을 적립해야 한다는 의미다. 이번 필드 테스트
결과 A보험사는 준비금 규모가 지금보다 열배 가량 늘어날 것으로 알려졌다.

삼성그룹 지배구조의 한 축을 담당하고 있는 삼성생명은 삼성전자 삼성화재 등 계열
사 주식 처리를 놓고 고민에 빠졌다. 새 제도가 도입되면 국내 주식 보유액의 35%(선진
국 기준)를 요구자본으로 쌓아야 해서다. 삼성생명이 보유한 삼성전자 주식의 장부가는
지난 6월 말 기준 25조 2,504억원에 달한다. 삼성전자 주식 보유에 대한 준비금만 8조
8,000억원이 필요하다.

금감원이 업계 반발에도 신지급여력제도 도입 방침을 정한 것은 보험 부채 시가 평가
를 기반으로 한 새 보험회계기준(IFRS17)이 2021년에 도입되기 때문이다. 현행 보험사
건전성 평가 기준인 지급 여력(RBC) 비율제는 원가 기반이어서 시가 기반의 지급여력제

도가 필요하다. 업계는 유럽이 지난해 도입한 '솔벤시II'와 국제 보험자본기준(ICS) 내용을 대부분 차용하고 있는 것에 반발하고 있다. 유럽과 한국은 보험시장의 형성 및 발전 과정이 다르다는 점에서다. 한 보험사 최고투자책임자는 "솔벤시II 수준의 건전성 제도가 그대로 도입되면 국내 보험사의 역마진 구조를 타개할 방법이 없어진다"며 우려를 표했다.

- 업계, "단계적 도입" 한 목소리

신지급여력 도입으로 쌓아야 할 자본이 급증하면 보험사별 RBC 비율은 급락하게 된다. 이 비율은 보험사의 실제 가용자본을 요구 자본으로 나눠서 구한다. 분모가 커지면 RBC 비율 하락이 불가피하다. RBC비율이 100% 아래로 떨어지면 금감원은 해당 보험사가 소비자에게 보험금을 지급하는 데 문제가 있다고 판단해 경영개선권고 등의 제재를 가한다. 보험사들이 준비금을 많이 적립해야 하는 지분 투자 확대에 어려움을 겪을 것으로 예상하는 이유다. 저금리환경을 극복하기 위해 해외 투자 비중을 확대하면서 대체투자 및 지분투자 비중을 조금씩 늘려온 보험사들은 충격이 더 클 수밖에 없다.

국내 자본시장도 보험산업에 대한 금융당국의 강력한 투자 규제 움직임을 예의주시하고 있다. '큰손' 투자자 중 하나인 보험사들이 채권 일변도의 소극적 투자로 돌아서면 투자금 유치에 어려움을 겪을 수 있어서다. 주식시장의 수급 여건도 악화할 가능성이 크다. 보험업계 관계자는 "해외 투자 확대에 제동을 걸었다"며 "규제 강도에 따라 전사적 대응책을 마련할 것"이라고 말했다.

보험업계는 신지급여력제도의 단계적 도입을 요구하고 있다. 유럽에서도 알리안츠생명 등 대형 보험사를 제외하곤 최장 16년의 유예기간을 뒀다는 점을 근거로 들고 있다.

투자은행(IB)업계 관계자는 "예외 규정을 통해 인프라 등 안정적인 장기투자 자산과 전략적 목적으로 보유하는 주식에 대해서는 준비금 규모를 낮춰줘야 한다"고 전했다. 금감원 관계자는 이에 대해 "신지급여력제도가 솔벤시II 등 유럽 기준을 상당 부분 차용하는 것은 맞다"면서도 "아직 감독기준 도입 전이기 때문에 업계 의견을 취합해 신중히 검토하겠다"고 말했다.

솔벤시II: 보험회사가 예상하지 못한 손실을 입어도 보험금 지급의무를 지킬 수 있도록 준비금을 쌓게 하는 자기자본 규제제도, 주식에 대해 46.5~56.5%의 준비금을 쌓도록 하는 등 리스크 유형에 따라 차별적으로 적용한다.

chapter 9

대손준비금[1]

대손준비금이라는 계정과목은 우리나라와 호주에만 존재하는 계정으로 이 계정을 어떻게 운용하는지에 따라서 정부 정책에도 영향을 미치게 된다.

매일경제신문. 2016.10.8. '대손준비금' 자본 인정… 은행권 숙원 풀었다

대출이 부실화할 것에 대비해 은행들이 쌓아놓는 대손준비금이 연말부터 보통주 자본으로 인정된다. 이에 따라 은행들의 자본 건전성이 큰 폭으로 개선되고, 추가적인 자본 조달 없이 앉은 자리에서 자본 확충에 성공한 것과 같은 효과를 누리게 될 것으로 보인다. 자본 규모가 커지면서 대출 여력이 늘어나고, 은행 수익성에도 도움이 될 전망이다. 특히 11월 매각 본 입찰을 앞둔 우리은행의 경우 올 들어 실적 개선에다 대손준비금 자본 인정으로 자산건전성까지 개선되면서 투자 매력이 더욱 높아질 것이라는 진단이다.

임종룡 금융위원회 위원장은 7일 정부서울청사 금융위 대회의실에서 시중 지방은행장들이 참석한 가운데 '제14차 금요회'를 열고 은행 건전성과 영업행위 규제 개선을 위한 입법예고를 추진한다고 발표했다. 이 자리에서 임위원장은 은행업 감독 규정을 연내에 개정해 은행 대손준비금을 자본비율 산정 시 보통주 자본으로 인정하기로 했다.

은행은 보통 여신이 부실화할 것에 대비해 이중 완충 장치를 만든다. 특정 대출의 부실 가능성이 커질 때 번 돈의 일부를 대손충당금으로 쌓는 것이 첫 번째 장치다. 두 번째는 대손충당금 외에 금융감독원이 추가로 이익 일부를 부실에 대비해 더 쌓아두라고 요구하는데 이때 은행이 따로 모아놓는 자금이 대손준비금이다.

이처럼 대손충당금과 대손준비금이라는 이중 장치를 통해 갑작스레 부실 자산이 늘어

---

1) 대손준비금 관련된 자세한 내용은 손성규(2012) chapter 31을 참조한다.

나더라도 자본비율이 급격히 악화되는 충격을 완화시킬 수 있다. 하지만 이 같은 이중 장치는 한국과 호주만 도입해서 적용하고 있다. 그만큼 국내 은행들이 대손충당금만 쌓는 다른 나라 은행들에 비해 상대적으로 더 많은 자금을 대손준비금이라는 형태로 적립해야 돼 자금 운용에 제약을 받고 있는 셈이다. 또 별도로 적립한 대손준비금은 국제결제은행 기준 자본비율을 산출할 때 보통주 자본에서 제외된다. 따라서 국내 은행이 해외 은행과 비교했을 때 자본비율이 과소계상되는 문제가 있었다. 대손준비금이 보통주 자본으로 인정받으면 은행 자본비율이 높아져 자산 건전성이 크게 좋아진다.

다만 대손준비금 전액을 자본으로 인정하는 것은 아니다. 매 분기 말을 기준으로 은행이 자체 예상 하에 적립한 대손충당금과 실제로 상환 불능 상태에 빠져 회계상 손실 처리한 비용(충당금) 간 차액을 금감원이 규정하는 대손준비금에 가감한 금액을 자본으로 인정한다.

이 같은 기준으로 상반기 우리은행의 대손준비금은 1조 9,000억원이지만 보통주 자본을 인정받는 자금은 1조 5,000억원 안팎이다. 금융위는 대손준비금의 자본 이전으로 지난 1분기 말 현재 11.06%인 국내 은행 보통주 자본 비율이 0.9% 포인트 상승해 11.96%까지 오를 것으로 보고 있다. 총자본비율도 13.98%에서 14.58%로 0.6% 포인트 상승할 것이라는 진단이다.

특히 대손준비금 적립액이 많은 우리은행, 신한은행, KDB산업은행의 경우 자본비율 상승 효과를 크게 볼 것으로 전망된다. 기업 부실이 많았던 NH농협은행이나 자본비율이 8.46%로 낮은 IBK기업은행도 이번 조치에 대해 수혜를 볼 것으로 보인다. 자본비율이 좋아지기 때문에 은행은 금융비용을 부담하면서까지 자본 확충에 나설 필요가 줄어들게 된다. 증자 리스크가 낮아진다는 얘기다.

이병건 동부증권 리서치센터 기업분석 1팀장은 "은행 자본 적정성이 올라가므로 자본 확충을 위한 후순위채나 신종자본증권 발행을 덜 하게 된다"며 "아울러 기업 신용등급 등에서도 좋은 평가를 받을 수 있게 될 것"이라고 말했다.

매각 본 입찰을 앞둔 우리은행에는 호재로 작용할 것으로 보인다. 이철호 한국투자증권 연구원은 "자본비율이 비교적 낮은 우리은행은 KEB하나은행과 더불어 자본비율 우려가 큰 곳 중 하나였는데 이번 조치로 자산건전성 우려가 낮아질 것"이라고 말했다.

금융당국이 대손준비금을 자본으로 인정하게 된 것은 최근 조선 해운 등 기업여신 부실에 따른 자본건전성 악화가 우려되기 때문이다. 시중은행의 경우 현재 8.625%가 기준인 BIS 자기자본비율을 2019년까지 10.5%로 올려야 한다.

　　대손준비금은 기업회계기준과 감독회계기준의 차이 때문에 추가적으로 더 적립하게 되는 금액이다. 즉, 대손준비금은 감독회계의 산물이다.

chapter 10

비감사서비스

감사업무를 수행하는 감사인에게 어느 정도까지의 비감사서비스를 허용하여야 하는지는 계속적으로 정책이 진화되고 변경되는 부분이다.

2016년 3월 29일 공인회계사법 개정(공인회계사법 제21조 2항)

1. 회계기록
2. 재무제표의 작성
3. 내부감사업무의 대행
4. 재무정보체제의 구축 또는 운영
5. 회사의 자산 자본 그 밖의 권리 등(이하 "자산 등"이라 한다)을 매도하기 위한 다음 각 목의 업무(부실채권의 회수를 목적으로 대통령령으로 정하는 사항은 제외한다) 가. 자산 등에 대한 실사 재무보고 가치평가
6. 나. 자산 등의 매도거래 또는 계약의 타당성에 대한 의견 제시
7. 회사의 인사 및 조직 등에 관한 지원업무
8. 재무제표에 계상하는 보험충당부채 금액 산출과 관련되는 보험계리업무
9. 회사의 민 형사 소송에 대한 자문업무
10. 그 밖에 재무제표의 감사 또는 증명업무와 이해상충의 소지가 있는 것으로서 대통령령으로 정하는 업무

즉, 위의 내용에서 보면 미국에서 제도화된 내용이 거의 모두 우리나라에도 병행이 불가한 비감사업무 내용으로 외감법에 나열되고 있다. 보험계리업무 항목의 경우 SOX에서는 포함된 내용이었으나 비감사업무에 대한 병행 제

한 규제를 시작할 때, 우리의 회계법인이 계리업무(actuary)를 수행하고 있지 않기 때문에 빠졌는데 2016년 외국의 경우와 거의 같은 수준의 규제를 한다는 원칙하에 외국에서의 비감사서비스가 거의 대부분 포괄되었다.

기업지배구조원의 ESG 우수기업 선정 기준에 보면 심화평가 근거로 감사위원으로 재임 중, 과도한 비감사용역 보수 승인 경력이 있는지를 점검하게 되어 있으며 이러한 결과에 의해서 감사위원에 대한 독립성 평가를 수행한다. 이는 독립성 위반에 대한 주관적인 판단이 필요한 경우는 감사위원회가 승인을 해 주고 있기 때문에 평가항목으로 추가된 것이다. 비감사업무 병행 관련된 규제는 점점 더 강화되어 가고 있는 추세이다.

매일경제신문. 2016.12.20. 회계법인, 매수 자문도 못한다

앞으로 회계법인은 외부감사를 맡고 있는 기업의 자산 매도뿐만 아니라 매수거래 자문도 할 수 없게 될 전망이다. 이에 따라 회계법인은 전체 매출액에서 40% 가량을 차지하는 인수 합병 등 비감사 부문 업무가 줄어 실적 악화가 불가피해 보인다.

19일 금융투자업계에 따르면 금융당국은 '회계제도 개혁 TF'에서 기업과 외부감사인이 의도적으로 공모하는 부정행위를 원천 봉쇄하기 위해 외부 감사인이 기업의 자산 등의 매수거래에 대한 자문을 금지하는 방안을 추진하고 있다. 현행 공인회계사법에 따르면 외부감사인의 매도거래 자문만 금지하고 있다. 회계법인이 재무제표상 이익을 늘리기 위해 매도자산을 비싸게 평가할 유인이 있기 때문이다. 하지만 금융당국은 매수거래에서도 외부감사인이 거래를 평가하는 과정에서 객관성이 침해될 수 있다고 판단해 규제를 한층 강화하기로 했다. 이에 대해 금융위원회 관계자는 "외부감사인의 비감사 업무 제한 규정을 국제적 정합성에 맞게 정비할 방침"이라며 "미국에서는 매도뿐만 아니라 매수거래 자문도 금지해 감사 업무의 독립성과 신뢰도를 높이고 있다"고 말했다. 하지만 회계업계는 과도한 규제라며 크게 반발하고 있다. 현재 삼일 삼정 딜로이트 안진 등 빅4 회계법인에서 자산 평가 업무를 포함한 재무자문 실적이 연간 매출액에서 차지하는 비중은 40% 안팎이다. 감사 업무에 맞먹는 수준으로 매출액이 커지고 있다. 이에 따라 매수거래 자문에 대한 금지 방안이 고스란히 회계법인의 매출액 감소로 이어질 수 있다.

물론 일정 조건을 달고 감사 중인 법인에 대한 매수거래 자문을 금지하는 방안은 받아들일 수 있다는 의견도 있다. 국제윤리기준에도 인수나 매각에 관계없이 재무제표에

중대한 영향을 주는 평가 업무만 하지 못하도록 규정돼 있다는 설명이다. 대형 회계법인 관계자는 "재무제표에 영향이 없는 평가 업무에 대해서는 감사인이 할 수 있도록 허용해야 한다"고 주장했다.

분식회계의 형사 소송의 판단에 있어서는 감사 외 외부평가 등 용역 보수, 상당한 금액의 재감사 보수 또는 재감사 수임료 등이 고려의 대상이 된다.

즉, 감사 외 외부평가 등 용역 보수 금액이 상대적으로 크다면 형사 소송의 판결에 영향을 미치게 된다.[1] 이는 감사품질은 감사 업무 그 자체가 판단의 대상이 되어야 하지만 그럼에도 비감사 업무 등의 내용이 외관적으로 독립성을 훼손하는 요인으로 작용할 수 있기 때문이다.

따라서 기업지배구조원의 ESG의 평가에서도 그렇고 사법부의 판단에서도 그렇고 비감사서비스의 제공 여부가 감사인의 독립성의 대용치로 사용되고 있다.

---

1) 이충훈(2017) 발표 자료.

chapter 11

한미약품

한미약품이 내부 정보 관련 늑장 공시를 하는 바람에 많은 이슈가 드러났다.

매일경제신문. 2016.10.3. 한미약품 '올무티닙 쇼크'… 거래소, 내부자거래 조사

"다음날 오전 8시 40분부터 담당자와 만나 자료를 검토하고 공시를 진행했지만 9시 29분에야 이뤄졌다"고 말했다.

거래소 관계자는 "한국거래소는 관리종목이나 불성실공시 법인에 대해서는 공시 승인이 필요하지만 한미약품은 공시 승인 기업이 아니다"며 "이날 오전 8시 40분에 사실을 듣고 개장 전 공시를 추천했으나 한미약품 측에서 공시 문구 등을 회사와 상의하다가 시간을 지체했다"고 밝혔다.

조선일보. 2016.10.3. 한미약품 늑장 공시 논란, "내부자 거래 가능성 조사"

같은 날 오후 7시 6분쯤 독일의 베링거인겔하임으로부터 작년 7월 기술 이전한 폐암 치료 신약 '올무티닙'의 개발을 중단하겠다는 통보를 받았다.

한미약품은 기술 수출보다 더 큰 파장이 예상되는 기술 개발 중단 소식을 곧바로 공시하지 않고, 다음 날인 30일 개장 후 5% 이상 급등했던 한미약품 주가는 18% 넘게 폭락했고, 결과적으로 30일 개장 직후 주식을 매수했던 투자자들에게 최대 24%의 손실을 안긴 것이다.

늑장 공시에 대해 한미약품은 공시 절차를 따랐다고 해명했다. 김재식부사장은 "중요한 사항이기 때문에 거래소 야간 당직자에게 맡길 수 없다고 판단해 다음날 아침 담당자를 찾아가 설명하고 공시했다"며 "관련 증빙 자료를 충분히 검토하고 당초 계약 규모와 실제 수취 금액의 차이를 해명하는 과정에서 의도치 않게 늦어진 것"이라고 말했다.

하지만 한국거래소 측은 "거래소와 협의 때문에 늦어졌다는 해명은 이해할 수 없다"는 반응이다. 거래소 관계자는 "기업에게 중요하다고 연락을 하면 한밤중에도 언제든지 공시를 할 수 있다"며 "또 거래소 공시 담당자들은 오전 5시에 출근하므로 지난달 30일 개장 전에도 충분히 공시할 시간이 있었다"고 말했다. 이뿐 아니라 금융위는 "미공개 정보를 이용한 내부자 거래 가능성에 대해 조사하겠다"고 밝혔다. 거래소 관계자는 "악재 공시가 나오기 전 30분 동안 한미약품 주식을 대량으로 매도해 부당 이익을 챙긴 세력이 있는지 파악하고 있다"고 밝혔다.

관련된 논의는 신속성과 정확성의 trade off 이슈이다. 회사 측은 정확성을 확보하기 위해서 공시가 늦어졌다는 주장이고, 투자자들은 신속한 공시가 이루어지지 않은 데 대한 불만이다. 또 적시에 공시가 이루어지지 않음으로 인해서 이 정보가 누군가에 의해서 배타적으로 이용되었다는 주장이다.

매일경제신문. 2016.10.6. 기술이전 '의무공시' 검토… 한미약품사태 재발 막는다

금융위원회가 기술이전과 같이 주가에 직접적인 큰 영향을 줄 수 있는 사항은 의무공시로 바꾸는 방안을 검토하기로 했다. 한미약품의 경우처럼 악재성 정보를 늑장 공시해 투자자들이 피해를 입는 사태의 재발을 막기 위한 차원이다.

김용범 금융위원회 사무처장은 5일 "한미약품처럼 기술 개발이 주요한 사업인 회사에 기술이전, 특허와 같은 항목은 주가에 가장 큰 영향을 미치는 사안"이라며 "기술이전, 특허 등이 회사 재무상황에 큰 영향을 미치는 기업들에 대해서는 관련 정보 공시를 '자율공시'에서 '의무공시'로 바꾸는 방안을 검토하겠다"고 말했다.

현재 한국거래소의 상장 규정에 따르면 기술도입 이전 제휴와 관련된 사항은 상장기업의 자율적인 판단에 따라 사유발생일 다음날까지 공시할 수 있도록 돼 있다. 하지만 기술도입 이전 관련 사항이 의무 공시화하면 상장기업은 의무적으로 사유 발생 당일 관련 내용을 공시해야 한다. 현재 의무공시 사항은 증자나 감자 결정, 해외 상장 또는 폐지, 자기자본 대비 10%(대기업은 5%) 이상 투자 결정, 채무의 자기자본 대비 10% 이상 증가 결정 등이다.

거래소 관계자는 "기술이전의 경우 과거에는 <u>의무공시였는데 정부의 규제 완화 흐름</u>

과 호재성 항목이라는 판단 하에 자율공시로 바뀌었던 것"이라며 "세부 검토를 해 봐야 하지만 의무공시로 변경해도 크게 반발은 없을 것으로 본다"고 말했다.

금융위는 일부 기관 투자자가 공시되기 전 악재 정보를 미리 알고 공매도를 했다는 혐의가 확인될 경우 시장 질서 교란행위로 처벌할 방침이다. 증권업계 관계자는 "多次 정보 수령자의 혐의를 밝혀내기가 쉽지 않아 현재까지 적발사례가 나오지 않았다"면서 "한미약품 조사 과정에서 시장질서 교란행위 첫 사례가 나타날 가능성이 있다"고 말했다.

작년 7월말까지만 해도 공시 내용과 같은 미공개 정보를 1차 정보 수령자로부터 전달받은 2차 이상 다차 수령자의 경우 처벌할 수 없었다. 하지만 2013년 10월 CJ E&M 3분기 실적 사전 유출 사건을 계기로 자본시장법이 개정돼 지난해 7월부터 2차 이상 정보 수령자의 시장 질서 교란행위에 대해서도 과징금을 부과하는 법적 근거가 마련됐다. 정보를 1차 전달한 애널리스트만 처벌을 받고 실제 수익을 낸 펀드매니저는 처벌할 근거가 없었기 때문이다.

다차 정보수령자에 대한 파악은 당연히 더 복잡할 것이다. 위에서도 기술되었듯이 공시에 있어서 의무 공시가 너무 많기 때문에 이를 자율공시의 형태로 전환하는 경우가 있는데, 기업의 입장에서는 의무공시가 아닌 경우는 공시하지 않아도 무방한 것이라고 생각할 수 있다. 따라서 공시가 누락됨으로 투자자들이 피해를 볼 수 있다는 판단되는 항목에 대해서는 의무 공시에 지속적으로 포함하는 것이 가장 좋은 방법이다. 거래소의 입장에서 해당 공시가 긍정적인 성격을 갖는 것으로 구분되어 의무공시에서 해제하였더라도 기업의 입장에서는 이 내용을 공시할지에 대해서 임의성이 개입될 수 있다.

매일경제신문. 2016.10.27. 기술계약 당일 공시 의무화. 주가 영향 미치는 중요계약 수시공시에 포함

앞으로 삼성전자 같은 기술기업들의 기술계약 관련 공시 의무가 강화된다. 한미약품의 늑장공시 같은 사태 재발을 막기 위해 금융위원회와 한국거래소가 '기술 도입 이전 제휴에 관한 건'의 경우 공시를 의무화하기로 했기 때문이다.

이에 따라 기업들은 앞으로 해당 계약 건이 회사 주가에 중요한 영향을 미친다고 판단할 경우 계약이 발생한 당일 공시해 투자자들에게 알려야 한다. 26일 한국거래소와 금

융위원회 관계자는 "현재 규정상 '기술도입 이전 제휴에 관한 건'이 자율공시 항목에 포함돼 있어 기업들이 당일 공시할 의무가 없다"며 "이를 자율공시 항목에서 빼고 수시공시해야 할 중요한 정보에 포함시켜 기업들이 당일 공시하도록 의무화하는 방안을 검토하고 있다"고 말했다.

한미약품은 지난달 29일 밤 7시께 베링거잉겔하임으로부터 올무티닙 기술 수출 계약 해지를 통보하는 이 메일을 받았으나 당일 공시하지 않고 다음날 오전 9시 30분께 공시했다. 그 사이 계약 해지 사실이 외부로 유출됐고, 장 초반 30분간 대량의 공매도가 발생하면서 많은 투자자들이 피해를 입었다. 한미약품은 기술 수출 계약 해지 사안을 자율공시 항목으로 판단해 공시 사유가 발생한 다음날 공시해도 된다는 규정을 악용했다. 현재 규정상 기업이 스스로 공시하는 자율공시는 사유 발생 익일까지 공시하도록 정해져 있기 때문이다.

정찬우 한국거래소 이사장은 지난 25일 기자간담회에서 "한미약품의 기술 계약 건은 기업의 실적에 상당한 영향을 미치는 중요 정보이기 때문에 당일 최대한 빨리 공시 의무가 발생하도록 해야 한다"고 말했다. 금융위원회와 한국거래소는 중요한 기술 계약 건에 대한 공시 시점을 앞당기기 위해 기존 자율공시 항목에 포함돼 있던 '기술도입 이전 제휴에 관한 건'을 자율공시에서 빼고, 수시공시 대상에 포함시키는 방안을 검토하고 있다. 단 기업 부담을 줄이기 위해 수시공시 대상으로 열거하지는 않으면서, '중요정보'의 예시 항목에 포함시켜 포괄적으로 의무화할 계획이다. 이 같은 규정이 적용되면 한미약품과 같이 전날 밤에 공시 사유가 발생했을 때 늦어도 다음날 시간 외 시장이 열리기 전인 오전 7시 20분까지 공시를 해야 한다.

이처럼 공시 규정이 변경되면 다른 기술기업들의 공시 의무도 강화될 전망이다. 그동안 기술계약 관련 공시가 자율공시로 분류되면서 기업 별로 공시 유무나 시점이 제각각이었다. 예를 들어 삼성전자는 2014년 초 미국 구글과 10년까지 장기 특허 크로스 라이선스 계약을 맺었다. 양사 간 잠재적인 소송 위험을 줄이기 위해서 10년간 향후 나올 수 있는 특허에 대해서도 서로 공유하기로 한 것이다. 당시 삼성전자는 이 내용을 공시하지 않았지만 앞으로는 이런 내용도 공시해야 한다는 얘기다.

하이닉스는 2015년 8월 샌디스크와 반도체 관련 특허기술 크로스 라이선스 계약을 맺으면서 이를 공시한 바 있다. 기술 관련 공시가 의무화되면 기업들의 공시 부담이 커질 수 있다는 우려도 나온다.

매일경제신문. 2016.10.22. 상장사 늑장공시 사유

한미약품을 상대로 한 소액소송은 늑장 공시를 이유로 상장사를 대상으로 손해배상을 청구한 최초의 대규모 소송 사례이기에 증권업계 및 법조계는 재판과정에 촉각을 곤두세우고 있다. 그동안 공시를 이유로 소액주주들이 상장사를 상대로 손해배상 소송을 제기한 사례는 전부 상장사의 허위 공시나 내부자거래 또는 주가조작 등에 집중됐기 때문이다.

대형 로펌 소속의 증권전문 변호사는 21일 "상장사들이 한국거래소 규정에 따라 공시를 했는지 여부뿐만 아니라 '신의성실원칙(권리 행사 및 의무 이행은 신의에 좇아 성실히 하여야 한다는 법률 원칙)'에 따라 주주들에게 올바른 정보를 적정한 시간에 제공했는지가 핵심"이라면서 "재판부가 원고 측 주장을 인용하는 경우 향후 상장사의 주주보호의무는 강화될 것"이라고 말했다.

소송이 본격적인 절차에 들어갈 경우 – 늑장공시와 소액주주의 주식 매수간 인과관계 – 늑장공시가 한미약품의 주가에 미친 영향 –손해배상액의 시기 및 액수 산정 등이 한미약품의 손해배상책임 유무를 판단하는 기준이 될 전망이다.

서울 중앙지법에 제출된 소장에 따르면 원고 측은 "한미약품 측이 베링거인겔하임과의 계약이 무위로 돌아갔다는 사실을 이미 8월 23일에 알고도 한 달간 기존 공시를 정정하지 않아 소액주주들의 매수를 유인했다"면서 "공시 내용이 취소 또는 변경되는 경우에는 사유발생일 다음날까지 거래소에 신고하여야 한다는 유가증권 시장 공시규정 제45조를 위반한 것"이라고 주장하고 있다. 원고 측은 "주식을 매수한 금액에서 매도한 금액의 차액을 손해배상하라"고 한미약품 측에 요구했다.

한미약품은 현재 김앤장을 소송대리로 선임해 법적 대응을 고려하고 있지만 증권업계 일각에서는 소액주주와 법적 합의를 통해 원만히 사건을 해결할 가능성도 제기하고 있다.

한 증권사 임원은 "증권 관련 소송의 특성상 피해액 산정이 명확하고 이해 당사자가 분명하기 때문에 최종 판결까지는 가지 않고 합의로 해결할 수 있을 것"이라면서 "한미약품이 소액주주 측의 피해를 얼마나 배상해 주느냐가 관건"이라고 말했다.

앞서 지난 17일 서울남부지검 증권범죄합동수사단(단장 서봉규)은 한미약품 임직원이 미공개 내부정보를 이용해 주식을 거래한 혐의를 포착하고 송파구 방이동 한미약품 본사를 압수수색한 바 있다.

이 과정에서 검찰은 기술계약을 담당하는 한 여직원이 회사가 계약 파기 사실을 공시하기 전 자신의 남자 친구에게 이 정보를 전달한 정황을 포착해 수사하고 있다. 만일 조사결과 명확한 범죄 혐의가 입증된다면 한미약품 측의 손해배상 가능성은 높아질 전망이다.

위에서 인과 관계와 관련된 내용이 기술된다. 사회과학에서 관련성(association)을 보이는 것은 simple할 수 있지만 인과관계(causal relation)은 논리에 의해서 도출될 수 있다. 또한 이를 증명한다는 것은 여러 가정을 전제로 한다.

일반 투자자들이 투자의사결정에 필수적이라고 생각하는 공시 항목을 자율공시 내용으로 재분류할 경우는 많은 문제가 발생할 수 있다.

자율공시로 재분류하는 시점의 의사결정은 자율공시로 분류하여도 기업이 자율공시에 순응하여 공시에 전향적으로 응할 것이라는 것을 가정한다.

거래소는 위의 신문기사에서도 인용되었듯이 '정부의 규제 완화 흐름과 호재성 항목'이라는 차원에서 일부의 의무공시 내용을 자율공시 항목으로 재분류하게 된다. 항상 의무공시사항이 너무 많다는 비판을 받아 오며 이러한 비판에 대해서 일부의 의무공시 내용을 간헐적으로 자율공시로 변경하여 왔다.

그러나 자산재평가와 같이 의무공시에서 자율공시로 분류를 변경하였다가 다시 문제가 되면 의무공시로 재분류하기도 하였다.[1] 자산재평가가 의무공시에서 자율공시로 분류되었을 때에도 거래소는 동일한 사유에 근거하였다. 즉, '호재성 항목'이므로 기업이 공시를 회피하지 않을 것이라는 판단이었다. 그러나 자산재평가에 의해서 자산이 증가하며, 자산재평가가 호재라는 데는 이견이 없지만, 자산의 증가가 성공적인 영업 활동 등, 다른 사유 때문이 아니라 자산재평가 때문이라는, 즉, 회계적인 이슈이지 기업의 본질이 개선된 것은 아니라는 것을 기업이 굳이 전향적으로 밝히려 하지 않을 것이라는 것까지는 거래소가 생각하지 못하였던 것 같다.

즉, 자산의 증가가 good news이므로 다른 이유 때문에 자산이 증가한 것으로 정보 이용자가 해석한다면 이를 기업이 나서서 자산재평가 때문이라고

---

1) 손성규(2012)의 40장, 손성규(2014) chapter 70, 손성규(2017) chapter 21, 수시공시제도의 변화에서의 자산재평가 관련된 공시제도의 변화를 참고한다.

적극적으로 해명할 이유가 없는 것이다.

한미약품과 같은 사태가 재발되지 않기 위해서는 일단 일부 투자자라고 하여도 이 공시의 내용이 반드시 투자의사결정에 있어서 주요한 정보라고 판단하는 내용이라고 하면 의무공시 항목으로 유지하는 것이 대안이다. 의무공시에서 자율공시로 분류하였다가 기업이 이를 전향적으로 공시하지 않을 경우에 다시 의무공시로 재분류하는 일이 이번의 한미약품의 기술 개발 경우와 자산재평가의 경우에서 발생하는데 오히려 수시공시 정책의 안정성을 저해하게 된다.

의무공시 사항의 항목이 너무 많아서 기업들이 공시를 준수하기 어렵다는 불만이 있더라도 자율공시로 재분류하는 시점부터 이 내용의 공시를 강제할 수 있는 수단이 사라지는 것이다. 따라서 추후에 이슈가 될 수 있는 항목일 경우는 자율공시의 형태로 분류하지 않는 것이 대안이다.

신용평가업

    신용평가업은 회계산업과 매우 많은 유사성을 갖는다. 수임료를 부담하는 주체가 피평가자 또는 피감회사라는 점도 동일하다.

매일경제신문. 2016.9.22. 내년부터 그룹 지원 배제한 독자신용등급제 신설

    한진해운 신용등급이 올해 들어 9개월만에 9단계 하락하면서 결국 부도를 나타내는 최하위 D등급으로 추락했다. 이 회사 신용등급은 이전 4년 동안 A-(2011년 말)로 4단계 하락하는 데 그쳤다. 한진해운이 2011년 이후 3년 연속 영업이익 적자를 내고 2014년과 2015년에도 영업이익률이 0.5%를 밑돌 정도로 재무구조가 열악했던 점을 감안하면 신용평가사의 '뒷북 강등'이란 비판의 목소리가 나올만하다. 신평사들이 등급 조정을 제대로 하지 않았던 건 모기업 한진그룹의 지원 가능성을 감안한 영향이 컸다. 이 때문에 연초 BB+ 신용등급을 믿고 회사채를 산 투자자들은 사실상 투자금 대부분을 날릴 위기에 처했다.

    21일 금융위원회는 내년부터 모기업이나 계열사의 지원 가능성을 배제한 개별 기업의 독자적 채무상환 능력만 따져 매기는 '독자신용등급(자체신용도)' 제도를 도입하기로 했다고 밝혔다. 그룹의 지원 가능성을 고려해 신용등급이 뻥튀기되다가 그룹의 꼬리 자르기로 등급이 급락하면서 투자자들이 막대한 피해를 입는 '제2의 한진해운 사태'를 막기 위한 측면이 크다.

    금융위는 이날 −독자신용등급 제도 도입 − 무의뢰평가 허용 −부실 신용평가 제재 강화 − 제4신평사 도입 유보 등을 골자로 하는 '신용평가 시장 선진화 방안'을 발표했다.

    독자신용평가제는 대기업집단의 계열사 지원 가능성을 제외하고 개별 기업의 재무 여건만으로 등급을 산정하는 제도다. 금융위는 2017년 민간 금융회사 2018년 일반 기업을 대상으로 단계적으로 도입을 하기로 했다. 김태현 금융위 자본시장 국장은 "독자신용등급이 도입되면 투자자는 모기업이나 계열사의 꼬리 자르기 등 위험을 고려한 다각적인 투자가 가능해질 것"이라고 설명했다.

금융감독원 등 제3의 공적기관이 기업의 신청을 받아 신평사를 대신 선정해 주는 '신평사 선정 신청제'와 투자자 등 제3자가 비용을 부담하고 평가를 의뢰하는 '제3자 의뢰평가' 제도도 허용된다. 평가를 받는 기업이 수수료를 주고 평가를 의뢰하는 현행 구조에서는 신평사들이 기업 눈치를 보느라 제대로 된 평가를 하기가 어렵다는 문제를 해소하기 위한 것이다.

금융위는 공적기관에 신평사 선정을 신청한 기업에는 복수평가 의무를 면제하고 신평사 1곳의 등급만으로 회사채 발행을 허용하는 인센티브를 제공할 방침이다. 부분적이기는 하지만 내년 하반기부터 단수 평가제가 부활하는 셈이다. 금융당국이 투자자 보호를 목적으로 1994년 복수평가제를 의무화한지 23년만이다. 기업에선 회사채 발행 때 신용평가 비용을 절반으로 줄일 수 있게 됐다. 하지만 그만큼 등급을 깐깐하게 매길 가능성이 커 얼마나 많은 기업이 자발적으로 신평사 외부 선정을 신청할지는 미지수다.

또 신평사가 더 많은 일감을 따기 위해 좋은 등급을 주는 소위 '등급 장사'에 대한 처벌은 대폭 강화된다. 신평사 간 등급 담합이나 부풀리기 등 불건전 영업 행위에 대해선 최고 인가 취소까지 가능해진다. 현재 최고 제재 수위는 영업정지다. 부실 신용등급으로 인해 투자자가 손해를 입었을 때는 신평사가 손해배상 책임을 자본시장법에 명문화하기로 했다.

이석란 공정시장과장은 "신용평가 결과에 대한 비교공시를 확대하고, 금융투자협회를 중심으로 연 2회 신평사 역량 평가도 실시해 자율 규율 장치도 강화하겠다"고 말했다.

다만 시장의 최대 관심이였던 제4신평사 허용은 일단 유보하기로 했다. 국내 신용평가 시장 환경이 다르지 않는 상황에서 새로 1~2곳을 더 열어준다고 해서 의미는 없을 것이란 게 금융위 판단이다.

금융위는 독자신용등급과 무의뢰평가를 내년 중 도입해 1년간 시행해본 후 제4신평사 허용 여부를 재검토하겠다는 방침이다. 이에 따라 제4신평사는 일러도 2018년 이후에나 등장할 수 있게 됐다.

공적기관이 신평사를 대신 선정해 주는 제도는 chapter 50의 회계제도 개혁 내용에 포함된 선택지정제도의 확대 등과 같이 감독기관이 시장메커니즘에 어느 정도 개입하는 모습이다.

한국경제신문. 2017.2.1. 신평사 공시의무 확대

2월부터 신용평가회사가 특종 업종의 신용등급을 평가하는 방법을 바꿀 때 반드시 관련 기업 의견을 수렴해야 한다.

금융감독원은 신평사가 신용평가 방법을 변경할 때 최소 1개월 전에 시장의 의견을 수렴하도록 하는 내용 등을 담은 금융투자업규정 시행세칙 개정을 완료했다고 31일 발표했다. 이번 개정은 지난해 9월 발표한 '신용평가 신뢰 제고를 위한 신용평가시장 선진화 방안'의 후속 조치로 1일부터 시행된다.

지금은 신평사들이 평가 방법을 바꾼 이후에만 홈페이지 등을 통해 알리고 있다. 사전 의견 수렴이 의무화되면 기업 등 이해관계자가 변경 전에 내용을 파악하거나 변경과정에 의견을 제시해 신용평가의 신뢰성이 높아질 수 있다고 금감원은 설명했다.

공정하게 신용평가가 수행될 수 있다면 이는 순기능일 것이다. 다만, 평가과정이라는 것은 주관적일 수밖에 없기 때문에 아무리 의견 수렴을 한다고 해도 한계가 있을 수밖에 없다.

신용평가가 감사기준과 같이 정형화된 원칙 하에서 진행될 수는 없는 것이다.

이코노미스트. 2017.2.20. 이랜드 vs 한신평 '신용등급' 공방 어디

"재무구조 개선 노력과 성과를 반영치 않은 불합리한 강등이다." (이랜드)

"신용등급 하향을 늦추거나 하향하지 않는 것은 기업평가 본연의 책임을 회피하는 것이다."(한국신용평가)

'신용 등급'을 놓고 시작된 이랜드그룹과 한국신용평가 간의 공방이 한 달을 넘기며 점입가경이다. 이랜드월드의 핵심 사업부인 중국 패션법인과 그룹의 재무구조 개선 속도를 놓고 양측이 배치되는 주장을 펼치고 있다. 이랜드는 기업 가치 훼손 등을 이유로 손해배상 소송까지 거론하며 한신평을 압박하고 있고, 한신평은 이례적으로 웹캐스트를 통한 설명회를 열며 시장 동의를 얻는 데 주력하고 있다. 신용평가사의 등급산정 결과에 대해 기업이 소송을 제기하는 것은 극히 이례적인 일이다. 양측의 신용등급 공방을 두고 재계의 관심도 크다. 2평짜리 옷 가게에서 출발해 연매출 10조원, 재계 40위권의 패션 유통 레저 종합기업으로 우뚝 선 이랜드그룹의 성공 신화가 흔들리는 것 아니냐는 우려가 나온다.

• 기업공개 앞둔 이랜드 '대략난감'

발단은 지난해 12월 30일 한신평이 수시평가를 통해 이랜드 그룹 지주회사 이랜드월드의 신용등급을 하향 조정하면서다. 한신평은 이랜드월드의 신용등급을 'BBB(부적적)'에서 "BBB-(부정적)'로 강등했다. 국내 신용평가 3사 중 한국기업평가와 NICE신용평가는 'BBB' 단계로 평가하고 있다.

한신평이 제시한 신용등급 하향 근거는 세 가지다. 패션 부문의 실적 부진이 지속되고 있으며, 영업현금으로 이자 및 운전자본 소요 후 원금 상환이 제한적이고, 2015년부터 4조 4,000억원까지 늘어난 순차입금을 지난해 3분기까지 줄이지 못했다는 것이다. 한마디로 현금 창출력에 비해 차입금과 단기 상환 부담이 과중하다는 것이다. 이랜드는 강력하게 반발하며 '법적 대응'을 표명했다. 등급 산정시 패션브랜드 티니위니와 국내 부동산 매각에 따른 대금 유입을 반영하지 않았다는 것이다. 이랜드 관계자는 "지난 10월 이후 서울 홍대와 서교동, 마곡 등지 부동산을 매각해 2,500억원의 자금이 들어왔고 재무 부담이 일부 경감됐다"며 "중국 최대 쇼핑 시즌인 광군제(11월 11일) 하루에만 약 560억원의 매출을 올려 전년 대비 89%나 늘었는데 4분기 실적은 전혀 반영하지 않았다"고 주장했다.

이랜드가 크게 반발하자 한신평은 1월 20일 웹케스트를 통해 "이랜드 신용등급을 내리지 않았다면 그것은 시장 왜곡"이라고 반박했다. 류승협 한신평 기업평가본부 실장은 투자자들에게 '이랜드월드(그룹) 등급 하향 및 이슈에 대한 의견'을 설명하면서 '부동산 매각 대금과 티니위니 매각 완료는 신용등급을 하향할 당시 반영됐고, 이랜드리테일 기업공개도 일정 수준 가능성을 평가에 반영했다'며 "다만 연말에 상장 예비상장청구가 이뤄진 점과 향후 불확실성에 대해서도 고려했다"고 말했다. 이에 이랜드는 또다시 '법정소송'을 천명했다.

이랜드가 한신평의 신용등급 강등에 민감하게 반응하는 이유는 당장 지난해 상반기 투자자와 약속했던 이랜드리테일의 IPO를 마무리해야 하기 때문이다. 이랜드월드는 도

심형 아웃렛과 NC백화점 등을 운영하는 이랜드리테일 지분 63.5%를 보유하고 있고 이랜드그룹에서 지주사 역할을 맡고 있다. 지난해 12월 28일 한국거래소에 상장 예비심사를 청구한 이랜드리테일은 심사 결과를 기다리는 중이다.

- 부채비율 낮춰 시장 우려 불식해야

또 신용등급 강등은 채권발행을 통한 자금조달이 막힌 상황에서 유동성 채권이나 시중은행 대출 심사에도 영향을 미칠 수 있다. 이랜드그룹 패션부문은 중국 패션사업 성장으로 매출과 영업이익이 꾸준히 늘었지만 2015년 2분기부터 수익성 하락세가 지속되고 있다. 현금 유동성도 악화돼, 연간 7,000억원의 상각 전 영업이익(EBITA 이자 및 법인세, 감가상각 차감 전 영업이익)을 벌어들이지만 운전자본 등 각종 비용으로 소진되고 있다. 연결기준 4조원을 웃도는 순차입금 부담도 여전하고 부채비율도 3.18% 수준으로 높다.

증시 전문가들은 상반기에 계획 중인 이랜드리테일 기업공개(IPO) 성공 여부가 재무구조 개선의 관건이 될 것이라고 전망한다. 이랜드는 올 5월 안에 이랜드 리테일의 IPO를 성공시키겠다는 계획이다. IPO 성공과 부동산 추가 매각으로 연말까지 부채비율을 200%대로 끌어내리겠다는 전략이다. 이 때문에 곧 있을 한기평 NICE 등 다른 신평사의 신용등급 평가가 주목된다. 이들도 신용등급을 강등할 경우 최대 3조원을 예상하는 이랜드리테일 IPO 흥행은 물 건너가게 된다. 그동안 회사채로 자금을 조달한 이랜드그룹의 부채상환 압박도 거세질 것으로 보인다. 한기평 관계자는 "지난해 12월에 이랜드그룹 관련 보고서가 있었는데 내용은 부정적이었다"며 "그러나 4분기 실적까지 계산하면 신용등급은 유동적"이라고 말했다.

재계의 관심이 쏠리자 이랜드와 한신평은 '확전'을 꺼리는 분위기다. 이랜드 관계자는 '소송 언급은 신용 등급 평가 과정에서 기업의 의견이 반영되지 않은 것에 대한 우려와 항의의 측면이라고 밝혔다. 한신평 관계자 역시 "실제 소송까지는 가지 않을 것으로 본다"고 말했다.

기업이 기업가치 훼손 등을 사유로 신평사를 대상으로 손해배상을 위한 법정소송을 진행하는 것은 매우 이례적이다.

피감기업이 감사와 관련되어 감사인을 소송하는 경우는 있어 왔어도, 신용평가의 피평가기관이 평가사에 대해서 소송을 제기하는 경우는 매우 드문 일이다.

소송이 진행된다고 해도 신용평가라는 것이 어떤 공인된 manual에 의해서 하는 것이 아니며 감사보다도 더 주관적인 판단을 하기 때문에 공정한 평가의 적법성에 대한 판단을 수행하기가 어렵다.

한국경제신문. 2017.1.4. 그룹 후광 뺀 '나홀로 신용등급' 첫 공개

유사시 계열사의 지원 가능성을 배제한 롯데캐피탈의 자체신용도는 최종 신용 등급보다 한 단계 낮은 것으로 나타났다. 올해 처음 도입되는 자체신용도 제도의 첫 번째 사례다.

한국기업평가와 나이스신용평가는 최근 롯데캐피탈의 회사채 자체신용도를 'A+'로 평가하면서 롯데그룹 계열사의 지원 가능성을 반영한 최종신용등급은 이보다 한 단계(notch) 높은 'AA-(안정적)'라고 밝혔다. AA-는 10개 투자 등급 중 상위 네 번째다.

롯데캐피탈은 1995년 설립된 롯데그룹의 여신전문금융사다. 지난해 3분기 말 기준 호텔롯데(26.6%), 롯데쇼핑(22.4%), 롯데건설(11.8%), 부산롯데호텔(11.5%) 등 롯데그룹 계열사와 특수관계인 지분율이 92.6%에 달한다.

두 신용평가사는 롯데그룹이 우수한 신인도를 바탕으로 롯데캐피탈에 대한 그룹의 지원 가능성이 높은 수준이라고 분석했다. 윤민수 한국기업평가 책임연구원은 "롯데그룹이 2003~2008년 롯데캐피탈에 총 1,400억원의 자금을 수혈했다"며 "롯데그룹이 롯데손해보험, 롯데렌탈 등을 인수하면서 금융사업을 확대하고 지원을 강화하고 있어 금융부문에 대한 그룹의 지원 가능성이 높다"고 진단했다. 나이스신용평가도 "임원 대부분이 롯데그룹 계열사 출신으로 구성돼 지배적 긴밀성이 존재한다"며 "롯데그룹계열사의 지원 여력은 매우 우수한 수준"이라고 분석했다.

올해부터 도입되는 자체 신용도는 올해 민간 기업까지 확대될 예정이다. 산업은행 수출입은행 기업은행 등 공기업 금융사를 제외한 민간 금융사 100여 곳이 자체 신용도 공개 대상이다. 산은캐피탈 NH투자증권 IBK투자증권 등 공기업을 모회사로 둔 금융사도 자체 신용도 공시 대상이다. 민간 기업도 회사가 원하면 올해 자체신용도를 공개할 수 있다.

정원현 한국기업평가 투자서비스 실장은 "기관투자가 중 일부는 자체신용도와 최종신용등급의 차이를 회사채 투자를 결정할 때 평가요소로 채택할 것으로 보인다"며 "도입 초기이기 때문에 투자자들이 신중하게 접근하는 분위기"라고 말했다.

chapter 13
M&A

업무의 성격에 따라서 여러 산업이 이해 상충이 있다. 은행과 증권도 그러하고 M&A 관련된 증권업과 회계산업에도 이해가 얽힌다.

매일경제신문. 2016.9.2. M&A 중개업무 규제 놓고 회계법인-증권사 '썰전'

회계법인의 인수 합병 중개 주선 대리 업무에 제동을 거는 법안에 대한 토론회가 7일 열린다. 법안 통과 시 회계법인의 핵심 수입원 중 하나인 M&A 업무가 원천봉쇄되는 만큼 회계업계는 이번 토론회에 사활을 걸 전망이다. 반면 반사 이익이 기대되는 금융투자업계는 법안의 당위성을 뒷받침하는 논리로 맞설 것으로 보인다.

1일 투자은행 업계에 따르면 박용진 더불어민주당 의원실은 오는 7일 오후 2시 서울 여의도 국회도서관 4층에서 회계법인 M&A 중개업무 참여를 제한하는 법안을 놓고 토론회를 개최한다. 박의원은 지난달 19일 M&A 중개 주선 대리 업무를 자본시장법상 투자중개업으로 규정하고 금융투자업 인가를 받은 자만이 이를 할 수 있도록 하는 내용의 '자본시장과 금융투자업에 관한 법률' 개정안을 발의했다.

박의원실은 "회계법인 업무를 수행하는 회계법인이 기업 M&A를 중개 개선하는 경우 회계감사의 독립성 훼손과 이해상충의 우려가 있다고 판단돼 발의된 법안"이라며 "토론회에서 다양한 업권의 의견을 수렴할 예정"이라고 설명했다.

그동안 M&A 중개 주선 대리 업무는 금융투자업 인가가 필요하지 않은 업무로 규정돼 있어 회계법인, 법무법인, M&A 부티크 등도 별다른 규제 없이 참여해 왔다. 반면 회계업계는 법안 통과 시 전체 영업수익의 30% 이상을 차지하는 M&A업무에서 손을 떼야 할 처지여서 이번 토론회에서 공세적으로 나올 전망이다.

회계업계 관계자는 "회계법인의 독립성 규제는 이미 세계적 수준"이라며 "투자 매매나

중개 업무를 하지 않는 회계법인이야 말로 M&A 자문에 있어 이해상충의 문제에서 자유롭다"고 주장했다.

매일경제신문. 2016.9.10. 매경 황영기-최중경, 회계법인 M&A 제한법 대리전

"1억원짜리 아파트 전세 계약을 중개하는 부동산 중개업자도 일정한 자격을 갖춰야 합니다. 그런데 수천억, 수조 원 단위 주식을 하고 파는 일 (M&A)을 중개하는 데 인허가 제도가 없다는 게 말이 됩니까"(황영기 금융투자협회장)

"M&A가 주식을 이전하는 방식을 취하더라도 주식처럼 단순히 금융투자 상품을 사고 파는 게 아니지 않습니까. M&A 업무의 본질을 자본시장법에서 정한 투자 중개 개념과 혼동해선 안 됩니다."(최중경 한국공인회계사회 회장)

황영기 금투협회장과 최중경 한공회장이 M&A 중개 제도 개선 관련 법개정을 놓고 첨예하게 맞서고 있다. M&A 중개 업무에 '자격 요건을 만들자'는 증권업계와 '지금처럼 시장 자율에 맡기자'는 회계업계 의견이 첨예하게 맞서고 있는 것이다. 이 과정에서 두 업계를 대표하는 협회장들이 공개 석상에서 치열한 논리전을 펼치고 있다.

황 협회장은 지난 8일 여의도 금투협회에서 열린 기자간담회에서 "기존 금융투자업자들은 자본시장법과 미공개 정보 누설, 이해상충 방지 같은 엄격한 규정을 적용받는 데 비해 회계사법은 그렇지 않다"며 "이해당사자, 투자자를 보호하고, M&A 시장을 선진화하려면 M&A 업무에 인가제를 도입해야 한다"고 주장했다.

이날 최회장도 여의도 전경련회관에서 기자간담회를 열고 "(인가제를 도입해) 그동안 회계법인이 해온 M&A 중개 업무를 규제하는 것은 현 정부의 규제 완화 방침과 배치된다"고 정면 반박했다. 그는 "M&A는 실사와 회계 세무 법률 문제 해결 등을 종합적으로 다루는 작업이므로 단순 투자중개업으로 봐선 안 된다"고 강조했다.

앞서 지난달 17일 박용진 더불어민주당 의원은 M&A 중개업무에 인허가 등 등록 요건을 강화하는 내용을 골자로 한 자본시장법 일부 개정안을 대표 발의했다. 기업 M&A의 중개주선 또는 대리 업무를 영업으로 하는 것을 투자중개업의 일환으로 규정한다는 내용이 골자다.

chapter 14

재무제표 미제출

감독기관의 입장에서는 새로운 정책을 입안하는 것도 중요하지만 기존의 제도가 잘 지켜지는지를 점검하는 것도 중요하다.

한국경제신문. 2016.6.2. '감사 전 재무제표' 안 낸 상장사 금융당국, 100여 곳 무더기 적발 '감사인 지정'등 제재 나설 것

상장기업 100여 개사(코넥스 상장사 포함)가 '감사 전 재무제표'를 내지 않거나 부실하게 제출해 금융당국의 무더기 제재를 받게 됐다.

1일 금융당국과 재계에 따르면 금융감독원이 상장회사와 자산총액 1,000억원 이상 비상장회사의 2015년 감사전 재무제표 제출 현황을 점검한 결과 400개(상장사 100곳, 비상장사 300곳) 회사가 제출의무를 위반한 것을 나타났다.

기업은 감사 전 재무제표를 아예 제출하지 않았거나 제출했지만 주석을 빠뜨리는 등 제출서류를 누락한 것으로 조사됐다. 지난해 말 기준 감사 전 재무제표를 제출해야 하는 상장사는 2,009곳, 비상장사는 2,200곳이다.

금융위원회와 금감원은 위반 회사의 고의성 여부를 조사한 뒤 상장사에 대해선 '감사인 지정' 등 제제에 나설 계획이다. 올해 처음으로 제출의무가 생긴 비상장사는 제재 대상에서 제외되지만 개선 권고 등을 지시하는 '경고'를 검토 중이다. 다만 제도 도입 초기인 데다 단순 실수일 수도 있어 고발 등의 고강도 징계는 하지 않을 가능성이 있는 것으로 알려졌다.

외부감사인에 관한 법에 따르면 감사 전 재무제표를 제출하지 않은 회사는 검찰에 고발돼 3년 이하의 징역 또는 3,000만원 이하의 벌금이 부과될 수 있다.

금융당국 관계자는 "상장회사는 시행 첫해인 지난해 인지도가 낮았을 수 있다고 보고 제재하지 않았지만 올해부터 규정에 따라 처리할 예정"이라며 "서류제출 기관을 착각하는 등 단순 실수는 크게 문제 삼지 않을 것"이라고 말했다. 금융당국은 내년부터 감사 전 재무제표 제출 의무를 지키지 않은 비상장사 역시 제재 대상에 포함할 계획이다.

금융위 산하 증권선물위원회는 지난해부터 기업이 회계법인에 재무제표를 낼 때 증선위에도 해당 재무제표를 제출하도록 의무화했다. 기업이 비용 부담이나 전문성 부족을 이유로 스스로 재무제표를 작성하지 않고 회계법인에 의존하는 사례가 적지 않다는 게 금융당국의 판단이다.

한국경제신문. 2016.12.1. '감사전 재무제표' 안 낸 상장사 100여 곳 무더기 제재

상장기업 중 100여 개사(코넥스 상장사 포함)가 감사 전 재무제표를 내지 않거나 부실하게 작성해 금융당국의 무더기 제재를 받는다. 2014년 감사 전 재무제표 제출제도가 도입된 후 위반 기업들이 제제를 받는 것은 처음이다.

금융위원회는 1일 증권선물위원회 전문심의기구인 감리위원회를 열고 상장사 100여 곳이 지난해 감사 전 재무제표 제출의무를 위반한 것으로 결론냈다. 대부분 기업은 '주의' '경고' 등 경징계를 받지만 고의성이 드러난 3~5곳은 감사인 지정 등 중징계를 받을 것으로 알려졌다. 감리위 결과는 증선위를 거쳐 최종 확정된다.

이들 기업은 감사 전 재무제표를 아예 제출하지 않았거나 제출했지만 주석을 빠뜨리는 등 제출 서류를 누락한 것으로 조사됐다. 지난해 말 기준 감사 전 재무제표를 제출해야 하는 상장사는 2,009곳이다.

금융당국은 지난해부터 기업이 회계법인에 재무제표를 낼 때 증선위에도 해당 재무제표를 제출하도록 의무화했다. 기업이 비용 부담이나 전문성 부족을 이유로 스스로 재무제표를 작성하지 않고 회계법인에 의존하는 관행을 바로 잡아 회계투명성을 높이기 위해서다.

금융당국은 '대우조선해양 사태' 등으로 부실회계를 비판하는 목소리가 커지고 있어 점검을 강화한다는 방침이다. 올해 처음으로 감사 전 재무제표 제출 의무가 부과된 비상장사들은 내년부터 제재 대상에 포함된다.

회계나 회계감사 관련된 우리의 제도는 이미 선진국에 못지않다고들 얘기한다. 문제는 적용에 있다. 제도가 있고 이를 준수하지 않으며 이에 따르는 제제가 반드시 있어야 한다. 안 지키면 그만이라고 하면 제재라고 할 수 없다. 제도가 잘 지켜지지 않는 사례들은 다음이 있다.

예를 들어, 자산규모가 2조원이 넘는 기업의 경우, 최소 1인은 회계 또는 재무 전문가여야 한다. 또한 자산 규모가 2조원이 넘는 기업의 사외이사추천위원회일 경우 과반수가 사외이사여야 한다. 주주총회에서 이사 선임의 경우도, 복수의 이사 선임일 경우는 이 내용이 주총 안건으로 상정될 때 개별적으로 분리되어 상정되어야 하는데 그렇게 되지 않는 경우가 많다.

사외이사추천위원회는 검증의 역할도 해 주어야 하는데 추천의 역할만 하는 것은 아닌지에 대한 의견도 있다.

금융회사 사외이사 후보의 70.3%를 사외이사추천위원회가 추천하여 사외이사추천위원회의 인맥에 의존하는 한계가 있다고 한다(김유경 2016).

다양한 경로로 파악된 '후보의 독립성과 전문성을 검증'하는 역할이 주요한 임무라야 하는데 사외이사의 개인적 친분이 작동하는 경우가 많은 것으로 알려져 있으나 실제로 사외이사들이 어떤 경로(친분, head-hunter, 지인의 추천, 사회적 평판에 근거한 지목 등)로 후보를 물색했는지는 회사 내부의 정보이므로 확인이 어렵다.

금융지주나, 재벌그룹에서는 지주나 그룹차원에서 사외이사 후보군을 관리하고 있다. 어떻게 후보군을 선정하는지는 알 수 없는데, 예를 들어 한 금융지주는 회계, 금융, 재무, 법률 등으로 분야를 구분하여 몇 명씩 후보군을 유지하고 있으며 계열회사의 사외이사후보추천위원회에 이러한 명단을 공개하지는 않지만 인원까지는 공개하며 이러한 후보군을 관리하고 있다는 점을 확인받고 있다. 아마도 사외이사 공석이 있을 경우 이 풀에서 사외이사를 추천하는 것으로 알고 있다.

해체된 삼성의 미래전략실의 인사부서는 사외이사 명단을 구성하여 이를 계열사와 공유하는데 이 후보군에 포함된 후보 중, 계열사가 희망하는 후보를 선임하게 된다. 그러나 삼성의 control tower라고 할 수 있는 미래전략실이 없는 상황에서는 개별 회사 차원에서 사외이사를 섭외하게 될 수밖에 없다.

LG는 그룹 지주사인 ㈜LG에서 계열사 사외이사들까지 섭외하고 있는 것으로 알려졌다.

　head hunter사를 통해서 사외이사를 추천되는 경우도 head hunter가 후
보군을 추천할 때, 매우 심도 깊게 후보자에 대한 평판도 조사를 수행하고 있
다. 왜냐하면 head hunter사의 입장에서는 신뢰할 수 있는 후보를 추천한다는
것이 head hunter사 본인들의 평판도와 밀접하게 연관되기 때문이다.

　2017년 12월 우리은행 행장이 내정되었는데 헤드헌터를 통해서 작성된
pool이 60명이라고 하니 회사들이 광범위한 search작업을 하고 있는 듯하다.

　2018년 4월 8일 발표된 외감법 시행령에서는 재무제표 제출의무를 이행
하지 않은 경우에 감사인을 지정하도록 되어 있다.

chapter 15

대우건설

건설업 관련된 회계는 항상 추정치에 근거하므로 분식의 위험이 내재되어 있으며 항상 많은 관심의 대상이다.

한국경제신문. 2016.11.15. 대우건설 3분기 보고서 외부감사인 '의견거절'

대우건설이 올해 3분기 검토보고서에 대해 외부감사인으로부터 '의견거절' 감사의견을 받았다.

14일 대우건설이 공시한 3분기 재무제표 검토보고서에 따르면 이 회사의 외부감사를 맡은 딜로이트안진회계법인은 "공사 수익, 미청구(초과청구) 공사, 확정계약자산(부채) 등 주요 안건의 적정성 여부를 판단할 충분하고 적합한 증거를 제시받지 못했다"며 감사의견 표명을 거부했다.

이어 "준공예정원가의 적정한 추정 변경을 위해 회사가 운영하는 내부통제가 효과적으로 운영되고 있다는 증거를 제시받지 못했다"고 덧붙였다.

지난해까지 대우건설의 외부감사는 삼일회계법인이 맡았지만 올해부터 딜로이트안진이 하고 있다. 대형 건설사가 감사인의 의견을 받지 못하는 것은 전례가 드문 일이다. 2012년 기업회생절차(법정관리)를 앞둔 건설사들이 회계법인 '의견거절'을 받은 적이 있다.

건설업계 관계자는 "분기 보고서는 연말 보고서와 달리 요청 자료를 다 제출하지 않고 중간에서 타협하는 관행이 있었는데 이번엔 엄격하게 한 것 같다"고 말했다.

올해 하반기 삼일회계법인에서 '한정의견'을 받는 대우조선해양은 3분기에도 '한정의견'을 받았다. 삼일회계법인은 "미청구 공사 등 주요 계정의 기초 잔액의 적정성을 판단하기 위해 분 반기 재무제표 검토 준칙에서 정하는 절차를 충분히 수행하지 못했다"며 "재무제표와 주석의 구성 요소에 수정이 필요한 사항이 발견됐을지를 결정할 수 없다"고 설명했다.

외부감사인은 감사 대상 기업의 재무제표에 대해 적정, 한정, 부적정, 의견 거절 등 네 가지 의견을 낼 수 있다. 지난해 국내 4대 회계법인이 유가증권시장 상장 기업에 낸 감사 의견 506건 중 '의견 거절'은 단 두 건에 불과하다.

대우조선해양은 지난 3월 감사인을 딜로이트안진회계법인에서 삼일회계법인으로 교체했다. 같은 시기 대우건설은 감사인을 삼일회계법인에서 딜로이트안진회계법인으로 바꿨다.

연말 감사보고서에 대해 한정의견을 받거나 반기보고서에 대해 부적정 의견 또는 의견 거절을 받으면 관리종목으로 지정되고 하루 동안 거래가 정지되지만 분기보고서 검토의 견에는 제재가 따르지 않는다.

매일경제신문. 2016.11.15. 대우건설 3분기 '감사 의견 거절'

대우건설 외부 감사법인 안진회계법인이 대우건설 올 3분기 실적에 대해 '의견 거절'을 내렸다. 분기 실적에 대한 감사법인의 의견 거절은 이례적이다. 공시상으로 이 같은 중대한 회계적 판단을 쉽게 식별하기 어려워 해당 내용을 별도로 공시하는 등 제도 개선이 절실하다는 의견도 나온다.

14일 금융감독원 공시에 따르면 대우건설의 올 3분기 분기보고서에 대해 안진회계법인은 "공사 수익, 미청구(초과 청구)공사, 확정계약 자산(부채) 등 주요 사안의 적정성 여부에 대해 판단할 충분하고 적합한 증거를 제시받지 못했다"며 감사의견 표명을 거부했다. 외부감사인은 감사 대상 기업의 재무제표에 대해 적정, 한정, 부적정, 의견 거절 등 네 가지 의견을 낼 수 있다. 안진회계법인이 대우건설의 3분기 실적에 대해 검토 의견 중 신뢰도 최하 등급인 '의견 거절'을 표명함에 따라 해당 재무제표는 회사 측의 일방적인 작성일 뿐 실제 검증되지 않은 숫자에 불과한 셈이다.

문제는 의견 거절이라는 중대한 회계처리상 절차적 문제가 불거졌음에도 공시상에서 이를 쉽게 찾아보기 어렵다는 데 있다. 대우건설 3분기 분기보고서는 259쪽에 달하는 방대한 문서다.

그러나 보고서 표지에 해당하는 대표이사 등의 확인서란에는 이 같은 의견 거절 관련 내용을 전혀 찾아볼 수 없다. 4장 감사인의 감사의견 등 항목을 꼼꼼히 들여다봐야 '의견 거절' 등 검토 의견을 알아볼 수 있다.

금융투자업계 관계자는 "사안의 중대성에 비해 실제 공시에서는 해당 내용을 들여다 보기 쉽지 않다"고 말했다. 이 같은 문제를 해결하기 위해 감사법인이 적정 이외 의견을 낼 경우 기업이 별도로 공시해야 한다는 지적이다. 아울러 분기 실적에 대한 의견 거절이 이례적인 케이스인 만큼 관계자들이 투자자 보호를 위해 이를 적극적으로 알렸어야 한다 는 목소리도 나온다.

분기보고서의 검토보고서에서 가장 중요하고 핵심적인 내용이 어떠한 검토의견이 표명되었는지인데 이 내용이 cover letter 등에 나타나지 않고 숨겨져 있다는 것은 바람직하지 않다. 특히나 분기 보고서가 259쪽이라고 하면 더더욱 검토의견은 별도 표시가 되는 것이 바람직하다. 이 보고서에 특별하게 관심이 있는 금융기관의 애널리스트나 신용평가업체의 관련자들이 아닌 경우, 259쪽의 보고서에서 검토의견을 쉽게 찾을 수 있도록 공시해 주어야 한다.

KAM 등이 도입되게 된 원인도 기존의 감사보고서에 의하면 어떠한 내용이 강조되는 내용인지 등이 드러나지 않아서 중점사항에 대해서 감사를 강조하는 과정에서 도입된 것이므로 감사의견이 적정이 아니라고 하면 이 내용도 충분히 강조되면서 정보 이용자에게 전달되어야 한다.

2017년 3월 7일의 국회 공청회에 의하면 핵심감사제는 자산 규모 2조원이 넘는 기업은 2018년 사업보고서부터 적용하며, 자산 5천억원 이상되는 기업은 2020년 사업보고서, 자산 1천억원 이상되는 기업은 2022년 사업보고서, 모든 상장기업은 2023년 사업보고서에 적용된다는 계획을 갖고 있다. 물론, 감독기관은 2015년 10월 「수주산업 회계 투명성 제고 방안」을 통해 수주산업에 한해서 핵심감사제를 우선적으로 도입하며 2016년 감사보고서에 최초 적용하는 것으로 결정하였다.

한국경제신문. 2016.11.16. 안진의 대우건설 '검토의견 거절' 일파만파

딜로이트 안진인 대우건설의 3분기 재무제표에 '검토의견 거절'을 내면서 수주업계에 긴장감이 감돌고 있다. 곧이어 한진중공업과 지주회사인 한진중공업홀딩스도 3분기 보고서에 '한정'의견을 받는 등 여파가 다른 조선 건설 기업들로 확산될 조짐을 보이고 있다.

연말까지 회계정보를 둘러싼 기업과 감사인 간 의견차가 좁혀지지 않으면 수주산업의

회계대란으로 이어질 가능성도 있다는 우려가 나온다.

• 돌변한 회계업계

한진중공업은 15일 외부감사인 안진으로부터 3분기 재무제표에 대해 한정의견을 받았다고 정정공시했다. 안진은 검토의견을 통해 "한진중공업이 자회사인 필리핀수비크조선소의 공사수익 측정과 관련해 충분하고 적합한 증거를 제시하지 못했다"고 설명했다. 한진중공업과 수비크조선소는 서로 맺은 로얄티계약에 대한 기재금액이 1,812억원 가량 차이가 나는 것으로 알려졌다. 한진중공업은 뒤늦게 채권 규모를 기존보다 1,812억원 낮춰 잡았지만 감사인의 검토의견을 바꾸지는 못했다.

한진중공업 재무제표에 대한 불확실성으로 지주회사인 한진중공업홀딩스 역시 한정의견을 받았다. 이 회사의 외부감사인은 삼일회계법인이다.

매각 작업을 앞둔 대우건설이 전날 분기 재무제표에 의견거절이라는 전례 없는 검토의견을 받은데 이어 한진중공업도 적정의견을 받지 못하자 시장은 크게 동요하고 있다. 대우건설이 전날 제출한 3분기 보고서에 따르면 안진은 "공사 수익, 미청구(초과청구) 공사, 확정계약자산(부채) 등 주요 안건의 적정성 여부를 판단할 충분하고 적합한 증거를 제시받지 못했다"며 검토의견 표명을 거부했다. 대우건설은 이 여파로 이날 전날보다 13.3% 급락한 5,830원에 거래를 마쳤다. 대기업이 분기보고서에 대해 회계법인으로부터 의견거절을 받은 것은 전례가 없다.

• 내년 초 사업보고서에 쏠린 눈

대우조선해양의 '회계절벽' 사태 이후 부실감사에 대한 금융당국의 제재 수위가 높아지면서 회계법인들이 기업들에 지나치게 보수적인 잣대를 들이대고 있다는 게 업계의 하소연이다. 한 수주업체 관계자는 "짧은 기간 지나치게 많은 자료를 요구해 놓고 자료가 부족하다며 부정적인 의견을 내버리니 당황스럽다"고 말했다.

문제는 내년 초 나올 사업보고서다. 분기보고서는 검토의견 거절을 받더라도 별도의 시장조치가 없다. 하지만 사업보고서는 '감사범위 제한에 따른 한정의견'을 받으면 관리종목으로 지정돼 하루 동안 거래정지를 당한다. '관리종목 지정'이란 꼬리표는 해외사업 비중이 높은 수주기업에게는 치명타라는 게 업계 설명이다. '부적정'이나 '의견거절'을 받으면 상장폐지라는 초유의 사태도 배제할 수 없다. 안진은 대우건설의 영업기밀에 해당하는 민감한 자료까지 요구하고 있어 양측 간 갈등의 골이 깊은 것으로 전해졌다.

그동안 곪아 온 수주기업의 회계 문제가 터져 나온 것이란 지적도 있다. 회계업계 관계자는 "수익 인식에 추정이 많은 건설 조선사들의 고무줄 회계는 알 만한 사람은 다 아는 문제"라며 "기업들과 적당히 타협하기엔 회계법인이 감당해야 할 리스크가 너무 커졌다"고 말했다.

위의 신문 기사에서는 "짧은 기간 지나치게 많은 자료를 요구해 놓고 자료가 부족하다며 부정적인 의견을 내버리니 당황스럽다"라는 기업 측의 불만이 인용되었는데 반면, 회계법인 측의 자료 제공에 대한 불만은 제공받기를 희망하는 자료를 제공하지 않다가 감사기한에 몰렸을 때 엄청난 분량의 자료를 제공하거나 막판까지 자료제공에 협조하지 않는 데 대한 불만이 있다.

희망하는 자료가 제때 제공되지 않는 경우는, 원칙적으로는 감사범위제한 의견을 표명하여야 하지만 이러한 의견을 쉽게 표명하는 것도 현실적으로 가능하지 않기 때문에 회계법인의 고충이 있다. 이런 식으로 감사범위 제한 의견이 표명된다면 이러한 의견이 매우 다수 표명될 수도 있다.

조선일보. 2016.11.16. 안진 "대우건설 회계장부 못 믿겠다"

대우건설에 사고나 특별한 악재가 없는데도 15일 하루 동안 대우건설 주가가 14%까지 폭락했다. 회계법인 딜로이트 안진이 대우건설의 올해 3분기 보고서에 대해 '의견 거절' 판정을 내린 게 발단이 됐다. 보고서를 뒷받침할 근거가 부족해 보고서가 맞는지 틀리는지 모르겠다는 한마디로 대우건설 회계장부를 못 믿겠다고 공표한 셈이다. 이로 인해 대우건설의 9월까지 누적 당기순이익 604억원도 확실한 근거 없는 수치가 돼 버렸다. 대우조선해양의 대규모 분식 회계 사건 이후 금융감독원이 회계법인에 대한 감사 기준을 강화한 결과라는 분석이 나온다.

• "대우건설이 공사원가 따질 자료 못 내놔"

지난해 유가증권시장 상장 기업에 대해 대형 회계법인 4곳의 감사 의견 506건 중 의견 거절은 2건에 그칠 정도로 드물게 내려진다.

통상 기업이 6개월마다 작성하는 반기보고서가 의견거절 판정을 받으면 관리종목으로 지정되고, 1년에 한 번 내는 감사보고서가 의견 거절 판정을 받으면 상장 폐지 대상이 된다. 이번 보고서는 반기나 감사보고서가 아닌 분기 보고서라서 제재 대상은 아니다. 하지만 15일 유가증권시장에서 대우건설 주가는 13.7% 폭락했다.

회계법인이 의견 거절을 낸 이유는 '준공 예정 원가율'을 따질 수 있는 증빙이 없다는 것이다. 앞으로 공사 대금이 얼마나 들어갈지 추정을 할 수 있어야 하는데, 그 내부 자료를 받지 못한 것으로 보인다. 대우건설 관계자는 "공사를 하다 보면 시공 방식이 바뀌고 최종적으로 원가가 내려갈 경우가 많은데, 주요 발주처인 공공 기관에서 아직 정식으로 승인을 내주지 않아 원가 하락 부분을 인정받지 못한 것으로 보인다"고 말했다. 보고서는 원가가 하락할 것을 바탕으로 해 작성됐지만, 아직 관련 서류를 갖추지는 못했다는 것이다. 대우건설 측은 "2016년 기말 감사 이전까지 감사인이 요청한 자료에 대해 충분히 소명해 문제가 없도록 조치할 예정"이라고 밝혔다.

업계에서는 대우조선해양의 분식 회계 사태 이후 금융 당국이 건설 조선 등 수주 업종 기업에 대한 회계 및 감사 기준을 대폭 강화한 것이 이번 대우건설 사태에 영향을 미쳤다는 분석이 나온다. 그동안 건설 조선 등 제품의 생산 기간이 몇 년씩 걸리는 업종의 경우 기간별 수익과 손실을 제멋대로 처리할 가능성이 컸다는 지적이 많았다. 대우조선해양의 5조원 대 분식 사건이 도화선이 돼 금융 당국은 올해 하반기 보고서부터 핵심감사제를 도입했다. 외부 감사인이 핵심 감사 항목을 정해 좀 더 깐깐하게 살핀 뒤 그 내용을 보고서 등을 통해 공개하도록 한 것이다.

하지만 안진회계법인이 3개월 전에는 대우건설의 반기보고서에 대해 '적정' 의견을 줬다가 이번 분기보고서에는 '의견 거절' 판정을 낸 것은 의아하다는 지적도 나온다. 금융권 관계자는 "안진회계법인이 연말에 감사보고서에서 문제점을 발견하지 못하면 부실 회계 책임을 몽땅 뒤집어써야 하기 때문에 먼저 분기보고서 '의견거절'이라는 선수를 친 것으로 보인다"고 말했다. 건설·조선 기업과 회계법인의 기 싸움이 늘어나면서 앞으로 의견 거절이나 부적정의견을 받는 기업도 늘어날 것으로 업계는 보고 있다.

• 안진 "관행처럼 감사하면 회계 부정 못 잡아내"

업계에선 안진회계법인이 일종의 '준법 투쟁'에 나선 것으로 보기도 한다. 안진은 2010년부터 2015년까지 대우조선해양의 외부 감사인을 맡았다. 그 기간 동안 매년 감사 의견을 '적정'으로 내놓다가 대우조선해양의 분식 회계 의혹이 터지자 그제야 착오가 있었다며 재무제표를 수정해야 한다고 해 논란이 일었다. 감사 실무 책임자는 구속됐다. 검찰 수사 결과 법인 차원의 공모가 있었다는 것이 드러나면 영업정지, 등록 취소도 가능하다는 것이 업계 전망이다. 지난 2000년 대우그룹 부실 회계를 눈감은 산동회계법인은 1년 영업정지 처분을 받은 뒤 폐업했다.

이 때문에 조직이 술렁이는 분위기이다. 지난 9월 안진 구조조정팀의 핵심 인력 20여 명이 한꺼번에 경쟁사로 이직했다. 안진회계법인 관계자는 "관행처럼 기업으로부터 제공 되던 증거 자료만 가지고 감사를 하다간 대우조선해양 경우와 같은 의도적인 회계부정을 발견할 수 없다는 뼈아픈 경험이 의견 거절에 반영된 것으로 보면 된다"고 말했다.

매일경제신문. 2016.11.16. 대우건설 '의견거절' 후폭풍… '제2대우조선' 되나

안진회계법인이 대우건설의 3분기 실적 검토보고서에 대한 감사의견으로 '의견 거절'을 제시한 가운데 시장에서는 '제2의 대우조선해양' 사태로 번질 수 있다는 염려가 커지고 있다. 대우건설은 국내 3위 대형 건설사로, 지난해 3,900억원대 '분식회계'가 적발돼 금융 당국의 제재를 받은 바 있어 시장 불안이 적지 않은 상황이다. 특히 내년 초 매각을 앞 두고 악재가 불거지는 양상이다.

15일 유가증권시장에서 대우건설 주가는 '의견 거절'이란 감사의견을 받은 사실이 알려 지면서 전날 대비 13.67% 급락한 5,810원에 거래를 마쳤다. 전날 안진회계법인은 대우건 설의 3분기 검토보고서에 대한 감사의견으로 '의견 거절'을 제시하면서 "공사수익, 미청구 공사, 확정계약자산(부채) 등 주요 계정의 적정성 여부에 대한 판단을 위해 충분한 증거 를 받지 못했다"고 밝혔다.

회계법인 관계자는 "대우건설과 안진회계법인 측이 상당한 견해 차이가 있었던 것으로 안다"며 "안진회계법인이 대우건설의 모든 사업장에 대한 원가율 자료를 요구한 것으로 알고 있다"고 전했다. 과거 건설사들은 사업장의 원가율을 조정해 분식회계를 시도하는 경우가 있었다. 이 때문에 안진회계법인이 대우건설의 모든 사업장의 원가율 정보를 포함 한 다양한 자료를 요청했을 것이란 얘기다.

반면 대우건설은 '의견 거절'을 받는 것이 억울하다는 입장이다. 대우건설 측은 회계감 사를 맡은 안진이 대우조선해양 분식회계 관련 징계 절차를 밟고 있다 보니 대우건설에 대해 평소보다 강도 높은 자료 제출을 요구한 것으로 보고 있다. 대우건설 관계자는 "분 기보고서는 사업보고서에 비해 제출해야 하는 서류의 종류나 자료의 깊이가 훨씬 낮은 수준인데 이번에 안진은 분기보고서임에도 사업보고서 수준의 자료를 요구했다"고 말했 다. 이 관계자는 "발주처와 관련된 자료는 준비하는 데 시간이 걸릴 수밖에 없어서 이번에 기한 내 내지 못했다"며 "올 연말 사업보고서 때는 필요한 자료를 모두 성실하게 제출할 것"이라고 말했다. 대형 건설사가 감사법인으로부터 의견거절을 받는 것은 매우 드문 일이다. 2012년 기업회생절차를 앞둔 건설사들이 '의견 거절' 결과를 받았을 뿐이다. 일반적으로 회계법인은 상장사로부터 일감을 수주해야 하는 위치에 있기 때문에 회계감사 후 '한정'이나 '부적정' 같은 부정적인 의견을 내놓기가 쉽지 않다. 3년의 감사 계약 기간이 종료된 후 추가 수임이 어려워질 수 있어서다. 건설업계 관계자는 "안진회계법인이 대우건설에 대해 '의견 거절' 의견을 내린 이유는 지정감사인이라는 특수 위치에 있기 때문이었을 것"이라고 밝혔다.

대우건설은 지난해까지 삼일회계법인으로부터 감사를 받았는데, 금융감독원 감리 결과에 따라 올해 2월부터 외부감사인으로 안진회계법인을 지정받았다.

한편 대우건설의 이번 3분기 실적발표에서는 빅배스(과거의 부실요소를 한 회계연도에 모두 반영해 손실이나 이익 규모를 있는 그대로 회계장부에 드러내는 것)가 나타나지 않았다. 건설업계와 금융투자업계에서는 지난 8월 박창민사장이 새로 취임한 만큼 전임자의 부실을 한 번에 제3분기에 털어낼지 모른다는 우려가 제기된 바 있다. 대우건설 관계자는 "대우건설의 해외 사업장 손익 자료는 전산화가 잘돼 있어 실시간으로 투명하게 집계된다"며 "경영자가 회계장부 마사지를 통해 손익 수준을 조절할 여지가 별로 없다"고 설명했다.

대우건설이 감사의견으로 '의견 거절'을 받았지만 당장 상장폐지 절차를 밟지는 않는다. 회계법인 관계자는 "감사보고서에 대한 회계법인의 의견거절은 상장폐지 사유가 될수 있지만, 분기보고서에 대한 의견거절은 상장폐지 사유에 해당하지 않는다"고 말했다.

지정감사인이라는 위치가 감사를 좀 더 철저하게 수행할 유인이 되었다는 점이 흥미롭다. 경영자가 회계장부 마사지를 통해 손익 수준을 조절할 여지가 별로 없다는 위의 신문기사에서의 문구는 회계장부 마사지라는 것이 통상적인 행태라는 오해의 소지가 있는 표현이다.

안진은 분기보고서임에도 사업보고서 수준의 자료를 요구했다는 내용이 포함되고 있다. 회계법인이 자본조달을 위해서는 반기임에도 감사 수준의 인증을 수행하고, 재무제표에 대해서는 반기 검토보고서를 표명하지만 자본조달을 위해서는 감사보고서를 표명하기도 한다. 따라서 인증의 수준이라 함은 가변적이다.

매일경제신문. 2017.1.6. 현대건설 안진회계 금감원, 감리착수

금융감독원이 현대건설 외부 감사인인 딜로이트 안진회계법인에 대한 감리를 지난 4일 전격 착수한 것으로 알려졌다. 현대건설이 발주처에 공사 비용을 청구하지 못한 미청구 공사대금, 공사 원가 추정치 등에 대한 회계처리를 제대로 했는지와 딜로이트안진이 현대건설의 회계감사를 잘 처리했는지를 각각 들여다보겠다는 의도다. 현대건설의 미청구 공사대금은 지난해 3분기 말 (연결재무제표) 기준 총매출액의 27%에 달하는 3조 6,088억원이다.

5일 건설업계와 금융권에 따르면 금감원은 지난 4일 현대건설에 "미청구 공사 대금, 공사 원가 추정치 등과 관련된 모든 자료를 제출하라"고 통보했다. 동시에 현재 대우건설 등에 대해 감리를 진행 중인 딜로이트 안진회계법인에 대해서도 최근 5년치 현대건설 감사보고서의 감사를 담은 자료(감사조서)를 제출해 달라고 요청한 것으로 알려졌다. 금감원 고위 관계자는 "이번 현대건설 감리조서 제출 요청이 감리 착수냐"는 질문에 "맞다"고 답하면서도 감리 일정, 배경, 방향 등에 대해서는 일절 함구했다.

금감원이 이례적으로 새해 벽두부터 현대건설을 향해 감리의 '칼'을 겨눈 만큼 금감원이 제보나 상시 감사 과정을 통해 회계처리와 회계감사의 문제점을 발견한 것 아니냐는 의견이 나오고 있다.

대형 건설사의 한 관계자는 "금감원의 감리 자체가 주식시장에 충격을 줄 수 있는 사안"이라며 "해외 공사 비중이 높은 글로벌 기업을 연초부터 감리 대상 기업으로 선정하는 것은 상당히 이례적"이라고 말했다. 이 관계자는 "이번 감리는 대우조선해양 사태로 불거진 회계부정 사건이 다른 업종으로 번지는 것을 사전에 막자는 취지에서 결정된 것으로 보인다"고 말했다. 더욱이 금감원이 딜로이트안진에 요청한 5년치 감사조서는 현대자동차그룹이 현대건설을 인수한 2011년 이후 회계처리에 집중돼 있다.

40년간 '현대건설맨'으로 근무했던 정수현 사장이 현대차그룹 편입 이후 지금까지 6년 가까이 현대건설 대표이사를 맡고 있다.

이번 감리가 금감원이 지난해 말 강화하기로 했던 테마 감리 중 하나인 '수주산업의 공시 적정성' 감리의 첫 행보라는 해석도 있다. 이를 위해 금감원이 대표적 수주산업인 건설업종의 1위 기업 현대건설을 연 초부터 감리 대상 기업으로 선정했다는 얘기다. 테마 감리 차원이라면 금감원은 현대건설의 공사진행률, 미청구공사 등 중요 계약별 공시와 계약 원가, 공사손실충당금 등 영업 부문별 공시에서 회계처리가 제대로 됐는지를 점검할 것으로 보인다. 3조 6,000억원 대에 달하는 현대건설의 미 청구 공사대금은 건설업계 최대 규모다. 특히 시장은 이번 감리가 분식회계로 얼룩진 대우조선해양의 2탄이란 결과로 이어지는 것 아니냐는 염려의 목소리를 높이고 있다. 공교롭게도 대우조선해양 외부 감사인도 딜로이트안진이다.

금감원이 이번 현대건설 감리를 신호탄으로 미청구 공사대금 비중이 높은 대형 건설사에 대해 '도미노' 감리를 진행할 가능성이 점쳐지고 있다. 지난해 3분기 말 기준 총매출액에서 차지하는 미청구 공사대금 비중은 대우건설과 GS건설이 각각 23%, 27%로 높았다. 대우건설의 경우 외부 감사인인 딜로이트안진에서 지난해 3분기 보고서에 대해 감사의견 '거절' 통보를 받았고, GS건설은 2013년 GS건설 실적 공시 과정에서 벌어진 분식회계 논란으로 여전히 홍역을 앓고 있다.

물론 금감원은 이번 감리에 대해 무혐의 결론을 내릴 가능성도 있다. 이렇게 되면 현대건설은 그동안 대형 건설사를 둘러싸고 있던 회계부정 의혹에서 완전히 자유로워진다.

딜로이트 안진회계법인 고위 관계자는 "금감원이 현대건설의 회계처리에서 문제점을 발견해 감리에 나선 것은 아니고 미청구 공사대금이 많은 대형 건설사들의 회계 부문을 한번 살펴보겠다는 의도로 알고 있다"고 말했다.

미청구공사: 공사는 진행했지만 공사대금을 아직 청구하지 못한 금액을 뜻한다. 예를 들어 공사 계약 금액이 1,000억 원이고 당기 말까지 공사가 30% 진행됐다면 당기 말까지 300억 원의 공사대금을 청구해야 하지만 이보다 적은 금액을 청구했다는 의미다.

매일경제신문. 2017.2.3. 대우건설, 잠재부실 한번에 턴다

국내 건설업계 '빅3'로 꼽히는 대우건설이 지난해 4분기 수천억 원대 영업손실을 기록한 것으로 알려졌다. 이는 지난해 3분기 보고서에 대해 외부감사인인 딜로이트 안진회계법인이 '의견거절'을 통보하자 앞으로 예상되는 잠재부실까지 지난해 4분기에 털어냈기 때문으로 해석된다.

2일 건설업계 정통한 관계자는 "대우건설은 외부감사인인 딜로이트 안진의 요구에 따라 지난해 4분기 회계처리를 최대한 보수적으로 진행한 것으로 안다"며 "지난해 4분기에만 수천억 원대 영업손실을 기록할 전망"이라고 밝혔다. 분기 기준으로 영업손실을 기록한 것은 2013년 4분기 이래 12분기 만이다. 대우건설은 지난해 3분기 실적 보고서에 대해선 보다 정밀하게 작업한 것으로 전해졌다. 대우조선해양 분식회계 사태로 금융감독원 제재를 앞두고 있는 딜로이트안진이 조선 건설 등 수주산업 회계감사를 보다 강화하고 있다는 점도 대우건설이 지난해 4분기 보고서에 잠재부실까지 반영한 배경으로 꼽히고 있다.

이에 따라 대우건설은 지난해 연간 기준으로도 영업적자를 기록할 가능성을 배제할 수 없게 됐다. 지난해 1~3분기 대우건설의 누적 영업이익은 2,641억원이다. 물론 지난해 4분기에 잠재부실을 한꺼번에 털어냈기 때문에 앞으로 대우건설 실적 전망에서 불확실성 이 크게 해소됐다는 평가도 있다. 건설업계 관계자는 "예상 되는 잠재부실을 작년 4분기 에 모두 반영하다 보니 앞으로 3~5년간은 수조 원에 달하는 대규모 영업이익이 발생할 것으로 예상된다"며 "특히 올해 영업이익이 1조원을 넘어설 수도 있다"고 내다봤다.

여기에 대우건설이 지난해 국내 주택 부문에서 뛰어난 성과를 냈다는 점도 주목할 만 하다. 총2만 8,666가구를 분양해 분양 가구 수 기준 1위에 올랐다. 이 같은 분양 실적은 아파트가 준공될 때까지 수년에 걸쳐 영업이익으로 잡힌다.

이렇다 보니 대우건설의 지난해 4분기 어닝쇼크에 대해 대우건설과 매각작업을 추진하 는 KDB산업은행은 반기는 분위기다. 산업은행 관계자는 "지난해 4분기에 대우건설 재무 제표에 대한 의혹을 모두 풀고 나간다면 향후 매각작업에 탄력이 붙을 것"이라고 말했다. 대우건설은 오는 9일 실적 발표를 앞두고 있다. 다른 건설사보다 실적 발표가 늦어지고 있는 게 사실이다. 이에 대해 회계법인 관계자는 "딜로이트안진이 대우건설에 대한 해외 현장 실사를 엄격하게 진행함에 따라 실적 발표가 늦어진 것으로 안다"고 전했다. 이날 유가증권시장에서 대우조선 주가는 전 거래일 대비 0.19% 하락한 5,270원에 마감됐다.

매일경제신문. 2017.2.10. 대우건설 '빅배스' 단행

대우건설이 외부감사인의 의견에 따라 '빅배스(big bath)'를 단행했다. 딜로이트안진이 이번 대우건설 감사 때 유독 보수적인 잣대를 들이댔지만 대우건설은 이미 작년 3분기 의견 거절을 받은 상태이어서 이 같은 요구를 외면할 수 없었다. 그 결과 작년 연간 실적 이 적자로 돌아서고 일시적으로 자본 잠식상태에 놓이게 됐지만 증시에서는 투자심리 개 선으로 이어지면서 대우건설 주가가 9.16%나 상승했다. 향후 대우건설 경영권 매각도 탄 력을 받을 것이라는 전망이 나온다.

9일 대우건설은 지난해 별도 기준으로 10조 9,857억원의 매출과 5,030억원의 영업손실을 기록했다고 공시했다. 대우건설의 연간 매출이 10조원을 돌파하기는 처음이다. 하지만 7,944억원의 당기순손실이 차감되면 자본총계는 2조 363억원으로 줄어들어 자본금(2조 781억원)보다도 작아진다. 작년 3분기 말 기준 1조 1,790억원에 달하던 해외 미청구공사도 6,376억원을 한번에 손실로 털어냈다.

가장 큰 원인은 사우디아라비아 자잔 플랜트 현장과 알제리 RDPP 플랜트 현장에서 발생한 빅배스였다. 발주처의 사업용지 인도가 늦어지면서 자잔 현장에서 4,500억원 규모의 잠재손실이, RDPP 현장에서 1,100억원 규모의 잠재손실이 발생했는데 이를 모두 비용처리했다. 대우건설건설 대주주인 KDB산업은행의 이동걸회장은 "예상할 수 있는 어렵고 힘든 부분을 투명하게 정리해야 시장 불확실성을 제거할 수 있다고 봤다"며 "대우건설에 대해 '제2대우조선해양' 아니냐는 우려가 있었는데 이번 기회에 이 같은 우려를 말끔히 씻을 수 있길 바란다"고 말했다.

대우건설은 올해부터 대규모 흑자전환이 예상된다고 밝혔다. 매출 11조 4,000억원, 영업이익 7,000억원을 전망치로 제시했다. 현재 대우건설은 사우디 자잔 현장에서 6,000억원 규모의 클레임을, 알제리 RDPP 현장에서 1,500억원 규모의 클레임을 제기한 상황이어서 이 중 일부를 발주처가 인정할 경우 이익 규모는 더욱 늘어날 수도 있다. 건설업계 관계자는 "통상 건설사가 제기하는 클레임의 50% 가량은 발주처에서 돌려받는 경향이 있는데 이날 대우건설은 이 같은 기대감을 전혀 반영하지 않고 최대한 보수적으로 이익 전망치를 발표한 것 같다"고 말했다. 증권가에서도 올해 대우건설이 본격적인 실적 개선 추세를 보일 것이란 전망이 우세하다. 이광수 미래에셋대우 연구원은 "전체 매출에서 절반가량 차지하는 주택 및 건축 사업부문은 성장세를 이어갈 것"이라며 "해외 플랜트 부문 손실 감사로 전반적인 영업이익이 크게 늘어날 것"이라고 내다봤다.

회계법인 관계자는 "대우건설이 이번에 잠재 부실을 한번에 털어낸 것은 엄격해진 감사 환경 때문"이라며 "강도 높은 감사 잣대가 다른 건설사들에도 적용되면 건설업계 전반의 회계투명성이 높아질 것"이라고 말했다. 대우건설의 현금유동성은 양호한 편이다. 지난해 영업활동으로 2,401억원의 현금이 유입돼 작년 말 기준 7,492억원의 현금성 자산을 유지하고 있다. 대우건설 관계자는 "베이징 캠핀스키 호텔 지분 등을 매각하고 울산 S-oil 잔사유 고도화 프로젝트에서 추가적으로 2,000억원을 조달하는 등 1조원 이상의 유동성을 추가 확보할 것"이라고 밝혔다.

한국경제신문. 2017.2.10. 대우건설 "부실 다 털었다"

지난해 3분기 분기보고서에서 회계법인으로부터 검토의견 '거절'을 받았던 대우건설이 4분기에 7,700억원 영업손실이라는 '어닝쇼크'를 냈다.

하지만 시장은 대우건설이 보수적인 회계처리를 통해 '빅배스(과거 부실을 한꺼번에 반영하는 것)'를 감행한 데 대해 긍정적인 반응을 보이고 있다. 불확실성을 해소한 만큼 연간 재무제표에 '적정'의견을 받을 가능성이 커지고 매각 성사 기대로 높아졌다는 이유에서다.

- '어닝쇼크'가 호재로

9일 유가증권시장에서 대우건설은 5,840원에 거래를 마쳤다. 잠재 손실을 대거 반영해 지난해 4분기에만 7,700억원에 달하는 영업손실을 냈다는 소식이 전해졌지만 주가가 오히려 9.16% 급등했다.

대우건설은 지난해 연간으로 매출 10조 9,857억원, 영업손실 5,030억원, 당기순손실 7,943억원을 내 영업이익과 순이익 모두 적자전환했다. 4분기 영업손실 규모만 7,700억원에 달했다. 대우건설은 작년 3분기까지 11분기 연속 1,000억원 안팎의 영업이익을 기록해 왔다.

이번에 반영한 손실의 대부분은 해외 사업장 미청구 공사에서 나왔다. 사우디아라비아 자잔 플랜트 현장(4,500억원)과 알제리RDPP 플랜트 현장(1,100억원)의 손실을 4분기에 반영한 영향이 컸다. 지난해 3분기 미청구공사 등에 관해 외부감사인인 딜로이트 안진 회계법인과 접점을 찾지 못하면서 검토의견 거절을 받은 만큼 최대한 보수적으로 회계처리를 했다는 게 회사 측 설명이다. 대우건설 관계자는 "신뢰할 수 있고 측정 가능한 금액만 도급증액에 반영한다"는 보수적 기준을 정해 놓고 현재 진행 중이거나 서류상 확정되지 않은 소송금액이나 체인지오더(발주처의 변경 계약) 금액 등은 실적에 반영하지 않았다고 설명했다.

chapter 16

상법에서의 감사위원회의 역할

감사/감사위원회는 우리나라의 기업 지배구조에서 이사회와는 별도로 상법에서 정하는 한 축으로 존재하며 회계의 투명성과 관련되어서는 특히나 매우 중요한 역할을 수행한다.

: 2015년도 유가증권시장 상장기업의 감사위원회 운영 현황

	기업 수(전체 기업 수: 713)		평균 구성원 수 (사외이사 비율)
감사위원회 의무 설치	145(50.70%)	286	3.1
감사위원회 자발 설치	141(49.30%)	(40.11%)	(94.8%)
합계 · 전체	286(100%)	713(100%)	

자료: 한국기업지배구조원, 유가증권시장 상장회사의 이사회 내 위원회 운영 현황, CGS Report, 제6권 제11-12호, 2016, p. 9.

우리나라에서의 감사위원회의 운영 현황은 위와 같다.

「상법」 제542조의10(상근감사) ① 대통령령으로 정하는 상장회사는 주주총회 결의에 의하여 회사에 상근하면서 감사업무를 수행하는 감사(이하 "상근감사"라고 한다)를 1명 이상 두어야 한다. 다만, 이 절 및 다른 법률에 따라 감사위원회를 설치한 경우(감사위원회 설치 의무가 없는 상장회사 이 절의 요건을 갖춘 감사위원회를 설치한 경우를 포함한다)에는 그러하지 아니하다. <개정 2011.4.14.>

여기서 '대통령령으로 정하는 상장회사' 란,

「상법」 시행령 제36조(상근감사) ① 법 제542조의 10 제1항 본문에서 "대통령령으로 정하는 상장회사"란 최근 사업연도 말 현재의 자산총액이 1천억원 이상인 상장회사를 말한다.

위의 상법의 내용과 같이 자산 규모 1,000억원이 넘는 기업일 경우는 상근 감사 또는 감사위원회가 감사의 역할을 해 주어야 한다.

회계와 관련된 법률로는 공인회계사법, 외감법, 자본시장법 등이 제도의 적용에 영향을 미치지만 상법은 모법으로 회계에 지대한 영향을 미친다.

1. 감사위원회의 권한

회계 및 업무 감사권(제412조 제2항)

업무 재산 조사권(동일)

2. 자회사에 대한 감사권(제412조의 5, 제1항, 제2항)

자회사에 대한 영업보고 요구권(제412조의 5 제1항)

자회사에 대한 업무재산조사권(제412조의 5 제2항)

자회사에 대한 거부권(제412조의 5 제3항)

3. 기타 권한

이사의 보고 수령권(제412조의 2)

임시주주총회 소집 요구권(제412조의 3 제1항)

이사회 의사록 기명 날인 및 서명권(제391조의 3)

이사의 위법행위유지청구권(제402조)

소송절차상 회사의 대표권(제394조 제1항)

각종의 소 제기권(제328조)

이사회 소집청구권(제412조의 4 제1항)

전문가의 조력을 구할 권한(제415조의 2 제5항)

감사위원 선임시 주총에서 의결권이 3%로 제한되는 점에 대한 법적인 이슈에 대해서 기술한다. 이 내용은 고창현, 김혜성(2017)에 근거한다.

아래의 내용은 법적인 내용이기는 하지만 회계와 기업지배구조에서 감사위원의 선임이 매우도 중요한 이슈이므로 여기에 인용/기술한다.

상법상 감사위원은 이사회 내 위원회의 위원인데, 왜 다른 위원회의 위원은 이사회에서 선임되는데 감사위원만 주총에서 선임되어야 하는지에 대한 형평성의 이슈도 존재한다. 그만큼 상법이 1962년에 제정되면서 상법상의 감사에 대한 지위를 보장해 준 것이다.

감사위원 선임과 관련되어서는 두 가지의 이슈가 있는데 첫 번째는 위의 의결권 제한이고 두 번째는 분리선출 또는 일괄선출의 이슈이다.

2006년 KT&G와 칼 아이칸 사태 때, 주주제안으로 사외이사를 선임해 줄 것을 요청할 때, 해외펀드들은 분리선출 방식을 요구하였고 이사회는 일괄선출방식을 주장하였는데 해외펀드들의 요구를 법원이 기각하였고 그 이후의 입법적인 논의 과정에서도 일괄선출 방식을 지지하였다.

단, 금융회사지배구조법 제정시에는 금융사는 예금자, 투자자 및 보험계약자 등의 이해관계자 보호 필요성이 크므로 1인의 감사위원은 분리 선임하게 되었다. 이에는 이사회 구성원이 되는 감사위원인 이사의 선임에 대해서 주주의 의결권을 제한한 상태에서 분리선출 하도록 하는 것은 회사경영은 주주 과반수의 뜻에 의한다는 상법 상 주식회사의 기본 이념에 배치되고 대주주를 배제한 채 소액주주들로 하여금 이사회를 지배하게 하는 문제가 있다는 금융업계의 의견 등을 고려한 것이다.

자산규모 2조원이 넘는 기업의 경우에 이사를 주총에서 선임할 경우는 분리하여 선출하여야 하는데 이러한 점이 잘 지켜지지 않고 있다고 한다. 주주가 한 특정 이사의 선임에만 반대하는 경우도 안건이 일괄되게 상정될 경우는 이사 후보 중, 특정인에 대해서만 반대를 할 수 있지만 일괄상정이 되면 분리하여 의사를 표명하기 어렵다. 어느 기업의 주총에서는 일괄 상정을 제안하지만 반대하는 주주가 있을 시에는 분리하여 상정하는 것으로 진행하는 경우도 있었다.

이사 선임시는 1주 1의결권의 원칙이 적용되는데 이는 주주의 법적 회사지배권을 구현하는 법적 통로이다. 또한 이사 선임에 있어서는 지배주주가 자신을 이사로 선임하는 경우에도 법상 특별이해관계가 있다고 보지 않는다는 점도 고려해야 한다.

그럼에도 불구하고 감사위원 선임권한 제한에 관한 규정을 근거로 이사회의 이사 선임 권한 자체를 제한하는 것을 부당하다는 주장도 있다.

상법상의 감사의 경우 의사결정 및 업무집행권이 없이 단지 감시기능만을 수행하므로 감사선임의 경우 의결권을 제한하더라도 경영권 자체에는 영향이 없다고 볼 수 있다. 즉, 상법상의 감사나 감사위원회는 경영의사결정이나 경영자문업무가 아닌 감시업무에 중점을 두고 있다.

분리방식 도입 취지는 주주총회의 이사 선임 단계에서부터 감사위원을 분리 선출하여 3% 의결권 제한 규정을 적용함으로써 선임단계에서 지배주주로부터 감사위원의 독립성을 확보하고 회사경영의 투명성을 제고하여 회사의 경쟁력을 높이기 위한 것이다.

대주주의 이사 선임권을 제한하여 회사 지배구조가 왜곡될 위험성을 감수하면서까지 분리선출 방식을 택할 중대한 공익이 존재한다고 보기 어렵다고 판단한 것이다.

감사위원의 독립성 확보는 이사 중 감사위원을 선임하는 과정에서 적용할 수 있다는 점에서 이러한 분리 선임과 같은 차별취급이 불가피한 것이라고 볼 수도 없다.

주주의결권 제한을 감사위원 선임에 적용하는 것에서 나아가 감사위원인 이사 선임시에까지 확대하는 것은 부당하다고 판단되는데 문제는 '감사위원 선임'과 '감사위원인 이사'선임이 구분되지 않는다는 것이다.

감사위원은 이사회 내 위원회의 구성원으로 감사위원의 선임기관을 주주총회로 하는 것은 이사회 내 위원회라는 감사위원회의 법적 성격에 맞지 않는다.

감사위원회 제도를 도입하고 있는 미국이나 일본의 경우 감사위원을 이사회에서 선임 해임하도록 하고 있으며, 주주총회에서 선임하도록 하고 있지 않다. 이는 감사위원회가 이사회내 위원회이고 그 구성원인 감사위원은 이사라는 본질에 따른 것이다. 우리의 경우는 감사/감사위원의 선임 기관이 주주총회이므로 감사위원회가 이사회 sub-committee라기보다는 상법에서 규정하는 별도의 독립된 기관이라고 이해할 수 있다. 따라서 감사/감사위원회에 그들에게 맡겨진 임무를 충실히 수행하지 못한다는 비판에 불구하고 상법에서는 감사/감사위원회의 권한을 상법에서 보장하고 있다.

이를 대표이사의 선임에 비해서 설명하면 대표이사는 특별하게 주주총회에서 다른 이사와 구분하여 선임하도록 되어 있는 일부 기업을 제외하고는 이사회에서 선임한다.

> 상법 제389조(대표이사) ① 회사는 이사회의 결의로 회사를 대표할 이사를 선정해야 한다. 그러나 정관으로 주주총회에서 이를 선정할 것을 정할 수도 있다.

일반적으로 주주총회를 마친 다음 첫 이사회에서 이사회 의결로 대표이사가 선임된다. 따라서 주총에서 선임되는 상법상의 감사나 감사위원에 비해서는 대표이사는 무게감이 뒤진다고 할 수 있다. 선임도 주총에서 한 것이 아니니 해임의 경우도 이사회에서 해임하고 다른 대표이사를 이사회에서 선임할 수 있다.

주주총회에서도 사외이사 후보를 선임할 때, 원칙적으로는 각 개인을 분리해서 상정하여야 각자에 대한 의결을 별도로 할 수 있는데 이를 모두 모아서 상정할 경우는 개인에 대한 의사표명을 별도로 하기 어렵다.

아래의 외감법 개정된 내용에 의하면 감사위원회가 감사보수, 감사시간, 투입인력에 관하여 결정하여야 하고 이를 문서화하여야 한다.

지금 현재 형태의 감사위원회도 잘 작동되지 않는다고 하는데 제도권에서 감사위원에 맡겨지는 기대수준은 더 높아지고 있다.

개정된 외감법은 다음과 같다.

> 「외감법」 제10조(감사인의 선임)
> ⑤ 감사 또는 감사위원회(제4항 제2호 단서에 따라 감사인을 선임한 회사는 회사를 대표하는 이사를 말한다. 이하 이 조에서 같다)는 감사인의 감사보수와 감사시간, 감사에 필요한 인력에 관한 사항을 문서로 정하여야 한다. 이 경우 감사위원회가 설치되지 아니한 주권상장법인, 대형비상장주식회사 또는 금융회사의 감사는 감사인선임위원회의 승인을 받아야 한다.

⑥ 감사 또는 감사위원회는 제23조 제1항에 따라 감사보고서를 제출받은 경우 제5항에서 정한 사항이 준수되었는지를 확인하여야 한다. 이 경우 감사위원회가 설치되지 아니한 주권상장법인, 대형비상장주식회사 또는 금융회사의 감사는 제5항에서 정한 사항이 준수되었는지를 확인한 문서를 감사인선임위원회에 제출하여야 한다.

감사위원회 관련 일부 제도가 강화되었는데 그 주요한 시차적인 시점을 보면 다음과 같다.

2003년: 감사위원 1인 회계/재무 전문가
2011년: 감사는 회사의 도움으로 전문가 도움을 받을 수 있음

chapter 17

노조도 회계 필요

회계는 영리를 목적으로 하는 기업에만 해당하는 것이 아니라 모든 조직에 반드시 필요하다.

한국경제신문. 2016.10.12. 줄줄 새는 노조비… 회계 비리 막는다

기업 노동조합의 '회계 비리'를 막기 위한 법안이 발의된다. 이 법안이 국회를 통과하면 노조의 감사 선임 또는 감사위원회 설치가 법적으로 의무화된다.

11일 정치권과 재계에 따르면 국회 환경노동위원회 간사인 하태경 새누리당 의원이 이르면 14일 노조의 감사 선임 또는 감사위원회 설치, 회계감사 의무화 등을 핵심으로 한 '노동조합 및 노동관계 조정법 일부 개정 법률안'을 국회에 제출한다. 조합원 총회를 통한 노조 감사 선임을 의무화하고 전국 단위 노조나 조합원 1,000명 이상 노조에는 감사위원회를 설치하도록 하는 내용을 담고 있다. 지금까지는 노조가 입맛에 맞는 조합원을 감사에 임의로 앉히거나 아예 감사를 두지 않는 경우가 많았다.

법안은 전문성 있는 독립적인 인사로 감사(위원)의 자격 요건을 규정했다. 선출된 감사(위원)은 노조의 다른 임원을 겸직할 수 없도록 했다. 최근 5년간 노조에서 임원으로 활동한 사람도 감사(위원)가 될 수 없다. 노조 감사나 감사위원회는 매년 6월 회계감사를 하고 그 결과를 조합원 총회에 보고해야 한다는 내용도 법안에 담겼다.

최근 5년간 노조에서 임원으로 활동한 사람도 감사가 될 수 없다는 규정은 전직 임원이 수년간 사외이사나 감사위원이 되지 못하도록 한 독립성을 확보하기 위한 제도와 맥을 같이 한다.

선출된 감사가 다른 임원을 겸직하는 것도 자기 감사의 위험과 관련될 수 있다.

　노조조차도 지배구조를 투명하게 하여야 한다는 주장이며 과거에 대학교 학생회 등에서도 학생회비와 관련된 비리가 발생하였다. 지배구조나 감사 (monitoring)의 이슈는 어느 단체나 조직, 모임에서도 피해갈 수 없는 중요한 기능이다.

　또한 어느 기관/조직이거나 자금이 있는 곳에서는 언제나 부정이 개입될 수 있기 때문에 이를 시스템으로 예방하여야 한다. 이 시스템의 가장 기본적인 요건이 감사제도이다.

chapter 18
감사원의 기능

기업에 감사 기능을 수행하는 감사/감사위원회가 있듯이 정부에는 감사원이 감사업무를 수행하게 되는데 여러 가지 이슈가 있다.

매일경제신문. 2016.8.24. "한번 찍히면 끝장" 공무원 겁주는 정책감사 최소화해야

공무원들이 '감사 포비아(phobia 공포증)'에 걸려있다. 감사원의 정책감사에 걸려 징계를 당할까 겁을 내는 것이다. 법령에 맞는지 애매하다 싶은 일은 차일피일 미루고 '복지부동'한다.

한 전직 차관급 인사는 "논란거리가 되지 않는 정책은 사소한 정책뿐"이라며 "사후에 감사원이 논란이 되는 부분을 꼭 집어내 '잘못했다'는 식으로 감사를 하면 어떤 공무원이 적극 행정을 하겠는가"라고 한탄했다. 김광두 국가미래연구원장도 "공무원이 새롭게 창의적인 것을 하려고 해도 감사원에서 정책이 옳은지 그른지 하나부터 열까지 따지고 드는데 어떻게 공무원이 소신껏 일하겠느냐"고 개탄했다.

• 감사원은 심지어 과거 감사 결과를 뒤집기까지 한다.

전 현직 고위 공직자들은 감사원이 '헌법정신'에 맞게 회계감사에 주력해야 한다고 주장한다. 실제로 헌법 제97조는 '국가의 세입 세출의 결산, 국가 및 법률이 정한 단체의 회계 검사와 행정기관 및 공무원의 직무에 관한 감찰을 하기 위하여 대통령 소속하에 감사원을 둔다고 규정하고 있다.

이는 결국 회계감사와 직무감찰이 감사원이 기본 업무라는 뜻이다. 이에 맞게 감사원을 운영해야 공무원의 숨통이 트일 것이라는 게 전직 관료들의 주장이다.

외국의 감사원은 한국과 크게 다르게 운영된다. 이민화 KAIST교수는 "전 세계적으로

감사원이 정책의 내용을 따지는 감사를 하는 곳은 한국뿐"이라고 개탄했다.

실제로 과거 감사원이 23개 주요국의 감사원 업무를 조사한 결과, 재무 회계 감사가 주류였으며, 성과 감사가 뒤를 이었다.

성과 감사는 당초 정책 목표 대비 얼마나 성과를 냈는지 분석하는 감사로서 한국에서는 연간 2~3건에 불과하다. 반면 한국 감사원은 '특정 감사'라는 이름으로 특정한 정부 정책을 콕 집어서 감사를 실시한다. 법령 해석은 타당했는지, 정책 판단의 기본이 된 데이터는 적절했는지를 따진다.

한 전직 차관은 "정책이 추진된 배경과 상황 논리를 잘 이해하지 못하는 감사원의 비전문가들로부터 법적 절차를 따지는 감사를 한두 차례 받고 나면 일할 맛이 사라진다"고 말했다. 더욱이 특정 감사 건수는 2006년 43건에서 지난해에는 97건으로 급증했다. 대상 기관 수도 1,086곳에 이르렀다.

감사원에 대한 공무원들의 불만은 매일경제가 정부 부처 허리격인 5, 6급 공무원 200명을 대상으로 실시한 설문에서도 잘 드러난다. 감사원의 감사가 업무 추진 시 필요하다는 응답은 6%에 그친다.

반면 지나친 간섭으로 업무효율이 떨어진다며 감사원 역할을 축소해야 한다는 응답이 16%, 아예 불필요하다는 응답도 16%였다.

변양호 신드롬이라고 해서 책임질 일을 의욕적으로 하는 공무원이 책임을 지게 되면서 상사에게 찍히게 될 수 있으므로 공무원은 복지부동하는 것이 최고라는 잘못된 멘탈이 공무원 사회를 지배한다면 우리 정부는 아무 희망이 없다.

혹자는 우리나라의 두 축의 권력기관이 감사원과 검찰이라고도 한다. 일반 국민들에게 감사원은 와 닿지 않는 기관이지만 공무원들에게는 무서운 권력기관이다.

미국의 GAO는 Government Accounting Office이며 우리의 감사원의 영문 명칭은, BAI(Board of Audit and Inspection)이라서 회계가 강조된다기보다는 영문 명칭에서도 조차도 감찰 기능을 강조하고 있다.

정책 감사라고 하면 경영의사결정이 사법부 판단의 대상이 될 수 있는지의 이슈와 같이 맞물려 있다. 우리나라의 배임죄는 매우 애매한 성격의 법률이라는 데 법률 전문가들조차도 의견을 같이 한다.

매일경제신문. 2016. 8. 24. 한국서 하는 직무감찰 미 감사원 GAO는 안 해

한국의 감사원 격인 미국 GAO는 연방정부에 대한 회계 재무 감사에 집중한다.

국민의 혈세가 낭비 없이 사용됐는지 감시하는 게 주된 업무이다. 행정부의 예산 낭비를 가차 없이 파헤치기에 '납세자의 가장 좋은 친구'라고 불린다.

GAO는 행정부 정책에 대한 성과 감사를 하기도 하지만, 대개 권고에 그친다. 한국 감사원처럼 개별 공무원에 대한 징계 요구를 하는 일도 없으며 비위 공무원을 잡아내는 직무 감찰도 하지 않는다. 그렇다고 행정부가 GAO의 권고를 무시하는 건 아니다. 80%의 권고가 수용된다. 권고의 내용이 그만큼 타당하다는 뜻이다. 미국에서는 정책 감사와 직무 감찰은 해당 부처가 직접 맡는다. 부처의 자율권이 높기 때문에 GAO가 부처 정책에 과잉 개입할 여지가 없는 셈이다.

이에 대해 감사원의 관계자는 "GAO는 의회에 소속돼 있고, 미국은 3권 분립을 중시하기 때문에 행정부에 대한 감사가 약하다"며 "한국은 대통령제이고, 감사원이 대통령에 소속된 기관이기 때문에 행정부 부처 전반에 대한 감사가 가능하다"고 말했다.

그러나 청와대 비서관을 거친 한 인사는 "중요한 것은 감사원이 어디에 소속돼 있는 게 아니다"며 "정부가 효과적으로 정책을 만들어 집행할 수 있도록 감사원의 과도한 개입을 막는 게 중요하다"고 밝혔다.

GAO는 직원 수가 3,350명, 한 해 예산이 5억 5,700만 달러에 이른다. 1달러를 쓰면 무려 87달러의 편익을 창출한다는 계산이 있을 정도로 효과적으로 운영된다.

"미국에서는 정책 감사와 직무 감찰은 해당 부처가 직접 맡는다"라고 위의 기사에 되어 있는데 감사의 대상이 되는 기관의 내부 감사 기능이 적절하게 잘 작동하기를 기대하기도 어렵다. 따라서 선진국의 제도가 항상 우리의 제도보다도 더 월등하다고 예단할 수는 없다. 이러한 내부와 외부의 감사기능에 대한 고민은 기업 내에서의 감사기능의 위치와 기능에 대한 고민과도 일맥상통하는 부분이 많다. 예를 들어 큰 정부기관의 경우 국장급의 감사관이 있으며 작은 정부부서의 경우는 과장급의 감사관이 감사업무를 맡고 있다.

감사의 권한이 너무 강하다는 주장에 대해서 감사원은 피감기관에 대해서 조치 요구권만 있으니 이 조치요구를 수용하지 않아도 감사원이 할 수 있는 일은 거의 없다고 답변한다. 단, 파면 요청에 대해서만큼은 이를 강제할 수

있다.

분식회계를 수행한 기업에 대해서 감독기관이 그 회사의 주주총회에 해임을 권고할 수 있지만 해당 기업이 이 권고를 수용하지 않으면 감독기관이 추가적으로 더 할 수 있는 일은 없다. 이는 해임 권고는 해임 강제가 아니고 단지 권고일 뿐이기 때문이다. 그렇기 때문에 금융위원회에서의 정책 방향은 해임권고와 직무정지를 같이 조치하려 한다.

즉, 정부에 감사원이 있다면, 기업에는 감사위원회가 있는 것이나 동일하다.[1] 대우조선해양에서의 감사가 왜 기능을 하지 못하였는지에 대한 의문이나 최순실 국정 농단 사태 때, 감사원이 왜 제 역할을 못하였는지를 묻는 것이나 동일하다. 정부가 되었건 기업이 되었건 절대 권력자에 대한(정부의 경우는 대통령, 기업의 경우는 최대주주/CEO) 견제역할이 작동되지 않는 사유에 대한 의문이다.

이코노미스트. 2017.10.2./10.9 감사원 정책 감사가 창의적 행정 저해

헌법은 감사원에 정책감사의 권한을 부여하지 않았다. 헌법 제97조는 감사원에 '국가의 세입 세출의 결산, 국가 및 법률이 정한 단체의 회계검사와 행정기관 및 공원의 직무에 대한 감찰' 권한만 주었다. 김민호 성균관대학교 법학전문대학원 교수는 지난 4월 '감사원의 정책 감사 유감'이란 제목의 언론매체 기고에서 "헌법과 법률 어디에도 감사원의 정책의 타당성과 적절성을 판단하라고 권한을 부여한 적이 없다"고 설명했다. 또한 감사원은 정책을 판단할 전문성이 없다. 더구나 대통령의 권력에 따라 정치감사를 할 위험이 있다.

감사원이 1998년 4월에 발표한 외환위기 특별감사 결과에 대해 "환란에 대한 감사원의 특별감사가 '감사'를 받아야 할 판"이라고 시작하는 기사로 비판한 바 있다.

문재인 대통령은 감사원의 정책 감사에 대한 문제의식이 별로 없는 듯하다. 문 대통령의 공약은 감사원의 회계검사 기능과 직무감찰 기능을 분리해 회계검사 기능을 국회로 보내겠다는 것이었다. 정책감사에 대해서는 거론하지 않았다.

---

1) chapter 31의 내용과도 연관된다.

chapter 19

상법개정안

16장에서도 기술되었듯이 상법이 회계에 미치는 영향은 지대하다. 모든 상행위의 기본적인 계약이나 실무에 상법이 영향을 미친다. 최근 진보 성향의 정부가 들어오면서 개혁적인 내용의 상법 개정에 대한 논의가 활발하다.

한국경제신문. 2016.8.11. 야당발 상법 개정안, 상장사 151곳 경영권 '위협'

• 감사위원 분리 선출에 대주주 의결권 3%로 제한

기업 이사회 감사위원을 분리 선출하고 집중투표제까지 도입하면 투자자본이 사내 사외이사의 과반을 차지할 가능성이 있어서 이중 자산 2조원 이상 상장사에 적용하는 감사위원 분리 선출과 집중투표제를 함께 시행하면 기업 이사진 절반이 투기자본에 넘어 갈 가능성이 높다는 게 재계의 분석이다.

감사위원을 다른 이사와 분리해 선임하도록 의무화하고 이 과정에서 대주주 의결권을 3%로 묶는 법 개정안을 적용하면 지분을 쪼개 해외 투지펀드들이 연합해 감사위원 전원을 뽑을 수 있는 것으로 나타난다.

개정안이 시행되면 대주주는 감사위원이 되는 이사를 분리 선출하는 단계부터 3%로 의결권이 제한된다. 이렇게 되면 이사진 선임 과정에서 대주주의 영향력이 대폭 축소된다. 지분 쪼개기(3% 이내)를 통해 의결권 제한 규정을 피할 수 있는 투기 자본은 기업 경영권을 좌지우지할 가능성이 높다.

SK, LG, GS 등 지주사들은 큰 위협에 놓이게 된다. 일반적으로 주요 그룹은 몇몇 계열사를 통해 주요 기업의 지분을 나눠 갖고 있다. 하지만 지주사들은 지배 체제의 투명성을 높이기 위해 계열사를 대신해 지주사가 주요 기업의 지분을 많이 보유하고 있다. 상법 개정안이 원안대로 시행되면 이런 지주사 체제가 경영권 방어의 아킬레스건이 될 수 있다. 지주사에 집중된 지분의 의결권이 모두 3%로 제한된다.

2004년 LG그룹에서 독립하면서 지주회사 체제로 탈바꿈한 GS그룹을 예로 들어 보자, 지주사인 GS는 GS리테일의 지분 65%를 보유하고 있다. 하지만 감사위원이 되는 사외이사를 선임할 때는 의결권 행사 지분이 3%로 제한된다. 마찬가지로 6.78%의 지분을 갖고 있는 국민연금도 3%만 의결권을 행사할 수 있다.

반면 분산된 외국인 투자자 7.48%와 소액주주 18.93% 지분은 그대로 의결권을 갖는다. 이런 불합리한 구조는 지주회사 체제인 SK LG 같은 그룹에도 발생한다.

한국경제신문. 2016.7.12. '김종인표 상법' 오해와 인식부족의 산물

감사위원이 될 이사를 일반 이사와 분리선임해야 한다는 것도 해괴하다. 감사위원도 이사임을 모른다는 것인가. 감사위원회 위원만을 별도로 선임할 때 대주주의 의결권 제한(3%를 초과하는 의결권은 행사할 수 없다)을 노리는 것이지만, 이것은 이사선임권과 경영감독권까지 제한 또는 박탈하자는 것이다. 이런 것을 경제 민주화라고 하는 모양인데 이 과정을 통해 결과적으로 이익을 보는 계층은 소액주주들이 아니라 사외이사 자리를 꿰차는 정치인, 법률가, 교수, 퇴직공무원, 금융자본가(펀드)들인 것을 모른다는 것인가.

한국경제신문. 2016.7.9. 김종인 상법 개정안, 투기 자본의 이사회 장악 도울 수도

전삼현 숭실대 법학과 교수는 "개정안에 따라 대주주 의결권을 3% 이내로 제한해 별도로 감사위원을 선임하게 되면 경영진 선임에서 대주주의 영향력이 대폭 축소된다"며 "지분 쪼개기를 통해 의결권 제한 규정을 피할 수 있는 투기자본이 기업 경영권을 좌지우지할 가능성이 크다"고 말했다. 이어 "개정안 내용대로 우리사주조합 등 소수주주가 감사위원으로 들어갈 경우 투자 자본의 이사회 장악 속도는 가속화할 것"이라고 말했다.

예컨대 이사 7명으로 구성된 (저자 추가: 자산규모가 2조원이 넘는 기업의 경우는) 이사회에서는 현행 상법상 사외이사가 과반수여야 하기 때문에 사내이사는 3명까지만 가능하다. 집중투표제와 감사위원 별도 선임제도가 도입되면 투기펀드가 사내이사 몫 중 한자리를 차지할 수 있게 되고, 감사위원회에도 진입할 가능성이 높아진다는 설명이다. 김선정 동국대 법학과 교수는 "이는 기업사냥꾼이 대리인을 기업의 심장인 감사위원회에 심어놓을 수 있다는 얘기"라고 지적했다.

한국경제신문. 2016.7.1. 기업 사외이사 후보 추천위 '사내인사 원천 배제' 논란

김종인 더불어민주당 비상대책위원회 대표가 30일 대기업의 대주주를 견제하는 내용을 담은 '상법개정안'을 발의했다.

다중대표소송제, 집중투표제 도입과 '사외이사 선임 요건'을 강화한 것이 주요 내용이다. 변재일 더민주 정책위원회 의장은 이날 국회에서 열린 정책 조정회의에서 "박근혜 대통령이 대선 때 공약한 사항을 그대로 담았으며, 추가로 대기업 사외이사 선임 절차를 대폭 변경해 실질적으로 대주주를 견제할 수 있도록 했다"고 말했다. 그는 "지난 교섭단체 연설에서 김대표가 말한 대기업 의사결정 구조 민주화를 위한 개정안"이라고 설명했다.

개정안은 기업의 전직 임원을 같은 기업의 사외이사로 임명하지 못하도록 하고, 사외이사 임기를 6년 이상으로 하지 못하도록 하는 내용 등을 담고 있다. 사외이사 추천위원회의 독립성을 강화하기 위해 사내이사를 위원회에서 원천 배제하는 방안도 추가해 논란이 예상된다.

변의장은 "사외이사제에 대해서는 그동안 논란이 많았다"며 "당초 대주주를 견제하기 위해 도입한 제도인데 견제 기능은 하지 못하고 오히려 대주주의 이익만 대변해 주는 기구로 전락했다는 지적이 많았다"고 발의 배경을 설명했다.

위의 신문기사에서 신한금융지주의 경우와 관련된 흥미로운 내용이 존재한다. 신한금융지주는 현 회장이 차기 회장으로의 연임 가능성이 있는 경우는 회장추천위원회 위원에 포함되지 않으며 연령, 임기 제한 등등의 사유로 차기 회장 후보에서 원천적으로 배제되는 경우에만 회추위 위원으로 활동할 수 있다고 한다. 회장이 본인이 연임하는데 영향력을 행사하지 못하도록 하는 제도이다. 2017년 말에 소위 '셀프 연임'에 대해서 금융감독원장이 강하게 금지할 뜻이 있음을 내비치면서 관치 이슈가 대두되었다. 금융지주회사 회장은 회장 선임위원회에 위원으로 활동하지 못하게 하는 제도화가 진행되고 있고 회장이 3연임을 하는지에 대한 관심의 대상이 되는 하나금융지주가 이 제도의 첫 적용대상이다.

사외이사 임기에 6년의 한도를 두는 제도는 사외이사가 entrench[1])되는 것을 미연에 방지하는 효과는 충분히 있을 것이다. 어떻게 보면 수년 전 채택

---

1) 언론에서는 참호구축이라고 번역.

하다가 폐지된 감사인 강제교체 제도와 매우 유사하다. 감사인과 피감기업의 관계가 지속되는 것이 바람직하지 않기 때문에 강제교체 제도가 도입된 것인데, 사외이사도 회사와 지속적인 관계를 유지하는 것이, 예를 들면, 독립성 유지에 부정적일 수 있다.

일부의 사외이사들은 연임이 반드시 필요하다는 주장을 하기도 한다. 해당 산업이나 기업을 이해하는 데 경험이 필요하기 때문에 실질적으로 기업에 도움이 될 수 있는 활동은 재임 이후의 기간이라고 한다. 물론, 산업에 대한 이해가 필요하며 특정 기업에 특화된 지식이 필요하기도 하다. 그러나 이사회나 감사위원회의 활동은 매우 특정한 주제에 대해서 논의하기보다는 일반론적인 부분에 대한 논의를 주로 하게 된다. 즉, 재임을 한 이후에라야 회사에 보탬이 될 수 있다는 생각은 매우 naive한 생각이다.

혹자는 단임으로 2, 3년의 임기 동안을 맡더라도 임무를 수행할 수 있을 정도의 능력이 되지 않으면 사외이사를 맡으면 안 된다는 주장을 하기도 하며 동시에 연임을 염두에 두고 있기 때문에 하고픈 얘기를 이사회에서 할 수 없는 경우도 있는데 이러한 현상을 예방하기 위해서도 단임이 해답이라는 주장을 하기도 한다.

즉, 사외이사를 맡게 되는 후보자는 이미 준비된 후보자여야지 사외이사로 선임된 이후에 사외이사에 필요한 지식을 습득해서 활동을 하려 한다면 이는 준비된 사외이사 후보자가 아니다.

사외이사의 독립성을 위해서 사외이사 추천위원회의 위원을 모두 사외이사로 구성하는 안에 대해서 기술한다. 지금도 자산규모 2조원이 넘는 기업일 경우는 사외이사 추천위원회의 위원 구성에 있어서 사외이사가 과반이 되어야 한다. 독립성을 강화하기 위한 제도로는 감사위원회를 구성 시 감사위원의 2/3 이상은 사외이사로 구성되어야 하며 감사위원회 위원장은 사외이사가 맡아야 한다는 법 규정이 존재한다. 삼성의 경우 사외이사 선임에 사내이사가 영향력을 미치는 것을 방지하기 위해서 사내이사는 사내이사 선임위원회에 참여하지 못하도록 하였다.[2]

사외이사 추천위원회의 구성을 모두 사외이사로 한다면 독립성은 강화될

수 있지만 기업과 기업의 경영자가 희망하는 사외이사의 자격에 대해서 만큼
은 기업의 사내이사가 더 많은 것을 알고 있을 듯도 하다. 독립성을 과도하게
강제하다가 기업이 희망하지 않는 사외이사를 선임할 위험도 존재한다. 또한
사외이사들로만 사외이사후보추천위원회를 구성할 경우는 사외이사들이 그들
만의 league를 형성할 수도 있는 위험이 있다.

매일경제신문. 2016.7.1. 야, 대기업 전 임원 사외이사 금지 추진

　이번 개정안에는 대기업 전직 임원이 같은 회사의 사외이사 임명을 금지하는 기간을
기존 2년에서 5년으로 늘리고…
　이사 및 감사위원 분리 선임 등의 내용도 포함된 것으로 알려졌다.

　　김유경(2016)에서는 65%의 사추위가 CEO를 포함하고 있음을 보이고 있
다. 사추위에 CEO가 포함되지 않아도 사외이사 pool 구성 등 실무 작업을 사
외이사들만 구성된 사추위가 하는 것도 용이하지 않을 것이다. 자산규모 2조
원이 넘는 기업의 경우, 사추위의 과반수는 사외이사여야 한다. 이사의 자격
요건도 전문성과 독립성이지만 감사위원에게도 동일한 자격 요건이 강제될 수
있다. 전직 임원일 경우는 독립성 때문에 5년이라는 grace period를 두자는
정책 방향은 충분히 이해가 가지만 동시에 경영환경이 매우 가변적인 산업일
경우 전직 임원이 가질 수 있는 전문성이 5년이 경과된 이후에는 많이 노후화
되는 것은 아닌지에 대한 생각을 할 수 있다.
　　독립성을 너무 강조하다가 전문성이라는 가치를 놓치는 것은 아닌지에
대해서도 생각해 보아야 한다.

매일경제신문. 2016.7.5. 기업 경영권 옥죄는 '김종인 상법' 발의

　감사위원 분리 선출은 주주총회에서 감사위원회 위원이 되는 이사를 다른 이사들과
분리해 선출하도록 하는 내용을 담고 있다. 기존 이사 가운데 감사위원이 선임되면 독립
성이 저해될 수 있다는 일부 문제점을 해소한다는 취지다.
　그러나 감사위원의 독립성을 확보한다는 명분하에 이를 일률적으로 적용하게 되면 개
별 기업의 경영 자율성을 침해할 소지가 다분하다.

매일경제신문. 2016.7.5. 우리사주 소액주주 추천 1명씩 사외이사 선임 강제3)

우리사주조합의 사외이사 후보 추천에 대해서는 재계가 경영권 침해라며 반대하고 있다. 개정 상법에는 우리사주 및 소액주주들이 추천하는 사외이사 각 1인 또는 복수의 후보자를 사외이사후보추천위원회에 추천할 수 있게 했다. 아울러 사외이사후보추천위원회는 우리사주조합 및 소액주주들이 추천한 후보자 각 1인은 반드시 사외이사로 선임하도록 했다.

한국경제신문. 2016.4.28. 서울시, 논란 많은 노동이사제 도입 강행

서울시가 오는 10월부터 노조를 경영에 참여시키는 근로자이사제(노동이사제)를 산하 투자 출연기관에 도입하기로 했다. 자유주의 경제 체제를 명시한 헌법에 위배되고, 기업 경쟁력을 떨어뜨릴 수 있다는 우려에도 불구하고 '경제민주화 정착'을 내세우며 근로자 이사제를 강행하기로 한 것이다.

박원순 서울시장은 27일 이 같은 내용을 담은 '노동 존중 특별시 서울 2016'을 발표했다. 박시장은 "독일 등 유럽 18개 선진국이 최고의 성장을 거듭하는 이유는 근로자 이사제에 있다"며 "대한민국 경영의 패러다임과 함께 경영자들의 관점도 바뀌어야 할 때가 됐다"고 주장했다.

당초 서울시는 지난달 초 서울메트로(지하철 1~4호선 운영 관리)와 서울도시철도(5~8호) 통합공사에 근로자 이사제를 도입하는 방안을 추진했다. 통합공사 이사회에 비상임 노동이사 두 명이 참여해 발언권과 의결권을 행사하는 방식이었다. 그러나 지난달 29일 통합안이 노조투표에서 부결되면서 근로자 이사제 도입이 무산됐다.

서울시는 통합공사 대신 다른 시 산하 투자 출연기관에 근로자 이사제를 도입할 방침이다. 공기업에서 근로자를 경영주체로 인정하기로 한 것은 서울시가 처음이다.

서울시의 근로자 이사제 도입을 놓고 우려하는 목소리가 적지 않다. 전삼현 숭실대 법학과 교수는 "독일은 고도 성장을 달성한 1960년대 전후 법적으로 근로자 이사제를 보장했지만 글로벌 경쟁력이 약해지자 하르츠개혁을 통해 근로자 경영 참여를 제도적으로 개선하려고 노력했다"고 지적했다. 최준선 성균관대 법학전문대학원 교수는 "근로자 이사제는 지배구조의 비효율성 때문에 선진국에서는 채택하지 않은 제도"라고 말했다.

---

3) 손성규(2016)chapter 9를 참조한다.

경영활동에는 *勞使*가 존재할 수밖에 없고 *勞*가 *使*의 역할을 대신할 수는 없다. 고용하는 자가 있으며 고용된 자가 있을 수밖에 없다. 이러한 것이 자유주의 경제체제의 요체인데 이를 부정하는 듯하다.

*勞*가 *使*의 역할을 대신 할 수 없는 것은 외부 감사인이 management function을 대신 할 수 없는 것이나 동일하다. management는 management의 고유의 권한이어야 한다. 외부감사인에게 금지된 비감사업무 중, 가장 대표적인 것이 재무제표작성에 도움을 주는 것이다. 이는 명명백백하게 기업의 업무이다.

단, 진보적인 성향의 정권으로 교체되면서 정권 차원에서 근로제이사제를 추진하고 있으나 매우 우려스럽다. 동시에 정권 교체 이전에 일부 금융기관과 공기업에서 도입되어 정착되어 가던 성과연봉제도 다시 정권 차원에서 폐지되는 방향으로 변화되고 있어서 큰 뜻으로 추진되던 일들이 정권이 바뀐다고 u turn을 하는 것이 맞는 방향인지에 대한 의문이 있다.

한국경제신문. 2017.3.14. "근로자 이사제, 13개 산하기관에 도입하겠다"는 박원순 시장

서울시가 올해 시 산하기관 13곳에 '근로자 이사회'를 전면 도입하기로 했다. 근로자 이사회란 근로자 대표를 이사로 선임해 주요 경영 현안에 대한 의결권을 행사할 수 있게 하는 제도다. 경영의 투명성과 공익성이 높아질 것이라는 게 서울시의 정책 취지지만 상위법에 저촉될 소지가 있는 데다 기업 경영에 미칠 부정적 영향에 대한 우려도 있어 적지 않은 진통이 예상된다.

서울시는 근로자 이사제 도입 등 23개 과제를 담은 '2017년 경제 민주화 도시 서울 기본 계획'을 13일 발표했다. 지난해 2월 '경제민주화 도시'를 처음 선언한 이후 꼭 1년 만이다. 지난달 26일 대권 도전 의사를 접은 박원순시장이 시정 전념을 선언할 후 첫 번째 꺼내든 카드인 셈이다.

• '조례로 충분' vs '법 개정 사안'
서울시는 지난달 서울연구원에 첫 근로자 이사를 임명했다. 지난해 9월 제정한 '서울특별시 근로자 이사제 운용에 관한 조례'에 따른 것이다.

이 조례는 서울시가 투자 또는 출연한 공사 공단 가운데 근로자 정원이 100명 이상인 기관은 근로자 이사를 포함해 이사회를 꾸리도록 하고 있다.

서울시는 서울연구원에 이어 올해 도시철도공사 시설관리 공단 SH 공사 등 정원 100명 이상인 13개 기관 전체에 이 제도를 확대할 계획이다.

학계와 재계에선 우려의 목소리가 나온다. 배상근 한국경제연구원 부원장은 "경영 관련 업무 노하우나 전문성이 상대적으로 떨어지는 근로자 이사는 회사의 미래 전략을 위한 투자보다는 근로자 권익 쪽에 초점을 맞추게 될 가능성이 크다"며 "공공기관 생산성이나 효율성, 경쟁력을 떨어뜨릴 수도 있다고 본다"고 말했다.

정부도 근로자 이사제가 적절치 않다는 입장이다. 이기권고용노동부 장관은 지난해 5월 서울시의 근로자 이사제 추진과 관련해 "30인 이상 사업장에서 운용하는 노사협의회 제도를 통해서도 충분히 노사 간 협의를 이룰 수 있다"며 "근로자 이사제는 국내 상황에 맞지 않고 노사관계의 근간까지 흔들 수 있다"고 우려했다.

위법성 논란도 있다. 경기연구원은 지난해 11월 낸 보고서에서 "개별 기관이 자율적으로 도입하는 형태가 아니라 지방자치단체가 일률적이고 강제적으로 도입하는 것이 조례 제정만으로 충분한 것인지에 대해 별도의 법적 검토가 필요하다"고 지적했다.

- 공공기관 원 하청 성과공유제도

서울시의 이번 계획에는 공공기관 원 하청의 성과공유제를 확대하는 내용도 담겼다. 지난해 서울도시철도공사에 시험 도입한 데 이어 올해 서울메트로와 SH공사 등에 확대 도입하는 것이다.

공공기관과 위탁기업이 신기술 개발, 원가 절감 등 공동 목표를 추진한 뒤 그 성과를 사전에 협약한 대로 공유하는 제도다. 공공기관이란 민간과 달리 돈을 나누지 않는다. 도시철도공사가 전동차 부품 국산화 표준화 목표를 달성한 협력기업에 수의계약과 구매 물량 보장 등의 혜택을 주는 식이다.

대 중소기업 상생협력 촉진에 관한 법에 따라 도입된 이 제도는 현재 220개 민간기업과 53개 공공기관이 도입했다. 협력사와 함께 생산성과 이익을 끌어 올리는 것은 물론 정부 사업에서 가점을 받는 등 인센티브를 얻기 위해서다.

문화일보. 2017.3.13. 근로자 이사제 도입 파장… 방만경영 노조권력화 불안감

• 노조 "경영 투명성 강화" 주장

서울지하철 통합공사에 도입될 근로자 이사제가 논란의 불씨로 부상하고 있다. 경영 투명성을 높인다는 주장과 방만 경영을 초래할 것이란 비판이 맞선다. 도입 찬성 측은 – 경영의 투명성과 책임성 강화 – 건강한 노사관계 구축 가능 – 노사분규 등 갈등 비용 절감 등을 부각시키고 있다. 반대쪽은 공공개혁 후퇴 방만경영 노조권력화를 우려하고 있다. 높은 부채와 성과급 잔치 등 지방 공공기관의 구조개혁이 절실한 상황에서 근로자이사가 소속 집단에 칼을 휘두를 수는 없어 공공개혁 후퇴가 불 보듯 뻔하다는 것이다. 또 근로자이사제는 노조 이익만 대변하게 돼 결국 방만경영과 비효율만 심화시킬 수 있다고 지적한다.

유럽의 경우 공공과 민간 모두 노동이사제를 강력히 시행하는 나라는 독립 스웨덴 등 13개국이고, 공공부문 등 부분적으로 시행하는 국가는 스페인 등 6개국으로 근로자의 경영참여가 대세라고 주장하고 있다. 반면에 근로자이사제 도입을 반대하는 입장에서는 공공개혁 후퇴, 방만경영 노조 권력화를 우려하고 있다. 방만경영과 높은 부채, 성과급 잔치 등 지방공공기관에 대한 구조개혁이 절실한 상황에서 근로자이사가 업무집행 권한을 가진 이사회에서 자기 집단에 칼을 휘두를 수는 없기 때문에 공공개혁 후퇴가 불을 보듯 뻔하다는 것이다. 노동조합 대표는 결국 본인 의사를 내세우지 못하고 노조의 의사만을 대변하게 될 것이란 주장이다. 아울러 근로자이사제가 자칫 '노조 권력'만 키우는 도구로 전락할 수 있다는 우려도 제기되고 있다. 1976년 근로자이사제를 선제적으로 도입했던 독일에서도 최근 들어 '주주가치 제고'라는 글로벌 스탠더드에 역행하는 제도라는 비판의 목소리가 커지고 있다. 박주희 바른사회 시민연대 사회실장은 "노사협력과 상생은 근로자가 이사회에 참여해야만 가능한 것은 아니다"며 '근로자 참여 및 협력증진 법률'에 따라 근로자 30인 이상 사업장에 노사협의회를 구성하는데, 원만한 노사협의 관계가 유지된다면 협력과 상생을 이룰 수 있다"고 말했다.

한국경제신문. 2017.5.13. 벌써 5명… '노동이사제' 속도 내는 서울시

서울시가 노조를 경영에 참여시키는 근로이사제 도입에 속도를 내고 있다. '노동이사제 확대' 공약을 내건 문재인 대통령이 취임하면서 제도 추진에 가속도가 붙었다는 분석이 나온다.

서울시는 정승연 서울디자인 재단 패션산업팀 선임(37)이 근로자이사로 임명됐다고 12일 밝혔다. 지난 1월 서울연구원에서 첫 근로자이사가 임명된 이후 4개월 만에 다섯 번째 근로자 이사가 임명된 것이다. 그동안 서울연구원을 비롯해 서울산업진흥원(SBA), 서울신용보증재단, 서울문화재단에 근로자이사가 임명됐다.

서울시가 국내 최초로 도입한 근로자이사제는 근로자 대표 1~2명이 이사회에 참여해 의결권을 행사하는 제도다. 서울시는 지난해 9월 정원 100명 이상인 서울시 산하 투자출연기관이 근로자 이사를 의무적으로 도입하도록 하는 '서울특별시 근로 이사제 운영에 관한 조례'를 제정했다. 조례에 따라 의무로 도입해야 하는 기관은 전체 21개 산하기관 가운데 서울교통공사, 서울주택도시공사, 서울의료원, 120다산콜센터 등 16곳이다.

서울시의 근로자이사제는 문 대통령 취임 이후 더 탄력을 받는 모습이다. 문대통령은 후보 시절인 지난 1월 '재벌개혁'안을 발표하면서 노동이사제를 공공부문에 도입한 뒤 민간기업으로 확대하겠다는 계획을 발표했다. 서울시도 지난달 대선을 앞두고 문 대통령을 비롯한 주요 정당 대선후보들에게 근로자이사제 정책 도입을 건의했다. 서울시 관계자는 "올 상반기까지 의무 도입 기관 15곳의 근로자이사 임명을 순조롭게 마칠 수 있을 전망"이라며 "의무 도입 기관이 아니더라도 기관 판단에 따라 근로자이사를 임명하는 기관이 늘어날 수도 있다"고 말했다.

서울시의 발빠른 행보에 우려의 목소리도 커지고 있다. 지난해 제도 도입 당시 한국경영자총협회는 성명을 내고 "근로자 이사회는 방만한 경영으로 매년 적자를 내는 공기업의 개혁을 방해하고 생존마저 위협하게 될 것"이라고 지적했다.

"한국은 협력적 노사관계가 자리 잡지 못해 근로자이사제가 기업 발전을 위한 역할보다 근로자 이익을 대변하는 쪽으로 편중될 가능성이 크다"는 게 재계의 우려다.

한국경제신문. 2017.11.6 보직 선택에 해외연수까지 서울시 '근로자 이사 특혜'

서울시가 산하 투자 출연기관에 선임돼 있는 근로자 이사의 권한을 대폭 강화해 특혜 논란이 일고 있다. 서울시는 기관장 노조위원장 근로자 3자 회의체 신설과 근로자이사의 보직선택권 경영자료요구권 등을 담은 '근로자이사제 운영 관련 개선 발전계획'을 최근 산하기관에 내려 보냈다.

근로자이사제 운영 가이드라인인 이 지침에서 서울시는 3자 회의체를 분기마다 열 것을 주문했다. 이사회 참석만으로는 근로자이사가 사측에 충분히 의사를 전달하기 힘들다는 판단에 따른 조치다. 또 각종 경영 관련 자료를 요구할 수 있는 권한을 부여하고 기관장이 주재하는 주요 정책회의에 근로자이사가 참석하도록 했다.

신분 보장을 위한 특혜성 조치도 마련했다. 정원초과 여부와 무관하게 원하는 보직에서 근무하게 하고, 근무평점도 'B등급 이상'을 보장하도록 했다. 해고, 전환배치, 임금 삭감 등 어떤 불이익 처분도 금지하도록 지시했다.

복지 차원 지원도 대폭 강화했다. 제도 당시 세운 '무보수 원칙'을 깨고 직원 간담회 비용 등 소정의 활동비를 지원하기로 했다. 내년 상반기에는 1인당 500만원씩 들여 해외 연수도 보낸다는 게 서울시 계획이다.

최준선 성균관대 법학전문대학원 교수는 "상위 법도 없이 조례에만 근거해 탈법 논란이 있는 가운데 근로자이사에게 과도한 특혜성 권한을 부여하고 있다"고 우려했다.

한국경제신문. 2017.11.6. 서울시가 벤치마킹한 독일서도 60년 넘도록 '비효율' 논란

근로자 이사제는 독일과 프랑스, 스웨덴 등 일부 유럽국가에서 도입해 운영 중이다. 5일 서울시에 따르면 유럽연합 28개 회원국 가운데 18개국이 근로자 이사제를 도입했다. 비회원국인 노르웨이를 포함하면 19개국으로 늘어난다. 서울시는 이중 독일의 근로자 경영 참여 제도인 '공동결정제도'를 벤치마킹했다고 밝혔다. 독일은 1951년 이 제도를 법제화하고 세계 최초로 근로자의 경영 참여를 보장한 나라다.

근로자 대표를 경영에 참여시킨다는 취지는 같지만 독일과 한국의 근로자이사제는 차이가 크다. 독일 기업의 이사회는 기업을 경영하는 경영이사회와 경영이사회를 선출하고 감독하는 감독이사회로 나뉜다. 감독이사회는 주주총회에서 선출된 주주이사와 노동조합 등에서 추천한 근로자 측 이사가 50대 50으로 구성된다. 공기업과 500명 이상 민간기업에 도입돼 있다. 형식적으로는 근로자 대표가 포함된 감독이사회가 경영이사회보다 우위에 있지만, 실질적인 감독기능은 주어지지 않았다는 게 특징이다. 근로자이사들도 의결권을 갖고 있지만 노사 간 의견이 5대5로 대립할 경우 최종 결정 권한은 대표이사가 내리는 구조이기 때문이다.

그럼에도 공동 결정제도를 둘러 싼 논란은 수십년 째 계속되고 있다. 근로자대표의 참여가 의사결정과정을 더디게 해 기업 경영을 비효율적으로 만든다는 지적이 대표적이다. 근로자이사는 외국인 투자자에 부정적이며 전문성이 부족하다는 목소리도 크다. 독일의 중소기업 비중이 높은 것과 해외로 이전하는 대기업이 많은 이유가 공동결정제와 무관하지 않다는 주장도 있다. 독일경제연구소 조사에 따르면 제도를 도입한 지 70년 가까이 됐음에도 독일 기업인 절반 이상(53.8%)이 '노조대표의 경영 참여가 방해된다'고 답했다.

이 밖에 스웨덴은 1973년 100인 이상 기업에 시범 도입한 뒤 1976년 대상을 확대해 현재는 25인 이상 모든 기업에 적용했다. 프랑스는 1983년 공공부문에서 먼저 도입해 2013년 민간부문으로 확산하고 있다.

매일경제신문. 2017.11.10. KB금융노조 '월권' 제동 ISS "경영권 간섭 마라"

이사회를 장악해 경영권을 흔들려는 한국 금융권 노동조합의 행태에 결국 해외 전문기관까지 나서서 제동을 걸었다. 최근 정치인들을 끌어들여 금융계를 혼란스럽게 만드는 금융회사 노조에 대한 비판의 목소리도 더욱 커지고 있다.

9일 금융투자 업계에 따르면 세계 최대 의결권 자문사인 ISS는 최근 발행한 보고서를 통해 KB금융지주의 주주총회에 앞서 KB금융 노조 측이 제안한 안건 2개에 대해 반대 의견을 분명히 밝혔다.

먼저 시민운동 활동가 출신인 하승수변호사를 사외이사로 선임하자는 노조의 안건에 대해 "과거 정치 경력이나 비영리단체 활동 이력이 금융지주사의 이사회에 어떤 기여를 할 수 있을지 불명확하다"며 "기존 이사회에도 법률 전문가가 있어 (하변호사의) 전문성이 중복된다"고 지적했다. 하 변호사는 참여연대 협동사무처장, 현대증권 사외이사, 투명사회를 위한 정보공개센터 소장 등을 역임했다.

ISS는 대표이사가 이사회 내 '사외이사추천위원회' '기업지배구조위원회' 등 각종 위원회에 참여할 수 없도록 정관을 변경하자는 노조 측 안건에 대해서도 "계열사에 대한 대표이사의 영향력을 약화하는 것은 주주가치에 부합한다고 볼 수 없다"며 반대 의견을 명확히 했다.

이 두 개의 안건은 전국금융산업노동조합 KB국민은행지부가 주주제안권을 행사해 올렸다. KB금융 노조는 0.18%의 지분을 갖고 있다. 노조가 소수 지분으로 이 같은 안건을 올릴 수 있었던 이유는 지난해 금융회사의 지배구조에 관한 법률이 개정되면서 지분 요건이 완화돼 0.1%의 지분만 보유해도 주주제안권을 행사할 수 있게 됐기 때문이다.

반면 ISS는 윤종규 KB금융지주 회장선임과 허인 국민은행 영업그룹 부행장의 기타비상무이사 선임에 대해서는 찬성의견을 밝혔다. KB금융주의 68%는 외국인이다. ISS는 전 세계 기업의 주주총회 안건을 분석해 의견을 내놓는데, 외국인 투자자들은 의결권 행사 때 ISS 의견을 상당 부분 참고한다.

KB금융 노조는 사측과 표 대결을 벌이겠다며 의결권 모으기에 나섰지만 ISS 의견에 따라 안건 통과는 한층 어려워졌다는 평가다.

한국기업기배구조원 출신 강윤식 강원대 교수는 "노조 몫의 사외이사 선임은 우리나라에선 사회적 합의가 이뤄지지 않았다"며 "KB금융 노조의 주장은 시기상조"라고 말했다.

문재인정부가 출범한 이후 금융사 노조의 경영권 흔들기는 최근 더욱 가속화되는 양상이다.

2018년 1월 15일에 발표된 금융위원회의 정책 방향에 의하면 사외이사 추천 등, 주주제안권이 0.1%보다도 더 완화할 계획을 가지고 있다. 2018년 3월의 KB금융지주 주총에서도 노조가 추천한 사외이사가 선임되지 못하였다.

조선일보. 2017.11.18. 국민연금, KB노조 추천 이사 찬성 논란

17일 보건복지부, 국민연금 등에 따르면, 오는 20일 열리는 KB금융 주주총회에서 국민연금이 KB금융 노동조합이 추천한 사외이사의 선임에 찬성하기로 내부 방침을 정했다. 국민연금은 KB금융지분 9.79%를 가진 최대주주이다.

그러나 앞서 세계 최대 의결권 자문사 ISS, 한국기업지배구조원 등 국내외 의결권 자문사들이 주주 가치를 훼손할 수 있다는 이유로 KB금융 노조의 노동이사에 '반대' 권고를 했다. 이 때문에 국민연금이 문재인 대통령의 공약인 노동이사제(근로이사제) 도입을 의식해 주주가치는 외면하는게 아니냐는 논란이 일고 있다.

KB금융 노조는 지난 9월 우리사주조합 등으로부터 지분을 위임받아 주주제안서를 냈다. 여기엔 시민단체인 참여연대 출신 하승수변호사를 사외이사로 선임하는 안건과 지주 대표이사(회장)를 사외이사 후보 추천위원회에서 배제하는 정관변경 안건이 포함됐다. 국민연금은 이 중 대표이사의 소위원회 배제(인사권 제한)는 외부 전문가 의견을 반영해 반대하기로 했다. 하지만 노동이사 선임 건은 외부의견을 묻지 않고 찬성키로 했다. 다만 국민연금이 노동이사에 찬성해도 KB금융이 외국인 지분이 70%에 육박하는 만큼 이번 주총에선 부결될 가능성이 크다는 관측이다.

실제로 3% 의결권 제한과 관련되어 기업이 우려하는 일이 2016년도 사업
보고서에 대한 효성의 2017년 3월 24일 주총에서 발생했다.

매일경제신문. 2017.3.18. 효성감사위원 재선임 부결

효성 주주총회에서 감사위원 재선임 안건이 주주들의 반대로 부결됐다.

효성은 17일 서울 마포 본사 사옥에서 제62기 주주총회를 열고 사외이사 재선임건 등
주요 안건을 원안대로 통과시켰다. 그러나 감사위원인 김상희 변호사, 한민구 서울대 명
예교수, 이병주 법무법인 태평양 고문 등 3명에 대한 재선임 안건은 부결됐다. 국민연금
공단(11.91%) 등 주주들이 그룹 감사위원이 장기간 사외이사로 재직해 독립적인 의견을
내기 어렵다며 반대했다. 김 변호사와 한교수는 각각 2007년과 2009년부터 효성 사외이
사로 재직해 왔다. 이 고문은 2013년부터 사외이사를 맡고 있다.

조현준 회장 등 특수관계인이 36.97% 지분을 소유하고 있지만 감사위원 선임에 대한
대주주 의결권은 3%로 제한된다는 점이 원인으로 작용했다. 현재 상법에 따르면 전체
이사를 주총에서 일괄 선임하고 이들 중 감사위원은 별도 안건으로 다시 선임하게 되는
데 이때 대주주 의결권이 3%로 제한된다.

10년 이상 감사위원을 지낸 김상희 변호사 등 감사위원에 대한 주주들의 우려가 반영
된 것으로 분석된다. 효성관계자는 "새로운 감사위원 선임을 위해 다양한 방안을 고민하
고 있다"고 말했다.

효성이 감사위원으로 선임하려고 하였던 3인의 사외이사는 이미 veto되
었기 때문에 감사위원을 선임하기 위한 임시주총에서 효성의 대안은 다음의
몇 가지일 것이다. 현재 효성의 사외이사는 5인이므로 감사위원으로 추천된 3
인 이외의 2인의 사외이사를 감사위원으로 추천하는 것인데 감사위원이 3인
이 선임되어야 하므로 veto의 대상이 되었던 사외이사 한명이 사퇴를 하고 새
로운 사외이사를 선임하면서 기존의 두명의 사외이사와 새로운 선임되는 사외
이사를 감사위원으로 선임하는 것이다.

이 대안을 효성이 선택하지 않는다면 감사위원으로 거부된 3인의 사외이
사가 모두 사퇴하고 새로운 3인의 사외이사/감사위원을 선임하는 것이다.

그러나 효성은 이미 사외이사로 선임된 5인 위원들은 그대로 사외이사로

유지하면서 3인의 신규 사외이사/감사위원을 선임하게 되면서 8인의 대규모 이사회를 운영하게 된다.

2018년 초의 주총에서는 섀도우보팅이 폐지되면서 70여 개 기업에서 감사위원 선임이 불발되었다.

금융회사의 지배구조법에서는 사외이사 1인은 반드시 분리선임하도록 하고 있다. 즉 확실하게 3%의 rule을 적용하겠다는 것이다. 그렇지 않고 사외이사를 우선적으로 선임한 다음에 3% rule을 적용하게 되면 효성에서와 같은 일이 발생한다. 즉, 3% rule을 적용하지 않은 상태에서 사외이사를 우선적으로 수명을 선임하고 이들에 대해서 3% rule을 적용하면 선임된 사외이사가 모두 감사위원으로 선임되지 못하는 극단적인 일이 발생하면서 기업 지배구조에서 극심한 혼란을 겪게 될 수 있다.

주총에서의 의결하는 안건을 상정하는 순서에 있어서도 등기하는 사외이사를 우선적으로 선임한 다음에 이들을 모두 감사위원으로 선임할지에 대한 안건을 일괄하여 올리게 되면 이들에 대한 호불호를 구분하여 주주가 의결권을 행사할 수 없다. 이 내용은 chapter 16에서도 기술되었다.

단, 한 명에 대해서 만큼은 감사위원을 분리해서 선임한다고 하면 적어도 한 명에 대해서 만큼은 최대주주의 의결권이 명확하게 제한되면서 감사위원이 선임될 수 있다. 즉, 최대주주가 아닌 주주들이 본인들이 희망하는 감사위원을 적어도 한 명은 선임할 수 있는 기회를 갖게 된다.

한국경제신문. 2017.3.18. 국민연금의 '반란'… 효성 감사위원 선출 부결

현행 상법상 사외이사나 감사위원 선임은 주총에서 발생주식 총수의 4분의 1 이상, 참석 주식 총수의 2분의 1 이상 찬성을 얻어야 가능하다. 김 변호사 등은 참석 주주 절반 이상의 찬성을 얻지 못했다.

감사위원 선임과정에서 대주주 의결권을 제한하는 규정도 이날 주총 결과에 영향을 미쳤다. 상법상 사외이사 선임 때는 대주주 의결권에 제한이 없지만 감사위원을 선임할 때는 대주주의결권이 최대 3%로 제한된다. 효성은 조현준 회장과 특수 관계인이 37.0%, 국민연금이 11.4%, 기관투자자와 소액주주가 51.6%의 지분을 보유하고 있다. 조 회장 측은 사외이사를 선임할 때는 의결권을 37% 행사하지만 감사위원을 선임할 때는 3%만

<u>행사할 수 있었다.</u>

이날 주총에서 감사위원 선임이 불발되면서 효성은 감사위원회를 구성하지 못하게 됐다.

위의 신문기사에서 오해가 있는 것이 세 명의 사외이사는 사외이사로는 선임이 된 것이고 감사위원으로서의 선임이 진행되지 않은 것이다.

위와 같은 의결권 제한과는 조금 다른 setting이기는 하지만 다음과 같은 경우는 금산분리 차원에서의 의결권 제한이 주장되고 있으나 정치권에서의 요구사항이니 어떻게 진행될지는 유심히 관찰하여야 한다. 특히나 상법에 근거한 내용이 아니니 매우 신중하게 접근되어야 한다.

조선일보. 2017.10.24. 롯데타워 5개 지을 20조… 삼성전자, 올해 주주에 푼다

또한 최근 정치권에서 금산분리 원칙을 내세워 삼성전자 지분 7.2%를 가진 삼성생명의 의결권을 제한하려는 것도 같은 의미로 해석할 수 있다.

매일경제신문. 2016.4.19. 상장사, CEO 승계 프로그램 마련을

상장사 이사회가 최고 경영자(CEO) 경영승계 프로그램을 마련하고 이를 공시해야 한다는 가이드라인이 나왔다.

18일 한국거래소와 한국기업지배구조원은 서울 여의도 거래소 사옥에서 '기업 지배구조 개선을 위한 모범 규준' 개정에 대한 공청회를 열어 개선안 초안을 공개했다.

모범 규준은 기업 입장에서 의무사항이 아닌 권고사항이라는 한계가 있다. 하지만 기업 지배구조 수준을 판단할 구체적인 지침이 나왔다는 점에서 투자자들 판단에 영향을 줄 수 있을 전망이다. CGS는 다음달 말까지 상장사들로부터 추가적인 의견을 수렴하고 6월 중 개정안을 공표할 계획이다.

개정안 초안에는 – 이사회 내 경영권 승계 프로그램 마련 권고 – 기관투자가의 적극적인 의결권 행사와 그 행사 내역 공시 권고 – 주주총회에서 투표용지 등을 이용한 표결 도입 등이 포함된다.

개정안 발표를 맡은 정재규 CGS 선임연구위원은 "이사회는 비상시 CEO 승계와 관련한 내용을 비롯해 경영 승계에 관한 정책을 마련해 운영해야 한다"며 "CEO 후보군을 정기적으로 평가하고 이를 선임 시 반영해야 한다"고 말했다.

YTN. 2016.4.19. "경영권 승계 공시 강화"… 재계는 난색

국내 재벌들의 불투명한 지배구조가 도마 위에 오른 건 어제 오늘의 일이 아니죠.

한국거래소가 경영권 승계를 포함해 지배구조와 관련된 공시를 강화하는 방안을 추진하고 있는데요.

강제성이 없는데다 재계가 반발하고 있어서 얼마나 효과를 거둘지는 미지수입니다.

그룹 전체를 위기로 몰아넣었던 롯데 총수 일가의 경영권 분쟁, 소액 주주를 등에 업은 외국계 헤지펀드의 공격까지 받은 삼성물산의 합병.

이렇듯 취약한 기업 지배구조는 국내 기업의 주가가 실적보다 저평가되는 이른바 '코리아 디스카운트'의 핵심 원인으로 꼽히고 있습니다. 실제로 한 조사에서는 우리 기업의 지배구조 수준이 아시아 11개 나라 가운데 8위로, 태국이나 타이완보다 낮은 것으로 평가됐습니다.

이에 따라 기업들이 준수해야 할 지배구조의 운영 지침이 한층 강화됩니다. 13년 만에 개정되는 지침에는 이사회가 경영권 승계 프로그램을 마련하고 후보자들을 정기적으로 평가하라는 내용이 담겼습니다. 또 이사회의 책임성을 강화하기 위해 결격 사유가 있는 이사들을 배제하라고 요구했습니다.

물론 이런 결정들은 투명하게 공시돼야 합니다.

[오덕교 / 기업지배구조원 박사: 가족 승계가 대부분이기 때문에 경영권 승계에 대한 구체적인 계획과 절차가 없는 편입니다. 이번 기회에 경영권 승계 계획과 절차를 마련하고 주주들에게 투명하게 공시함으로써….]

공청회에는 삼성과 현대차, KT 등 주요 그룹 관계자가 총출동해 깊은 관심을 보였습니다. 하지만 이런 관심에도 불구하고 새로 마련되는 지침이 얼마나 효과를 거둘지는 미지수입니다. 강제성이 없는 단순한 권고이기 때문입니다.

금융당국은 일부 핵심 조항을 의무화하는 방안을 추진하고 있지만, 재계는 기업 활동 위축을 이유로 반발하고 있어 논란은 더욱 커질 전망입니다.

경영권 승계는 매우 복잡한 이슈이다. 롯데와 같이 최대주주가 있고 그 자손들이 지분을 가지고 있는 경우도 형제들 간에 후계 승계가 복잡한 양상으로 전개되고 있지만 금융기관의 CEO를 결정하는 과정은 정부/정권 차원에서 정치적으로 개입하는 경우도 있어서 black box와 같이 진행되는 경우도 있다. 한치 앞을 내다볼 수 없는 경우도 있는데 후계 구도에 대한 밑그림을 그린다는 것이 가능한 것인지가 의문이다. 특히나 CEO 후보가 외부인사일 경우는 더욱 그러하다. 물론, 내부 인사들 중, 후보자의 pool을 작성하는 것은 내부 경쟁의 차원에서는 가능하다. 외부인사가 오는 경우에는 금융감독기관에서 선임되는 경우도 있으니 누가 후보가 될지를 전혀 알 수 없으므로 이러한 pool을 미리 작성한다는 것이 가능하지 않을 수도 있으며 또한 외부인사가 CEO가 되는 경우는 이러한 pool 자체가 의미가 없을 수가 있다.

2018년 1월, 하나금융지주의 회장 선임과 관련되어 하나은행의 회장추천위원회와 감독기관이 상충하는 듯한 모습을 보였는데, 일부에서는 은행들이 은행연합회 등의 사외이사 후보 pool을 이용하여야 한다는 의견이 있었는데 은행들은 금융당국이 민간 기업의 사외이사 선임에까지 개입한다는 불만을 표출하였다.

한국경제신문. 2017.12.14. 회장 연임 문제 많아 '금융지주 손보겠다'는 금감원

금융지주회장이 회장 추천 위원회에 들어가 연임을 추구했으며 사외이사들에게 영향력을 행사했다.

후계자가 명확히 드러나는 것은 오히려 더 큰 문제를 낳을 우려가 있다. 후계자가 드러나면 그는 차기 회장으로 올라설 것이 분명하기 때문에 금융지주나 은행에서 '줄서기'가 만연할 공산이 크다. 우리은행은 이 같은 문제 때문에 수석부행장 자리를 없앴다. 수석부행장이 다음 행장이 될 것이란 생각에서 조직이 분열됐으며, 수석부행장이 아닌 임원이 행장이 되면 온갖 투서가 난무했다고 한다. 우리은행이 이 때문에 만든 것이 세 명의 부문장 자리다.

매일경제신문. 2017.12.14. 최흥식 "잡음 많은 CEO 승계 전면 검사"

현행 하나금융 회추위 규정에 따르면 현직 회장이 후보가 될 경우 자동적으로 제외되지만, 앞으로는 회장이 후보에 포함되지 않더라도 회추위에 아예 들어가지 못하도록 한 것이다.

한국경제신문. 2017.1.10. 막 오른 '상법개정 경쟁' 야 이어 새누리당도 "일부 손질 검토"

감사위원 분리 선출 등은 새누리당이 2012년 대선에서 '경제민주화 공약'으로 내세운 내용이라는 점에서 이 중 일부를 반영해 상법 개정이 추진될 것이라는 관측이 나온다.

사외이사 선임 제한에 대해서도 반대의견이 제기됐다. 손영화 인하대학교 법학전문대학원 교수는 "독립된 사외이사를 선임하는 것은 바람직하지만 우리사주 조합이 추천한 1인 등을 의무 선임토록 강제하는 것은 주주총회를 거치도록 한 우리 상법 체계와 맞지 않는다"고 지적했다.

예를 들면, 이사회에서는 진행되는 단협에 대해서도 경영진들이 의견을 교환할 수 있다. 이러한 자유로운 토론은 근로자 대표가 이사회에 참석한다면 원천적으로 불가하게 된다.

조선일보. 2017.2.6. 일, '감사위원 선임 방식' 달라… 유럽선 '근로자 경영 참여' 활발

'감사위원 선출'과 관련된, 일본도 감사위원회를 3인 이상 이사로 구성하고, 그 중 과반수를 사외이사로 구성하도록 한다. 하지만 이를 일반 이사와 분리해서 선출하지는 않는다. 더구나 감사위원 선임 때, 대주주 의결권을 제한하는 규정은 없다. 독일에서는 오너 가문이 오히려 우리의 감사위원회 역할에 해당하는 '감독이사회(Aufsichtsrat)'에 적극 참여하고 있다. 예컨대 자동차 회사인 BMW 주식 50%를 소유하고 있는 '크반트(Quandt)' 가문은 경영에 참가하지 않고, 감독이사회 구성원으로 활동하고 있다. 경영에 직접 참여하는 대신 '감시자' 역할을 통해 전문 경영진을 제어하는 방식으로 운영하는 셈이다.

'근로자의 경영 참여'는 외국에서 활발하다. 독일 등 30여 개 유럽 국가 중 일반 사기업에 근로자의 경영참여를 법제화하는 나라가 절반을 넘는다. 다만 이런 유럽 국가들은 노사 대립이 우리처럼 극단적이지 않고, 이사회 구조를 '감독이사회와 경영이사회'로 이원화하고 있어, 근로자 역할을 적절히 제어할 수 있는 장치를 마련했다는 게 다르다.

1962년 상법이 우리나라에 처음 도입될 때는 상법상 감사 선임 시, 의결권 제한은 일본의 법에서 인용해 온 것이었는데 일본은 이 제도를 폐지하였다.

조선일보. 2017.2.6. 재벌 권한 줄이려는 상법 개정안⋯ 일부선 '헤지펀드 먹잇감 될 것'

지금은 이사와 감사위원 선임은 주총에서 이사를 먼저 일괄적으로 선임한 뒤 이들 중에서 감사위원을 뽑는다. 대주주는 이사를 선임할 때 다른 주주들과 마찬가지로 보유 지분만큼 의결권을 행사한다. 하지만 상법 개정안은 감사위원을 뽑을 때는 지분이 아무리 많아도 의결권을 3%로 제한한다. 개정안대로 처음부터 일반 이사와 감사위원이 될 이사를 분리해 선임하게 되면, 대주주는 감사위원 선임 때 의결권이 제한되기 때문에 그만큼 영향력이 약해지게 된다.

현행 상법도 최대주주와 특수관계인, 주요 주주와 배우자 등은 사외이사를 맡을 수 없도록 하고 있다. 개정안은 여기에 한술 더 떠, 회사나 계열사 임직원이었던 사람도 사외이사를 맡을 수 없도록 했다. 또 최대주주 등은 사외이사 후보 추천위원도 할 수 없도록 했다.

최대주주 등이 사외이사 후보 추천위원을 할 수 없다는 내용은 현재의 관행과는 많은 차이가 있다. 현재는 약 65%의 기업에서 CEO가 사외이사후보 추천위원회의 위원으로 영향력을 행사하고 있다. 물론, CEO가 최대주주일 수도 있고 아닐 수도 있지만 CEO가 최대주주가 아니더라도 당연히 영향력을 미친다.

chapter 20

연결재무제표

국제회계기준이 도입되면서 주된 재무제표로 자리잡은 연결재무제표에 대해서도 지속적인 이슈들이 존재한다.

매일경제신문. 2016.7.28. 금감원 "해외 종속회사 급증… 회계감독 강화해야"

상장사 종속회사 11% 늘어 1만 327개…해외 회사가 61% 차지

2015회계연도에 연결 재무제표를 공시한 상장사가 전체의 70% 이상이며 이들의 해외 종속회사도 매년 증가하고 있는 것으로 나타났다. 이들 종속회사가 반영된 연결 회계 정보의 신뢰도를 높이기 위해 회계감독을 강화할 필요가 있다는 지적이다.

27일 금융감독원이 발표한 '2015 회계연도 12월 결산 상장법인의 연결재무제표 공시 현황'에 따르면 총 1,846개 상장사 가운데 1,327개(71.9%)가 2015 회계연도에 연결재무 제표를 낸 것으로 나타났다.

연결 재무제표를 낸 상장사 비중은 유가증권시장인 81.1%, 코스닥시장은 72.0%였다.

이들의 종속회사는 총 1만 327개로 전년도 9,297개보다 11.1% 늘었다. 종속회사란 지분율이 50%를 초과하거나 실질 지배력이 있는 회사를 뜻한다. 1개 상장 지배회사당 보유하고 있는 평균 종속회사 수는 전년 7.4개 대비 0.4개 늘어난 7.8개로 집계됐다.

이들 종속회사 중 해외에 있는 회사는 6,330개로 전체의 61.3%를 차지했다. 전년도와 비교해 유가증권시장에서 397개, 코스닥시장에서 176개 증가했다. 연결 총자산 상위 100개 상장사의 해외 종속회사 소재지는 아시아 지역이 49.7%(1,584개)로 가장 많았다. 이중 절반 이상(845개)이 중국에 있는 것으로 알려졌다. 금감원 관계자는 "기업들이 해외투자가 확대되면서 중국 등 아시아 국가를 중심으로 해외 소재 종속회사가 증가하고 있다"며 "해외법인 소재지의 회계감독이 취약할 경우에는 연결 회계정보의 신뢰도가 떨어질

수 있다"고 우려했다.

　최근 상장사들의 재무제표 작성 책임이 강화되고 있는 가운데 상장사들은 연결 재무 정보 신뢰를 높이기 위한 내부 시스템을 구축할 필요가 있다고 지적했다. 또 외부 감사인 은 해외 종속회사 소재지별 감독 수준과 경제 상황 등을 감안해 외부 감사 절차를 강화 해야 한다고 주문했다.

　국제회계기준의 적용은 상장기업(약 2,100개 기업)과 금융기관(약 2,000개) 에 의무화되고 있다.

　해외 자회사에 대한 감사는 매우 복잡한 이슈가 개입된다. 감사인이 해외 에 감사를 하러 나간다한들 국내에서와 같이 철저하게 감사를 수행하기가 어 렵다. 일단, 언어의 장벽이 큰 한계이며 또한 경영 환경이나 경영 활동을 하는 패턴에 있어서도 차이가 있다.

　미국에서 PCAOB가 미국에 상장되어 있는 기업을 감사하는 감사인에 대 해서 금융감독원과 같이 joint inspection을 나오면 우리말 통역들과 같이 나 온다고 한다. 일단, 언어가 되어야 소통이 가능하다.

　회계에서의 연결 재무제표의 개념이 매우 포괄적으로 사용되는 경우가 또 있다. 공시일 경우는 연결하는 회사 또는 지주회사에서 연결대상 회사 또는 계 열사의 내용까지도 공시하도록 하는 경우가 있는데 이 제도는 장점도 있지만 어떠한 내용일 경우는 이러한 공시의 내용이 지주 또는 연결하는 회사의 내용 인지 아니면 계열사 또는 연결대상 회사의 내용인가 구분이 어렵다고 한다.

　연결이 적용되는 또 하나의 경우는 내부회계관리제도이다. 내부회계관리 제도가 회계와 밀접한 관련성이 있으니 이 내용은 회계의 내용과도 무관하지 않다.

　또한 최근에는 아래에서도 기술되었듯이 공정거래위원회에서 출자제한회 사를 지정함에 있어서도 이 업무가 개별회사의 자산 규모를 근거로 하는데 개 별회사가 아니라 연결회사의 자산 규모가 되어야 한다는 주장도 있다.

매일경제신문. 2016.3.29. 카카오는 재벌… 네이버는 중견기업? 시대 뒤떨어진 대기업집단 지정 요건

• '네이버는 중견기업에 불과한데 카카오는 재벌이다?'

공정거래위원회는 매년 4월 초에 해외를 제외한 국내 계열사들 중에서 '자산총액 5조원'을 기준으로 대기업 집단을 선정한다. 이른바 '재벌'로 불리는 대기업 집단에 선정되면 상호 신규 출자가 금지되고 지주회사 설립이 제한되는 등 지배구조상에 제약이 가해진다. 또한 채무보증제한, 내부거래 공시 등 영업활동과 관련해서도 상시 감시를 받게 된다. 문제는 '국내 계열사 자산 총액 5조원=대기업'이란 시대에 맞지 않은 단일 잣대를 기업들에 일률적으로 적용하면서 상식적으로 이해가 되지 않는 모순이 발생한다는 점이다. 대표적인 예가 정보기술 (IT) 업계에서 각각 1, 2위인 네이버와 카카오다. 카카오는 2014년 10월 다음커뮤니케이션과 합병하면서 자신이 2,172억원에서 2조 7,680억원으로 10배가량 늘었다. 이후 카카오택시 출범 등 사업을 계속 확장하면서 지난해 말 기준 자산총액이 3조 2,000억원으로 늘어난 상황이다.

카카오 관계자는 "지난 3월에 인수한 로엔엔터테인먼트와 국내에서 영업하는 45개 법인과 자산까지 모두 합치면 자산 총액이 5조원을 넘을 것으로 보인다"고 말했다. 자산 총액 5조원을 넘기 때문에 카카오는 공정거래법상 대기업집단으로 신규 지정되는 셈이다.

반면 IT 업계 1위인 네이버는 현행 공정거래법상 국내 계열사 자산 총액이 5조원에 못 미치는 3조원 후반~4조원 초반대에 머무는 것으로 알려져 있다. 하지만 라인 등 네이버가 주력하고 있는 해외 법인을 포함시키면 이야기가 달라진다. 실제로 회계 감사보고서를 보면 지난해 말 기준 라인의 자산총액은 1조 3,000억원. 이에 더해 라인플러스 등 기타 자회사까지 합치면 네이버의 총 자산총액은 5조 6,000억원까지 늘어난다. 해외 법인을 포함시키면 네이버가 카카오보다 자산 규모가 훨씬 더 큰 회사인데 네이버는 중견기업, 카카오는 대기업이 되는 모순이 발생하는 셈이다.

전문가들은 다양한 개선안을 내 놓고 있다. 우선 현행 대기업 집단 지정 기준인 자산 5조원을 상향 조정하는 안이 거론된다. 이철행 전경련 기업정책팀장은 "지난 9년간 우리나라 국내 총생산(GDP)이 400조원가량 늘었는데도 여전히 대기업 집단규제 기준은 그대로"라며 "자산총액 기준을 5조원에서 10조원으로 늘릴 경우 5~6조 언저리에 있는 기업들이 부담 없이 사업을 확장할 수 있다"고 밝혔다.

일각에서는 현행법 체계를 유지할 경우 '연결재무제표'를 기준으로 대기업 집단지정을 심사하는 쪽으로 개편할 필요가 있다는 지적도 내놓고 있다. 현행 공정거래법에 따르면 공정위는 해당 기업집단의 모회사와 종속회사의 개별 재무제표를 일일이 살펴본 다음 이를 합산한 총액이 5조원을 넘느냐를 기준으로 대기업집단을 선정한다.

하지만 이렇게 되면 네이버가 자회사인 라인과 거래한 내역이 중복돼 자산으로 잡히는 문제가 발생한다. 이러한 '내부거래'로 인한 회계 부풀리기를 막기 위해 도입된 것이 2011년 IFRS. 실제로 이 기준을 적용하면 네이버와 카카오 모두 자산 총액이 5조원 미만이 된다.

황세훈 자본시장연구원 연구위원은 "IFRS는 내부거래로 중복되는 부분을 제외한 '연결재무제표'를 중시하는 회계기준으로 기업의 실질을 보다 잘 반영한다"며 "기준을 새로 보완할 필요가 있다"고 밝혔다.

신문기사에도 기술되었듯이 개별재무제표의 자산 금액이 총액으로 더해지면서 내부거래가 double counting되는 문제가 발생한다. 이러한 문제를 해결하려는 취지에서 연결재무제표가 주재무제표로 채택되었는데 이러한 연결재무제표를 사용하지 않는 이유를 이해하기 어렵다. 별도 재무제표는 연결하는 기업간의 내부거래가 제거되지 않는 재무제표이므로 내부거래의 제거가 불가능하다.

출자제한기업의 잣대가 되는 재벌기업의 자산 규모를 5조가 아니고 10조로 상향 조정하면서 2016년의 65개에서 2017년의 37개로 대폭 축소될 전망이었는데, 공정거래위원회는 2017년 5월 1일 자산 총액 10조원 이상인 31개 기업집단을 대기업집단으로 지정했다.[1]

또한 공정위는 2017.9.4. 준대기업집단 26곳을 지정하였는데 공정위가 '준대기업집단'을 지정한 것은 처음이다. 올해 상반기까지는 '대기업집단(상호출자제한기업집단)'만 지정해 관리해왔다.

올해 문재인정부가 들어선 이후 관리 대상에서 빠진 '자산 5~10조원' 기업에 대해서도 감시가 필요하다는 목소리가 커졌다. 그래서 공정위가 '준대기업집단'이란 기준을 새로 내놓게 된 것이다.[2]

---

1) 이 내용은 chapter 26의 내용과 연관된다.
2) 조선일보. 2017.9.4. "이해진은 총수" 지정에… 네이버, 행정소송 검토.

chapter 21

단기 업적

기업이 어떤 기간의 가치를 최대화하여야 하는지에 대해서는 이해관계자의 목적함수에 따라서 다른 답이 있을 수 있다.

한국경제신문. 2016.7.23. 미 기업들 "분기마다 내놓는 실적 전망치 없애야"

"단기 실적 맞추어 무리하게 경영"
워런 버핏 등 CEO 13명 성명

미국을 대표하는 최고경영자들이 "분기 실적을 전망하고 이를 투자자에게 제공하는 관행을 중단해야 한다"고 주장했다. 기업을 단기성과에 집착하도록 함으로써 장기적인 기업가치를 떨어뜨린다는 것이다.

'투자의 귀재'로 불리는 워런 버핏 벅셔해서웨이 회장과 제이디 다이먼 JP모간 체이스 회장 등 13명의 CEO는 바람직한 기업 경영과 지배구조에 대한 최근 1년간의 토론 결과를 담은 성명서를 파이낸셜타임스 등 주요 일간지에 전면 광고 형태로 21일 게재했다.

성명서에서는 세계 최대 자산운용사 블랙록의 래리 핑크 회장과 세계 최대 채권펀드 회사 뱅가드의 빌 맥넙 회장을 비롯해 제프리 이멜 GE회장, 메리 바라 GM 회장에 이르기까지 제조와 금융을 아우르는 거물급 CEO가 대거 참여했다.

이들은 "분기 실적 전망치가 경영진의 부담을 높여 오히려 잘못된 결정을 내리는 경우가 많으며 기업 가치 손실로 이어진다"고 지적했다.

미국 상장사들은 분기 실적을 발표하면서 향후 매출과 순익 전망치(가이던스)를 함께 제공한다.

버핏은 이날 CNBC에 나와 월가의 '수익률 맞히기 게임'을 비판하며 "가이던스를 충족시키기 위해 기업이 잘못된 결정을 내리고 있는 나쁜 결과로 이어지고 있다"고 주장했다. 실적이 가이던스에 못 미치면 CEO가 이를 맞추기 위해 불필요한 시도를 하게 된다는 설명이다.

핑크회장도 "기업이 장기적 관점에 집중할 수 있도록 분기실적 전망을 폐기해야 한다"고 주장했다. 다이먼 회장도 FT에 "토론자 대부분 분기실적 전망을 제공하는 것에 반대했다"며 "이번 성명이 분기실적 전망을 중단하려는 기업에 도움이 되기를 바란다"고 지적했다. 다이먼 회장은 지난 4월 CNBC에 보낸 이메일에서 분기 실적이 애널리스트 전망치와 비교돼선 안 된다고 주장하기도 했다.

이날 성명서에 참여한 13명 중 유일한 행동주의 투자자인 제프 우벤 밸류액트 캐피탈 CEO는 "이사회가 단기실적 전망에 지나치게 지배당하고 있다"며 "기업의 장기적 성과가 떨어진다"고 지적했다. 이들은 최근 1년간 기업 경영과 지배구조 개선을 논의하기 위해 만났다며 이사회의 독립성을 강화해야 한다는 내용의 원칙도 함께 발표했다.

월가의 투자자들은 그러나 가이던스가 기업 경영의 투명성과 주주가치 보장 차원에서 필요하다는 반론도 제기했다. 주가는 기업의 미래가치를 반영하는 만큼 투자자에게도 과거 실적보다 향후 매출과 수익전망이 더 중요하다는 것이다.

임직원의 급여 공개에 대한 공시도 일부 언론에서는 분기에 한 번 하는 것에 대한 주장이 제기 되었으나 1년에 두 번 공시하는 것으로 조정되었다. 대부분의 급여가 연봉의 개념인데, 어떠한 이유에서 이 정보를 1년 두 번 공시해야 하는 것인지는 명확하지 않다.

업적에 대한 예측을 공시하게끔 하는 것은 이 예측이 표준이 되면서 기업이 이 수치에 맞추기 위해서 회계이익을 조정하게 하는 우를 범할 수 있다. 기업 경영이란 가변적인 환경에 따라서 영향을 받는데 환경 변화 이전에 세웠던 목표를 달성하기 위해서 기업이 무리한 경영활동을 추진할 수 있다.

일단 예측치를 공시한다는 것은 자발적인 의사결정이어야 하는 것이지 예측치 마저도 강제가 될 수는 없다. 그리고 산업/기업의 성격상, 예측이 더 어려운 기업들이 있다.

위의 신문기사는 경영의사 결정이 장기적인 업적이 목적이 되어야 한다는 것을 의미한다. 경영진이 단기 목표를 설정하게 되면 이를 달성하기 위해서 업적에 매몰될 수 있다.

반면에 장기 업적보다는 단기 업적에 더 많은 관심을 가진 투자자의 입장에서는 장기보다는 경영자가 장기보다는 단기 업적 위주로 경영의사결정을 수행하기를 기대할 수도 있다.

따라서 기업이 얼마나 장단기적인 value에 기초하는지는 이들이 serve하는 투자자들의 성향과도 무관하다고 할 수 없다. 그러나 정부의 입장에서는 기업이 장기업적에 목표를 두고 경영활동을 수행하는 것이 증권시장의 안전성을 유지하는데 도움이 될 것이다.

기업지배구조원의 기업지배구조 모범 규준 개정안에 보면 다음의 내용이 기술되어 있다.

V. 시장의 의한 경영감시

1. 공시 1.4 "기업은 미래의 경영성과와 재무상황에 대한 예측정보를 적절하게 공시하여야 한다." 그 본문 중에는 예측재무정보는 최소한 향후 3년간의 예측치로 구성한다고 기술된다.

예측이 태생적으로 어려운 기업에 있어서 3년이라는 기한을 두는 것은 적절하지 않으며 3년이 되었건 반년이 되었건 자발적 공시가 되어야 하는 내용을 강제 공시인 듯이 변경하는 것이 바람직하지 않다. 다만 3년이라는 가이드라인은 어느 잣대로 보거나 충분히 중기 목표치를 제시하였다고는 할 수 있으며 적어도 단기 목표를 제시하여야 함을 제안하고 있지는 않다.

모든 정보가 FLC(forward looking criterion)에 해당되어야 하는 것은 아니다. 또한 회계정보는 애당초 과거지향적인(backward looking information) 정보이다.

모범규준에 이러한 내용이 포함된다 함은 기업에게 괜한 부담을 부과하는 것일 수 있다. 기업이 예측치를 공표한다는 것은 나중에 이 예측 정보가 실적치에 부합하지 않았을 때 책임의 이슈가 개입될 수 있으며 위의 기사에서도 기술하였듯이 기업으로 하여금 예측이 commit라는 것으로 잘못 이해되어서 이를 꼭 meet 혹은 beat해야 한다는 부담을 안을 수 있다.

위의 신문기사도 기업에 예측정보에 맞추기 위해서 무리한 경영활동을 수행하고 있다는 점에 대한 문제점을 지적하고 있다. 예측을 해 둔 다음에 이에 맞추기 위한 회계이익 조정 등의 부작용을 생각해 볼 수 있다.

모든 사회 현상에는 순기능과 역기능이 있다. 예측정보 공시의 순기능은 정보의 불균형(information asymmetry)을 해소하면서 정보를 가지고 있는 내부자들과 정보로부터 소외된 외부 정보 이용자 간에 정보가 공유될 수 있다는 장점이 있다.

어쨌거나 자발적 공시가 되어야 하는 회계정보 예측에 대해서, 이 내용이 기업이 반드시 공시하여야 하는 내용으로 잘못 이해되고 해석되면서 기업에 부담을 주는 것은 바람직하지 않다고 사료된다. 이러한 차원에서 기업지배구조 관련된 유관기관은 지배구조에 대한 평가가, 평가를 위한 평가가 되지 않도록 유념하여야 한다.

한국경제신문. 2017.8.30. 금융사 임직원 성과급 3년간 나눠서 받는다

올 연말부터 금융회사 임직원은 성과급의 40%를 3년 이상에 걸쳐 나눠 받아야 한다. 성과급 지급기간 중 업무와 관련해 손실이 발생하면 이미 받은 성과급을 반납해야 한다. 주요 금융지주 회장들이 받는 장기성과연동 성과급도 이 규정의 적용 대상이다.

금융위원회는 이 같은 내용의 금융회사 지배구조에 관한 법률 시행령 개정안이 29일 국무회의를 통과했다고 밝혔다. 개정안은 3개월의 유예기간을 거쳐 오는 12월 4일부터 시행된다.

목적은 단기성과에 따라 거액의 성과급을 받는 금융계 관행을 없애는 데 있다. 1년간의 실적을 토대로 수억 원의 성과급을 지급할 경우 눈앞의 실적 쌓기에 급급하게 되고, 결과적으로 금융회사의 경쟁력을 약화시킨다는 게 금융당국의 판단이다. 이에 따라 올해 말부터 금융회사들은 임원 또는 직원들에게 성과급을 줄 때, 일괄 지급하는 대신 성과급의 40% 이상을 3년 이상 기간에 나눠 지급해야 한다.

금융위 관계자는 "김정태 하나금융 회장의 예를 들면 지난해 경영평가에 따른 성과급으로 3억 6,400만원을 지난 3월 일시불로 받았다"며 "하지만 앞으로는 성과급의 40%에 해당하는 1억 4,500만원은 3년간 나눠 받아야 한다"고 설명했다.

금융위는 이 같은 성과급 분할 지급 대상을 최고경영자(CEO)와 임원에 이어 대출 지급보증 담당 직원(은행), 보험상품개발 담당직원(보험사), 신용카드발행 업무 담당직원

(카드사) 등 거액의 단기성과급을 받을 가능성이 큰 직원으로 확대했다. 다만 직원의 경우 성과지급 금액 및 기간을 금융회사 자율에 맡기기로 했다.

금융위는 주요 은행지주들이 도입하고 있는 장기성과급 제도에 대해서도 평가방식, 지급요건 등이 불합리하다고 판단되면 성과급을 분할 지급하게 규제할 계획이다.

금융위는 또 CEO나 임원 등이 성과급을 받았더라도 분할 지급받는 동안 손실이 발생할 경우 성과급을 재산정할 것을 의무화했다. 업무와 관련해 손실이 나면 성과급을 깎거나 이미 지급한 성과급을 환수하도록 했다.

이연성과급(deferred compensation) 제도와 같이 생각해 볼 수 있다. 이연성과급제도란 경영자가 지금 당장의 업적에 의해서만 보상을 받는 것이 아니라 미래 시점의 경영활동의 결과에 의해서도 부분적으로 보상을 받는 것이다. 즉, 경영자들로 하여금 너무 단기적인 성과에만 집착하여 중장기적인 경영성과가 부정적으로 영향을 받는 것은 예방하기 위한 제도이다.

chapter 22

계속기업

계속기업과 관련된 판단은 회계 전문가의 입장에서도 매우 어렵고 주관적인 판단의 영역이다.

한국경제신문. 2016.7.20. '적정' 의견 기업 중 20%는 '투자 유의'

지난해 '적정' 감사의견을 받은 기업 다섯 곳 중 한 곳은 계속기업으로서의 불확실성 등으로 투자에 유의할 필요가 있는 것으로 나타났다.

금융감독원이 19일 상장법인 2,002개사의 지난해 감사보고서를 분석한 결과 99.4%에 해당하는 1,990개사가 적정의견을 받았다. 한정의견은 2개사(0.1%), 의견거절은 10개사 (0.5%)에 불과했다. 감사의견은 회계처리기준위반이나 계속기업 불확실성 정도에 따라 적정 한정 부적정의견 및 의견거절로 구분된다.

적정의견을 받은 기업 가운데 396개사 (19.8%)의 감사보고서에는 '투자에 주의해야 한다'는 취지의 강조사항이 포함됐다. 강조사항은 감사의견에 영향은 없지만 재무제표를 볼 때 중요하게 고려할 필요가 있는 내용을 외부감사인이 따로 기재하는 것이다. 특수관계자 거래 등(27.8%)이 가장 많이 강조됐으며 기업 개선작업(워크아웃) 등 지배구조 변화(25.9%), 계속기업 불확실성(18.8%) 등의 순이었다.

이 중 계속기업 불확실성이 강조된 기업은 감사의견이 적정이라고 해도 투자위험이 크다는 지적이다. 2014년 감사보고서에서 계속기업 불확실성이 강조된 기업 74개사 중 9곳 (12.2%)이 1년 반 새 상장폐지됐다. 윤동인 금감원 회계제도실장은 "계속기업 불확실성이 강조된 기업 수가 2013년 64곳에서 지난해 79곳으로 늘어나는 추세"라고 말했다.

감사보고서에서의 강조사항 문단은 과거에 특기사항으로 불려왔다.

한국경제신문. 2017.3.20. 감사의견 '적정'기업도 투자주의

'적정'이라는 감사의견을 받은 기업 중 상당수가 기업 존속이 불확실하거나 경영 상황 악화가 우려되는 것으로 나타났다. 감사보고서에 붙는 의견은 회계기준에 어긋나지 않았는지를 판가름하는 기준에 불과한 만큼 투자 전에 회사의 재무상황을 꼼꼼히 살펴야 한다는 지적이다. 감사인이 적시한 '강조사항'을 살펴보면 회사의 '아킬레스건'이 어디인지 파악할 수 있다는 설명이다.

- 유동부채 결손금 '요주의'

19일 금융감독원에 따르면 대성합동지주는 지난 16일 공시한 감사보고서의 강조사항 항목에서 외부감사인(회계법인)으로부터 "계속기업으로서의 존속능력에 의문을 제기할 만한 중요한 불확실성이 존재한다"는 평가를 받았다. 지난해 순손실 1,300억원이 발생한 데다 1년 이내 갚아야 하는 유동부채가 1년 이내에 현금화할 수 있는 유동자산보다 6,106억원 많다는 이유에서다 이 같은 문제가 있었음에도 불구하고 이 회사의 감사 의견은 '적정'이었다.

감사인은 회사 재무제표가 회계기준에 어긋나지 않게 작성됐으면 '적정'을, 그렇지 않으면 '한정'이나 '부적정', '의견거절' 등의 의견을 낸다. 재무제표에 등장하는 숫자가 정확하다면 '적정'의견을 받는 데 별다른 문제가 없다는 얘기다. 다만 투자자 의사결정에 중요한 참고가 될 만한 내용은 '강조사항'으로 별도 표기한다. 강조사항을 통해 감사인에게 지적을 받은 종목이 주식시장에 제값을 받지 못하는 이유다.

엔터테인먼트 기업인 키위미디어그룹은 누적 결손금이 1,026억원에 달한다는 이유로 계속기업으로서의 존속능력을 의심받았다. 이 회사는 2012년부터 지난해까지 5년 연속 영업손실을 냈다. 상품권 유통업계 핫텍은 전환사채를 조기상환해야 할 가능성이 지적됐다. 이 회사 전환사채는 전체 유동부채의 64.6%를 차지하고 있다.

- 미청구공사로 유의사항

계속기업으로서의 존속능력이 있더라도 강조사항이 기재된 사례가 있다. 패션업체 아비스타는 유동부채가 유동자산보다 31억원 많은 것이 이 항목에서 적시됐다. 다만 계속

기업으로서의 존속 능력에 영향을 주는 사안으로는 꼽히지 않았다.

디스플레이 부품업체 엘엠에스는 중국 낙정성광전유한공사 등 해외 자회사에 대한 매출채권 잔액이 총 750억원에 달한다는 점을 지적받았다. 특수관계자와의 거래에서 손실을 볼 가능성이 있다는 의미다.

건설사를 비롯한 수주업체에서는 미청구 공사금액과 관련한 강조사항이 줄을 이었다. 미청구공사는 계약할 당시보다 늘어난 공사 비용 등을 발주처에 청구하지 못한 금액이다. 이를 회수하지 못하면 손실로 처리되기 때문에 수주업체에 '부실뇌란'으로 평가된다.

사회간접자본 시설공사를 주로 하는 중견 건설업체 서한은 미청구 공사 금액이 매출채권의 약 53%라는 점이 강조사항으로 꼽혔다. 원자력발전소용 계측기업체 우진은 미청구공사금액이 총 자산의 7.3%여서 감사인의 지적을 받았다.

계속기업과 관련된 불확실성은 핵심감사제(KAM)의 점검 대상 항목이 될 수도 있다.

감사보고서의 특기 사항에 포함되는 내용은 독자들이 읽지 않을 가능성도 높다. 실질적으로 통용되고 사용되는 감사보고서의 첫 문단에 통상적으로 감사의견이 포함되며 위의 신문기사의 내용은 그 해석에 대해서 우리가 유념할 내용을 기술하고 있다.

chapter 15의 대우건설의 분기 검토보고서에 보면 그나마 의견거절의 내용이 4장에 가서야 보고되고 있다고 지적하고 있다.

특기사항에 계속기업과 관련된 의구심이 포함된 적정기업 관련된 한정의견(변형된 의견)은 적정의견이거나 한정의견의 border line에 있는 것이다.

감사인의 입장에서는 계속기업과 관련된 한정된 의견을 표명하는 것이 부담될 때에 가장 좋은 대안으로 표명할 수 있는 의견이 적정의견을 표명하면서 강조사항으로 계속기업과 관련된 내용을 포함하는 것일 수 있다.

피감기업에 대해서도 그들이 받기를 희망하는 적정의견을 표명해 주었다고 우세를 할 수 있으며 나중에 문제가 되더라도 통상적인 적정의견이 아니라 강조사항 속에 계속기업과 관련된 유보적인 내용이 포함되어 있다고 하면 감사인의 입장에서는 누이 좋고 매부 좋은 면피성 의견 표명이라고 할 수 있다.

피감기업이 부도가 발생하였다면 감사인에게는 책임 문제가 따를 수 있다. 이러한 경우 면피할 수 있는 가장 좋은 대안이 위에 제시한 것과 같은 보고서 형태일 수 있다. 피감기업이 부도가 발생하였는데 그 잘못을 적정의견에 대한 특기사항을 상세하게 검토하지 않은 회계정보 이용자에게 떠넘길 수 있다. 강조사항에 이 내용을 포함하면서도 적정의견을 표명하여서 피감기업과의 불편함은 피해갈 수 있다.

　　피감기업의 입장에서도 본인들이 불편한 비적정의견보다는 적정의견을 주면서 어느 정도의 유보된 내용을 표명하는 것이 좋은 절충형 의견이다.

　　모든 의견의 borderline은 어차피 주관적인 판단의 영역일 수밖에 없다. 적정의견과 한정의견, 한정의견과 부적정의견, 부적정의견과 의견거절의 차이 모두 동일하다. 따라서 한정의견이 표명되어야 하는데 부적정의견이 표명되었다고 해서 또는 부적정의견이 표명되어야 하는데 한정의견이 표명되었다고 해서 크게 문제가 되는 것은 아니다. 또한 부적정의견이 표명되어야 하는데 의견 거절이 표명되었다고 해서 또는 의견 거절이 표명되어야 하는데 부적정의견이 표명되었다고 해서 크게 문제가 될 것 같지 않다. 단, 적정의견과 비적정의견 간에는 분명한 책임 문제가 이슈가 될 수 있다.

　　따라서 위의 신문기사에서 지적된 적정의견은 면피성 의견일 수 있으며 피감기업에도 또한 회계정보 이용자에게도 面이 설 수 있는 절충형 의견일 수 있다.

　　따라서 강조사항에 계속기업과 관련된 의문이 제시되는 것은 감사보고서의 이용자들에게 조금 더 많은 주의를 환기할 수 있어야 한다. 다만, 어느 정도 시간을 투입하여 감사보고서를 면밀하게 검토하는지는 이용자의 몫이다.

조선일보. 2017.3.30. 감사인의 '적정의견', 재무상태 좋다는 뜻 아냐

　금감원에 따르면 지난 2014년 상장법인 1,848개 업체 가운데 감사의견이 적정의견으로 표명된 회사는 99.1%(1,832개 업체)에 달하지만, 적정의견을 받은 회사 중 2.7%(50개사)가 감사보고서 발행 후 2년도 되지 않아 상장폐지됐다. 금감원 관계자는 "재무 상태가 엉망이어도, 회계 기준에 맞게 재무제표가 표시됐다면 적정의견을 받을 수 있기 때문에 이것으로만 재무 상태를 판단해서는 안 된다"고 말했다.

• '강조사항'과 '계속기업 불확실성'도 따져봐야

감사보고서에 등장하는 '강조사항'도 반드시 살펴봐야 한다. 감사 결과 중요하다고 판단되는 내용은 강조사항란에 담긴다. 예를 들면 "기업이 소송을 진행 중이어서 재무상 변화가 있을 수 있다"는 내용이나 기업의 최대주주와 같은 특수 관계자와의 중요한 거래, 영업 환경의 변경 등이 해당된다. 이는 회사의 재무상태와 경영 성과에 큰 영향을 미칠 수 있기 때문에 주의 깊게 따져봐야 한다.

감사보고서에 '계속기업 불확실성'이라고 언급된 회사도 유심히 볼 필요가 있다. 기업이 추진하는 사업 전망이 나쁘거나 재무제표 건전성이 나빠지는 등 기업이 계속 존재하는 게 불투명하다고 판단될 때 감사인은 강조사항에 계속 기업 불확실성이라고 표시한다. 금감원에 따르면 지난 2014년 계속기업 불확실성을 강조사항에 기재한 적정의견 기업 가운데 2년 내 상장폐지된 비율(16.2%)이 강조사항을 기재하지 않는 기업 중 상장폐지된 비율(2.2%)보다 약 8배에 가깝다.

이와 함께 감사보고서에 있는 재무제표 가운데 '주석(notes)'도 반드시 봐야 한다. 특히 주석에 표시되는 타인에 대한 지급 보증이나 소송사건의 결과에 따라 변동되는 미래 예상 손실금액, 기업의 최대 주주와 친인척, 임원과 같은 특수 관계자와의 거래 내역 등은 회사의 재무 상태에 영향을 미칠 수 있는 사항이기 때문에 꼼꼼히 살펴보고 투자하는 것이 좋다.

특히나 특수관계자 거래나 지급보증 등은 생각보다 심각한 회계의 문제를 동반할 수 있다.

조선일보. 2017.8.14. 상장기업 81곳 회사 생존 장담 못해

지난해 영업 실적을 결산한 상장 기업 가운데 21곳이 재무제표를 부실하게 작성했고, 81곳이 존립 여부가 불투명하다는 판정을 받았다. 금융감독원은 13일 "상장사 2,081곳의 2016년도 감사보고서를 분석한 결과 부실 판정을 받은 기업의 수가 전년보다 증가했다"고 밝혔다.

감사보고서는 기업의 연간 재무제표를 회계법인이 검증해 작성한 보고서다. 상장 기업은 이를 공시할 의무가 있다. 금감원 분석 결과 상장 기업 21곳이 '비적정' 감사의견을 받았다. 기업이 회계처리 기준을 위반해 재무제표를 작성했거나 매출이나 이익 등 지표를

믿을 수 없으니 투자자는 유의하란 뜻이다. 비적정 감사 의견을 받은 상장사는 2015년 8곳에서 작년 13곳으로 급증했다. 대부분 부실기업이다.

또 회계법인이 감사보고서를 작성하면서 '계속 기업 불확실성' 판정을 내린 상장사가 작년 81곳에 달한 것으로 집계됐다. 2015년 79곳보다 소폭 늘어난 것이다. 현재 실적이 매우 좋지 않아서 계속 살아남을지 장담할 수 없는 회사란 뜻이다. '계속 기업 불확실' 판정을 받은 상장사의 2년 내 상장 폐지 비율은 7.8%로 그렇지 않은 경우(1.8%)의 4배에 달한다.

금감원은 "영업 환경 및 재무 구조가 악화하는 기업이 증가하는 것으로 추정된다"며 "투자자들은 '비적정 감사 의견' 또는 '계속 기업 불확실성' 판정을 받은 회사에 유의하라"고 경고했다.

한국경제신문. 2017.8.14. '존속여부 불투명한 기업' 4배 늘었다

재무구조가 나빠져 존속 여부가 불투명하다는 이른바 '계속기업 불확실성'이 강조된 기업이 네 배 가까이 증가한 것으로 나타났다. 계속기업 불확실성이 강조된 회사는 그렇지 않은 곳보다 상장폐지율이 높은 만큼 투자자의 주의가 필요하다는 지적이다.

금융감독원은 상장법인 2,081곳의 2016년 감사보고서를 분석한 결과 비적정의견을 받은 기업은 21개(한정 11개, 의견거절 10개)로 전기보다 13곳 늘었다고 13일 발표했다. 이 중 비적정 사유가 '계속기업 불확실성'인 기업은 11곳으로 전기(3곳)보다 크게 증가했다.

적정의견을 받은 기업은 2,060개로 전체의 99%를 차지했으나 전기(99.6%)보다는 0.6% 포인트 감소했다. 금감원에 따르면 감사보고서상 적정의견은 '재무제표가 회계처리 기준에 따라 적정하게 작성됐다'는 의미일 뿐 재무건전성이 양호하다는 뜻은 아니다.

감사의견에 영향은 없지만 이용자의 주의를 환기시킬 필요가 있다고 보고 감사인이 감사보고서에 강조하는 '강조사항'도 전기보다 늘었다. 감사보고서에 기재된 강조사항은 총 818건으로 전기 대비 207건 증가했다.

chapter 23

중국 기업[1]

중국기업들이 우리의 시장에서 많은 주목을 받고 있다. 이들 기업들이 무엇이 문제가 되는지를 짚어 본다.

매일경제신문. 2016.7.19. '허위공시' 중국원양자원 상장공시위에 불참 통보

코스피 상장 중국 기업인 중국원양자원이 허위공시 사태 이후 열리는 한국거래소의 상장공시위원회에 불참하겠다고 통보했다.

18일 한국거래소에 따르면 중국원양자원 측은 다음 주 열릴 예정인 유가증권시장 상장공시위원회에 비자 발급 문제를 이유로 참석할 수 없다는 뜻을 밝혀왔다.

거래소 관계자는 "허위 공시로 투자자들이 큰 혼선을 겪게 된 만큼 출석을 강하게 요구했음에도 참석이 어렵다는 답변을 들었다"고 말했다.

이 업체는 지난 4월 홍콩 업체로 부터 대여금과 이자 74억원을 갚지 못해 소송을 당했고 계열사 지분 30%가 가압류됐다고 공시했는데 거짓으로 드러난 바 있다. 중국원양자원은 투자자들에게 경영 상황을 설명하기 위해 만든 홈페이지에서 자사 보유 선박 사진을 소개하면서 한 척의 선박을 여러 대로 보이게 조작했다는 의혹도 받고 있다.

이와 관련해 한국거래소는 상장공시위원회 심의를 거쳐 중국원양자원에 대한 불성실공시법인 지정 여부와 벌점 등 징계 수위를 확정할 예정이다. 중국원양자원 관계자가 상장공시위원회에 불참하면 자신의 입장을 설명할 기회를 스스로 포기하는 셈이 된다.

거래소 상장 규정상 15점 이상의 벌점을 받으면 관리종목으로 지정된다.

---

1) chapter 44의 해외 기업 상장 내용과도 연관된다.

조선일보. 2016.7.13. 툭하면 상폐 거짓 공시… 국내 상장 중국기업 '골치'

이 같은 문제는 중국기업이 상장될 때 사전 검증 과정이 부실하고, 사후 관리 과정도 거의 전무해 벌어지는 상황이다.

외국 기업이 국내 증시에 상장할 때는 우선 주관사(증권사)를 선정해 실사를 벌인 뒤 거래소에서 상장 예비심사를 받는다. '1차 관문'에 해당하는데 여기서부터 허술하다. 주관사는 기업이 상장이 되어야 큰 돈을 벌기 때문에 되도록 유리하게 실사 보고서를 작성한다. 특히 중국 기업의 협조가 제대로 이뤄지지 않아 회계법인이 제대로 회계감사를 하지 못하는 게 현실이다.

한 대형 회계법인 임원은 "최근 중국 현지에 가서 적정성 여부를 따져보려고 했지만 확인할 방법이 없어서 포기했다"고 말했다.

거래소는 주관사가 제출한 자료를 토대로 상장 예비심사를 하는데 해당 기업을 손바닥 보듯 들여다볼 방법이 없다. 거래소 관계자는 "주관사가 제출한 서류를 믿는 수밖에 없다"고 말했다. 게다가 거래소는 다양한 해외 기업을 국내 증시에 유치해야 실적도 쌓이는 입장이다. 중국 기업이 거래소 심사를 통과하면 금융감독원은 증권신고서를 검토해 증권을 발행해도 되는지 요건을 따져보게 된다. 이 단계에서도 부실 중국 기업의 속살은 드러나지 않는다.

한국거래소 차원에서 국내에서 IPO를 하는 기업을 코스닥 또는 유가증권 시장으로 유치하려는 경쟁도 있고 또한 국제적인 거래소 간에 상당한 수준의 거래소 경쟁이 치열하게 전개되고 있고, 외국의 우량 기업들을 해당 거래소로 유치하려는 경쟁도 치열하다. 한국거래소의 해외 거래소 간의 경쟁에 있어서의 순위는 우리 경제 규모 정도 순위이다. 상장 기업의 유치가 거래소 차원에서는 당연히 business이다. 문제는 한국거래소의 상장에 관심을 가진 기업들이 대부분 그렇고 그런 중국 기업에 불과하다는 데 있다.

유치한 해외 기업의 부실이 나중에 드러날 경우, 유치를 주관한 증권사와 회계를 검토한 회계법인 간에 책임 문제로 법적인 다툼을 하는 경우도 있다. 중국고섬의 경우, 대우증권과 한영회계법인이 분식회계 발견이 책임을 놓고 법적 다툼을 벌였다.

조선일보. 2016.4.18. 한국 상장 중 기업들, 주가 띄운 뒤 툭하면 '먹튀'

"한국주주들을 ATM 취급하는 것 아닌가."

"주주가 기업과 기본적인 소통도 할 수 없는 게 이게 무슨 정상적인 상장기업이란 말인가."

한 포털사이트 토론방에서는 '외국기업 상장 행태를 고발한다'는 내용의 청원 운동이 2주째 벌어지고 있다. 국내 증시에 상장한 외국 기업, 특히 중국 회사들이 부실한 경영 상태를 제대로 알리지 않거나, 대주주가 먹튀 행위를 일삼아 상장 후 주가가 폭락, 큰 손해를 봤다며 주주들이 금융당국을 상대로 집단행동에 나선 것이다.

2007년 중국 음향기기업체 3노드디지탈을 시작으로 현재까지 국내 증시에 상장된 중국기업은 총 17곳. 이 중 7곳이 상장폐지 증시에서 사라졌다. 2011년 상장한 섬유업체 중국고섬은 상장 2개월 만에 분식회계 사실이 드러나 퇴출당하는 과정에서 2,000억원 가량의 주주 피해가 발생하기도 했다. 최근에는 중국원양자원, 차이나하오란, 글로벌에스엠 등 중국 홍콩 기업들이 '제2의 고섬 사태'를 일으키는 것 아니냐는 불안감을 낳고 있다.

• 국내 증시 상장한 중국기업 17개 중 7사 상장폐지

지난달 31일 서울 여의도 사학연금회관에서 열린 중국원양자원 정기총회에서는 소액주주들의 반란이 일어나 회사 측이 상정한 7개 안건 중 4개가 통과하지 못했다. 사측은 이사 재선임과 회사 정관 개정, 신주발행 결의 권리 위임, 제3자 배정 유상 증자 등을 시도했지만, 주주들이 '더는 우리 돈을 희생시킬 수 없다'며 맞섰다.

중국 원양어업 기업인 이 회사는 '중국인들의 소득이 올라가 도미 참치를 먹기 시작하면 대박 난다'는 기대감 속에 상장해 큰 관심이 쏠렸다. 하지만 최대주주 지분율이 54% 에서 0.8%로 급감했다가 다시 15%로 늘어난 후 도로 7%대로 떨어지는 등 불투명한 경영이 계속되면서 1년 3개월 전 1만 2,850원까지 치솟았던 주가가 15일 현재 2,125원까지 폭락했다. 중국원양자원처럼 현재 국내 코스피 코스닥 시장에 상장돼 있는 중국계 기업은 총 10개다. 이 중 일부가 국내 소액주주들을 무시하고 홀대하는 형태로 말썽을 빚고 있다.

가장 잦은 유형은 '불성실 공시'다. 중국원양자원의 경우 상장 이후 5차례나 불성실공시 법인으로 지정됐다. 2012년에는 최대주주를 거짓으로 기재해 20억원의 과징금을 부과

받기도 했다. 이 회사뿐만 아니라 코스닥 시장에 상장된 차아나하오란, 글로벌에스엠 등이 공시 불이행 공시번복 등의 사유로 불성실 공시법인으로 지정된 적이 있다.

두 번째 유형은 소액주주들을 무시하는 불성실공시 태도다. 중국원양자원의 주주총회에 참석하기로 돼 있었던 이 회사의 대표는 화상으로만 모습을 드러냈고, 감사는 아예 나타나지 않았다. 대표를 상대로 지분을 대거 처분한 이유를 따지려던 소액주주들은 분개했다. 지난달 29일 열린 중국 건강식품 기업 씨케에이치의 임시 주총에서는 비상근 감사 선임 문제를 놓고 소액주주들과 회사 측이 다퉜다. 소액주주들은 경영의 투명성을 높이는 차원에서 한국인 감사(비상근)를 선임해 달라고 요구했는데, 회사 측은 "비상근 감사에 관한 규정이 없다"는 이유로 안건 상정조차 거절했다.

세 번째 유형은 '먹튀', 작년 말 밸브업체 엔에스브이를 인수한 북경면세점사업단은 중국 베이징에 대규모 공항 면세점을 세운다고 대대적으로 홍보해 주가가 단기간에 60% 가까이 급등했다. 그런데 북경면세점사업단은 지난달 4일 갖고 있던 지분 8.78%(102만 주) 중 80만 주를 장외에서 팔아버렸고 같은 달 23일 주식 매매거래가 정지됐다. 시장 전문가들은 이번 일을 기업 인수 후 '신사업'을 추가해 주가를 띄운 뒤 팔고 나가는 전형적인 먹튀 수법으로 보고 있다.

• 투자자보호, 손 놓은 금융당국

중국계 상장기업들이 갖가지 말썽을 일으키고 있는데도 상장을 주선한 한국거래소와 상장제도를 담당하는 금융위원회는 사실상 손을 놓고 있다.

거래소 관계자는 "스펙이 좋은 신입 사원이 일을 잘할 것이라 기대하고 뽑았는데, 일 시켜보니 예상과 달리 사고를 치는 게 회사 시스템의 문제인가, 규정에 맞아 상장시켰지만, 기대와 달리 회사가 부실해지는 경우 등은 시장에서 얼마든지 있을 수 있는 일이다. 외국 기업이라고 예외는 아니다"고 말했다.

하지만 전문가들은 몇 가지 이유를 들어 국내 시장에 상장하는 중국계 기업에 대해 신중한 투자를 당부하고 있다. 우선 국내 증시에 상장하는 중국 기업들의 사업성 문제이다. 현재 중국에선 상장을 기다리는 기업이 600~700여 개에 달하는데다, 돈이 될 알짜 기업의 해외 상장은 중국 당국이 막고 있다는 게 전문가들의 설명이다. 이 때문에 한국 증시에 상장하려는 중국 기업은 사양산업에 속한 곳일 가능성이 크다는 게 금융투자업계의 시각이다.

또 국내 상장 중국 기업 중에는 정부 규제를 피해 손쉽게 해외 상장을 하기 위해 케이

맨제도, 홍콩 등지에 특수목적법인을 설립한 뒤 역외 지주회사를 상장시키는 방식을 택하는 기업도 있다. 크리스탈신소재, 씨케이에이치, 차이나그레이트 등이 대표적이다. 금감원 기업 공시국 관계자는 "사업회사 소재 국가와 SPC 설립국 사이에 법규 제도 차이가 있어 국내 투자자의 주주권이 제한될 소지가 있고, 본국의 사업회사로부터 배당 역시 제한될 위험이 있다"고 지적했다.

매일경제신문. 2016.3.15. 최대주주 절반 지분 처분에 5개월새 주가 3분의 1 토막

2009년 유가증권시장에 상장된 중국원양자원이 최근 또 다시 대주주 먹튀 논란에 휩싸이면서 투자자들이 '제2고섬' 사태를 빚을까 떨고 있다. 최근 중국원양자원을 둘러싼 논란이 지속되자 한국거래소도 중국보다는 베트남, 인도네시아 등 동남아 기업을 상장 유치하는 쪽으로 눈을 돌리고 있다. '고섬 사태'란 중국 기업 고섬이 2011년 한국 증시에 입성한 후 상장 3개월 만에 회계부정 적발로 거래 정지됐고 2013년 상장폐지됐다. 당시 투자자 피해 규모는 2,000억 원 선으로 추정됐고 투자손실과 관련된 증권업계 소송전도 아직 끝나지 않은 상태다.

중국원양자원 최대주주인 장회리 대표는 지난 10일 자사주 667만 8,000주를 장내 매도했다. 지난해 신주 상장으로 보호예수에 묶여 있던 지분이 지난 1월말 보호예수기간이 만료되자 팔아치운 것이다. 이 바람에 최대주주 지분은 종전 14.54%에서 7.72%로 줄었다.

주가도 이달 들어 연일 하락하면서 지난 11일에는 2,415원으로 52주 최저가를 기록했다. 지난해 10월 16일 신고가 7,420원에 비해 3분의 1 토막이 난 것이다.

이 와중에 중국원양자원은 발행 가능한 주식 수를 1억주 가량 늘리는 정관 변경 안을 이달 말 개최되는 정기주주총회에 상정하기로 했다. 주주총회를 거쳐야 하는 유가증권 결의 권한도 이사회에 위임하는 안건도 올려놨다. 주식 수를 늘려 주주가치를 희석시키고 시장에서 유상증자마저 쉽게 만들겠다는 얘기다. 소액주주들이 최대주주 먹튀 논란을 끊임없이 제기하는 것도 이 때문이다.

사실 중국원양자원은 2009년 상장 이래 한 해도 조용히 지나간 적이 없었다. 불성실 공시법인으로 지정돼 투자자들에게 원성을 사기도 했고 2009년 상장 후 최대주주 지분이 54%에서 0.8%까지 급감했다가 다시 15%까지 늘렸다 되파는 등 비상식적인 거래가 이어졌다. 2014년에는 중국 당국의 송금 규제로 운영자금 송금이 지연되면서 대표이사

보유 지분 매각 대금을 운영자금으로 충당하기도 했다.

주가도 널뛰기를 거듭해 2014년 한 해 동안 최고 1만 4,150원에서 최저 1,120원까지 10배 넘게 극과 극을 달렸다.

국내 증시에 중국 기업이 처음 상장된 것은 2007년이지만 고섬 사태 이후 한국 증시에 상장한 다른 중국 기업들도 하나 둘씩 무너졌다.

2012년 연합과기가 상장 요건 미흡으로 유가증권시장에서 강제 퇴출됐고 2013년 1월 3일 노드디지탈에 이어 6월 중국식품포장이 자진 상폐에 나섰다. 국내 투자자들에게 '차이나 포비아(중국 공포)'까지 생겼다.

이런 이유로 중국 기업의 한국 증시 상장은 계속 난항을 겪었다. 지난 1월 말 중국 크리스탈신소재가 코스닥시장에 상장하면서 약 4년 반 만에 중국기업이 국내 증시에 입성하는 분위기를 타고 있는데 또다시 중국원양지원 리스크가 불거지고 있는 것이다.

한국거래소 관계자는 "중국 기업들이 회계나 자본시장에 대한 이해가 부족한 상태에서 상장돼 투자자들과 법정 분쟁을 벌리는 등 불미스러운 일이 있었다"며 "이를 피하기 위해 최근에는 베트남, 인도네시아 등 동남아 기업들로 눈을 돌리고 있다"고 말했다.

거래소가 성장성 높은 외국 기업을 국내 증시에 상장해 자본시장에 활력을 불어 넣으려 했지만 중국 기업 먹튀 논란 등에 휩싸이자 중국 대신 동남아 기업 발굴에 적극 나서고 있다는 얘기다. 최근 코스피에 입성한 인도네시아 한상기업 JS코퍼레이션이나 오는 6월 상장 예정인 LS전선 베트남 자회사 등이 이 같은 맥락이다.

매일경제신문. 2016.3.16. 외국기업 첫 패스트트랙… 상장심사 65일서 30일로 단축

미국 건설 중장비 생산업체인 두산 밥캣이 외국 기업 가운데 최초로 상장 패스트트랙을 적용받아 조기 상장이 가능해질 것으로 보인다. 2014년 국내시장에 패스트트랙이 도입된 이후 우리나라 삼성 SDS 등 5개 기업이 상장 패스트트랙을 적용받아 심사 기간이 절반 이상 단축됐지만, 외국 기업에 패스트트랙이 적용되는 것은 이번이 처음이다.

15일 한국거래소 고위 관계자는 "상장 패스트트랙 요건을 모두 충족시킨다면 외국 기업이라고 해서 차별할 이유가 전혀 없다"며 "두산 밥캣의 경우 대부분의 자회사가 해외에서 영업하고 있어 사실상 외국 기업이지만 상장 패스트트랙을 적용받게 될 것"이라고 말했다.

패스트트랙 적용 대상은 자기자본 4,000억 원 이상이면서 매출이 해당연도에 7,000억원을 넘거나 3년 평균 5,000억 원 이상이어야 하고, 당기순이익 역시 300억 원 이상이거나 3년 합계가 600억 원을 넘어야 한다. 기업 덩치나 수익성이 일정 수준을 넘어설 경우 단기간에 상장 폐지되거나 부도가 나지 않을 것이라고 보고 신속하게 상장할 수 있도록 해주는 것이다. 두산 밥켓은 지난해 매출 4조 408억 원, 자기자본 3조 1,000억 원을 기록했다. 두산 밥켓은 기업가치 산정을 위해 필수적인 당기순이익을 아직 공개하지 않았지만 지난해 사상 최대 실적을 거뒀음을 감안하면 패스트트랙의 순이익 요건도 무난히 충족시킬 것으로 보인다.

물론 자기자본 매출액 당기순이익 요건을 충족시켜도 신속하게 상장심사를 끝마치는 것이 자본시장에 문제를 야기할 수 있다고 거래소가 판단하는 경우에는 패스트트랙을 적용하지 않을 수 있다. 패스트트랙 적용 여부는 거래소의 직권 사항이기 때문이다. 상장예비심사를 청구한 기업이 상장 패스트트랙 요건에 부합하면 기업의 패스트트랙 신청 여부와 상관없이 기업 계속성 심사를 생략한다. 대개 20거래일 이내로 상장예비심사를 끝내지만 호텔롯데의 사례처럼 상장이 사회적으로 논란이 되는 경우 다소 지체될 수도 있다.

두산 밥켓은 두산인프라코어가 해외 자회사 밥켓을 상장시키기 위해 2014년 국내에 설립한 특수목적법인(SPC)이다. 세계 곳곳에 현지법인을 두고 있는 밥켓의 지주사 역할을 수행한다. 두산 밥켓이 그동안 상장을 고려했던 미국 증시 대신 한국 증시를 선택한 것은 상장유지 비용과 관리의 효율성 등 여러 가지 이유가 있지만 상장심사 기간이 짧다는 점도 크게 작용했다. 계속성 심사를 생략하는 패스트트랙이 적용되면 미국보다 한국에서 상장심사 기간이 짧아지기 때문이다.

한국신용평가에 따르면 두산 밥켓의 모회사인 두산인프라코어는 2014년 A였던 회사채 신용등급이 최근 BBB로 낮아지면서 자금 조달에 어려움을 겪고 있다. 지난해 말 순차입금은 5조 522억 원에 달한다. 연내 상장하겠다는 방침을 밝혀 두산 밥켓은 지난주 JP모간과 한국투자증권을 상장 대표 주간사로 선정했다.

상장 주간사 계약을 마친 뒤 법률 자문과 회계 자문을 거쳐 이르면 오는 5월 상장예비심사사를 청구할 전망이다. 패스트트랙이 적용되면 오는 8월 상장도 바라볼 수 있다. 물론 법률 회계 자문을 충분히 거친 뒤 상장예비심사를 청구할 수 있고, 상장예비심사가 끝난 뒤에도 수요 예측 등 절차가 남아 있기 때문에 상장 시기가 8월 이후로 늦춰질 가능성도 배제할 수 없다.

금융투자업계 관계자는 "국내 유가증권시장의 경우 기관투자자, 외국인, 개인 투자자 등 투자자 구성이 이상적이라는 평가를 받고 있다"며 "여기에 더해 상장패스트트랙 등 상장 절차의 신속성이 추가로 부각된다면 해외 우량한 비상장기업이 한국 증시를 좀 더 주목하는 계기가 될 것"이라고 말했다.

• 상장 패스트트랙 개요

주된 내용: 일정 조건을 만족하는 경우 '계속성' 심사를 면제해 심사기간을 기존 45일에서 20일로 줄이는 제도(외국 기업의 경우에는 65일에서 30일)

적용 요건: 1. 자기자본 400억 원 이상

2. 매출이 7,000억 원을 넘거나 3년 평균 5,000억 원 이상

3. 당기순이익 300억 원 이상이거나 3년 합계가 600억 원 이상

chapter 24

금강산 골프장 손상 차손 건

유형자산에 대해서 손상테스트를 수행하여 손상을 인식하는 건은 어떠한 경우에는 생각만큼 간단하지 않은 경우가 많다.

예를 들어 에머슨퍼시픽그룹은 금강산에 2008년 골프장을 오픈하여 시범 라운딩을 진행 중이다가 김왕자 씨 피살 사건이 발생하면서 골프장 운영이 중단되었으며 2010년에는 일단, 북한당국이 금강산 골프장의 자산을 동결하게 된다.

2010년부터 최근까지 이 골프장의 640여 억원의 자산에 대해서 손상을 인식하여야 할지에 대한 논란이 있다. 2015년 에머슨퍼시픽의 재무제표에 대해서 감독원이 감리를 하는 과정에서 불거진 문제이다. 무엇보다도 남북관계 등의 정치적인 이슈가 개입된 건이며 2008년 이후 감리가 진행되던 2017년까지 거의 매년 남북관계가 경색과 화해 무드라는 반전을 거듭하면서 금강산골프장을 재개장한다는 가능성이 항상 상존하였기 때문에 에머슨퍼시픽은 거의 10년 동안 손상을 인식하지 않고 있었다. 어떻게 보면 개성공단과 정치적 운명을 같이 한다고 할 수 있다.

회계에서의 회수가능액은 자산의 사용가치와 공정가치 중, 큰 금액이며 이 금액이 장부가치보다 낮을 경우는 손상을 인식하여야 하고, 그렇지 않을 경우는 손상을 인식하지 않는다. 재산권이 북한이 통제하는 관할 하에 존재하기 때문에 공정가치의 측정은 매우 자의적이며 임의적일 수밖에 없으며 자의성을 떠나 가능한 것인지에 대해서도 의문이 있다. 일반적으로 부동산에 대한 공정가치의 평가가 이슈가 되면 감정평가의 영역이라고 얘기할 수 있는데 우리가 인정하는 자격증소지자인 감정평가사의 업무의 영역이 미칠 수 있는 범주가 아니다.

우리가 흔히 공정가치에 대한 내용을 공시할 때, 재무제표의 주석에 공시지가를 같이 표기하기도 한다. 이는 공시지가와 공정가치가 평균적으로 어느 정도의 비율로 책정되는지를 사전적으로 알고 있으므로 공시지가를 표시하는 것이 공정가치의 추정에 도움이 되기 때문이다.

공정가치를 추정한다는 것이 이와 같이 어려운 작업이므로 회수가능액은 이보다는 사용가능가치를 추정하는 것이 더 용이한 대안일 수 있다.

사용가능가치의 추정은 금강산 아난티 골프장의 대안적인 성격의 리조트 골프장의 가동률 등에 근거하여 여러 수준에서의 사용가능가치를 추정해 볼 수 있다. 즉, 골프장이 재개장된다면 어느 정도의 수익을 창출할 것인지를 추정하는 과정이다. 물론, 이 또한 여러 가지의 가정에 근거한 추정 과정이 될 수밖에 없지만 그럼에도 공정가치의 추정보다는 조금 더 현실적인 대안일 수 있다.

에머슨퍼시픽이 손상을 인식한다고 해도 어느 정도의 손상을 인식하는 것이 가능한 것인지도 쉽지 않은 의사결정이다. 한 가지 대안은 일단 골프장이 재개장된다면 10년 동안 영업이 되지 않았기 때문에 정상적인 가동을 할 수 있는 상황이 되도록 토목, 전기, 인테리어, 건축, 설비 등을 정상 상태로 돌리기 위한 복구비용이 발생할 것인데, 적어도 이는 골프장의 상태를 원위치하기 위한 비용이므로 현 상황에서의 손상으로 인식해야 하는 손실로 인식할 수 있다.

손상을 인식하려고 해도 어느 정도 손상이 발생하였을 경우에, 이를 인식하여야 하는지도 이슈이다. 손성규(2017)의 chapter 56에도 이 내용이 기술되어 있듯이 이는 두 가지 차원에서 측정되어야 하는데, 어느 정도의 크기로 손상이 되었을 때, 인식하여야 할지와 또 어느 정도의 기간 동안에 지속적으로 가격이 하락되었을 경우에 손상을 인식하여야 하는지의 이슈이다.[1]

---

1) 단, 이러한 판단이 지분증권의 손상차손에 대한 판단이건 아니면 유형자산의 손상과 관련된 판단이건 손상이라는 개념의 적용에는 차이가 없다.

2013년 지분증권 손상차손 인식여부 판단시 유의사항 통보라는 공문을 통해 금융감독원은 손해보험협회에 대해서 다음과 같은 가이드라인을 제시하였다.

1. 지분증권이 원가이하로 30% 이상 하락하거나

물론, 금액의 크기와 기간과 관련된 내용은 기업회계기준에 정의되어 있지 않으며 아마도 각 개별 기업에서 이러한 '유권해석'이 필요한 경우는 공신력이 있는 기관에서는 이와 관련된 가이드라인을 제시하지 않기 때문에 회계법인의 내부적인 가이드라인에 따라서 이를 적용하는 것이 가능할 것이다.

손상금액을 추정하기도 어려울 뿐 아니라 추정한다고 해도 이 금액이 손상을 인식하여야 할 정도의 큰 금액인지도 명확하지 않다. 상황의 변화에 따라서 손상을 환입해야 하는 일이 발생한다면 이는 손상을 인식하지 않았을 대안보다도 우월한 대안이 아니다. 이는 회계에서는 지속성을 견지하는 것이 매우 중요하기 때문이다.

금강산 아난티 골프장에 대해서 회사가 지속적으로 고민을 하였는데도, 손상을 인식하지 않는 이유가 손상을 인식하였다가 언제 다시 상황이 반전되어 손상을 환입받아야 하는지가 명확하지 않기 때문이다. 그렇기 때문에 유사한 상황에 있는 대북 사업을 수행하는 현대아산이나, 한국관광공사도 이를 손상차손으로 인식하지 않고 단지 감사보고서에 강조사항으로만 기록하고 있다.

에머슨퍼시픽의 감사인도 2010년 이후에 지속적으로 이 내용을 강조사항에 기술하고 있다. 한번도 손상을 인식하지는 않았고 이에 대한 고민만을 공유하고 있다.

이 이슈는 순수한 회계적인 이슈였으나 정치적인 이슈로 발전되었다. 2017년 5월 정권이 바뀌고 진보 성향의 정권으로 정권 교체가 이루어진 시점에 남북이 북한의 미사일 문제로 대치하기는 하지만 그럼에도 지속적으로 남북정상회담, 북미정상회담 대화가 성사되는 시점에 감독기관에서 이러한 특정기업에 대하여 손상차손을 요구하기도 애매모호한 시점이었다.

---

2. 원가 이하 하락한 상태가 6개월 이상 지속되는 경우
chapter 7의 각주에서는 다음으로 신문기사를 인용하고 있다.
그래서 일반적으로 기업들은 '30% 이상 9개월' '50% 이상 6개월' 식으로 자체 내규를 마련해 놓기도 한다. 이런 내규에 따라 손상차손 인식 여부를 결정하면 된다.

chapter 25

기업소득환류세제

조세 정책은 기업이 경영과 관련된 의사결정을 수행하는데 매우 주된 영향을 미친다.

한국경제신문. 2016.6.29. 여 "투자 않고 배당만 늘린 기업 실효세율 인상"

추경호 새누리당 의원은 28일 기업의 미환류 소득에 10%의 법인세를 부과하는 '법인세법 일부 개정 법안'을 대표 발의했다. 기업의 사내유보금 투자를 유도하자는 취지의 개정안은 사실상 법인세 실효세율을 인상하는 것이다.

추의원이 발의한 개정안은 최경환 전 부총리 겸 기획재정부 장관이 추진한 '기업소득환류세제'를 더 강화하는 내용을 담고 있다. 기업 소득 중 <u>투자, 임금 증가, 배당 등에 지출하고 남은 '미환류소득'</u>에 10%의 법인세를 과세하는 것은 기존 법과 같다. 개정안은 기업 소득이 <u>배당보다는 투자와 임금 인상 등 국민경제에 직접적 환류 효과를 높이는 방향에 초점</u>을 맞춘 게 특징이다.

추의원은 "개정안은 기업 활동을 통해 마련된 기업 소득이 투자 확대와 가계의 소득 증진으로 이어져 유효 수요를 창출하고 다시 기업 활동을 촉진하는 선순환 구조를 형성하려는 취지에서 발의했다"고 말했다. 추 의원은 기업들이 미환류소득을 투자와 임금보다 <u>배당과 자사주 매입에 집중하는 것을 막기 위해</u> 미환류소득 계산 시 공제하는 배당의 가중치를 50%로 낮추고, 2017년인 일몰기한을 2020년까지 연장하도록 했다.

추 의원은 "기업 투자 확대를 유도해 경제에 활력을 불어넣고 임금 인상을 통한 가계로의 소득 환류가 더욱 원활히 이뤄질 수 있도록 기업소득 환류세제를 보완했다"고 설명했다.

매일경제신문. 2016.6.30. "임금 늘리도록 기업소득환류세제 개정"

유일호부총리 겸 기획재정부 장관은 29일 국회 기획재정위 업무보고에서 "배당 쪽을 낮추고 임금 증가로 무게 중심을 두도록 기업소득 환류 세제 개정 방안을 마련하겠다"고 말했다. 대주주와 외국인 투자자 고소득자의 소득만 늘리고, 실질적으로 서민들의 임금 증대에는 효과가 없었다는 일각의 주장을 수용한 것이다.

실제 한국거래소 산하 기업지배구조원이 지난해 말 대표적인 코스피 상장기업 200곳을 분석한 결과 지난 해 순이익은 전년에 비해 130% 증가했지만 투자는 오히려 1% 줄었고 직원 급여는 5% 늘었다. 반면 배당은 105% 줄었다. 다만 배당소득 증대 세제를 없애자는 주장에 대해 유총리는 "우리나라가 배당성향은 낮은 편"이라며 "만약 제도를 없애면 투자를 저해할 수 있다. 그보다는 고소득층에 세제 혜택이 너무 가지 않도록 보완하겠다"고 말했다.

정부의 정책도 혼동된다는 비판도 받고 있다. 사내유보금 과세라는 배당장려책이 있는 반면에 대주주가 아닌 이상, 시세차익에는 과세하지 않고 배당소득세만 15.4%를 부과하는 배당억제책이 혼재되어 있다.[1][2] 세계적인 기업인

---

1) 상장회사의 주주 중에서 세법상 양도소득세를 납부해야 하는 대주주의 요건은 날로 강화되었다. 코스피시장의 대주주 요건은 2016년 4월에 지분 1% 이상 또는 25억 원 이상으로 강화된 후, 2017년 개정세법에 의해 2018년 4월부터는 시가총액이 15억 원 이상, 2020년 4월부터는 10억 원 이상으로 대주주 범위가 확대된다. 코스닥시장에서도 2013년 7월 지분 5% 이상 또는 50억 원 이상에서 4%, 40억 원으로 강화된 데 이어 2016년 4월부터는 2%, 20억 원으로 대주주 범위를 넓혔다. 그리고 2017년 개정세법에서는 2018년 4월부터 15억 원, 2020년 4월부터는 10억 원, 2021년 4월부터는 3억 원으로 대주주 범위가 넓어진다. 대주주 양도소득세 과세할 때는 본인은 물론 가족이 보유한 주식까지 모두 합산한다. 배우자를 비롯해 부모 자녀 손자 등 직계비속의 지분까지 포함한다. 2018년에는 대주주의 주식 양도소득세도 오른다. 기존 20% 단일세율에서 과세표준 3억 원 초과 구간이 신설됐다. 즉, 양도소득세 과세표준이 3억원 이하는 기존처럼 20%를 내지만, 3억 원을 초과하면 25%로 세율이 조정된다. 다만 국회 수정안에서 중소기업 대주주의 양도소득세율 인상은 1년 미뤄져 2019년 1월 1일부터 시행한다.

2) 우리나라는 시세차익 과세인 양도세가 크게 주식과 부동산에 대해서 과세되는 데 주식은 비과세가 대부분, 과세가 예외사항인 반면, 부동산은 과세가 대부분, 비과세가 예외라는 차이가 있다. 반면 미국은 주식 과세가 대부분이기 때문에, 대주주 과세 범위 확대 같은 규제가 애당초 필요 없게 된다.
주식이나 부동산의 양도차손 비형평성에 대한 논의는 학자나 정책입안자들 사이에 별로 없다. 소득의 종류에 따라, 즉 사업소득, 부동산임대소득, 양도소득에 따라, 손실을 인정하는

Microsoft나 페이스북은 오랫동안 무배당정책을 고수하고 '있어 배당과 관련되어서는 해답이 없다.

또한 주주들 또한 본인 각자의 소득세의 과세율에 따라서 배당 또는 시세차익의 선호도에 차이가 발생한다.

조선일보. 2017.7.14. '남은 이익 과세' 3년 연장… 기업 곳간 계속 연다

문재인 정부가 기업소득환류세제를 3년 더 연장해 시행하고, 근로자 임금 인상을 유도하는 방향으로 과세 기준과 방식도 바꾸기로 했다.

기업 소득 환류세제는 기업이 한 해 벌어들인 이익의 80% 이상을 투자, 임금 인상, 배당에 사용하지 않으면 80% 선에서 미달한 액수의 10%만큼을 법인세로 추가 과세하는 것으로, 기업 보유 현금에 대한 세금 부과 제도다. 기업 이익이 가계로 흘러들어 가게 유도하자는 취지로 박근혜 정부 시절인 2015년부터 시행돼 3년만 시행하고 올해 종료하기로 예정돼 있다.

13일 국정기획자문위원회와 정부 관계자들에 따르면 기획재정부는 8월초 발표할 세제개혁안에 기업소득 환류세제를 오는 2020년까지 3년 더 시행한다는 계획을 포함시킬 예정이다. 기업소득 환류세제 과세 대상은 자기자본 500억원 이상이거나 대기업 집단 계열사들이다. 2015년 기준으로 과세 대상 기업 2,845곳이 129조 5,000억원을 투자, 임금 인상, 배당으로 썼고 506억원을 기업소득 환류세 명목으로 냈다.

정부 고위 관계자는 "대기업의 이익 증가에 비해 가계소득이 늘어나는 속도가 더딘 흐름을 보이고 있어서 박근혜 정부 때 만든 제도이긴 하지만 연장해야 한다는 쪽으로 결론 났다"고 말했다.

정부는 기업소득 환류세제를 3년 연장하는 것에 그치지 않고 내년부터 현재 80%인 환류 기준율을 90%로 올려 더 많은 기업 이익이 가계로 흘러갈 수 있게 하는 방안을 시

방식이 차이는 있지만 아예 손실 전액을 부인하는 것은 아니기 때문이다.
양도소득은 부동산을 처분하여 손실이 발생하면 같은 연도에 부동산을 처분하여 발생한 이득과 상계가 가능하다. 주식도 마찬가지로 손실이 항상 부인되는 것이 아니라 같은 연도 주식 양도차익과 상계된다.
단, 주식 손실과 부동산 차익, 또는 주식 이득과 부동산 손실 간의 상계는 허용되지 않는다.
사업소득이나 임대소득과 달리, 금년도 양도차손을 다음 연도로 이월해서 동일한 종류의 양도차익과 상계도 안 된다.

행할 것으로 알려졌다. 올해까지는 투자, 임금 인상, 배당에 이익의 80%를 넘겨 쓰면 추가 세금 부담이 없지만 내년부터는 90% 이상 써야 법인세를 추가로 물지 않는다는 것이다. 기업 입장에서는 투자, 임금 인상, 배당 압력을 더 강하게 받게 되는 셈이다.

기재부는 투자, 배당보다는 임금 인상 촉진에 비중을 두기 위해 현재 1(투자) 대 1.5(임금) 대 0.5(배당)인 가중치를 1(투자) 대 2(임금) 대 0.5(배당)로 바꾸는 방안도 추진 중이다.

지금은 기업소득 환류세제 부과 여부를 판정할 때 투자액은 액면 그대로, 임금 인상액은 50% 증액하고 배당은 50% 감액해서 계산하지만 내년부터는 임금 인상분에 대해서는 100% 증액 계산하는 방식을 염두에 두고 있다는 것이다.

또 임금 인상도 직원의 연령대에 따라 중장년보다 청년에게 임금을 올려줬을 때 가중치를 더 부여하는 방안도 검토 중이다. 기재부 관계자는 "기업 소득 환류 세제가 임금 주도 성장을 뒷받침할 수 있도록 재설계 중"이라고 말했다.

기재부는 8월초 내년 세제 개편안을 발표하고 국회에 보낸다. 국회가 내년 예산안과 함께 세제 개편안을 연말에 본회의에서 통과시키면 내년부터 시행에 들어간다.

chapter 26

대기업 집단

    우리나라의 많은 경제 활동이 대기업에 의해서 수행되며 따라서 이러한 기업에 대해서는 경영의 공정성을 확보하기 위해 정부는 중소기업보다 강한 제도로 대기업을 규제하게 된다.

한국경제신문. 2016.3.24. 대기업집단 기준 8년째 '자산 5조'

    공정거래법상 대기업집단 지정 요건은 2008년 '총자산 2조원 이상'에서 '5조원'으로 상향된 뒤 현재까지 8년째 변동이 없다.

    경제성장으로 기업의 총자산도 늘면서 2008년 41곳이었던 대기업집단은 작년 61곳으로 20개 증가했다. 올해 국내 대기업집단은 70곳에 육박할 것이란 분석도 나온다.

    30여 개 법령에는 대기업집단을 옥죄는 규제 내용이 수두룩하다. 우선 공정거래법에 따라 '지주회사 설립 제한', '상호 출자 금지', '신규 순환출자 금지', '채무보증 제한', '금융 보험회사 의결권 제한', '대규모 내부거래 이사회 의결' 등 10개 규제가 대기업집단에 적용된다.

    공시에 대한 부담도 커진다. 61개 대기업집단은 기업집단 계열사의 경영정보를 낱낱이 알려야 한다는 법 조항에 따라 작년에만 1만 4,629건의 공시를 쏟아냈다. 비상장사도 예외가 아니다. 세계에서 비상장사의 공시를 강제하고 있는 나라는 한국이 유일하다.

    이명박 정부 때인 2009년엔 규제 완화를 추진하면서 출자총액 제한제가 폐지됐고 대안으로 대기업집단 공시제도가 도입됐다.

    전문가들은 대기업 집단 지정 기준을 10조원으로 올려야 한다고 지적했다. 지정 기준을 10조원으로 올리면 작년 기준으로 국내 대기업 집단은 37개로 줄어들게 된다.

대기업집단 지정 요건

1987-1992년	자산총액 4조원
1993-2001년	30대 기업집단
2002-2007년	자산총액 2조원
2008-현재	자산총액 5조원

2016년에는 65개 기업군이 출자전환제한 기업으로 발표되었다.

조선일보. 2016.5.21. 내년부터 대기업 기준 5조서 10조로 높인다.

다음 달 중으로 대기업 집단(상호 출자 제한 기업 집단) 지정 기준을 현행 자산 '5조원 이상'에서 '10조원 이상'으로 높이기로 정부가 방침을 정한 것으로 알려졌다.

정부는 기준 변경과 동시에 올해 대상으로 지정된 65개 대기업 집단 가운데 자산 10 조원 미만인 카카오, 바이오업체인 셀트리온, 닭고기 업체 하림 등 28개 기업을 즉시 규 제 대상에서 제외하는 방안도 적극 추진 중이다.

정부 관계자는 20일 "공정거래위원회가 대기업 집단 기준을 10조원으로 바꾸기로 굳 어졌다"며 "기준이 변경되면 곧바로 대상 기업을 축소하는 방안도 적극 추진하고 있다" 고 말했다. 대기업 집단 지정은 매년 4월 정기적으로 실시되는데, 내년 4월을 기다리지 않 고 곧바로 풀어주겠다는 것이다. 대기업 기준 변경은 공정거래법 시행령 개정만으로 가능 하다. 대기업 집단으로 지정되면 경제력 집중을 막기 위해 30여 가지 법률에 의해 각종 거래 투자가 제한된다.

공정위는 또 '3~5년마다 대기업 집단 지정 기준을 재검토한다'는 규정을 공정거래법에 넣는 방안도 추진 중이다. 현행 자산 5조원 기준이 2008년부터 8년간 그대로 시행되다 보니 낡은 규제라는 지적을 받고 있기 때문이다.

2017년 5월에 발표된 명단에 의하면 자산 규모 10조원에 근거하여 31개 기업집단이 지정되었다.

기업의 규모가 커지면서 수년에 한 번씩 꼭 상호출자제한기업군의 규모 를 상향조정해야 하는 것은 아닌지에 대한 논의가 있자, 다음과 같이 이런 기 업군은 GNP에 연동하여 정해야 하는 것은 아닌지에 대한 논의도 있다. 기업

의 규모에 의한 재계 순위 식의 방식에 대한 비판은 과거에도 있어 왔다.[1]

한국경제신문. 2017.9.4. 정부, 대기업집단 지정 기준 GDP 연동방식으로 완화 검토

　　정부도 대기업집단 지정 기준의 문제점을 인식하고 개선 방안을 마련할 계획이다. 현행처럼 자산총액 기준을 5조원, 10조원 식으로 고정해 놓으면 경제성장에 따른 기업 규모 변동을 제대로 반영하기 어렵다는 지적이 많아 국내총생산(GDP)에 연동하는 방식을 검토하고 있다. GDP의 0.5%, 1%식으로 지정하는 방식이다.

　　공정위는 GDP 연동 방식에 대해 지난 7월 연구용역을 줘 오는 10월 결과를 제출받을 예정이다. 이 결과를 토대로 개선안을 마련할 계획이다. 정재찬 전 공정거래위원장은 지난해 국회 국정감사에서 "매년 논란이 되는 대기업집단 기준에 GDP 연동 방식을 도입하면 정치 쟁점화를 피할 수 있다"는 지적이 나오자 "연구용역을 추진해보겠다"고 답했다.

　　김관영 국민의당 의원은 지난 7월 상호출자제한기업집단 지정 기준을 직전 연도 GDP의 0.5%에 해당하는 규모의 자산총액으로 정하는 공정거래법 개정안을 대표 발의하기도 했다. 지난해 GDP(실질 기준 1504조원)를 감안하면 약 7조 5,000억원이 기준이 된다.

- 무역협회 "한미FTA 폐기, 경제회복세에 찬물 끼얹을 수도"

　　미국은 기업결합 신고 의무가 있는 기업의 최소 거래 규모를 국민총생산(GNP)에 연동해 놓고 있다. 김상조 공정거래위원장도 이런 방식에 긍정적이다.

　　한성대 교수이자 경제개혁연대 소장으로 재직하던 지난 3월 언론 인터뷰에서 "자산총액 기준을 현재처럼 금액 기준으로 하면 몇 년 지나 기준을 상향해야 한다"며 "기준을 GDP로 바꾸면 규제의 예측 가능성을 높이고 일정 숫자의 대기업을 일관되게 관리할 수 있다"고 말해 연동 방식 도입 가능성이 높다는 관측이다.

　　정보기술(IT)이나 바이오기술(BT) 등 첨단기술 기업에는 대기업집단 지정을 면제해야 한다는 일각의 지적과 관련해 공정위는 부정적이다.

　　공정위 관계자는 "특정 업종에 대기업집단 지정을 면제하는 것은 형평성에 맞지 않고 입법적으로도 구체적인 기준 마련이 쉽지 않은 일"이라며 "현재로서는 전혀 검토하고 있지 않다"고 말했다.

---

1) 매경이코노미 2014.3.5.－11 의미 없는 재계 순위 발표 중단하자. 이남우.

상장의사결정

어떠한 기업들에게 상장을 허용할지는 매우 어렵고 중요한 의사결정이다.

머니투데이. 2016.3.2. 삼성바이오로직스, 코스피 상장 길 열렸다

한국거래소, 성장유망기업 등에 대한 심사기준 마련

한국거래소가 적자기업 상장에 대한 구체적 심사기준을 마련함에 따라 삼성바이오로직스처럼 성장성이 높지만 높은 초기비용으로 적자를 기록하고 있는 기업들이 코스피 시장에 상장할 수 있는 길이 열렸다.

한국거래소는 2일 적자기업의 코스피 시장 상장에 대한 구체적 심사기준을 마련해 이 날부터 시행한다고 밝혔다.

해당 심사기준은 △시가총액이 6,000억 원 이상이면서 자기자본이 2,000억 원을 상회하는 '대형성장 유망기업' △시가총액이 2,000억 원 이상이면서 매출액이 1,000억 원을 상회하고 자기자본이 300억 원을 넘는 '이익미달 우량기업' △시가총액이 2,000억 원 이상이면서 영업이익이 50억 원을 상회하고 자기자본이 300억 원을 넘는 '매출미달 우량기업' 등을 대상으로 한다.

거래소는 매출과 이익이 시현되지 않은 대형 성장 유망기업의 경우 기업 계속성 심사를 위해 영업 및 재무안정성 심사를 추가했다고 설명했다. 구매와 생산, 판매활동 등의 영업활동 지속성 요건을 심사 기준에 추가하고 영업성과 개선 가능성을 심사하기 위해 예상 현금흐름 또는 예상 손익 심사를 추가했다.

상장신청기업의 영업현금흐름이 음의 값을 갖는 특성을 반영해 투자 및 재무현금흐름을 포함한 총 현금흐름으로 유동성을 판단하기로 했으며 예상 시가총액 산정 방법의 적정성에 대한 심사요건도 추가했다.

　　삼성바이오로직스는 지난 2014년 830억 원의 순손실을 냈고 지난해에도 3분기까지 700억 원 이상의 손실을 기록해 기존 제도하에서는 코스피 시장 상장이 어려웠으나 이번 심사기준 마련으로 대형성장 유망기업에 속하게 되면서 상장 가능성이 열렸다.

　　삼성물산은 지난해 제일모직과의 합병과정에서 삼성바이오로직스 지분 51.04%의 지분가치를 3조 4,963억원으로 평가했다. 100%로 환산하면 6조 8,500억원 규모다. 삼성바이오로직스의 자기자본은 지난 2014년말 기준으로 6,621억 원에 달한다.

　　이익미달 우량기업의 경우에는 상장 후 이익규모의 성장을 통한 재무구조 안정성을 확인하기 위해 예상 현금흐름 또는 예상 손익 심사를 보완했다.

　　한국거래소 관계자는 "경영성과 기준별 질적 심사 기준 보완으로 성장가능성을 보유한 기업의 자금조달을 지원할 수 있는 길이 열렸다"며 "다만 성장가능성이 불투명한 기업에 대해서는 투자자 보호를 위해 엄격한 상장심사를 적용할 것"이라고 밝혔다.

　　바이오로직스의 상장건은 chapter 55에서 다시 논의된다.

　　모든 평가는 가장 이상적이기는 FLC(forward looking criterion)에 의하여 진행하는 것이 바람직하다. 그러나 회계는 원래 과거를 기록하는 것이며 FLC는 미래지향적으로 평가가 진행된다. 기존의 상장 조건은 3년 연속 영업이익(흑자)이 발생하여야 한다. 그러나 삼성바이오로직스와 같이 성장성과 미래 전망이 좋은 기업일 경우에는 현재의 수익 창출 능력이 뒤지더라도 성장 가능성에 근거하여 상장이 가능하게 된다.

　　최순실 국정 농단 국회 청문회에서도 삼성바이오로직스가 적자 기업인데도 불구하고 어떻게 상장 승인을 받았는지에 대한 의문이 제기되었다. 미래의 성장 가능성이란 그것 자체가 상당한 정도의 의문 및 주관적 판단의 대상이기 때문이다. 성장 가능성이라는 개념 자체가 주관적인 판단의 대상이기 때문이다. 금융위원회는 삼성바이오로직스의 상장은 전혀 정치적인 배려가 없이 지행되었다고 대응하였다.

매일경제신문. 2017.1.20. 낮아지는 코스피 상장 문턱

　　한국거래소가 코스닥 시장에 이어 올해 유가증권시장 상장 문턱을 낮추기로 함에 따라 기업공개 시장에 훈풍이 불 전망이다. 거래소가 마련 중인 유가증권시장 상장·요건 개

선안의 핵심은 이익이 나는 기업이라면 매출 요건을 크게 문제 삼지 않겠다는 것이다.

현행 상장 요건은 3년 이상된 기업으로서 자기자본 300억원 이상, 상장 주식 100만주 이상이란 기본 요건을 채우고 주식분산, 매출액 수익성 기준시가총액이라는 재무 요건, 감사 요건과 기타 질적 요건까지 모두 충족해야 한다. 거래소는 2015년 이전까지 재무 요건에는 –직전 연도 매출액 1,000억원 이상과 기준시가총액 2,000억원 이상 – 직전 연도 이익 규모 50억원 이상과 기준시가총액 2,000억원 이상 – 자기자본 2,000억원 이상과 기준시가총액 6,000억원 이상이라는 시가총액 위주 요건밖에 없었다. 이번에는 미국 상장 규정처럼 이익 기준을 다소 낮추는 동시에 매출을 함께 충족해야 한다는 조건을 다소 완화하겠다는 것이다.

현행 유가증권시장 상장 요건 중 상당 부분은 미국 뉴욕증권거래소의 규정을 본떴다. 하지만 일부 규정은 오히려 미국보다 강해 문턱이 높다는 지적이 나오고 있다. 높은 상장 요건으로 인해 일단 자본시장에 데뷔한 기업들이 상장 이후 실적이 급전직하하는 경우가 많아 투자자들의 피해가 속출했다.

실제 최근 4년간(2012~2015년) 유가증권시장과 코스닥시장에 신규 상장한 168곳 중 35곳(21%)이 상장 이듬해 영업 손실을 기록했다.

거래소는 진입장벽을 낮추면 이 같은 실적 '착시 효과'는 해소될 것으로 기대하고 있다.

그 대신 퇴출 요건은 강화하기로 했다. 만성 적자기업이 유가증권시장에 남아 자본 시장 질이 저하되고 있기 때문이다. "올해는 성장 가능성이 있다면 적자기업도 상장이 되는데다 기존 상장 규정도 개선될 예정이어서 양적 성장을 이루겠지만 질적 저하 문제도 있다"며 "퇴출 규정을 강화해 질적 성장을 동시에 도모할 것"이라고 밝혔다.

거래소에 따르면 상장 기업이 최종 부도가 발생하거나 자본 전액 잠식, 2년 연속 자본 잠식(자본금의 2분의 1 연속 감소), 2년 연속 매출액 50억원 미만과 같은 4가지 요건 중 하나라도 해당되면 퇴출된다. 그러나 퇴출 규정이 현실을 따라가지 못한다는 지적이 꾸준히 제기됐다. 실제 2010~2015년 단 21개 기업이 자본 요건에 미달해 퇴출됐다.

상장을 쉽게 하고 퇴출 요건을 강화한다는 정책 방향이 맞는 정책 방향인지가 의문시된다. 퇴출이라는 것은 현재의 주주에게는 엄청 고통스러운 일이다. 이상적이기는 오히려 상장을 어렵게 한다면 퇴출 요건을 강화할 일도 없어질 수 있다. 퇴출을 어렵게 하려면 상장도 어렵게 해야 한다.

이익/손실 보고는 시기와 시장 상황에 따라서 가변적일 수 있기 때문에 상장 조건을 이익이나 손실에 근거하여 정하는 것이 바람직하지 않을 수도 있다. 반면, 매출일 경우는 기업 규모에 대한 대용치일 수 있으므로 어느 정도 규모가 되는 기업을 증권시장에 상장한다는 의미를 부여할 수 있다. 기업을 상장하는 주된 목적이 자본 조달이므로 규모와 상장 여부의 결정은 불가분의 관계를 가진다. 매출의 변동성은 이익/손실의 변동성보다는 매우 낮을 것이다. 주식수나 자기자본의 금액도 크게 변동하기 않는 수치이며 다만 시가총액은 주가의 추이에 따라서 증폭이 클 수 있다.

"거래소는 진입 장벽을 낮추면 이 같은 실적 '착시 효과'는 해소될 것으로 기대하고 있다"는 내용은 거래소의 정책 방향의 어려움을 읽을 수 있다. 진입장벽을 높여서 요건을 강화하면 이 요건에 맞추기 위해서 무리한 경영활동을 수행할 것이라는 것이다. 단, 요건을 낮추면 상장 자격이 부족한 기업이 상장할 수 있는 위험도 감수하여야 한다. 이러한 두 가지 요건이 잘 절충되어야 한다.

매일경제신문. 2017.1.19. 코스피 상장 훨씬 쉬워진다.

이익 매출 요건 완화

	현행	변경 안
이익:	직전 연도 30억원 이상	직전 연도 20억원 이상
	3년 평균 60억원	3년 합계 60억원
매출액:	최근 3년 평균 700억원 이상	이익 요건
	직년 연도 1,000억원 이상	맞추면 매출액 요건 제외

한국거래소가 유가증권(코스피) 상장 문턱을 크게 낮추기로 했다. 현재는 상장 직전 연도 기업 이익이 30억원 이상이고 매출 또한 1,000억원을 넘어야 하지만 앞으로는 한해 이익이 20억원을 넘으면 상장이 가능해질 전망이다.

19일 금융투자업계에 따르면 거래소는 최근 이 같은 요건을 골자로 하는 코스피 상장 요건 개선안을 마련한 것으로 알려졌다. 개선안에 따르면 상장 직전 이익 기준은 뉴욕거래소 수준으로 낮추고 이익 기준을 만족시키면 매출 요건은 검토 대상에서 제외해 주는 식으로 재무기준이 완화된다. 현행 코스피 상장 요건은 이 같은 매출 수익성 시가총액 요건을 담은 재무기준을 비롯해 일반 주주 700명 이상을 포함하는 각종 주식분산 기준과 '적정의견'을 담아야 하는 감사보고서 제출을 모두 충족해야 해 지나치게 까다롭다는 비판이 있다.

최근 거래소 <u>신규 상장사 5곳 중 1곳은 상장 이듬해에 영업 손실을 본 것으로 조사됐다.</u> 상장사들이 엄격한 상장 요건을 충족시키기 위해 상장 직전 실적을 억지로 좋게 만들어 투자자들의 불신만 키웠다는 지적을 받고 있다.

거래소는 이르면 오는 3월까지 상장 요건을 낮추고 퇴출 요건은 강화할 방침이다. 코스피 상장 요건이 완화되는 것은 2015년 이후 2년 만이다.

상장 요건이 너무 강하면 자격이 되는 기업만이 상장을 한다는 장점은 있지만 실적을 마사지하여 기준에 맞추려는 경향이 있을 것이며 그렇기 때문에 상장 이후에는 손실을 보고할 수 있는 위험도 존재한다. 가장 큰 이슈가 될 수 있는 변수가 이익 보고 여부이다. 왜냐하면 주식수, 매출규모, 시가총액 주식 분산 등등의 변수는 연도에 특정하지 않으며 연도별로도 가변적이지 않을 수 있다. 단, 이익과 손실은 반전이 될 가능성이 가장 높은 변수이다.

기준이 강하면 항상 기준을 회피하려는 현상이 발생한다. 위 신문 기사에서 실적 착시 현상이라고는 완곡하게 표현하기는 하였지만 결국은 회계사기 정도는 아니더라도 합법적인 차원에서의 공격적인 회계(aggressive accounting)를 의미한다. 즉, 이익을 조정하여 희망하는 이익을 보고하여 상장 요건을 만족하는데, 회계정보가 역전되기 때문에 상장 후 첫 연도에는 손실이 보고될 가능성이 높아진다. 이는 상장을 위해서 어느 정도 회계적인 임의성/자의성이 개입되었음을 의미한다. 첫 신문의 기사 제호에서는 마사지라고 표현한 내용이다.

그렇기 때문에 금융위는 chapter 50에서도 기술되었듯이 IPO하는 첫해에도 감사인을 지정하는 방안을 추진하고 있다.

즉, 회계에서의 발생액의 역전(반전) 현상에 의해서 IPO를 위해서 이익을 상향 조정하였기 때문에 상장 이후에는 이익이 역전되게 되는 것이다. 그렇기 때문에 IPO하는 기업의 경우는 감사인을 지정하게 하여서 감사를 철저하게 수행하도록 하였음에도 불구하고 '마사지'라는 표현이 사용되는 것이다. 그렇기 때문에 IPO 직후 연도에도 감사인을 지정하는 제도의 채택에 대해 고민 중이다.

영업의 결과가 어느 정도까지 조정이 가능할 수 있다고 가정하면 이렇게 조정이 가능한 변수에 기초하여 상장 조건을 정하는 것이 바람직한 것인지에 대한 의문도 가져볼 수 있다.

예를 들어 시가총액이라는 변수는 기업의 임의성에 의해서 조정이 불가능한 변수이다. 물론, 주가는 모든 시장 참여자에 의해서 결정되는 균형가격이고 주가 자체가 조작이 가능하다고 주장할 수 있지만 이는 불법적인 요소이고, 그럼에도 이익을 조정하는 것이 주가를 조정하는 것보다 상대적으로 용이한 것으로 인식되고 있다. 증권가에서 흔히들 주가가 저평가되었다, 고평가되었다는 의견이 나오기도 하지만 이는 주가가 균형가격이 아니라는 것을 의미하지는 않는다.

chapter 28

우발채무

충당부채로 재무제표 본문에 계상을 할지 아니면 주석에 주기할지 아니면 재무제표에 계상하지 않을지 등은 매우 임의적이고 자의적인 판단의 영역인 듯하다.

한국경제신문. 2016.2.17. '숨은 빚' <대출 약정 등 우발 채무> 많은 증권사에 옐로카드

금융당국이 자기자본보다 우발채무(숨은 빚)가 많은 5개 증권사에 대한 관리 감독을 강화하기로 했다. 경기가 급격히 꺾여 우발채무가 동시다발적으로 현실화되면 이들 증권사가 유동성 위기에 빠질 수 있다는 우려에서다.

16일 금융투자업계에 따르면 금융감독원은 최근 메리츠종금과 교보 HMC 하이투자 IBK 등 자기자본 대비 우발채무 비중이 100%가 넘는 증권사들에 우발채무 증가가 최소화될 수 있도록 관리하라고 권고했다. 우발채무 관리가 제대로 이뤄지지 않는다고 판단되면 금융당국 차원에서 별도의 '조치'를 취할 수 있다는 뜻도 전달했다. 우발채무는 현재는 채무가 아니지만 돌발사태가 발생하면 채무로 확정될 가능성이 있는 잠재적인 채무를 말한다. 급할 때 빌려주겠다고 약속한 대출 약정 등이 대표적이다.

금융위원회도 증권사의 우발채무를 모니터링할 수 있는 새로운 건전성 규제 도입을 준비 중이다. 레버리지비율(자기자본 대비 총자산 비율)을 계산할 때 우발채무를 포함하거나 별도의 충당금을 쌓도록 하는 방안 등을 검토하고 있다. 레버리지 비율이 1,100% 이상인 증권사는 경영개선권고, 1,300%를 넘으면 경영개선 요구를 받는다.

금감원에 따르면 메리츠종금증권(276%)과 교보증권(200%)은 우발채무가 자기자본의 두 배에 달한다. HMC투자증권(159%) 하이투자증권(155%) IBK투자증권(103%)도

자기자본보다 많은 잠재적 채무를 안고 있다. 이들 5개 증권사의 우발채무 총액은 8조 8,000억원에 달한다.

금융당국이 증권사 우발채무 관리를 강화하고 나선 것은 경기가 급속도로 나빠지면 해당 증권사들이 유동성 위기를 맞을 수도 있다는 우려 때문이다. 국내 증권사들은 2013년 이후 아파트 개발사업 시행사가 자금난에 빠지면 대출을 해주겠다고 약속(약정)하는 방식으로 우발채무를 늘려왔다.

증권사들은 통상 미분양 아파트 가치(평가액)의 50%에 해당하는 금액을 대출해 주는 약정을 건설사 등과 맺은 것으로 알려졌다.

이 과정에서 대출 약정금액의 2% 이상을 수수료 명목으로 챙긴 것으로 전해졌다. 은행들이 건설사 등에 프로젝트 파이낸싱 대출을 기피하자 증권사들이 틈새를 파고든 것이다. 증권사들의 이런 우발채무 잔액은 2012년 3월말 2조 8,000억 원에서 작년 9월 말 16조 7,000억 원(매입보장 약정 제외)으로 불어났다.

부동산 경기가 꺾여 미분양이 급증하면 건설사들로부터 동시 다발적인 대출요구가 쇄도할 수 있다. 증권사들이 확보한 담보물의 가치가 높더라도 일시적인 유동성 부족 사태에 빠질 가능성이 크다는 게 금융당국의 판단이다. 이에 대해 메리츠 증권 관계자는 "만기를 3~4년으로 분산시키는 등 리스크 관리를 면밀하게 하고 있어 위험이 일시에 현실화될 우려는 없다"고 말했다.

회계에서 가장 큰 이슈가 되어 있는 숨어 있는 부채가 우발채무이다. Kieso, Weygandt, Warfield(2001)의 Intermediate Accounting에서의 Off Balance Sheet Financing chapter에 "The basic drives of humans are few: to get enough food, to find shelter, and to keep debt off the balance sheet"이라고 흥미롭게 기업의 부채에 대한 기업의 거부감을 기술하고 있다.

chapter 29

효성 분식 건

효성의 분식 건과 감독기관의 행정 조치, 또 이에 대한 기업의 대응 등이 매우 흥미로운 케이스를 제공한다.

매일경제신문. 2016.1.16. 국가초유 환난 벌어졌는데… 법원, 투명경영 강조하며 엄중 잣대

부풀린 이익을 사업보고서 재무제표에 허위 공시한 혐의(자본시장법 위반 등)도 적용됐다.

재판부는 분식회계에 대해 "1998년 외환위기 당시 채권단 압박으로 떠안은 부실 자산을 정리하기 위한 시도로 보이기는 한다"면서도 "그러나 경영이 정상화된 2012년에 이르기까지 분식회계를 반복한 것은 그릇된 이윤 추구의 한 단면으로 봐야 한다"고 판단했다. 이어 재판부는 "1970년 수출 경제 시기부터 관행적으로 이어져왔다는 사정이 분식회계를 정당화할 수 없다"며 "위법한 부실 자산 정리가 피고인의 효성에 대한 경영권과 지배권 유지 수단이었음을 부정하기 어렵고, 시장 경제 질서에서 생존하기 위한 유일한 방법도 아니다"고 강조했다.

매일경제신문. 2016.1.16. 효성 어쩌다 이렇게 됐나

분식회계의 시초는 1997년 IMF 외환위기 시절로 거슬러 올라간다. 당시 조회장은 부실이 있는 효성물산을 ㈜효성으로 합병했다. 종합상사는 1970년대부터 시작된 정부의 수출 드라이브 정책에 따라 사업을 다각적으로 펼쳐온 상황이었다. 그러나 IMF 외환위기 시절 수많은 기업이 도산하면서 효성물산이 받지 못한 수출대금이 쌓여만 갔고 이에 따라 부실해졌다.

효성에 따르면 당시 조회장은 주주로서 권한을 포기하고 회사를 청산하는 방법을 고려했다고 한다. 그러나 정부와 금융당국은 "그룹사에서 부실 문제를 알아서 해결하라"고 압박하며 사실상 "최고경영자로서 무한책임을 질 것"을 요구한 것으로 알려졌다. 효성물산을 청산하지 말고 경영을 정상화하는 데 주력하라는 주문이었다.

결국 조회장은 부실기업인 효성물산을 ㈜효성에 합병해 물타기에 들어갔다. 이 과정에서 조회장은 정부가 제시한 부채비율을 맞추기 위해 분식회계를 한 것으로 알려졌다. 효성은 효성물산을 떠안으면서 부실을 고정자산으로 책정했다. 이후 10년 동안 영업이익 중 일부를 이때 떠안은 부실을 메우는 데 사용했다. 결국 효성물산을 살리기 위해 실시한 회계조작이 빌미가 됐다.

이러한 분식건에 대해서 증권선물위원회는 조석래 회장에 대해서 임원해임권고를 하게 되는데 효성은 이 권고를 받지 않게 되는 초유의 사태가 발생한다.

물론, 신문기사에 보면 효성의 입장에서는 억울한 점도 없지 않았을 것이다. 주주로서 권한을 포기하고 회사를 청산하는 방법을 선택한 조회장에게 정부가 그룹사에서 부실 문제를 해결하라고 압박할 권한이 있는 것인지도 의문이다. 주주로서는 유한책임을 져야 하지만 무한책임을 묻는다는 것도 이해하기 어렵다. 정부는 아마도 회사의 청산이 유발하는 고용 등의 여러 사회적인 문제를 고려하여 회사를 압박하였다는 느낌을 받을 수 있다.

과거에도 임원해임권고에 대해서 임원을 해임하고 3개월이나 6개월 만에 해임된 임원을 재 선임하여 문제가 된 적이 있다. 이와 같이 임원해임권고에 의해서 기업이 제도를 회피하는 현상이 발생하자 감독기관은 임원해임권고에 의해서 해임된 임원은 2년 동안 금융기관에 채용이 될 수 없는 것으로 제도화하려고 하였지만 이 제도는 규제개혁위원회에서 직업선택의 자유를 제한한다며 제도화에 제동이 걸렸다. 이에 회계제도개혁TF의 결과 금융위원회는 해임권고에 추가하여 직무정지 조치를 병행하려고 한다. 이 내용은 chapter 50을 참고한다.

liability capping[1][2]

 대부분의 감사계약서에는 다음의 liability capping과 관련된 문구가 포함되는데 이러한 내용이 법적 구속력이 있는지에 대해서 논의한다. 이러한 내용은 감사인에 대한 손해배상소송이 확대되는 현 시점에서 점검할 필요성이 있다. 감사보수한도로 그 책임을 한정하는 감사계약서가 대부분이지만 감사보수 한도의 몇 배로 그 책임을 한정하는 경우도 있는데 이는 나중에 기술한다. 이사가 의사결정과 관련해서 어느 정도의 책임을 져야 하는지도 최근 상법 개정에 의해서 쟁점이 되었는데 같은 맥락에서 감사인과 회사의 책임의 배분도 중요하고 흥미로운 이슈이다.

 다음이 내용이 감사계약서에 통상적으로 포함되는 문구이다.

 <u>"감사인의 감사계약 위반, 감사 및 검토 수행 시 고의 또는 중대한 과실로 인하여 회사에게 발생한 손실에 대하여 감사인은 당해 연도 감사보수금액을 한도로 배상책임을 진다."</u>

 한 특정회계법인의 표준 양식은 다음으로 되어 있다.

 감사보수의 ___배(몇 배 한도가 없는 경우에는 감사보수 금액을 한도로 한다)를 한도로 책임을 진다.

---

1) 이 Chapter의 많은 부분은 송창영(2016)의 발표 내용을 참조한다.
2) Chapter 46과도 연관되는 내용이다.

즉, 후자의 경우는 이 표준 양식에 대해서 피감기업이 의견이 있는 경우는 몇 배라고 적게 되지만 그렇지 않고 표준양식대로 계약을 하는 경우는 감사보수 한도로 금액을 정할 수 있도록 아예 양식을 그렇게 작성해 둔 것이다.

관련된 판례는 다음과 같다.

– 한국공인회계사회가 마련한 주권상장법인용 표준외부감사계약서와 거의 유사하며, 약관규제법에서 정한 약관에 해당한다. 위법성이 매우 큰 감사인의 고의 또는 중과실로 인하여 회사에게 부담해야 할 손해배상책임의 범위를 상당한 이유 없이 피고(감사인)들이 받는 감사보수 금액의 한도로 제한하는 조항에 해당하여 약관규제법 제7조 제2호(상당한 이유 없이 사업자의 손해배상 범위를 제한하거나 사업자가 부담하여야 할 위험을 고객에게 떠넘기는 조항)에 따라 무효(서울남부지법 2013.12.10. 선고 2012가합11137 판결)하다는 판결을 받게 되었다.

즉, 판결의 요지는 감사인이 부담해야 할 당연한 책임에 대해 이를 한정하는 것이 옳지 않다는 판결이다. 위의 판례에서 고객이라 함은 피감사기업을 의미하며 사업자는 감사인을 의미한다. 회계감사는 당연히 위험을 동반하는 용역으로 적절한 감사절차를 수행하였다고 하여도 분식회계 적발은 완벽할 수가 없다. 따라서 감사인이 감사과정에서 불가피하게 떠안아야 하는 위험까지 피감기업에 전가하는 것은 약관에 기초한 계약서에 어떻게 계약되어 있든지 간에 이 계약이 구속력을 가진다고 하기는 어렵다는 대법원의 결론이다. 약관규제법의 취지가 계약을 체결시 양자가 약관의 의미에 대한 심각한 고민을 하지 않고 계약을 체결한 것이므로 법률 해석에 있어서의 약자를 보호하자는 취지이다. 그런데 피감기업의 경우 개인이 아닌 기업이므로 이들이 법에 무지하여 계약을 체결하였다고는 보여지지 않는다. 즉, 피감기업이 약자라는 논지는 여기에서는 해당되지 않지만, 통상적으로 사용하는 또한 한국공인회계사회가 마련한 주권상장법인용 표준외부감사계약서와 유사하게 이 표준 양식을 거의 수정하지 않고 사용하였으므로 큰 고민을 하지 않고 이 양식을 채택하였다고 판단할 수 있다. 특히나 한국공인회계사회가 작성한 이러한 표준 양식이 회계업계에 유리하도록 작성되어 있을 수 있다.

감사인이 수임하는 감사수임료는 용역에 대한 대가이기도 하지만 어느 정도는 위험에 대한 보상일 수도 있으며 그렇기 때문에 감사인이 어느 정도의 위험에 노출되는 것은 불가피하다. 감사계약에서 감사인의 역할에 보험 기능이 있다고 보는 견해도 있다.

약관이 흔히 쟁점이 되는 것이 여행사와 소비자간의 약관이다. 매우 자세한 법적 자문을 거친 약관을 법률 전문가가 아닌 소비자(여행객)가 상세하게 검토하고 계약할 수 있는 시간 여유도 없고 전문적인 지식도 부족하다. 이러한 경우는 여행 상품의 고객이 명백한 약자인데 소비자가 상세히 검토하지 않은 약관에 의해서 억울한 피해를 보지 않도록 공정거래위원회/소비자보호원 등에서 일부의 약관 내용은 현실성이 없으니 유효하지 않다는 유권해석을 내리는 경우도 있다.

손성규(2007)의 내용에 보면 대부분의 감사계약서는 감사보수 한도로 liability capping을 계약서에 포함하고 있지만 소수의 기업은 수임료의 세 배까지에 대해서도 capping 조항을 두고 있어서 적어도 이들 기업은 capping에 대한 고민과 절충 끝에 감사인과 이러한 계약을 체결하였다는 점을 알 수 있다. 최근에 와서는 수임료의 7, 8배까지도 capping을 체결하는 기업이 있다고 한다. 단, 거의 대부분의 기업에 있어서는 liability capping이 감사수임료를 한도로 정해진다는 것은 감사인과 피감기업이 이 계약을 체결할 때, 큰 고민 없이 한공회가 제정한 표준 양식을 사용한다는 것을 알 수 있으며, 따라서 피감기업이 약관에 대해서 무지하지는 않을지언정, 이 문구에 대해서 심도 있는 고민을 하지는 않는다는 판단을 하는 것 같다.

우리가 흔히 계약을 하면서도 법률 전문가가 아니므로 여행사 약관이나 보험 약관을 정독하지 않는 것이나 같은 논리이므로 법에 무지한 계약 당사자들이 피해를 보지 않도록 공정거래위원회 등에서 약관에 대한 검토를 수행한다.

이 금액이 감사보수 한도가 아니고 건별로 보수한도에 비례하여 차별화되어 있다고 하면 이는 계약자 상호 간에 고민과 절충의 과정이 있었다는 것을 나타내지만 차별화되어 몇 배의 보수로 한다고 계약이 된 경우는 매우 소수이다.

따라서 법원의 판단은 분식회계의 책임은 어느 정도 감사인에게 있다는 것으로 판단하고 있음을 엿볼 수 있다. 즉, 이렇게 감사계약서에 계약이 되어 있다고 하여도 이러한 계약이 감사인의 책임을 보수 한도로 한정하지는 않는다는 즉, 감사계약이 구속력이 없다는 결론이다.

이충훈(2017)은 최근 법정에서의 감사인과 기업의 평균 책임 분담 비율이 기업 60 : 감사인 40으로 수렴한다고 기술하였다. 이는 회계는 반드시 회계감사와 병행하게 되며 회계정보의 작성은 기업의 몫이지만 분식회계가 감사에 의해서 어느 정도 걸러질 수 있다고 하면 분식회계가 사전에 예방될 수 있다는 차원에서의 공동 책임의 개념이 적용된다. 또한 기업과 감사인 간에 2013년 12월 30일 외감법 개정안에서 채택한 비례책임제도를 적용한다고 하면 이러한 차원에서도 책임을 분담하게 된다.3)

회계업계에서 혹자는 회사가 도산하는 경우는 비례책임제도에 의해서 감사인이 본인이 떠안아야 하는 책임만 떠안는 장점이 있지만 회사가 존속하는 경우는 이사와 감사가 연대책임에 의해서 많은 책임을 떠안아야 하는데 이러한 책임 중, 감사인이 일부분을 떠안게 되어 있어서 비례책임이 과연 회계업계를 위한 제도의 변화였는지에 대한 의문을 제기하기도 한다.

즉, 이사와 감사가 당연히 떠안아야 하는 책임인데 이를 감사인과 책임을 공유하는 듯이 비례책임 법안이 작성되었기 때문에 이는 입법과정이 잘못되었다는 주장도 있다.4)5)

－사업자가 약관에 의한 계약을 체결하면서 상대방과 특정 조항에 관하여 개별적인 교섭을 거친 경우, 그 조항은 약관규제법의 규율대상에 해당하지 않는다. 이때 개별적인 교섭의 존재를 인정하기 위한 요건과 그에 관한 증명책임은 사업자 측에 있다(대법원 2014.6.12. 선고 2013다214864 판결). 이는 약관규제법 관련 별개 사안이다.

즉, 사법부의 판단은 이 계약을 신중하지 않게 체결함으로 인한 피해자는 기업이고 수혜자는 감사인이며 그렇기 때문에 입증책임을 감사인이 부담해야 한다는 논지이다.

liability capping의 금액 한도에 대해서 기업들이 큰 고민이 없이 수임료

---

3) 손성규(2016) chapter 6를 참고한다.

4) 최문희(2014)

5) chapter 46과도 연관된다.

를 한도로 libility를 책정하였으므로 상대방과 특정 조항에 관하여 개별적인 교섭을 거치지 않았다고 볼 수 있다.

즉, 관건은 고민의 과정이 있었다고 하면 약관규제법의 규율대상이 아니고 따라서 구속력이 있으며 그렇지 않고 고민의 과정이 없이 그냥 기계적으로 계약을 수행하였다고 하면 구속력이 없고 약관규제법에 적용된다는 논지이다. 즉, 감사인이 수임료 한도로만 책임을 지는 것이 아니고 수임료 한도로 보호되기 어렵다는 것이다.

회계업계에서도 오래전부터 감사계약서가 이렇게 작성되어 있기는 하지만 liability capping에 의해서 실제로 보호받기는 어려울 것이라는 의견이 많았다.

이충훈(2017)도 liablity capping은 대법원 판결을 기다리고는 있지만 약관에 해당하므로 구속력이 없을 듯하다는 결론이다. 여기서 약관규제법에 의해서의 약관이라 함의 사전적 의미는 계약의 당사자가 다수의 상대편과 계약을 체결하기 위하여 일정한 형식에 의하여 미리 마련한 계약의 내용이라는 의미이므로 이 약관에 너무 큰 의미를 부여하지 말라는 뜻까지도 확대 해석이 가능하다.

chapter 31

감사위원회

　회사 내에서 분식회계/회계부정과 관련된 문제가 불거져 나왔을 때, 가장 우선적으로 책임을 져야 하는 기관은 상법상의 감사이거나 감사위원회이다. 이제까지는 많은 비난을 감사인이 받았으나 감사는 일상성을 띠는 업무를 수행하고 있다. 반면에 감사위원회는 비상근이라는 한계를 갖는다.

　따라서 내부자인 감사위원회는 상근으로 근무하지 않고 외부자인 감사인은 감사를 수행할 동안에는 상근으로 근무를 하지만 외부자라는 한계가 있을 수 있어 감사를 수행하는 내부/외부가 모두 업무상의 한계가 있다고 한다.

　자본금 10억원 미만 비상장회사는 감사를 미선임하는 것이 가능하며 이 경우 주주총회가 권한을 행사한다. 자본금 10억원 이상의 회사는 상근 감사나 비상근 감사가 선임되어야 한다.

　자산규모 2조원이 넘는 기업의 경우에는 감사위원회가 선임되어야 한다. 감사위원회의 현황을 기술한다.

　미국의 경우는 4.5인이 평균적인 감사위원회의 구성원이며 5명이 중위수이다. 우리나라의 경우는 대부분의 기업이 사외이사 3명으로 감사위원회를 구성하며 상근감사가 있는 경우는 사외이사 2인과 상근감사위원 1인을 포함하여 총 3인으로 구성되는 경우가 대부분인 것으로 이해한다. 일단 회의체의 성격이므로 최소 3인으로는 구성되어야 한다.

　미국의 경우의 감사위원회의 구성에는 다음과 같은 특성이 있다(Rodriguez 2016).

32% identify all audit committee members as accounting and finance experts.

36% identify two or more as ACFE(audit committee financial expertise).

즉, 감사위원회 위원으로 활동하기 위해서는 어느 정도 회계 및 재무전문 가의 요건을 만족하고 있다.

매일경제신문. 2017.1.5. 금감원, 부실감사 첫 점검… 상장사 40%만 감사위 설치

금융감독원이 올해 상장사의 내부감사 운영 실태를 점검할 예정이다. 금감원이 기업의 감사 실태를 직접 점검하겠다고 나선 것은 이번이 처음이다. 감사나 감사위원의 현황과 직무 수행 실태 전반을 파악해 부실감사와 분식회계 위험이 없는지 사전에 예방하겠다는 의도도.

금감원 관계자는 4일 "지난 해 수주산업을 중심으로 대기업의 분식 회계와 부실감사 의혹이 불거지면서 회사 감사의 경영진 견제 기능이 약화됐다는 문제가 제기됐다"며 "상장사들의 감사 실태를 전반적으로 살펴보고 개선 조치를 취할 예정"이라고 말했다.

구체적으로 점검 방식은 확정되지 않았으나 감리대상 기업이나 감사위원회 설치가 의무화된 대기업을 대상으로 우선 점검에 나설 가능성이 높다.

상장사의 감사와 감사위원회는 기업이 외부감사나 감리를 받기 이전에 기업 경영진의 회사 운영과 회계, 전반적인 내부 통제 시스템을 관리 감독하는 일차적인 감사 기능을 한다. 현재 국내 상법상 자산 규모 2조원 이상 상장사는 구성원이 3분의 2 이상이 사외이사이고, 위원장이 사외이사인 감사위원회를 의무적으로 설치하도록 돼 있다. 자산 규모 1,000억 원 이상 2조원 미만 상장회사는 상근 감사 또는 감사위원회를 설치하도록 돼 있다. 한국기업지배구조원에 따르면 2015년 사업보고서 기준 감사위원회를 설치한 상장사는 286개로 전체 기업(713개)의 40.1% 수준이다. 이 중 자발적으로 감사위원회를 설치한 회사는 141곳에 불과하다. 더군다나 이들 감사/감사위원회가 외부 감사인 선임, 회사의 업무와 회계 및 재산 상태에 대한 감사 같은 직무 수행을 제대로 하고 있는지 관리 감독도 제대로 되지 않았다. 회사 임원이나 측근이 감사를 맡거나, 감사위원회가 형식적으로 열려 유명무실한 경우도 많을 것으로 예상된다.

방문옥 한국기업지배구조원 연구원은 "국내 상장사의 감사위원회 개최 횟수는 평균

4.1회인데 분기나 반기보고서 검토를 위해 형식적으로 열리는 경우가 대부분"이라며 "미국은 60%의 기업이 7회 이상 감사위원회를 개최하고 있다"고 말했다.

하지만 올해부터 이들 감사 감사위원회의 내부감시와 경영진 견제 책임이 강화된다. 회사에 분식회계나 중대한 회계오류가 발생했을 때 감사 또한 해임 권고, 검찰 고발 조치 같은 고강도 제재를 받게 되기 때문이다. 금감원은 지난해 이 같은 내용으로 '외부감사 및 회계 등에 관한 규정 시행세칙'을 개정했으며 올해부터 시행한다.

금감원 관계자는 "감사 감사위원회의 책임성과 전문성이 이전보다 강화됐다"고 말했다.

───────────────────────────

다만, 자산규모 2조원을 넘는 기업에만 감사위원회가 강제되므로 이러한 규모가 되지 않는 기업이 감사위원회를 운영하는 것은 그들의 자유의지에 맡겨져야 한다. 법에서 강제가 되지 않는데도, 기업을 압박하여 자발적으로 이 위원회를 가동하여야 good company라는 압박을 하여서는 안 된다.

위의 기사를 보면 감사위원회를 구성하는 기업이 상근감사가 근무하는 기업보다 우월한 제도를 운영하고 있는 것으로 기술되어 있지만 그렇지 않다. 위원회 제도일 경우는 회의체 의사결정이기 때문에 책임이 희석될 수 있다. 오히려 개인 상근감사가 책임을 지고 감사 업무를 수행하는 경우가 더 큰 책임을 가지고 감사업무를 수행할 수 있다. 또한 상근감사위원이 기업의 내부 정보에 밝아서 사외이사가 갖는 한계를 보완할 수도 있다. 상근감사위원은 거의 대부분 금융기관이 채택하는 제도이다.

단, 상근감사위원이 근무하는 경우는 사외이사가 감사위원장 직을 맡고 있다고 하더라도 실무 내부감사조직에 대한 평가의 권한이 상근감사위원에게 있기 때문에 위원장을 누가 맡고 있는지 여부와는 무관하게 힘이 상근감사위원에게 쏠릴 수 있다.

59개 공공기관 상임감사는 대통령이 2007년부터 직접 임명하며 당연히 대통령 임명이므로 신분적으로 보장되어 있다.[1] 상임감사 선임 기준은 의무선임은 시장형 공기업 및 자산규모 2조원 이상인 준시장형 공기업 24개와 자체 정관에 의한 자율적으로 선임한 기관 25개이다. 이와 같이 감사가 대표이사 못지않은 막강한 권한을 가지고 있기 때문에 오히려 경영권과 감사권이 상충

───────────────────────────

1) 대통령이 직접 대표이사를 선임하는 공공기관은 임직원 수가 500인 이상 되는 경우이다.

되는 바람직하지 않은 현상이 나타나는 경우도 있다.

국민은행에서도 은행장의 거의 모든 결재사안에 대해서 감사가 사전적으로 감사를 하겠다고 해서 경영권과 감사권이 충돌하는 듯한 모습을 보였는데, 59개 공기업에서도 대통령이 임명한 감사의 직위라는 것이 오히려 신분 상승을 유발시켜 불필요하게 대표이사와 충돌하는 경우도 있을 수 있다. 상임감사가 나도 대통령이 임명했고, 임기가 보장되어 있으며 신분도 보장되어 있으니 대표이사에게 굽힐 것이 없다고 하면 경영권과 감사권이 충돌할 소지가 충분히 있다.

한국경제신문. 2014.3.5. 위기의 국민은… 경영권 · 감사권 '정면 충돌'

부실경영 빌미로 유례없는 "감사권 강화" 파문… "행장 위에 감사 있는 옥상옥 될 것" 우려도

국민은행 감사위원회가 이건호 은행장에게 올라가는 모든 결재서류를 정병기 상임감사위원을 반드시 거치도록 상임감사위원 직무 규정을 개정한 것에 대해 경영권과 감사권의 충돌로 보는 시각이 많다. 아무리 경영진을 견제하고 감시해야 할 감사라지만 은행장의 결정에 사사건건 간섭하는 것은 경영권 침해에 해당한다는 얘기가 나온다. 반면 사건 사고가 잇따르고 있는 국민은행으로선 감사권을 강화할 필요가 있다는 '옹호론'도 있다. 일부에서는 정감사가 지난 1월 정기인사 과정을 들여다본 것에 이어 마음먹고 이 행장 견제에 들어갔다는 해석도 있다.

• "경영권 행사 침해받을 수도"

은행 감사는 사후 감사 외에 사전 감사권을 갖고 있다. 국민은행도 업무계획 수립 및 예산의 편성, 직원의 상벌, 예산의 전용 등에 대해 감사가 최종 결정권자에 앞서 의사 결정이 타당한지 검토할 수 있도록 사전감사 대상 업무를 규정해 놓고 있다. 이 규정에 따라 사전 감사권을 행사하면 웬만한 중요 경영사항에 대해 감사가 미리 들여다볼 수 있다는 것이 금융권의 대체적인 시각이다. 문제는 국민은행 감사위원회가 은행장의 모든 결재사항을 미리 보겠다고 감사위원 직무 규정을 개정한 데 있다. 중요 경영사항 외에 모든 걸 보겠다는 것은 이 행장에 대해 시시콜콜 간섭하겠다는 의도가 배어 있다는 지적이다.

　　기업지배구조원의 ESG평가에서는 감사위원회에 사내 이사가 포함될 때
보다 사외이사들로만 구성될 때 더 높은 평가를 받게 되어 있다. 그러나 사내
이사가 포함될 때, 사내의 정보 접근에 대해서 도움이 될 때가 있다.

　　상근감사위원의 존재가 정보 접근에 대한 사외이사의 한계를 보충해 주
는 상호보완적인 역할을 할 수 있다.

　　외감법개정안에 communication 회수까지 포함하도록 요구하고 있지만
반면에 다음과 같은 규정이 존재한다.

> 감사기준서 260. 지배기구와의 communication
> A12. 감사절차의 성격이나 시기에 대해 상세하게 커뮤니케이션 하는 것은 감
> 　　　사절차를 지나치게 예측 가능하게 함으로써 그러한 절차의 효과성을 감
> 　　　소시킬 수 있다.

　　즉, 감사위원회가 너무 과도하게 업무를 수행하여도 바람직하지 않다는
내용인데, 우리나라의 경우는 이러한 경우의 수보다는 감사위원회 활동이 미
흡한 경우가 훨씬 더 많을 것이다.

　　김유경(2017)에 의하면 국내 상장사 감사위원회는 연 2.52회 외부 감사인
과 커뮤니케이션을 수행한다고 한다. 위에 인용된 기업지배구조원에서 파악하
고 있는 감사위원회 개최 횟수보다도 적은 수치이다.

　　금융감독원은, 감사위원회가 최소 분기에 한 번씩 경영진의 참석 없이 외
부 감사인과 회합하여 주요 사항에 대해 논의할 것을 권고한다.[2]

　　감사위원회는 회계 전문가, 법률 전문가, 산업 전문가 등의 여러 전문가
가 그 대상일 수 있는데 영국에서는 산업전문가도 감사위원으로 선임하도록
요구되고 있다고 한다.

---

2) 금융감독원, "외부감사 관련 감사 및 감사위원회 운영 모범 사례" 2015.12.

chapter 32

회계법인 대표/기업 감사(감사위원) 책임

　　회계법인 대표이사가 해당 회계법인에서 발생한 부실감사에 대해서 어느 정도까지 책임을 져야 하는지에 대해서 여러 가지 논란이 있다. 대표이사가 감사보고서에 서명을 한 것이므로 법적으로 책임을 져야 한다는 주장도 있고 대표이사의 서명은 형식/요식적인 절차에 불과한 것이니 서명했다고 책임을 지라는 것은 불합리하다는 비판도 있을 수 있다.

　　회계법인의 대표이사가 분식회계에 대해서 어느 정도까지 책임을 져야 하는지에 대해서는 수년간 논란이 지속되었다. 지난 2016년 3월 25일의 규제개혁위원회는 회계법인 대표이사에게 모든 부실감사 감독 소홀 책임을 묻는 것은 자기책임원칙에 반하고 과잉규제에 해당한다고 철회공고를 하였으나, 당초 내용을 일부 수정한 수정안으로 재심사 청구(5월 30일)한바, 6월 10일 규개위 재심사를 원안 통과하여 제재 근거를 마련하였다.

　　재심사요청안은 대표이사가 품질관리를 소홀히 함으로써 중대한 감사 부실이 발생한 경우만 책임을 지며 감사 부실 적용회사로 한정하였다(금융위 고시로 정할 예정).

　　대표이사라도 해도 본인이 관여하지도 않은 업무에까지도 책임을 지라는 것은 과한 정책방향이라고 판단된다.

　　규제개혁위원회 재심사과정에서는 부정확한 품질관리 구축 운영에 기인한 부실감사 발생 시 품질관리책임자인 대표이사 등에 대한 제재는 자기 책임의 원칙에 부합하므로 원안 동의하였으나 금융위는 개정안 시행 전 품질관리제도에 대한 보다 구체적인 가이드라인을 제시함으로써 회계법인 대표이사 등이 품질관리책임에 사전적으로 대비할 수 있도록 할 것을 권고하였다.

사실상 독립채산제(별산제)로 운영됨에도 불구하고 형식상 대표이사라는 이유로 그에 대하여 엄격한 책임을 부과하는 경우가 발생한다면 이러한 정책 방향이 정당화될 수 있는지에 대한 의문이 있다.

회계법인에서 대표이사가 갖는 책임과 권한은 각 회계법인마다 모두 다를 것이다. 조직화된 one firm의 형태로 운영되는 회계법인일 경우는 대표이사가 책임을 질 수 있지만 감사반의 연합체와 같이 운영되어 회계법인 조직의 형태가 강하지 않은 회계법인의 경우는 대표이사의 권한과 책임이 매우 미약할 수도 있다. 이러한 대표이사에게까지도 과도한 책임을 묻는다는 것이 바람직한 것인지에 대한 의문을 제기할 수 있다. 즉, 대표이사의 책임은 해당 회계법인이 어느 정도 조직화되어 있는지도 요인이 될 수 있지만 이렇게 모든 회계법인의 상황에 따라 조치 수준을 결정할 수는 없다.

권재열(2017)은 외감법에 대표이사에 대해서 언급이 없으며 대표할 이사라는 표현은 있으나 이는 engagement 파트너를 의미한다고 해석될 수도 있고 또한 대표이사의 권한이 정의되어 있지 않다고 주장한다.

정의가 없다는 것은 회계법인 대표이사의 업무의 영역과 책임 범주가 법적으로 정의되지 않음을 의미한다.

자기책임원칙이란 실질적인 책임을 질 수 없는 상황인데도 책임을 묻는 것은 옳지 않다는 접근인데 감사는 실행부서가 수행한 업무에 대한 감사를 행하는 것으로 감사인의 외부 감사는 실질적으로 담당 파트너 책임하에 진행되고 있고 대표이사가 감사보고서에 서명을 하는 것은 법적인 책임을 진다는 의미가 있기는 하지만 대표이사에게까지 실질적인 책임을 묻기에는 책임의 범주가 너무 광범위해지는 문제가 내포될 수 있다.

자기책임의 원칙은 외부감사/내부감사에 모두 해당된다.

외부 감사인의 회계감사도 완벽할 수 없듯이 내부 감사의 감사 업무도 완전할 수 없는데도 불구하고 상법상의 감사나 감사위원에게 분식회계에 대한 책임을 묻는 것이 적절한 것인가에 대한 논지이다. 이는 특히나 국내 기업일 경우 40%(이 수치가 2017년 발표에서 80%로 변경)의 기업만이 내부감사부서를 별도로 설치하고 있는 상황에서는 기업 내부의 감사기능에도 한계가 있을 수밖에 없기 때문이다(김유경 2016).

금융회사의 지배구조에 관한 법률이 2015년 7월 제정되고 2016년 8월에 시행되어 감사업무 지원 부서 설치가 강제된다.

영국 FTSE 상장 상위 기업 250개사 내부감사조직 부재 시 사유를 공시해야 한다고 한다.

그렇다고 감사위원회는 비상근이므로 책임이 명확하지 않고 외부감사인은 외부자이므로 책임이 있는지가 명확하지 않다고 하면 과연 감사를 수행하고 있는 내/외부자 모두가 책임을 지지 않겠다는 논리로 귀착하게 된다.

때로는 실행과 점검에 대한 책임 구분이 어려울 수 있고, 실행과 자문에 대한 구분이 어려울 수도 있다. 즉, 어디까지가 도움을 주어서 대신 해 주었던 것이고 어디까지가 자문을 해 주었던 것인지에 대한 구분의 이슈이다. 즉, 실행하는 부서(재무제표일 경우는 재무팀, 또는 CFO)의 잘못인데 감사에서 발견하지 못하였다고 책임을 지라는 것이 논리적인 접근인지의 이슈이다.

어떻게 보면 분식회계에 대해서 기업이 책임을 져야 하는지 아니면 이러한 재무제표를 인증한 감사인이 책임을 져야 하는지의 동일한 맥락의 이슈이기도 하다. 이는 기업과 감사인과의 책임 구분이고, 본 chapter의 이슈는 기업 내에서의 누가 또한 감사인내에서는 구체적으로 누구의 책임인지의 micro한 차원이다.

때로는 다음과 같은 것에 대한 구분도 애매할 때가 있다.

한국경제신문. 2005.10.31. 외부감사 맡은 회계법인이 컨설팅계약도 내부회계관리 '편법수주' 논란

상장기업의 내부회계관리제도 도입 과정에서 외부감사를 맡고 있는 회계법인이 컨설팅 계약을 따내는 사례가 잇따르는 등 '편법수주' 논란이 일고 있다. 공인회계사회가 공인회계사법에 따라 정한 회계감사 기준은 외부감사인의 내부회계관리제도 구축을 금지하고 있지만 회계법인들이 '컨설팅' 형식을 통해 관련 규정을 피해가는 것 아니냐는 지적이다.

31일 회계업계에 따르면 회계법인들이 연간 3,000억~4,000억원 규모로 추산되는 내부 회계관리제도 컨설팅 시장의 주도권을 잡기 위해 각축전을 벌이는 가운데 대형 회계법인들을 중심으로 이 같은 움직임이 확산되고 있다. 업계 1위인 삼일이 LG전자, LG화학 등과, 2위인 하나, 안진이 현대자동차 등과 각각 컨설팅 계약을 맺은 게 대표적이다. 이들 회계법인은 모두 해당 기업의 외부감사인이다.

한 중소형 회계법인 대표는 이와 관련, "이름만 컨설팅이지 실제로는 회계법인이 직접 내부회계관리제도를 구축해 주는 경우가 많다"며 "이 같은 행위는 법 취지는 물론 글로벌 스탠다드에도 어긋난다"고 주장했다. 외부감사인은 매 사업연도 말에 해당 기업의 내부회계관리제도를 감사해야 하는데 결과적으로 '자기가 만든 시스템을 자기가 감사하는' 모순이 발생한다는 것이다.

그러나 대형 회계법인들은 "회계법인이 내부회계관리제도를 직접 구축하는 것이 아니라 자문역으로 참여하는 것인 만큼 전혀 문제될 게 없다"는 반응이다. 내부회계관리제도는 기업이 재무제표를 기업회계기준에 따라 작성, 공시하기 위한 내부시스템으로 상장 대기업은 내년부터, 상장 중소기업과 비상장 대기업은 2007년부터 적용된다.

이렇기 때문에 감사인이 내부회계관리제도와 관련된 컨설팅을 수행할 때는 감사위원회가 승인을 해 주도록 제도가 되어 있다. 아마도 많은 기업의 감사위원회에서 승인해 줄 것이라고 사료된다.

분식이 기업의 책임인지 감사인의 책임인지에 대한 논쟁이 있을 때, 흔히 외부 감사인들이 빈번하게 주장하는 내용이 경찰이나 검찰이 범인을 잡지 못했다고 경찰이나 검찰에게 책임을 묻는 것이 맞는가라는 질문이다.

회계감사도 부정적발에 있는 것이 아니므로 기업의 감사기능도 동일하게 생각할 수 있기 때문에 due care를 수행하였는지가 이슈가 된다. 그러나 내부 감사기능이 due care를 수행하였는지를 확인하는 것은 조금 더 주관적인 판단의 영역이다. 왜냐하면 외부감사는 감사기준이라고 하는 정형화된 manual이 존재하지만 내부감사기능에 대해서는 반드시 어떠한 원칙을 지켜야 한다는 기준이 존재하지 않기 때문에 결과론으로 갈 수밖에 없다. 이는 신용평가 회사가 due care를 하여 평가 업무를 수행하는지를 확인하는 것이나 동일하다. 이는 특히나 회계감사 시장이 자격증에 의한 엄격한 규율이 존재하는 산업이기 때문이기도 하다. 물론, 내부감사에 대해서도 CIA(Citified Internal Auditor)라는 자격증이 있기는 하지만 공인회계사와 같이 널리 인정되는 자격증은 아니다.

상장협이나 한국공인회계사회가 이러한 규준을 작성하고 있지만 규준이라는 것은 아래의 신문 기사에도 기술되어 있듯이 구속력이 없다. 단, 감독기관의 규준일 경우는 어느 정도는 강제성을 동반한다고도 할 수 있다.

규준이 나와 있는 방식으로 감사위원회가 운영되지 않았고, 실행 부서의 회계분식을 상근 감사나 감사위원회가 발견하지 못하였다고 감사위원회에 책임을 어디까지 물을 수 있을 지에 대해서도 많은 고민이 있어야 한다.

모 대기업의 감사위원장은 감사위원회를 하면서 점검했던 부분을 실무자에게 감사위원회 회의록에 가능하면 상세하게 기술하라고 요구한다고 한다. 물론, 감사위원회가 업무를 꼼꼼히 챙기려는 의도도 있고 감사위원들 본인들을 보호하기 위함이기도 하다.

위에 기술되었듯이 분식회계에 대한 기업과 감사인의 책임에 대한 비율이 오랫동안의 판례에 따라 60:40으로 정해지는 추세라고 하면 기업 내에서의 재무제표를 작성하고 이를 감시하는 감사부서의 책임의 비율은 어느 수준에서 결정되어야 하는지도 오랜 기간 조치와 판례가 축적되어야 평균치가 나올 것이다.

매일경제신문. 2016.7.18. 회계법인 중간간부에도 분식 책임 묻는다

분식회계나 부실감사 적발 시 회사의 감사위원과 회계법인의 중간 감독자도 처벌이 가능해진다.

17일 금융감독원은 회사 감사위원의 형식적인 감사로 분식회계나 중대한 회계오류가 발생할 경우 해임 권고가 가능하도록 주식회사의 외부감사에 관한 법률(외감법)을 개정한다고 밝혔다. 회사의 감사가 내부 통제상 중대한 결함이 있는 것을 알고도 적절한 조치를 하지 않아 중대한 회계 오류가 발생하면 해임 권고까지 제재를 받도록 새롭게 규정했다. 또 감사가 위법행위를 묵인하거나 방조하는 등 고의적·위반 행위를 한 경우 검찰 조치까지 가능해진다.

다만 감사가 회사의 위반행위를 적극적으로 저지하려고 노력한 사실이 인정되면 회계 부정 사건이 발생해도 책임을 묻지 않는다는 내용이 포함됐다.

회계법인의 디렉터나 매니저 등 중간감독자에 대한 처벌도 강화된다. 지금까지는 부실감사의 책임을 업무 담당 이사에게 물어 중간 간부는 직접적인 책임을 지지 않았다. 앞으로는 업무 수행 시 실질적인 감사현장 책임을 지는 회계법인 중간감독자의 감독 소홀로 부실 감사가 발생한 경우 위반 정도에 따라 직무정지 조치를 부과할 수 있게 됐다. 또한 중간 감독자가 상사의 지시에 따라 위법행위를 한 경우에도 등록 취소나 검찰 고발 같은 조치를 취하도록 했다. 한편 중대한 부실 감사 시 회계법인 대표이사에 대한 제재에 관

해서도 외감법 개정에 따라 조만간 구체적인 처벌 가이드라인을 마련할 예정이다. 금감원 관계자는 "이번 조치가 감사들의 책임성과 전문성을 강화하고 회계법인 감사의 품질을 향상시킬 것으로 기대한다"고 말했다.

감사나 감사위원까지도 해임 권고의 대상이 된다는 것은 CEO나 CFO의 분식회계에 대해서 해임 권고를 하는 것과도 동일하게 분식회계의 행위자뿐 아니라 이를 점검하는 경제 주체에 대해서도 유사한 조치를 함으로써 제재를 강화한다는 의미를 갖는다.

매일경제신문. 2017.1.31. 기업감사 독립성 강화 모범 운영 기준 만든다

공인회계사회가 국내 4대 회계법인과 손잡고 국내 기업들의 '감사위원회 모범 운영규준' 마련에 나선다. 감사위원회가 경영진 입김에 휘둘리지 않고 독립적으로 감사 업무를 수행할 수 있도록 위원회의 운영 가이드라인을 만들어 제시하겠다는 취지다.

30일 회계업계에 따르면 최근 공인회계사회는 삼일 삼정 안진 한영 등 국내회계법인과 '감사위원회 모범 운영규준' 제정을 위한 연구 용역을 맺었다. 이들 회계법인은 2월부터 자문 교수단과 함께 연구팀을 구성하고 본격 활동에 돌입한다. 이번 프로젝트는 감사위원회 지원 부서가 가장 잘 갖춰져 있다고 평가받는 삼정KPMG를 주축으로 진행된다. 모범 운영규준은 이르면 4월께 발표될 것으로 알려졌다. 회계법인 관계자는 "운영규준은 강제성은 없지만 일단 '모범 기준'이 나오게 되면 기업과 감사위원회가 이 기준을 따르려고 노력하면서 위원회의 독립성이 제고될 것"이라고 전했다.

우리나라의 경우 회계감독권을 가지는 감사위원회가 경영진으로부터 독립성을 확보하지 못하는 현실이 내부감사의 한계로 지적돼 왔다. 미국과 달리 소유와 경영이 분리돼 있지 않아서다. 또 일부 공기업에서는 전문성이 떨어지는 낙하산 인사가 감사로 배치되는 경우도 있다. 이 같은 현실적 문제를 감안해 '모범 운영규준'에서는 감사위원 선임에서부터 역할과 책임을 아우르는 일반적 내용뿐만 아니라 바람직한 감사위원회 모습과 기능이 제시된다. 특히 감사위원회와 기업 감사실의 유기적 연계 방안도 담긴다. 감사위원회의 <u>최저 투입 업무시간</u>도 제시될 것으로 알려졌다. 삼정KPMG에 따르면 연 기준으로 미국 상위 200대 기업의 감사위원회 업무 평균 시간은 한국보다 2배 이상 긴 252시간이다.

한국기업지배구조원에 따르면 2016년 기준 유가증권시장에 상장된 기업 713곳 가운데 감사위원회를 둔 기업은 286곳으로 전체의 40% 수준이다. 회계법인들은 감사위원회 관련 별도 컨설팅서비스를 강화하고 있다.

전체 713사,

감사위원회 설치 286사

설치 의무기업 145사

이러한 한공회의 감사위원회 규준을 작성하는 업무는 결국에는 한국기업지배구조원에 연구 용역이 맡겨져서 보고서가 작성되고 있다.

위의 기사에서 감사위원회의 최저 투입시간과 관련된 논의가 되고 있는데 이는 회계감사에 대한 표준시간과 같이 맥락의 논의이다. 그러나 외부 감사는 기준과 자격증 소지자에 의한 체계적인 업무인 반면 내부감사일 경우는 이러한 체계를 확보하기가 어렵다.

앞으로 이와 같이 감사위원회의 책임이 강화되게 되면 혹자는 감사위원회의 역할을 대신하는 대행 컨설팅 업무도 가능하다는 의견을 내기도 한다. 물론, 감사위원회가 회사의 비용으로 외부 전문가의 도움을 받을 수 있도록 법에 보장되어 있기는 하지만 대행 컨설팅은 또 다른 대안이다.

김유경(2016)은 상장사의 40% 정도만 내부감사실무조직을 보유하고 있다고 보고하고 있어서 내부감사실무조직을 가동하고 있지 않는 나머지 60%의 기업의 경우 내부감사가 되었건 감사위원회가 되었건 내부감사와 감사위원회의 수족으로 움직여야 하는 내부감사실무 조직의 필요성이 대두된다. 이 숫자가 40%의 통계치가 80%로 2017년 발표에서 상향 조정되었는데 그렇게 많은 기업에서 내부감사실무조직을 가동하고 있는지에 대한 의문은 있다.

내부감사실무조직의 경우 감사위원회 소속으로 구조를 가져가야 한다는 주장도 있다.

내부감사실무조직이 없는 경우는 대부분은 감사위원회의 업무가 회계업무를 다루게 되므로 재무부서의 도움을 받게 된다. 그런데 이러한 경우에 발생하는 문제는 재무부서의 被監의 위치에 있다는 것이다. 단, 내부감사실무조직이 있다면 외부감사인에 대해서 기업 내에서 업무를 돕는 조직은 내부감사조직이어야 한다.

민간 기업에서의 독임제도식의 상법상의 감사나 감사위원회에 대한 고민은 공적 영역에도 동일하게 적용된다. 광역시도의 감사 기능도 독임형 개방형 감사관이거나 감사위원회의 형태로 운영된다.

서울시, 충청남도, 세종시, 제주도 등 광역시도에서는 개방형 독임제 감사관제도가 아닌 감사위원회 제도를 운영하고 있다.

설치 근거는 세종시와 제주도는 특별법(세종특별자치시 설치 등에 관한 특별법, 제주특별자치도 설치 및 국제자유도시 조성을 위한 특별법)에, 서울시와 충남도는 조례에 있으며 구체적인 운영방법 등은 모두 조례로 정하고 있다.

그리고 감사위원회 위원장은 다른 시도의 감사관과 같이 개방직으로 선발하고 있으며 그 절차 등은 동일하다. 독임제 감사관에서 감사위원회라는 합의제로 바꾸는 것은 좀 더 독립성을 보장하겠다는 취지이므로 앞으로는 독임제 감사관에서 합의제인 감사위원회로 바꾸려는 시도가 늘어날 것으로 예상되며 현재는 조례로 정하면 되므로 시도지사의 의지가 중요하다고 생각된다.[1]

광역시/도에서 개인 감사관이 감사업무를 맡을지 아니면 위원회 조직으로 이를 운영할지에 대한 고민은 일반 기업에서 상법상의 상근 감사를 둘지 아니면 감사위원회를 가동할지의 고민과 동일한 고민이다.

매일경제신문. 2017.2.23. 삼성 전 금융계열사 상근감사 없애기로

삼성생명, 삼성화재, 삼성카드, 삼성증권 등 삼성그룹 소속 금융계열사 4곳이 다음 달부터 상근감사 제도를 전면 폐지한다. 통상 감사원이나 금융감독기관 등 관계 출신들이 맡아온 상근감사가 사라지는 대신 사외이사를 중심으로 한 독립적인 감사위원회가 금융권 전반으로 활성화될 것으로 보인다. 조기 대선 가능성이 높아지면서 새 정부 출범을 앞두고 낙하산 감사 임명 가능성을 삼성그룹 금융계열사들이 미리 차단했다는 해석이 나온다.

22일 금융당국과 재계에 따르면 삼성생명 등 삼성그룹 금융계열사들은 23일 이사회를 열고 이 같은 내용의 상근감사위원폐지 안건을 논의한다.

현재 금융회사의 업무와 회계를 감사하기 위한 감사 체제는 산업은행 같은 국책은행의 '독립적 1인 감사 체제'와 '이사회 산하 감사위원회 체제'로 구분된다.

---

1) 독임제와 회의체의 차이에 대한 내용은 손성규(2012)의 chapter 12를, 광역시도의 감사관 제도에 대해서는 손성규(2017)의 chapter 18를 참고한다.

현행 금융지주회사법은 1인 감사체제와 감사위원회 체제 중 하나를 선택할 수 있도록 의무화하고 있다. 하지만 대부분 금융회사는 감사위원회 체제를 유지하되 감사위원 중 1인을 상근감사위원으로 두는 형식으로 사실상의 1인 감사 체제를 유지해왔다.

삼성그룹 금융계열사들이 지금까지는 감사위원회 체제 속에 외부 출신의 상근감사를 두고 있었지만 이번에 아예 이를 폐지하기로 한 것이다. 다음달 주총을 거쳐 상근감사 제도가 폐지되면 감사위원회는 순수 사외이사 중심으로 재편된다. 감사 업무의 의사결정은 감사위원회가 맡고, 내부 출신 실무자인 감사실장이 감사위원회를 보좌하는 방식이다.

삼성이 이렇게 정책을 결정한 것은 상법에 의해서 3%의 rule이 적용될 때, 최대주주의 의사와 전혀 무관한 상근감사가 선임될 것을 우려한 처사였다는 의견도 있다. 위에 나열된 기업에 추가하여 삼성자산운용이 이러한 변화가 있었고, 비상장기업이라 이 원칙이 적용되지 않는 삼성선물의 경우는 상근감사를 유지하였다. 그러나 감사위원 선임에도 똑같은 원칙이 적용되니 3% rule 때문에만 이러한 변화가 있었는지에 대해서는 명확하지 않다.

상근감사위원들의 많은 업무가 소위 代官업무였는데 최순실 국정농단 사태를 겪으며 대관 lobby의 실무행태에 변화를 모색하고 있는 듯하다.

감사위원회 활동을 많이 하였던 한 회계학 교수는 사외이사로만 구성된 감사위원회에도 문제가 없는 것은 아니지만 상근감사위원이 일단, 선임된다고 하면 내부 감사실 기능은 감사위원장을 주된 지휘체계로 여기기보다는 상근감사위원의 지휘를 받기 때문에 상근감사위원제도의 이러한 단점도 지적한다.

매일경제신문. 2017.2.23. 삼성, 금융계열사 상근감사 폐지키로

지난해 7월 금융지배구조법 시행령이 개정되면서 일정 규모 이상의 금융회사들은 독임제 1인 상근감사 체제와 사외이사 중심 감사위원회 체제를 선택할 경우 3분의 2 이상을 사외이사로 둬야 한다. 나머지 3분의 1을 상근 감사위원으로 둘지, 사외이사로 둘지는 금융회사 재량이다. 하지만 대다수 금융회사는 독임제 1인 상근감사 대신 감사위원회를 선택했다.

신한지주, KB금융지주 등 은행권 금융지주회사와 현대카드 등은 이미 상근감사위원이 없는 순수 감사위원회를 도입한 상태지만 대관 업무 수요가 강한 대다수 금융회사는 상

근감사위원을 유지해왔다. 특히 삼성그룹 계열 금융사들은 삼성그룹 지주사 전환과 공정거래법 개정을 전제로 한 중간금융지주회사를 추진하는 등 그룹 지배구조 개편을 앞두고 금융당국, 정부와 긴밀한 소통이 필요했다. 하지만 최근 검찰 수사 등으로 불필요한 오해가 증폭되면서 순수한 감사위원회 체제로 무게가 기운 것으로 보인다. 교보생명, KB국민은행 등은 상근감사위원 제도를 유지하고 있지만 정부 눈치로 상근감사위원 유지 여부를 놓고 고심해온 KB국민은행 등은 삼성그룹 금융계열사의 이번 결정에 따라 상근감사위원 제도를 폐지할지 주목된다.

다음달 13일 상근감사위원회의 임기가 만료되는 삼성카드, 삼성증권과는 달리 2019년 3월 임기가 끝나는 삼성생명과 삼성화재는 다음 달 주주총회 이후 현직 상근감사위원을 고문 등으로 자리를 옮겨줄 것으로 알려졌다.

상근감사위원 폐지에도 관료 출신 영입은 지속될 것이라는 시각이 많다.

아래의 신문기사에도 보듯이 감사위원들의 전문성과 관련된 비판도 있다.

매일경제신문. 2017.3.2. 상장사 감사위 유명무실 10명 중 8명이 '회계문맹'

국내 상장사 감사위원회를 구성하는 감사위원들 중 회계 전문가 비중이 터무니 없이 낮은 것으로 나타났다. 국내 기업들의 회계부정 가능성을 키우는 핵심 요인이다. 기업의 회계를 1차적으로 관리 감독하는 회사 내부 감사위원회가 제 기능을 못하면 제2, 제3의 대우조선해양 분식회계 사태가 발생할 수 있다는 지적이다.

특히 최근 정치권이 추진 중인 감사위원 분리 선임 제도를 도입하면 회계 전문가가 부족한 국내 기업들이 외국계 투기자본의 경영 개입에 휘둘릴 가능성마저 제기되고 있다.

1일 한국공인회계사회가 감사위원회가 설치된 국내 상장사 397곳의 감사위원회 구성원 출신을 전수 조사한 결과 전체 2,721명 가운데 회계사 출신은 274명으로 전체의 10%에 불과한 것으로 파악됐다. 회계 경영을 전공한 교수, 최고 경영자 CEO, 최고 재무책임자(CFO) 등 전문성을 갖춘 인력을 감안해도 관련 전문가는 19% 수준에 그치는 것으로 집계됐다. 반면 법조인(273명), 관료 (327명), 교수 (413명), 정치인 언론인(57명) 출신을 전체의 40%에 달했다.

회계업계 관계자는 "감사위원의 법적인 권한과 책임이 명확함에도 본인의 역할조차 모르고 선임되는 경우가 적지 않다"며 "이대로 감사위원회를 운영하면 한국 기업들의 회계부정 가능성은 더욱 커질 수밖에 없다"고 설명했다.

감사위원회를 의무적으로 설치하지 않아도 되는 자산 2조원 미만의 기업들은 문제가 더 심각하다. 한국은 감사위원 중 1명 이상은 회계전문가를 선임해야 한다는 규정이 있지만 꼭 공인회계사일 필요는 없다. 이에 비해 미국은 감사위원들에게 회계 재무정보를 읽고 해석하는 능력인 'financial literacy'를 반드시 갖추도록 요구하고 있다. 이 때문에 미국 감사위원 상당수는 CEO와 CFO 출신이 맡고 있다.

삼정 KPMG에 따르면 미국 포춘 100대 기업의 감사위원회 주요 구성원인 사외이사 중 회계전문가를 포함한 재계 출신은 78%에 달한다. 관료나 학계 출신은 17%에 그친다.

이 때문에 미국에서는 회계 사기 10건 중 무려 9건이 감사위원회와 같은 기업 내부 통제 기구에 의해 적발됐다. 뒤집어 해석하면 외부 감사인이 회계 사기를 걸러낸 비율은 10%도 채 안 된다는 얘기다.

외부 감사인이 아무리 엄격하게 감사를 진행해도 기업에서 의도적으로 회계조작에 나선다면 제2, 제3의 대우조선해양 분식 스캔들을 막기 힘들 것이란 경계감이 커지고 있는 것과 무관하지 않다.

실제로 최근 수조원대 분식회계 논란에 휩싸인 대우조선해양에는 감사위원회를 포함해 회계감독 책임이 있는 내부 조직에 회계 전문가가 단 한명도 없는 것으로 나타났다.

법조계 관계자는 "감사에 대한 권한과 정보 접근성을 보장받는 내부 감사인보다 이행 보조자인 외부 감사인이 더 엄중한 처벌을 받는 것은 비례원칙에 어긋난다"고 지적했다. 안진회계법인이 소수의 회계사 잘못으로 문을 닫으면 2,000명이 넘은 직원의 직업 선택권도 침해될 수 있다는 설명이다.

한국기업지배구조원은 2016년까지의 ESG 평가는 외부에서 접근 가능한 자료에 기초하여 수행하였지만 2017년 수개 회사에 대한 평가는 심층면접에 의해서 진행하였다고 하는데, 면접의 결과 다른 지배구조 관련해서는 기업들이 문제 없이 제도를 운영해 가고 있는데 감사위원회 운영만은 미흡한 기업들이 있다는 결론을 내렸다. 특히나 일부의 사외이사들이 감사위원회가 어떠한 업무를 수행하여야 하는지에 대해서 정확히 인지를 하지 못하는 경우도 있는 것으로 보고하고 있다.

위의 기사에서도 인용되었듯이 우리나라의 사외이사의 구성은 외국에 비해서 교수가 과도하게 많다는 비판이 있다. 교수는 이론적인 부분에서는 강점이 있을 수 있지만 실무적인 감각이나 경험에서는 전직 임원들에 비해서 능력이 뒤질 수 있다. 아마도 교직을 존중하는 유교 문화적인 이유와 무관하지 않는 듯하다.

매일경제신문. 2017.3.6. 금감원, 상장사 감사위원회 깐깐히 본다

금융감독원이 올해 2,300여 개 상장 비상장 기업의 내부 감사 감사위원회 운영실태를 점검하겠다고 사전 예고했다. 대우조선해양 같은 대규모 분식회계사태의 단초가 될 수 있는 내부 부실 감사 위험을 사전에 예방하겠다는 의도다.

금융감독원은 이달 말 2016년 사업보고서 제출 기한을 앞두고 기업의 내부 감사 제도를 포함해 올해 신속 점검할 항목 50개를 선정했다고 5일 사전 예고했다. 점검 대상 기업은 12월 결산 상장법인과 사업보고서 제출 대상 비상장법인 총 2,289개사다. 올해는 특히 수주산업을 포함해 대기업들의 분식회계 위험을 사전에 차단하기 위해 내부 감사제도 운영 현황을 일체 점검할 방침이다.

박권추 금감원 회계심사국장은 "최근 주요 대기업의 오너 리스크가 커지면서 지배주주와 경영진에 대한 감시와 견제 기능이 중요해졌다"며 "감사위원회의 구성 내역 및 활동 등 기재 내용을 점검할 방침"이라고 말했다.

잇따른 분식회계 사태에도 불구하고 기업 내 1차적 감시 역할을 담당하는 감사위원회가 제 역할을 하지 못해 회계부정 가능성이 여전하다는 문제 제기가 이어지고 있다. 매일경제신문이 국내 상장사 400여 곳을 대상으로 조사한 결과 전체 감사위원회 구성원 중 회계사 출신은 전체의 10%에 불과한 것으로 파악되기도 했다.

또 금감원은 기업의 외부 감사제도 운영 현황 관련 공시 내역이 적정한지도 점검할 방침이다. 기업의 감사 투입시간, 감사 비감사 용역 보수 등 외부 감사 운영 현황 관련 공시의 적정성을 살펴 향후 회계감독 업무에 참고하겠다는 계획이다.

이 밖에도 최대주주의 실체, 제재 내역 같이 최근 사회적으로 이슈가 된 내용에 대해서도 기업이 제대로 공시했는지를 중점 점검하겠다고 밝혔다. 금감원은 신속 점검 항목 관련 시장 혼선을 막기 위해 점검 항목 작성요령을 만들어 전자공시 시스템에 게시할 예정이다. 신속 점검 관련 결과는 오는 5월 중 회사와 감사인에 개별 통보해 미흡한 사항을 정정하도록 안내할 계획이다. 그럼에도 같은 항목에 대한 부실 기재를 반복하거나 중요 사항을 미흡하게 기재한 회사들을 골라 엄중히 경고한다는 방침이다.

chapter 33

사내유보율

사내유보율은 일반적으로 (자본잉여금＋이익잉여금)/자본금으로 구해진다.

사내유보율이 언론에서 기업이 생산적인 곳에 투자를 하여 고용을 창출하고 정부의 입장에서는 세수가 확대되어 재정이 개선되는 것이 아니고 비생산적인 부동산투기 등에 기업이 투자를 한다는 부정적인 내용을 측정하는 변수로 사용되는 변수가 사내유보율인데 일반 경제 활동에서 가장 빈번하게 잘못 사용되는 대표적인 변수이다.

자본잉여금은 자본거래에서 발생하는 금액이며 이익잉여금은 영업활동의 결과이므로 이 비율은 잉여금의 자본금 대비 비율이다.

이 비율은 기업이 투자하지 않고 사내에 유보하는 금액의 크기를 측정하는 것이 아니며 일반인들은 사내유보금을 '미투자 유휴자금'으로 이해하는데 이는 잘못된 것이다.

위에 인용된 chapter 25의 한국경제신문. 2016.6.29. 기사에서도 사내유보금을 기업이 투자를 하지 않고 내부에 유보한다는 개념으로 사용하였는데 사내유보금은 그러한 개념이 아니다.

최근 정부가 정책 방향을 설정하였듯이 기업이 배당을 하지 않는 것이 문제가 되어서 이를 측정하려고 하면 이익잉여금만을 이용한 유보율을 문제로 삼아야 한다. 즉, 정부의 입장이 기업이 현금을 기업 내부가 끌어안고 배당을 하지 않는 것이 문제라고 하면 이익잉여금이 문제가 되어야지 자본잉여금은 이슈가 되어서는 안 된다.

이익잉여금만을 이용하여 유보율을 정한다고 하면 결국 유보율의 이슈는 배당을 하여 사외로 유출하지 않은 자금을 의미한다. 기업이 배당을 통해 돈을 풀어야 주주의 소비활동을 진작할 수 있다는 개념이다.

정부(기재부)의 입장에서 희망하는 것은 배당으로 처분하여 소비를 촉진하거나 아니면 재투자하여 고용을 창출할 수 있는 생산적인 곳에 사용되기를 희망하는 것이다. 정부가 가장 선호하지 않는 방식은 부동산에 투자를 하거나 현금을 쌓아 두는 것이다.

부동산에 투자하는 것을 언론에서 부정적으로 표현하는 것이 투기(speculation)인데 투자(investment)와 투기의 차이를 실질적으로 구분하기는 어렵다.

문제가 되는 것은 idle cash/money의 개념이다. 즉, 기업에 보유하고 있는 현금 및 현금성 자산의 크기이다. 생산과정에 투입되어서 고용을 창출하여야 하는 자금이 투자되지 않고 기업이 소극적인 자산운용을 도모하면서 투자이익만을 추구한다면 고용 창출이라는 기업이 경제에서 맡아 주어야 할 몫을 하고 있지 않다는 것이다. 즉, 제조기업이 제조활동을 하지 않고, 쌓아둔 현금만을 운용하여서 수익을 올리려 한다면 제조기업의 본 모습이 아니다. 단, 기업은 경제 위기 등의 시점에는 사용 여부와 무관하게 현금을 확보하려 한다.

이에 대한 정부의 정책 기조도 일정하지 않다. 정부는 2014년부터 한시법으로 기업소득환류세제를 도입하여 배당으로 이익을 어느 정도 처분하지 않는 기업에 대해서는 중과세를 하고 있다. 단, 동시에 배당에 부과되는 세금을 보면 배당에 대해서는 15.4%의 배당소득세를 부과하는 대신, 투자이익(시세차익)에 대해서는 대주주가 아닌 이상 과세하지 않으므로 주주들은 당연히 소득세의 차원에서는 시세차익을 선호하지 배당을 선호하지 않을 수 있다.

따라서 정부가 어떠한 점에 주안점을 두고 정책을 운용해 나가고 있는지에 대해서 매우 혼동스럽다.

기업소득환류세제는 2015년 3월부터 시행되는데 자기자본 500억원이 넘는 대기업의 당기소득 80%(제조업 기준) 중 고용, 투자, 임금에 쓰지 않고 남은 돈에 대해 10%의 세금을 부과하는 제도다.[1]

여기에 정부가 2017년부터 3년 동안 적용하기로 한 기업소득환류세제(기업 이익 중 배당과 투자 및 임금 증가분을 제한 유보금에 대해 과세)도 영향을 미쳤다는 설명이다.

---

1) chapter 25에도 관련된 내용이 기술된다.

조선일보. 2017.6.19. 사내유보금 역대 최대지만 <30대 그룹 691조원>

　문재인 정부 들어 사내유보금이 또다시 쟁점이 되고 있다. "기업들이 투자를 하지 않고 임금도 올리지 않고 사내에 현금만 쌓아 놓고 있다. 이런 기업들이 보유한 유보금을 환수해 서민들에게 도움이 되도록 해야 한다"는 주장이다. 최근 정부는 이동통신사들이 갖고 있는 수십조원 사내유보금을 근거로 통신요금 인하 압박에 나서고 있다. 이에 대해 기업들은 "사내유보금은 곳간에 쌓아놓은 현금이 아니다"면서 "여기에 징벌적으로 과세하는 건 말이 안 된다"고 반발하고 있다.

- 30대 그룹 사내유보금 700조원

　기업 정보사이트인 재벌닷컴은 "자산 상위 30대 그룹 소속 178개 상장사의 감사보고서(별도 기준) 유보금은 3월말 현재 691조 5,000억원으로 역대 최대로 집계됐다"고 밝혔다. 이 상장사들의 유보금은 2012년 말 515조, 2013년 말 557조, 2014년 말 602조, 2015년 말 655조원, 여기서 유보금은 기업이 영업 활동으로 벌어드린 이익에서 주주들에게 배당금을 나눠주고 남은 '이익잉여금'과 자본거래에서 생긴 '자본잉여금'을 합친 말이다. 유보금을 납입자본금으로 나눈 '유보율'도 2012년 1003%에서 4년여 만인 올해 3월말 1,223%로 220% 포인트 높아졌다. 특히 최근 5년간 늘어난 유보금은 176조원을 넘어섰다.

　그룹별 상장사 유보금은 삼성그룹이 3월말 현재 219조원으로 2012년 말보다 65조원 증가했다. 현대차그룹은 121조원으로 5년 새 43조원 늘어나 증가율이 가장 높았다. LS그룹은 상장사 보유금이 38조원에서 48조원으로 9조 늘었다. 정부와 시민단체에서는 이런 통계를 근거로 "대기업들이 영업해 벌어들인 이익을 투자나 고용, 주주 배당 등으로 돌려주지 않고 쌓아만 두고 있다"고 비판하고 있다.

- 투자 늘려도 유보금은 증가

　이런 지적에 대해 기업들은 "사내 유보금이라는 용어 때문에 빚어진 오해다"라고 항변했다. 자본잉여금과 이익잉여금을 합친 사내유보금은 회계기준에도 없고 상법에도 나오지 않는 용어다. 회계장부상 잉여금은 기업의 자본구조를 설명하는 것이기 때문에 잉여금으로는 사내 유보의 형태를 파악할 수 없다. 전문가들은 "유보금은 현금성 자산뿐만 아니라 당좌자산, 재고자산, 투자자산, 유형자산, 무형자산 등의 형태로 존재하기 때문에 사내유보금이 늘었다고 투자를 하지 않는다고 볼 수 없다"고 지적했다.

예를 들어 순이익 100억원인 A사가 이를 모두 신규 정비 설비 투자에 사용했다고 가정해보자. 2015년 기준 이 회사 자본금은 100억원, 자본잉여금은 50억원, 이익잉여금은 100억원이다. 이 경우 유보금은 150억원, 유보율(유보금/자본금)은 150%가 된다. 2015년 이 회사는 순이익 100억원을 벌어들였고, 이를 전부 신규 설비 투자에 쏟아 부었다. 2016년 회계장부에서 어떤 일이 벌어졌을까. 먼저 100억원어치의 설비가 늘어났기 때문에 이 회사의 실물자산은 100억원 증가해 모두 300억원이 된다. 그리고 이익잉여금도 100억원 늘어난 200억원으로 기록된다. 그 결과, 이 회사의 유보금은 100억원이 늘어난 250억원이 되고 유보율도 250%로 급증하게 된다. 설비 투자를 해도 유보금과 유보율이 높아지는 사태가 발생한 것이다.

이렇게 기업의 유보금이나 유보율이 높더라도 상당 수준 자금이 투자 등으로 이어졌기 때문에, 보유 현금 수준은 그렇게 높지 못하다. 실제로 삼성전자의 올 1분기 기준 이익잉여금 합계는 약 142조원이다. 이 중 현금 및 현금성 자산의 규모는 약 4조 8,000억원에 불과하다. 나머지 137조원은 설비나 건물 등의 유형자산에 50조원, 사업 목적 등으로 다른 회사 지분에 투자한 금액 55조원 등이다.

• 기업들 자산 대비 현금 비율 낮아져

전문가들은 한국기업의 자산 대비 현금 비율이 점점 낮아지는 추세라고 지적했다. 한국경제연구원은 자산 300억원 이상 상장 비상장 기업 7,841개를 대상으로 진행한 분석보고서에서 "기업의 자산 대비 현금 보유 비율이 10년 전보다 감소한 것으로 나타났다"고 밝혔다. 이 기업들의 자산 대비 현금보유비율은 2008년 금융위기 이후를 기점으로 점차 감소하고 있는 것으로 나타났다. 2001년에는 평균 13.2%였는데, 2012년에는 12.2%로 감소했다. 상장 기업의 경우 14.3%에서 13.3%로 낮아졌고, 비상장 기업도 12.6%에서 11.8%로 감소했다.

한경연은 또 "기업들이 최근 들어 과도하게 현금 보유를 늘리고 있다"는 주장에 대해서도 반박했다. 이를 위해 한경연은 2001년부터 2004년까지 기간 중 재무 데이터를 근거로 기업 규모, 성장 기회, 배당, 투자 규모 등을 감안한 적정 자산대비현금('추정현금비율')을 도출했다. 이를 2005년 이후 실제 자산 대비 현금비율을 비교한 결과 2008년 금융위기 전까지 전반기 동안은 추정치와 실제 현금보유비율 차이가 거의 없었으며, 2009년 이후부터는 오히려 실제 현금보유비율이 추정 현금비율에 비해 낮은 것으로 나타났다. 이 연구를 진행한 김윤경박사는 "기존의 주장과 달리 오히려 최근 들어 기업들이 필요한 현금보유량보다 적은 현금을 보유하고 있는 것으로 분석된다"고 말했다. 황인태 전 회계학회장은 "미국과 비교해 한국의 현금자산비율은 절반 수준인 반면, 설비 투자 등을 포괄하는 유형자산비율은 28.3%로 미국 19.9%보다 약 8.4% 포인트 높았다"면서 "국내 대기업들이 사내 유보금 증가로 현금 자산을 늘리고 실물 투자를 줄여 국가 경쟁력이 저하됐다는 주장이 맞지 않는다는 것을 보여준다"고 말했다.

조선일보. 2017.6.19. "사내유보금이란 용어가 오해 부추겨"

'사내유보금' 논란에서 빠질 수 없는 게 바로 '사내유보금'이라는 단어 자체다. 권태신 전국경제인연합 부회장은 "사내유보금에 대한 오해는 사실 용어 자체 때문에 증폭되는 경향이 있다"고 말했다.

실제로 '유보'라는 단어에는 투자나 임금 인상, 배당 등 기업이 해야 할 일을 하지 않고 회사 내부에 미루어 둔다는 느낌을 준다. 또 '금'이라는 단어가 붙어, 마치 '사내유보금=현금'으로 오해하게 한다는 지적이다.

경제용어사전에 따르면 사내유보금은 기업이 영업활동을 통해 누적된 이익 중 배당 등으로 유출된 금액을 제외하고 남아 있는 금액을 뜻한다. 기업은 이를 영업 또는 투자 목적으로 사용하거나 현금 보유를 할 수 있어 어떤 형태로든 이미 넓은 의미에서 투자가 이뤄졌다고 볼 수 있다. 또 기업의 수익성 있는 영업활동이 지속되고 순이익을 초과해 배당을 하지 않는 한 증가하는 것이 일반적이다. 권성수 한국회계기준원 상임위원은 "사내유보금은 국내 회계 기준은 물론, 외국 회계 기준에서도 사용하지 않는 용어"라면서 "일본과 미국에서도 사내유보금에 해당하는 별도 용어가 없다"고 말했다.

사내유보금을 기업들이 금고에 쌓아 두고 사용하지 않는 여유 재원으로 오해하면서 불필요한 마찰이 생기고 있기 때문에 회계적으로 더 적합한 용어를 찾아야 한다는 것이다.

이런 문제를 극복하기 위해 한국회계기준원에서는 한국회계학회 소속 교수 등 관련 전문가들과 대체 용어 개발을 논의했다. 논의 과정에서 '세후 사내 재투자'(세금을 이미 납부했다는 것과 조달된 자본이 여러 형태로 재투자됐다는 의미를 포함), '내부조달자본'(기업이 영업활동을 통해 수익을 창출하고 이를 통해 누적된 이익을 주주에게 배당하고 남은 잔여 지분을 의미), '누계잉여금'(기업의 자본잉여금과 이익잉여금이 누적된 것이란 의미를 표현) 등 다양한 대안이 고려됐지만, '세후 재투자 자본'이 가장 적절한 것으로 결론을 내렸다. 세후 재투자 자본은 세금을 이미 납부한 금액이라는 사실을 강조하고, 영업활동을 통해 조달된 자본이 다시 여러 형태로 재투자되었음을 표현하고 있다. 또 이에 대한 권리는 주주의 몫(자본)임을 나타낸다.

한국경제신문. 2017.8.10. "법인세 최고 세율 27%까지 인상" 참여연대 주장에 기업들 '황당'

참여연대가 법인세 최고 세율을 27%까지 올려야 한다는 주장에 경제계가 황당한 반응을 보이고 있다. 법인의 '소득'에 매겨지는 세금을 법인의 '자산'과 비교해 세금 납부 여력을 판단한 데다 이중과세 논란까지 야기할 수 있기 때문이라는 지적이다.

참여연대 조세재정개혁센터는 지난 7일 '법인세제 개편에 따른 기업별 세금부담 분석' 보고서를 통해 "법인세 명목 최고세율을 25%가 아니라 27%까지 올려도 대기업은 충분히 감당할 수 있다"고 주장했다. 법인세 최고 세율을 27%로 인상하면 1,248개 기업이 6조 4,499억원을 지금보다 더 부담하는데, 이 돈은 세금을 더 내는 기업의 <u>이익잉여금 잔액 대비 1.71%, 보유 현금액 대비 4.57%</u>에 불과하다는 것이다. 참여연대는 기업소득 과세 기준 200억원 초과 1,000억원 이하 기업에는 25%, 1,000억원 초과 기업에는 27%의 법인세 최고세율을 적용하자고 했다.

하지만 경제계는 기업의 법인세 조세부담능력을 이익잉여금과 보유 현금액을 기준으로 판단하는 것 자체가 잘못됐다고 비판했다. 법인세는 '소득'에 부과하는 세금으로, '자산'에 부과하는 세금이 아니다. 법인이 보유한 자산에 대해서는 별도로 유형별 재산세를 부과한다. 자산 형태로 보유 중인 이익잉여금이 많으니 당기 소득에 부과하자는 것은 현행 과세 체계에 전혀 맞지 않는 비교 방식이다.

이익잉여금과 보유 현금은 기업 소득에서 법인세 등을 내고 난 이후 남는 금액이다. 이를 다시 법인세 과세의 근거로 삼으면 이중과세문제가 발생할 수 있다. 이익잉여금과 현금을 법인의 조세부담 여력을 추가로 높이는 '쌈짓돈'이라 '여윳돈'으로 인식하는 것도 문제라는 지적이다. 상장기업 사내유보금의 81%는 이미 유형자산 재고자산 등에 투자된 상태다. 5대 그룹의 한 관계자는 "이익잉여금을 기준으로 조세부담능력이 있다고 판단해 세금을 부과한다면 세금 납부를 위해 이미 투자된 금액을 회수해야 하는 모순이 발생한다"고 꼬집었다.

법인세 부담능력을 이익잉여금과 현금을 기준으로 판단해야 한다는 것은 참여연대가

법인세 인상을 위해 포퓰리즘적 여론몰이에 나선 것이라는 비판이 많다. 하지만 이런 식의 주장이라면 부동산 등의 자산보다 현금보유 비중이 높은 개인에게 더 많은 소득세를 물려야 한다는 억지 주장에 이르게 된다는 것이 경제계의 지적이다.

조선일보. 2017.11.27. 현금 쌓아두는 한국 기업? 중일이 더 심하네

　최근 5년간 한국 주요 기업의 현금 보유 증가 수준이 중국 일본 기업보다 낮은 것으로 나타났다. 그동안 국내 대기업이 현금만 쌓아둔 채 투자에 소극적이라는 지적이 많았지만 다른 나라 기업들과 비교할 때 현금 증가가 지나치지 않다는 점이 드러난 셈이다. 한국경제연구원은 국내 100대 기업의 현금 증가 현황을 미국 일본 중국 등 주요국과 비교한 결과 이같이 조사됐다고 26일 밝혔다.

　한경연에 따르면 2012~2016년 5년 동안 한국 기업이 영업 활동으로 벌어들인 현금과 여기에서 투자나 부채 상환 등을 하고 실제 손에 거머쥔 현금의 비율은 평균 5.6%로 중국(10.3%), 일본(9.55)보다 낮고 미국(1.4%)보다 높았다. 한국 기업이 일본 중국 기업보다 영업 활동으로 벌어들인 현금을 투자나 부채 상환에 더 많이 썼다는 뜻이다.

　작년 말 기준 현금성 자산 비중은 한국이 8.8%로 중국(13.9%), 일본(11.2%)보다 낮았다. 한국 기업은 지난 5년간 영업으로 벌어들인 현금의 59%를 유형자산에 투자했다. 이 비중은 일본(56.2%), 중국(54.4%), 미국(39.9%)보다 높은 것이다. 다만 한국 기업은 2015년부터 투자 비중을 줄이는 대신 부채 상환 비중을 늘렸다. 불확실한 대내외 경제 상황이 지속하면서 보수적 경영을 한 결과라고 한경연은 설명했다.

　송원근 한경연 부원장은 "기업들이 현금 보유가 많다는 비판보다는 투자를 독려할 수 있는 분위기 조성이 필요하다"며 "현금을 부채 상환 같은 소극적 활동보다 설비 투자와 같은 적극적 활동에 쓰도록 각종 규제를 걷어내야 한다"고 말했다.

　일반 개인에 있어서도 재산세와 소득세는 완전히 구분된 세금이다. 대학에서 집안사정이 어려운 학생들에게 장학금을 지급할 때, 부모의 재산세와 소득세 증빙을 모두 징구하여 참고한다.

문화일보. 2017.10.31. 삼성전자 주주환원 정책 중심 자사수 매입 → 배당으로 이동

배당기준 '잉여현금흐름' 계산 때 앞으로는 배당 중심으로 옮겨간다는 것으로 풀이
된다.

삼성전자는 배당 규모를 정할 때 기준으로 삼는 잉여현금흐름을 계산할 때 인수 합병
(M&A) 금액을 차감하지 않기로 했다. 이는 대규모 M&A로 인한 주주환원 재원 감소를
방지하고 주주환원 규모에 대한 예측 가능성을 높이기 위해서다. 잉여현금흐름은 영업현
금 흐름에서 투자에 사용한 돈을 뺀 것인데 통상 투자에서 M&A금액을 포함해 회계처
리를 해왔다. 앞으로 M&A 금액을 투자액으로 계산하지 않게 된다면 대형 M&A가 이뤄
지더라도 주주환원 재원이 되는 잉여현금 흐름에는 영향을 미치지 않는다.

한국경제신문. 2017.11.1. 총수 부재 삼성전자 '주주 포퓰리즘'에 빠져드나

삼성전자는 내년부터 잉여현금흐름(free cash flow)의 전반을 자사수 매입 소각과 배
당에 사용하겠다고 주주들에게 약속했다. FCF는 매년 기업이 벌어들이는 현금에서 비용,
세금, 투자 등을 제외하고 회사에 남는 현금을 뜻한다. 투자를 많이 할수록 줄어드는 구
조를 갖고 있다. 올해 삼성전자의 FCF는 약 20조원으로 추산되고 있다. 사상 최대로 예
상되는 연간 55조원의 영업이익을 크게 밑도는 이유는 평택반도체 공장, 하만 인수 등에
많은 투자금이 들어간 데 따른 것이다. 삼성전자는 그 20조원의 절반인 10조원을 배당과
자사주 매입 소각에 사용할 예정이다.

문제는 내년 이후다. 삼성전자의 FCF는 내년에 30~40조원으로 늘어날 전망이다. 올
해 수준의 경영실적을 낼 것으로 추정되는 가운데 투자 규모가 크게 줄어 들 것으로 예
상돼서다. 만약 FCF가 40조원에 이르게 되면 무조건 20조원을 주주들에게 돌려줘야 한
다. 삼성전자는 2018년부터 2020년까지 3년간 매년 9조 6,000억원 이상을 배당하겠다고
이날 밝혔다.

올해 실적분에 대한 배당금(4조 8,000억원)보다 정확하게 100%를 늘린 것이다. 이 경
우 삼성전자는 나머지 10조 4,000억원을 자사주 매입 소각에 투입하게 된다.

삼성전자의 이 같은 방침은 "2016년부터 2017년까지 잉여현금흐름의 50%를 주주환
원에 활용하겠다"고 발표한 2016년 11월의 주주가치 제고방안과 맥이 닿아 있다. 당시
이 방안은 삼성그룹 경영권을 공격한 글로벌 헤지펀드인 엘리엇 매니지먼트의 주주제안
을 일정 부분 수용한 것으로 주목을 받았다. 이에 따라 삼성전자 당기순이익에서 배당과

자사주 매입 소각이 차지하는 금액 비중(총주주 환원율)은 2012년 5.2%에서 지난해 49.7%로 치솟았다. 가히 기록적인 급등이다. 삼성전자와 어깨를 나란히 하고 있는 애플, 구글, 아마존, 토요타, 지멘스, 알리바바 등의 글로벌 기업들 가운데 어느 곳도 이처럼 가파른 속도로 주주환원을 늘린 기업은 없다.

구글 아마존 알리바바는 아예 배당을 한푼도 하지 않고 있다. 일각에서 "주주 경영 강화가 아니라 주주들을 향한 포퓰리즘이 아니냐"는 비판적 시각이 나오는 이유다.

현재 삼성전자의 뛰어난 실적과 현금 흐름에 비춰볼 때 이렇게 돌려 주고도 충분한 투자재원을 확보할 수 있을 것으로 보는 시각이 많다. 하지만 정보기술 업계는 전통적으로 경기 변동성이 심하고 특정 업체의 장기 독주를 허용하지 않는 특성이 있다. 더욱이 한국은 북핵 등 지정학적 위험에 전면적으로 노출돼 있다.

이런 상황에서 '퍼주기'식 주주환원이 지속 가능할지, 그것이 중장기적으로 성장동력 확보에 도움이 될지는 의문이다. 이번에 "주주환원의 예측성을 높이기 위해 앞으로 FCF를 계산할 때 M&A 금액을 차감하지 않기로 했다"는 발표도 좀처럼 이해하기 어렵다. 예를 들어 30조원의 FCF가 발행하는 해에 10조원짜리 글로벌 M&A가 성사되더라도 FCF 금액에 변동을 주지 않겠다는 것이다. 다시 말해 실질 FCF가 M&A 자금 10조원을 제외한 20조원임에도 주주들에게 30조원의 절반인 15조원을 돌려 주겠다는 것이다.

이 대목에서 어쩔 수 없이 드는 의문이 있다. 삼성전자는 이건희 삼성그룹회장이 건재하고 이재용부회장이 정상적인 경영을 펼치고 있는 상황에서도 이런 방안을 내놓았을까. 세계 최대 네크워크장비업체인 시스코(시가총액 약 30조원)를 통째로 사들일 수 있는 돈을 3년치 배당금액으로 감히 약속할 수 있을까.

아마 발표 순서와 내용이 바뀌었을 가능성이 높다. 주주환원을 단계적으로 늘려 가는 방향은 존중했겠지만 미래 생존을 위한 투자와 성장전략이 먼저였을 것이다. <u>오너는 배당 등으로 손쉽게 주주들에게 아부하지 않는다.</u>

최태원 SK그룹 회장을 봐도 알 수 있다. SK하이닉스가 엄청난 돈을 벌어들이고 있지만 그는 아직도 성장에 목이 마르다. 경쟁사들의 온갖 방해와 견제를 뚫고 일본 도시바의 반도체 지분을 확보한 것을 보라. 지금의 삼성전자에는 이런 필사적 노력을 찾아볼 수가 없다. 향후 수익에 관계없이 무조건 대규모 배당을 하겠다는 발표는 오너십을 상실한 삼성전자의 심각한 방향착오이자 기업판 포퓰리즘이다.

배당과 관련되어서는 해답이 없다. 배당과 관련되어 철학이 있는 기업도 있지만 그렇지 않고 단순히 직전 연도의 배당의 정도, 또는 동일 산업 내 경쟁 기업의 배당성향/배당률 등을 참고하여서 배당을 결정하기도 한다. 단, 기업 성장에 필수적인 자원을 포퓰리즘에 근거하여 배당으로 사외 유출한다는 것은 매우 위험한 생각이기도 하다. 배당은 또한 주주간에 선호하는 의견이 모두 다른 의사 결정의 대상이다. 장기투자를 의도하는 주주는 기업의 장기 성과에 관심이 있을 것이며, 단기 투자에 관심이 있는 투자자는 배당으로 이익을 실현시키는 데 관심이 있을 수도 있다.

한국경제신문. 2017.11.2. 삼성전자발 주주환원 확산 기대감

삼성전자가 지난달 31일 결정한 배당 전략에 따르면 내년부터 3년간 삼성전자의 평균 배당 성향은 25%에 이를 것으로 분석했다.

삼성전자의 작년 배당 성향은 약 17%였다. 이창목 NH투자증권 리서치센터장은 "삼성전자의 배당확대는 국내에서 보기 드문 시도"라며 "삼성전자에 자극 받은 다른 주요 대기업들의 배당성향도 오를 가능성이 높다"고 말했다.

chapter 34

회계법인 분사

회계법인은 회계감사, FAS(Financial Advisory Service)를 경영자문업무, 세무 컨설팅을 수행하는데 회계법인만이 수행할 수 있는 고유업무는 회계감사이다. 따라서 회계감사를 위한 독립성이 회계법인의 어떠한 추가 업무로부터도 영향을 받아서는 안 된다. 그러나 현 회계법인의 수익구조에 있어서 consulting으로부터의 수입이 적지 않은 부분을 차지하고 있으므로 여러 가지 논란이 불거진다.

매일경제신문. 2016.12.19. 딜로이트안진 '감사부문 분리' 논란

대우조선해양 분식회계 사태로 설립 이래 최대 위기를 맞은 딜로이트안진회계법인이 감사 경영자문 부문을 별도 법인으로 쪼개는 전면적인 조직개편을 추진한다. 업계는 딜로이트안진의 조직개편이 '굿 컴퍼니(경영자문)'와 '배드 컴퍼니(감사)'를 분리해 꼬리 자르기에 나선 것 아니냐는 분석이 나오고 있다.

18일 딜로이트안진 고위 관계자는 "최근 출자자 총회에서 감사 품질 개선 및 관리에 모든 역량을 집중하기 위해 감사와 비감사 업무를 분리하는 방안을 논의했다"면서 "조만간 TF를 구성해 이 같은 내용을 포함한 감사 신뢰 제고 방안을 구체적으로 마련할 것"이라고 말했다.

딜로이트안진은 검찰의 대우조선해양 분식회계 수사 결과에 따라 고의성이 인정되면 금융당국으로부터 영업정지 이상의 중징계를 받을 가능성이 높다. 영업정지 처분은 회계법인에 '사형선고'나 다름없다. 이 때문에 딜로이트안진이 별도 법인을 신설해 중장기적으로 감사 업무까지 신설 법인으로 이전할 것이라는 전망이 나온다.

일각에서는 딜로이트와 안진이 결별할 수 있다는 관측도 나온다. 안진이 중징계를 당

하면 딜로이트도 안진과 결별해 다른 회계법인과 새로운 제휴관계를 모색할 가능성이 높다는 것이다.

한국경제신문. 2016.12.19. 딜로이트안진, 둘로 쪼갠다

국내 2위 회계법인인 딜로이트 안진이 내년 상반기에 매출의 40%를 차지하는 경영자문 부문을 떼어내 별도 법인으로 독립시킨다. "회계법인이 경영자문 일감을 따내기 위해 해당 기업 회계감사를 느슨하게 할 소지가 있다"는 금융당국의 우려를 반영한 것이다. 다른 대형 회계법인에도 경영자문-회계 감사 분리 압박이 거세져 기업 회계감사가 훨씬 깐깐해질 것이란 전망이다.

18일 투자업계에 따르면 안진은 이 같은 내용을 담은 '회계감사 투명성 제고방안'을 금융감독원에 설명했다. 대우조선해양 부실 회계감사 혐의로 검찰 조사와 금감원 감리를 받는 상황을 감안해 감사업무에 영향을 줄 수 있는 경영자문 부문 분리를 결정한 것이다.

안진의 경영자문 부문은 인수합병 주선, 컨설팅 등을 담당한다. 지난해 회계감사(1,051억원) 및 세무자문(780억원)보다 많은 1,176억원의 매출을 올렸다. 매출의 40%를 차지하는 최대 부문을 떼어낸다는 점에서 사실상 딜로이트안진이 둘로 쪼개지는 셈이다.

안진은 내년 상반기 인적분할 형태로 경영자문 부문을 분사한 뒤 회계감사 및 세무자문 업무만 수행할 계획이다. 두 회사가 독립적으로 운영되도록 기존 안진회계법인 주주는 감사 및 세무 부문 파트너로, 신설 법인 주주는 경영자문 부문 파트너로 구성할 방침이다.

회사 관계자는 "두 회사의 주주가 다른 데다 영업도 각자 따로 할 계획인 만큼 완벽한 별개 회사로 될 것"이라고 말했다.

회계법인 업계는 안진의 항복 선언을 계기로 금융당국이 PwC삼일, 삼정, 한영 등 다른 대형 업체에도 회계 투명성 제고에 대한 압박 수위를 높일 것으로 우려하고 있다. 금융위원회는 앞서 지난 8월 출범한 '회계제도 개혁 TF' 주요 과제에 '감사업무와 비감사업무 간 균형성 확보'를 포함시키는 등 회계법인들에 비감사 업무 비중 축소를 지속적으로 요구하고 있다.

회계업계는 경영자문 분리가 4대 회계법인 전체로 확산될 경우 기업 부담이 지금부터 훨씬 커질 것으로 우려하고 있다. 기업 눈치를 볼 필요가 없어진 회계법인들이 '감사 품질'을 끌어 올린다는 명분으로 깐깐하게 감사할 수 있다는 이유에서다. 경영자문 부문 분리로 수입이 줄어든 회계법인들이 감사 수수료를 대폭 인상할 가능성도 있다.

한 회계법인 관계자는 "상대적으로 이익률이 높은 경영자문 부문이 떨어져 나가면 대형 회계법인들은 수익을 내기 위해 감사 수수료를 올릴 수밖에 없다"며 "기업 상황에선 감사를 통해 인연을 맺은 회계법인에 '원스톱'으로 맡기던 재무자문을 다른 곳에 맡겨야 하는 만큼 시간과 비용을 더 쓰게 될 것"이라고 지적했다.

안진의 경영자문 부문 분사는 기업 M&A 자문 시장에도 상당한 영향을 미칠 전망이다. 방대한 기업 데이터를 갖고 있는 감사 및 세무자문 부문과 결별하는 만큼 M&A 주선 시장에서 회계법인의 영향력이 떨어질 수밖에 없기 때문이다. 현재 4대 회계법인은 골드만삭스, JP모간 등 외국계 증권사와 함께 국내 M&A 재무 자문시장을 양분하고 있다. 업계에선 국내 대형 증권사들이 회계법인 고객을 일부 빼앗아갈 것으로 예상하고 있다.

컨설팅의 분사는 과거에 미국에서 논의되었던 audit only firm의 개념이다. 즉, 회계법인은 다른 업무는 수행하지 말고 감사만을 수행하라는 개념이다. 미국에서조차도 매우 개혁적인 내용이라 광범위하게 논의되는 내용은 아니고 아직 idea 차원이다. 특히나 위에서도 기술하였듯이 회계법인 내에서 비감사업무가 차지하는 부분이 적지 않고 회계법인이 감사만으로도 현재 인원을 유지할 수 없을 것이라 매우 혁신적이고 민감한 개선 방향이다.

chapter 35

회계법인 경쟁

2018년 1월 현재 172개 회계법인이 치열하게 경쟁하고 있다. 다음 chapter에서도 기술되듯이 최근 외감법 개정으로 인한 환경의 변화로 인해서 법인간의 합종연횡도 예측된다.

비즈니스워치. 2016.7.13. 빅4 회계법인 2위 싸움 대 혼전

> 1등 지킨 삼일, 회계사수 크게 줄어
> 종이 한장차 2위(안진 삼정) 다툼
> 슈퍼꼴찌 한영, 1인당 매출 1위-매출증가율도 1위

Big4로 불리는 4대 회계법인의 순위 싸움이 더욱 치열해졌다. 삼일회계법인의 독주체제는 유지됐지만 2위 안진회계법인과 3위 삼정회계법인 간의 격차는 거의 사라지는 모습이다. 특히 만년 꼴찌였던 한영회계법인이 2년 연속 두 자릿수의 초고속 성장세를 이어가며 조만간 2위 자리까지 위협할 태세다.

13일 비즈니스워치가 금융감독원 전자공시시스템에 공시된 회계법인들의 사업보고서를 분석한 결과 안진회계법인과 삼정회계법인의 2015년 매출 총액은 2억 원도 차이 나지 않았다. 2015사업연도(2015년 4월 1일~2016년 3월 31일)의 안진회계법인 매출은 3,006억 1,083만원이었고, 삼정회계법인 매출은 3,004억 4,745만원이다. 둘의 격차는 정확히 1억 6,338만원이다.

	매출	감사매출	세무매출	경영자문매출
삼일	4,757억원	1,710억원	1,208억원	1,748억원
안진	3,006억원	1,050억원	779억원	1,176억원
삼정	3,004억원	1,174억원	461억원	1,369억원
한영	2,505억원	735억원	513억원	613억원

• 사람 줄이는 No.1 삼일

회계업계의 삼성으로 불리는 삼일회계법인은 지난해에도 매출 성장세를 이어갔다. 2014년 4,599억원보다 3.4% 늘어난 4,757억 원의 매출을 올렸다. 2위 안진회계법인의 매출과는 1,751억원의 격차다. 2위 안진과 1위 삼일의 매출 격차는 2014년 1,678억원보다 더 벌어져 1위 자리가 공고해졌다. 회계법인 1, 2위 간 격차인 1,751억원은 Big4 다음 순위인 5위 대주회계법인의 지난해 매출 696억원의 2.5배 수준이다.

삼일은 감사, 세무, 경영자문 등 모든 부문에서 전년보다 좋은 실적을 냈다. 감사부문 매출은 법정감사 비중 확대에 힘입어 전년도 1,669억원에서 1,710억 원으로 늘었고, 세무 매출은 1,121억원에서 1,208억원으로, 경영자문매출은 1,689억원에서 1,748억원으로 불었다.

삼일회계법인 사업보고서에서 특히 눈에 띄는 것은 회계사수의 급격한 감소다. 삼일 소속 회계사는 올해 3월말 기준 1,943명으로 2,000명 아래로 떨어졌다. 수습회계사를 제외한 삼일 소속 회계사수가 2,000명 아래로 떨어진 것은 2009년 이후 처음이다.

매출증가와 동시에 회계사수가 줄면서 회계사 1인당 매출도 올랐다. 삼일의 회계사 1인당 매출은 2014년 2억 1,700만원이었지만 2015년에는 2억 4,600만원으로 향상됐다.

삼일회계법인의 회계사 수 변화

연도	회계사수
2008년	1,984
2009년	2,235
2010년	2,190
2011년	2,228
2012년	2,295
2013년	2,296
2014년	2,111
2015년	1,943

- 아슬아슬 No.2

안진의 정체와 삼정의 성장으로 2위 회계법인의 구분도 모호해졌다. 안진은 순위의 근거가 됐던 매출에서 근소한 차이로 앞섰을 뿐 다른 지표에서는 삼정에게 많이 뒤쳐지는 모습을 보였다. 더구나 2, 3위간 1억 6,338만원이라는 매출 격차는 단순하게 회계사들의 1인당 매출액을 대입하면, 회계사 1명의 이직 여부에 따라 뒤집힐 수 있는 숫자가 된다.

삼정은 성장세도 가파르다. 안진이 1년 전보다 2.9%의 매출증가율을 보였지만 삼정은 매출증가율이 8.8%에 달했다. 이 속도가 유지된다면 2016년 매출 순위는 뒤집힐 가능성이 높다.

분야별 매출에서 삼정이 안진을 크게 앞서고 있다는 점도 주목할 만하다. 삼정은 세무를 제외한 나머지 감사와 경영자문 매출에서 안진을 크게 앞질렀다. 감사 매출은 안진보다 124억원 앞섰고, 경영자문 매출은 193억 원이나 더 올렸다. 안진은 세무부문의 강점이 없었다면 이미 총매출 2위 자리를 내어줬을 상황이다.

4대 회계법인 회계사 수 변화

	2014년	2015년
삼일	2,111명	1,934명
안진	1,148명	1,131명
삼정	1,191명	1,271명
한영	72명	699명

회계사 수에서는 삼정이 안진을 크게 앞섰다. 삼정의 회계사 수는 1,271명으로 안진(1,131명)보다 140명이 많다. 특히 삼정은 1년 전보다 회계사 수가 80명이 늘었지만 안진은 오히려 17명이 감소했다.

회계사 수의 차이에 따라 회계사 1인당 매출은 안진이 앞섰지만 전년대비로는 안진과 함께 삼정도 1인당 매출액이 증가했다. 삼정이 양과 질에서 모두 안진을 턱밑까지 추격하고 있는 셈이다.

- 또 두 자릿수 성장한 슈퍼꼴찌

한영회계법인의 성장세는 특히 더 무섭다. 한영은 2015년에 2,505억원의 매출을 올렸는데, 이는 전년대비 11.2%의 매출 증가율이다. 한영은 2014년에도 전년대비 13.3% 많은 매출을 올렸다. 3위 삼정과 4위 한영의 매출 격차는 2014년 505억원에서 2015년 499

억원으로 줄었다. 삼정 역시 8.8%의 고성장을 했음에도 격차가 줄어든 것이다.

4대 회계법인 1인당 매출(단위: 만원)

	2014년	2015년
삼일	2억 1,700	2억 4,600
안진	2억 5,400	2억 6,600
삼정	2억 3,100	2억 3,600
한영	3억 3,500	3억 5,800

한영은 특히 회계사 1인당 매출에서 두각을 나타냈다. 한영의 회계사 1인당 매출액은 2014년 3억 3,500만원에서 2015년에는 3억 5,800만원으로 올랐다. 한영을 제외한 삼일, 안진, 삼정이 1인당 2억 원대 매출을 유지하는 데 그친 것과 비교하면 큰 차이다. 한영의 1인당 매출은 삼일, 삼정보다는 1억 원 이상 많다.

4대 회계법인의 경우 수습회계사의 사관학교 역할을 하기 때문에 짧은 경력의 회계사 숫자가 많고, 자연스럽게 1인당 매출이 낮은 편이다. 하지만 한영의 경우 그중에서도 높은 수준의 1인당 매출을 자랑한다.

한영의 1인당 매출은 전체 152개 회계법인 중 25위에 해당한다. 안진 75위, 삼일 88위, 삼정 100위인 것과 비교하면 월등히 높은 순위다.

한국경제신문. 2017.7.1. 3위로 밀려난 안진··· 대우조선 분식회계 여파

딜로이트안진이 삼정KPMG에 회계법인 매출 2위 자리를 내줬다. 대우조선해양 분식회계 사태를 제대로 막지 못해 신뢰도에 금이 간 것이 영향을 미쳤다는 평가다.

30일 주요 회계법인이 발표한 2016년 사업보고서에 따르면 안진은 3,090억원의 영업수익을 올렸고 149억원의 영업손실을 봤다. 삼정은 영업수익 3,190억원, 영업이익 45억원을 거두며 안진을 앞섰다. 2015년에는 안진이 영업수익 3,006억원으로, 3,004억원의 삼정에 2억원 차이로 앞서며 삼일회계법인에 이어 업계 2위 자리를 지켰다.

대우조선해양 외부 감사인이던 안진은 회사가 수조원의 분식회계 사건을 일으키면서 대외 신인도에 큰 타격을 받았다. 대우조선해양의 분식회계를 묵인, 방조했다는 책임 논란이 불거져 '1년간 신규 영업 정지'라는 중징계를 받기도 했다. 회계업계 관계자는 "신규 영업 정지 영향으로 올해 안진의 감사부문 매출 감소 폭이 더 커질 것"이라고 설명했다.

2016년 회계법인 매출 1위 자리는 삼일회계법인이 수성했다. 삼일회계법인은 영업수익 5,040억원을 기록하며 처음으로 5,000억원 벽을 돌파했다. 영업이익은 65억원으로 집계됐다.

매일경제신문. 2017.8.30. 국내 회계법인 수난시대. 감사수입 정체… 소송만 늘어

지난해 국내 회계법인이 본업인 감사 업무로 벌어들인 돈은 크게 늘지 않은 반면, 부실감사로 인한 손해배상 규모가 크게 증가한 것으로 나타났다. 20일 금융감독원에 따르면 2016 사업연도(2016년 4월~2017년 3월) 회계법인 전체 감사수입은 8,956억원으로 전년 동기 대비 5.0% 증가하는 데 그쳤다. 반면 세무 경영자문 등 비감사 업무로 벌어들인 수입은 1조 7,778억원으로 전년 동기 대비 10.4% 급증한 것으로 집계됐다.

반면 2016 사업연도 회계법인에 대한 소송 건수는 31건으로, 이 중 회계법인이 패소한 6건의 배상규모는 164억원이었다. 2015 사업연도에 47억원이었던 것과 비교하면 크게 늘어난 수치다.

chapter 36

감사인등록제

감사인의 선임은 피감기업의 자유의사에 의해서 결정되지만 적격한 감사인으로 그 자격이 한정된다. 본 장에서는 누가 외부감사인이 될 수 있는지와 관련된 이슈를 논의한다.

감사반의 경우 업무의 연속성 등 현실적인 한계로 회계법인에 비하여 감사업무에 여러 가지 제한을 두고 있는바, 외감법상 제한은 다음과 같다. 첫째, 감사반은 주권상장법인의 감사인이 될 수 없다. 둘째, 감사반은 연결재무제표에 포함되는 회사의 회사별 직전 사업연도말 자산총액의 합계액이 500억원(직전 사업연도에 감사한 연결재무제표를 계속 감사하는 경우에는 1,000억원) 이상의 연결재무제표 감사인이 될 수 없다. 외감법상 재무제표, 연결재무제표의 감사인은 동일하여야 하므로 감사반은 자기와 종속회사 자산총액이 500억 이상인 회사의 감사인이 될 수 없음을 의미한다. 셋째, 감사반은 증권선물위원회에 의한 감사인 지정에 따른 감사인이 될 수 없다.

감사반은 회계법인이 아니므로 수행할 수 있는 업무에 제한을 두는 것이다.

현 제도하에서는 자본금 5억원 이상, 10인 이상의 공인회계사 등 형식적 요건이 충족되는 회계법인은 금융위에 등록할 수 있으며 모든 회사에 대한 감사가 가능하다.

즉, 공인회계사가 10명인 회계법인이 있으며 삼일회계법인과 같이 등록된 한국공인회계사가 2,000명 내외인 대형 회계법인이 존재한다. 다만, 피감기업이 어느 회계법인을 선택할지에 대해서는 아무런 제한이 없다.

물론, 삼성전자와 같은 한국의 초우량기업이 big 4 회계법인 이외의 회계법인을 감사인으로 선임할 것이라고 생각하기는 어렵다. 현재로서는 이에 대한 어떤 제한을 부과하기보다는 시장기능에 의해서 피감기업과 감사인이 pair를 찾아 가기를 기대한다는 것이 맞다. 다른 이유 때문보다도 삼성전자, 현대자동차들은 이미 세계적인 기업이라서 해외 투자자들의 지분도 무시할 수 없을 정도인데 국제적인 회계법인과의 제휴 관계가 없는 회계법인으로부터 감사를 받기는 현실적으로 어려울 것이다.

그러나 감사인 등록제는 이와 같이 아무런 제한을 두지 않는 것보다는 일정 규모가 되는 피감기업은 그러한 기업을 감사할 수 있는 능력과 역량이 되는 감사인을 찾을 수 있도록 어느 정도 자격 요건을 부여하는 것이 옳다는 정책 방향에서 논의되는 제도이다. 즉, 완전한 시장메커니즘보다는 어느 정도 최소한의 자격 요건을 두어서 적격이 되는 감사인으로 하여금 감사를 수행하게 하자는 제도이다. 미국의 경우도 그러한 차원에서 미국 증권시장에 상장된 기업을 감사하는 감사인은 감사법인의 소재 국적에 무관하게 PCAOB의 심사의 대상이 되는 것이다. quality control의 차원이다.

정부에는 규제개혁위원회가 존재한다. 규제개혁위원회의 존재 의미 자체가 규제를 철폐하겠다는 것이다. 예를 들면 감사인 등록제도 또한 규개위의 차원에서는 일종의 규제라고 볼 수도 있다. 단, 규제가 전혀 존재하지 않는다면 이는 무정부를 의미하는 것이므로 당연히 최소한의 필수적인 규제는 필요하다. 단, 필요하지 않은 과도한 규제를 정비함을 목표로 하는 정부 위원회이다.

즉, 정부의 개입 없이도 시장이 작동하여 피감기업이 감사인을 선임할 것인데 왜 굳이 행정부가 개입되어야 하는지와 관련된 이슈이다.

어떻게 보면 수임료의 결정에 정부가 개입하면 안된다는 논리와 동일한 논리 전개일 수 있다. 수임료는 금전적인 부분에 정부가 개입하는 것이며 적격성은 수임료와는 무관하게 누가 감사를 할 수 있는 자격이 되는지의 이슈이다.

단, 한 가지 이를 정당화할 수 있는 논리는 회계감사라는 것이 공공재의 성격이므로 공공성을 확보하기 위해서는 정부가 개입될 수 있다는 예외가 인정되어야 한다는 것이다.

한국경제신문. 2006. 1.31. 모든 회계법인 금융사 감사 가능, 공정위, 경쟁 막는 규제 손질

지금까지는 자산총액 8,000억원 이상인 은행 종금사 등에 대해 감사를 할 수 있는 회계법인이 '소속회계사 100명 이상으로 외국회계법인과 제휴한 대형 회계법인'으로 한정됐었다.

시장진입을 제한하는 규제 중에서는 '금융회사에 대한 회계감사기관 제한' 규정이 폐지 대상에 올랐다.

2006년까지는 자산 총액 8,000억원 이상인 은행 종금사 등에 대해 감사를 할 수 있는 회계법인이 소속공인회계사 100명 이상으로 외국회계법인과 제휴한 대형회계법인으로 한정되었다가 이러한 규제가 폐지되었다. 금융회사에만 이러한 제도가 강제되었던 것이 금융은 모든 개인 및 기업의 경제활동을 지원하고 있으며 또한 모든 산업의 인프라로 작용하기 때문이며 그래서 금융은 규제산업이다.

예를 들어, 지금도 감독기관이 감사인을 지정할 때, 500억원 이상 모든 회사 지정 가능한 경우는 삼일(2,050명), 삼정(1,356명), 안진(1,214명), 한영(736명), 삼덕(335명), 대주(313명), 신한(195명), 한울(152명) 8개 대형 회계법인에만 가능하고 다른 회계법인에는 불가하다. 이 내용은 chapter 39에서 더 자세하게 기술된다. 이 경우도 감사인이 지정될 때, 감사인의 자격이 제한되는 것이다.

2018년 초 현재 172개의 회계법인 중 상장법인 감사를 하는 회계법인은 112개 이며 PCAOB inspection 대상은 8개이다.

이렇게 일정한 자격이 되는 감사인에게만 대형 금융기관을 감사할 수 있는 기회를 주는 것이 과도한 규제인지에 대해서는 여러 가지 고민을 해야 한다.

저자는 서울시의 민간위탁 회계감사 제안 요청서 평가에 참여한 적이 있다. 정량평가 항목을 검토하니 한국공인회계사수, 최근 3 회계연도 공공기관 회계감사 실적, 최근 3년간 감독당국의 감리결과 지적 건수, 최근 3년간 회계법인의 손해배상 소송 건수, 손해배상능력, 외국회계법인과의 제휴현황 등이 평가 항목이었다.

이 평가 항목을 chapter 39의 감사인 지정 시의 감독기관이 적용하는 원

칙과도 연관되는데, 그 경우의 기준은 소속공인회계사수, 설립경과연수, 매출 총액, 손해배상능력, 외국법인과의 제휴현황이 그 변수들이다.

서울시가 적용하는 평가 원칙과 거의 유사한데, 설립경과 연수만이 차이 가 있다. 설립경과 연수가 어떠한 이유에서 주요한 선정 변수가 되어야 하는 지는 명확하지 않다. 아마도 회계법인이 안정된 법인의 형태를 갖추기 위해서 는 어느 정도 연차가 지나야 한다는 의미였을 듯하다. 또한 신설 회계법인이 어느 정도의 평판을 받는지는 시간을 두고 검증과정을 거쳐야 한다는 의미도 있을 것이다.

회계학 연구에서 간혹, 기업의 설립연도가 설명변수로 사용되는 것이나 동일하다. 설립 이후에 수년이 안 된 기업일 경우는 안정성이 뒤질 수 있다.

제도적으로 수준이 되는 감사인으로 자격을 제한하나, 피감기업에서 심사 과정을 통해서 감사인의 자격을 제한하나 그 효과는 동일한데, 제도적으로 자 격을 제한할 필요성에 대한 공감대가 있다면 굳이 피감기업이 자체적인 잣대 를 적용한 평가에 의해서 일부 회계법인을 제외하는 수고를 할 필요가 없다. 오히려 일률적인 기본 요건을 강제하는 것이 더 우월한 방법일 수 있다. 단, 이러한 기준에 대한 공감대가 형성되어야 이 정책이 정당화될 수 있는 것은 당연하다.

공공기관의 용역을 수행할 수 있는 자격 요건이므로 상당한 고민 후에 나 온 항목이었을 것이다. 한국공인회사수와 공공기관 회계감사 실적은 공히 어 느 정도는 회계법인의 규모에 대한 대용치이며, 감리결과 지적 건수와 손해배 상 소송 건수 및 외국회계법인과의 제휴 현황은 회계법인 품질에 대한 대용치 이다.

즉, 모두가 정량화할 수 있는 평가 항목이며 충분히 공감이 가는 내용들 이다. 단, 피감기업들이 이러한 잣대를 적용하지 않는다고 하면 누구나 문제라 고 생각할 수 있으므로 quality control의 차원에서 이러한 내용은 등록제도의 평가 항목으로 포함할 수도 있는 내용들이다.

물론, 이 이외의 정성적인 평가 항목들은 당연히 피감기업의 주관적인 판 단의 영역으로 가야 하는 부분들이다.

현재 해외의 6대 해외 법인과 제휴를 한 경우는 삼일/PWC, 안진 /Deloitte, 삼정/KPMG, 한영/EY, 이현회계법인/BDO, 대주/Grant Thorton이

다. 우리나라에서 BDO는 최근 대주회계법인과의 계약을 단절하고 이현회계
법인과 계약을 맺었으며 Grant Thorton은 대명회계법인과의 계약을 단절하고
대주회계법인과 계약을 맺었다. 외국 시장에서는 BDO나 Grant Thorton이 빅
4 회계법인 다음의 위치를 공고하게 갖고 있으며 일부의 유럽 국가에서는 이
들 BDO나 Grant Thorton 두 회계법인이 big 4 회계법인보다도 우월한 위치
를 점하는 경우도 있다.

　Big 4는 국내 파트너를 교체하기 쉽지 않겠지만 다른 국제적으로 조직화
된 회계법인일 경우는 국내의 파트너 교체가 가능하다. KPMG도 오래전이기
는 하지만 대우 사태로 회계법인이 청산의 과정을 밟은 산동에서 삼정으로 파
트너가 변경되었다.

　과거의 외감법에는 다음과 같이 규정되어 있었다.

외감법 제3조(감사인) 2.
② 금융위원회는 제1항 각 호에 따른 감사인의 형태와 그에 소속된 공인회계
　사의 수 등을 고려하여 감사인이 감사할 수 있는 회사의 규모 등을 총리
　령으로 정하는 바에 따라 제한할 수 있다.

　공정거래위원회와 금융위원회는 여러 가지 면에서 이해 상충이 있다. 금
융위의 입장은 투자자를 보호하기 위해서는 규제가 불가피하다는 입장이고 공
정위의 입장은 공정한 자율적인 경쟁이 경제를 주도하는 힘이 되어야 한다는
정책방향을 갖는다. 이러한 차원에서 규제는 공정한 경쟁에 방해 요인이 될
수도 있다.

　때로는 금융위원회가 제안하는 법안이 규제개혁위원회에서 기각되기도
한다.[1] 공정위는 공정거래의 입장에서 규제개혁위는 규제철폐의 이유에서 금
융위와 상충이 발생하기도 한다.

　금융위원회는 감독기관이므로 당연히 규제가 감독의 힘의 원천이다.

　위의 2006년 1월 31일의 신문기사의 내용은 과거에 적격심사낙찰제도를
시행한 것과 동일하다. 즉, 정부에서 판단하건대 자산 규모 8,000억원 이상 되

---

1) chapter 32에서도 금융위원회의 정책 방향에 규제개혁위원회가 제동을 거는 내용이 기술된다.

는 기업의 감사를 제한한 것으로 소속 회계사 100명 이상의 경우를 적격 감사인으로 판단한 것이다. 어떠한 이유에서 적격 감사인을 소속 공인회계사수로 판단하는 것이 적절한지 등의 논란이 있을 수 있다. 즉, 공인회계사수가 회계법인의 품질과 연관성 및 인과 관계가 있는지가 전제되어야 한다.[2]

이러한 논지가 중소회계법인들이 감사인 등록제도에 반대하는 이유이다. 공인회계사 수가 많다고 반드시 더 높은 감사품질이 보장되리라는 증거가 없다는 것이다. 물론, 어느 규모가 되는 피감기업을 감사하기 위해서는 어느 정도 인원이 필요한 것은 사실이다.

감사인 등록제가 시행된다면 누군가에 의해서 회계법인들의 적정성과 관련된 rating이 수행될 수밖에 없다. 현재 진행되고 있는 품질관리감사 등의 결과가 그 평가의 기초가 될 수 있으나 품질관리감리의 결과는 공개의 대상이 아니다.

우리가 흔히 연구를 수행하면서 빅4 회계법인이 고품질의 감사인이라고 가정하고 회계법인을 분류하기도 하는데 중소회계법인 관계자들이 동의하지 않는 부분이다. 현재 중소회계법인은 공인회계사 시험 합격자들을 거의 채용하지 않고 있으며 신규 합격자는 거의 빅4 회계법인이 채용하고 있다. 중소회계법인 관계자들의 주장은 그들이 빅4 회계법인에서 2, 3년 된 경력자를 채용하고 있고 빅4 회계법인은 거의 경력이 없는 신규회계사들로 감사를 수행하므로 오히려 중소회계법인의 감사품질이 빅4 회계법인에 비해서 우월하다는 주장을 하기도 한다.

기업도 유사한 의견을 내기도 한다. 빅4 회계법인에서 신규 회계사들이 감사를 하러 나오기는 하는데 전혀 실무에 대한 이해도가 없어서 감사가 제대로 수행되지 않는다고도 하고, 피감기업의 입장에서는 기업이 무슨 공인회계사들 연수하는 기관이냐는 반문을 하기도 한다. 신입 공인회계사들이 경력을 쌓아 가야 하므로 피감기업들의 과도한 불만이라고 사료된다.

증선위(금감원)에서 감사인을 지정하는 경우도 일정한 formula에 의해서 감사인 지정이 진행되며 그 잣대 중 한 꼭지가 공인회계사 수이다. 그래서

---

2) 법무법인의 랭킹도 어떠한 경우는 소속 변호사 수 즉, 규모로 정하는 때도 있는데 일부 법무법인에서는 법무법인의 순위는 승소률로 결정하여야 한다고 주장하기도 한다.

2005년 3월 국민은행이 감사인을 지정받을 때, 당시 영화, 안진, 삼정이 비 전 업 회계사를 영입하면서 회계사 수 부풀리기 경쟁을 했던 때도 있었다.

공정위의 입장은 다음과 같은 논리에서는 정당화될 수 있다. 이러한 규제를 강제하지 않아도 대규모 피감기업이 자발적으로 규모가 작은 감사인을 선임하지는 않을 것이다. 즉, 대형 금융기관이 소규모 회계법인을 감사인으로 선임한다면 이는 시장에 부정적인 의미를 전달하여 기업의 내재가치에 반영하게 될 것이다. 중소형 회계법인이 삼성전자를 감사할 수 있는 품질을 갖추지 못하였다는 것이 아니라 어느 정도 규모가 되지 않는 회계법인은 초대형 기업이나 초대형 금융기관을 감사하기에는 역부족이라는 의미이다.

2017년 4월에는 안진회계법인이 대우조선해양 감사로 인해서 금융위로부터 1년간 신규 감사계약 영업정지라는 중징계를 받아서 이미 감사계약을 신규 체결하였던 80여 개의 상장기업이 감사인을 새로이 선임하는 절차를 거치고 있는데도, 이들 상장기업들이 대부분 안진회계법인이 아닌 빅3 회계법인을 대상으로 하고 있다.

미국의 경우는 품질관리감리의 결과 PCAOB에서 monitor를 회계법인에 파견하기도 한다고 한다. 지속적인 관찰이 필요한 경우일 듯하다. 어떻게 보면 민간의 경제활동에 대한 상당한 정도의 간섭일 수도 있지만 자본주의가 발전한 국가일수록 규제가 더 강하기도 하다. 호주는 회계법인 차원에서 transparancy report를 보고한다고 한다. 네덜란드에서는 회계법인이 일반기업에서와 같이 사외이사와 같은 외부의 watchdog의 역할을 수행하는 제3자를 회계법인의 기업지배구조와 관련된 경영 이사회 등에 참여시킨다고 한다. 일반 주식회사에서 이러한 제도를 도입하는 것은 투자자 보호라는 큰 취지를 가지고 있어서 유한회사(LLP Limited Liablility Partnership, 제한적 유한회사)라고 하는 회사의 형태에도 불구하고 회계법인이 수행하고 있는 업무가 공공성을 띠고 있으므로 이러한 제도가 정당화될 수도 있다.

2013년 등록제가 논의될 때, 감독기관은 다음의 개선 방안을 작성하였다. 등록제가 가시화된다면 아마도 2013년 등록제 논의 과정에서의 다음 내용들이 모두 다 이슈로 부각될 것이다.

ㅁ **(개선방안)** 증선위가 정한 일정 수준의 품질관리시스템을 갖춘 회계법인만 상장법인 및 금융회사에 대한 감사업무를 허용

    o 회계법인의 품질관리 평가를 위한 기준, 등록절차 등은 하위법령에서 구체화할 예정임

    o **등록요건은 완화하되, 등록 이후 금융당국의 주기적인 평가를 통해 높은 수준의 품질관리**가 이루어지도록 운용

주기적인 평가라 함은 매우 중요한 의미를 갖는다. 금융기관의 대주주 적격성에 대한 점검도 과거에는 인가 시점에만 진행하였지만 이제는 이 또한 주기적으로 점검을 받는다고 한다. 인가 이후에 대주주의 구성 등이 변경될 수 있기 때문이다.[3]

2013년 감사인 등록제도가 거의 실행 단계에까지 갔다가 중단되었다. 일부에서는 등록제도에 의해서 피해를 입을 수 있는 중소형 회계법인들의 막후 로비에 의해서 최종 단계에서 중단되게 되었다는 주장도 있다.

아래 내용도 한때 금융위가 개정을 고민하였던 내용이지 이미 개정된 내용은 아니다.

외감법 개정 사항

구분	현행	개정
외감법	**감사인:** 회계법인, 감사반 **상장법인 감사인:** 외감법상감사인 중 대통령령으로 정함	**감사인:** 회계법인, 감사반 **상장법인, 금융회사 감사인:** 외감법상 감사인 중 대통령령으로 정함
외감법 시행령 등	유가증권시장: 회계법인 코스닥시장: 회계법인, 감사반	유가, 코스닥, 금융회사: 감사업무의 품질관리 수준 등에 관하여 증선위가 정하는 요건을 충족한 감사인

따라서 외감법 개정안에 의하면 감사반은 기존의 외감법 시행령 제3조 제1항에 의해서 유가증권시장에 상장된 기업에 대해서는 감사를 맡는다는 것이 불가했지만 개정을 고민하던 내용에 의하면 유가증권 상장기업에 대해서

---

3) 한국경제신문. 2016.3.17. 보험 카드 증권사 대주주 적격성 심사 수시로 받아야

감사반이 감사를 맡는 것을 제한하고 있지 않고 있다. 그러나 그럼에도 불구하고 유가증권상장기업의 감사를 감사반이 맡는 일은 거의 없을 것이다.

증선위가 정하는 요건을 충족한 감사인이란 등록된 감사인을 지칭한다. 이러한 감사인 등록제도는 이미 미국의 PCAOB가 채택하고 있는 제도이다. 일정한 요건을 갖춘 감사인만이 상장기업을 감사할 수 있도록 하는 제도인데 이에는 당연히 감사인에 대한 평가가 동반되어야 하기 때문에 법인에 대한 품질 관리 감리 등의 과정이 필수적이다.

참고로 미국의 SEC는 재무제표에 대한 규제를 하고 있으며 PCAOB는 회계법인에 대한 규제를 하고 있어서 규제가 이원화되어 있다. 즉, 감사에 적격인 회계법인을 구분하는 것은 PCAOB의 몫이다.

우리나라는 아직도 품질관리감리를 감독기관이 수행하고 있지만 아직까지도 외감규정에 의해서 품질관리감리 결과가 공개되지 않고 있다. 이는 다음의 외감 규정 제52조에 근거한다. 이러한 외감 규정 때문에 감독기관이 회계법인을 보호하려고 하는 것은 아닌지에 대한 비판을 받았다.

② 증선위 위원장은 품질관리감리결과 감사인의 감사업무품질의 향상을 위하여 개선권고할 사항이 있는 경우에는 이를 증선위에 부의하여야 하며, 증선위는 필요한 경우 당해 감사인에게 1년 이내의 기한을 정하여 품질관리제도 또는 그 운영의 개선을 권고할 수 있다. 이 경우 개선권고사항은 공표하지 아니한다. <신설 2006.6.29>

시행한다는 것과 공표한다는 것은 다른 차원이다. 예를 들어 대규모 유한회사에게도 감사를 강제하지만 이 결과를 공표하지 않는 것으로 논의되다가 국회에서 2017년 4월 '외감법'이 아니라 '외부감사에 대한 주식회사 등에 대한 법률'의 국회 논의과정에서는 대형 유한회사의 감사결과도 공시하는 것으로 그 내용이 정리되었다.

감사인 등록제가 시행되려면 당연히 각 회계법인의 성적표가 공개되는 것을 전제로 한다.

□ 확정은 되지 않았지만 2013년에 감독기관이 다음과 같이 등록제를 준비한 것이니 예상되는 절차는 2013년 당시의 절차와 유사할 것이다.

　　－ 상장법인 및 금융회사를 감사하려는 회계법인은 등록 신청서 제출
　　－ 증선위는 품질관리 요건 등의 충족 여부를 객관적이고 엄정한 평가절차를 거쳐 등록
　　＊ 민간전문가로 구성된 감사인 등록 심사위원회(가칭) 등을 구성하여 심사

등록제도를 광범위하게 도입하려는 정책 방향은 다음과 같이 그 괴도가 수정되었다.

한국경제신문. 2013.10.31. '상장법인 감사인 등록제' 무산되나

금감원과 금융위는 2011년 11월초 '회계산업 선진화 방안'을 발표하면서 핵심 내용으로 상장법인 감사인 등록제도를 도입하겠다고 밝힌 바 있다. 상장사들은 다수의 개인투자자가 투자하는 만큼 투자자 보호 강화를 위해서는 엄격한 내부통제 시스템을 갖춰 금융위에 등록한 회계법인만 회계감사를 허용하겠다는 내용이다.

그러나 금융위가 지난 4월 국회 정무위원회에 제출한 '주식회사의 외부 감사에 대한 법률' 개정안을 보면 상장법인 감사인 등록 제도와 관련되어 "주권상장법인과 금융회사를 감사하는 감사인은 대통령령으로 정한다"고만 돼 있다. 금감원의 구상을 실현하는 규제조건이 생략된 것이다. 이에 대해 금감원 담당자는 "법 개정안에 '감사인 등록'이라는 명시적 표현이 빠져 아쉽지만, 향후 시행령 제정 과정에서 취지를 다시 살릴 수 있을 것"이라고 기대했다.

하지만 금융위의 입장은 다르다. 유재훈 증선위 상임위원은 "시행령을 개정할 때 상장법인에 대한 회계감사를 할 수 있는 회계법인의 요건을 제시하겠지만, 금융위에 등록된 회계법인만 상장사를 감사할 수 있도록 할 생각은 없다"고 잘라 말했다. '사전규제'보다는 '사후관리'를 강화하겠다는 것이다. 회계법인이 외감법 시행령에서 제시한 요건을 갖추지 않고 상장법인을 감사했다가 적발되면 그 명단을 공개하겠다는 것이 금융위의 구상이다. 문제는 '사후관리'의 내용 자체가 별 실효성이 없을 가능성이 높다는 점이다.

최진영 금감원 회계전문심의위원은 "공개 자체는 바람직하지 않지만 '역선택'의 부작

용을 염두에 둬야한다"고 지적했다. 회계법인의 명단이 공개되면 일부 기업들은 오히려 그 회계법인을 외부감사인으로 '선호'할 가능성도 있다는 것이다.

사후관리보다는 사전규제가 더 중요하다는 얘기는 빈번하게 듣는 주장이다. 우리나라 감독기관이 매우 오래전부터 주장해 오던 '단골 메뉴' 같은 내용이다. 회계에 큰 문제가 없을 경우는 사전규제 중심으로 정책이 갈 수 있지만 계속적으로 회계와 관련된 문제가 불거져 나온다면 사전규제만을 고집할 수도 없다. 지금 당장 회계사기 건이 드러나고 있는데 이에 대한 사후 조치를 뒤로 하고 예방적 조치만을 취할 수는 없는 것이다. 따라서 사전예방적 정책이라 함은 자본주의가 성숙된 선진국에서만 가능한 정책방향이라고 할 수 있다. 감사인 등록제도가 미국과 같은 선진적인 자본주의 국가에서 가능한 것이 사후 조치에도 신경을 쓰지만 선제적인 규제를 할 수 있는 여유가 있기 때문이다. 감사인등록제도는 당연히 사전규제에 해당한다.

예를 들어 최근 대우건설, 대우조선해양 등의 분식회계의 이슈가 계속적으로 불거져 나오는 상황에서는 발등의 불을 꺼야지 발등에는 불이 붙고 있는데 사전규제에 대해서만 얘기를 하기는 어렵다.

적발되는 회계법인의 명단 공개가 오히려 그 회계법인의 선호로 이어질 수 있다는 점은 과도한 우려라고도 생각된다. 이러한 역선택이 걱정된다면 적발되는 감사인을 영원히 보호하여야 하는데 이는 과도하다.

한국경제신문. 2017.10.30. '회계사 30명 이상 돼야 감사인 등록' 유력

소속 회계사 수 30인 미만 법인은 2020년부터 상장사 감사를 맡지 못할 전망이다. 중소회계법인 간 인수합병에 불을 댕길 것이란 관측이 나온다.

20일 회계업계에 따르면 금융위원회 '회계 개혁 태스크포스'는 감사인 등록제의 인적 요건을 '회계사 30인 이상'으로 정하는 방안을 추진 중이다. 감사인 등록제는 회계 품질 관리를 위해 일정 요건을 갖춘 회계법인만 상장사를 감사하도록 하는 제도다.

지난달 국회 본회의를 통과한 '주식회사 외부감사에 관한 법률' 개정안의 2020년 시행을 앞두고 회계개혁TF주도로 구체적인 기준 마련 작업이 한창이다.

TF관계자는 "등록 요건을 크게 인적, 물적, 시스템 세 가지"라며 "인적 요인은 소속 회

계사 30인 이상으로 정해질 가능성이 크다"고 말했다. 금융감독원의 주기적인 감리 대상
이 자산 규모 1조원 이상 상장사 감사인 또는 소속 공인회계사 30인 이상인 곳이란 점을
감안한 것으로 알려졌다. 현재 인적 기준에 따라 금감원 감리를 받는 회계법인은 전체
173곳 중 41곳이다.

소속 회계사 수가 30인에 못 미치는 중소 회계법인은 발등에 불이 떨어졌다. 비상장사
는 예전처럼 감사가 가능하지만 영업 확대에 제약이 커질 수밖에 없어서다. 일각에선 벌
써부터 M&A를 촉진해야 한다는 목소리가 나오고 있어 중소 회계법인 간 합종연횡이 잇
따를 것이라는 관측도 나온다. 중소회계법인협의회는 회원사들을 대상으로 합병 수요를
알아보는 설문을 하고 있다.

어떤 기준에 근거해서 감사인을 등록해야 하는지는 무척이나 주관적인 판
단의 영역일 수밖에 없다. 회계법인이 속인적인 인적 유한회사이므로 인원에
근거하여 상장법인을 감사할 수 있는 회계법인에 제한을 둔다 함은 그렇게 이
해할 수 있다. 현재 회계법인으로 성립하기 위한 기본적인 조건이 공인회계사
10인, 자본금 10억원인데 위의 기준에서는 자본금 기준은 고려하지 않고 인원
만을 고려하고 있다. 법무법인의 규모를 비교하거나 랭크함에 있어서도 소속
변호사의 수가 그 기초가 되는 것은 법무법인도 인적인 조직이기 때문이다.

위에서도 기술하였듯이 감사인을 지정함에 있어서도 회계법인의 공인회
계사수를 고려한다.[4]

감독기관은 회계법인에 대해서 직접적으로 품질관리감리를 하는 회계법
인(외감규정 제67조 제2항 제1호~4호 에 해당되는 감사인)은 170여 개 회계법인 중,
41개이다. 이들은 다음과 같은 기준에 의해서 선정된 법인들이다. 동 규정에
서는 4가지 정도 기준을 열거하고 있다.

주권상장법인 총수의 1% 이상 계약체결 감사인, 자산총액 1조원 이상 주
권상장법인과 계약체결 감사인, 소속공인회계사 30인 이상 감사인, 증선위원
장이 필요하여 한공회에 위탁대상제외를 통보한 감사인 등이다.

---

4) 과거 국민은행 지정의 경우는 chapter 36에서 기술.

한국경제신문. 2018.1.9. 내년 감사인 지정제 도입 앞두고 이현 서일 합병

회계법인들 '합종연횡' 본격화

세계 5대 회계법인인 BOD International의 국내 회원사인 이현회계법인과 20년 전통의 서일회계법인이 합병한다. 몸집을 키워 삼일 삼정 안진 한영 등 회계법인 '빅4' 체제에 도전장을 내기 위해서도. 매출 100억원이 넘는 국내 중견 회계법인이 합치는 건 30년 만에 처음이다.

내년 감사인 지정제도 도입을 앞두고 회계법인 간 합종연횡이 본격화됐다는 분석이 나온다. 감사인 지정제란 금융당국이 회사에 직접 외부 감사인을 지정해 주는 것을 말한다.

이현회계법인은 2007년 창업 이래 조세 분야에 강점을 보이며 매년 20% 이상 고성장을 해왔다. 1999년 창립된 서일회계법인은 감사 분야에서 체계적 품질관리를 해왔다는 평가를 받고 있다.

회계법인 간 합병을 통한 몸집 부풀리기의 시발탄이라는 게 업계의 분석이다. 기업이 자유롭게 감사인을 정하는 현행 제도가 부실 감사 가능성을 높인다는 지적에 따라 정부가 내년부터 감사인 지정제를 도입하기로 한 게 도화선이 됐다.

개정된 '주식회사 외부감사에 관한 법률'에 따르면 기업이 6년간 같은 회계법인을 통해 외부감사를 받았다면 이후 3년간은 정부가 지정하는 다른 회계법인으로 교체해야 한다. 개정안은 2019년부터 시행돼 상장사들은 실제 2020년부터 지정감사를 받는다.

회계법인 규모가 클수록 감사인으로 지정받을 가능성이 높아진다. 신한회계법인도 오는 4월을 목표로 중소회계법인 흡수합병을 추진하고 있다. 회계업계 관계자는 "지정감사인에 포함되지 못하는 회계법인은 존폐 기로에 설 가능성이 높은 만큼 업계에 '일단 뭉치자'는 기류가 형성되고 있다"고 전했다.

현재 172개인 국내 회계법인 수가 크게 줄어들 것이란 관측이 나오는 이유다. 일각에서는 품질관리 시스템이 정착되지 않은 합병법인이 회계사 숫자 등 특정 기준을 충족했다는 이유만으로 지정 감사인에 선정되면 감사 품질이 떨어질 수 있다는 우려도 나온다.

chapter 37

내부고발제도의 문제점

내부고발제도에 대해서는 그 순기능에 대해서만 많은 내용들이 기술되었는데, 이에 반해서 역기능도 존재한다. 내부고발제도의 순기능은 외부의 회계감사를 가지고는 기업의 부정을 밝히는 데 한계가 있을 수밖에 없으므로 내부 임직원의 제보를 받자는 데 있다.

물론, 충분히 공감할 수 있는 제도이다. 우리는 집단주의 문화가 강한 민족성을 갖고 있어서 내부고발자는 조직을 배반한다는 성격이 강하다. 고발이라는 단어 자체가 갖는 의미가 그러하다. 반면에 미국의 내부고발은 whistle blower로 사용되는데 whistle이라 함은 운동 경기에서 심판이 판정할 때 사용하는 도구의 개념이므로 공정성의 목적으로 사용되는 단어이다. 따라서 미국은 이 단어 자체가 부정적이지 않다. 따라서 같은 내용이라도 이를 해석하는 시각에는 문화적인 차이가 있다고 판단된다.

내부고발이 회사에 대한 협박수단으로 변질될 가능성에 대해서도 대비할 필요가 있다.

ㅇ 회계관련 직원 및 금고지기 등이 회사 및 경영진에 불만을 품고 회사를 협박할 가능성

KT&G 사례
탈세비리와 관련하여 회사를 협박해 5억원을 챙긴 前 KT&G 세무부서 과장 구속 기소(2015/02/22)

□ 특히 단순한 회계오류를 분식회계로 몰아 내부고발로 연계할 경우 행정력
  의 불필요한 낭비도 우려

미연방 제4순회항소법원(The 4th Circuit Court of Appeals)의 판결[1]
"잭팟을 노리는 내부고발자들이 불속에 뛰어드는 나방들처럼 양산될 것"
☞ '로슈 바이오메디칼'에 대한 소송 기각사유 중

　　내부고발 남발 방지에 있어서 포상금은 과징금의 일부로 정해야 한다는
주장도 있다. 그래야 과징금을 부과하지 않는 경우는 포상금도 없어야 한다는
논리이다. 즉, 과징금도 없는 고발에 대해서 포상금을 지급하는 것은 적절하지
않다는 주장이다.

중앙선데이. 2017.8.13.-14. 내부 고발에 귀 기울여야 하는 이유

• 내부고발을 막는 제도적 한계가 있다면
　"현행법에는 기업을 처벌하는 조항만 두고 있다. 자체 조사를 제대로 한 기업에 대해
선 국가가 인센티브를 줘야 한다. 미국에선 뇌물 공여 혐의로 연방수사국 수사를 받게
되더라도 기업이 성실하게 협조했다면 기소 면제를 받기도 한다. 한국에는 공정거래위의
자진신고자 감면제도(리니언스)가 있다. 내부 고발 사건에도 도입할 필요가 있다.

　　2006년 도입 이래 9년 동안 신고건수는 총 5건에 불과하다.[2]

---

1) Forbes, 'The Dark Side of Whistle blowing'(2005.3.14.)
2) 김유경, 2017.9.21. Triangle of Collaboration, 제3회 Audit Committee Institute 세미나.

chapter 38

회계법인의 지배구조

회계법인에 대한 품질관리감리 시 감사업무의 품질향상과 관련된 사항뿐만 아니라 지배구조(지분소유관계 등), 운영실태 등 회계법인의 업무 전반에 대해 검사를 실시하여야 한다는 주장이 있다.

한국경제신문. 2016.12.21. 대형로펌 파트너 변호사들 잇단 이탈 왜?

대형 A로펌은 요즘 변호사가 빠져나가 고민이 깊다. 규모가 더 큰 대형 B로펌에서 A로펌의 '에이스 변호사'들을 갑자기 스카우트해 갔기 때문이다. B로펌이 갑작스럽게 인력보충에 나선 속사정도 있다. 얼마 전 로펌 내부에서 파트너 변호사들끼리 수익 배분 문제를 두고 갈등을 벌인 뒤 두 명의 파트너 변호사가 연이어 퇴사했다.

수익 배분을 둘러싼 최근의 또 다른 다툼 사례다. 파트너 변호사로 승진한지 얼마 안된 C변호사가 거액의 사건을 따왔는데 하필이면 이 사건 의뢰인이 고참인 D파트너 변호사가 어쏘(평변호사) 시절부터 좋은 관계를 맺어온 회사였던 것. C, D변호사가 서로 "내가 사건을 수임했다" "손 안대고 코 풀려 한다"고 주장하면서 둘 사이에 '전쟁'이 벌어졌다.

로펌 내 수익 배분 문제는 가장 민감한 부분이다. 이 때문에 웬만한 로펌치고 이런 문제로 갈등이 없는 곳은 없다. 로펌에서는 운영비를 제외한 나머지 수임료를 사건 수임자(찍새)와 사건 수행자(딱새)에게 배분한다. 배분 비율은 로펌마다 다르다. 수임이 30~40%, 수행이 60~70% 수준이다.

또 수임액수와 팀별 실적, 경영진 정량평가에 따라 개별 변호사의 수입은 천차만별이다. 김앤장과 율촌 같은 곳은 경영진의 정량평가가 높은 비중을 차지하는 것으로 알려졌다.

예컨대 세간에서 떠들썩한 유명사건을 수임하는 등 로펌의 평판을 높였다면 높은 점

수를 주는 식이다. 태평양과 세종, 화우는 개별 실적보다 변호사 간 공평한 처우에 우선
순위를 두는 경향이 있다.

또 다른 사례다. E변호사가 자신의 주요 고객사에서 사건을 따왔다. 하지만 사건 내용
이 자신의 분야가 아니었다. 소속 로펌은 해당 전문가에게 사건 수행을 맡겼다. 이 로펌은
다른 로펌보다 변론을 작성하는 등 사건을 직접 수행한 변호사에게 배분 비율이 높았다.

E변호사는 수임자 배분 비율을 더 높여주거나 자신이 직접 수행도 하겠다고 요구했으
나 번번이 거절당했다. 결국 그는 어쏘 변호사 몇 명을 데리고 로펌을 뛰쳐나갔다. 한 대
형로펌 변호사는 "한 대형로펌에서는 1% 배분 배율을 놓고 갈등을 일으키기도 했다"며
"파트너 변호사에게 분배 구조는 한두 푼의 돈 문제를 떠난 자존심 문제"라고 했다.

파트너 변호사끼리 갈등을 겪고 다른 로펌으로 옮기는 건 어제 오늘 일이 아니다. 문제
는 로펌 고객은 물론 파트너 변호사 밑에서 일하던 젊은 변호사에게까지 연쇄적 피해가
미친다는 점이다. 파트너가 나가면 밑의 어쏘들은 자칫 '낙동강 오리알 신세'가 될 수 있
다. 한 대형 로펌 파트너 변호사는 "법률 시장이 어려워 지다보니 나눠 먹을 수익이 줄어
들고 그 결과 '고래(파트너) 싸움에 새우(어쏘) 등 터지는 일이 비일비재하다"고 말했다.

한 대형로펌 대표변호사는 "변호사 이탈은 '사람이 곧 자원'인 로펌으로서는 가장 큰
타격"이라며 "구성원이 모두 만족할 수 있는 분배 구조를 제시하는 게 로펌 경영진의 최
대 과제 중 하나"라고 했다.

한국경제신문. 2017.9.6. 특급 전관 시간당 100만원 받는다고?

과거 업계 사정이 좋을 때 파트너는 사건을 수임한 뒤 실무팀에 사건을 넘기고 수임료
의 20~30%를 챙겼다.

흔히들 버는 것보다도 나누는 것이 더 어렵다는 얘기도 한다. 법무법인
관련된 내용이지만 회계법인도 예외가 아니라고 추정된다. 예를 들면, 회계법
인에는 파트너 교체 제도가 있다. 4년차가 되면 다른 파트너에게 담당 파트너
를 넘겨야 한다. 당연히 이러한 경우에 수임자가 담당 파트너를 맡고 있지는
않지만 수익 배분을 어떻게 해야 하는지가 이슈가 될 것이다. 또한 지정에 의
해서 수임을 한 경우도 있으며 동시에 법인 전체 차원에서 수임을 하였던 경
우도 있을 수 있다. 수익배분의 formula가 복잡해질 소지는 얼마든지 있다.

예를 들어 삼일회계법인에는 2017년 2월 현재 70명의 전산감사팀이 있다. 이들의 업무는 다른 감사팀들이 감사를 수행하는 과정에서 supporting을 하는 기능을 수행한다. 회계법인의 주된 업무를 회계감사라고 하면 회계감사를 하기 위한 본부 조직을 line이라고 하면 횡적인 조직의 성격이다. forensic 팀도 동일한 성격이라고 할 수 있다.

그럼에도 삼일은 이 팀의 수익을 구분하지 않는다고 한다. 그렇다고 하면 이 팀의 compensation은 법인의 수뇌부에서 정해 주어야 한다.

아마도 회계법인에도 이렇게 회계법인의 가장 주된 수익원인 감사나 세무, 비감사업무를 직접 수행하지는 않지만 다른 팀들에 대해서 staffing하는 역할을 하는 부서가 있는데 이들에 대한 수익 배분 이슈가 있다.

법인의 수익성도 중요하지만 quality control에 관심이 높은 회계법인일 경우, 품질관리실, 전산감사팀 등에 대한 투자 및 수익배분에 소홀히 하지 않아야 한다.

삼일회계법인의 경우, 재경, 총무, IT 부서 등이 있고, 그 외에, RA(전산감사 지원), 심리실, 리스크 관리부서, 서비스지원부서(판단이 요구되지 않는 단순업무 지원) 등이 있다.

전산감사부서는 client 회사에서 field work을 수행하는 특징이 있으며, client별 투입시간을 집계하여 처리한다. 이 과정에서 time report를 작성한다.

품질관리감리의 과정에서는 회계법인이 추구하는 가치가 영리에만 있는 것이 아니고 품질에도 있는지에 대한 확인을 아래와 같이 진행할 수 있다.

매일경제신문. 2017.3.20. "회계사 인센티브, 영업보다 감사품질 우선"

대우조선해양 분식회계 혐의로 회계법인 딜로이트 안진 제재를 추진하고 있는 금융위원회가 회계법인의 내부통제 단속을 강화하기로 했다. 회계법인이 내부적으로 영업보다 감사품질을 우선시하도록 성과 보수 체계를 정비할 계획이다.

금융위원회 고위 관계자는 19일 "안진 제재 절차 과정에서 회계법인과 감사계약 기업 간 유착 관계가 독립적인 외부 감사를 방해하고 있음이 분명히 드러났다"며 "회계업계의 잘못된 관행을 바꾸기 위해서 대대적인 제도 개선이 필요하다"고 말했다. 금융위는 내부 품질 관리 시스템 감리를 강화하라고 권고했는데도 불구하고 시정되지 않을 경우 그 결과를 의무적으로 공개할 방침이다. 외부에 공개해 회계법인의 대외 신인도를 떨어뜨리는 식으로 강제성을 부여하겠다는 의도이다. 또 회계법인이 내부 성과 보수 체계를 만들 때 영업이 아니라 감사실적을 우선시하도록 인센티브를 부여할 계획이다.

모든 조직원은 어떻게 성과 평가되는지, 어떻게 보상되는지에 의해서 의사결정을 하고 움직인다. 조직원들이 어디에 시간을 쓰고 가치를 두는지는 성과평가시스템을 어떻게 design하는지에 의해서 결정된다.

chapter 39
감사인 지정제

2014년 9월에 국회를 통과하고 10월에 공포된 외감법 개정 이전의 외감법의 적용에는 다음과 같은 기존의 지정제의 적용과 관련된 어느 정도의 변화가 있어왔다.

지정감사인을 통보받은 기업들은 금융감독원에 2주 이내에 감사인 재지정을 요청할 수 있다. 연결재무제표 작성을 위해 계열사와 같은 감사인을 써야 하거나 지정 감사인이 독립성을 해치는 요인이 있을 경우엔 감사인을 교체할 수 있다.

즉, 수년 전부터 감사인 지정제 적용의 단점에 대해서 감독기관이 한번 감사인을 거부할 수 있는 권한을 부여하는 것이다. 그러나 이 거부 권한은 1회에 한해서만 부여하는 것이지 두 번째의 경우는 반드시 지정을 받아야 했다. 위와 같은 이유로 지정 감사인을 거부할 수 있지만 아마도 수임료에 대한 이견 때문에 감사인을 거부하는 경우가 더 많지 않은지 추정된다.

이러한 제도가 2016년부터는 아예 감독기관이 복수로 감사인을 지정하고 피감기업이 한 감사인을 선정할 수 있는 제도로 변경되었다. 이는 위와 같이 순차적으로 감사인을 지정하면서 첫 지정된 감사인에 대해서 피감기업이 거부할 수 있는 권한을 행사하는 것과는 차이가 있다. 피감기업의 입장에서는 대상 감사인을 놓고 선택을 하는 것이 가능하므로 선택의 폭이 넓어졌던 것이다. 즉, 어떻게 보면 지정제이기는 하지만 지정의 대상이 되었던 두 회계법인에 대해서 만큼은 자유선임을 할 수 있는 권한이 주어진 것이다.

2017년 1월 발표된 정부 입법 외감법 전면 개정안에서 금융위가 거의 전체 상장기업 중, 40%의 기업에 대해서 시행하려고 시도하였던 선택지정제에 대한 조짐은 이와 같이 수년 전부터 있어왔다.[1] 물론, 확정된 외감법에 의해서는 선택지정제는 최종적으로 선택되지 않았다. 과거에는 증선위가 감사인을 지정하면 그대로 수용하도록 되어 있었으나 최근에 오면서 지정은 증선위가 하지만 어느 정도 기업이 지정된 감사인에 대한 선택의 권한을 부분적으로 부여하였다.

예를 들어, 지정을 받았는데 계열사에서 비감사서비스를 받고 있고 이러한 비감사서비스와 감사서비스가 병행이 불가한 업무일 경우도 거부할 수 있는 권한이 있다.

파이낸셜뉴스. 2014.9.21. 외부감사인 지정받은 기업, 한차례 거부할 권리 준다

회계법인을 의무적으로 지정받아 회계감사를 받아야 하는 기업에 한 차례에 걸쳐 '비토권'이 주어진다.

금융당국이 오는 11월 말 시행 예정인 외부감사인 지정제 확대 보완조치로 분석된다. 회계의 질은 높이면서 기업의 비용 증가는 줄여주자는 취지다.

21일 금융당국 고위관계자에 따르면 외부감사인을 지정받는 기업이 지정받은 회계법인과 감사보수 협의에 실패할 경우 1회에 한해 비토권을 부여할 계획이다.

다만 비토권을 한 차례 행사한 후 기업은 두 번째로 지정받은 회계법인이 더 높은 감사보수를 요구하더라도 반드시 계약을 체결해야 한다.

더불어 지정감사 대상기업으로부터 외부감사인 자격을 거절당한 회계법인은 금융감독원이 외부감사인을 지정할 때 부여하는 감사인 점수가 깎이게 되는 불이익을 받게 된다. 점수에 따라 자산규모가 큰 지정감사 대상기업 순으로 배정하는데 한 차례 외부감사인을 배정받은 회계법인은 감사인 점수가 깎이기 때문에 일감을 받을 수 있는 순번이 뒤로 밀리게 된다. 즉, 회계법인의 입장에서도 지정이 되었다고 해서 과도한 수임료를 피감기업에 요구한다면 감사인도 피해를 볼 수 있다는 점을 암시한다.

금융당국이 기업에 이처럼 '비토권'을 부여하는 것은 외부감사인 지정제 확대로 인해

---

1) 이러한 선택 지정제는 국회 입법과정에서 채택되지 않았다. 그러나 제도는 항상 역사적으로 순환되므로 이러한 내용을 기술하며 외감법에 대한 시행령이 논의되는 시점에도 다시 한번 금융위 차원에서 이러한 점들의 논의의 대상이 되고 있다. 상세한 내용은 chapter 50에서 기술한다.

기업들의 감사보수 부담이 급격하게 증가하는 것을 보완하기 위한 조치로 해석된다.

실제 금감원에 따르면 자유수임을 통해 외부감사인을 정할 때보다 지정감사의 평균 감사비용이 54%가량 증가하는 것으로 집계됐다. 재계 일각에선 2배가량 늘 것이란 분석도 있다. 이 탓에 기업들로부턴 볼멘소리가 쏟아져 나오고 있다. 지정요건을 회피하기 위해 기업들은 적극적인 투자를 꺼리게 되고 기업경영이 과도하게 보수화될 우려가 있다는 지적도 나온다.

다만 회계법인 관계자들의 입장은 이와 정반대다. 한 회계법인 관계자는 "부실기업에 대한 감사를 맡는다는 것은 그만큼 위험부담도 크다는 것"이라며 "더 많은 인력과 시간이 필요해 일반 기업 감사보다 더 높은 보수를 요구하는 것은 당연하다"고 설명했다.

감사인들의 입장에서는 지정 감사인으로 선임이 되었다는 점이 피감기업과의 관계에 있어서 갑의 입장에 서게 되어 수임료 협상에 있어서 우위를 점하게 되면서 여러 가지 복잡한 이슈가 제기되었다. 계약이라는 것은 어차피 양자간에 절충이 되어야 하는데 감사인이 과도하게 수임료를 높이려 하는 것은 지정제의 취지와도 부합하지 않는 것이므로 이렇게 거절당한 감사인이 불이익을 입게 해서, 터무니 없는 수임료를 요구하지 못하도록 하는 정책이었다.

이렇게 지정제가 시행되었던 시점에 피감기업이나 최초로 지정된 감사인이나 양자간에는 상당한 수준의 신경전이 벌어졌을 듯하다. 피감기업의 입장은 처음 지정된 감사인과 감사수임료 관련된 타협이 진행되지 않으면 비토를 할 수 있는 권한은 있지만 두 번째 지정된 감사인에게는 더 높은 수임료를 감내해야 하는 부담을 안고 있으므로 처음 지정된 감사인과의 접점을 찾아야 했을 듯하다.

피감기업이 비토권을 행사함은 권리의 행사이지만 수임료 조정을 할 수 있는 권한을 상실하고 막다른 골목에 다다를 수 있는 위험을 내포한다.

감사인의 입장에서도 희망하는 감사보수를 받아 내기 위해서 협상을 할 수 있는 카드를 가지고 있지만 과도하게 높은 감사보수를 고집하다가 지정 권한을 상실하고 불이익을 감수하여야 하는 위험을 안아야 한다.

따라서 과거에는 피감기업이나 감사인이나 불필요하게 계약 상대방을 찾고 수임료를 타협하여야 하는데 과도한 신경을 써야 했다고 할 수 있다. 또한 이러한 과정이 피감기업의 입장에서는 자신에 맞는 감사인을 찾는 과정이 아니라 감사수임료만을 절약하고자 하는 결과를 초래하여 비생산적이고 소모적일 수 있다. 또한 감사인의 입장에서도 자신의 전문성에 맞는 피감기업을 찾으려는 노력보다는 수임료만을 높이려는 결과로 귀착될 위험이 있으며 이 또한 비생산적이고 소모적인 과정일 수 있다. 따라서 피감기업이나 감사인의 입장에서 과거에 진행해 오던 피감기업에게 비토권을 인정하는 순차적인 감사인 지정제도는 순기능도 있지만 역기능이 적지 않았다.

이렇게 거부권을 인정하는 것은 지정제의 취지를 살리면서 피감기업과 감사인이 수임료 등을 적절한 선에서 절충하고 타협할 수 있도록 하는 지정제의 운용의 묘이기도 하였지만 그럼에도 위에서 기술한 바와 같은 단점도 존재하였다.

이러한 선택권이 확장되면서 2017년 1월의 금융위의 외감법 개정안에 선택지정제가 도입되었다고도 생각된다. 단, 국회의 논의 과정에서 선택지정제는 채택되지 않았다. 그럼에도 이러한 제도가 앞으로도 다시 논의될 수 있는 가능성이 열려져 있으므로 이 내용은 chapter 50에 상세히 설명된다.

이와 같이 기업이 한번 거부권을 행사하는 경우는 당연히 감독기관에서 대안을 제시하여야 한다. 2017년 1월 20일에 금융위가 회계제도개혁에 대한 방향성을 제시할 때, 기업이 세 회계법인을 제안하고 감독기관이 한 회계법인을 낙점하는 것으로 정책방향을 정하였지만 다른 방향성은 2014년부터 해오던 방식대로 감독기관이 순차적으로 제안하고 기업이 최종적인 결정을 하는 대안도 있다. 또한 2016년 10월부터 해오던 방식대로 복수로 감독기관이 감사인을 제안하고 기업이 선택하도록 하는 대안도 있다.

오히려 기업이 제안하는 세 회계법인이 적절하지 않은 회계법인일 경우는 감독기관의 선택을 어렵게 만들 소지도 있기 때문에 오히려 선택의 방향성을 감독기관이 세 회계법인을 제안하고 기업이 한 회계법인을 선택하도록 한다고 하면 이러한 문제를 미연에 방지할 수 있다.

2014년부터 적용되는 제도는 단지 세 회계법인이 아니고 두 회계법인을 감독기관이 순차적으로 제안하는 것이고, 2016년부터 채택된 제도는 감독기관은 복수 회계법인 제안, 회사는 선택을 하게 하는 것이다.

선택지정제는 회사가 제안하는 세 회계법인이 모두 적합하지 않은 회계법인일 수도 있지만 감독기관은 그렇게까지는 하지 못할 것이라고 해서 감사인을 제안하고 선택하는 방향성이 2017년 이와 같이 설정된 듯하다. 또는 감독기관의 입장에서는 감독기관이 제안하고 기업이 취사선택한다는 대안 자체가 官의 입장에서 편하지 않았을 수도 있다.

아시아경제. 2016.5.29. 상장예정기업 지정감사인 '선택제' 도입… 지정감사 사유도 완화

금융당국이 복수의 감사인을 지정해 상장예정기업의 지정감사 비용부담을 줄이고 해당기업의 귀책사유가 없는 경우 지정감사 대상에서 제외한다.

금융위원회는 8일 ▲상장예정기업 등 지정감사 비용부담 완화 ▲감사인 지정사유 합리적 개선 ▲감사인 지정시기 단축 등의 내용을 골자로 하는 '공시 및 회계제도 개선방안'을 내놨다.

금융위는 상장예정기업과 자율지정신청기업 등 회사의 귀책사유 없이 지정감사를 받는 기업에 한해 감사인을 선택할 수 있도록 허용한다.

상장예정기업의 경우 외감법에 따라 감독당국으로부터 감사인을 지정받는데 이 경우 감사보수가 자유선임에 비해 3배 이상 높은 상황이다. 더욱이 감사인 지정을 받은 회사는 1회에 한해 재지정을 요청할 수 있지만 오히려 감사보수가 높아지는 부작용이 있었다.

이석란 공정시장과장은 "상장예정기업과 자율지정신청기업 등 지정감사를 받는 회사에 한해 복수의 감사인을 지정, 회사가 직접 감사수임료 등 협상을 통해 택일할 수 있도록 선택권을 부여하겠다"며 "과도한 감사보수 부담을 완화해 전체기업 등의 상장활성화를 촉진할 수 있을 것으로 기대한다"고 말했다.

의무적으로 지정감사를 받아야 하는 사유도 대폭 축소한다. 회사의 귀책사유라고 보기 어려운 경우까지 지정감사 사유에 포함하는 것이 지나치게 과도하다는 지적에 따른 조치다.

이에 따라 보통주의 경우 '주식분산 요건 미충족', '주가 및 시가총액 미달' 등으로 관리종목에 지정돼도 지정감사를 받지 않아도 된다. 우선주가 주주 수 미달, 상장주식수 미달, 시가총액 미달 등으로 관리종목으로 지정된 경우에도 지정감사 대상에서 해제된다.

금융위는 아울러 감사인 지정시기를 4월과 6월로 이원화하고 감사인 지정에 따라 계열사간 감사인이 일치하지 않은 경우 3년간 동일 감사인 선임 규정의 예외를 인정하기로 했다. 상장기업의 경우 일반적으로 4월말 자유수임으로 감사계약을 체결하는데 6월에 감사인을 지정하면 중도변경에 따른 불편함이 존재한다는 업계의 요구를 받아들인 결과다.

이석란 과장은 "6월초 감사지정이 많은 중소 코스닥상장기업의 경우 감사계약 중도변경에 따른 불필요한 부담이 완화될 것으로 보인다"며 "3년의 동일 감사인 선임 규정 역시 종속회사가 지정감사 대상이 되는 경우 감사계약기간이 달라져 발생하는 불일치 문제를 해소하기 위해 예외를 두기로 했다"고 말했다.

한편 금융위는 2분기 중 외감법 시행령과 감독규정 개정을 추진할 계획이다.

자율지정제도는 언론 기사 등으로 회계분식 의혹이 있는 회사에서 직접 금감원에 지정을 신청하는 제도이며 2016년부터 시행하는 제도이다. 기존에 운영되던 회사신청 지정제도와 유사한 제도이며, 분식의혹이 있는 회사가 혐의 없음을 지정제도 신청을 통해 해소하라는 취지에서 도입한 것이다.

복수로 감사인을 지정하는 제도는 위에서 설명된 일차적으로 지정된 감사인을 피감기업이 거부하고 다시 지정하게 되는 제도와는 또 다른 제도를 금융위가 제안하는 것이다. 즉, 동시에 복수의 감사인을 제안하고 이 복수의 감사인 중에서 택일하도록 하는 지정제와 자유수임제도의 복합한 형태이다.

이러한 경우, 피감기업의 선택의 여지가 남는 것이면 위에서 설명한 바와 같은 순차적으로 선택의 기회가 있는 경우와 비교해서 감사인과 어느 정도는 절충하고 대화할 수 있는 기회를 가질 수 있게 된다.

회사의 귀책사유가 아닌데도 불구하고 지정을 한다는 것은 결국 지정은 높은 수임료 등의 이유 때문에 피감기업에 대한 penalty로 귀착되는데 너무 가혹하다는 판단을 할 수 있다. 예를 들어 분식회계로 인한 지정일 경우는 당연히 귀책사유가 회사에 있으므로 회사 지정으로 인한 피해를 준다는 것이 정당화될 수 있다. 단, IPO 등의 경우는 회사에 귀책사유가 있는 것이 아니다.

'주식분산 요건 미충족', '주가 및 시가총액 미달' 등으로 관리종목에 지정될 경우는 기업 측에 귀책사유가 있는 것이 아니다. 즉, 동일하게 관리종목으로 지정된 경우라고 하여도 일률적인 잣대로 지정을 하는 데는 문제가 있다.

예를 들어 우량기업인데도 불구하고 최대주주 지분이 많아서 거래량이 부족한 경우가 있다. 최대주주는 주식을 빈번하게 거래하지 않기 때문에 다른 소액주주들의 거래가 거래량의 대부분을 차지하므로 충분히 그럴 수 있다. 또한 이러한 경우로 우량종목인데도 불구하고 관리종목으로 지정되는 경우가 있을 수 있다.

그러나 chapter 50에 기술되지만 2017년 1월 20일에 금융위가 선택지정제를 제안하였을 때는 회사가 세 감사인을 제안하고 증선위가 한 감사인을 지정하는 방향을 설정하였다.

회계제도 개혁 TF에서 고민하였던 지정제와 관련된 큰 세가지 꼭지는 다음과 같다. 물론 TF의 제안이 2017년 1월 발표된 금융위의 외감법 전면 개정안(chapter 50)에서 모두 반영된 것은 아니라서 본 chapter에서는 TF에서 제안한 내용을 설명한다. 아래의 혼합지정제는 TF가 제한한 내용으로 금융위의 2017년 1월의 정부 입법 외감법 전면 개정안에는 포함되지 못하였으나 2017년 9월의 국회에서의 외감법 개정에는 주기적 지정제라는 명칭으로 채택된 내용이다.

1. 혼합지정제

혼합지정제는 현재의 자유수임제를 1982년부터 도입하여 시행하였지만 아직까지도 지속적으로 분식회계 문제가 발생하는 것을 보아서는 우리의 회계환경이나 문화 또는 business practice가 아직은 자유수임제를 수용할 수 있을 정도로 성숙하지 않다고 밖에 이해할 수 없고 획기적으로 감리를 확대할 수도 없으므로 그 대안적인 방법으로 수년에 한 번씩은 자유수임보다는 감사품질이 높다고 할 수 있는 지정을 반드시 혼합하라는 정책 취지이다.

1982년에 자유수임제 제도를 도입할 때는 우리나라 경제가 이 제도를 잘 수용하여 원만하게 운용할 정도의 성숙도에 곧 도달할 것으로 기대하였을 것이다.

따라서 현재와 같은 자유수임제도하에서 기업의 내부 감사기능이 적절하게 작동하기를 기대하거나 아니면 자유수임제도의 변형된 형태가 잘 작동하기를 기대하기도 어려우며 이제까지와 같이 일반적인 개선방안보다는 매우 개혁적인 개선방안이 필요하다는 판단을 할 수 있다.

그렇다고 거의 모든 자본주의 국가에서 자유수임제를 예외 없이 채택하고 있는데 우리나라만 전면 배정제를 시행할 수도 없다는 차원에서 절충적으로 제안한 제도이다.

이러한 대안 중의 하나가 혼합선임제라는 수년에 한 번씩은 반드시 지정제를 혼합하는 방식이다. 이것이 6년의 자유수임제 + 3년의 지정제의 형태가 되어야 하는지 아니면 9+3의 형태가 되어야 하는지에 대해서 TF에서도 고민을 하였는데 외감법 개정안에는 6+3으로 확정되었다. 이는 우리의 감리 인력으로 볼 때, 수년에 한 번씩 감리를 수행할 수도 없고, 그렇다고 수년에 한번씩 감리를 할 수 있도록 급하게 감리인원을 늘릴 수도 없는 현실적인 한계 하에서 가장 실현 가능한 대안이라고 할 수 있다.

물론, 감사인을 지정하는 경우가 자유수임에 비해서 항상 감사품질이 우월한 것인지에 대한 의문이 있기는 하지만 그럼에도 피감기업과 감사인간의 유착/共謀의 가능성을 단절한다는 차원에서는 의미가 있다.

물론 위와 같이 여러 가지 연수의 조합이 있을 수 있는데 지정 연도도 기본적인 감사 기간인 3년을 보장하여 주는 기간의 pattern이 될 수 있고 1년의 기간이 될 수도 있지만 지정에 의해서 감사를 수행하는 감사인의 입장에서도 초기 start-up 비용을 생각하면 최소 3년의 감사기간을 필요로 하며 이렇게 확정된 것이다. 동시에 상장기업에는 3년이라는 감사인 유지제도도 적용하여 사용해 오고 있다.

일부에서는 혼합지정제라는 제도는 외국에서는 전혀 시행하지 않는 제도라서 외국의 투자자들이 이 제도를 채택한 데 대해서 이해를 하지 못할 것이라는 비판도 있다.

그러나 우리에게는 우리의 문화와 환경에 맞는 제도를 시행하면 되는 것이지 과도하게 외국 투자자들의 눈치를 살필 것은 없다. 과거에 2010년부터 수년간 감사인 강제 교체제도가 시행되던 기간에도 미국에서는 2002년 SOX 도입 시, 강제교체를 고민하다가 이를 채택하지 않았는데 우리는 이 제도가 우리에게 맞는 제도라는 판단하에 도입하였다. 그 이후 최근에 와서 EU에서 이 제도를 도입한 것을 보면 global standard에서도 무엇이 맞는 제도이고 무엇이 맞지 않는 제도인지에 대한 절대적인 해답이라는 것은 존재하지 않고 각 국가가 자기들에게 맞는 제도를 취사선택하면 되는 것이다.

한국공인회계사의 입장은 혼합지정제는 이해가 되지만 혼합지정제 적용의 기간이 너무 길어질 경우는 제도를 시행하고 다시 제도가 중단되며 혼합지정제를 시행해 보지도 못하고 다시 제도가 바뀌는 일이 발생할 수도 있으므로 혼합지정제 기간을 너무 길게 가져가지 않는 것이 좋다는 주장을 하기도 하였다.

기본적으로 회계업계에서는 지정제 확대를 선호하며, 기업에서는 지정제를 반대한다. 기업은 자유로이 감사인을 선임할 수 있는 권한을 감독기관에 넘긴다는 것이 당연히 불편할 것이며 또한 수임료가 높아질 수 있다는 점도 불편할 것이다. 감사인의 입장에서는 자유수임에 의해서 client를 확보한다는 것이 무척이나 고통스러운 과정일 것인데, 이러한 과정 없이도 공평하게 지정을 받게 된다는 점을 반길 것이다.

또한 지금은 지정제가 자유수임제도에 대한 예외적인 제도로 진행되어서 지정 formula에 대한 큰 이견과 불만이 없지만 혼합지정제가 시행되어서 지정제가 대대적으로 확대 시행된다면 이 formula도 논란의 대상이 될 수도 있다.

formula에 대한 내용은 이 chapter의 마지막에 기술된다.

금융위원회에서 제안하는 선택지정제도 혼합선임제의 형태를 띠면서도 자유수임제를 수행하다가 지정을 할 때, 그 지정하는 방식이 선택지정제의 모습이라는 대안이므로 혼합선임제가 선택지정제와 배타적이지 않다.

즉, 혼합선임제를 시행할 때도 지정제를 혼합하게 되는데 이러한 지정의 방식이 금융위가 외감법 전면 개정안에서 생각하는 직권 지정제가 될 수도 있고, 선택지정제가 될 수도 있다.

2. Dual Audit(이중감사제)

감사가 단독으로 진행될 경우는 감사 부정이 개입될 수 있지만 이러한 부실 감사가 복수로 발생할 가능성이 낮다는 가정하에 복수감사라는 대안이 제시된다. 외관적으로 보기에는 합리적인 대안일 수 있지만 시행에 있어서는 해결해야 할 많은 문제가 있다.

일단, 기업의 입장에서는 단수 감사일 경우에 지급되던 수임료는 어느 정도 일정하고 두 감사인에게 이 수임료를 반절씩 나누어서 지급하는 형태가 아니라고 하면 수임료가 double되는 문제가 발생한다.

감사인의 입장에서도 dual로 감사가 진행되던 아니면 single로 진행되던 간에 감사 절차는 동일하게 수행할 것이므로 감사수임료를 책정함에는 변화가 없을 것이다.

또한 회사의 입장에서는 두 감사인이 회사 내부의 정보에 접근한다는 사실도 매우 부담되는 일이다. 과거 비감사서비스 병행과 관련되어 어떠한 업무를 금지하여야 하는지에 대해서 논란이 있었을 때, 기업들이 비감사서비스 병행이 허용되어야 한다고 전개하였던 논지 중, 하나가 기업의 기밀유지였다.

특히나, 최근에 감사인이 해당 기업에 대한 배타적인 정보를 이용하여 불법적인 주식 투자의 결과 시세차익을 실현시키는 사고가 발생한 상황에서 복수의 회계법인에 기업내 정보가 노출되는 것을 반기지 않는 것은 기업의 당연한 대응이다.

이 복수 감사를 채택하고 있는 국가가 프랑스와 중국 정도인 것으로 알려졌다. 우리가 선진 제도를 도입할 때, 대부분은 미국와 EU에서 채택하는 제도를 도입하는 경우를 선진제도라고 분류되면서 도입이 정당화되지만 프랑스와 중국에서만 채택되어 적용되는 제도를 도입하려고 하면 상당한 정도의 반발에 부딪칠 수도 있다.

또한 규제에 있어서도 문제가 될 수 있다. 감독원에서는 dual audit을 시행하게 되면 두 회계법인이 동등한 관계에서 감사를 수행하는 것보다는 한 회계법인은 주된 회계법인이고 다른 회계법인은 종된 회계법인으로서 review의 역할을 기대하는 것인 듯도 하다. 즉, 그러한 표현이 사용된 것은 아니지만 미국에서 과거에 수행하였던 peer review의 형태가 될 수도 있다. 이러한 경우 부실감사가 발생하였다면 어느 회계법인이 어느 정도의 책임을 져야 하는지의 복잡한 이슈가 발생할 수도 있다. 또한 이러한 모든 경우의 수에 대한 감독 과정은 단수 감사인에 의한 감사가 수행되는 경우와 비교하여서도 매우 복잡한 이슈가 개입될 수 있다.

피감기업과 감사인간의 책임의 구분도 복잡한 이슈인데 여기에 더해서 두 회계법인간의 책임을 구분하는 것은 또 하나의 매우 복잡한 과제이다. 주된 감사인과 종된 감사인이 존재한다고 해도 이들간의 책임의 배분 또한 복잡성이 개입된다.

또한 현재의 회계감사 기준이 dual audit을 전제로 작성된 것이 아니므로 dual audit을 위한 기준이나 manual의 작성에 많은 시간이 소요될 수도 있다.

어쨌거나 dual audit의 아이디어 자체는 매우 개혁적이기도 하고 신선하지만 실질적으로 채택을 고려한다면 해결하여야 할 부차적 논점이 많은 대안일 듯하다.

매우 유사한 제도라고도 할 수 있는 신용평가업의 복수평가는 1994년부터 오랜 기간 시행해 왔지만 신용평가의 복수평가 제도에 대해서도 금융위원회의 같은 행정 부서인 자본시장국 공정시장과에서 단수 평가에 비해서 상대적으로 더 우월한 제도인지에 대한 검토가 진행되고 있다. 복수 신용 평가에 있어서 제기되는 문제는 신용평가의 결과가 매우 유사하다는 데 있다. 또한 신용평가업도 복수평가에서 단수평가로의 전환을 고민하고 있는데 유사한 업종은 아니지만 신용평가업과 회계감사가 비슷한 성격도 없지 않는데 복사평가와 단수평가의 정책 방향이 엇박자를 내고 있는 것이다.

신용평가는 99%가 적정의견이 표명되는 감사의견에 비해서는 그래도 조금은 더 차별화가 되어 있는데 어차피 복수감사를 진행하여 봐야, 99% 이상은 적정의견이고 거의 대부분은 동일한 의견일 것인데, 복수감사의 장점이 과연 무엇인가에 대한 답을 하기가 매우 궁색할 수 있다. dual audit를 수행함에 있어서 혹간 나타날 수도 있는 복수 감사인의 의견의 차이를 추구하는 제도인가라는 의문도 갖게 한다.

즉, 회계감사는 단수 감사가 진행되다가 복수 감사를 검토하고 있고 신용평가업은 복수평가를 수행하다가 이도 문제가 없지 않다고 하여 단수 평가를 검토하고 있다.

신용평가업에서의 복수평가에서 단수평가로의 전환에 대한 고민은 chapter 12의 내용을 참고한다.

과거에 PCAOB가 금융감독원과 공동으로 안진에 대한 inspection를 수행한 적이 있고 표본으로 한전에 대한 감사과정이 적법하였는지를 조사하였다. 감독원은 한전에 대한 안진의 감사 과정에 문제가 없다는 것으로 결론을 도출하였지만 PCAOB는 한국에서의 inspection을 마친 이후에 본국에 돌아가서 내부 결재 절차를 마칠 때까지 긴 시간이 결렸고 양 감독기관 간에는 약간의 이견도 있었다.

이와 같이 dual audit은 순기능도 있지만 역기능도 있다. 복수감사를 수행하는 개별 감사의견이 상이할 경우에 이를 어떻게 조정할 것인지, 어떤 회계법인이 적절하게 감사를 수행한 것인지, 의견을 조정하는 것은 가능한 것인지, 이러한 의견 조정은 과연 누가 맡아야 하는 것인지 등등의 선결되어야 할 문제가 있다.

EU에서 최근 감사인 강제 교체 제도가 도입되면서 10년이 경과된 이후에는 감사인이 강제 교체되며 이 시점에 경쟁이 도입되면서도 계속 감사인이 선임되면 20년까지도 계속 감사가 가능하다. 20년이 종료되는 시점에 joint 감사를 하는 경우는 24년까지도 동일 감사인의 감사가 가능하다.

3. 지정제 확대

지정제의 초반의 형태는 예를 들어 회계 분식을 수행한 기업에 대한 징계의 의미로 시작되다가 그 이후에 예방적 차원으로 확대되었다. 예를 들어 외감법 시행령에 부채비율 등이 추가된 것은 징벌적 차원은 아니라 예방적 차원이라고 할 수 있다.

분식회계가 드러난 기업에 감사인을 지정하는 경우는 징벌적 지정제 적용이라고 할 수 있다.

이러한 부채비율이 감사인을 지정하는 사유에서 폐지되었다가 다시 2014년 시행령 도입 이후에 부채비율과 이자보상배율에 기초하여 확대되었다. 지정제 확대와 관련된 하나의 큰 문제점은 지정제라는 것이 자유수임제도에 대한 대안적인 제도로 예외적으로 적용되고 있는데, 지정제가 지속적으로 확대된다면 자유수임제 원칙에 지정제 예외라는 대 원칙이 지켜지는 것인지에 대한 의문이 제기될 수도 있다.

그럼에도 불구하고 자유수임제가 1982년 이후에 도입되었지만 분식회계 문제가 지속적으로 발생하고 있으므로 뭔가 획기적인 변화를 필요로 한다는 차원에서 지정제의 확대에 대한 의견이 지속적으로 나오고 있다.

감사인 지정제와 관련되어 일부의 국회의원들이 더 많은 감사 건에 대해서 감사인 지정제를 확대하여야 한다고 주장하자 신제윤 당시 금융위원회 위원장이 더 이상의 지정제 확대에는 반대한다는 뜻을 아래와 같이 표명하였다. 자유수임제가 전 세계적인 추세인데 한국적인 상황을 반영하여 일부, 지정제도를 확대/적용할 수는 있지만 그렇다고 정부기관이 완전히 배정제에 대한 의지가 있는 것은 아니다.

채이배 국민의당 국회의원의 경우는 모든 상장사와 모든 금융기업에 지정제를 적용해야 한다는 주장을 하기도 하였는데 이러한 기업군은 결국은

K-IFRS를 적용하는 모든 기업군과 일치하게 된다. 이와 같은 경우, 연결대상이 되면서 IFRS를 적용하는 기업을 제외하고도, 약 2,000여 개의 상장기업과 금융기업(약 2,000개)에 대한 지정제를 제안하는 것이다.

한국경제신문. 2014.9.1. 신제윤 "지정 감사인 전면 확대안 반대"

신제윤 금융위원장이 "전체 상장사에 대해 외부감사인을 강제 지정하자"는 정치권 일각의 주장과 관련 법 개정 시도에 대해 반대 입장을 분명히 했다.

"정부가 전체 상장사에 대해 외부 감사인을 지정하는 것은 시장 자율성을 해치는 일"이라고 말했다. 그는 "국내 상장사의 회계 투명성을 끌어 올린다는 명분이 있더라도 그동안 아무런 문제 없이 잘 해온 기업에까지 외부감사인을 강제 지정하는 것은 기업에 불필요한 부담을 안기는 것"이라고 강조했다.

한편, 후임인 최종구 금융위원장은 지정제 확대에 대한 의견을 다음과 같이 피력하였다.

매일경제신문. 2017.7.18. "회계법인은 을… 지정감사제 확대해야"

"현행 자유선임제하에서는 회사와 감사인(회계법인) 사이의 '갑을 관계'에 따른(회계법인의) 독립성 부족으로(기업에 대해) 소극적으로 감사를 하게 만드는 측면이 있다. 자유수임제를 제한하고 지정 감사제를 확대하는 게 필요하다."

최종구 금융위원회 위원장 후보자가 17일 국회 인사청문회에서 이 같은 의견을 밝혔다. 문재인 정부의 대통령직 인수위원회 역할을 한 국정기획자문위원회도 19일 발표할 '국정 운영 5개년 계획 및 100대 국제 과제'에 지정제 확대를 포함했다. 지난해 대우조선해양과 관련해 한 회계법인의 감사 소홀로 수조원대 회계 사기 사건이 발생하면서 자본시장 투명화에 대한 문제의식은 그 어느 때보다 높아진 상황이다. 새 정부의 감사제도 개편이 어느 선까지 이뤄질지 주목된다.

국정기획위는 '자본시장 투명성 제고 방안'에 문재인 대통령의 공약을 거의 가감 없이 담았다. 주가 조작 등 시장 교란 행위에 대한 법정형을 올리고, 시세 조종에 대한 손해배상 소멸 시효를 늘리는 등 처벌 수위를 높이자는 내용을 담았다. 업계 관심이 쏠려 있는 감사제도 개편과 관련해서는 '지정감사제 확대'를 명기했다.

지정감사제란 공정한 감사가 필요한 기업의 감사인을 증권선물위원회가 할당하는 제도다. 감사인을 선임하지 않거나 부당하게 바꾼 법인, 회계기준을 위반한 기업이나 관리종목으로 지정된 상장사 등에 제한적으로 적용하고 있다. 금융위에 따르면 2016년말 기준으로 상장법인 177개, 비상장법인 337개 등 모두 514개사가 이 제도를 적용받고 있다. 지정감사제가 확대 내지 전면 도입될 경우 상장법인 2,099개, 비상장금융회사 2,046개 등 총 4,145개 회사가 영향을 받을 것으로 보인다.[2)]

국정기획위는 지정감사제 확대를 위한 세부 실천 방안은 언급하지 않기로 했다. 이미 규제 대상과 범위 등을 놓고 정부안과 위원 입법안 등 다수의 법 개정안이 발의돼 있기 때문이다.

여당인 더불어민주당에서는 최운열의원이 가장 구체적인 '주식회사의 외부감사에 관한 법률' 재정안을 내놨다. 최 의원은 "연속하는 6개 사업연도에 대해 감사인을 자유로이 선임한 경우 이후 연속하는 3개 사업연도에는 감독당국이 감사인을 지정하자"며 '6+3'안을 제시했다. 여당 의원 발의안인 만큼 가장 유력하게 검토되면서 논의가 진행될 가능성이 크다.

야당인 국민의당과 자유한국당 쪽에서도 새 정부의 뜻에 동조하는 법 개정안을 제출했다. 채이배 국민의당 의원은 "지정 감사제를 9년간 한시적으로 적용하자"며 "주권 상장법인과 금융회사는 9개 사업연도 중 연속하는 3개 사업연도에 대해 한 차례 감사인을 지정받도록 의무화하자"고 지난해 11월 같은 법 개정안을 냈다. 엄용수 한국당 의원도 "주권 상장법인과 금융회사는 증권선물위원회가 지명한 감사인을 선임하라"고 했다.

금융위는 소관부처로 '신중할 필요가 있다'는 태도다. 지정감사제를 도입하면 자유선임제에서 기업들이 갖는 가격 협상력이 사라져 수임료 부담이 커지고, 감사인 간 경쟁이 사라지거나 약화되면서 감사품질이 하락할 우려가 있다는 것이다. 미국 영국 일본 등 주요 선진국에서도 지정감사제를 도입하지 않고 있다며 해외 사례로 덧붙였다. 금융위는 이에 대한 대안으로 지난 1월 자유선임제와 지정감사제의 중간 성격인 '선택지정제'를 제시했다.

최후보자는 "감사인 지정 제도의 확대 방식과 정도를 정하는 것은 제도의 취지와 한

---

2) 저축은행의 경우, 상장 저축은행에 대해서만 2016년부터 IFRS의 적용이 강제된다. 한 저축은행(푸른 저축은행)이 이에 해당된다. 그 이외의 저축은행은 일반기업회계기준과 IFRS에서 선택할 수 있는데 비상장저축은행이 IFRS를 선택한 경우는 없다.

계를 종합적으로 고려해 결정하는 게 바람직하다"며 "선택지정제의 적정성에 대해서도 면밀히 살펴보겠다"고 말했다.

최운열 의원의 안은 회계제도 개혁 TF에서 제안한 혼합선임제의 내용이다. 한국경제신문. 2017.12.22. 투명경영 가로막는 '사외이사 패싱'

부정적 감사의견이 표명되면 감사대상회사의 상장이 폐지되는 엄중한 상황에서 회계 업계가 스스로를 을로 비하하는 것은 지나친 자학이다.

이만우 교수는 감사인이 상장폐지를 시킬 수 있을 정도의 막강한 힘을 가지고 있는데 이를 행사하지 못하면서 본인들은 을의 입장에 있다고 주장하는 것도 이치에 맞지 않는다는 주장이다. 물론, 합당한 주장이기는 하지만 그렇다고 감사인이 상폐를 시킬 수 있는 감사의견을 표명하기에는 감사인들도 엄청난 부담을 안고 가는 것이다.

한국경제신문. 2016.12.26. 자기자본의 0.5%만 횡령해도 내년 2월부터 지정감사 받는다

내년부터 상장회사 임원이 자기자본의 0.5% 이상을 횡령하거나 배임한 기업은 금융당국이 외부감사인을 강제로 지정한다.

금융위원회는 상장회사 임직원이 횡령 배임을 저질렀을 때 회사가 지정 감사를 받는 기준을 명시한 '외부감사 및 회계 등에 관한 규정' 변경안을 입법예고했다고 25일 밝혔다. 그동안은 유가증권시장 상장사 임직원이 자기자본의 5%가 넘는 금액을 횡령하거나 배임하면 지정감사를 받았다. 한국거래소 공시 기준을 그대로 준용했다. 변경안은 임원이 자기자본의 0.5% 이상 횡령 배임하면 지정감사를 받도록 규정을 강화했다. 직원은 5% 기준(코넥스는 1%)이 그대로 유지됐다.

자산 규모가 큰 기업은 좀 더 까다로운 규제를 받는다. 유가증권시장 상장사는 자산 총액이 2조원을 넘으면 임원은 0.25%, 직원은 2.5% 이상을 횡령 배임하면 지정감사 대상이 된다. 코스닥 상장사는 자산총액 2,000억원 이상인 회사에 해당 기준을 임원은 0.25%, 직원은 3%로 정했다.

횡령이나 배임이 발생한 기업의 외부감사인 지정 기준이 명확해짐에 따라 회계투명성

이 개선되는 효과가 있을 것으로 금융당국은 기대하고 있다. 지정감사인은 회사가 아니라 금융당국이 선임하기 때문에 고객사인 회사의 눈치를 보지 않고 객관적으로 외부감사를 수행할 수 있다. 해당 규정은 입법예고를 거쳐 내년 2월부터 시행될 예정이다.

횡령 등은 기업 경영의 총체적인 부실로 나타난다. 그렇기 때문에 횡령은 결코 가볍게 여길 사안이 아니며 그렇기 때문에 어느 정도 이상되는 횡령에 대해서는 감사인 지정으로 대응하는 것이다.

직권지정제가[3] 되었건 선택지정제도가 되었건 지정제가 전체 상장기업과 금융기관의 절반에 해당하는 기업으로 확대 적용되면 어떠한 기준에 의해서 지정이 진행되는지가 매우 민감한 이슈로 작동될 수 있다. 현재의 기준은 다음과 같다.

(감사인지정 방법) 감사인 점수*에 의해 감사인 지정순서를 정한 후 자산총액이 큰 지정대상회사를 순차적으로 대응하여 지정
* 매년 3월 31일을 기준으로 소속공인회계사 경력점수(80점~120점), 국제적 회계법인과의 제휴 현황 등을 고려하여 산출하며, 지정받은 회사수에 비례하여 감소
** 감사인 지정점수 = 감사인점수 ÷ (1+지정받은 회사수)
○ 지정시 주요 고려사항
– (연속지정) 3년 이내 동일감사인 우선 지정

상장기업에 대한 감사계약도 3년 감사인 유지제도가 있듯이 연속성을 위한 제도이다.

– (감리지적) 해당회사 감사업무제한 감사인 지정배제
– (감사인 특성) 지정대상회사의 자산규모에 따라 감사인 특성*을 고려하여 감사인 지정

3) 금융위원회가 직권지정제라는 명칭을 사용하고는 있지만 과거의 지정제에 해당하는 제도이다.

* 매년 3월 31일을 기준으로 회계법인의 소속공인회계사수, 설립경과연수, 매출총액, 손해배상능력, 외국법인과의 제휴현황 등을 고려하여 I~IV그룹으로 구분

따라서 자유수임일 경우에는 피감기업이 감사인을 선임함에 있어서 어떠한 제한도 없지만 지정일 경우에는 여러 가지 점을 고려하여서 감독기관이 지정을 하고 있다.

따라서 자유수임일 경우는 아니지만, 어느 정도 감사인 등록 제도와 같이 적격인 감사인에게만 지정을 하고 있다고 할 수 있다.

중소회계법인이 감사인 등록제도의 도입에 반대하고 있지만 이미 지정제에 의해서 회계법인을 배정할 때도 감독기관이 이러한 원칙에 의해서 지정이 수행될 수밖에 없다.

– (재지정) 독립성 저해, 지배회사 감사인과의 일치 등
– (전기 자유수임 감사인 지정배제) 전기 자유수임 감사인은 지정대상에서 배제('16.10월부터 적용)

후자는 과거에도 빈번하게 문제점으로 지적되었다. 새로운 제도를 시행한다는 의도로 지정제를 시행하는데 과거 자유수임에 의한 감사인이 이 formula에 의해서 정해지고 이를 임의적으로 변경할 수 없어서 그대로 지정해 오고 있었으나 2016년 10월부터는 이 formula를 다시 적용하여 다른 회계법인을 정하고 있다.

유사한 내용은 감사인을 지정하다가 자유수임을 하는 경우는 2014년부터 지정하에서의 감사인을 자유수임으로 선임하지 못하도록 하고 있다. 이는 지정으로 수임한 감사인이 지정 기간이 종료된 이후 자유수임으로 감사를 계속할 가능성이 있을 때 독립성 훼손의 이슈가 있을 수 있기 때문이다.

따라서 자유수임에서 지정으로 변경되었던, 지정에서 자유수임으로 변경되었거나, 현재 적용되는 제도에 의하면 기존의 감사인을 선임하는 것은 불가하다.

- (복수감사인 지정) <u>상장예정법인, 회사요청(자율지정 포함)에 따른 지정대</u>
<u>상회사는 복수의 감사인을 지정</u>('16.10월부터 적용)
- (지정감사 기피 감사인 지정배제) 연초에 지정제외 사전 신청시 1년간 지
정제외, 지정감사인이 회사와 지정감사계약 거부시 3년간 지정제외('16.10
월부터 적용)

'16.3.31 현재 감사인 특성에 따른 회계법인 현황

그룹	지정대상 회사의 자산총액	지정요건 충족 회계법인수	누적
I	500억원 이상 모든 회사 지정 가능*	8	8
II	8,000억원 미만 회사 지정 가능	10	18
III	3,000억원 미만 회사 지정 가능	76	94
IV	500억원 미만 지정 가능	63	157

* 1그룹 회계법인에는 자산총액 500억원 미만 회사의 감사인으로 지정하지
아니하나 주권상장예정법인(IPO)은 지정 가능

- 157개는 모든 회계법인
- 그룹I과 그룹II 즉, 18개 회계법인의 경우는 거의 공인회계사 수가 100
명 넘는 회계법인이 이 category에 포함된다고 해석될 수 있다. 물론,
다른 변수가 존재하기는 하지만 회계법인이 인적회사이므로 공인회계
사 수가 가장 중요한 변수이다. 삼일(2,050명), 삼정(1,356명), 안진(1,214
명), 한영(736명), 삼덕(335명), 대주(313명), 신한(195명), 한울(152명)이
현재로서는 소속 공인회계사가 가장 많은 회계법인이다.

감사인지정 요청 주체의 확대 - 현행 외부감사법 제4조의 3 및 외부감사
및 회계 등에 관한 규정 제10조는 증권선물위원회에 대해 감사인 지정을 요청
할 수 있는 주체로 (i) 관계기관의 장(2010년 5월 27일 개정), (ii) <u>주 채권은행</u>
<u>(2010년 5월 27일 개정)</u> (iii) 주된 거래 은행을 규정하고 그 범위를 일정 수준
이상의 채권자나 신용평가사와 같은 일정한 요건을 충족하는 회계정보이용자

에게까지 확대하는 방안을 고려하고 있다고 한다.

과거에도 외부감사법 및 규정에는 이와 같이 주 채권은행이나 주 거래은행이 감사인 지정을 요청할 수 있는 제도는 존재하였으나 한 번도 이렇게 감사인이 이들 기관의 요청에 의해서 지정된 경우는 없었다.

특히 금융위원회는 "금융당국과 대표적 회계정보 이용자인 신용평가사간 감리 관련 정보 수집(회계의혹 등)을 위한 의사소통 창구가 필요하다는 지적"을 하고 있어서 회계정보품질의 제고에 있어서 신용평가업의 역할이 기대되고 있다.

특히 신용평가회사의 경우 회계감사서비스를 통해 생산된 회계정보에 기반하여 신용평가 업무를 수행하므로 감사인 지정에 대해 상당한 이해관계가 있을 뿐만 아니라, 신용평가 업무를 수행하면서 축적된 전문성을 감사인 지정 요청에 활용하는 것이 가능하고 바람직하다.

이러한 내용은 2017년 1월에 금융위/금감원이 발표한 회계 투명성 및 신뢰성 제고를 위한 종합대책에서도 회계제도를 개선하는데 신용평가업계의 역할을 기대한 것과 일맥상통한다.

특히 주 채권은행이 금융감독기관에 대해서 감사인 지정을 요청할 수 있다는 내용은 매우 획기적이기도 하다. 관계기관의 장, 주 거래은행은 당연히 회계정보 이용자이며 이들이 회계정보의 투명성에 대해서 보장받고 싶어 한다.

chapter 43의 2017.12.28. 신문기사에는 스튜어드십을 도입한 기관투자가가 감사인 지정을 신청할 수 있도록 제도를 수립하고 있다.

신용평가업 관련자들이 회계 정보를 가장 면밀하게 분석하고 가장 전문성이 높은 전문가 그룹인데 이제까지 이들의 전문성을 감독당국이 이용하지 못하고 있었다.

2015년과 2016년의 지정 현황은 아래와 같다.

외감규정	감사인 지정 사유	지정건수	
		'15년	'16년
§10①1	① 감사인 미선임	-	5*(%)
§10①2	② 감사인 부당교체 및 선임절차 위반	-	-
§10①3	③ 감리결과 감사인 지정 조치	16(12.4%)	17(3.7%)

§10①4	④ 소유·경영 미분리 (감사위원회 승인을 거쳐 선임시 예외)	-	-
§10①5	⑤ 관리종목	40(31.0%)	33(12.7%)
§10①6	⑥ 상장예정 회사	-	-
§10①7	⑦ 자본시장법 위반으로 감사인 지정 조치받은 유가증권시장 상장회사	-	-
§10①8전단	⑧-1 회사 요청에 의한 지정	-	3(2.2%)
§10①8후단	⑧-2 타 법에 의해 관계기관 장이 지정 요청 (상호저축은행법에 의한 요청 등)	-	1(0.7%)
§10①9	⑨ 감사보수 미협의 등으로 감사인이 감사계약 해지권 행사	-	-
§10①10	⑩ 주채권은행의 회사 동의에 의한 지정 요청	-	-
§10①11	⑪ 공인회계사법 §21/§33를 위반한 감사인을 해임하지 않은 경우	-	-
§10①12	⑫ 재무구조개선약정 체결회사에 대한 지정 요청	-	-
§10①13	⑬ 부채비율 과다 상장회사	72(55.8%)	47(35.1%)
§10①14	⑭ 일정금액 이상 횡령·배임 발생 상장회사	1(0.8%)	10(7.5%)
§10①15	⑮ 내부회계관리제도 부적정 회사	-	18(13.4%)
합 계		129(100%)	134(100%)

* 감사인을 미선임한 5사는 모두 부채비율 지정사유에도 해당되며, 부채비율로 인해 감사인 지정될 것을 미리 예상하여 기한 내 감사인을 선임하지 않은 것으로 추정

한국경제신문. 2017.11.13. 금감원, 감사인 배정 방식 대폭 손질

앞으로 상장기업 회계감사 일감이 중소 회계법인들에 더 많이 돌아갈 전망이다. 금융감독원이 1989년 감사인 지정제도 도입 이래 처음으로 지정 감사인 배정 방식을 대폭 손질하기로 해서다.

12일 회계업계에 따르면 금융감독원은 특정 회계법인이 지정 감사를 맡은 기업이 클수록 다음 일감을 배정받는데 불가하도록 하는 내용의 '감사인 지정 점수 개편'을 적극 검토 중이다. 지정점수란 회계법인 역량평가(감사인 점수)와 지정회사 수를 감안해 매기는 일종의 점수표. A감사인이 1,000점, B감사인이 500점이라면 A감사인이 우선적으로 큰 일감을 배정받는다. 일감을 배정받은 회계법인은 기존 점수를 '1+지정회사 수'로 나눠 점수를 깎아나간다.

하지만 현행 산정 방식은 삼성전자 같은 대기업 감사 시에도 중소기업과 똑같이 점수를 차감하기 때문에 대형 회계법인에 유리하다는 지적이 끊이지 않았다. 이르면 2020년부터 모든 상장사가 지정 감사를 받아야 하는 외감법 시행에 앞서 산정방식을 개선해야 한다는 목소리도 커졌다.

외감법 시행령 마련 등 후속작업을 도맡아 하고 있는 회계개혁 TF 관계자는 "자산 총액이 비슷한 기업들을 그룹으로 묶어 규모가 클수록 더 많은 점수를 차감하는 식의 배정 기준 변경을 검토하고 있다"고 말했다.

기업들은 원칙적으로 감사인을 자유롭게 수임할 수 있다. 하지만 신규상장 예정 기업이나 관리종목 등 공정한 재무제표 감사가 필요한 경우 금감원이 강제로 회계법인을 지정하고 있다. 지난해 감사인 지정 대상 기업은 모두 450곳이었다. 이 가운데 234개사 (52%)가 삼일 삼정 안진 한영 등 '빅4'에 배정됐다. 나머지 216개사는 160개 회계법인이 나눠 맡았다. 한 회계법인 관계자는 "자산 총액별 가중치를 부여한 점수를 빼는 방식으로 지정 점수 계산식을 바꾼다면 대형 회계법인 쏠림 현상을 일정 부분 완화할 수 있을 것"으로 예상했다.

매일경제신문. 2017.12.2. "분식회계 막는 감사인 지정제 예외 대상 넓히면 개혁 물거품"

"악마는 디테일에 있듯이 감사인 지정제 예외 조항은 극히 제한돼야 합니다."

최중경 한국공인회계사회장이 외부감사인지정제 원칙 바로 세우기에 나섰다. 감사인지정제가 예외조항으로 인해 절름발이 개혁이 되는 것을 막자는 취지에서이다.

최회장은 지난달 30일 회계사회 세미나에서 "시행령 등 하위규정 정비 과정에서 감사인 지정제를 도입한 취지와 입법 정신을 훼손해선 안 된다"고 말했다.

앞서 10월말 공포된 외감법에 따르면 이르면 2019년 말부터 외부감사 대상 기업이 6개 사업연도 동안 감사인을 스스로 선임한 이후 3년간은 증권선물위원회가 지정하는 감사인에게 외부 감사를 받아야 한다. 다만 주기적 감사인 지정제 적용 대상 범위 등 예외조항은 시행령 형태로 정해질 예정이다. 최회장은 "주기적 지정제 예외 사항은 극히 제한적으로만 한정해야 한다"며 "특히 국회 입법심사 과정에서 배제된 예외조항을 설치하는 것은 위법 행위와 다름 없다"고 강조했다.

최 회장은 복수지정제나 재지정요청제에 대해서도 단호하게 거부 뜻을 밝혔다. 복수

지정제는 상장 예정 기업이 증선위가 지정한 복수 감사인 중 한 곳을 선택하도록 한 제도이고, 재지정요청은 상장사가 당국에 외부 감사인 재지정을 요청할 수 있는 제도다. 두 제도 모두 감사인 자유 선임제도와 다를 바가 없다는 게 최회장 주장이다.

최회장은 외감법 개정안에 대해 "1981년 외감법 제정 후 외부감사 질서를 왜곡시켜온 자유선임제를 개선한 '한국판 회계개혁법(K-SOX)'"이라고 평가했다. 현행 자유선임제 아래에서 기업들이 감사인을 자유롭게 선임하는 '회계 쇼핑'이 만연하면서 그동안 회계법인의 독립성 훼손 문제가 제기돼 왔다. 특히 2015년 대우조선해양 분식회계 사태가 터지면서 지정제 확대를 요구하는 목소리가 커졌다. 이에 9월말 감사인 지정제를 골자로 하는 외감법 개정안이 국회 본회의를 통과했다.

재지정요청제는 2014년에, 복수지정제는 2016년에 도입된 제도로 위에 상세히 기술되어 있다.

과거에도 정부가 국회를 패싱하여 법에 제정되어야 할 내용을 시행령에 포함하려 한다는 점이 문제로 제기되었다. 어떠한 내용은 반드시 입법화를 해야 하며 어떠한 내용은 시행령으로 포함되어도 무방한지에 대한 명확히 구분되어 있지 않다.

예를 들면, 시행령에서 지정제에 예외를 둘 수 있는 경우가 외국 거래소에 상장이 되어 있는 기업이 될 수 있다. 강제 교체제도가 시행되던 기간에도 외국 거래소에 상장이 된 기업에는 이 제도를 적용하지 않고 예외를 인정해 주었다. 이러한 기업군에 예외를 둘지에 대한 논란이 진행 중인데 매우 흥미롭다.

한국경제신문. 2017.4.18. 신규상장사, 첫해 감사인 금융당국이 지정

이르면 2019년부터 주식시장에 신규 상장하는 법인의 상장 첫해 감사인(회계법인)은 회사가 아니라 금융당국이 지정한다.

금융위원회와 금융감독원은 이 같은 내용을 담은 회계투명성 및 신뢰성 제고를 위한 종합대책을 17일 발표했다. 금융당국은 신규 상장회사의 회계 투명성을 끌어올리기 위해 상장 첫해에 한해 '선택지정 감사'를 받도록 했다.

선택지정 감사는 상장사가 감사인(회계법인) 세곳을 선택해 제시하면 금융위 산하 증

권선물위원회가 이 중 한 곳을 선정해 해당 상장사가 회계감사를 받도록 하는 것을 말한다.

이원하 금감원 회계심사 총괄팀장은 "그동안 신규 상장 법인은 자율적으로 감사인을 지정했지만 앞으로 상장 첫해에 한해 선택지정 감사를 받아야 한다"며 "지정 감사인은 회계감사 일감을 주는 회사의 눈치를 볼 필요가 없는 만큼 좀 더 투명하게 감사를 할 수 있을 것"이라고 말했다.

과거에는 IPO되는 연도에는 감사인이 지정되다가 IPO 이후에는 자유수임으로 감사인이 선임되었는데 IPO 이후 첫 연도에도 감사를 강화한다는 의미에서 선택지정제를 적용하려고 하는 것이다. chapter 27에도 기술되어 있듯이 IPO 이후에 바로 회계정보를 마사지하려는 경향이 존재하므로 이러한 경향을 예방하기 위한 조치라고 이해하면 된다.

chapter 40
기업지배구조원[1]

기업지배구조원은 참여연대, 좋은기업지배연구소, 경제정의실천시민연합 (경실련), 경제개혁연대 등의 시민단체와는 성격이 다른 제도권하에서의 기관이며 기업 지배구조에 있어서 중요한 몫을 담당하고 있다. 단, chapter 43에서의 기사에서도 인용되고 있듯이 기업지배구조원에 대한 비판도 없지 않다.

다음의 두 가지 한국기업지배구조원이 지배구조에 문제가 있다고 판단하는 기준인데 고민해 볼 만한 사안이다.

1. 부적정한 사외이사(최대주주와 특수관계인, 장기연임, 낮은 출석률)

장기 연임인 경우는 기업지배구조원은 7년으로 판단하고 있는데 사외이사의 어느 정도의 연임이 부적정하다고 판단될 정도의 사안인지는 해답이 없다. 즉, 정관에 의해서 임기가 3년인 사외이사일 경우, 재임을 초과하는 경우는 문제가 있다는 판단이다.[2] 문제는 능력이 되지 않고 독립성이 없는 사외이사가 임기를 길게 가져가는 것이지, 능력도 되고 독립성도 있는 사외이사가 임기를 길게 가져가는 것이 문제인가라는 생각을 하게 된다. 물론, 논지는 오

---

1) 저자가 약 3년간 기업지배구조위원회 활동을 수행하면서 학습에 내용에 근거하여 기술한다.
2) 등기이사의 임기는 정관에서 정하고 있다. 단, 상법에 의하면 3년을 초과할 수는 없다. 대부분의 기업에 있어서 3년 또는 2년이며 어떤 회사는 3년 이내라고만 정하고 있어서, 1년 임기의 등기를 하는 경우도 있다. 3년 이내라고 정관에 되어 있는 기업 중에는 등기이사의 임기를 차등화하여 이사들이 일시에 퇴임하는 일이 발생하지 않도록 하고 이사들의 임기가 overlap되어 이사의 임기 관련 의사결정을 이사회 활동의 연속성과 연관시키기도 한다.

랜 관계를 회사와 맺는 것 자체가 독립성의 훼손과 연관된다는 것이다. 주관적인 판단의 영역인 것은 같지만 그렇다고 부정하기도 어렵다. 임기가 길어질수록 전문성이 높아진다는 사실도 부정할 수 없으므로 이 둘간이 적절하게 절충되어야 한다.

한국전력과 같은 기업은 감사인 강제 교체제도가 의무화되던 기간에도 외국 거래소에 상장된 기업이므로 예외가 인정되어서 의무교체의 대상이 아니었다. 그럼에도 한전의 자체적인 의사결정에 의해서 3년 만에 감사인을 교체하고 있었다. 사외이사의 임기 제한도 상당히 중요한 이슈이며 우리나라의 우량기업도 사외이사의 임기를 재임까지로 내부적으로 정해두고 있는 기업이 적지 않다. 물론, 금융기관의 경우는 2017년까지는 임기를 최대 5년으로 한정하고 있다가 최근에는 이 기간이 6년으로 높아졌으나 일부 금융지주는 정관으로 사외이사의 임기를 5년으로 제한하고 있다.

능력도 되고 독립성도 확보되는 사외이사는 길게 유지하는 것이 해답인데 이를 구분한다는 것이 어려우므로 일률적인 잣대를 적용할 수밖에 없다.

혹자는 사외이사가 연임을 생각하여 이사회에서 하고픈 주장을 하지 못하는 경우도 다수 있는 듯하니 사외이사는 단임이 맞는다는 주장을 하기도 한다. 연임을 하여야 전문성이 제고된다는 의견도 있으나 특별히 해당 산업에 관련된 전문 지식이 필요한 것이 아니라고 하면 사외이사로 선임되는 자는 경험과 기업에 대한 기본적인 이해를 바탕으로 준비된 사외이사 후보자가 되어야 한다. 한 term, 즉 회사의 정관에 따른 2년 또는 3년의 임기를 마친 이후, 재임을 하고 그제야 회사에 보탬이 되는 활동을 하겠다는 것은 너무 naive한 생각이라는 주장을 하기도 한다. 사외이사로서 갖춰야 할 일반적인 소양을 가지고 있으면서 해당 기업에 필요한 지식은 임기 초반에 조속히 학습하여서 기업에 보탬이 되는 자문과 감시 역할을 수행하여야 한다.

2. 최대주주 특수관계인, 타 임원 대비 과도하게 낮은 연령으로 미등기 임원 재직

한국기업지배구조원은 내부적으로 15년 차이를 가이드라인으로 가지고 있다고 한다. 소유와 경영이 분리되어 있지 않은 우리나라의 경영환경에서 2세에게 경영권이 이양되는 것을 그대로 현실로 인정하여야 하는 것 아닌지에 대한 생각도 해본다. 지배구조 차원에서 모범 해답이 없듯이 소유와 경영이 분리되는 것이 바람직한지 아니면, 소유와 경영이 같이 가는 것이 바람직한지와 모두 맞물리는 이슈이다. 예를 들어 현재의 10대 민간 재벌기업 중 소유와 경영이 분리된 기업은 최대주주가 정치권에 나가면서 전문경영인이 책임을 맡고 있는 현대중공업 정도이다.

소유와 경영이 분리되지 않는 것이 우리의 현실이라면 경영권이 승계되는 것을 무조건적으로 부정적으로 보기 보다는 능력이 되는 제2세 또는 제3의 최대주주가 기업 경영에 연착륙하기를 기대하는 것이 더 합리적인 대안일 수 있다.

최대주주가 경영에 참여하는 데 대해서도 일사분란하게 경영활동이 수행될 수 있고 강한 리더십을 가지고 경영활동을 수행하는 점도 장점이 될 수 있다.

사외이사 추천위원회가 진행되는 행태에 대한 비판도 언론에 보도되고 있는데 사외이사 본인 추천 또는 사외이사 간 교차 추천도 발생하고 있다고 하여 기존의 사외이사들이 본인들만의 league를 형성하고 있다고도 한다. 또한 현재의 사외이사들이 후임 사외이사 선임에 도움을 줄 수도 있다. 또한 사외이사가 CEO를 선임하고 이렇게 선임된 CEO가 사외이사를 연임시키는 경우도 있어서 이러한 연결고리가 독립성에 영향을 미치기도 한다.

아래의 기사는 사외이사들에 대한 평가가 회사의 실무자 차원에서 진행된다면 CEO에 부정적인 사외이사에 대해서는 실무자들이 부정적인 평가를 수행할 가능성이 있음을 지적하고 있다.

조선일보. 2018.1.18. KB금융, 사외이사 꼴찌 바꿔 보고했다?

"만일 평가 결과를 사외이사 교체를 위한 기준으로 삼는다면 사외이사들이 최고 경영진을 제대로 견제 감시할 수 없을 것"이라고 했다. 금융지주 회장의 부하들이 평가하는데, 이 평가를 근거로 사외이사 교체 여부를 정한다면 사외이사 제도를 둔 취지에 어긋난다는 것이다.

사외이사에 대한 평가는 내부적으로 수행될 수밖에 없는 것이, 외부에서는 출석률 이외에는 사외이사의 공헌도를 평가할 수 있는 객관적인 측정치가 없다.

S&P 500 회사에서는 55%에서 CEO와 이사회 의장을 분리하고 있다고 한다. 물론, 이사회의 의사결정이 일률적으로 추진되기 위해서는 CEO와 이사회 의장을 동일인이 맡는 것이 바람직할 수도 있으나 CEO의 경영활동에서의 독주를 막기 위해서는 분리하는 것이 바람직하다는 주장도 있다.

금융사들은 2016년 8월에 제정된 '금융회사의 지배구조에 관한 법률'에 맞춰 이사회를 운영한다. 이 법에 따라 금융회사 이사회는 매년 사외이사 중에서 이사회 의장을 선임해야 한다. 다만 예외사항이 있다. 이 조항에도 불구하고 금융회사 이사회는 사외이사가 아닌 자를 이사회 의장으로 선임할 수 있다. 이사회 의장에 꼭 사외이사가 올 필요가 없다는 것이다.

미국의 경우에 이 두 역할이 분리되어 있는 경우의 비율은 아래와 같다(김유경, 2016).

2010	60.3%
2011	59.6%
2012	57%
2013	55.4%
2014	55.1%

우리나라에서는 696개사 중 대표이사가 의장인 기업은 638개사(91.7%)이다.[3]

삼성그룹은 2017년 3월 주총부터 13개 계열사가 이사회 의장을 대표이사와 분리하기로 결정하였다고 한다(김유경 2016).[4] 2018년부터는 삼성그룹을 대표하고 우리나라를 대표하는 기업인 삼성전자도 사외이사가 이사회 의장을 맡는 것으로 지배구조가 정리되고 있다가 CEO가 변경되는 과정에서 대표이사가 아닌 사내이사가 맡는 것으로 다시 방향이 선회되었다. 삼성물산의 경우도 2018년에 CEO가 교체되는 과정에서 사외이사들이 CEO는 아니더라도 회사

---

3) 정유진, 2016.1.

4) 손성규(2016) chapter 9를 참조한다.

내부 사정에 밝은 사내이사가 이사회 의장을 맡도록 요청하였고 그렇게 진행된다고 한다. 일단, CEO와 이사회 의장의 겸직을 분리한 것이지만 사내이사가 사외이사가 가질 수 있는 독립성을 가지고 있는지에 대한 의문은 있다. 그럼에도 CEO가 이사회 의장을 겸직하면서 발생할 수 있는 독단적인 경영 행태에는 제도적으로 제동을 걸었다고 할 수 있다.

상법상의 이사의 선관의무(fiduciary duty)에 대한 해석에 있어서도 주의의무(duty of care)만 적용된다는 해석이 지배적인데 충실의무(duty of loyalty)는 묻지 않는 경향이 있다는 비판이 있다. 선관의무의 소극적/적극적 해석에 의한 차이를 극명하게 보여주는데, 사외이사의 활동이 조금 더 전향적으로 진행되기를 기대한다면 duty of loyalty에 방점이 가 있어야 한다. 상법은 아래와 같이 충실의무를 요구한다.

> 상법 제382조의 3(이사의 충실의무) 이사는 법률과 정관의 규정에 따라 회사를 위하여 그 직무를 충실하게 수행하여야 한다.

매일경제신문. 2017.3.10. 상장사 지배구조도 앞으로는 공시한다.

올해부터 유가증권시장(코스피) 상장사들은 '지배구조보고서'를 내게 된다. 이 보고서에는 주주권리를 제대로 보호했는지, 사외이사 독립성은 잘 지켜지는지 등의 내용이 담긴다. 상장사들은 그동안 기업 실적 재무정보가 담긴 사업보고서만 제출해왔는데 이 같은 '반쪽 공시'로 국내 주식시장 매력도가 떨어지고 있다는 지적에 따른 것이다. 특히 미국 뉴욕증권거래소와 일본 도쿄증권거래소에 상장된 회사의 경우 지배구조 준수 여부 공시가 의무사항이지만 우리나라에서는 자율공시로 채택했다.

한국거래소는 기업 지배구조 공시제도를 도입해 비 재무정보에 대한 공시를 확대할 예정이라고 9일 밝혔다.

새 제도는 거래소가 선정한 핵심 원칙 10개 항목의 준수 여부와 미준수 시 객관적 이유를 기업이 투자자에게 설명(원칙 준수 예외 설명 comply or explain)하는 방식으로 이뤄진다. 10개의 핵심 사항을 요약해 보면 주주에 대한 보유주식 종류와 수에 따라 공평한 의결권 부여 여부, 이사회가 주주 이익을 위해 어떤 절차에 따라 경영 목표를 설정했는지와 관련된 내용, 이사 선임 절차의 투명성, 외부 감사인의 독립성 같은 내용이 담긴다.

예를 들어 5조원대 분식회계 혐의를 받고 있는 대우조선해양의 경우 사업보고서 마감 후 5월에 외부 감사인이 독립적으로 감사를 수행했는지 스스로 평가해 약술한 지배구조 보고서를 제출하는 식이다. 만약 독립적인 감사가 이뤄지지 못하면 왜 그랬는지 서술하면 된다. 이 같은 내용을 기업이 스스로 보고하도록 하면서 투명성을 높이고 지배구조를 건전하게 유지하도록 하는 게 제도의 목적이다.

지배구조 보고 대상은 유가증권 시장 상장사로, 사업보고서 제출 기한 이후 두 달 내에 거래소 전자공시시스템에 지배구조보고서를 제출하면 된다. 세칙 개정이 3월에 이뤄졌기 때문에 올해는 지배구조보고서 제출기한을 사업보고서 제출 후 6개월 이내로 유예해줬다. 상장사의 사업보고서 제출이 3월에 몰려 있음을 감안하면 9월에 첫 지배구조보고서가 나오기 시작할 전망이다. 김성태 거래소 유가증권시장 본부 상무는 "주요국들이 지배구조 모범규준 항목과 이에 따른 공시제도를 도입하고 있는 만큼 국내 글로벌 기업들도 지배구조보고서를 내게 될 것"이라며 "기업 이익 수준이 사상 최고치를 달리는 상황에서 기업 지배구조 개선 노력까지 더 해지면 코리아 디스카운트가 해소될 것"이라고 밝혔다. 실제로 호주 홍콩 일본 싱가포르 등 주요국들은 지배구조 모범규준과 보고서 등을 채택하고 있다. 아시아에서 지배구조가 의외로 낙후된 것으로 평가받던 일본도 2015년 6월 도쿄증권거래소가 기업지배구조 38개 세무 규칙을 만들면서 투명성이 크게 개선됐다는 평가를 받고 있다.

현재 계획은 자산규모 2조가 넘는 기업에는 2019년부터 이 보고서를 의무화할 계획이다.

이러한 제도 관련, 금융기관에서는 지배구조 연차보고서를 이미 수년 전부터 의무화하여 보고하고 있다. 위의 새로운 변화는 이러한 연차 보고서를 모든 기업에 일반화하는 과정으로 이해할 수 있다.

위의 제도에 따라 아래의 기사와 같은 보고서가 발표되었다.

매일경제신문. 2017.10.11. 삼성전자 현대차, 투명성 보고서 나왔다

삼성전자 현대자동차 등 상장기업 70곳이 기업지배구조를 자진 공시했다. 최근 기업지배구조 개선에 대한 기업들의 자발적 개선 노력 및 주주가치 증대를 위한 의지를 시장에

적극적으로 공표하기 위한 것으로 평가된다.

  10일 한국거래소는 지난 9월말 기준 상장기업 70곳이 기업지배구조 보고서를 최초로 제출했다고 밝혔다. 70곳 가운데 금융회사가 39개, 비금융회사는 31개다. 시가 총액 상위 10개사 중 8개사가 보고서를 제출하는 등 대기업들의 기업지배구조 공시 참여가 활발한 것으로 나타났다.

  거래소 관계자는 "기업지배구조 보고서는 미제출에 따른 제재가 없는 자율공시 사항임에도 대기업 및 금융회사 등을 중심으로 적극적 제출이 이뤄졌다"고 말했다. 실제 기업지배구조 보고서 제출기업의 지난해 평균 배당 성향은 38.4%로 코스피 평균 배당성향(34.4%)을 상회한다.

  물론, 이러한 보고서가 자발적으로 공시되는 보고서이므로 지배구조가 타 기업에 비해서 모범적으로 공시하지 않는 기업일 경우는 보고서를 제출하지 않을 것이며 selection bias가 존재한다고 할 수 있다.

한국경제신문. 2017.11.10. 최종구 금융위원장 "상장사 기업지배구조 공시 의무화"

  스튜어드십 코드 도입 기관에 인센티브 주는 방안도 추진

  금융위가 지배구조 공시 의무화를 추진하는 건 상장사들의 참여율이 낮다고 판단하기 때문이다. 올해 일부 기업이 시작한 지배구조공시는 시행여부가 기업자율에 맡겨져 있다. 지난 1일 기준으로 기업지배구조 보고서를 공시한 기업은 유가증권시장 상장사 784개 중 70개(9.36%)이다.

  금융위는 한국거래소, 한국상장회사협의회 등과 협의해 공시 규정 등을 개정할 계획이다. 공시 의무화 대상을 유가증권시장 상장사에서 코스닥 상장사로, 시가총액이 큰 기업에서 작은 기업으로 단계적으로 확대하는 방안이 거론되고 있다.

  '스튜어드십 코드' 도입 기관에는 인센티브를 주는 대안도 추진된다. 최위원장은 "공적 연기금의 주주권 행사를 활성화하기 위해 지분공시 의무 부담을 완화할 것"이라고 말했다. 지금은 5% 이상 지분을 획득한 뒤 보유 목적을 '단순 투자'로 공시한 기관투자자가 적극적인 주주 활동을 펼치면 '경영 참여'로 간주돼 공시 위반이 될 여지가 있다는 게 금융위의 설명이다. 이에 따라 금융위는 일정 요건을 충족하면 보유 목적에 구애받지 않고 금융당국에 약식으로 보고하는 것을 허용하는 방안을 추진할 계획이다.

기업지배구조보고서는 아니지만 유사한 성격의 보고서로 지속가능경영보고서가 있다.[5]

81개의 지속가능경영리포트가 발간이 되었고 이 중에서 71개 기업의 리포트는 제3자 검증을 받은 것으로 확인되었다.
주로 DNV GL,[6] 한국생산성본부, 한국표준협회, 한국경영인증원, 산업정책연구원, 로이드 그리고 국내 ESG컨설팅회사와 회계법인들이 검증에 참여하고 있다.

혹자는 다음과 같이 주장하기도 한다.

1975년에는 80%의 기업가치가 tangible에 의해서 영향을 받았는데, 현재는 80%의 기업가치가 intangible에 의해서 영향을 받는 것이 현실이다. 그만큼 수치화된 회계정보만이 중요한 것이 아니라 수치화하지 않는 정보의 중요성도 높아지고 있다.

---

5) 블룸버그 장지영 기자와의 이메일 교환 내용이다.
6) DNV GL은 노르웨이 Oslo에 위치한 기관으로 이 회사의 home page에는 다음으로 그 기관을 소개하고 있다. DNV GL is a global quality assurance and risk management company. Driven by our purpose of safeguarding life, property and the environment, we enable our customers to advance the safety and sustainability of their business.

chapter 41

횡령/배임

    횡령과 배임 등은 거의 대부분 분식회계로 연관되는 기업내의 가장 심각한 불법행위이다. 또한 많은 부정한 경영행태와 관련성을 갖게 된다. chapter 39에서도 기술되었듯이 어느 정도 이상의 횡령/배임이 발생하면 감독당국에서 감사인을 지정한다는 내용과도 연관된다.

매일경제신문 2016.10.17. 횡령해도 1년 후 공시… 투자자 우롱하는 기업들

    가죽 제도업체 유니켐은 2013년 임직원 횡령 배임 혐의 발생 사실을 1년 이상 늦게 공시했다. 지난해 중순에는 자신들이 출자한 법인이 회생절차 및 파산 관련 신청을 한 사실을 한 달 이상 지연 공시했다. 대출 원리금 연체 사실과 유상증자 신주 발행 수를 크게 줄인 사실도 뒤늦게 알렸다. 최근 3년간 다섯 번이나 불성실공시 법인으로 지정됐다. 결국 관리종목으로 분류되면서 주권 매매거래가 정지됐다가 9월말 재개됐다.

    한미약품의 늑장 공시가 다수의 바이오 제약 투자자들에게 큰 손실을 안기면서 불성실공시 법인에 관한 관심이 높아지고 있다[1]. 불성실공시 법인이란 상장기업으로서 기업의 중요한 경영 재무를 비롯해 주가에 영향을 미칠 만한 의무사항을 투자자에게 제대로 알리지 않는 기업을 말한다.

    16일 한국거래소 전자 공시시스템에 따르면 최근 3년간 거래소가 불성실공시 법인으로 지정한 사례는 모두 215건으로 집계됐다. 코스닥 상장사가 모두 138건에 달해 77건인 코스피보다 2배 가까이 많은 것으로 나타났다.

    반복적으로 불성실공시 법인 목록에 올린 기업들은 지정 사유도 투자자 손실을 초래

---

1) 한미약품의 경우는 chapter 11에서 기술된다.

할 만한 내용이 대부분이다.

현대페인트는 3년간 총 네 번이나 공시의무를 어겼다. - 횡령 배임 혐의 발생 - 전환사채 발행 철회 - 유상증자 결정 철회 - 최대주주 변경 사실 지연 공시 등 사유도 다양하다. 지난 7월 회사 가압류 통지설과 관련해 거래소의 조회공시에 답변하지 않은 중국원양자원은 2014년에도 두 번이나 불성실공시(유상증자 신주인수권부사채 발행 결정 후 철회)법인으로 지정된 바 있다. 이 회사는 최근에도 돌연 선박 건조대금 관련 550억 원의 이자비용을 탕감 받았다고 공시해 의혹을 사고 있다. 유가증권시장에서 2회 이상 불성실공시 법인으로 지정된 곳은 대성합동지주 등 모두 11곳에 달했다.

코스닥시장에서는 기업 인수 합병과 관련된 공시 번복 사례가 빈번해 관련 기업들에 대한 투자를 할 때 주의가 요구된다. 2014년 사채 발행 철회 지연 공시를 반복했던 리젠은 지난해 최대주주 변경 2건 및 최대주주 변경을 수반하는 주식양수도 계약 체결 1건을 허위 공시한 사유로 다시 한 번 불성실공시 법인으로 지정했다. M&A에 대한 기대감에 몰렸던 투자자들에게는 최대 악재가 발생한 것. 관리종목 지정 후 하루 동안 거래가 정지된 리젠은 다음날 10% 이상 급락했다. 이밖에도 세미콘라이트, 씨엔플러스, 에이티세미콘, 에스아이리소스 등 20여 곳에 가까운 코스닥 상장사들이 최대주주 변경을 수반하는 주식 양수도 계약을 체결 또는 체결 후 취소 사실을 뒤늦게 알렸다. 업계 관계자는 "정정공시를 통해 기업 인수 대상자가 변경되거나 인수대금 조정이 잦아지면 M&A 성사 가능성은 크지 않다"며 "계약 관련 조건을 계속 바꾸는 과정에서 공시 번복이나 불이행 위험도 높아진다"고 설명했다.

불성실공시 지정 법인은 고의 중과실 단순착오 등 동기에 따라 벌점을 부과 받으며 최대 벌점은 12점이다. 다만 1년간 합산으로 벌점을 계산(15점 이상은 관리종목으로 지정)하다 보니 오랜 기간을 두고 반복적으로 불성실공시를 하는 기업들을 제재하는 게 어렵다는 지적도 있다. 관리종목이 된 후에도 고의 중과실로 공시 의무를 이해하지 않으면 상장 적격성 실질 심사를 받는다.

chapter 42

부영

기업회계기준의 적용으로 인해서 한 기업이 성장에 큰 도움을 받을 수 있다.

시사저널. 2016.11.29. 부영 급성장 뒤에 아른거리는 권력의 그림자

부영그룹은 1990년대 중반까지만 해도 중소건설사에 불과했다. 그런 부영이 급성장한 배경으로 국민주택기금이 지목된다. 국민주택기금은 정부가 저소득 무주택자의 주거안정을 명목으로 임대주택 건설사에 제공하는 저금리 대출이다. 당시 시중은행에 넣어놔도 수익이 날 정도로 낮은 금리를 자랑했다. 부영은 DJ 정부 시기 막대한 국민주택기금 지원을 받았다. 회계업계에 선 이를 가능케 한 근본적인 요인으로 1999년 시행된 '기업회계기준 등에 대한 해석 56-90(회계해석)'을 꼽고 있다.

이 회계 해석은 임대주택단지별 입주비율이 90% 이상인 경우 금융리스로, 90% 미만인 경우 운용리스로 회계처리를 한다는 내용을 골자로 한다. 금융리스로 처리할 경우 임대시점에서 건설원가인 완성임대주택과 임대주택토지를 묶어 임대주택채권으로 처리한다. 핵심은 여기서 국민주택기금 차입금과 임대보증금을 차감 표시한다는 데 있다. 결국 임대주택의 입주율이 90%를 넘으면 국민주택기금과 임대보증금이 부채로 기록되지 않게 되는 것이다.

이전에 국민주택기금과 임대보증금은 부채로 처리돼 왔다. 이로 인해 부채비율이 올라가면서 임대주택 건설사들은 금융권 자금 모집에 어려움을 겪어 왔다. 이런 가운데 회계해석이 도입되면서 임대주택 건설사들이 수월하게 사업자금을 마련할 수 있는 길이 열리게 됐다. 그런데 반론이 만만치 않았다. 국내는 물론 국제 회계기준에도 부합하지 않는 기형적인 회계 해석이라는 평가가 나왔다. 이를 바탕으로 무분별하게 대출을 내주다 회사가 부도라도 날 경우, 그 피해를 금융기관에서 고스란히 떠안아야 한다는 우려도 나왔다.

앞서 한국회계연구원(지금의 회계기준원)이 리스회계처리 대상에서 임대주택건설업은 제외시켜야 한다는 기업회계기준서를 내놓은 것도 이런 이유에서다. 연구원은 리스회계처리는 본질적으로 임대료를 통해 '자산원가와 이자'를 회수할 때 적용하는 것이라고 주장했다. 그러면서 임대주택건설업처럼 원가는 분양할 때 회수하고 임대료에선 이자만을 회수하는 경우엔 리스회계처리 기준을 적용할 수 없다는 입장을 분명히 했다. 연구원은 이후 임대주택 건설사들의 반발에 한발 물러났다. 그러나 국민주택기금은 부채가 틀림없다는 입장만큼은 끝까지 유지했다.

논란들을 뒤로한 채 1999년 말부터 회계해석은 적용됐다. 이런 회계 해석이 처음으로 반영된 1999년 부영(현 부영주택)의 재무제표를 보면, 부채총액 1조 5,858억원에서 국민주택채권 8,955억원이 제외됐다. 이 회계연도 자본총액이 1,066억원이라는 점을 감안하면 회계 해석 적용 전의 2,327%이던 부채비율은 1,487%로 무려 840% 포인트나 감소했다. 이후 부채비율은 -2000년 996%(부채총액 1조 4,103억원-자본총액 1,415억원) -2001년 898%(1조 4,228억원-1,584억원), -2002년 867%(1조 5,506억원-1,786억원), -2003년 1007%(1조 8,342억원-1,820억원) 등으로 감소세를 보였다.

이처럼 재무제표상 지표가 호전되면서, 국민주택기금 등 금융권 차입 규모를 계속해서 늘려 사업자금으로 사용할 수 있게 됐다는 평가가 나온다. 만일 상기 회계 해석이 사용되지 않았더라면, 부영의 부채비율은 증폭하게 된다. 국민주택채권이 계속해서 증가했기 때문이다. 부채로 기록되지 않은 국민주택채권을 포함할 경우, 부채비율은 2000년 2,323% (국민주택채권 1조 8,768만원) -2001년 2,600%(2조 6,967억원) -2002년 2,897% (3조 6,215억원) - 2003년 3,405%(4조 3,672억원) 등에 달했다. 사실상 금융권 대출이 어려운 수치다.

• 호전된 재무제표 바탕으로 지원금 '싹쓸이'

이 회계 해석은 모든 임대주택 건설사에 적용되는 것이었다. 임대주택 건설사들 전반의 사정이 좋아질 것으로 예상됐다. 그러나 이로 인한 수혜 대부분은 부영의 몫이었다. 국민주택기금을 사실상 독식하다시피 했기 때문이다. 건설교통부에 따르면, 2002년 7월부터 부영에 지원된 자금은 모두 2조 1,818억원으로 상위 5개 업체가 받은 지원액 3조 1,960억원의 68.2%에 달했다. 특히 DJ 정부 들어 국민주택기금 지원액은 매년 늘어났다. DJ 정부가 출범한 -1998년 1,867억원에서 -1999년 2,921억원 -2000년 3,935억원 - 2001년 5,239억원 등으로 증가했다.

　이런 자금 지원을 바탕으로 부영의 건설 실적도 좋아졌다. 부영이 1983년 설립 때부터 1994년까지 11년간 건설한 아파트는 임대용 1만 2,300세대와 분양용 5,700세대에 불과했다. 그러나 DJ 정부 임기 내에 건설한 아파트는 임대용 6만 4,500세대, 분양용 7,000세대에 달했다. 그 사이 1997년 80위권에 머물던 도급 순위는 18위까지 뛰어올랐다. 이를 두고 회계업계에선 DJ 정부가 시행한 회계 해석이 부영이 성장할 수 있는 발판이 됐다는 평가가 나왔다.

　이슈가 차감 표시에 있는데 회계에서는 원칙적으로 차감표시는 인정하지 않는다.

　부채에 대응하는 자산이 존재하지만 부채가 존재한다는 사실을 재무제표 이용자들에게 공시할 필요성이 존재하기 때문이다. 차감 표시의 장점도 있지만 그럼에도 회계원칙에서 차감표시를 인정하지 않는 것이 자산과 부채를 동시에 계상할 경우, 회계정보 이용자들이 부채가 존재한다는 것을 인지하고 이를 해석할 것이기 때문이다. 금융리스일 경우, 리스자산과 리스부채가 계상되며 계상된 리스부채 때문에 부채비율이 높아지게 된다. 자산으로 backing되는 부채이기는 하지만 부채가 높다는 것은 부정할 수 없는 사실인데, 리스자산과 리스부채를 상계하라고 하면 부채가 감소되는 회계상의 오류를 범할 수 있다. 경제위기 때, 많은 기업들이 자산이 없어서 부도가 발생하는 것이 아니라 부채를 제때 상환할 수 없어서 유동성 위기로 부도를 맞게 된다.

　항상 많은 정보가 반드시 좋은 정보인 것은 아니지만 회계원칙 중에 자산/부채를 상계해서는 안 된다는 원칙이 있고, 부채가 있지만 자산으로 충분히 back up될 수 있는 부채라는 것은 회계에 대한 기초적인 지식이 있는 회계정보 이용자라면 쉽게 파악할 수 있는 내용이므로 어떠한 이유에서 자산과 부채를 상계하여 표시하게끔 하였는지는 이해하기 어렵다.

chapter 43

스튜어드십 코드

기업지배구조에 있어서 기관투자자들의 역할이 매우 중요하다. 대부분의 소액투자자들은 전업 투자자가 아닌 경우, 기업의 경영활동에 대해서 어느 정도 이상의 관심을 보이지 않으며 의결권 행사를 적극적으로 행사하는 기관투자자 주주에 free ride하려는 성향이 있는 것이 당연하다. 이러한 차원에서 기관투자자들은 적극적으로 의결권을 행사하여야 하며 상정되는 주주총회 안건에 대한 사전적 이해와 분석이 선행되어야 한다. 즉, 단순 투자자가 아닌 기관투자자로서의 순기능을 맡아야 한다. 기관투자자들조차도 누군가 역할을 하겠지라고 방관의 자세를 보인다면 기업 경영에 생산적이고 비판적인 반대의견을 낼 수 있는 경제주체는 실종되게 되고 최대주주 및 특수관계자의 이해관계에 따라서 소액투자자의 이해가 훼손될 수 있다.

흔히들 기업 경영에는 다음의 세 이해 상충이 존재한다고 한다. 첫째는 노사간의 이해 상충이며 특히나 자본주의이지만 어느 정도 사회주의적 성격을 갖는 유럽 국가에서 이러한 이해 상충이 가장 심각하게 나타난다고 한다. 우리나라도 2017년 진보 성향의 정권으로 교체되면서 노동이사제도와 같은 제도가 이슈가 되는데 수년간 노사간의 상충이 더 확대될 소지도 있다. 둘째는 주주와 채권자간의 이해 상충이며 미국에서는 이러한 이슈가 가장 심각하다고 한다. 셋째는 소액투자자와 최대주주와의 이해 상충인데 우리나라에서는 이러한 점이 가장 중요한 이슈라고 한다. 소유와 경영이 분리되어 있는 미국과 같은 국가일 경우에는 소액투자자와 최대주주의 이해가 얽힐 일이 더 적을 것이다.

물론, 기업 경영과 관련되어 어느 정도까지는 이러한 세 가지 이해 상충이 모두 다 문제가 된다. 이러한 차원에서 기관투자자가 의결권 행사에 있어서 소액투자자를 대신해서 주도적인 역할을 수행하기를 주문하는 것이며 기업 지배구조에 있어서 매우 중요한 역할을 맡아 주어야 한다.

한국경제신문. 2016.5.4. '스튜어드십 코드 후원자' 자처하는 영 헤르메스 <헤지펀드 운영사>

"우리는 한국 등 아시아 각국이 스튜어드십 코드를 도입하는 데 적극적으로 관여 하고 있다."

2014년 삼성물산 주식을 매입해 '주가 조작 논란'을 일으켰던 영국계 헤지펀드 운용사 헤르메스자산운용이 지난 3월 자사 홈페이지에 올린 글이다. '스튜어드십 코드'는 연기금 및 자산운용사를 대상으로 한 의결권 행사 지침. 금융당국이 기업 지배구조의 투명성 확보를 명분으로 기관투자가가 주주권 행사를 강화하기 위해 올 하반기 도입을 추진하는 제도다.

헤르메스의 글은 3일 전국경제인연합회 중소기업중앙회 한국상장회사협의회 등 주요 경제단체들이 금융위원회에 스튜어드십 코드 조기 도입에 대한 우려와 재고 요청을 담은 건의서를 전달한 것과 맞물려 기업들을 더욱 불안하게 하고 있다. 글로벌 금융시장에서 투기적 공격적 헤지펀드로 악명 높은 헤르메스가 '스튜어드십 코드 후원자'를 자처하고 나섰기 때문이다.

헤르메스는 '세계정보-스튜어드의 성공'이란 제목의 글에서 기업 지배구조의 불투명성을 언급하며 "한국 일본 말레이시아 대만 홍콩 싱가포르 등 아시아와 브라질 등 남미 국가들이 스튜어드십 코드를 도입하는 데 지원을 하고 있다"고 소개했다. 한국에서는 "2014년 금융위가 연 컨퍼런스에서 주제발표를 했으며 내년에는 서울에서 글로벌 기관투자자를 대상으로 공식 회의로 열 것"이라고 했다.

이 같은 상황에서 스튜어드십 코드 도입은 단기 차익을 노리는 헤지펀드들이 한국 상장사들을 무차별적으로 공격하는 빌미가 될 가능성이 높다는 게 경제계의 공통된 우려다.

헤르메스는 2004년 3월 삼성물산 지분 5%를 취득했다고 신고한 뒤 같은 해 12월 국내 한 일간지와의 인터뷰에서 삼성물산에 대한 적대적 인수합병 가능성을 내비친 직후 지분을 전량 팔아 불공정거래 혐의로 기소된 헤지펀드다. 2008년 무죄로 결론이 나긴 했지만 아직까지도 '석연치 않다'는 말이 금융당국 내부에서 나올 만큼 큰 파장을 불러일으킨 사건이었다.

스튜어드십코드 도입을 준비하고 있는 금융위 당국자는 헤르메스의 의기양양한 글을 한번 읽어 보기를 권한다. 이 코드가 의도대로 한국 자본시장의 선진화를 가져올지, 헤르메스 같은 헤지펀드의 배만 불릴 것인지를 말이다. 이해당사자인 상장사들의 의견도 경청하기를 기대한다.

기업지배구조원은 금융위원회, 금융감독원, 금융투자협회 등과 협의하여 스튜어드십 코드를 발표하여서 기관투자자들이 주주총회 등에서 의결권을 행사할 때, 어떠한 원칙에서 의사결정을 수행하여야 하는지에 대한 가이드라인을 제시하였다. 그런데 다음의 기사 내용에서 보는 바와 같이 이 가이드라인을 준수하기에는 여러 가지 제한점이 존재한다. 아래의 내용은 스튜어드십 코드가 논의될 때는 거의 언급이 되지 않던 내용이다.

매일경제신문. 2017.3.9. 유명무실 의결권 행사 지침… 기관참여 '0'

기관투자자들은 스튜어드십코드를 도입할 경우 투자 기업을 감사하는 과정서 얻게 되는 미공개정보 활용에 따른 처벌 가능성을 걱정해 도입을 주저하고 있다. 한 자산운용사 고위 관계자는 "스튜어스십코드를 도입하면 자본시장법상 미공개정보 이용행위 금지조항과 상충될 소지가 크다"면서 "기업과의 적극적인 대화로 기업의 의사결정에 적극 참여하는 과정에서 미공개정보를 알게 될 경우 이를 주식 운용에 활용해도 되는지에 대한 명확한 기준이 없어 섣불리 도입을 결정하기 어렵다"고 말했다.

이 같은 문제는 기본적으로 스튜어드십코드를 도입하는 순간 해당 기관투자가는 자본시장법상 일반투자자가 아닌 '경영 참여 목적 투자자'로 분류될 수 있다는 데서 발생된다.

경영 참여 목적 투자자로 분류되면 주식을 단기간 매매해 차익을 남길 경우 반환청구 대상이 될 수 있다. 자본시장법 제 172조(제1항)는 '회사 임원이나 직원, 주요주주가 주식을 6개월 이내 매매해 이익을 얻을 경우 회사는 이들에게 단기매매 차익 반환을 청구할 수 있다'고 규정하고 있기 때문이다.

경영 참여 목적 투자자가 되면 5% 이상 보유 중인 종목을 1% 포인트 넘게 사고팔았을 때 5영업일 이내에 보고해야 한다. 경영 참여와 무관한 일반투자자의 경우 매매가 이뤄진 다음달 10일까지만 보고하면 된다. 2,000여 개 상장 주식 가운데 50~100개 종목을 골라 차별화된 수익을 내야 하는 자산운용사 입장에서 포트폴리오 공개 시점이 당겨지는 건 치명적이다.

6개월 이내에 실현된 시세차익을 반환하는 제도는 단차(단기차익반환제도)라고 불리는 제도이다.

단차의 반환을 회사가 요구하는 이유는 회사의 임원이나 직원 또는 최대주주가 회사의 일반적인 이해와는 무관하게 배타적인 내부 정보를 이용하여 이익을 편취하였을 수도 있다는데 그 근거가 있다.

이러한 스튜어스십 코드가 시민단체 활동을 하던 진보주의적인 경제학자들이 현 정부에 많이 참여하면서 상황이 급변하며 스튜어드십을 도입하는 기관투자자들이 늘고 있으며 우리 증시에서 가장 큰 손인 국민연금도 이의 도입을 고민하고 있다.

한국경제신문. 2017.7.11. "선수가 룰 만들고 심판까지 보나"

스튜어드십 코드(기관투자자의 의결권 행사지침) 도입 이후 처음으로 시행되는 한국기업지배구조원의 ESG(기업의 환경, 사회, 지배구조) 평가에 기업들이 우려와 불만을 표시하고 있다. 일각에선 스튜어드십 코드 원칙을 정하고 이를 이행 점검하는 기업지배구조원의 ESG 평가와 기관투자가 대상 의결권 자문 사업까지 함께하는 건 이해관계 상충의 소지가 있다는 지적도 나온다.

• 불만 터뜨리는 상장사들

한국거래소 산하 기업지배구조원은 지난 3월부터 진행한 ESG 평가에 대한 상장사의 이의신청을 10일 마감했다. 한 달 동안 이뤄진 이의 신청에서 예년보다 훨씬 많은 상장사들이 '소명'에 나선 것으로 알려졌다. 기업들은 스튜어드십 코드 도입과 기업 투명성을 중시하는 문재인 정부 출범으로 ESG평가는 기관투자가의 의결권 행사에 중요 참고자료로 활용된다.

기업지배구조원이 기관에 전달하는 의결권 자문 보고서의 첫 페이지에 ESG 종합평가 결과가 S, A, B, C로 나눠 표기된다. ESG 평가가 낮으면 의결권 행사 방향도 부정적으로 갈 가능성이 높다는 설명이다. 한 대기업 재무담당 임원은 "평가 점수가 낮으면 '지배 구조에 문제가 있는 기업'이라는 낙인이 찍힐 수 있다"며 "이전엔 낮은 등급이 나와도 큰 신경을 쓰지 않았지만 현 정권에서 ESG평가 결과가 부담이 되는게 사실"이라고 토로했다.

일부 업종에 불리한 평가 방식을 둘러싼 불만도 나오고 있다. 한 미디어 기업의 재무 담당 임원은 "환경평가 항목에 포함된 온실가스 감축 설비 투자 등은 제조업 외에는 쉽게 할 수 없는 영역"이라고 지적했다. 적지 않은 미디어 엔터테인먼트 및 서비스 기업들이 환경평가 부문에서 낮은 점수를 얻어 종합평가에서 불이익을 받는 것으로 알려졌다.

• 입감 세진 기업지배구조원

전문가들은 스튜어드십 코드 원칙을 만든 기업지배구조원이 기업 평가와 의결권 자문 등을 동시에 하는 데 문제가 있다고 지적한다. 기업지배구조원은 국내 3대 연금인 국민 연금과 사학연금, 공무원 연금에 의결권 자문을 하고 수수료를 받는 민간 기업이다. 행정 공제회 등 일부 공제회와 자산운용사도 고객이다. 금전적인 이해 관계가 걸려있는 상황에서 기업지배구조원은 이들이 스튜어드십 코드를 잘 지키는지 등을 점검하는 역할도 맡게 된다. 한 자산운용사 임원은 "기업지배구조원에 의결권 자문을 맡긴 기관투자가에 스튜어드십 코드 이행 점검 점수를 잘 줄 것이란 말이 나오고 있다"며 "'선수(의결권자문)' 가 '룰(스튜어스십 제개정, 이행 점검)'을 만들고, 심판(기업 평가)으로까지 뛰는 상황"이라고 꼬집었다.

기업지배구조원의 영향력이 비정상적으로 커진 데엔 스튜어드십 코드를 서둘러 도입한 금융위원회의 결정도 영향을 미쳤다는 평가다. 당초 스튜어드십코드는 금융당국이 주도할 예정이었다. 하지만 제도 도입에 대한 반발이 심해지자 민간 주도로 스튜어드십 코드 원칙을 제정하는 방향으로 선회했다.

국내에서 의결권과 지배구조 분야에 전문성을 가진 기관이 많지 않다 보니 의결권 자문과 기업 평가 등 영리활동을 하고 있는 기업지배구조원에 업무를 맡길 수밖에 없었다는 게 금융당국의 설명이다. 김태현 자본시장국장은 "스튜어드십 코드 이행 점검은 이해 상충 소지가 있다는 지적에 따라 다른 기관에 넘길 수 있는지 검토하고 있다"고 말했다. 스튜어드십 코드를 가장 먼저 도입한 영국은 재무보고위원회(FRC)라는 공적 기관이 원칙 제정과 함께 이행 점검을 맡고 있다.

절대 권력은 절대 부패한다는 만고불변의 진리가 있다. 기업지배구조와 관련된 전문성을 가진 기관이 다변화하여 이러한 우려가 불식되었으면 하는

바람이 있으나 아직 이 시장 자체가 영세하여서 많은 민간단체가 이 시장에 참여할지는 의문이다.

의결권을 자문하는 기구도 현재로서는 기업지배구조원이나 서스틴베스트 정도밖에 없어서 자유도가 없는 상황이다. 특히나, 기업지배구조원은 어느 정도 공공적인 성격을 갖는 기관인데 민간에서 이러한 업무를 하게 되면 더더욱 공공성에 대한 의문이 더 빈번하게 제기될 듯하다.

많은 투자자문사들도 규모와 인적 구성이 영세하여 본인들이 투자하는 피투자회사의 주총에 상정된 안건을 모두 분석하기는 어렵다. 따라서 국민연금 등이 기관투자자들간에도 주도적인 역할을 수행하기를 기대하니 국민연금의 영향력이 과도하게 커질 위험도 존재한다. 국민연금이 보건복지부 산하의 기관으로 정부의 영향력 아래에 있다는 사실도 우리나라의 의결권 행사 이슈를 복잡하게 만드는 요인이다. 국민연금의 의결권 관련된 의사결정을 어느 정도까지 미리 공개하여야 하는지도 이슈이다. 국민연금이 자본시장에서 미치는 영향이 매우 지배적이라서 국민연금의 의사결정 방향이 다른 기관투자자의 의사결정에 영향을 미칠 것이고 이러한 영향이 과할 경우는 국민연금의 영향력이 과도하게 증폭될 수도 있기 때문이다.

매일경제신문. 2017.8.25. 지배구조 자정 나선 삼성전자 내달 투명성 10대 지표 공개

지배구조 공시에 담길 내용 10가지

1. 주주의 권리는 지켜지고 있나
2. 주주는 보유 주식에 따라 공평한 대접을 받나
3. 이사회는 제 기능을 하고 있나
4. 이사회는 투명한 절차로 선임됐나
5. 사외이사는 독립적으로 경영진을 감독하나
6. 이사회는 합리적으로 운영되고 있나
7. 이사회 내 위원회는 제 역할을 하고 있나
8. 사외이사의 평가와 보상은 공정한가
9. 독립 내부 감사기구가 투명하게 활동하나
10. 외부 감사인은 독립적으로 감사 업무를 보나

　　의무화된 보고서가 아닌 기업지배구조 보고서를 삼성이 자발적으로 공시하게 되면 상장기업에는 이러한 보고서가 표준으로 자리잡을 수도 있어서 많은 기업이 삼성전자의 이러한 패턴을 따라갈 수도 있다.

　　7, 9, 10 항목 모두 기업의 내/외부 감사와 관련된 내용이라서 기업지배구조에 있어서 감사역할을 중요성을 엿볼 수 있다.

삼성전자가 다음달 말 지배구조 투명성 보고서를 한국거래소에 제출하고 해당 내용을 거래소 홈페이지를 통해 공시할 예정이다. 거래소가 추진하는 지배구조 공시제도에 자발적으로 참여를 결정한 것이다. 상장 기업이 소액주주의 권리를 제대로 지켜주고 있는지, 이사회는 투명하게 구성돼 운영되는지 등에 대한 자체 평가 내용을 투자자에게 공개한다는 결정이다.

24일 거래소 고위 관계자는 "최근 협의를 진행한 결과 삼성전자를 비롯한 주요 기업 상당수가 다음달 말까지 지배구조 모범 규준 보고서를 거래소에 제출하기로 했다"면서 "지배구조 공시가 강제 사항이 아닌데도 예상보다 기업들의 자발적인 참여가 많아 고무적인 상황"이라고 밝혔다.

앞서 거래소는 지난 3월 기업의 평판이나 경영 투명성을 제고해 더 많은 투자를 유도하려는 목적으로 '원칙준수 예외설명(comply or explain) 방식의 '지배구조 공시제도' 도입 계획을 발표했다. 한국기업지배구조원이 지난해 7월 공개한 '기업지배구조 모범규준'을 바탕으로 거래소가 요약한 '지배구조 핵심원칙 10가지'에 대해 항목별로 준수했는지와 준수하지 않은 경우 해당 이유를 서술하는 방식이다.

지배구조 공시는 강제사항이 아니고 기업들이 자발적으로 참여하도록 설계됐다. 유가증권시장 상장사가 대상이고 제출 시기는 연간 1회 내놓는 사업보고서 법정 제출기간 이후 2개월 이내다. 3월말에 사업보고서를 내는 12월 결산법인은 5월말까지 제출하면 되는데, 올해는 첫 시행이니만큼 사업보고서 제출 이후 6개월까지로 기한을 연장했다.

거래소는 수상기업에는 불성실공시 지정을 유예하거나 상장 수수료를 면제해줄 방침이다. 또 일반투자자들이 기업 지배구조 관련 정보를 한눈에 볼 수 있는 시스템을 오는 10월 구축해 거래소 홈페이지를 통해 제공할 계획이다.

이제까지 스튜어드십 코드를 채택한 국가는 영국, 네덜란드, 스위스, 이탈리아, 덴마크, 캐나다, 브라질, 일본, 말레이시아, 홍콩, 대만, 싱가포르, 한국, 태국, 남아공이며 2017년 미국, 호주, 인도, 카자흐스탄, 케냐가 도입하였다[1]. 특히나 자본주의의 절대 강국인 미국이 도입하였다는 것에 대해서는 특별한 의미를 부여할 수 있다.

EU는 2017년 4월 주주권지침(shareholder right directive) 개정을 통해 스튜어드십코드가 사실상 법제화하고 있다.

5%룰 적용 배제에 따른 부작용이 우려되는 것은 5% 이상 지분 보유목적을 '단순 투자'로 공지할 경우, 적극적 주주활동이 '경영참여'로 간주되어 공시 위반에 해당하며 또한 외부 감사인 지정을 신청할 수 있는 권한이 부여된다.

유럽의회는 2014년 직원 수 500명 이상인 기업을 대상으로 ESG 정보 공시 의무화하였다.

SK주식회사는 지속가능경영보고서를 2012년부터 격년으로 간행하다가 2014년 이후 매년 간행하고 있는데, GRI G4 comprehensive 채택으로 GRI 공개 요구하는 모든 항목을 공개해 오고 있는 것이다. 국내의 기업 중에서는 가장 적극적으로 지속가능경영보고서에 대응해 오는 기업이다.

매일경제신문. 2017.12.1. 사외이사 감사 추천권 적극 행사

국민연금이 기업지배구조에 문제가 있는 기업을 리스트로 작성해 관리하는 방안을 추진한다. 또한 이르면 내년부터 주요 대기업은 물론 은행권에 직접 사외이사와 감사를 추천해 경영권 참여를 대폭 확대하는 방안도 구체화할 것으로 보인다. 국민연금은 1일 기금운용위원회를 열어 이 같은 내용을 담은 '스튜어드십 코드' 도입 방안을 집중 논의한다. 스튜어드십 코드란 기관 투자가의 자체적인 의결권 행사 지침을 말한다.

이와 관련해 매일경제는 국민연금이 기금운용위에 제출할 연구용역 중간보고서를 단독 입수했다. 이 보고서에 따르면 국민연금은 먼저 바람직한 기업지배구조를 규정한 가이드라인을 제정하고, 국내 기업의 미진한 부분을 '중점관리사안'으로 선정할 계획이다.

이 과정에서 지배구조 개선 필요성이 큰 기업을 '중점대상회사'로 지정해 이른바 '포커스 리스트'를 작성할 계획이다. 기업 측과 비공개 대화를 통해 개선을 요구하되 소득이

---

1) 2017년 11월 17일. 기업지배구조원 세미나 발표 내용.

없을 경우 명단을 대중에 공개한다는 방침이다. 해당 기업이 사실상 국민연금이 선정한 '지배구조 블랙리스트'에 오르게 되는 셈이다. 때문에 해당 기업들은 선정 사유와 적정성 등을 놓고 반발할 가능성이 크다는 관측이다. 외국인 투자자 이탈이나 주가 하락을 초래하는 등 충격이 발생할 수 있기 때문이다.

앞서 국민연금은 고려대 산학협력단에 스튜어드십 코드 용역을 줬고, 내년 1월께 관련 내용을 확정 발표할 예정이다. 이에 대해 복지부 관계자는 "연구용역 결과일 뿐 아직 확정된 사실이 없다"며 "현재 복지부 입장과 다를 수 있다"고 말했다.

한국경제신문. 2017.12.28. 연기금 '단순투자' 공시해도 경영개입 가능… "연금 사회주의 우려"

내년 하반기 자본시장법 시행령을 개정해 스튜어드십 코드를 도입하는 기관투자가의 주주권 행사에 따른 부담을 줄여주기로 했다. 현행 자본시장법과 그 시행령은 경영권에 영향을 주기 위한 목적으로 주식 5% 이상을 보유할 경우 지분 1%포인트 이상 변동할 때마다 5일 안에 보유 상황과 목적을 상세히 공시하도록 하고 있다. 경영진이 적대적 인수합병에 미리 대응하도록 하기 위해서다.

현행법상 국민연금이 5% 이상 보유 목적을 단순투자로 공시한 뒤 스튜어드십 코드에 따라 적극적 주주활동을 하면 경영참여로 간주돼 공시 위반이 될 가능성이 있다. 경영 참여 목적으로 공시하면 지분 변동 상황을 매번 밝혀야 해 매매 전략이 노출되는 부담이 있다. 이를 해결하기 위해 국민연금이 단순 투자로 공시하고 주주활동을 하더라도 경영 참여로 보지 않겠다는 것이 정부 방침이다.

정부는 또 내년 하반기 주식회사의 외부감사에 관한 법률 시행령을 개정해 회사나 주 채권은행에만 있는 외부감사인 지정 신청권을 스튜어드십 코드를 도입한 기관투자가에도 주기로 했다.

외부감사인 지정 신청권을 부여한다는 내용은 매우 획기적인 정책 방향이다. 이 내용은 chapter 39에서 기술된 관계기관의 장, 주 채권은행, 주된 거래은행이 감사인 지정을 신청하는 내용과 일맥상통한다.

해외 기업 상장¹⁾

해외의 종속회사의 문제는 해외 종속사들을 적절하게 감사를 수행한다는 것이 무척이나 힘든 것이기 때문이다. 그렇기 때문에 PCAOB는 미국에 상장한 기업을 감사하는 외국의 회계법인에 대한 품질관리감리를 직접 또는 외국의 금융감독기관과 공동으로 실시하고 있다. 해외에 상장하는 기업에 대한 회계정보의 적정성을 판단하기 어려울 경우는 이러한 기업에 대한 재무제표를 감사하는 감사인의 quality를 통해서 회사 재무제표의 적정성을 담보 받을 수 있는 대안적인 방법이다.

한국경제신문. 2016.6.9. 두산밥캣 상장 길 열렸다

앞으로 두산밥캣처럼 해외 자회사가 많은 외국기업 지배 지주회사가 국내에 상장하기 쉬워진다. 8일 한국거래소에 따르면 유가증권시장본부는 외국 기업 상장규정과 시행규칙을 개정해 오는 13일부터 시행할 예정이다. 상장 예비심사 대상이 되는 해외 자회사 범위를 줄이고 회계처리기준을 폭넓게 인정하는 게 핵심이다.

상장 예비심사 대상이 되는 해외 자회사 범위는 회계처리기준상 연결대상이 되는 회사로 축소했다. 그동안 외국 법인이 국내에 상장할 때는 자회사와 손자 증손자회사 등 모든 종속 회사가 심사 대상이었다. 규정이 바뀌면 상장하는 회사와 회사가 직접 지배하는 자회사만 감사보고서와 감사보고서 확인서를 제출하면 된다.

해외 자회사들의 회계처리 기준 인정 범위도 확대했다. 지금까지는 K-IFRS, IFRS, US-GAAP 등 세 가지 회계기준을 적용한 감사보고서만 인정했다. 하지만 앞으로는

---

1) chapter 23의 중국기업과도 연관된다.

EU-IFRS 등 다른 기준도 상장규정에서 허용된 회계처리기준과의 차이점, 이에 따른 영향을 설명하면 인정해 주기로 했다. 상장 대상 법인은 여전히 위의 세 회계기준에 따라 감사보고서를 작성해야 한다.

　김병률 한국거래소 유가증권시장본부 상무는 "우량 외국 기업을 국내에 유치하려면 반드시 개정해야 할 규정이었다"고 설명했다.

　어떻게 보면 우리의 구 외감법 제1조의 정신과 일맥상통하는 접근 방법이다. 이 외감법 1조의 내용은 삭제되었지만 그럼에도 구 외감법 제1조의 정신과 목적은 아직도 외감법에 남아있다.

> 외감법 제1조(목적) 이 법은 주식회사로부터 독립된 외부의 감사인(監査人)이 그 주식회사에 대한 회계감사(會計監査)를 실시하여 회계처리를 적정하게 하도록 함으로써 이해관계인의 보호와 기업의 건전한 발전에 이바지함을 목적으로 한다.

　[전문개정 2009.2.3.]
　기업 경영활동의 책임이 기업에 있는데 이들이 작성하는 재무제표에 대한 책임을 이러한 재무제표를 인증한 감사인에게 묻는 매우 특이한 법안이다. 혹자는 제5공화국 군사정권하에서 제정된 법안이므로 매우 개혁적이라고 해석한다.
　우리의 금융감독원이 한국에 상장한 외국 기업의 감사를 담당한 회계법인의 적정성을 직접 조사한다는 것은 생각하기 어렵다. 미국 정도의 국가가 자본시장에서 점하는 위치와 힘이 있으므로 이러한 것이 가능하다. 기업의 적정성을 확보하기보다는 회계법인의 적정성을 담보 받는다는 것이 더 용이할 수 있다. 이는 회계법인이 위치하고 있는 국가에 따라 정도에 차이는 있으나 어느 정도는 공공성이 있는 용역회사이기 때문이다.
　이는 회계주권의 이슈이기도 하다. 중국, 스위스 등의 국가는 미국의 이러한 행태에 대해서 인정을 하고 있지 않다.
　중국에서 상장한 기업들에게서 지속적으로 문제가 발생하고 있는데 해외 기업의 상장에 대해서 우리의 거래소가 지속적으로 우호적으로 대응해야 하는지에 대해서는 고민해 보아야 한다.

chapter 45

셀트리온

셀트리온의 시가 총액이 2018년 1월 초에 현대자동차를 넘어서면서 주식시장에 큰 충격을 주었다. 삼성바이오로직스, 셀트리온을 중심으로 하는 복제약 시장이, 우리경제에서의 차세대 먹거리를 제공하는 산업으로 많은 주목을 받고 있다. 삼성의 경우도, 삼성전자 중심의 전기/전자, 삼성생명 중심의 금융, 삼성바이오로직스 삼성바이오 에피스 등 제약업을 포함한 삼성물산 중심의 세 개의 축이 앞으로의 삼성을 이끌어 갈 중심 체제로 구도를 그리고 있다. 그럼에도 불구하고 이러한 복제약 중심의 제약업이 삼성전자나 현대자동차와 같이 미래의 한국경제의 주축이 될 수 있을지에 대해서는 기대도 있지만 우려도 있다.

셀트리온은 2005년, 삼성바이오로직스는 2016년 상장되면서 이 산업을 열고 있는데 1975년 삼성전자가 주식시장에 상장해서 40여 년 만에 한국을 대표하는 기업으로 성장해 온 것과 같이 많은 기대를 받고 있다.

이코노미스트. 2017.5.29. 셀트리온 둘러싼 세 가지 오해와 진실

셀트리온은 바이오시밀러(항체의약품 복제약[1]) 제조 전문기업이다. 지난 2009년 코스닥 시장 시가총액 1위 자리를 굳건히 지키고 있다. 그러나 수년 전까지만해도 셀트리온을 분석한 증권사 리포트는 많지 않았다. 대장주 치고는 대접을 제대로 받지 못했다.

가장 큰 이유로, 셀트리온의 특이한 사업구조가 꼽힌다. 셀트리온이 제조한 '램시마'(관절염치료제)는 모두 계열회사인 셀트리온헬스케어에 팔린다. 유통판매 업체 전문기업

---

1) 특허 기간이 만료된 약품을 복제하는 것.

인 셀트리온헬스케어에는 해마다 수천억원어치의 재고가 새로 쌓였다. 이 때문에 시장 일각에서는 "언젠가 터질 사기극" "사실상의 분식회계"라는 혹평이 그치지 않았다. 실제로 셀트리온은 몇 차례 분식회계 의혹에 휘말리기도 했다.

셀트리온의 서정진 회장이 그나마 '사기꾼' 꼬리표를 뗀 것은 2011년 말쯤이다. 창업한 지 10여 년이 지나서야 의심의 눈초리가 사라졌다. 여기에는 두 번의 큰 계기가 있었다. 첫째는 해외 투자유치였다. 2011년 9월 셀트리온헬스케어에 테마섹홀딩스(싱가포르 국부펀드)의 자금이 유입됐다. 상환전환우선주 2,089억원 어치(주당 39만 6,000원)를 테마섹홀딩스 자회사가 인수했다. 3개월 뒤에는 JP모간 사모펀드 원에코티파트너스가 역시 상환전환우선주를 발행하는 셀트리온헬스케어의 유상증자에 2,540억원을 투자했다. 주당 발행가격이 무려 230만원으로 책정됐다. 해외 큰 손들이 이렇게 셀트리온의 바이오시밀러에 베팅하자, 시장의 의구심이 상당부분 사라졌다.

둘째는 램시마에 대한 식품의약품안전청의 최종 승인이었다. 미국 유럽 등 해외 빅마켓은 아니었지만, 국내 판매허가를 획득하자 적어도 '사기꾼'은 아닌 것으로 인정받게 됐다. 당시 서 회장은 "의심의 눈초리를 달고 산 지 10년 만에 우리 생각이 틀리지 않았단 것을 입증하게 됐다"며 "앞으로 해외 승인을 받으면 글로벌 판매가 크게 늘어날 것"이라고 말했다. 예상대로 회사는 빠르게 성장했다. 2016년 셀트리온 매출, 영업이익, 당기순이익은 각각 6,706억원, 2,597억원, 1,805억원이다. 셀트리온헬스케어는 각각 7,577억원, 1,786억원, 1,229억원을 기록했다. 두 회사의 영업이익률은 각각 38%, 24%에 이른다.

2012년까지만 해도 수백억원대 매출에 연속 적자를 내던 셀트리온헬스케어의 최근 성장은 특히 괄목할 만하다. 미국 선진 대형시장에서 판매허가를 잇달아 얻어냈고, 제품판매가 늘고 있기 때문이다. 전문가들은 제2의 바이오시밀러 '트룩시마'가 올해 미국 시장에 진입하면 실적은 더 좋아질 것으로 예상된다. 여기에다 '허쥬마'도 대기하고 있다.

그런데, 특이한 점이 한 가지 있다. 셀트리온헬스케어의 재고자산은 줄기는커녕 여전히 늘고 있다. 재고자산이 감소해야만 셀트리온의 진짜 실력을 인정할 수 있다고 주장해 온 일부 전문가들은 판매호조에도 불구하고 재고가 줄지 않은 데 대해 고개를 갸웃거린다.

- 매출 느는데 재고 줄지 않는 미스터리

셀트리온이 발표한 올해 1분기 실적은 과거 어느 때보다 좋다. 영업이익은 지난해 같은 기간 대비 3배가 넘는 894억원에 이른다. 매출도 81% 증가한 1,966억원이다. 손익이 안정적 궤도에 접어들었다는 평가가 대세다. 그렇지만 현재 셀트리온헬스케어가 보유 중인 재고수치는 변화가 없거나 소폭 증가했을 것으로 보인다. 이 때문에 시장 일각에서는 셀트리온에 몇 가지 질문을 던진다.

두 가지는 해묵은 내용이다. 제조담당 셀트리온과 판매유통 담당 셀트리온헬스케어 간에 '연결회계'를 적용해야만 화장기를 싹 지운 실적의 '민낯'을 볼 수 있지 않냐는 지적이 있다. 또 하나는 증가하기만 해 온 셀트리온헬스케어의 재고가 도대체 언제 줄어들 것인가 하는 의문이다. 나머지는 회계 이슈 때문에 애초 계획보다 지체된 셀트리온헬스케어 증시 상장이 오는 9월까지는 가능할지 여부다. 셀트리온헬스 상장은 셀트리온 그룹의 바이오시밀러 사업 전반에 대한 주요 정보를 공개하는 과정이 될 것이다. 그래서 시장의 큰 관심사안으로 부상해 있다.

하나씩 뜯어보자.

빵을 만들기만 하는 회사 A가 있다고 하자. 판매유통만 전문으로 하는 회사 B가 이 빵을 전량구매한다. 두 회사는 지분 관계가 전혀 없다. 하지만 한 대주주의 지배하에 놓여 있는 계열회사 관계이다. A는 제조한 빵에 적절한 이윤을 붙여 B로 보내기만 하면 된다. B가 빵을 못 팔아 대량의 재고를 안고 있어도 A의 손익에 미치는 영향은 없다. 두 회사 지분관계상 연결 회계를 할 필요도, 지분법 회계를 할 필요도 없기 때문이다.

이러한 회계는 회계원칙으로 하면 '동일지배거래' 기준서이다.

연결이나 지분법을 적용하면 B가 재고로 안고 있는 만큼은 A의 손익에서 제거해야 한다. 빵은 유통기간이 짧다. 제 때 못 팔면 B는 막대한 재고손실을 입을 수 있다. B가 손실을 감수하면서까지 A로부터 계속 다량구매를 하기는 어려울 것이다. 그러나 만약 유통기한이 상당히 긴 바이오밀러라면 어떨까. 해외 판매허가를 획득하고 글로벌 시장을 개척하는 데는 오랜 시간이 필요하다. 그러나 바이오시밀러는 개발제품을 대량으로 제조해 장기재고로 또 안고 있어도 판매허가 뒤 제 값에 팔 수 있다. 만약 B가 외부투자를 유치해 A에 자금을 공급해 주기까지 한다면 금상첨화다. 셀트리온과 셀트리온헬스케어간의 거래가 말하자면 이런 관계다.

셀트리온은 애초부터 바이오시밀러 사업을 위해 이런 지분 구조를 설계했다. 제조사와 유통사가 서정진회장의 지배하에 놓여 있지만, 아무런 지배관계가 없다. 안정적 사업을 위해 고안한 이 지배구조 때문에 셀트리온은 온갖 공격과 곱지 않은 시선에 시달려야 했다. 2010년말 1,452억원이던 셀트리온헬스케어 재고 장부가격은 2016년말 1조 4,700억원까지 증가했다. 셀트리온의 매출과 이익이 셀트리온헬스케어의 재고자산 증가를 기반으로 만들어졌다는 것은 이렇게 숫자가 보여준다. 그래서 일각에서는 두 회사를 '하나의 경제적 실체'로 보는 '연결회계'를 해야 정확한 평가가 가능하다고 주장하는 것이다.

- 제조는 셀트리온, 판매는 셀트리온헬스케어

필자는 지난 4월초 신문을 보다 내심 놀랐던 일이 있었다. 셀트리온 김형기 사장 인터뷰 기사 때문이다. 기사에 따르면 김사장은 "셀트리온과 셀트리온헬스케어가 사실상 한 몸"이라고 발언했다. 그는 또 "셀트리온헬스케어의 재고가 앞으로 급격하게 줄어들 것이라고 서회장이 주주총회에서 말했다"고 전했다. 사실이라면 상당히 의미있는 정보를 인터뷰에서 언급한 셈이다.

우선, '사실상 한 몸'이라는 것은 회계적으로 하나의 경제적 실체를 형성한다는 이야기나 다름없다. 연결재무제표를 작성하는 것이 마땅하다는 소리처럼 들린다. 연결을 하지 않는 지분구조 때문에 분식회계설까지 시달렸던 셀트리온이다. 그런데 회사의 대표가 '사실상 한 몸'이라는 발언을 했다니 어리둥절했다. 회사 관계자는 이에 대한 "김사장이 '한 몸'이라는 표현은 한 것은 아니다"라고 말했다. 하나의 제품을 놓고 두 회사가 제조와 판매를 각각 담당하고 있기 때문에 서로 밀접하게 유기적으로 업무를 하고 있다는 뜻이지, 하나의 경제적 실체로 간주할 수 있다는 의미는 아니라고 설명했다.

셀트리온은 앞으로도 두 회사간 지분 관계를 '연결'로 가져갈 계획은 없어 보인다. 일부 전문가들은 두 회사의 합병이 타당하다는 견해를 제시하기도 한다. 하지만 셀트리온은 고개를 젓는다. "일부러 두 회사 지분을 섞을 필요가 없다"는 입장이다. 합병은 회사의 미래와는 아주 거리가 멀어 보인다. 회사 관계자는 "삼성처럼 사업 초기부터 자금이 충분했다면 이렇게 두 회사로 나누지는 않았을 것"이라고 말했다. 그는 "연구개발에 필요한 자금과 시간 등을 고려했을 때 모든 사업 리스크를 상장사인 셀트리온에 다 떠안기보다는 서 회장이 직접 지배하고 있는 셀트리온헬스케어에 분담시키고자 했던 것이 지분 관계를 단절한 이유"라며 "셀트리온 리스크를 셀트리온헬스케어에 일정 정도 넘긴 것"이라고 말했다.

시장의 두 번째 궁금증은 셀트리온의 재고규모에 대한 것이다. 셀트리온으로부터 매입하는 물량은 많은 반면 글로벌유통사로 판매하는 물량은 적기 때문에 셀트리온헬스케어 재고는 해외 본격 대량판매가 발생하기 전까지는 증가할 수밖에 없다. 예를 들어보자. 셀트리온케어가 2012년 셀트리온으로부터 매입한 금액은 3,470억원이다. 반면 외부로 제

품을 판매하면서 발생한 매출원가는 228억원에 불과하다. 2013년 매입은 3,430억원인
데, 매출원가는 4분의 1 수준인 776억원에 그친다. 대략 매입금액과 매출원가만큼의 차
액이 재고로 누적되어 간다고 봐도 크게 틀리지 않는다. 이것이 해마다 수천억원 수준에
달했다. 그렇다면 지금은 어떨까. 램시마가 미국 유럽 등에서 판매승인을 이미 얻었고,
글로벌 유통사들로부터 제품 주문이 이어지는 마당이라면 재고는 줄어드는 게 정상이라
고 사람들은 생각한다.

2016년의 경우를 보자. 셀트리온헬스케어 재무제표에 나타난 매입금액은 5,148억원이
다. 매출원가는 5,378억원이다. 처음으로 매입보다 매출원가 금액이 더 크게 나타났다.
그 차이만큼 이번에는 재고 금액이 줄어야 한다. 2015년말 대비 2016년 말의 재고는 과
연 줄었을까. 앞으로 셀트리온헬스케어의 매출이 크게 증가할 것으로 예상한다면 재고는
뚜렷한 감소세에 진입할까. 결론적으로 두 가지 질문에 대한 답은 모두 '아니다'이다.

• 회사 측 "재고, 현 수준 유지할 것"
2016년말 재고금액은 2015년 말보다 오히려 700억원 남짓 증가했다. 왜 그럴까.
셀트리온헬스케어는 원료의약품 상태, 즉 램시마 반제품 상태로 일단 구매한다. 글로
벌유통사에서 주문이 있으면 이를 완제품 상태로 가공해 공급한다. 셀트리온헬스케어는
자체 시설이 없기 때문에 외부가공업체를 활용하는데, 셀트리온과 터키 헝거리 등의 해
외 위탁 가공업체들을 활용한다. 구매한 반제품에 적절한 이윤을 붙여 그대로 외부에 판
매한다면 매입가격이 곧 매출원가가 된다. 하지만 이 회사의 경우 매입가격에 위탁가공비
까지 다 합한 이른바 '전환원가'가 매출원가가 된다. 이런 경우 매입금액보다 매출원가가
더 크게 잡혀도 재고는 증가할 수 있다. 예를 들어 헬스케어의 재고가 500만원어치 있는
상태에서 2016년 반제품 100만원어치를 매입했다고 치자. 이 반제품 중 80만원어치를
외주 가공하여 (외주 가공비 30만원 투입) 판매하였다. 그럼 매입은 100만원이고, 매출
원가는 110만원(80만원+30만원)이 된다. 못 팔고 남은 재고가 20만원어치 존재한다. 매
입금액(100만원)보다 매출원가(110만원)가 더 크지만, 이 회사의 2016년 말 재고자산은
2015년말 500만원에서 20만원이 더 증가한 520만원이 된다. 헬스케어 관계자는 "매출원
가에 외주가공비용이 들어왔다"며 "회사보유 재고 중에는 반제품뿐 아니라 완제품도 일
부 있는데, 여기에도 역시 외부 가공비가 포함되어 있다"고 설명했다.

한편으로, 그렇더라도 앞으로 바이오시밀러 제품에 대한 주문이 크게 늘어난다면 재고
자산은 감소할 것으로 보는 것이 상식적이다. 미국 유럽지역에서 램시마 판매가 현재 호

조세를 보이고 있기 때문에 향후 재고의 감소세가 있을 것으로 예상해 볼 수는 있다. 그러나 셀트리온 측은 이에 대해 "현재 수준의 재고자산금액이 줄어들 가능성은 별로 없다"고 잘라 말한다. 재고는 현 수준이 유지되거나 오히려 더 늘어날 가능성이 높다고 한다. 왜일까.

회사 관계자는 "외부에서는 회사의 재고정책을 모르기 때문에 판매가 잘되면 재고는 무조건 감소할 것으로 보는데, 그렇지는 않다"고 말했다. 이 회사는 9~12개월치 재고를 유지한다는 재고 전략을 갖고 있다는 이야기다. 원료조달부터 가공, 품질검사 등을 거쳐 완제품이 되기까지 대략 9개월 이상이 소요된다. 회사 관계자는 "셀트리온의 생산에 문제가 생기면 공급 불안정으로 판매에 어려움을 겪을 수밖에 없기 때문에 9개월 이상의 재고를 유지해야 한다"고 말했다. 이 회사와 거래하는 글로벌 유통사들도 9~12개월의 재고를 유지하겠다는 내용의 재고의무조항을 계약서에 명기하고 있는 것으로 알려졌다.

과거 해외 시장에서 판매승인을 받기 전에는 허가가 날 경우 일시에 공급해야 할 물량 때문에 재고를 안고 있었다면 이제는 해외 빅마켓에서의 매출증가에 대비해 재고를 안정적으로 유지해야 한다는 것이 회사의 설명이다. 회사 관계자는 "올해 미국 등지의 매출이 예상대로 일어나고 있다"며 "앞으로 공급부족 가능성도 걱정해야 할 정도여서 외부 제조시설 활용방안도 검토 중"이라고 밝혔다. 또한 램시마뿐 아니라 트룩시마, 허쥬마 등 후속 바이오시밀러의 재고를 늘려나가야 하기 때문에 램시마 생산은 앞으로 줄어들 것이라고 덧붙였다. 그는 "전체 재고금액 자체는 줄어들지는 않을 것"이라고 강조했다.

김형기사장은 언론 인터뷰에서 언급한 '향후 재고자산 급격 감소'에 대해 회사 측은 와전된 내용이라고 설명했다 회사 관계자는 "매출 1,000억원일 때의 재고 1조원과 매출 1조원일 때의 재고 1조원은 다르다"며 "앞으로 매출이 계속 증가할 것이므로 매출액 크기를 고려했을 때 재고수준이 예전처럼 크게 보이지 않을 것이라는 의미이지, 재고의 절대 금액 자체가 감소한다는 뜻은 아니다"라고 설명했다.

• 헬스케어 9월 상장 완료에 문제 없어

셀트리온헬스케어 상장 문제에 대한 회사의 입장도 명확하다. 오는 9월까지 상장을 완료하는데는 문제가 없을 것으로 보고 있다. 회사는 애초 올 상반기 상장을 마무리 지으려 했다 그러나 한국공인회계사회 감리 도중 보증금에 대한 회계처리 이슈가 불거졌고, 이 때문에 정밀감리가 진행 중이다. 회사 관계자는 "감리는 마무리 국면"이라며 "늦어도 다음달까지 회계이슈는 최종 정리될 것"이라고 설명했다. 9월 말까지 상장 완료는 충분하다는 이야기다.

지난 3월 감리를 맡은 한국회계사회와 회사간 이견이 불거졌을 때 일부 언론에서는 상장이 매우 불확실해졌고, 특히 회사에 대한 해외 투자자들의 신뢰에 큰 금이 간 것처럼 보도했다. 필자는 처음부터 이 같은 회계처리 문제가 큰 이슈가 될 수는 없다고 봤다. 문제가 된 이행보증금은 2015년 회사가 제2의 바이오시밀러 트룩시마에 대해 유럽지역 유통사들과 판매권 계약을 맺으며 받은 돈이다.

금액으로는 500억원 남짓이다. 이행보증금이란 트룩시마를 주문하겠다는 내용을 약속하며 헬스케어에 지급한 돈이다. 트룩시마를 약정기간 내 주문하지 않으면 이행보증금을 헬스케어가 몰수한다. 제품을 빨리 사가야 한다는 의무를 부과해 놓은 셈이다. 당시는 트룩시마 개발과 판매허가가 최종 완료되지 않은 시점이었다. 그런데도 유통사들이 물량 주문에 대한 이행보증금까지 지급하며 트룩시마 판매권 계약을 맺으려한 이유는 뭘까. 회사 관계자는 "이미 램시마로 수익을 경험한 유통사들이 트룩시마의 허가 가능성을 매우 높게 보고 서둘러 독점판매권을 확보하기 위해 적극 나선 결과"라고 설명했다. 회사 입장에서는 허가 획득에 성공하면 돌려줘도 되고, 유통사들이 주문할 제품대금과 상계할 수도 있다. 어찌됐건 보증금으로 받은 금액만큼만 반환하거나 또는 유통사들의 매입매출과 상계하면 되는 것이다. 한국공인회계사회 감리팀이 지적한 문제는 보증금 수령하는 시점에 회계상 발생하는 이른바 "현재가치할인차금"의 수익인식 시기였다. 예를 들어 2015년 이행 보증금으로 수령한 100만원을, 2년 뒤 100만원만 그대로 돌여주면 된다. 따라서 미래에 돌려줄 100만원을 현재가치로 할인한 금액(90만원 이라고 가정하자)과 현재 시점의 수령금액 100만원과의 차액 10만원이 회계상 현재가치할인차금으로 처리된다. 동시에 헬스케어는 손익계산서에 이자수익으로 같은 금액 10만원을 일시에 계상한다. 한공회는 그러나 이 10만원을 부채(선수수익)로 일단 인식하고, 나중에 반환시점 또는 매출시점에 이자수익으로 처리해야 한다는 의견을 제시했다. 회사 입장에서는 2015년 한번에 인식했던 이자수익을 제거하고 재무제표를 정정하더라도 어차피 트룩시마 매출이 발생하는 올해 다시 수익처리할 수 있기 때문에 한공회의 지적을 받아들였다. 애초부터 크게 부각할만한 이슈는 아니었던 셈이다. 회사 관계자는 "이행 보증금 외에 감리에서 특별히 더 지적된 것은 없다"며 "9월까지 상장 종료가 가능할 전망"이라고 강조했다.

결국, 셀트리온헬스케어는 2017년 7월 28일에 상장하게 된다. 두 회사가 회사 간 지분관계가 없기 때문에 두 회사의 재무제표를 연결로 묶으란 것도 믿기 어렵다.

　제조와 판매가 별도의 회사에서 이루어지는 경우는 매우 많다. 많은 재벌사가 종합상사라는 trading company의 형태를 가지고 있으면서 제조와 판매를 완전히 분리하는 경우이다. 반면에 삼성전자, LG전자와 같이 제조와 판매를 동시에 진행하는 회사도 있다.

　우리가 과거 수출 주도의 고성장을 달성하던 시절에는 ㈜대우(현재의 포스코대우), LG상사, 삼성물산, 현대종합상사, SK글로벌(현재의 SK 네트워크), 롯데물산 등이 이러한 역할을 수행하였다.

Business Watch 2017.3.30. 계약이행보증금 수익 반영 시점 두고 논란

　"장기계약이행보증금의 공정가치와 명목가치의 차이와 관련해 계약 사실에 대한 재검토를 통한 수익 인식 시기 조정으로 2015년 12월 31일 종료되는 보고 기간의 재무제표를 재작성했습니다."

　헬스케어는 지난 20일 금융감독원 전자공시시스템에 이런 내용의 기재정정 보고서를 게시했다. 하지만 한국공인회계사회는 기재 정정을 넘어서 정밀감리가 필요하다는 의견을 금융감독원에 전달했고, 금감원은 셀트리온헬스케어와 외부감사인인 KPMG 삼정에 정밀감리를 요청했다.

　헬스케어가 계약이행보증금을 회계상 수익으로 인식하는 시기에 대한 견해차가 문제였다. 셀트리온헬스케어는 셀트리온이 개발한 램시마를 해외 제약사들에 판매할 때 계약 체결 후 계약이행보증금을 받는다. 보증금은 나중에 돌려줘야 해 금융부채로 잡는다. 여기서 발생하는 현재가치할인차금(이자수익)을 헬스케어는 재무제표상 현재 이익으로 계상했고, 한공회는 보증금을 돌려 줘야 하는 시기에 이익으로 계상해야 한다고 봤다.

　지금 현재 현금을 받는데 나중에 돌려줘야 하는 금액은 지금 받은 금액에 대비해 현재가치로 discount를 해 주어야 한다. 따라서 화폐의 현재가치 때문에 받은 금액이 돌려줘야 하는 금액보다 많으며 이 과정에서 이익이 남으며 이 이익이 실현되는 시점은 보증금을 돌려 주는 시점이므로 한공회가 제안한 내용이 더 합리적이다.

　기업의 입장에서는 이러한 이익을 가능하면 조속히 계상하고 싶으므로

보증금을 받는 초기 연도에 이익을 계상하려 할 것, 즉 선이자를 인식하는 개념이며 한공회에서는 실제 받은 금액보다 돌려주는 금액이 적은 시점에 즉, 실현되는 시점에 이를 인식하라는 차이가 있었던 듯하다. 어떻게 보면 보수적이고 공격적인 회계의 차이라고도 판단된다. 이 경우는 수익은 몇 년 차이로 어차피 인식이 되고 계상이 될 것이니 큰 문제가 아니라고 판단된다.

분식회계 책임 비율¹⁾

  분식이 발생하고 이에 대한 소송이 제기되면 그 책임을 어떻게 분담하여야 하는지의 이슈가 있다. 회사와 감사인 간에 누가 어느 정도 책임을 져야 하는지도 이슈이며 또한 회사에 대한 책임에 있어서 회사라고 하는 법인격의 책임인지 아니면 업무를 수행하고 있는 CFO나 CEO의 또는 상근감사나 감사위원회 위원의 책임인지의 이슈이기도 하다. 감사인에 대해서도 동일하다. 회계법인이라는 법인격이 책임을 져야 하는지 아니면 실질적으로 감사업무를 수행하였던 공인회계사의 책임인지의 책임 분배의 이슈이다. 양벌규정에 의하면 회계법인과 업무를 담당하였던 공인회계사 모두의 책임이기도 하다.

  분식회계에 대한 이슈를 떠나서 회사에서는 경영의사결정에 있어서 이사 개인이 어느 정도 책임을 져야 하는지의 이슈가 있다. 2011년 상법 개정에 의해서 이사책임감경과 관련된 이슈도 분식회계에 대한 책임을 누가 져야 하는지의 이슈와 무관하지 않다.

  이사책임감경을 정관에서 수용한 기업일 경우는 사내 이사의 경우 급여의 6배까지, 사외이사의 경우는 급여의 3배까지만 책임을 지고 나머지 책임은 회사가 떠안게 된다.

  회사는 물론 회계 정보 공시의 주체이므로 주된 책임을 져야 하며 감사인이 신의성실하게 감사를 수행하지 않았다고 하면 당연히 종된 책임을 안아야 하는 것이다.

  분식회계와 부실감사가 동시에 진행되었다고 하면 회사와 감사인간의 책

---

1) chapter 30과도 연관되는 내용이다.

임의 분배 이슈가 남게 된다.

다음과 같은 경우가 수가 있을 것이다.

1. 분식회계가 진행되었는데 부실감사가 동시에 진행되지 않았다고 하면 당연히 기업이 모든 책임을 안아야 한다. 즉, 감사인은 회계감사기준에서의 모든 due process를 하였음에도 불구하고 회계정보에 포함된 분식을 발견하지 못할 수 있다. 예를 들면 회사의 창고에 가공재고가 포함되었고 감사인은 표본 추출에 의해서 충분한 표본에 대해서 재고 실사를 하였는데 의도하지 않게 표본추출의 대상이 되었던 창고에는 가공재고가 포함되지 않았을 수 있다.

또는 회사가 이중 장부를 작성하면서 경영활동을 수행하였는데 이를 감사인이 감사과정에서 알 수 없을 수도 있다. 감사는 회사가 제공한 문건에 기초하여 수행되는데 source 정보 자체가 조작되었다고 하고 이 문건에 기초한 회계감사는 신뢰할 수 없게 된다. 회계감사의 목적은 부정적발에 있지 않기 때문이다.

이 이외에도 감사라는 것은 완벽할 수 없고 한계가 있다. 결국 부실감사의 존재 여부는 due process가 진행되었는지로 판단되어야 한다.

2. 분식회계와 부실감사가 동시에 발생하였다고 하면 누가 어느 정도의 책임을 안아야 하는지에 대한 민사소송이라고 하면 이는 법정에서 판단되어야 하며 주관적인 판단의 영역이므로 판례가 모아서 평균이 구해져야 한다고도 할 수 있다. 앞서서 이충훈(2017)은 이 책임의 배분에 대해 기업 60: 감사인 40으로 배분되는 경우가 많다고 한다.

민사 소송에 의해서 이러한 점이 논란이 된다고 하고 회계분식 여부가 감독기관의 감리에 의해서 행정제재가 내려진 것이 아니라고 하면 법정에서 손해배상금액에 대한 배분 이전에 분식 여부에 대한 유권해석도 진행되어야 한다. 분식회계의 여부에 대한 판단은 금융위원회의 감리위원회/증권선물위원회의 회의 과정에서도 상당한 정도의 논란이 진행되는 경우가 있어서 법정에서도 쉽게 결론 내어질 사안이 아니다.

2017년 초에 대우조선해양의 부실 감사 조치 문제로 크게 논란의 대상이 되었던 내용이 부실 감사에 회계법인이 조직적으로 개입한 것인지 아니면 관련되었던 책임자들의 잘못인지가 이슈로 대두되었다.

결국은 잘못된 회계에 대해 회사와 감사인의 책임을 나누는 과정이다. 2차적으로 회사에 대해서도 회사 법인격에 대한 책임, 회계 정보 작성을 책임지는 CEO, CFO 또는 이를 점검하는 역할을 수행하는 감사 또는 감사위원회의 책임인지를 조치 시 구분하여야 하며 감사인의 책임이라고 하면 회계법인 법인격의 책임인지 아니면 담당 파트너/감사보조자의 책임인지 또는 최근에 와서는 대표이사의 책임인지가 구분되어야 한다. 과거에는 회계법인의 심리담당 임원에게도 책임을 물었던 적이 있다.

회사가 잘못하여 분식이 발생하였지만 감사인이 due care를 해서 회사로 하여금 분식을 범하지 않도록 재무제표의 수정을 요구하였거나 아니면 비적정의견을 표명하여 회계가 잘못된 부분을 의견으로 표명하였어야 한다.

매일경제신문. 2015.1.12. '불성실한 사외이사'도 분식회계 책임 있다.

• 대법원 첫 판결… 이사회 불참 등 경영감시 소홀했다면 손해배상 해야.

사외이사가 이사회에 참석하지 않고 감시 업무를 게을리 했다면 회사가 저지른 분식회계에 책임을 져야 한다는 첫 대법원 판단이 나왔다. 출근도 하지 않고 거수기 역할만 하는 이른바 '무늬만 사외이사' 관행에 대법원이 제동을 걸었다는 평가가 나온다.

대법원 2부(주심 신영철대법관)은 투자자 69명이 코스닥 상장사인 '코어비트' 전 현직 임원과 삼일회계법인을 상대로 제기한 손해배상 청구 소송에서 윤모 전 사외이사(55)에게 책임을 묻지 않은 부분을 파기하고 서울고법으로 돌려보냈다고 11일 밝혔다. 대법원은 "주식회사 이사는 대표이사 및 다른 이사들의 업무 집행을 전반적으로 감시해야 한다"면서 "특히 재무제표 승인 등 이사회 상정 안건에서는 의결권을 행사해 대표이사의 업무 집행을 감시 감독할 지위에 있으며 사외이사라고 달리 볼 수 없다"고 설명했다.

코어비트에서 윤씨는 2008년 12월부터 2009년 4월까지 사외이사를 지냈다. 금융감독원 전자 공시에 따르면 당시 회사는 사외이사를 포함한 이사에게 1인당 한해 평균 4,000만여 원의 급여를 지급했다.

윤씨는 엉겁결에 사외이사로 선임되고 최대주주 반열에 올랐지만, 실제 경영에는 관여하지 않았고 사외이사로서 실질적 활동도 하지 않았다고 주장했다. 2심은 윤씨의 주장을 받아들여 배상책임을 묻지 않았으나 윤씨의 면책 주장은 대법원에서 오히려 불리하게 작용했다. "주주 여부는 사건 책임과 관련이 없고 이사로서 역할을 주된 판단 요인으로 봤다"고 설명했다.

코어비트 회계부정은 2008년 한 해에만 150억원을 과대 계상할 정도로 심각했다. 분식회계도 백화점식으로 모든 방식을 총동원한 것으로 드러났다. 코어비트 전 대표 박모씨는 비상장 주식 55만주를 17억 6,000만원에 사들이고 재무제표에는 110억원에 사들인 것처럼 기재했다. 이뿐만 아니라 박씨는 횡령을 은폐하려고 관계사 명의로 선급금 20억원과 대여금 15억원을 허위 계상했고 이미 영업이 중단된 회사에서 영업권을 20억 4,800만원에 사들였다고 하기도 했다.

분식회계 사실은 2009년 12월 코어비트 최대주주가 대표이사 박씨와 전 현직 임원이 회사 돈 130억원을 빼돌렸다고 고소하면서 시작됐다. 코스닥시장 상장위원회는 2010년 2월 횡령액이 자기자본 5%를 넘었다며 상장폐지를 결정했다. 증권선물위원회는 2010년 6월 감사결과를 발표하며 분식회계 사실을 밝혀냈고, 이를 방조한 책임을 물어 삼일회계법인에 손해배상 공동기금을 30% 적립하고 코어비트 감사업무를 2년 제한하도록 했다.

대법원은 회계 감사 절차를 준수했다면 분식회계를 적발하지 못한 책임을 물을 수 없다며 삼일회계법인은 배상 책임이 없다고 봤다.

회계전문가들은 대법원의 이번 판단에 환영한다는 뜻을 밝혔다.

즉, 회사와 감사인 간에 책임 분담의 이슈가 있고 또 이러한 내용이 결정된 이후에도 회사의 잘못에 대해서도 어느 정도를 실질적으로 경영의사결정을 수행한 이사나 감사가 책임을 져야 하는지의 그 다음 단계의 책임의 분담 이슈가 해결되어야 한다.

이러한 손해에 대한 분담 비율과 관련해서 전문가들이 표명하는 비율은 다음과 같다.

분식 가담 이사, 손해의 70%
분식 미 가담, 사외이사/감사 총 손해의 20%
회사: 감사인＝60 : 40%
(이충훈, 2017)

손성규(2014)에서는 이 책임 비율에 대해서 이사가 20% 정도의 책임을 진다고 다음과 같이 기술하고 있다. 이충훈이 제시한 20% 비율과 동일한 책임 비율이다.

단, 이는 이사와 회사가 어느 정도 책임을 나눠야 하는지의 이슈이지 회사와 감사인의 책임을 어떻게 배분해야 하는지의 비례책임의 이슈는 아니다.

손해의 공평 책임이라는 개념은 이사의 책임한도에서 가장 두드러지게 나타난다. 가장 최초로 판결에 등장한 것은 삼성전자 대표소송 제2심이었는데, 회사의 손해를 600억원이라고 한 다음 손해 분담의 공평에 근거하여 이사의 손해배상책임을 그 20%인 120억원으로 결정하였고 그후 대법원에서도 승인하였다.

이는 1994년 12월에 삼성종합화학 주식을 염가에 매각하고 1,480억을 투자자 산처분손실로 인식한 건에 대한 손해배상소송을 지칭한다. 단순히 책임을 감경하는 것에서 그치지 않고 손해발생에 대한 기여도에 따라 이사의 손해배상책임을 서로 다르게 정하기도 하는데, 회계법인의 책임과 관련하여 흔히 주장되는 비례적 책임과 실질적으로 비슷한 기능을 할 것으로 기대되는 내용이다. 자본시장법 제125조 제1항 제3호는 "허위기재된 증권신고서의 기재사항 또는 그 첨부서류가 진실 또는 정확하다고 증명하여 서명한 공인회계사 감정인 또는 신용평가를 전문으로 하는 자"등(그 소속단체를 포함한다)을 공모 발행과 관련된 손해배상의 주체로 규정하고 있으며, 외감법 제17조 제2항은 "감사인이 중요한 사항에 관하여 감사보고서에 기재하지 아니하거나 거짓으로 기재를 함으로써 이를 믿고 이용한 제3자에게 손해를 발생하게 한 경우" 그 감사인에게 손해배상을 인정한다(손성규(2014) Chaper 83).

한국경제신문. 2014.1.27. 회계법인 '부실감사' 공포 작년 670억 규모 소송 당해

책임비율은 적게는 5%에서 많게는 70%였다.

서울중앙지법은 지난해 10월 "감사인으로서 임무를 게을리했다"며 삼일회계법인 측에 140억원을 배상하라고 판결했다. 이는 삼일의 작년 순이익(48억원)의 약 3배에 달하는 금액이다. 사건은 현재 양측 항소로 서울고법에 계류 중이다.

위의 신문기사에서의 책임비율은 매우 주관적인 판단의 영역이며, 과학적인 근거에 의해서 도출될 수 있는 부분은 아니다.

문화일보. 2013.6.18. 회계법인 부실감사 처벌 '예외 없다'

지난 2010년 서울에 사는 이모씨는 코스닥 상장업체인 A 기업에 약 1억원을 투자했다. 당시 이씨는 A기업의 외부 감사를 맡았던 S 회계법인이 A기업의 재무제표에 대해 2년 연속 '적정의견'을 낸 것을 중요한 투자 근거로 삼았지만, 불과 8개월 후 A기업이 상장폐지 실질심사 대상으로 결정되면서 투자금 전액을 날릴 위기에 처했다. 알고 보니 S 회계법인의 적정의견과 달리 A기업의 재무제표에는 심각한 문제가 있었던 것으로 드러났다.

증권선물위원회는 2010년 12월 S 회계법인에 대해 부실감사의 책임을 물어 7,600만원의 과징금을 부과했다. 결국 A 기업이 이듬해 1월 상장폐지되자 이씨 등 투자자 6명은 "회계법인의 부실 감사로 2억 2,000여 만원의 피해를 봤다"며 법원에 손해 배상 소송을 제기했고, 이에 대해 법원은 회계법인의 책임을 20%로 인정하며 일부 승소 판결을 내렸다.

18일 법원에 따르면 5월 서울중앙지법은 주식투자자 강모 씨 등 124명이 "부실 감사로 손해를 봤다"며 또 다른 S 회계법인 등을 상대로 낸 25억원 대 청구소송에서 회계법인 측의 20% 책임을 인정하며 5억 1,000여 만원의 배상판결을 내렸고, 2월에도 황모씨 등 33명이 같은 이유로 D 회계법인을 상대로 낸 소송에서 회계법인 측의 20% 책임을 인정하며 원고 일부 승소 판결을 내렸다.

비록 고의성이 없었다 하더라도 회계법인이 성실하게 감사를 하지 않아 투자자들이 손해를 봤다면 회계법인이 그에 관한 책임을 져야 한다는 취지다. 회계법인의 부실감사에 대한 이 같은 사법부의 경고는 민사사건뿐만 아니라 형사사건에서도 잇따르고 있다. 5월에는 부산저축은행의 감사를 담당한 회계사들에 대해 분식회계 등의 부실 감사를 회계사가 알고 있었음에도 모른 척했다는 '미필적 고의'를 적용해 유죄를 선고하기도 했다.

그러나 이 판결은 2심에서 '미필적 고의'를 적용하면 안 되는 것으로 1심의 판결이 뒤집히는 결과를 보였다. 2심(2015.1.22.) 판결에서는 수행한 감사절차에 비추어 미필적 고의를 인정하지 않고 분식회계에 대한 무죄판결을 선고

하였으며 3심을 기다리고 있다.[2]

　　법원이 회계법인의 부분적인 책임에 대한 내용을 객관적으로 측정하여 20%의 책임을 물리는 것이겠지만 관련된 자의 책임에 대한 판단은 상당히 주관적일 수밖에 없다.

　　한 법률 전문가는 만일 20% 전후로 부과한 판결이 많이 나온다면 일종의 기준으로 정립될 가능성도 있을 수 있다고 의견을 밝혔다. 즉, 감사인이 고의적으로 분식회계를 알고도 봐 준 것은 아니더라도 due care를 하지 못해서 부실감사가 진행되었다고 하면 어느 정도까지 감사인의 책임을 물어야 할 것인지가 이슈가 될 수 있으며 이러한 부분적인 책임은 임의적인 판단의 영역일 수 있다.

　　이렇게 회계법인에게 20%의 책임을 물리는 것은 연대 책임제한하에서 책임제한의 개념일 수 있다.

　　비례책임제도가 도입되면서 일반적으로 회사에 60%, 감사인에게 40%의 책임을 묻는 관행이 달라질 것인지는 알 수 없지만 손해의 공평 책임에 따른 이러한 비율이 급작스럽게 변화될 것 같지는 않다는 법률 전문가의 의견이다.[3]

　　형사 소송에서는 피감기업의 책임인지 또는 감사인이 어느 정도 책임이 있는지에 대해서는 다음의 감사 환경적인 이슈들이 개입하기도 한다.[4]

　　재감사보수 부분은 대표적으로 1억원을 받고 업무정지된 화인경영회계법인 사례를 들 수 있고 재감사 결과 감사의견이 의견거절에서 적정으로 바뀌었던 사안이다. 재감사 과정에서 과도한 수임료를 받았고 이 수임료 때문에 감사의견이 영향을 받았다고 하면 심각한 문제가 있는 것이다.

　　물론 화인의 경우는 의견 변경 과정에서 분식 회계를 묵인한 사정이 결부되어 있기에 금감원 및 검찰에서 의심하고 고발 및 기소한 사안인데, 요즘도 재감사 보수로 통상 1억원 정도를 받는데 지금 시점에는 이 금액이 크다고 하

---

2) 2017.9.18. 한국회계학회 국민공감위원회에서의 김수현부장검사는 다음으로 발표하였다. 동기의 고의, 중과실, 과실 판단과 선의와는 무관하다. 법에서는 알고 하면 고의, 당연히 알아야 한다면 미필적 고의로 분류할 수 있다.

3) 비례책임제도는 손성규(2017) chapter 6를 참고한다.

4) 다음의 내용은 윤용희변호사 또는 이충은변호사와의 이메일 소통에서의 내용이다.

기는 어려우나 위 사건이 발생한 2000년에는 1억원이라는 금액이 적은 금액이 아니었다고 생각하였기에 당시에는 거액의 재감사 보수라고 명명되었다. 지금도 상당한 정도의 재감사수임료를 받고 의견이 개선되었다면 이는 심각한 문제로 제기될 수 있다.

당연히 분식에 대한 묵인 증거 없이 재감사의견이 적정으로 바뀌었다는 사정만으로 유죄판결이 선고될 수는 없고 정당하게 재감사 의견이 적정으로 변경된 사례들도 있다.

다만 화인 사례로 인하여 재감사에 회계법인들이 리스크를 느끼고 소극적으로 대응하는 것은 사실이다.

아래 신문 기사의 부산저축은행 감사일 경우는 회계절차에는 큰 문제가 없었으나 금품과 향응을 제공받은 점이 문제가 되었다고 하니 회계 외적인 환경적인 부분도 형사 소송에서 이슈가 된다.

매일경제신문. 2013.12.13. '부실감사' 공인회계사 첫 구속

금품과 향응을 제공받고 부산저축은행의 분식회계를 모른 척한 공인회계사들이 항소심에서 실형을 선고받고 법정구속됐다.

공인회계사가 부실 회계 감사로 실형을 받고 수감되기는 이번이 처음이다.

12일 서울고법 형사5부는 부산저축은행에 대한 외부감사 과정에서 분식회계를 묵인해준 혐의로 기소된 공인회계사 소모씨(49)와 김모씨(43)에게 원심을 깨고 모두 징역 1년을 선고하고 법정구속했다.

재판부는 이어 "이들은 부실을 눈감아 달라는 부정한 청탁과 함께 고급 룸살롱 등에서 2차 접대를 여러 번 받았고, 자신들의 임무 행태가 발각될 수 있는 근거 자료까지 파기했다"며 이들의 잘못을 꾸짖었다.

2011년의 저축은행 사태는 경제 전체를 뒤흔들 정도의 사건이었으며 당연히 분식회계의 이슈도 개입되었다. 거의 7년 만에 대법원은 감독기관과 회계법인이 이에 대한 책임이 없음을 확정하였다.

한국경제신문. 2018.1.13. 토마토저축은 후순위채 피해자, 손배소 패소

대법 "회계법인 감사절차 위법 없었다"

토마토저축은행의 후순위채권을 사들여 피해를 본 투자자들이 회계법인을 상대로 낸 손해배상소송에서 최종 패소했다.

대법원 1부(주심 박정화 대법관)는 김모씨 등 7명이 정부와 금융감독원, A 회계법인을 상대로 낸 손해배상 청구 소송 상고심에서 "회계법인이 감사절차를 위반했다고 인정하기에 부족하다"며 원고 패소 판결한 원심을 확정했다고 12일 밝혔다. 대형 로펌 감리 전문 변호사는 "분식회계, 허위보고서 등 형사소송과 연계된 게 아닌 이상 회계법인에 배상 책임을 묻기는 어렵다"며 "이번 사건에도 저축은행과의 명백한 공모 관계나 그로 인한 상기 추구 등이 입증되지 않았다"고 분석했다.

리스크가 큰 만큼 수익성이 높은 것으로 알려진 후순위채권을 사들인 것 또한 원고 측에 불리하게 작용됐다. 2심은 "증권선물위원회가 지적한 대손충당금 과소 계상과 관련해 회계법인 과실이 인정된다 해도 이로 인해 투자자들이 후순위 채권을 취득하지 않았을 것이라고 단정하기 어렵다"고 판결했고 대법원 또한 이를 그대로 인정했다.

금융당국도 무죄 판결을 확정받았다. 재판부는 "금감원이 토마토저축은행에 대해 대출채권의 자산건전성 분류 기준 위반을 고의가 아닌 중과실로 판단해 검찰에 고발하지 않았다는 사정만으로 직무상 의무를 위반했다고 보기 어렵다"며 "상호저축은행 감독 권한을 위임받은 금감원의 직무상 의무 위반이 인정되지 않는 이상 정부에 대한 손해배상 청구도 성립되지 않는다"고 설명했다.

chapter 47

증권사 보고서

증권사 보고서에서 매수/매도 추천 비율이 과도하게 불균형하거나 지나치게 낙관적인 예측을 하거나, 특정 재벌 기업에는 소신 있는 의견을 표명하기 어려운 등, 증권사 보고서의 독립성이 문제로 제기된다.

매일경제신문. 2017.1.3. 뻥튀기 목표주가 사라질까

오는 3월부터 증권사 기업분석 보고서에서 애널리스트가 6개월 전 제시한 목표주가가 실제 주가와 얼마나 차이가 나는지를 나타내는 '괴리율'을 확인할 수 있게 된다.

금융감독원은 금융투자협회 한국상장회사협의회 코스닥협회와 만든 '4자간 협의체'에서 이 같은 방안을 골자로 한 '국내 증권사의 리서치 관행 개선 방안'을 마련했다고 2일 발표했다. 현재 기업분석보고서에는 애널리스트가 과거 2년간 제시한 목표 주가와 실제 주가의 변동 추이가 그래프로만 표기돼 있다. 하지만 이번 방안에 따라 괴리율을 숫자로 확인할 수 있게 된다.

장준경 금감원 자본시장감독국장은 "투자자가 증권사별로 목표주가가 얼마나 정확한지를 비교 판단하기 쉬워진다"며 "목표 주가가 객관적 근거 없이 과도하게 높게 추정되는 사례가 줄어들 것으로 기대한다"고 말했다.

또 금감원은 기업분석 보고서에 대한 증권사의 내부통제를 강화하기로 했다. 앞으로 대형 증권사들은 목표 주가 추정이 10% 이상 변동할 경우 내부 심의 위원회 승인을 받아야 한다. 내부 검수팀은 준법성뿐만 아니라 보고서 작성의 기초가 되는 데이터의 정확성과 논리적 타당성을 함께 점검해야 한다.

증권사 보고서는 과거에도 매수 중심의 의견만을 표명한다고 해서 많은 문제가 있다는 비판을 받아왔다. 증권사의 입장도 충분히 이해는 할 수 있다. 증권사가 해당 기업에 부정적인 의견을 표명하였을 경우, 해당 기업은 그 증권사의 애널들이 회사에 출입하는 것 자체도 원천적으로 차단하는 등, 자유도(degree of freedom)가 없었다고도 할 수 있기 때문에 친 기업적 성향의 보고서가 양산되는 모습을 보였다. 그럼에도 불구하고 매수와 매도 의견이 유의적으로 균형을 이루지 않고 있다는 것은 이해하기 어렵다.

특히나 최순실 국정 논란 사태의 국회 청문회에서도 모 증권사의 전직 사장이 삼성물산과 제일모직의 합병 건에 대한 증권사의 보고서의 내용 관련해서도 그룹사에서 order가 내려오는 등, 기업에 대한 보고서만큼은 독립성이 유지되어야 하는데 그렇지 못한 것이 우리의 현실이다.

한국경제신문. 2017.5.5. 목표 실제주가 괴리율 반드시 명시해야

이달부터 증권사 애널리스트가 작성하는 보고서에 목표주가와 실제주가의 차이율(괴리율)을 반드시 명시하도록 관련 규정이 개정된다. 금융감독원은 이 같은 내용을 골자로 하는 '자본시장의 불합리한 관행 개선 및 신뢰 제고 방안'을 4일 발표했다. 금융투자협회는 괴리율 공시를 위해 오는 11일 개정안을 공개한 뒤 25일까지 협회 규정을 손질할 계획이다.

현재는 보고서 끝 부분에 과거 2년 동안 증권사가 제시한 목표주가와 실제 주가의 변동 추이만 그래프 형식으로 넣고 있다. 관련 규정이 개정되면 애널리스트가 전망한 목표주가와 실제 주가의 괴리율을 보고서에 반드시 적시해야 한다.

금감원은 고위험 상품을 권유하는 행위를 제재할 수 있는 근거 마련에도 나선다. 금융투자회사들은 고위험 상품을 권유하면서 소비자에게 '부적합 확인서'를 받고 있다. 소비자 투자 성향에 맞지 않는 위험한 상품에 투자하려 할 때 금융회사가 상품의 위험성을 설명했다는 것을 증명하는 자료다.

금융당국은 직원들이 책임을 회피하기 위해 부적합 확인서를 형식적으로 받는 등 큰 실효성이 없다고 판단해 이를 제재할 수 있는 규정을 세울 계획이다. 아울러 암행검사의 일종인 미스터리 쇼핑 등을 통해 고위험 상품을 권유하는 행위를 적극 단속할 방침이다. 올 하반기에는 증권사의 리서치 업무 절차와 가이드라인 준수 여부 등의 실태 점검에도 나선다.

매일경제신문. 2017.1.10. 증권사 목표주가 10건 중 8건은 '꽝'

1년 전 증권사의 코스닥 상장 기업 A사 리포트를 보고 주식에 2,000만원을 투자한 오 모씨는 요즘 잠이 오지 않는다. 당시 1만 2,000원이던 A사에 대해 증권사는 1년 후 2만원까지 오를 수 있다고 목표주가를 제기했다. 하지만 A사 주가는 지난 6일 종가 기준 1만 100원으로 매수 시점보다도 20%까지 떨어졌다. 김씨는 "알고 보니 A사 주가는 1년 전 이미 주가수익비율이 20배에 달할 정도로 비싼 상태였다"면서 "증권사의 '뻥튀기 보고서' 탓에 한 달치 월급을 날렸다"고 억울해했다.

증권사들이 1년 전 냈던 종목 리포트의 예상 목표 주가를 1년 후 실제 주가와 비교해보니 4건 중 3건 이상(77%)이 목표주가에 10% 이상 못 미친 것으로 나타났다. 재작년부터 금융투자협회와 금융감독원을 중심으로 증권사 리서치의 제대로 된 리포트 작성 개선 노력이 계속됐지만 뻥튀기 목표주가와 매수 의견 일변도의 잘못된 리포트 작성 관행은 여전한 셈이어서 문제로 지적된다.

9일 매일경제신문이 2년 전인 2015년 12월부터 2016년 1월 사이에 작성된 증권사 기업보고서 4,485건을 대상으로 당시 12개월 후 목표주가와 현재 주가(1월 6일 종가 기준)를 비교 분석한 결과, 3,450건(77%)은 실제 주가가 목표주가에 비해 10% 이상 미달한 것으로 나타났다. 나머지 1,035건(23%)만 실제 주가와 목표주가 격차가 마이너스 10% 이내로 어느 정도 들어 맞았다.

증권사별로 목표주가 전망이 들어맞은 리포트 수를 따져보면 한국투자증권이 해당 기간 작성한 리포트 216건 가운데 23건으로 적중률이 10.6%에 불과했다. 각각 136건과 395건의 보고서를 낸 이베스트투자증권과 하나금융투자로 오차범위 내 리포트가 22건과 75건으로 적중률이 20% 미만이다. 동부증권(36.8%) 메리츠종금증권(30.6%) 삼성증권(29.3%)이 그나마 상대적으로 적중률이 높았다.

금투협에 따르면 지난해 1월부터 9월말까지 33개 국내 증권사의 투자 등급 '매도' 의견 비중은 평균 0.2%에 불과했다. 같은 기간 한국에 현지 법인이 있는 외국계 증권사 14개가 낸 리포트의 '매도' 의견 비중은 15.3%였다. 국내 증권사들의 매수 일색 리포트 작성 관행이 지난해에도 여전했던 것이다.

앞서 황영기 금투협 회장은 취임 직후인 재작년 3월 "금융당국에 규제 완화를 바라기 이전에 업계 스스로 투자자 보호와 제대로 된 투자 정보를 제공하기 위해 매도 의견 리포트를 쓸 수 있어야 한다"고 강조했다.

같은 해 5월말부터 금투협 홈페이지에 증권사별 리포트 투자 의견 비중을 공시하도록 했다. 금투협은 증권사 자율적 관행 개선을 유도했으나 제대로 먹혀들지 않고 있는 셈이다.

증권사 리서치 관계자는 "지난해 7월 고도미사일방어(Thaad, 사드) 배치 결정 이후 중국 관련 중소형주 종목 주가가 급락한 것이 목표주가 실제 주가 간 차이가 커진 주요 변수였다"고 말했다.

다만 금융당국을 비롯한 시장 전반에서는 "과거부터 이어져 온 형태를 살폈을 때 리서치센터 주장은 평계에 불과하다"는 시각이 지배적이다.

금감원은 지난 2일 목표주가와 실제 주가 괴리율을 리포트에 숫자로 명시하고 증권사 내부에 리서치 보고서 심의위원회를 설치하도록 하는 내용의 '국내 증권사 리서치 관행의 실질적 개선을 위한 방안'을 발표했다.

장준경 금감원 자본시장감독국장은 "증권업이 투자자 신뢰를 회복하는 첫 단계로, 올바른 리포트 작성 관행 정착이 시급하다"면서 "감독 과정에서 실질적 변화가 이뤄지지 않는 경우 자율 규제 중심으로 돼 있는 관련 규제의 법규화를 중장기적으로 검토한 것"이라고 강조했다.

chapter 48

공정거래위원회

공정거래위원회는 감사인의 수임료와 관련되어 행정조치를 하게 된다.

문화일보. 2017.1.12. 회계감사는 공공재… '자유수임제' 손봐야

기업 회계감사를 '공공재' 성격으로 보고 기업이 감사인을 선택하는 현행 '자유수임제'를 손봐야 한다는 목소리가 커지고 있다.

윤세리 법무법인 율촌 대표변호사는 11일 한국공인회계사회가 '회계감사의 공공성 제고 방안' 등을 주제로 연 세미나에서 "실질적인 회계정보 사용자는 의뢰인(기업)이 아닌 국가와 투자자 등 제3자"라며 기업 입맛에 따라 감사인을 고르는 자유수임제를 개선해야 한다고 주장했다. 국기호 한국감정평가협회 회장도 "회계감사는 기업에 대한 국세청의 과세 근거와 투자자의 투자 판단, 은행 등 금융기관의 대출 등에 활용되는 만큼 공공재로 봐야 한다"며 "경쟁 촉진에만 목적을 둔 자유수임제 틀 안에선 공정하고 신뢰성이 있는 감사 결과를 기대하기 어렵다"고 지적했다.

그는 이어 "회계감사의 최우선 가치는 '국민 재산권 보호'"라며 "기업의 감사인 선정을 금융당국이나 제3의 기관이 선정하는 '지정감사제'로 바꿔어야 한다"고 했다.

이날 짬짜미(담합) 논란이 있는 감사 비용 기준 마련에 대한 법적 검토도 이뤄졌다. 윤 대표변호사는 "사업자(회계법인)가 가격을 미리 정해두면 공정거래법상 담합"이라면서 하지만 "사업자뿐만 아니라 이해관계가 있는 시장 참여자들이 함께 회계감사 비용 관련 기준을 마련한다면 이를 공정거래법 위반으로 볼 수 없다"고 말했다.

과거에 적용되던 감사보수규정은 1999년도에 폐지되었는데 그 당시에도 회계감사용역에 대한 수요자 대표라고 할 수 있는 상장회사협의회 등과 회계

감사 용역에 대한 공급자라고 할 수 있는 한국공인회계사회가 합의 도출한 감사보수규정을 재무부장관이 승인하는 형식을 갖추었다. 윤변호사의 주장에 의한다면 카르텔일괄폐지법에 의해서 폐지된 감사보수규정이 여러 이해 관계자가 중지를 모아서 결정된 산출물이므로 법 위반이 아니라는 주장이다.

매일경제신문. 2017.3.16. 회계감사품질과 서비스 값의 딜레마

대우조선해양 분식회계와 부실감사 건으로 회계업계가 무척 복잡하다. 부실감사는 많은 정책 도입으로도 사라지지 않고 있으며 금년 1월 금융위원회가 한국회계학회의 용역보고서에 기초하여 제도 개선 방안을 발표했고, 여러 번의 국회 공청회를 통해 의견 수렴과정을 거치고 있다.

회계업계에서는 부실감사의 주된 원인을 낮은 감사수임료와 연관시킨다. 자본주의에서 모든 재화와 용역에는 이에 상응하는 가격이 정해지는 것이 당연하다. 많은 통계치에 의하면 총 감사수임료나 시간당 감사수임료가 지속적으로 하락하고 있으며, 외국에 비해서도 많이 낮은 것으로 보고된다.

고품질 용역을 구입하는 데는 높은 가격을 기꺼이 지불하며, 낮은 품질의 용역에는 이에 상응하는 낮은 가격이 정해지는 것이 가격 기능이다. 그런데 회계감사에는 이러한 가격 구조가 잘 적용되지 않는다. 왜냐하면 감사의 최종적인 산출물은 감사보고서와 이에 표명되는 감사의견인데 거의 대부분의 의견이 적정의견이다. 회계감사 기준에서 요구하는 주의의무를 다 이행한 이후에 적정의견이 표명된 것인지, 그렇지 않고도 적정의견을 표한 것인지를 이용자가 구분하는 것이 매우 어렵다. 또한 당장은 품질 하자를 발견하기도 어렵고 분식이 사후적으로 발견되거나 하자가 묻힐 수도 있다.

동시에 이러한 용역을 구매하는 피감기업이나 회계정보 이용자가 과연 높은 감사품질을 요구하는 것인지도 명확하지 않다. 피감기업은 적정의견을 받는 것이 최종적인 희망사항일 것이며 이용자는 투자의사 결정 시 회계정보 이외에도 다른 많은 정보에 의존하기 쉬우며 전문성이 없다면 회계정보를 철저하게 판독하기도 쉽지 않다. 그렇다면 회계감사라는 용역에 대해서는 누가 높은 품질을 희망하는지도 명확하지 않으며 동시에 품질이 차별화되지 않으니 용역을 구매할 때 가격만이 결정 요인으로 남게 될 가능성이 매우 높다. 즉 감사인들이 품질이 아닌 가격으로 경쟁하기 쉬우며 기업도 이 잣대로 감사인을 선임하기 쉽다.

흔히 전문 직종으로 변호사와 회계사를 비교한다. 물론 유사성이 있는데 품질과 가격의 상호 관계에서는 극명한 차이가 나타난다. 변호사 시장은 고품질에 대해 높은 가격을 흔쾌히 지불한다. 고품질의 법률 용역은 바로 재판의 승소로 나타나므로 가격이 아깝지 않은데 회계감사에서는 적정의견만을 '성공'이라고 판단한다면, 예외적인 경우를 제외하고는 어차피 '성공'이므로 피감기업이 높은 가격을 지불할 유인을 찾기 어렵다. 즉 가격 효율적인 시장이 아니다.

가격 경쟁으로 회계감사를 수임했다면 당연히 필수적인 시간 투입이 어려워지며 감사 품질은 저하되는 악순환이 거듭될 수 있다. 그러면 이 현상을 어떻게 타개할까? 해답은 염가 서비스가 제공되지 않도록 가격을 보장해 주는 대안이 남게 된다. 그러나 1999년 공정거래위원회는 가격 경쟁이 제한되면서 품질이 낮아진다며 카르텔일괄정리법에 의해 회계감사를 포함한 9개 전문가 용역에 대해서 보수를 정해주는 것을 금지했다. 그러나 위에서도 기술했듯이 회계감사시장은 가격 경쟁이 품질을 낮춘다.

다만 예외적으로 감정평가업에 대해서만큼은 요율을 정해 주는 것을 용인하고 있다. 공정거래법에서는 공공성의 관점에서 고도의 공적 규제가 필요한 사업일 경우 예외를 인정할 수 있다. 회계감사는 가장 대표적인 공공재이며 그 용역에 대한 대가를 감사의뢰인이 지불하기는 하지만 회계정보 이용자가 대가 없이 이 용역을 이용하고 있다.

그런데 자본시장의 가격 기능이 회계감사의 최소한의 품질을 지켜낼 수 없다면 이러한 불완전한 시장에서는 가격 규제 기능이 개입할 수밖에 없다. 물론 가격 이외에도 회계와 회계감사 품질을 개선할 수 있는 수임제도를 포함한 여러 가지 다른 정책을 동시에 시행함이 감사품질 개선에 도움이 될 것이다. 회계업계, 금융위원회, 공정거래위원회가 이 이슈에 대한 고민을 해 주었으면 하는 바람이다.

chapter 49

이사회 승인, 주총 승인?

기업지배구조에서 기업 내 어느 기관이 어떠한 의사결정을 수행하는지는 매우 중요하다. 주주총회가 모든 의사결정을 수행할 수도 없고 그렇다고 주총이 직접 수행하여야 할 의사결정을 이사회에 위임해서도 안 된다.

뉴스토마토. 2016.10.19. 이사회 배당기업, 주총배당기업 비해 배당 수준 낮아

주총배당기업 배당성향 62.81%, 이사회배당기업(34.78%) 대비 1.8배 웃돌아

이사회에서 배당을 결정한 기업(이하 이사회 배당기업)이 주주총회에서 배당을 결정한 기업(이하 주총배당기업)에 비해 주당 배당금(DPS) 수준이 낮은 것으로 조사됐다. 주당 배당금은 기업이 실시한 결산배당금을 유통주식수로 나눈 값으로, 주주가 1주당 받게 되는 실제 금액을 말한다.

19일 한국기업지배구조원에 따르면 지난해와 올해 모두 결산배당을 실시한 유가증권시장(코스피) 상장기업 457사를 대상으로 주총배당기업과 이사회배당기업간 배당수준 등을 비교한 결과, 주총배당기업의 주당배당금 수준이 이사회 배당기업에 비해 더 높은 것으로 나타났다.

2011년 상법 개정안에 따라 기업은 정관 변경을 통해 재무제표 승인과 배당 결정의 주체를 주주총회에서 이사회로 변경할 수 있다. 상법 제449조의2에 따르면 기업은 재무제표에 대한 외부감사인의 적정의견이 있고, 감사 또는 감사위원회 전원의 동의가 있을 때 이사회의 결의로 재무제표를 승인할 수 있음을 정관에 도입함으로써 그 승인주체를 변경할 수 있다.

지난해와 올해 모두 이사회 배당기업의 주당배당금 수준은 주총배당기업의 주당배당금보다 낮았다. 실제로 올해의 경우 주총배당기업의 주당배당금은 936.57원으로 이사회

배당기업의 851.03원보다 높았다. 배당성향(올해 기준) 역시 주총배당기업이 62.81%로 이사회배당기업의 34.78%에 비해 1.8배 높았다.

배당 여력이 증가한 상황에서 주총 배당기업은 이사회 배당기업에 비해 배당수준을 유지하기보다는 올리는 선택을 한 기업의 비율이 높았던 반면, 이사회배당기업은 배당 여력이 감소할 경우 주총배당기업에 비해 배당수준을 감소시키려는 경향을 보였다.

실제로 올해 기준 주총배당기업 중 영업현금흐름이 증가할 경우 주당 배당금을 늘린 기업은 119사로 전체의 52.42%를 기록했다. 유지한 기업은 80사로 35.24%를 기록했다. 이사회 배당기업의 경우에는 영업현금흐름이 증가할 때 주당 배당금을 늘린 기업은 22사(50%), 유지한 기업은 20사(45.46%)로 큰 차이가 없었다. 영업현금흐름이 감소할 경우 주당 배당금을 줄인 주총 배당기업은 35사(20.59%)로 유지한 기업 75사(44.12%)보다 작았다. 이사회 배당기업의 경우에는 영업현금흐름이 감소할 때 주당배당금을 줄인 기업과 유지한 기업이 각각 5사(31.25%), 6사(37.5%)로 큰 차이가 없었다.

안세환 한국기업지배구조원 연구원은 "이는 배당결정주체가 배당정책의 패턴에 영향을 미칠 수 있음을 의미하는데, 주총에서 배당을 결정할 경우 배당 스무딩 현상이 보다 강하게 나타날 수 있다"고 말했다. 그는 이어 "이사회에서 배당을 결정할 경우 그 규모가 상대적으로 작은 이유는 주총에 보고되지 않은 각종 사내 현안을 고려한 배당 의사결정을 내리기 때문 일수도 있지만, 대리인 문제를 야기할 수 있는 사익편취로 이어질 가능성도 있다"고 덧붙였다.

한편, 유가증권시장 상장사 457곳 중 정관 변경을 통해 이사회에 재무제표 승인 권한을 부여한 기업은 209사(누적)로, 제도 도입 초기인 2012~2013년 급격히 증가(누적 기준 198사)한 이후 완만한 상승세를 보이고 있다. 이 중 실제로 이사회에서 배당을 승인한 기업은 60사다.

상법개정 이유는 정기 주주총회에서 배당을 결정하는 경우 배당기준일인 사업연도 말일부터 정기 주주총회까지는 배당액이 확정되지 아니하여 투자자들이 주식가치를 판단하기 어렵기 때문이라고 하였다. 개정상법은 배당액을 이사회에서 결정할 수 있도록 함으로써 배당을 신속하게 결정하게 하여 투자자들의 주식가치 예측에 도움을 주기 위하여 도입되었지만 실질적으로 이사회에서 배당을 결정하기 위해서는 외부감사인의 적정의견이 전제되어야 하므로 통상적으로 외부감사인의 감사보고서가 회사에 제출되는 주주총회 2주 전에

야 이사회에서 배당을 결정할 수 있게 된다. 즉, 주주총회에서 배당을 승인하는 경우와 2주 정도의 시간 차이가 있을 뿐이다. 더욱이 이사회에서 결정된 배당액은 외부에 공시되지 않아 투자자들은 사업보고서가 공시된 주주총회 이후에서야 확정된 배당액을 알 수 있어 실질적으로 이사회 배당 결정이 투자자들의 주식가치 예측에 도움이 된다고는 볼 수 없다는 견해도 있다.

일단, 제도적으로 이사회에서 확정을 할 수 있는 요건을 만족하여 정관을 변경한 이후에도, 이사회가 아니라 주총에서 배당을 확정한다는 것이 매우 흥미롭다. 이렇게 진행을 할 것이면 애당초, 어떠한 사유에서 정관을 변경했는지라는 의문을 가질 수 있다.

이사회에서 배당을 선언한 기업이 배당수준이 낮은 것에 대해서는 다음과 같이 해석이 가능하다.

배당 수준이 높고 낮은 것에 대한 주주의 선호도는 주주별로 차이가 있는 것이 당연하지만 일반적으로 주주는 높은 배당을 선호한다고 해석하면 높은 배당을 결정하는 주주총회는 이사회 이사들에게는 큰 부담이 없을 것이다. 단, 반대로 배당 수준이 낮을 경우는 주총에서 승인을 받는 것이 부담이 될 수 있으므로 이사회에서 의결을 할 수 있다.

반면에, 배당수준이 낮은 것을 주주들이 선호하지 않는다고 하면 오히려 부담이 되는 의사결정일 경우는 주주총회에 가서 주주들이 직접 의사결정을 하도록 이사회의 의사결정을 주주총회에 미룰 수도 있다. 따라서 위의 기사가 제공한 이슈는 실증적인 의문사항(empirical question)이다.

물론, 배당 수준이 높다 낮다에 대한 판단은 횡단면적 비교의 결과일 수도 있고 시계열적인 판단의 결과일 수도 있다.

일부 기업의 감사위원회의 경우는, 회사 측은 이사회 단계에서 재무제표의 확정을 희망한다는 의향을 전달하였지만 일부의 사외이사가 재무제표 확정이라는 매우 중요한 의사결정을 어떠한 이유에서 기업의 최고의사결정기구인 주주총회로 보내지 않고 이사회에서 결정하여야 하는지에 대한 의문을 제기하면서 주총에 상정하는 것으로 최종적으로 결정되었다. 따라서 그 기업의 경우는 어떠한 복잡한 의사결정이 아니라 매우 원천적인 기업지배구조 관련된 의사결정이었다.

재무제표 승인권한 및 이사회 승인시 승인시기   (개사, %)

구분	2015 사업연도		2014 사업연도	
	회사수	비율	회사수	비율
① 재무제표를 주주총회에서 승인 (이사회 승인 정관근거 없음)	198	51.2	269	62.9
② 이사회 승인의 정관 근거 있으나 주주총회 승인	115	29.7	90	21.0
③ 정기주주총회 1주 전에 이사회에서 최종 승인함	45	11.6	47	11.0
④ 정기주주총회 1주 전 이후 정기주주총회일 사이에 이사회에서 최종 승인함	10	2.6	4	0.9
⑤ 별도의 이사회 개최 없이 정기주주총회 6주 전 결산이사회에서 최종 승인함	14	3.6	12	2.8
⑥ 기타	5	1.3	6	1.4
합계	387	100.0	428	100.0

기타: 법원보고로 갈음 등
자료: 상장회사협의회

이사회에서 재무제표를 확정하는 것이 옳은지 아니면 주총에서 확정하는 것이 옳은지에 대해서는 오랜 기간 논란이 있었다. 2011년 이전에는 주주총회에서 재무제표를 확정하여야 하였지만 2012년 상법 개정에 의해서 주주총회에서 정관을 개정하는 경우, 주총 대신 이사회에서 재무제표를 확정할 수 있다.

2017년 초 현재 상장기업 중, 약 반에 해당하는 기업에서 정관을 변경하여 이사회에서 재무제표를 확정할 수 있다.

그러나 정관이 이와 같이 변경된 기업일지라도 두 가지 조건하에서는 반드시 주총에서 재무제표를 확정하여야 한다.

첫째 조건은 감사위원회에서 모든 위원이 이사회에서 재무제표를 확정하는 것으로 동의하여야 하며, 둘째는 재무제표에 대한 의견이 적정이어야 한다. 이 두 조건 중, 한 조건이라도 만족되지 않으면 정관이 개정되어 있다고 하더라도 주총에서 재무제표가 확정된다.

이사회에서 재무제표가 확정되는 장점은 가결산 재무제표가 공시되고 결산 이사회가 진행된 이후에는 회사의 재무제표에 대한 정보가 어느 정도 시장에 나가게 된다. 보안이 지켜지기도 어렵고 그렇다고 재무제표가 주총에서 수정될 가능성도 매우 낮지만 그럼에도 주총에서 재무제표가 확정될 때까지는 법적으로 확정된 것이 아니다. 실질적으로는 확정된 것인데 형식적으로는 확정된 것이 아니고 이러한 기간적 차이가 있을 수 있다.

빈번하게 발생하는 일은 아니지만 재무제표를 수정하여야 하는 경우가 있다. 이사회에서 확정하는 경우는 이사회에서 재무제표를 확정하면 재무제표가 확정되지만 주총 의결사안이라고 하면 다음번 개최되는 정기 주총까지 수정을 기다려야 한다. 물론, 임시 주총을 개최할 수 있지만 재무제표 수정만을 위해서 임시 주총을 개최하는 경우는 많지 않다.

이사회에서 재무제표를 승인하도록 제도를 갖추어 두고도 주주총회에서 재무제표를 승인하는 기업들의 경우는 왜 그렇게 되는지에 대해서는 매우 흥미로운 연구주제이다.

물론, 감사의견이 비적정인 경우는 매우 소수이므로 설명이 되지 않으며 감사위원회에서 반대하는 경우가 있는 경우도 우리나라의 기업지배구조의 현상을 생각해 보면 그다지 많지는 않을 것이다. 그렇다면 아마도 회사의 재무 파트에서 총회에서 승인받기를 희망했던 경우라고 판단된다.

한 가지 조금 이해하기 어려운 부분은 총회에서 배당이 확정된다고 해도 결국은 이사회에서 제안한 내용을 가지고 그 안건을 확정했다는 의미일 것이다. 그렇다면 이사회에서 의결을 하여 최종 결정하거나 이사회에서 안건을 상정하여 주총에서 의결하거나 결국은 이사회에서 제안한 배당 금액이 변경될 가능성은 높지 않으므로 배당의 결정은 확정되는 기관을 떠나서 이사회의 의사가 반영되는 것이 일반적이다. 그럼에도 불구하고 이사회 의결과 주총 의결의 경우 배당의 크기에 유의적인 차이가 존재한다는 것은 이사회에서 배당을 확정하거나 주총에 제안할 경우에 어떤 기관에서 배당이 확정되는지에 따라서 배당의 결정을 달리한다는 것이다.

손성규, 조은정(2017)은 이사회에서 또는 주주총회에서 배당을 확정하는 기업간에 어떠한 특징이 있는지를 비교 검토하는 연구 이외에도 태생적으로 어떠한 기업이 이러한 2012년의 상법 개정안을 정관에 도입하였는지와 도입하지 않았는지의 기업의 특성과 관련된 연구를 수행하였다.

chapter 50

회계제도개혁 TF

금융위원회는 대우조선해양의 5조원 회계분식 사건이 발생하면서 한국회계학회, 한국상장회사협의회, 코스닥협회, 한국공인회계사회 및 금융감독원과 같이 2016년 8월 TF를 구성하여 외감법 전면 개정안의 기초가 되는 용역보고서를 작성하게 된다. 용역 보고서 작성의 주체는 한국회계학회이며 한국공인회계사회, 상장협, 코스닥협회가 재정적인 지원으로 진행되었다. 한두 번 회의는 한국회계기준원과 금융투자협회에서 참석하기도 하였다. 저자는 TF 연구진은 아니었으나 당시 한국회계학회장으로 거의 모든 회의에 배석하였다. 이 TF의 연구보고서가 어느 정도 기초가 되어서 정부 입법 외감법 개정안이 작성되었다.

이 TF의 보고서 내용에 근거하여 정부 입법 외감법 전면 개정안이 2017년 1월에 확정되었고, 2017년 9월에 국회에서 외감법이 개정되면서 금융위원회는 다시 한 번 TF를 구성하여 외감법 시행령 작업을 수행하게 되며 2018년 4월, 시행령이 입법예고되었다.

연구보고서에 포함된 혼합지정제의 내용이 2017년 9월의 외감법 개정안에 궁극적으로 포함되어서 법 개정의 기초를 제공하였다.

외감법 전부 개정안에 포함되지 않은 TF의 논의 내용은 chapter 39에 기술되어 있다. 언론에서 이 내용을 어떻게 기사화하는지도 중요하므로 이를 먼저 소개하고 그 내용을 기술한다.

감사인 강제 교체와 같이 제도라는 것이 채택/폐지된 이후에도 다시 고민하게 되므로 순환된다고 할 수 있다. 제도에 대한 고민은 지속되는 것이므로 확정된 외감법 개정안에 포함된 제도가 아니라고 해도 고민하고 연구하였던 제도의 장단점은 모두 기술한다. 예를 들어 우리가 채택하였다가 폐지한 감사인 강제교체 제도를 EU가 채택하는 것을 보아도 그렇다.

매일경제신문. 2017.1.13. 분식우려 기업, 회계법인 선임 못한다

- 금융위 투명회계 대책

금융위원회가 외부감사인(회계법인) 자유선임 원칙을 유지하면서 지정제를 확대하는 내용을 골자로 한 회계투명성 제고 방안을 내놨다. 하지만 회계업계와 국회는 자유선임과 지정제를 섞은 '혼합선임 방식'을 모든 기업에 전면 도입할 것을 주장하고 있어 후속 대책 추진에 진통이 예상된다.

금융위는 12일 분식회계 가능성이 높은 기업 등에 외부감사인 지정을 확대하는 내용을 골자로 한 '회계투명성 신뢰성 제고 방안'을 발표했다. 김용범 금융위 사무처장은 "모든 기업에 외부 감사인을 전면 지정해야 한다는 의견이 있지만 기존에 잘하는 기업까지 지정제를 적용하는 것은 과도하다"며 "경제에 미치는 영향이 큰 기업, 지배구조가 불투명한 기업을 대상으로 지정제를 확대할 방침"이라고 말했다. 외부감사인 자유 선임 원칙을 지키는 가운데 지정 사유를 확대하는 쪽으로 가닥을 잡은 것이다.

현재 금융위는 부채비율이 높은 기업 등에 한해 증권선물위원회가 외부 감사인을 지정하는 제도를 운영하고 있는데 실제 적용되는 기업은 2015년 기준 상장기업의 7% 수준에 불과하다.

김용범 사무처장은 "회계투명성이 떨어지는 업종이나 재무구조상 소유 경영이 분리되지 않아 분식회계 위험이 높은 기업 등을 지정제 대상으로 선정할 계획"이라고 말했다.

이들 기업에는 일정 기간 자유 선임 후 3년간 외부감사인을 지정하도록 하는 혼합선임제를 도입할 가능성이 높은 것으로 전해졌다. 외부감사인은 기업이 기존 감사 회계법인이 아닌 다른 회계법인 3곳을 추천하면 금융당국이 1곳을 지정하는 방식이 적용된다. 구체적인 지정 기준과 대상은 이달에 발표될 예정이다.

이 같은 정부안에 상장사와 회계업계는 상반된 입장을 보였다. 상장사들은 모든 기업에 전면적으로 감사인 지정제가 도입되지 않는 데 안도하는 분위기다.

상장사 관계자는 "회계 문제가 없는 기업에까지 감사인 지정을 하는 것은 불합리하다"며 "지정감사가 늘어나겠지만 기업들에 제한적이나마 감사인 선택권까지 부여한 것은 합리적"이라고 말했다.

하지만 그동안 외부감사인 지정제를 전면 도입해야 한다고 주장해온 회계업계와 야당은 반발하고 있다. 회계업계는 일정 기간 자유선임 후 3년간 지정감사하는 혼합선임제와 6년 자유선임 후 1년은 감사인 2곳이 외부 감사하는 이중감사제를 주장하고 있다. 채이배 국민의당 의원은 9개 사업연도 중 3개년은 반드시 지정감사를 받도록 하는 '6+3 혼합감사제' 도입을 골자로 한 '주식회사의 외부감사에 관한 법률' 개정안을 발의한 상태다.

채 의원은 "선택지정제나 감리 확대는 근본적인 처방이 될 수 없다"며 "분식회계 같은 시장 실패를 막으려면 정부가 보다 적극적으로 개입해야 한다"고 말했다. 최운열 더불어민주당의원도 "기업은 비용 부담을 얘기하지만 지정감사제를 도입했을 때 신뢰도가 높아지는 실익이 더 크다"며 "향후 입법 논의에서 정부안과 혼합선임제를 같이 논의해 조정해야 할 것"이라고 말했다.

한편 금융위는 회계법인에 대한 감사 권한과 책임도 강화하기로 했다. 금융위는 회계법인의 감사 품질을 점검해 등급이 낮은 회계법인에 아예 상장사 감사를 금지할 방침이다. 현재는 일정 규모 이상의 회계법인은 모두 상장사를 감사할 수 있게 돼 있는데 감사 품질을 평가해 부실 회계법인을 시장에서 퇴출시키겠다는 방침이다.

또 한국공인회계사를 통해 감사시간과 관련된 가이드라인을 마련해 최저 감사시간을 자율 규제할 방침이다. 감사보수는 직접 건드리지 않는 대신 업종별 최저 감사시간을 정해 감사보수를 합리화하는 동시에 감사 품질도 높이겠다는 의도다.

앞으로 회계법인은 외부감사를 하면서 기업의 내부회계관리 상태도 철저히 감사하고 검토 의견을 제시해야 한다. 그동안 회사 내부 회계관리에 대해 구두로 설명을 듣고 검토만 하면 됐지만 앞으로는 증빙 자료를 받고 감사해 그 결과에 대한 법적 책임도 져야 한다.

감사 대상 회사뿐 아니라 자회사에 대해서도 컨설팅 업무가 대폭 제한된다. 현재 허용되고 있는 감사 대상 회사에 대한 매수 목적의 인수 합병 관련 업무가 앞으로는 금지된다.

금융위는 또 현재 수주산업에만 적용되는 '핵심감사제'를 단계적으로 상장기업 전체로 확대하기로 했다. 핵심감사제는 외부 감사인이 핵심감사 항목을 정해 중점적으로 살핀 뒤 그 내용을 보고서 등을 통해 공개하도록 한 것이다.

금융감독원의 상장법인 감리 주기는 현재 25년에서 10년으로 줄여 나가기로 했다. 또 회계부정에 대한 외부감사에 관한 법률상 제재를 원칙적으로 자본시장법상 최고 제재 대상인 불공정거래 제재 수준으로 상향할 방침이다.

상장법인 외부 감사인 지정 현황

2014년 외부감사회사: 1,868

　　　지정회사: 86

2015년 외부감사회사: 2009

　　　지정회사: 157

금융위 회계 투명성 제고 방안

-외부 감사인 지정제 확대

-표준 감사시간 관련 가이드 마련

-내부회계관리에 대한 감사 강화

-회계법인 감사 품질관리 등급 도입

-부실 회계법인의 상장회사 감사 금지

-핵심감사제 상장기업 전체로 단계적 확대

-금감원 감리 주기 10년으로 단축

-감리 대상 회사에 대한 M&A 등 컨설팅 금지 대상 확대

-회계부정 제재를 자본시장법상 불공정거래 수준으로 확대

　　위의 신문기사에서 2015년에 들어오면서 지정제가 확대된 것은 외감법 시행령으로 인한 재무구조에 따른 외감법 대상 기업 확대의 영향이다. 아래 기사의 내용은 정부 입법 외감법 전면 개정안의 내용이다.

한국경제신문. 2017.1.13. 시장 영향력 큰 상장사 분식회계 발생 우려 기업 '주주가 많거나 덩치 크다고 사전 규제하는 건 이해 안돼'

　　앞으로 주주 수가 많은 회사 등 시장 영향력이 큰 상장사는 감사인을 자유롭게 선임할 수 없게 된다. 외부 감사인이 핵심적인 재무 위험 정보를 투자자에게 알리도록 하는 핵심감사제의 시행 범위도 모든 상장사로 확대된다. 금융위원회는 2017년 업무보고를 통해 이 같은 내용의 '회계 투명성 신뢰성 제고 방안'을 12일 발표했다. 구체적 개편 방안과 시행 시기 등은 이달 말 확정 공개된다.

• 삼지선다식 지정

금융위는 우선 시장 영향력이나 분식회계 위험이 큰 상장사의 감사인 선임 자유를 크게 제한키로 했다. 제2의 '대우조선 해양 사태'를 막고 회계 투명성을 높이기 위해서는 회계법인이 감사 대상 회사에 종속되는 현행 자유수임 구조를 바꿔야 한다는 판단에서다.

다만 지정 방식은 기업이 우선 세 개 회계법인을 골라오면 그곳에서 한 곳을 지정해주는 '선택지정제'를 택하기로 했다. 상장을 앞둔 기업이나 분식회계 전력이 있는 기업에 무작위로 회계법인을 지정하는 현행 지정제 방식에 비해 기업의 자율성이 보장된다는 게 금융위의 설명이다.

대상은 전체 상장사 가운데 -분식회계가 발생할 경우 파장이 클 회사, -지배구조성 분식회계 발생 가능성이 높은 회사 -증권선물위원회가 지정하는 회계 투명성 유의업종에 해당하는 회사로 정했다. 주주 수가 많거나 소유와 경영이 분리되지 않은 회사 등이 포함될 가능성이 높다. 김용범 금융위 사무처장은 "오너십이 강한 국내 기업 환경을 고려해 전면 지정제를 주장하는 목소리도 작지 않았다"며 "하지만 회계처리를 제대로 하고 있는 기업에까지 과도한 부담을 주는 것은 맞지 않다고 판단했다"고 말했다.

건설 조선 등 수주산업에 한해 시행 중인 KAM도 전체 상장사로 확대한다. KAM은 외부 감사인이 기업 회계감사 과정에서 가장 중요하거나 위험하다고 판단한 정보를 감사보고서에 서술하는 제도다. 지난해 분식회계 논란이 거셌던 건설 조선 등 수주산업에 한해 도입됐지만 회계 투명성 제고를 위해 대상 회사를 대폭 늘리는 것이다.

회계부정을 저지른 기업에 대한 제재가 강화되고 부실하게 내부관리제도를 운용한 회사에 대한 처벌도 가능해진다. 지금은 5~7년 징역 또는 5,000~7,000만원의 벌금을 물지만 앞으로는 10년 이하 징역과 벌금(이득액의 3배 이하)을 동시에 부과받는다.

• 선량한 기업에 부담 줘선 안돼

상장회사를 감사하는 회계법인의 책임과 처벌도 강화된다. 금융감독원은 주기적으로 해당 회계법인의 품질관리형태를 점검한 뒤 문제가 있다고 판단되면 상장사에 대한 감사를 금지할 방침이다.

회계법인이 감사하고 있는 회사(연결자회사도 포함)에 감사 외 용역을 제공한 것도 금지된다. 인수합병 실사를 비롯해 매도 매수 자문 등을 모두 금지하는 방안이 유력하다. 감사시간 부족에 따른 감사실패 문제를 해결하기 위해서는 '표준 감사시간'을 도입하기로 했다. 한국공인회계사회 차원에서 관련 가이드라인을 만들어 자율규제 형태로 운영한다.

경제계는 회계 투명성 제고라는 대의에는 공감하지만 지정제와 KAM 확대 등은 예상치 못한 부작용을 가져올 수 있다고 우려하고 있다.

한 상장사 회계담당자는 "분식회계가 발생할 경우 파장이 클 수 있다는 이유로 아무 잘못도 없는 감사인 선임 자유를 제한하는 것은 상식적으로 납득하기 어렵다"며 "미국처럼 잘못한 회사를 일벌백계하지 못하는 구조에서 회계 투명성이 개선될 수 있을지 의문"이라고 말했다.

국제적으로도 효과에 대한 논란이 있는 KAM을 선제적으로 도입하는 것도 우려스럽다는 지적이다. KAM이 도입되면 '단문형'인 감사의견 체계가 '장문형'으로 깐깐해지기 때문에 기업 처지에서는 감사비용이 올라가고 소송 리스크도 커진다.

회계투명성 제고방안 주요 내용

기업:

시장 영향력 큰 회사 등은 감사인 선임자유 제한

회계부정을 저지른 기업인 제재강화(7년 → 10년)

내부회계관리제도 인증강화(검토 → 감사)

감사인:

품질관리가 미흡한 회계법인은 상장사 감사 금지

감사 중인 회사에 M&A 자문 등 금지

표준 감사시간 가이드라인 마련

이 내용이 위의 신문기사에서 '주주가 많거나 덩치가 크다고 사전 규제하는 건 이해 안돼'라는 비판성 내용과 연관되는 부분이다. 왜냐하면 감사인을 자유선임할 수 있는 권한이 제한되기 때문에 이러한 논지가 제시된 것이다. 그러나 이러한 논지는 이 기업군에 대해서 제안된 제도는 완전한 직권지정제도가 아니라 지정제도와 어느 정도의 자유수임제도를 어느 정도는 절충한 제도라는 데서 정당화된다.

어쨌거나 기업의 입장에서는 감사인을 선임할 수 있는 권한이 제한된다는 것에 대해서 반길 이유는 없다.

위에서도 기술하였듯이 정부는 자산 규모 2조원이 넘는 기업에 대해서 더 강한 제도를 적용하기도 하므로 이러한 차원에서는 이해관계자가 많은 기업들에 대해서 투명회계의 정착을 위해서 더욱 강한 제도를 적용한다고 할 수 있다.

> 2. (취약) 비교적 분식회계에 취약한 요인이 있다고 판단되는 경우
> (지배구조)1 외감법 §11 및 동법시행령[1] §14, 외감규정 §10에 보면 어떠한 경우에 감사인을 지정해야 하는지를 나열하고 있다.
> 소유경영미분리(지분율 50% 이상(특수관계자 포함)인 지배주주가 회사 대표이사인 경우, 잦은 최대주주 변경

소유 경영 미분리 기업에 대해서 감사인을 지정하는 제도는 이미 과거에 외감법에 포함되었던 내용이므로 새로운 것은 아니다. 또한 잦은 최대주주의 변경도 과거부터 지속적으로 회계사기와 관련되는 환경적인 내용으로 지적되던 항목이다. 잦은 최대주주의 변경은 소위 '먹튀'라고 지칭되는 경영 행태에 대한 조치이다.

개정된 외감법 개정안에서는 1년안에 최대 주주가 3회 이상 변경되었을 경우를 과도한 최대주주 변경이라고 판단하고 있다.

단, 소유경영 미분리인 지배주주가 대표이사인 경우로 규정을 하고 있는데 이는 대표이사의 권한을 과도하게 확대해석한 것으로 이해한다. 최대주주가 등기를 하는 경우는 이 최대주주가 대표이사를 맡거나 맡지 않거나 이사회를 장악하게 된다. 더 정확하게는 특수관계자를 포함하여 과반의 지분을 가진 최대주주가 있다면 이 최대주주의 등기 여부를 떠나서 얼마든지 경영의사결정에 영향을 미칠 수 있다. 그럼에도 적법하게 경영의사결정에 영향을 미치는 것을 가정한다면 이는 임원으로 등기하는 것으로 정의하는 것이면 충분하지 굳이 대표이사를 맡는 것으로 한계를 둘 것까지는 없다는 판단이다. 대부분의 기업의 경우, 주주총회에서는 이사의 선임까지만 의결을 하므로 등기한 이사 중에서 누가 대표이사를 맡을지는 주총 이후 첫 이사회에서 결정된 내용이다. 물론, 일부의 기업일 경우는[2] 주주총회에서 별도로 대표이사를 구분하여 선임

---

1) 2018년 11월 1일부터 시행되는 시행령의 규정 번호이다.

하는 경우도 있다. 따라서 최대주주가 대표이사를 맡을지 또는 맡지 않을지의 의사결정도 주총 이후 첫 이사회에서 최대주주의 영향력 하에서 결정되었을 것이다.

최대주주가 등기하였다면 이 최대주주가 이사회에서 대표이사로 선임되는 것이 매우 쉬운 일이다. 즉, 최대주주로 선임되지 않았다고 하면 본인이 희망해서 대표이사가 되는 것을 회피한 것이다. 따라서 일단, 등기하였다고 하면 대표이사 여부를 떠나 경영활동에 전권을 행사한다는 것은 자명하다.

어떻게 보면 우리나라는 감사/감사위원은 주총에서 선임하고 대표이사의 선임은 이사회 의결사항이므로 상법에서는 감사/감사위원의 선임을 대표이사의 선임보다도 더 중요한 의사결정으로 판단하고 있다고 할 수 있다. 즉, 대표이사는 이사회에서 이사 중에서 선임하게 되는 직이므로 법상에서 보기에는 감사/감사위원의 위상보다도 못하다고 할 수 있다. 任免 권한이 누구에게 있는지는 법적으로 매우 중요하다.

최대주주의 존재감 자체도 전횡을 할 수 있는 가능성이 농후하지만 그럼에도 이사회 중심 경영이라는 차원에서는 이사회의 존재를 존중하여 나온 정책 방향이므로 등기 여부는 중요 사안이다.

이사회의 대표이사를 맡는다는 것은 권한/책임 등에서 여러 가지 법적인 의미가 있지만 특히나 등기를 한 최대주주가 대표이사를 맡는 것에 큰 의미를 부여하는 것이 맞는지에 대해서는 더 많은 고민이 있어야 한다.

물론, 대표이사를 맡는 것, 위원회 또는 이사회의 의장/위원장을 맡는 것이 의미가 없어서 이러한 주장을 하는 것은 아니지만, 최대주주가 이사로 선임된 이후에 의지적으로 대표이사를 맡지 않는 것을 달리 취급되어야 하는지는 생각하여야 한다. 감사위원회 위원장이 중요하므로 위원장만큼은 사외이사가 맡도록 제도가 되어 있는 것은 충분히 의미가 있는 제도이다.

결국은 회계에서의 연결재무제표를 작성하는 기준에서 실질지배력 기준에 의하면 과반수(50%+1주의 개념)로 판단을 하지만 이러한 기준 이외에 de facto control(실질적 지배력 기준)을 인정하여 과반의 주식수가 아니더라도 상황을 판단하여 경영권에 영향을 미치는 데 대한 판단을 하는 것이나 동일하

---

2) 일부의 금융공기업적 성격을 갖는 기업이 예가 될 수 있다.

다. 즉, 최대주주가 대표이사가 아니더라도 충분히 경영권에 영향을 미칠 수 있다고 하면 이는 최대주주인 경우와 동일하게 소유와 경영이 분리되어 있지 않은 것으로 판단하여 지정을 하여야 하는 것으로 판단된다.

(재무상황) 최근소액공모/최대주주 등 자금대여/자산양수도 반발 기업
(기타) 투자주의환기종목(코스닥), 감사 전 재무제표 지연제출, 타회사 대비 감사시간이 현저히 적은 회사(50% 이하)

2000년대 초반에도 사업보고서에 처음으로 감사시간을 기입해서 제출할 때, 감독기관이 감사시간이 현저하게 낮은 기업에 대해서는 우선적으로 감리 대상으로 선정하였던 때가 있었다. 또한 2015년 3월말부터는 감사보고서 자체에 감사시간을 감사인이 직접 보고하면서 이와 관련된 정보가 더욱 강화되었다. 감사시간과 감사품질은 밀접하게 관련되어 있으므로 충분히 타당성이 있는 정책 방향이다.

감사 전 재무제표를 상장사가 금융당국에 제출하도록[3] 2013년 말 외감법을 개정하고 자산 규모 1,000억원 이상의 비상장사는 시행령 개정으로 2014년부터 같은 의무를 지우고 있다. 단, 주석의 신문 기사에도 기술되어 있듯이 이 제도를 기업들이 준수하지 않는 듯하며 이에 대해서는 체계적인 조치가 필요하다. chapter 14에서도 이러한 내용들이 기술되어 있다.

지정 이후 감사계약을 체결하고 3년만 감사한 후 더 이상 당해 회사에 대해 감사 제한 → 보수 덤핑을 하지 않아도 되고, 계약 연장에도 신경 쓸 필요가 없는바, 독립적 회계감사 가능

과거에는 지정 이후에는 자유수임으로 복귀할 때, 지정된 감사인을 자유수임으로 계약하는 것이 가능하다가 수년 전부터 이렇게 하지 못하도록 제한하고 있으며 회계제도 개혁 내용에서도 이 정책 방향을 유지하고 있다. 즉, 감사인이 피감기업의 눈치를 보지 않고 감사를 수행할 수 있는 환경을 조성하였

---

3) 한국경제신문. 2016.6.2. '감사전 재무제표' 안 낸 상장사 금융당국, 100여 곳 무더기 적발.

다는 순기능이 있다.

단, 자유수임을 하다가 지정을 처음 하는 경우에 감독기관의 지정하는 법인을 정하는 formula에 의해서 자유수임에 의한 감사인이 지정된다고 해도 이러한 경우에는 해당 기업을 지정하는 제도는 유지하고 있었는데 이 또한 2016년부터 감독기관이 이를 금지하고 있다. 이는 지정이라는 것이 기업의 어느 정도의 귀책사유에 의해서 감사인이 지정되는 경우가 다수였고 이러한 경우는 감사인의 잘못에 의한 것이 아니므로 감사인이 불이익을 받는 것은 바람직하지 않다는 논지였지만 최근에 와서 자유수임에서 지정이 되었건, 지정에서 자유수임이 되었건 이전의 감사인을 선임하지 못하도록 하는 제도가 적용되고 있다.

3. (회계투명성 유의업종) 미정, 예) 수주산업

대우조선해양 사태로 수주산업 회계의 불투명성에 대해서 많은 부분이 문제로 제기되었다. 수주산업이 이러한 여러 가지 회계가 문제가 되는 이유는 건설업 등의 회계는 많은 가정을 필요로 하기 때문이다. 이러한 특정 산업에 대한 감시를 강화한다는 차원에서 수주산업에 대한 선택지정제가 우선적으로 선정된 것이며 이는 핵심감사제도를 수주산업 등에 우선적으로 적용하는 것이나 같은 정책의지로 판단할 수 있다. 최근 한국항공우주(KAI)의 분식과 관련된 건이 불거져 나오는 있는데 이 산업 역시 수주산업이다.[4] 수주사업에 대해서 KAM(핵심감사제)이 우선적으로 적용되는 것도 같은 취지이다.

1의 분류와 2와 3의 기업군의 분류에 대해서 선택지정제를 적용함은 양 극단의 기업군에 대해서 선택지정제를 적용하는 것이다. 즉, 1기업군은 최우량기업군이고, 2와 3의 기업군은 그렇지 않는 기업군이다.

즉, 선택지정제는 국가 경제에 영향을 많이 미칠 수 있는 기업군과 분식위험이 높은 기업군에 적용되는 매우 특이한 형태를 띠게 되지만 나름 설득력이 있다.

---

4) chapter 62에 이 내용이 기술된다.

(시행시기) 법 개정 후 2년의 유예기간을 두고 시행하되, '6년 자유선임 + 3
년 지정' 원칙을 적용[5]
- 회사별로 6년 자유선임 종료 시점에 선택 지정 대상에 해당하는지 확인하
고 해당시 3년간 지정된 감사인이 감사

Ⅲ. 상장회사 전수 감리 (자유선임제 보완)

모든 상장기업에 대해 매 10년 주기로 전수 감리를 실시하되, 감사인 지정(선
택지정 또는 직권지정)을 받지 않은 회사에 대해서는 6년 이내 우선 감리
직권지정(10%) 선택지정(40%), 자유수임회사 우선감리(50%)
선택지정제하에서의 감사인추천방식
현행 감사위원회 필수 설치 기업(자산 2조원 이상 상장회사)은 '감사인선임위
원회'를 별도 구성하지 않아도 되나, 선택지정 대상 법인이 된 경우에는 반드
시 추천위원회를 구성하여 감사인 pool 추천

　　선택지정 대상 법인이 된 경우에는 반드시 추천위원회를 구성하여서 감
사인 pool을 추천하여야 한다는 정책의 방향성은 조금은 이해하기 어렵다. 이
렇게 정책 방향을 정한 이유는 감사위원회보다 감사인 추천위원회에 더 큰 방
점을 둔 정책 방향인데 감사위원회는 상법에서 규정한 기업지배구조에서는 매
우 중요한 위원회이다. 위원회 간 위상을 비교한다는 것 자체가 큰 의미가 없
지만 선택지정대상이 되는 기업일 경우는 더욱 신중하게 접근하여야 하며 그
렇기 때문에 감사위원회에서 감사인이 선임되어서는 안되며 감사인추천위원
회에서 감사인이 선임되어야 한다는 논리라면 이는 이해하기 어려운 논지의
전개이다.

　　감사위원회와 감사인 선임위원회에 동히 주요 경영진이 포함되어 활동하
지만 감사위원회와 감사인선임위원회의 가장 큰 차이는 감사인선임위원회에
는 채권자 대표, 즉 회계정보 이용자가 위원으로 구성된다. 채권자 대표가 포
함되므로 감사위원회보다 감사인선임위원회가 더 바람직하게 활동할 수 있다

---

5) 국회 2017.2.10. 공청회 국회 김태현 자본시장국장 발표 내용.

고 판단하는 것인지는 명확하지 않다.

즉, 감사인을 선임함에 있어서 감사위원회가 선임한다는 것은 감사인의 선임이 경영활동임을 의미하지만, 채권자가 포함된 감사위원회가 선임한다 함은 감사인을 선임하는 주체가 주주만을 위한 의사결정을 수행하는 것이 아니라 회사와 관련되는 다른 경제주체의 이해도 대변해야 한다는 의미를 담는 것이라서 기업지배구조의 핵심적인 내용과 연관된다.

따라서 어떠한 사유에서 선택지정제에 해당되는 기업군의 경우 감사인의 선임을 감사위원회가 아니라 감사인선임위원회와 구성원이 같은 감사인추천위원회가 맡도록 하였는지에 대해서는 명확하지 않다.

상법에서 회사가 누구를 위해서 존재하는지를 이해하고 해석하는 시각도 두 가지 접근이 있다.[6)]

주주소유주모델: 주주는 잔여청구권자(residual claim holder)로 다른 이해 관계자와 달리 회사의 흥망성쇠에 이해관계가 크기 때문에 기업 관련된 어느 경제주체보다도 주주의 이해가 우선되어야 한다는 접근이다. 즉, 주주는 자신의 부를 투자하여 기업을 운영하는 주체이며 따라서 대부분의 기업 경영의 위험을 주주가 안게 된다. 이러한 risk taking에 대해서 당연히 return이 존재하며 그러한 이유에서 기업의 경영활동에는 주주가 중심에 있어야 한다는 주장이다.

이해관계자모델: 주주를 다양한 회사의 이해 관계자들 중 하나로 보는 모델로, 채권자, 종업원도 동일한 정도의 이해가 개입되어 있다. 채권자의 경우는 정해진 시점에 이자와 원금을 지급받아야 하고 직원도 정해진 시점에 급여를 지급받아야 하며 이러한 부분은 기업의 현금흐름과도 밀접하게 연관되므로 회사의 존속 가능성 등의 이슈가 이들의 이해관계와 무관하지 않다. 즉, 기업과 관련된 이해관계자들이 동일한 정도의 이해가 개입되어 있다는 것이다.

따라서 이해관계자 모델에 근거해서는 감사위원회가 아니라 채권자 대표가 포함된 감사인선임위원회에서 감사인을 선임하는 것이 합리적일 수도 있다.

---

6) 손성규(2016) chapter 12의 내용을 참조한다.

그러나 이러한 내용을 확대 해석하면 chapter 19의 근로자 이사제와 같은 매우 진보/혁신/개혁적인 내용에까지도 연관되므로 이러한 내용의 확장은 신중하게 접근하여야 한다. 물론, 외감법 전면 개정안은 회사와 관련된 모든 이해 관계자의 의견을 반영하여 경영활동을 수행하자는 그러한 거창한 구호하에 진행된 내용은 아니다.

외감법 개정안에서의 수임료 관련 논란

공정위에서는 한공회가 감사시간 가이드라인 이행을 강제하는 것뿐만 아니라 도입 운영하는 것이 가능하다는 입장이다. 그러나 회계업계 일부에서 논의되고 있는 보수규정을 다시 정하는 이슈에 대해서는 지정제의 경우만을 제외하고는 유보적이다. 한공회는 민간 기업에는 최저감사투입시간을 의무화하고 있지 않지만 다음과 같이 기관에는 최저감사투입시간을 적용하고 있고 운영 현황은 다음과 같다.

업종	최초 도입시기	최저감사시간
농업협동조합	2012년	170시간
신용협동조합	2013년	100시간(자산규모 300억 기준)
새마을금고	2013년	140시간(자산규모 500억 기준)
사학기관(학교법인)	2016년	130~500시간
수협	2016년	170~260시간

(심사감리) 심사감리시에도 정밀감리와 같이 회사 감사인에 대한 관련 증빙 및 감사조서 등 자료제출요구권을 부여
(정밀감리) 금융실명법상 예외 (소위 '계좌추적권')를 인정하여 중대한 분식회계 관련하여 조사 추적할 수 있도록 함

과거에 감사인이 피감기업에 대해서 자료 제출 요구권과 관련된 이슈가 지속적으로 제기되었으며 감사 일정 막판에 가서야 자료를 내어 주어서 검토할 시간적 없다는 불만사항이 있었다.[7]

---

7) chapter 15에 기술된 내용을 참조한다.

해임권고시 직무정지를 병과

직무정지를 병과하는 이유는 분식회계를 수행한 CEO/CFO에 대해서 해임을 주총에 권고해도 주총이 이를 수용하지 않는 경우가 있기 때문에 나온 대안이다.

분식회계가 감사의 고의 중과실로 인한 내부통제 부실에 기인한 경우 감사 (감사위원)에 대해서도 과징금 부과

현재 증권신고서 발행 관련 이사, 증권신고서 기재사항 또는 첨부서류에 서명한 공인회계사 등에 대해서는 이미 개인 과징금 부과가 가능하며 이러한 내용을 기업 내에서 monitoring을 하는 감사위원에게도 확대한다는 정책방향을 띤다. 이사에 대한 과징금은 행위자에 대한 조치이며, 감사위원에 대한 조치는 이를 monitoring하고 제어하여야 하는 경제 주체에 대한 조치이다.

외감법에 따른 감리결과 조치 양정 기준 개정안[8])에는 감사위원의 책임 구분이 어려운 경우, 감사위원 전원에 조치하는 방안을 제시하고 있다.

회사 관계자는 회사 과징금의 10% 이내를 부과하는 것으로 2017년 9월에 확정된 외감법 개정안의 35조에서 규정하고 있다.

chapter 2에서는 이사, 감사, 감사위원의 법적 책임을 묶어서 표시하였는데, 본 장에서는 이러한 책임 관계를 구분하여 표시한다.

내부 감사는 회계처리 위반 및 부정행위 등을 발견하거나 의심되는 경우 독립성과 적격성을 갖춘 외부 전문가를 선임하여 즉시 조사 및 시정조치를 하여야 하는데 미국에서는 이를 10A제도라고 지칭하고 있다.

그러나 내부 감사가 회사의 비용으로 채용하게 되는 외부 전문가가 과연 독립적인 의견을 표명할 수 있을지에 대해서는 이견이 있을 수 있다.

모든 전문가의 의견에 대해서도 금전적으로 예속되는 것을 생각할 수 있으므로 감사인과 동일하게 독립적이기 어렵다는 비판을 할 수 있지만 이러한 논리라면 어느 전문가의 의견도 신뢰하기 어렵게 된다.

---

8) 외부 감사 및 회계 등에 관한 규정 시행세칙. 별표2 감리결과 조치 양정 기준.

매일경제신문. 2017.2.6. 아직도 대기업은 '슈퍼 갑' 회계법인은 병

정부 개혁안은 2년이란 유예 기간을 담고 있다. 하지만 개혁안의 '골든타임'에 주목하고 있다. 법 시행이 최대한 빨리 이뤄져야 한다는 얘기다.

이에 대해 금융위원회 관계자는 "회계제도가 크게 바뀌는 만큼 기업과 회계법인이 대비할 수 있는 시간이 필요하다"고 말했다. 이와 함께 회계제도 개혁안이 주식회사 외부감사에 대한 법률 등 법 개정 사안이기 때문에 국회 통과도 큰 과제다.

기업의 회계사 부당 대우 설문 결과
무보수 용역 요청(47.22%)
감사보수인하 요구(62.50%)
감사인 교체 압력(59.72%)
감사증거 적시 미제공(93.06%)
재무제표 작성 요구(84.72%)
* 빅4 회계법인 회계사
자료= 회계 투명성 향상을 위한 회계제도 개선 방안 용역 보고서

한국경제신문. 2017.5.20. 회계전문가들 '외감법 개정안' 놓고 갑론을박

문재인 대통령 공약에 '회계 투명성 관련 지정감사제 확대'가 포함된 가운데 각계 전문가들이 회계법인 대표이사 제재 등이 포함된 '주식회사 외감법 개정안 주요 쟁점을 두고 갑론을박했다. 19일 서울 여의도 국회의원회관에서 열린 '제4회 감사인 포럼'에서다. 이 포럼은 감사인연합회가 주최하고 한국공인회계사회, 한국경제신문사가 후원했다.

권재열 경희대 법학전문대학원 교수는 주제발표를 통해 "공인회계사에게 과도한 책임을 지우고 분식회계를 잡아 내지 못하면 해당 회계법인 대표까지 제재하려는 일부 법률 개정안은 1차 책임자인 피감회사의 책임을 감사인에게 떠넘기는 것으로 도덕적 해이를 불러올 수 있다"고 우려했다. 국회에는 정부 개정안을 비롯해 16개의 외감법 개정안이 제출돼 있다.

토론자로 나선 유광열 금융위원회 증권선물위원회 상임위원은 "감사보고서에 대표이사가 기명날인하기 때문에 책임이 없다고 할 수 없다"고 반박했다. 송옥렬 서울대 법학전문대학원 교수는 "골을 먹으면 결국 골키퍼 책임"이라며 "감사인이 주의 의무를 다하기

위해 노력해야 한다"고 지적했다.

유 상임위원은 외부감사 대상을 유한회사로 확대하는 방안과 관련해 "자산 1,000억원 이상의 유한회사가 급증한 만큼 이해관계인 보호 필요 정도에 따라 차등 적용할 수 있다"는 의견을 내놨다. 김종선 한국코스닥협회 연구정책본부장은 "소규모 코스닥 상장사도 외부감사를 받는다"며 "유한회사가 감사를 받지 않는 것은 형평성에 어긋난다"고 거들었다.

국회에 계류 중인 일부 개정안에는 알리바바코리아 트위터코리아 테슬라코리아 등 다국적 기업이 한국에 설립한 유한회사를 외감법 적용 대상에 포함하는 내용이 들어 있다.

정부가 감사인을 정해 주는 지정감사제의 확대 방안도 '뜨거운 감자'였다. 박주성 안진회계법인 전무는 "지정 감사제를 원칙으로 하되, 내부통제 및 지배구조 우수 기업 등에는 자유선임제를 적용해야 한다"고 주장했다. 김금순 나우회계법인 이사도 "지정감사제를 확대하고 감사에 들어가는 시간과 비용 등 감사투입 기준을 마련해야 한다"고 말했다.

이건호 한국경제신문 증권부장은 "미국은 엔론 사태가 터진 뒤 1년 만에 강력한 회계개혁법안을 제정했다"며 "법률 개정안의 문제점을 보완한 뒤 입법작업을 서둘러야 한다"고 주문했다. 조성표 경북대 경영학과 교수는 "기업회계를 관장하는 정부조직이 없다는 현실은 이해하기 힘들다"며 "회계감독청 신설을 검토해야 한다"고 한다.

정부의 외감법 전면 개정안은 국회의 논의 과정에서 선택지정제가 혼합선임제로 변경하게 된다.

매일경제신문. 2017.9.21. 상장사 감사할 회계법인 증선위가 의무 지정한다

이르면 2019년부터 상장사는 의무적으로 외부 전문기관을 통해 외부감사인을 지정받게 된다. 이를 통해 기업들이 구미에 맞는 외부 감사인을 자유롭게 선임하는 '회계쇼핑' 관행을 방지하고 회계 투명성을 높일 수 있을 것으로 기대된다. 산업계에서는 대다수 선량한 기업까지 불필요한 비용을 감수하게 됐다며 불만을 나타내고 있다.

20일 국회 정무위원회는 법안심사소위원회를 열고 상장사에 대해 6개 사업연도에서는 외부 감사인을 자유롭게 선임한 후 이어지는 3개 사업연도에는 외부감사인을 지정받도록 하는 '6+3'제도를 도입하기로 합의했다. 기업에 외부 감사인을 지정해 주는 외부 전문기관은 증권선물위원회에서 담당할 예정이다.

이에 따라 이르면 외부감사 계약이 2018년 종료되는 기업 가운데 6년 이상 자유선임을 해온 기업은 당장 2019년부터 3년간 지정 감사를 받게 된다. 기간을 6년간 3년으로 정한 것은 상장기업의 외부감사 계약기간이 3년 단위로 정해져 있기 때문이다.

당초 외부감사인 지정제 확대를 놓고 기업이 선택한 3개 회계법인 중 증선위가 한 곳을 지정하는 '선택 지정제'와 지정제를 전면적으로 도입하는 법안 등이 함께 발의되었으나 '6+3' 제도가 절충안 형태로 채택된 것으로 전해졌다. 상장사 가운데서도 외국 증권거래소에 상장된 기업과 지배구조 우수기업, 금융회사 등은 확대된 감사인 지정제 적용 기업에서 제외하기로 의견을 모은 것으로 알려졌다.

현행 자유선임제 아래에서는 감사보수를 부담하는 동시에 감사를 받는 기업들이 외부감사인을 자유롭게 선임하면서 회계법인의 독립성 훼손 문제가 꾸준히 제기돼 왔다. 결국 2015년 대우조선해양 분식회계 사태가 터지면서 지정제 확대를 요구하는 목소리가 커졌고, 올해 초부터 국회에서 본격적으로 논의되기 시작했다. 정부 당국과 회계업계에서는 기업의 외부 감사인 선임권을 일부 제한함으로써 외부감사인의 독립성이 향상될 것으로 보고 있다.

회계업계 관계자는 "기업들이 외부감사인을 의무적으로 교체해야 하기 때문에 이전보다 건강한 외부감사 환경이 조성될 것"이라며 "올해 여러 정치적 이슈로 논의가 지체돼 온 만큼 이번에는 반드시 법을 통과히켜야 한다"고 강조했다.

일부 기업은 지정제 확대 방침에 불만을 나타내고 있다. 회계 부정 가능성이 작은 초우량 기업까지 외부감사인을 지정받는 것이 오히려 사회적 비용을 높이고 기업 활동을 위축시킬 수 있다는 우려에서다.

매일경제신문. 2017.9.22. 1,800개 상장사 회계감사 한 곳서 7년 이상 못 받는다.

외부감사인 지정제를 골자로 하는 개정안이 국회 정무위원회 전체회의를 통과했다. 이에 따라 상장사들은 2020년부터 외부감사인을 지정받게 될 전망이다. 21일 정무위는 법안심사소위원회와 전체 회의를 열고 모든 상장사에 대해 6개 사업연도에서 외부감사인을 자유롭게 선임한 후 이어지는 3개 사업연도에서는 외부감사인을 증권선물위원회가 지정하도록 하는 '6+3' 제도를 포함한 주식회사의 외부감사에 관한 법률(외감법) 개정안을 통과시켰다.

정무위는 개정안 시행일을 2019년으로 지정하면서 '6+3' 제도는 시행일로부터 조정했다. 이에 따라 감사계약이 2019년 종료되는 기업 가운데 6년 이상 자유선임을 한 기업은 2020년부터 3년간 지정 감사를 받게 될 것으로 보인다.

정무위는 모든 상장법인을 지정 대상으로 정하면서 최근 6년간 감리를 받은 기업을 비롯해 기타 대통령령으로 정하는 회사는 지정 대상에서 제외하기로 했다. 이 같은 예외조항에도 지정 대상에 포함되는 상장사는 1,800개에 이를 것으로 전망된다. 애초 금융회사와 비상장기업까지 지정 대상으로 포함하는 방안이 논의되면서 대상 기업이 2,500곳이 넘을 것이란 분석도 제기된 바 있다.

지정제 확대 도입이 확정됨에 따라 외부감사인의 독립성이 확대되는 등 외부 감사 환경이 개선될 것으로 보인다. 법에 따라 상장사들이 의무적으로 외부감사인을 교체해야 하기 때문이다. 현행 외부감사인 자유선임제 아래에서는 감사보수를 부담하는 기업이 외부 감사인을 자유롭게 선임하면서 회계법인의 독립성 훼손 문제가 꾸준히 제기돼 왔다.

이번 외감법 개정안에서는 분식회계와 부실회계에 대한 과징금 조항도 대폭 강화됐다. 개정안에 따르면 기업이 고의나 중과실로 회계처리 기준을 위반하면 회사에 대해 기준 위반 금액의 20% 내에서 과징금을 부과할 수 있도록 했다. 해당 임직원에게는 회사에 부과하는 과징금의 10%를 넘지 않는 범위에서 과징금을 부과할 수 있고, 감사인에게는 감사보수의 5배까지 과징금을 부과할 수 있다.

증선위에 등록된 회계법인만이 상장사의 외부감사를 맡을 수 있도록 하는 감사인 등록제도 시행된다. 회계법인이 상장사 감사인으로 등록하기 위해선 일정 요건을 충족해야 하는 만큼 금융당국이 회계법인의 품질 관리 기능을 강화해야 하겠다는 의도로 풀이된다. 유한회사에도 외부감사 의무를 부여해 재무제표를 공시하도록 했다.

최중경 공인회계사회 회장은 "감사인 지정제도와 기업지배구조의 선진화 정도는 역함수 관계"라며 "기업 전반의 지배구조가 개선되는 추세지만 아직 후진적인 지배구조를 지닌 기업이 있기 때문에 지정제 도입은 불가피했다"고 설명했다.

매일경제신문. 2017.11.29. 유한회사 외부감사 의무화 내년 시행돼도 공개 "깜짝"

지난 10월 말 유한회사도 외부감사를 의무적으로 받는 것을 골자로 하는 외감법 개정안이 공포됐다. 구글코리아, 페이스북코리아 등은 이 법에 따라 2018년부터는 지금까지 한 번도 공개하지 않았던 재무제표를 드러내야 할 처지에 놓였다. 하지만 실제 공개 여부는 미지수다. 향후 마련될 시행령에 따라 외국 IT 기업들의 매출 공개 여부가 결정되기 때문이다. 국내 IT 기업들이 갖는 역차별 문제를 해소하기 위해선 국회에서 관련 법률 개정은 물론 국세청, 산업통상자원부 등 해당 부서에서 법률을 적극적으로 해석해 외국 IT 기업들의 매출 공개 시점을 앞당겨야 한다는 지적이 나온다.

최성진 인터넷기업협회 사무총장은 "외감법상 어떤 유한회사가 외부 감사 대상이 될지는 향후 마련될 시행령이 결정할 문제이기 때문에 구글코리아 등 외국 기업에 실제 적용될지는 아직 미지수"라고 말했다. 외감법 시행령은 내년 2~3월 마련될 예정인데, 이에 대해 감사보고서 공개 대상 유한회사의 범위가 정해진다.

전문가들은 외국계 IT 기업 재무정보가 공개돼도 상당 매출은 본사 매출로 귀속돼 세무당국이 추가 세수 확보는 어려울 것으로 본다. 구태언 테크엔로법률사무소 대표 변호사는 "구글코리아 페이스북코리아의 매출은 상당 부분 한국이 아닌 지역의 매출로 집계된다"고 말했다.

매일경제신문. 2018.1.17. 구글 샤넬 한국법인, 회계감사 받을 듯

매출액이 일정 수준을 넘어서고, 사원수가 많은 유한회사는 2020사업연도부터 외부 회계감사가 의무화된다. 이에 따라 그간 정확한 매출이나 이익 규모를 가늠할 수 없었던 구글, 애플, 샤넬 등 외국계 국내법인(유한회사)의 투명한 정보 공개가 기대된다.

또 상장사나 자산 1,000억원 이상인 비상장 오너회사는 9년 중 3년은 금융당국이 지정한 회계법인에서 감사를 받아야 한다. 다만 금융당국은 과거 6년간 감리결과 회계처리 기준 위반이 발견되지 않았거나, 회계 처리에 신뢰성이 양호하다고 판단되는 회사는 감사인 지정제에 예외를 두기로 했다. 금융위원회는 16일 회계개혁태스크포스 전체 회의를 열고 -외부감사대상 - 주기적 감사인 지정제 - 상장사 감사인 등록제 - 내부회계관리제도 등을 도입하기 위한 세부 시행령 조정 작업에 착수했다. 금융위는 향후 실무 작업 회의, 토론회 등을 통해 각계 의견을 청취한 뒤 오는 3월까지 시행령 입법 예고안을 만들 계획이다.

금융당국은 먼저 외부 감사 대상 기준에 '매출액'을 추가하고 유한회사에 대한 외부감사안을 마련했다. 현행 주식회사 외부 감사 대상 기준은 자산 120억원 이상, 자산 70억원 이상 조업원 300명 이상, 자산 70억원 이상 부채 70억원 이상, 상장법인 또는 상장예정법인이다. 당국은 여기에 매출 기준치를 신설해 외부 감사 대상 법인을 확대한 방침이다. 그간 베일에 가려 있던 유한회사는 2020사업연도부터 사원 수, 매출액 등을 주식

회사와 동일하게 설정해 감사 대상으로 분류할 방침이다. 매출액 기준은 선진국(영국 1020만 파운드, 약 148억원) 사례를 고려해 150억원 안팎이 될 전망이다.

주기적 감사인 지정제도 도입된다. 상장사이거나 소유와 경영이 미분리된 비상장사는 9년 중 3년간 증선위가 지정하는 감사인에게 외부감사를 받아야 한다. 비상장사는 자산총액 1,000억원 이상인 회사로 지분 50% 이상인 지배주주가 대표이사인 회사가 해당된다. 다만 금융당국은 과거 6년간 감리결과 회계 처리 기준 위반이 없거나, 회계처리에 신뢰성이 양호하면 예외 조항을 두기로 했다. 또 기업의 현실적인 애로사항을 고려해 대형 회계법인 수준의 감사인 등급을 신설해 기업이 원하면 상위 등급이나 글로벌 회계법인 제휴 감사인 중 지정하기로 했다.

금융당국은 상장사 감사인 등록제를 마련해 감사품질 상향에도 나선다. 소형 회계법인의 경쟁력 향상을 위해 분할 또는 분할 합병의 법적 근거를 마련해 합병을 지원할 예정이다. 이 밖에도 상장사는 내부회계관리제도에 대한 외부 감사제를 도입한다. 대상은 자산 2조원 이상 기업으로 2019년 감사보고서부터 시행해야 한다. 회사 대표자는 매년 주주총회에서 내부회계관리제도 운영실태를 보고해야 한다.

2011년 상법개정으로 유한회사 사원 수 제한이 폐지되면서 2010년 17,000개였던 유한회사의 수가 2018년 초 현재는 27,000개로 증가되었다.

한국경제신문. 2018.1.17. 구글 샤넬코리아 등 2020년부터 국내서 실적 공개 의무화

이 같은 조건을 유한회사에 적용하면 유한회사 총 2만 7,869곳(2016년 국세청 집계 기준) 중 2,500여 곳이 해당될 것으로 예상된다. 여기에는 외부감사 대상에 들어가지 않는 유한회사 상당수도 포함된다. 금융위는 오는 3월 외부감사법 전부개정안의 입법예고를 거쳐 내년 11월 이후 사업연도부터 이 규정을 적용할 계획이다.

TF는 감사인 지정제와 관련, '예외를 최소화한다'는 원칙도 정했다.

기업은 '회계관리 운영실적이 우수한 기업'의 조건을 느슨하게 해달라고 요구한 반면 회계업계에선 '예외 규정을 두면 안 된다'며 맞서왔다.

포스코는 9년 주기로 감사인 교체를 생각하고 있는데 3년이 지나면 재계약하지 않을 이유를 감사위원회가 확인하며, 6년이 지나면 재계약해야 하는 이유를 확인한다고 한다. 이러한 포스코의 9년이라는 cycle이 우연히도 개정된 외감법의 '6+3'의 9년이라는 cycle과 일치한다.

매일경제신문. 2017.10.12. 지정감사제 도입 앞두고 금융위 회계계혁 TF발족

금융위원회가 회계개혁 후속 작업에 돌입했다. 김용범 금융위 부위원장은 12일 "감사인 지정제는 다른 나라에 없는 파격적 제도인 만큼 효율적 제도 설계와 운용이 매우 중요하다"며 "기업과 회계법인 매칭 등 제도 운용 시스템을 정교하게 만들 것"이라고 말했다. 김부위원장은 이날 2017 회계개혁 TF 1차 회의를 열고 이같이 공표했다.

이날 회의는 '회계개혁 선진화3법'으로 불리는 외부감사법과 공인회계사법, 자본시장법 개정안이 지난달 28일 국회를 통과한 데 따른 후속 조치 마련 차원에서 열렸다.

개정안에는 – 지정감사제 전면확대 – 과징금 상한 폐지 – 대표이사(부정회사 및 회계법인) 처벌 등 강도 높은 회계개혁 방안이 담겼다.

김부위원장을 단장으로 한 회계개혁 TF는 민간 전문가 4명과 상장협, 코스닥협회, 대한상공회의소, 공인회계사회 부회장, 금융감독원 전문심의 위원 등 10명으로 구성됐다.

이날 첫 회의를 연 TF는 앞으로 총괄, 지정감리, 감사품질, 기업회계 등 4개 분과 실무 작업반을 운영해 논의 결과를 연말까지 발표할 계획이다. 내년 2월 외감법 시행령, 금융위 규정 개정 입법예고도 추진한다.

이날 김부위원장은 관계기관에 회계개혁 추진을 위한 역할도 제시했다. 상장협은 내부회계관리제도 모범 규준을 이른 시일 내에 마련해 법 시행에 미리 대비하게 된다.

매일경제신문. 2017.10.4. 상장사 회계감사 시간 2배로 늘린다

회계법인들이 상장사에 대한 감사투입 시간이 크게 늘어날 전망이다. 2019년부터 표준감사시간이 도입되기 때문이다. 이에 따라 빅4 회계법인에 대규모 인력 확충이 필요할 것으로 보인다.

19일 회계업계에 따르면 한국공인회계사회가 마련 중인 표준감사시간이 현재 상장사 감사에 투입하는 시간의 2배 수준에서 논의 중인 것으로 알려졌다. 국회는 외감법 전부 개정안에서 감사 품질 제고를 이해관계인의 보호를 위해 표준감사시간을 도입하기로 하고 한공회에 이를 마련하도록 지시했다.

　표준감사시간에 현저히 미달하면 이듬해 지정 감사 대상으로 지정하고 해당 회계법인의 지정 점수를 차감하기로 했는데, 이 기준으로는 표준감사시간의 10% 이상 미달하는 경우가 거론되고 있다. 표준감사시간의 90% 이상을 써야 정상적인 감사활동으로 보겠다는 것이다.

　감사시간이 늘어나면 감사보수가 높아지고 보다 정밀한 감사가 가능하지만 그만큼 인력이 더 투입되어야 하는 문제가 있다. 지금도 감사 시즌이 되면 시간과 능력 부족으로 회계법인과 회계사들이 큰 어려움을 겪고 있는 실정이다. 회계업계에서는 빅4 회계법인이 지정으로 맡게 되는 상장사들만 맡아도 거의 모든 자원을 쏟게 되면서 나머지 기업들의 감사를 상당 부분 내려놓을 것으로 보고 있다. 사실상 빅4 회계법인이 상장사 외부 감사를 담당하는 모양새가 나타날 수 있다는 것이다.

　회계법인들의 인력 확보에도 비상이 걸렸다. 상대적으로 낮은 보수와 격무에 시달리는 회계사들이 법인별로 매년 수십 명씩 회사를 떠나고 있지만 충원이 제대로 되지 않고 있다. 빅4 회계법인들은 수습 회계사와 별도로 경력직 채용에 발 벗고 나서면서 인력 쟁탈전이 심화될 분위기다.

　공인회계사 합격자 수에 대한 논의가 진행될 때도, 미국 수준의 감사가 진행된다면 현재 수준보다 많은 수의 공인회계사 합격자가 필요하지만 그러한 수준의 회계감사 품질은 요원하기 때문에 합격자 수를 현 수준보다 증가하는 것은 어렵다는 주장이 대두되었다.[9]

　모든 사람이 회계선진화개혁 법안이라고 할 수 있는 외감법 개정안에 동의하는 것은 아니다.

문화일보. 2017.10.25. 문제투성이 '외감법' 시정 시급하다

　동네북이 된 한국 기업이 이곳저곳으로부터 주먹질 당하는 중에 이번에는 기업 외부감사 쪽에서 강력한 펀치가 날아왔다. 국회가 최근 '외감법'을 전면 개정했다. 여러 경제 단체가 기업의 목소리를 제대로 대변하지 못한 가운데 전격적으로 법률이 개정된 것이다. 핵심 내용은 외부감사 대상 기업은 2 term 6년간은 자율적으로 회계감사법인과 외부감

---

9) 손성규, 이호영, 조은정, 박현영(2016).

사 계약을 체결할 수 있으나, 그 다음 텀 3년간은 증권선물위원회가 지정하는 (저자: 감사인으로부터가 누락)감사를 받아야 한다는 것이다. 지금까지 기업과 회계법인이 자율적 계약으로 감사계약을 체결해 왔는데, 갑작스럽게 국가 지정감사인이 기업을 감사하겠다는 것이다.

얼마 전에는 스튜어드십 코드로 기관투자자들에게 상장회사 감사 의무를 지우더니 이제는 실질적으로 기업의 회계장부까지 국가가 선임한 회계법인이 들여다본다는 것이다. 감사(위원) 선임을 위한 주주총회에서 대주주의 의결권을 3%로 제한하는 상법의 규정도 세계에 유례없는 이상한 규칙인데, 다시 또 세계 어느 나라도 시행하지 않는 기업회계에 대한 국선감사인 제도를 시행한다는 것이다. 반대해야 할 이유는 다음과 같다.

첫째, 99.9%의 상장기업은 회계부정이 없었다. 대우조선해양, 모뉴엘 등 극소수의 회사가 분식회계를 저질렀다고 해서, 한국의 2000여 상장회사를 잠재적 회계부정집단 취급하는 것은 한국 기업에 대한 모욕이다. 그뿐만 아니라, 헌법상 과잉 금지의 원칙 위반이다. '원칙 자율, 예외 규제'가 답인데 정반대이다.

둘째, 한국 기업은 회계부정이 만연해 있다는 허위 사실을 대내외에 공표하는 격이다. 외국인 투자자들에게 한국은 3년간 국가가 지정하는 관선 회계사의 감독을 받는데, 그것은 한국에서 기업 회계부정이 만연하기 때문이라고 설명해야 할 것이다. 외국인 투자자들이 한국은 대규모 상장기업조차 부정직한 집단이라고 인식할 것이다. 그러면 기업의 신인도가 추락한다.

셋째, 상장스트레스다. 지금도 상장했다 해서 혜택 받는 것이 거의 없다고들 한다. 오히려 상장했더니 엄청난 공시 규제가 쏟아지고 수많은 규제기관의 감독을 받는다. 한국에선 상장하는 것, 기업이 커지는 것을 기업인 스스로가 결단코 저지해야 할 동기가 하나 더 생겼다.

넷째, 감사 비용의 증가와 감사법인의 대형화가 예상된다. 지금은 감사계약에 따라 감사비용이 정해진다. 여기에서 감사인의 불만이 쏟아진다. 최저가입찰이라도 해야 먹고 산다는 것이 불만의 내용이다. 이를 시정하고자 국가지정감사를 도입하면 감사비용에 대한 협상은 불가능하고 비용은 무조건 늘어난다. 한국 2,000여 상장법인을 수십개의 대형 회계법인이 지정감사를 할 것이다. 회계법인은 규모가 커야 증선위로부터 수주받기에 유리할 것이다. 반면 소규모 회계법인들에는 아무런 기회가 없다. 감사 품질로 경쟁하는 시장이 조성돼야 한다. 수십개의 대형 회계법인만의, 그들만의 리그가 돼서는 안 된다.

대안으로, 내부고발 활성화, 형사처벌 강화, 분식회계 전력자 재취업 금지, 감리주기 단축, 내부회계관리제도 정상화, 내부 감사위원회 기능 정상화 등으로 충분히 해결할 수 있다. 분식회계가 적발될 경우 그 기업에 대해서만 감사인지정제를 시행해도 충분하다. 이것은 지금도 그렇게 하고 있다. 이미 국회를 통과한 법률을 당장 폐기하기는 어렵다. 그렇다면 시행령에 지정 감사제 면제 사유를 폭넓게 인정해 기업과 회계법인 간의 긴장 관계를 해소해 주어야 할 것이다. 그래야 건전하고 자유로운 시장경제가 발전한다.

최준선은 지정감사인을 국선감사인으로 어느 정도 감사인의 격을 폄하하여 표현하고 있다.

헌법 제37조 제2항은 다음과 같이 적고 있다. 국민의 모든 자유와 권리는 국가안전보장·질서유지 또는 공공복리를 위하여 필요한 경우에 한하여 법률로써 제한할 수 있으며, 제한하는 경우에도 자유와 권리의 본질적인 내용을 침해할 수 없다. 이는 법학자들이 과잉금지의 원칙(과잉입법금지의 원칙)이라고 정의하는 내용으로, 행정청이 필요 이상으로 과도하게 사적자치 등을 제한하는 행위를 금지한다는 원칙인데, 법문은 '필요한 경우에 한하여' 법률로써 기본권을 제한할 수 있다고 표현하고 있다. 필요한 경우라는 것이 너무 애매하긴 하다.

상법학자의 외감법 개정안에 대한 진솔한 비판이다. 99.9% 기업에는 회계분식이 없다는 표현이 과도하게 편향된 의견이다. 물론, 대우조선해양이나 모뉴엘과 같이 큰 분식이 드러난 경우는 많지 않으나 증선위의 감리 과정에서 감리 대상 기업 중 약 1/4에 해당하는 기업에 대해서 증선위가 분식회계/부실감사로 조치를 하게 된다.

매일경제신문. 2017.3.23. 금감원 "감리기업 3분의2 회계 오류"

작년보다 15% 늘어

금융감독원 감리 기업 중 3분의 2가 회계상 오류를 저지른 것으로 드러났다. 특히 국내 4대 회계법인이 감사한 기업의 절반 이상에서 회계상 부실이 발견됐다. 회계법인의 감사 품질 개선이 시급하다는 지적이 나온다.

금감원은 작년에 133개 회사의 감사보고서를 회계감리한 결과 89개사(67%)에서 지적사항이 발견됐다고 22일 밝혔다. 금감원이 회계상 문제를 지적한 비율은 전년 대비 15%

포인트나 증가했다. 금감원이 회사 재무제표와 외부감사인 감사보고서가 회계 기준에 맞게 작성됐는지 조사한 결과 위반 사항이 발견된 기업이 늘었다는 얘기다.

김상원 회계조사국장은 "횡령 배임이 발생하거나 내부 회계 제도가 부적정한 분식 위험 요소가 큰 기업에서 지적 사항이 다수 발견됐다"고 설명했다.

특히 감리 기업 중 국내 4대 대형 회계법인이 감사한 감사보고서에서도 지적 사항이 53.6%나 발견됐다. 기타 회계법인에 대한 금감원 지적률은 76.2%였다. 김국장은 "회계법인 스스로 감사품질을 높이는 데 노력을 기울일 필요가 있다"고 말했다. 금감원은 올해 비시장성 자산평가, 수주산업공시, 반품 교환 회계처리, 파생상품 회계처리 등 네 가지 이슈에 대한 중점 감리를 강화할 계획이다. 또 한국공인회계사회에 비상장법인 감리를 위탁하고 금감원은 상장법인 감리에 집중해 현재 25년 주기인 감리 주기를 향후 10년 수준으로 단축시킬 방침이다. 김국장은 "2월 신설된 회계기획감리실에서 상장사의 회계 실태에 대한 상시 모니터링을 강화하고, 회계분식 사건에 대해서는 신속 정밀하게 대응하겠다"고 말했다.

이 이외에도 외감법 개정안에 포함된 흥미로운 내용을 기술한다.

상장사 및 소유경영미분리 비상장사(자산 1천억원 이상) 대상
감사인 직권 대상:
제11조(증권선물위원회에 의한 감사인 지정 등)
3년 연속 영업이익<0, 영업현금흐름<0, 과거 3년간 최대주주 변경 2회 이상 또는 대표이사 교체 3회 이상

3년 연속 영업손실이 나는 경우는 지금도 거래소 시장의 상장 규정에 3년 연속 영업이익이 발생하는 경우로 상장 요건을 강제하고 있다. 단, chapter 27의 상장의사결정에서도 기술되었듯이 성장 가능성이 높은 기업군에 대해서는 이 조건을 상당히 완화해 주었다.

항상 최대주주의 변경이 문제가 되는데 이와 같이 법령에 구체적으로 최대주주 또는 대표이사 교체의 회수까지 포함해 가면서 규정이 되었다는 것은 매우 흥미롭다. 그 정도로 최대주주의 변경이나 대표이사의 교체가 회사의 안정성에 있어서 부정적인 신호를 보낸다는 것의 반증이며 규제기관의 정책 의지이다.

회사 및 감사인에 대한 과징금 제도 도입(절대금액 상한 폐지):

제35조(과징금)회사는 분식액의 20% 이내, 회사 관계자는 회사 과징금의
10% 이내, 감사인은 감사보수의 5배 이내

분식액의 금액을 분식액에 비례적으로 부과할 수 있음은 대우조선해양의
5조원대의 분식에 대해서 회사에 부과한 과징금은 20억원에 불과하다는 비판
과 무관하지 않다.

회사에 대한 과징금과는 별도로 회사 관계자 개인에 대해서도 과징금을
부과할 수 있도록 하였는데 감사 및 감사위원에게도 과징금을 부과할 수 있는
것으로 확정되었다.

현재 적용되는 외감 규정은 다음과 같다.

제54조(공인회계사에 대한 조치)
④ 제2항의 규정에 의하여 주책임자에게 제1항 제1호의 조치를 하는 경우에
는 위법행위 당시 감사인에 소속된 공인회계사 중 다음 각 호의 자가 감
독책임을 소홀히 한 경우에는 필요한 조치를 할 수 있다.
1. 당해 감사보고서에 서명한 대표이사
2. 담당 이사의 지시 위임에 따라 담당 공인회계사를 감독할 위치에 있는
공인회계사

과거의 외감규정은 다음과 같이 되어 있었다.

외감규정 54조 3항(공인회계사에 대한 조치)은 다음과 같다.
제2항의 규정에 의해서 제1항 제1호의 조치를 하는 경우에는 위법행위 당시
감사인에 소속된 공인회계사중 다음 각 호의 자에 대해서도 필요한 조치를
할 수 있다.
1. 당해 감사보고서에 서명한 대표이사
2. 당해 감사보고서에 심리업무를 담당한 이사
3. 당해회사와 감사계약을 체결한 이사(당해 감사업무에 관여한 경우에 한한다)
4. 기타 담당 공인회계사를 감독할 위치에 있는 공인회계사

그러다가 심리업무를 담당하는 이사가 너무 과도한 업무 부담이 있다는 비판이 있자 이 내용은 규정에서 빠지게 된다.

대표이사에 대한 내용은 오랫동안 규정에 포함되어 있었지만 대표이사에게까지 책임을 물은 경우는 없다. 이는 이제까지는 상징적인 책임이었지만 이러한 규제가 현실화되게 된 것이다.

과거에는 심리이사라는 구체적인 직위를 명시하거나 공인회계사를 감독할 위치에 있는 공인회계사라고 외감 규정에 되어 있었으나 현재는 감독할 공인회계사라는 규정만 남겨져 있으니 이는 매우 포괄적인 규정이라고 판단된다. 해석하기에 따라서 심리이사가 포함될 수 있다.

chapter 51

건설회사

chapter 15의 대우건설의 경우에서도 그러하였는데, 건설회사의 회계는 많은 가정에 근거하며 주관적인 판단에 의해서 영향을 받게 된다.

매일경제신문. 2017.1.7. 당국, 현대건설 감리 착수 건설업 구조조정 촉발하나

건설사 '실적 뇌관' 미청구공사액 10조 달해 국내 주요 건설회사의 10조원에 달하는 미청구공사 금액이 올해 건설업종 실적을 위협하는 뇌관이 될 것으로 보인다.

금융당국도 연초부터 국내 1위 건설업체인 현대건설 감리에 착수하면서 미청구공사의 위험 요인에 대한 정밀 점검에 나서는 모양새다. 현대건설은 6일 "금융감독원의 회계감리 대상 회사로 선정돼 관련 자료 제출을 요구받은 사실이 있다"고 공시했다.

정부는 조선 해운업에 이어 올해 건설업을 취약업종으로 분류해 놓고 있어 이번 현대 건설 감리 결과에 따라 건설업 구조조정 향배가 결정될 전망이다.

이날 NICE신용평가에 따르면 현대건설을 포함한 국내 주요 7개 건설사의 미청구공사 금액은 작년 9월말 기준 토목 건축 부문 4조 4,964억원, 플랜트 부문 5조 4,723억원 등 총 9조 9,687억원이다. 기존 회계상 '이익'으로 기록되는 미청구공사금액은 나중에 받지 못할 경우 손실로 바뀌어 '빅배스'(부실자산의 대량 손실처리)가 될 수 있는 잠재적인 위험을 안고 있다. 황덕규 NICE신용평가 실장은 "올해 건설사 실적은 해외 프로젝트의 원가관리능력과 미청구공사금액 회수 가능성에 따라 차별화될 전망"이라고 말했다.

지난해 건설사들은 해외 프로젝트의 수익성 악화에도 국내 주택시장의 활황에 힘입어 양호한 영업실적을 기록했다. 하지만 올해 국내 주택 경기가 둔화될 것으로 전망되면서 해외 사업장의 수익성이 건설사 실적에 부담이 될 전망이다.

정부도 지난해 조선업과 해운업에 이어 올해는 건설업을 취약업종으로 규정하고, 특히 해외계약과 미청구공사 비중이 높은 건설사들의 리스크를 중점 모니터링하고 있다. 유일호 경제부총리는 최근 기업 구조조정 계획을 발표하면서 "건설업도 정밀 분석을 통해 잠재 리스크 요인을 점검하고 선제적인 대응방안을 마련하겠다"며 건설업도 구조조정 대상임을 시사했다.

최근 금융감독원이 현대건설 감리에 전격 착수하면서 건설업계는 긴장감을 늦추지 못하고 있다.

현대건설 관계자는 "이번 감리가 표본 조사 성격이 강한 것으로 안다"면서 "매출액 대비 미청구공사 금액 비중을 줄이기 위해 꾸준히 노력 중이어서 올해 매출 추정치 대비 20% 이하로 줄어들 전망"이라고 말했다. 이경자 한국투자증권 연구원은 "미청구공사금액은 우발적으로 발생해 추적 관리가 힘들다"면서도 "회계제도 개선 이후 건설사들의 미청구공사 잔액이 감소하는 추세여서 건설업 리스트 측면에서 긍정적"이라고 밝혔다.

최근 대우건설이 모로코 사업장에서 미청구공사금액 3,871억원을 회수한 사례처럼 건설업계는 미청구공사가 '진행 중인 공사' 혹은 '청구 예정 공사'여서 공사 진행과 자금 회수 간 시차가 발생하는 것을 회계부정으로 몰아가서는 안 된다는 입장이다.

이코노미스트. 2017.1.23. 건설사 '제멋대로 회계' 이대로 둘 것인가

- GS건설 삼성엔지니어링

그럼 최근 들어 한국 산업계, 특히 조선 건설업계에서 회자하고 있는 '회계절벽'이라는 용어는 뭘까. 사람들은 회계절벽에 대해 "2015년 대우조선해양이 시장에서 전혀 예상하지 못한 대규모 적자를 내자, 기업 이익이 절벽에서 떨어지는 것처럼 급감하는 경우를 일컬어 언론 매체들이 만든 신조어"라고 얘기한다. 회계절벽이라는 용어가 그 이전부터 있었는지, 대우조선해양 사태 이후 등장한 것인지 정확하지는 않다. 그러나 회계절벽 현상은 2015년이 아니라 2013년부터 이미 본격화하고 있었다.

2013년 4월, GS건설이 5,300억원대 1분기 영업손실을 발표했다. 해외사업의 잠재 손실과 부실을 대거 반영했다는 것. 시장은 말 그대로 '멘붕'에 빠졌다. 주가는 이틀 연속 하한가로 추락했다. 증권가 애널리스트들은 건설업계 해외 플랜트 상황이 좋지 않을 것으로 예상하긴 했지만 그래도 GS건설이라면 수백억원대 영업흑자를 낼 것이라 자신했다. 이들은 부랴부랴 목표 주가를 조정했는데, 일부는 일거에 목표 주가를 반토막 내기도 했다.

그 무렵, 두 번째 폭탄은 삼성엔지니어링이 터뜨렸다. GS건설의 어닝쇼크를 접한 뒤에도 사람들은 삼성엔지니어링으로 눈을 돌렸다. 해외플랜트라면 삼성엔지니어링도 벌여놓은 일이 만만찮았다. 시장에서는 '그래도 삼성엔지니어링인데, 설마'라는 생각을 했다. 그간 삼성엔지니어링이 보여준 실적에 대한 굳건한 믿음이 깔려있었다. 뚜껑을 열고 보니 GS건설과 별반 다를 게 없었다. 1분기 2,189억원의 영업손실. 회사는 "새롭게 진출한 해외시장에 대한 이해 부족과 일부 프로젝트에서 원가율이 크게 상승했기 때문"이라고 설명했다.

GS건설이나 삼성엔지니어링은 불확실성 해소를 위해 보수적 관점으로 손실충당금을 미리 반영했다고 밝혔다. 선제로 비용 처리했다면, 이후의 실적은 양호했을까. 그렇지 못했다. 특히 "2013년 연간으로는 흑자 달성이 가능할 것으로 예상한다"며 시장을 안심시키려 했던 삼성엔지니어링의 그 해 성적표에는 무려 1조원이 넘는 영업손실이 기록되었다. 'F'였다.

2008년 3조원을 갓 넘겼던 매출은 불과 4년 만인 2012년 거의 4배에 육박하는 11조 4,000억원대까지 증가했다. 영업이익은 같은 기간 1,830억원에서 7,370억원으로 4배 넘게 성장했다. 그런데, <u>1년 뒤인 2013년 이 회사는 무려 1조 3,000억원의 영업손실을 기록했다. 한 해 건너 2015년에는 1조 3,000억원 적자의 낭떠러지로 추락한다.</u> 예상치 못한 기업 이익의 급락을 두고 우리는 흔히 '어닝쇼크'라는 표현을 쓴다. 그런데 지난해부터 조선건설 같은 수주산업에 대해서는 왜 '회계절벽'이라는 용어를 자주 사용할까.

이것은 수주산업의 회계처리특성 때문이다. 예를 들어보자. A건설사가 10층짜리 오피스텔 건설계약을 땄다. A사는 공사기간을 3년(2016년 초~2018년 말)으로 예상한다. A사가 산출해 보니 이 공사에는 80억원의 총공사비용(계약원가)이 투입돼야 할 것으로 예상된다. 그래서 발주처로부터 총공사대금(계약수익)으로 100억원을 받아 20억원의 이익을 남기기로 계약했다. A사가 공사 첫 해(2016년) 20억원을 투입했다면 손익을 어떻게 될까.

당기(2016년)의 손익을 계산하기 위해서는 공사수익(공사매출)을 구해야 한다. 공사수익이 30억원이라면 2016년의 공사이익은 10억원(30억원~20억원)이 될 것이다. 당기의 공사수익을 산출하려면 먼저 '공사진행률'부터 계산해야 한다. 공사진행률은 '당기공사투입원가/공사총예정원가'로 구하면 된다. 즉, 공사총예정원가가 80억원인데, 당기 실제 투입원가가 20억원이므로 공사진행률은 25%, 당기의 공사수익은 25억원(100억원×25%)이다. 따라서 공사이익은 5억원(25~20억원)이 된다. 다음해인 2017년에는 30억원의 공사

원가가 투입됐다고 하자. 그럼 2017년까지의 공사누적진행률은 62.5%가 된다. 2016년 원가투입 20억원과 2017년 원가투입 30억원의 합인 50억원을 공사총예정원가 80억원으로 나눈 수치다. 누적진행률에 따른 누적 수익 62.5억원(100억원×62.5%)에서 기존에 인식한 수익 25억원(2016년에 인식한 수익)을 뺀 37.5억원이 바로 2017년 당기의 공사수익(매출)이 된다. 그러므로 2017년의 공사이익은 7.5억원(37.5억원-30억원)이 되는 것이다.

- 복잡한 수주산업 회계기준

일반 제조업처럼 제품을 완성한 뒤 수요자에게 판매하면 수익을 인식하는 것을 '완성기준'이라고 한다. 건설공사는 여러 해에 걸친 공사기간동안 진행률을 산출한 뒤 회계기간마다 계약 수익(총공사수익)과 계약원가(총공사원가)를 배분하기 때문에 '진행기준'이라고 한다.

건설 조선 같은 수주산업의 진행기준 회계처리에서는 특히 한 가지 눈여겨 봐야 할 사안이 있다. 물건을 외상으로 팔면, 매출이 발생하고 동시에 매출채권(제품대금 청구권)이 생긴다. 건설공사의 경우에도 공사를 하면 매출이 발생한다. 일반적으로는 곧바로 매출액만큼 돈이 들어오는 것은 아니기 때문에 매출채권(공사대금청구권)이 발생한다. 건설공사에서는 이를 공사미수금이라고 한다. 그런데 공사를 하고도 발주처에 공사대금을 청구할 수 없는 경우가 있다. 예를 들어 공사진행률에 대해 공사 업체와 발주처 간에 이견이 생기는 경우다. A사는 실제 투입 원가를 기준으로 25%의 공사진행률을 적용해 공사수익(매출) 25억원을 손익계산서에 기록했다. 그런데 발주처에서 현장을 점검한 결과 공사진행률을 20% 밖에 인정하지 않는다고 하자. 이런 경우 A사가 발주처에 청구할 수 있는 금액은 20억원이다. 한국채택국제회계기준에는 이 20억원은 공사매출채권 즉, <u>공사미수금</u>계정으로 기록하고, 나머지 미청구분 5억원은 '<u>미청구공사</u>'라는 계정이름으로 자산항목에 따로 기록하도록 하고 있다. 미청구공사대금도 A사가 나중에 받아야 할 돈이다. 미청구공사는 건설현장에서는 일반적으로 늘 발생하며, 공사가 정상적으로 진행된다면 추후 자연스럽게 해소된다. 그러나 발주처의 지급능력에 문제가 생기거나 원가산정에 대한 발주처와 건설회사간 이견, 원가의 급격한 상승 등 비정상적 상황이 발생하면 미청구공사는 손실로 이어질 가능성이 크다.

이 같은 미청구공사대금은 자산으로 계상되지만, 회수 가능성이 떨어질 경우 자산손상으로 처리해 즉시 비용에 반영해야 한다. 수주산업은 회계처리에 상당한 추정과 판단, 가정이 개입될 수밖에 없다. 한마디로 회계처리 자체가 불확실성에 그대로 노출되어 있다 보니 갑자기 대규모 손실을 발표하는 회계절벽 상황이 발생하는 것이다.

회사가 나름대로 최선의 추정을 다하였으나 예상할 수 없던 변화가 작용하면서 회계절벽이 나타날 수도 있다. 반면 회사에서 의도적으로 손실을 덮어놓고 있다가 발각되는 경우도 있다. A사의 경우를 다시 보자. 위에서 설명한 대로 공사 둘째 해인 2017년 30억원의 원가가 투입됐다면 언뜻 보기에 2017년 A사의 이익은 7.5억원으로 집계될 수 있다. 그런데 한 가지 변수가 있다. A사는 2017년 결산을 하면서 공사 마지막 해인 2018년에 투입해야 할 예상원가를 검토해야 한다(건설사는 결산 때마다 남은 공사기간의 예상투입원가를 계속 검토 추정해야 한다). 그랬더니 애초의 예상치(30억원)보다 크게 늘어날 것으로 분석됐다고 하자. 공사 자재비와 인건비의 급격한 상승 추세, 건설장비 임차료 상승 등으로 2018년에 60억원의 원가가 투입돼야 공사를 마무리할 수 있을 것으로 예상됐다. 그렇다면 A사는 이 오피스텔 공사에 총 110억원의 원가(2016년 20억원+2017년 30억원+2018년 예상치 60억원)를 투입해야 하는 셈이 된다. 발주처로부터 받기로 한 총공사대금은 100억원이니 결국 이 프로젝트에서 10억원의 적자를 보는 셈이 된다.

건설공사 회계기준은 총원가가 총수익을 초과할 가능성이 높은 경우 예상되는 손실을 즉시 비용으로 인식하도록 규정하고 있다. 즉, 2017년 결산에 미래 예상손실을 반영하라는 얘기다. A사는 2016년에 이미 5억원의 공사이익을 기록했다. 그런데 이 오피스텔 공사는 총 10억원 적자공사가 예상된다. 따라서 2017년의 공사이익은 7.5억원 흑자가 아니라 15억원의 적자로 기록해야 한다. 2016년은 5억원 이익, 2017년은 15억원 적자, 2018년은 손익이 '0'이 된다. 2018년 예상손실액을 2017년 결산에 미리 반영하였으므로, 예상한대로 건설 상황이 흘러간다면 2018년 손익은 '0'이 되는 것이다.

• 정부가 적정 기준과 가이드라인 마련해야

만약 A사가 2018년도 원가상승을 제대로 추정하지 못했다고 하자. 그럼 2017년에는 7.5억원의 흑자를 기록하게 될 것이다. 그러나 2018년에는 22.5억원의 적자(공사수익 37.5억원-공사원가 60억원)를 내게 되어, 이른바 어닝쇼크와 회계절벽을 동시에 맞게 되는 것이다. 회사가 최선을 다해 추정하였는데도 이런 결과가 나왔다면 모르겠으나, 의도적으로 공사원가의 상승 추정을 무시하거나 회피했다면 분식회계(회계사기)가 된다. 대우조선해양의 경우 손실을 의도적으로 덮어온 혐의 즉, 회계 사기로 재판을 받고 있다. GS건설의 경우도 주주들이 집단소송을 걸어 소송이 진행 중이다.

새해 벽두부터 금융당국이 건설업체 회계에 대한 감리에 전격 착수했다는 소식이 전해졌다. 감리는 회계법인이 작성한 기업 감사보고서에 대해 금융감독원 등이 회계처리 기준과 감사기준에 적합하게 작성됐는지를 검토 조사하는 활동이다.

금융감독원은 현대건설 외부감사인인 안진회계법인에 대한 감리를 지난 4일 시작했다. 현대건설이 발주처에 공사대금을 청구하지 못한 미청구공사와 손실발생 가능성을 적정하게 처리했는지, 공사 원가 추정치 등에 대한 처리를 제대로 했는지, 안진회계법인이 이에 대한 회계감사를 감사기준에 맞게 적절하게 잘 처리했는지 등을 집중 감리하는 것으로 알려졌다. 현대건설의 미청구공사금액은 지난해 3분기말(연결재무제표) 기준 총 매출액 27%에 달하는 3조 6,088억원이다. 건설업계 최대규모다.

연초부터 당국이 시공능력 톱 기업에 대한 감리에 들어가자 건설업체들은 긴장하고 있다. 금감원이 지난해부터 강조해 온 '수주산업의 공시 적정성' 방침을 건설업체들이 잘 따라오고 있는지 점검하는 차원이라거나, 현대건설의 미청구공사 대금이 많다 보니 그 이유가 무엇인지 한번 점검해보는 차원이 아니겠느냐고 말하면서도, 건설업체 전반으로 감리가 확대되지 않을지 신경 쓰는 모습이다.

금융감독은 지난해부터 수주산업 기업의 사업보고서에 대한 공시 기준을 강화했다. 기준 강화 뒤 공개되는 사업보고서는 올해가 처음이기 때문에 금감원의 정밀 점검이 예상되는 상황이다. 금감원 안팎에서는 올 5월 건설업체들이 공시할 '2016년도 사업보고서'에서 당국의 수주산업 공시 강화 기준에 맞춰 업체들이 제대로 공시를 했는지 당국이 점검한 뒤 미흡한 업체에 대해 추가 감리가 진행될 것이라는 이야기들이 나오고 있다.

금감원은 지난해 10월 수주산업 해당 기업 216개사의 반기 보고서를 검토, 40여 개 기업(18.5%)의 공시가 미흡했다고 평가했다. 이들은 공시대상 중요계약의 진행률과 미청구공사금액 등을 공시하지 않거나 직전년도 매출액 5% 미만의 계약 정보를 공시하지 않기도 했다. 이번 현대건설 감리를 신호탄으로 미청구 공사 대금 비중이 큰 대형 건설사에 대해 연쇄 감리에 들어갈 가능성도 점쳐지고 있다.

지난해 3분기 말 기준 총매출액에서 차지하는 미청구 공사대금 비중은 대우건설과 GS건설이 각각 23%, 27%로 높았다. 이 가운데 대우건설은 외부감사인인 안진회계법인으로부터 지난해 3분기 보고서에 대해 검토의견 '거절' 통보를 받았다. 또 GS건설은 2013년 실적 공시 과정에서 벌어진 분식회계 논란으로 법정소송에 휘말려있다. 건설업계 일각에서는 대형건설사 상당수가 증권시장 상장사여서 감리가 주가에 영향을 크게 줄 수 있는데도 연초부터 대형사에 대한 감리를 진행하는 것은 당국이 강한 사전 경고를 보내는 것으로 해석하기도 한다. 그러면서도 해외건설의 특수성을 고려해 미청구 공사대금에 대한 명확한 감리 기준을 내놓아야 한다고 주장하고 있다. 건설사들이 손실 가능성을 멋대로 판단하게 놔둘 것이 아니라 금융당국에서 좀 더 적극적으로 나서 적정기준과 가이드라인을 만들어야 한다는 주장이다. 건설사들이 손실 가능성을 멋대로 판단하게 놔둘 것이 아니라 금융당국에서 좀 더 적극적으로 나서 적정기준과 가이드라인을 만들어야 한다는 주장이다.

chapter 52

집단소송

집단소송이 수년 전에 도입될 때는 기업을 망하게도 할 수 있는 엄청난 영향력을 가진 법안이 될 것이라고 했는데 실상은 그렇지 않다. 단, 이 법안이 갖는 파괴력은 상당하며 기업의 입장에서는 유심히 이 법안의 추이를 지켜봐야 한다.

매일경제신문. 2016.7.4. 미청구공사 첫 집단소송 내달 열린다

대법원이 GS건설 주식투자자들이 제시한 집단소송을 허가하면서 건설사들의 고질적인 문제인 미청구공사 분식회계를 문제 삼는 첫 집단소송이 이르면 다음 달 시작된다.

2013년 GS건설 보통주 주식을 매수했던 김모씨 등 15명이 GS건설을 상대로 낸 증권 관련 집단소송으로 승소 시 배상액이 총 465억원에 달할 전망이다. 기업 분식회계나 주가연계증권 등 금융상품 불완전판매로 인해 증권 관련 집단소송이 벌어지는 것은 국내에서 네 번째다.

3일 집단소송 원고 GS건설 개인 투자자 15명의 법률대리를 맡은 법무법인 한누리의 박필서 변호사는 "피해 투자자 다수가 소송 제외(집단소송의 판결을 적용받지 않도록 신청하는 것) 대신 소송 참여를 결정하면서 8월부터 예정대로 집단소송이 시작된다"며 "GS건설의 2012년 사업보고서를 믿고 투자했다가 손실을 본 피해자는 1만 399명에 이르고 주가 하락으로 발생한 피해액은 총 465억원으로 집계됐다"고 말했다.

이에 앞서 지난달 대법원 제2민사부는 GS건설이 제기한 재항고에 대해 "분식회계의 가능성이 없지 않다"며 집단소송 대상에 포함된다는 취지의 판결을 내렸다. 피해자 수와 피해 액수로는 국내 최대 규모 증권 관련 집단소송이다.

이번 소송에서 투자자들은 GS건설이 2013년 3월 29일 발표한 2012 회계연도 사업보

고서에는 '영업이익을 1,603억원 흑자'로 기재했다가 그로부터 12일 뒤 발표한 2013년 1분기 잠정 실적공시 때는 '534억원 영업 순손실'로 돌변한 점을 문제 삼고 있다.

원고들은 "GS건설이 공사 진행률을 추정하는 과정에서 이를 허위로 높여 2012년 실적을 부풀렸으나 결국 12일 후 부실을 한꺼번에 털어내는 '빅배스(대규모 손실 반영)'를 단행해 사실상 분식회계를 시인했다"고 주장했다.

소송인 대표 김모씨는 "GS건설이 2013년 1월 말에 루와이스 프로젝트 등 해외 플랜트 사업의 추가 손실 발생 가능성을 인식했음에도 불구하고 당시 사업보고서에 반영하지 않아 투자자들에게 손해를 끼쳤다"고 주장했다.

대형 플랜트 미청구 공사금(공사는 진행하였으나 아직 발주처에 청구하지 않은 매출채권)을 회사가 부풀려 손실 시점을 뒤로 늦추는 방식으로 회계처리했다는 것이다. 2013년 1분기 대규모 손실을 공시한지 이후 2주간 GS건설 주가는 40% 급락했다.

다른 건설 조선사에서도 미청구공사대금 부실회계로도 집단소송이 확산될지 주목된다. 지난해 삼성엔지니어링과 대우조선해양이 미청구공사대금을 손실로 인식하면서 수조원에 달하는 영업손실을 발표하고 주가가 급락해 투자자들이 손실을 입기도 했다.

집단소송은 소송 결과가 소송을 제기하지 않는 사람들에게도 동일하게 효력을 미치므로 다수 피해자를 한꺼번에 구제할 수 있다. 가령 현재 진행되고 있는 대우조선해양 분식회계를 문제 삼는 소송은 집단소송이 아닌 탓에 여섯 차례에 걸쳐 소송이 추가적으로 제기되고 있는데, 집단 소송은 소송 한번으로 피해자 전원 구제가 가능하다. 그러나 법취지와는 달리 소송 허가에만 대법원까지 3심이나 거쳐야 하는 불편함 때문에 집단 소송은 피해 당사자들에게 외면 받았다.

하지만 올해 들어 도이치뱅크와 로얄뱅크오브캐나다를 상대로 한 ELS 피해자들의 집단소송을 대법원이 허가하면서 유사 사례가 점점 늘어나고 있다. 이번 소송에 참여하지 않은 피해자도 집단소송 효력으로 인해 다음 달 중순까지 '소송 제외 신청'을 하지 않는 이상 승소 시 피해보상을 받을 수 있다.

한편 GS건설 측은 "갑작스러운 손실 처리는 수주산업의 회계 처리 특성 상 어쩔 수 없는 부분이며 본안 소송에서는 승소할 수 있을 것으로 생각한다"며 "소송 전 합의는 전혀 고려하지 않고 있다"고 말했다.

한국경제신문. 2017.1.21. ELS 투자자들, 도이치뱅크 상대 집단소송 승소

20일 대법원에 따르면 현재 이뤄지고 있는 증권 관련 집단 소송은 총 8건이다.

GS건설이 2012 사업연도 재무제표를 허위 기재한 건에 대해 주주들이 2013년 낸 집단소송은 피해자가 1만 262명에 이른다. GS건설이 진행 중인 재판에서 지면 총 460억원을 배상해야 할 것으로 추산하고 있다. 아직 재판 허가가 나지 않았지만 동양그룹 회사채와 기업어음(CP) 투자자들이 2014년 동양증권 등을 상대로 낸 집단소송은 약 1만 8,000명의 '피해자'가 조(兆) 단위의 배상을 노리고 있다.

• 증권집단소송법 개정 움직임도

증권 관련 집단소송법을 개정하려는 움직임도 빨라지고 있다. 채이배 국민의당 의원은 이날 보도자료를 내고 "국회 법제사법위원회가 2월 임기 국회에서 증권 관련 집단소송법 개정안을 조속히 처리해야 한다"고 촉구했다. 채 의원은 지난 해 8월 금융사가 불복하더라도 법원의 중지명령이 없는 한 집단소송 재판을 진행하도록 하는 법률 개정안을 대표 발의했다. 피해자들이 집단소송을 통해 배상을 받아내기가 쉽지 않다는 이유에서다.

집단소송은 일단 소송과는 달리 법원의 허가를 받아야만 할 수 있다. 허가를 받더라도 상대방이 불복하면 항고 재항고를 거쳐 대법원까지 허가 여부를 다퉈야 한다. RBC 주가 조작 피해자들도 2010년 소송을 낸 후 6년 만에 소송을 허가받았다. 실제 재판에서도 장기간 법리를 다퉈야 한다.

2017년 7월 7일 도이치뱅크 ELS와 관련되어 집단소송 법정에서 피해자들이 승소하는 첫 결과가 나왔다.

집단소송과 관련되어서는 도입 초기부터 양쪽 방향으로의 우려가 있어 왔다. 한쪽은 濫訴의 우려였으며 한쪽은 소송이 성사되기가 너무 어려운 법안이라는 반대되는 우려였다. 집단소송을 수년간 시행해 본 결과, 소송 건수가 너무 적어서 이 법 자체가 소송을 어렵게 만드는 요인이 너무 많다는 비판도 있었다. 적어도 남소의 우려는 수년간을 적용해 본 다음에 불식시킬 수 있다.

위의 신문기사에도 기술되어 있듯이 소송이 진행되기까지 법원의 허가를 받아야 하는 것은 매우 특이한 법의 적용이다.

이와 같이 이 법이 적용되기 어렵게 만든 이유 중의 하나는 이 법의 적용

이 엄청난 파급효과를 가져올 수 있기 때문이다. 위의 신문기사에도 기술되어 있듯이 1조 정도의 금액을 배상해 주어야 한다면 이는 해당 기업의 사활에 까지도 영향을 미칠 수 있다.

집단소송에는 순기능과 역기능이 동시에 존재하여서 이 소송이 경제에 미치는 영향에 대해서는 면밀하게 점검하여야 한다.

chapter 53

회계정보 감사정보 사전 유출

정보는 정해진 절차를 거쳐서 시장에 전달되어야 한다. 그러나 반드시 그와 같이 되지는 않으며 그러한 경우를 검토한다.

매일경제신문. 2017.1.9. 금감원, 대우건설 미공개정보 유출 조사

금융감독원이 대우건설의 미공개 정보 유출 의혹에 대한 조사에 착수했다. 대우건설은 지난해 3분기 보고서를 받기 전에 '의견거절' 정보가 유출됐다는 의혹을 받고 있다.

8일 금감원 관계자에 따르면 금감원은 최근 한국거래소로부터 대우건설이 외부 감사인에게 검토 의견을 받기 이전에 이뤄진 거래 중 이상 매매 계좌를 추린 자료를 받았다. 이에 따라 금감원은 거래소 자료 검토를 거쳐 곧 본격적인 조사에 나설 예정이다.

앞서 지난해 11월 14일 대우건설의 외부감사인인 딜로이트 안진회계법인은 대우건설의 지난해 3분기 재무제표 검토 보고서에서 '의견거절'을 밝힌 바 있다. 당시 대우건설 주가는 '의견거절'이 나온 다음날 13%대로 폭락했는데, 악재 정보가 공시되기 전인 지난해 11월 11일 대우건설의 공매도 거래량이 상장 이래 최대치인 119만 5,385주에 달하자 미공개 정보 유출 의혹이 제기됐다.

이는 같은 해 10월 일평균 공매도 거래량(11만 4,558)주의 18배 수준이었다. 이 때문에 일평균 55만주에 불과하던 대우건설 거래량도 지난해 11월 11일에는 985만주로 18배 폭증했다.

금감원 관계자는 "지난주에 자료를 넘겨받아 검토 중"이라며 "향후 공매도를 포함해 이상 매매 내역을 추적해 미공개 정보 유출 여부를 확인할 것"이라고 밝혔다.

외부 감사인이 감사위원회에 출석하여 연차 재무제표에 대한 내용을 보고할 때 예상되는 감사의견에 대해서는 보고를 할 수 있어도 감사보고서가 법인내 심리 과정을 마치고 서명될 때까지는 명확한 감사의견을 전달해서는 안된다. 이 일자가 일반적인 감사보고서일자이다. 감사보고서 일자는 주총 적어도 1주일 이전에는 보고하도록 되어 있다. 주주총회 안건이 주총 2주 전에는 발송되어야 하는데 유가증권시장 716사 중 41사가 사전에 감사보고서를 제출하고 있다. 이러한 기업의 감사인들은 주총 2주 이전에 이미 감사보고서를 완료했다는 의미인데, 12월로 결산기업이 모두 집중되어 있는 현실에서는 쉽지 않은 일이다. 아마 거의 대부분의 기업/감사인의 경우는 주총 1주일 이전을 target으로 하고 감사를 진행할 것이며 이 일자를 당겨서 감사보고서에 sign off하는 경우는 드문 일일 것이다. 즉 주총 1주일 전에 감사보고서를 마감한다는 가정하에 역산하여 time schedule을 충족시키기가 쉽다.

매일경제신문. 2017.2.3. "회계법인 감사정보 사전유출 꼼짝마"

금융감독원이 외부 감사인의 회계법인의 감사 정보 사전 유출 행위에 칼을 빼들었다. 구체적으로 회계법인이 의견거절 등 주가 급락세를 부추기는 감사 정보를 공시 전 외부에 유출하는 행위에 대한 단속을 강화하기로 했다.

금감원은 올해 비적정 감사의견을 낸 회계법인을 상대로 감사 정보가 공시 전에 유출되지 않도록 제대로 관리했는지를 점검할 예정이라고 2일 밝혔다. 회계법인이 내부 감사 정보를 유출한 직원에게 강력한 경제적 불이익을 부과하고 있는지, 개인 PC에 보관된 감사 정보를 적절한 기간에 폐기하고 있는지 등을 집중 확인할 계획이다.

박권추 금감원 회계심사국장은 "최근 들어 비적정 감사 의견 같은 정보가 사전에 유출돼 손실을 피하기 위한 주식 매도에 활용되는 사례가 다수 적발되고 있다"며 "결산 시즌을 맞아 회계법인은 비밀 유지와 내부 통제에 특별히 신경을 써달라"고 부탁했다.

금감원은 대우건설의 작년 3분기 보고서가 '의견거절'을 받기 전에 공매도 물량이 대량 유출된 것과 관련해서도 사전에 정보가 유출됐는지를 조사하고 있다. 공시가 되기 전 유출된 감사 정보를 이용해 증권 거래를 한 사실이 적발되면 정보를 유출한 회계사는 물론 이를 받아 증권 매매를 한 가족이나 친지 등도 과징금 처분과 검찰 수사까지 받을 수 있다.

또 금감원은 회계법인에 감사보고서를 회사에 제출하는 즉시 거래소에도 제출 사실과 감사 의견을 통보해 달라고 협조를 요청했다. 의견거절 감사보고서를 받은 상장사들이 공시를 늦게 하면서 손실을 회피하거나, 감사 의견 변경을 시도하는 사례가 여러 차례 발생한 데 따른 조치다. 금감원은 올해 비적정 감사 의견이 제출된 회사를 상대로 감사보고서 제출일과 회사의 감사보고서 공시일을 비교해 공시가 지연됐는지를 점검할 계획이다.

박국장은 "관리종목 지정이나 상장폐지 요건과 관련된 항목은 더욱 주의를 기울여 감사하고 연결재무제표 작성 대상인 경우 연결감사보고서를 기한 내에 제출해 달라"고 추가로 당부했다.

주식시장에서 공매도라는 것은 그 매도량이 미미한 것이 일반적인데 chapter 11의 한미약품의 경우에도 그러하듯이 눈에 띌 정도로 공매도가 증가하였다는 것이 아무 근거 없이 발생할 수 있는 일이 아니다.

과거에는 비감사의견을 감사인이 표명할 것이라는 내용을 감사인이 감사위원회 또는 이사회에 보고하였고 이 내용이 공시되기 이전에 사내에 또는 시장에 유포되면서 주식을 매도하는 사태로 진행되어 문제된 적이 있다.

대부분의 감사보고서가 전달되는 일자가 주총 1주일 이전인 기업이 많을 것이고, 주총 의안이 2주일 이전에 주주들에게 발송되므로 주총을 위한 모든 의사결정은 적어도 주총 2주 전에는 이사회/감사위원회 등 모든 기업이 이러한 위원회를 종료하였을 시점이다. 이 시점 이후에 감사보고서가 완료되는 경우가 다수이므로 많은 기업에 있어서는 감사보고서의 의견이 감사보고서 전달 이전에 전해지기 어려운 구도이다.

그럼에도 완전히 확정된 감사의견은 아닐지언정 어떠한 의견이 표명될 것 같다는 정도의 정보가 구두로 전달될 수 있고 또한 위에도 기술되었듯이 유가증권시장 716사 중 41사가 주총의안이 주주에게 전달될 때 즉, 주총 2주 전에, 감사보고서를 제출하고 있으므로 이들 기업일 경우는 주총 안건을 확정하는 이사회나 감사위원회 개최 시점에 이미 감사보고서가 sign off되어 있을 수도 있다.

감사인들은 이사회나 감사위원회에서도 어떠한 의견이 표명될 것이라는 것을 문건으로 전달할 수는 없다. 단, 비감사의견이 표명되어야 하는 이슈에 대해서는 이사회와 감사위원회에서 논의는 진행될 수 있겠으나 단정적으로 어떠한 의견이 표명될 것이라는 점이 전달되어서는 안 된다. 물론, 피감기업과 감사인 간에 또는 감사위원회와 감사인 간에 의견 불일치가 존재한다면 논의 과정에서 비감사의견이 표명될 수 있겠다는 예상은 할 수 있겠지만 이러한 예상과 확정적인 감사의견은 다르다.

한국경제신문. 2017.3.2. 미공개정보 이용 급증… 내부자가 절반

지난해 주식시장 불공정거래 적발 건수가 전년 대비 크게 증가한 것으로 나타났다. 전체 적발 건수 중 절반이 미공개 정보를 이용한 불공정거래 혐의였다.

한국거래소는 지난해 유가증권시장에서 미공개 정보 이용 등 불공정거래 혐의로 금융위원회나 검찰 등에 통보한 건수가 177건이라고 발표했다. 전년 130건보다 36.2% 늘어났다. 혐의 유형별로는 미공개 정보 이용(49.7%)이 88건으로 가장 많았고 시세조정(57건, 32.2%) 부정거래(22건, 12.4%) 보고의무 위반(5건, 2.8%) 등의 순이었다. 주로 경영권 변동(33.8%), 자금조달 사업 확대(24.7%), 실적 개선 악화(16.9%), 감사의견 거절(9.1%) 등과 관련한 미공개 정보를 악용했다.

미공개 정보 이용 혐의자는 내부 정보 접근이 쉬운 최대주주와 관련자(35.1%), 임직원(27.3%) 등이 절반 이상을 차지했다. 허위 정보 등을 이용한 부정거래도 전년보다 두 배 넘게 증가했다. 주로 경영권 변동(35.7%), 신규 사업 추진(28.6%), 중국 테마(28.6%) 등에 대한 거짓 정보였다.

이 신문 기사에도 나타나듯이 아직도 감사보고서의 내용을 미리 알아서 이를 악용하는 경우가 발생하고 있다.

chapter 54

감사위원회의 책임

　　감사위원회는 회사의 감사에 있어서 과연 어떠한 업무를 수행하여야 하고 어디까지 책임이 있는지에 대해서는 상당한 논란의 대상일 수 있다. 최근 감독기관의 정책방향은 chapter 50에서도 기술되어 있듯이 감사위원회도 분식회계에 대해서는 일부 책임을 져야 하고 과징금의 경우도 상법상의 감사나 감사위원회가 개인적으로 책임을 져야 하는 방향으로 정책을 진행하고 있다. 또한 감사/감사위원에 대해서도 해임권고를 할 수 있다.

　　반면, 감사나 감사위원회는 그 업무의 한계를 주장하고 있다. 특히나 사외이사가 2/3 이상으로 구성되어 있는 감사위원회는 비상근이 갖는 정보 접근의 한계를 언급하며 감사위원회가 어느 정도 이상의 업무를 수행하며 책임을 감사위원회에게 묻는 것에 대해서 불편하게 생각한다.

　　그럼에도 불구하고 감사/감사위원의 선임 권한이 주주총회에 있기 때문에 감사/감사위원은 신분적으로 임기가 보장되어 있다. 따라서 감사/감사위원의 외관적 독립성은 완전히 보장되어 있다고 할 수 있다.

　　예를 들어, 기업에서 엄청난 권한을 행사하는 CEO의 경우와 비교하면 일부의 매우 예외적인 기업을 제외하고 대표이사는 주주총회에서 선임된 것이 아니라 주주총회 이후 진행된 이사회에서 선임된 것으로 어떻게 보면 주주가 선임한 감사/감사위원이 이사회가 선임한 대표이사보다도 신분이 더 잘 보장되어 있다고 할 수 있다. 임명권이 중요한 것이 임명하는 기관이 해임도 할 수 있기 때문이다. 즉, 대표이사는 이사회가 해임할 수 있지만, 감사/감사위원의 해임은 기업의 최고 의사결정기관인 주주총회 몫이므로 감사/감사위원이 대표이사보다 신분적으로 더 보장되어 있다고도 할 수 있다. 물론, 이러하게 논리를 전개할 것이면 주총에서 선임되는 이사와 감사/감사위원은 유사한 정도로 신분이 보장되어 있다고 할 수 있다.

일부의 재벌그룹들이 대표이사의 선임을 주총 일정과 무관하게 연말에 발표하는 경우가 있다. 대표이사로 선임되기 위해서는 일단, 주총에서 등기를 하여야 하니 주총에서 선임되기까지는 대표이사의 자격을 갖춘 것이 아니다. 물론, 등기된 이사 중에 대표이사로 선임이 된다고 하면 이사회의 의사결정이니 이는 문제가 아니다. 따라서 현재 등기이사가 아닌 대표이사의 선임을 기업지배구조와 상법에 충실하게 진행하려고 하면 주총 시점에 timing을 맞춰서 진행되어야 한다.

미국의 감사위원회가 진행되는 실무 패턴과 우리의 실무의 차이에 대한 점이 많이 언급된다. 미국의 감사위원회는 투입되는 시간, 회의 빈도수, 감사위원회의 활동에 대한 금전적인 보수 등에서 우리의 감사위원회와는 비교가 되지 않을 정도의 많은 노력을 사외이사들이 감사위원회 활동에 투입하고 있다고 한다. 물론, 감사위원회 급여가 많은 회사의 경우는 약 30만 달러, 즉, 3억여원의 급여를 받고 있다고 하니 시간과 급여 차원에서는 우리와는 비교가 되지 않는다. 아마 우리의 경우, 가장 높게 사외이사/감사위원의 급여가 책정된 기업이 약 1억여원 정도 아닌가 한다.

감사위원회가 어떠한 활동을 하고 어떠한 업무에 대해서 책임을 질 것인지는 감사위원회의 감사보고서 문건으로 전달되게 되는데 이에 따라서 책임의 한계도 결정된다고 할 수 있다. 감사보고서는 법적인 문건이기 때문이다.

손성규(2017)는 대다수의 기업에서 감사위원회가 수행하지도 않은 업무를 감사위원회가 수행한 듯이 감사위원회에 기술하고 있다고 보고하였다.

거의 대부분의 기업에서 상장회사협의회가 제시하고 있는 표준 감사보고서를 사용하고 있는데 그 양식에는 감사방법의 개요에 다음의 내용이 포함된다.

회계감사를 위하여 회계에 관한 장부와 관계서류를 열람하고 재무제표 및 부속명세서를 검토하였으며 필요하다고 인정되는 경우 대조, 실사, 입회, 조회, 그 밖에 적절한 감사절차를 적용하였습니다.

주지하는 바와 같이 감사위원회는 실무를 하는 부서가 아니고 정책적인 판단을 수행하는 위원회이므로 이러한 업무를 수행하지 않는데도, 수행하는 듯이 적고 있는 것이다. 그렇기 때문에 포스코를 포함한 일부 기업은 이 문제를 인식하고 감사방법의 개요, 회계감사라는 section에서 다음으로 기술한다.

둘째, 재무제표의 적정성을 확인하기 위해서 내부감사부서로 하여금 회계에 관한 장부와 관계서류를 열람, 대조, 조회, 기타 적절한 감사절차를 적용하여 감사하도록 하고 그 결과를 확인하였습니다.

즉, 매우 정확하게 누가 무슨 일을 했는지를 적고 있다. 즉, 실무를 한 것은 내부감사부서이고 이를 확인한 것은 정책적인 판단을 수행하는 감사위원회라고, 업무가 어떻게 차별화되는지 즉, segregation of duty가 명확하게 구분된다. 즉, 감사위원회는 위원회로서 정책을 결정하는 기관이지 실무를 수행하는 기관이 아니다.

포스코와 같은 기업은 내부감사부서가 당연히 별도로 존재하지만 김유경(2016)에 의하면 내부감사부서가 별도로 존재하는 기업이 40%가 된다고 하니 그나마 나머지 60%의 기업은 내부감사기능을 기업내 다른 부서에 의존하고 있다. 일부의 재벌기업에서는 계열사 차원에서의 별도의 내부감사기능은 없지만 그룹 차원에서의 감사기능이 있기도 하다. 삼성의 경우도 미래전략실이 존재할 때, 미전실의 경영진단팀이라고 해서 감사기능이 무척이나 강한 역할을 수행하였다.

기업의 규모가 작기 때문에 별도의 감사를 전담하는 조직이 없다는 한계는 인정한다. 그러므로 이러한 기업일 경우는 이러한 감사 업무를 외부 감사인과 함께 하였다고 기술하는 것이 가장 합리적인 타협점일 것이다. 이러한 기업일 경우, 아마도 외부 감사인에 대한 counter part 역할을 재무 파트에서 수행할 가능성이 매우 높다.

참고로 모 회사의 감사보고서는 다음과 같이 기술되어 있는데 내부감사부서가 별도로 분리되어 있지 않는 기업일 경우에는 다음의 문구가 가장 현실적인 대안일 수 있다.

회계감사를 위하여 외부감사인과 함께 회계에 관한 장부와 관계서류를 열람
하고 재무제표 및 동 부속명세서를 검토하였으며 필요하다고 인정되는 경우
대조, 실사, 입회, 조회, 그 밖에 적절한 감사절차를 적용하였습니다.

김건식(2014)는 다음과 같이 적고 있다.[1]

"문제는 감사보고서의 내용이다. 현재 실무상으로는 한국상장회사협의회
가 마련한 '상장회사 감사보고서 표준 예시'라는 서식이 널리 이용되고 있다.
표준서식은 외부 감사인에 대한 언급이 전혀 없이 마치 감사위원회가 직접 감
사활동을 수행한 것 같은 내용으로 작성되어 있다. 그러나 상근의 감사위원이
있는 경우도 어느 정도 규모가 있는 회사의 회계감사를 직접 담당하는 것은
비현실적이다. 결국 감사위원회는 내부감사부서나 외부감사인의 도움을 받는
것이 불가피할 것이다. 따라서 감사보고서에는 감사위원회가 주로 내부감사부
서와 외부감사인의 감사에 의존하였다는 점을 분명히 할 필요가 있을 것이다"
라고 기술되어 있다.

다만 별도의 내부감사부서가 있지 않는 기업일 경우는 이 업무를 내부의
다른 부서에 의존하거나 아니면 외부감사인에게 의존할 수밖에 없다.

다만, 어디에 의존해서 감사 업무를 수행하였던 간에 또는 감사위원회의
감사보고서가 어떻게 기술되었던 간에, 상법상의 감사기능을 감사 또는 감사
위원회가 맡게 되어 있으므로 그 책임을 피해갈 수는 없다.

포스코의 감사위원회 감사보고서의 내용에도 외부 감사인의 도움을 받았
다는 다음의 내용이 포함되어 있다.

셋째, 분기별 재무제표에 대해서는 외부감사인의 검토 결과, 연간 재무제표에
대해서는 외부감사인의 회계감사 결과를 보고받고 그 내용을 검토 확인하였
습니다.

---

1) 김건식, 주석 상법: 회사법(4), 2014. 제5판 pp. 292-293.

chapter 55

삼성바이오로직스

    이사회의 구성원으로 있지만 그 권리 행사에 소극적이었다고 하면 경영 의사결정에 영향력을 미쳤다고 보기는 어렵다.

    삼성바이오로직스는 상장시점부터 많은 관심을 받았던 종목이다.[1] 이전 의 상장 조건은 3년 연속 영업이익을 보여야 하지만 자산 규모가 어느 정도 되고 성장성이 높은 종목일 경우는 미래의 전망으로도 상장이 가능하도록 상 장의 문호를 열어 놓고 있다.

    2015년 11월 4일 한국거래소의 유가증권시장 상장규정이 개정되었다. 신 규 규정을 아래에 대비한다.

> 과거: 매출액/당기순이익이 일정 기준 이상
> 신규 규정: 대규모 투자 & 발전 가능성
> - 대규모 자본이 투자될 경우(시총 6천억원 이상, 자기자본 2천억원 이상)
> - 전년 적자 기업이라도 미래 성장성이 높다고 판단되면 상장 가능

    물론, 성장성이 높은 기업에 상장의 가능성을 열어 준다는 것은 충분히 의미가 있는 정책이다. 또한 대규모 자본이 투자되는 경우에는 그만큼 성장 가능성이나 전망이 좋은 경우이므로 상장의 가능성이 높아진다.

    미래의 성장 가능성이 있는 기업이라 함은 앞으로의 고용 창출 가능성도 높은 기업이므로 이러한 기업들에게 상장의 기회를 주는 것은 충분히 의미가

---

1) chapter 27의 내용과도 연관된다.

있는 정책방향이다. 단, 상장 기회를 부여한다는 것은 매우 조심스럽게 접근하여야 한다.

그러나 삼성바이오로직스의 경우, 최순실 국정 농단 사태로 인하여 특혜 시비를 문제로 삼는 경우도 있었으나 금융위원회나 거래소는 전혀 근거가 없는 문제 제기라고 일축하였다.

한국경제신문. 2017.3.31. 심사감리 '합격'한 삼성바이오로직스

다시 한 번 들여다보겠다는 금융당국

증권선물위원회와 금융감독원이 삼성바이오로직스의 상장 전 회계처리에 대한 재감리를 결정하면서 뒷말이 나오고 있다. 한국공인회계사회의 심사감리를 통해 "회계처리에 문제가 없다"는 결론이 난데다 혐의가 드러난 것도 아니어서다. 금융당국이 대통령 선거를 앞두고 야당과 시민단체 등의 눈치를 보는 것 아니냐는 관측이 나온다.

20일 금융당국에 따르면 금감원은 삼성바이오로직스가 2015년 재무제표를 작성하면서 회계처리에 문제가 없는지 다시 한번 들여다보기로 했다.

(삼성바이오로직스의) 자회사인 삼성바이오에피스를 종속기업이 아니라 관계기업으로 회계처리한 부분, 바이오에피스의 공정가치평가의 적정성, 미국 바이오젠(바이오에피스의 2대 주주)과 바이오로직스가 바이오에피스의 가치와 콜 옵션 행사 가능성에 대해 상반된 인식을 갖고 있는 근거 등을 들여다볼 것으로 알려졌다. 참여연대와 심상정 정의당 의원 등이 제기한 의혹에 관한 내용이다.

회계업계에서는 이번 감리착수가 통상적인 감리와 다르다는 데 주목한다. 지난해 11월 유가증권시장에 상장한 바이오로직스는 상장을 앞둔 8월에 이미 공인회계사회로부터 심사감리를 받았고 "중요성 관점에서 회계기준에 위반되는 사항이 없었다"는 통보를 받았다.

공인회계사회는 증선위로부터 권한을 인정받아 상장을 앞둔 주요 기업 등의 회계처리에 문제가 없는지 심사감리하는 역할을 한다.

혐의감리는 내부자로부터 신빙성 있는 제보를 받았거나, 정정 등을 통해 회계처리 오류가 명백하게 드러났을 때 이뤄지며 시장의 의혹만으로 진행하지는 않는다. 때문에 업계에서는 삼성바이오로직스에 대한 감리가 이뤄질 가능성이 거의 없는 것으로 예상해 왔다.

금융당국 관계자는 "바이오로직스는 2016년 감리에서 충분하게 들여다보지 못한 부분에 대한 의혹 제기가 계속되고 있어 당시 감리를 재점검하는 차원에서 한번 더 정밀하게 들여다보겠다는 것이지 특별한 혐의가 드러난 것은 아니다"고 설명했다.

하지만 의혹만으로 상장사에 대해 재감리를 하는 것은 바람직하지 않다는 의견이 많다. 취지가 무엇이든 회사 신인도는 큰 타격을 받기 때문이다. 감리소식이 전해지면서 이날 바이오로직스 주가는 전일보다 3.54% 하락한 17만 7,000원으로 마감했다.

앞서 참여연대 등은 바이오로직스가 상장 직전인 2015년 회계연도에 회계처리기준을 변경해 1조 9,000억원의 순이익을 낸 것에 문제가 있다는 주장을 제기했다. 바이오로직스 2대 주주의 콜옵션 행사 가능성을 재평가해 바이오에피스(지분율 91.2%)를 <u>종속회사에서 관계회사로 변경한 것을 상장을 위한 사전작업이었다는</u> 것이다. 실제 바이오로직스는 바이오에피스 평가기준이 장부가치에서 공정가치로 달라진다면서 4조 5,336억원에 달하는 투자이익을 얻었다.

바이오로직스 관계자는 "괜한 오해를 피하기 위해 평가방식을 변경하지 않는 방안도 고민했지만 정해진 회계처리 기준에 따라 처리할 수밖에 없었다"며 "복수의 회계법인과 다섯 곳의 법무법인 등을 통해 정해진 법과 절차를 거친 만큼 문제가 없다"고 말했다.

위의 기사에서 삼성바이오로직스가 상장 직전 한국공인회계사회로부터 감리를 받았다는 것은 비상장기업은 한국공인회계사회의 위탁 감리를 받았음을 의미한다. 또한 감리의 대상으로 선정된다는 것은 매우 민감한 문제이다. 감리대상 기업을 선정하는 것은 감독기관의 고유 권한이다. 그러나 시민단체 또는 정치권 등에서 민감한 이슈가 제기된 기업에 대해서 모두 감리 대상으로 선정할 수는 없다. 이러한 바이오젠의 판단에 따라서 삼성바이오로직스는 수년 동안 바이오에픽스를 연결재무제표에 의해서 연결했다.

삼성바이오로직스는 다음과 같이 기술하고 있다.

28.   우발채무의 약정 사항

28-1 Biogen Inc은 당사와의 주주간 약정에 따라 당사의 종속기업이었던 삼성바이오에피스의 지분을 49.9%까지 매입할 수 있는 권리를 보유하고 있습니다. 당사(삼성바이오로직스)는 따라서 동 의무에 대해 바이어에피스 공정가치를 측정하여 파생상품부채로 인식하였습니다.

미국바이오젠의 연차보고서중 발췌한 부분이다.

BIOGEN INC. AND SUBSIDIARIES
NOTES TO CONSOLIDATED FINANCIAL STATEMENTS — (Continued)
F- 63

In February 2012 we entered into a joint venture agreement with Samsung BioLogics Co. Ltd. (Samsung Biologics), establishing an entity, Samsung Bioepis, to develop, manufacture and market biosimilar pharmaceuticals. Samsung Biologics contributed 280.5 billion South Korean won (approximately $250.0 million) for an 85% stake in Samsung Bioepis and we contributed approximately 49.5 billion South Korean won (approximately $45.0 million) for the remaining 15% ownership interest. Under the joint venture agreement, we have no obligation to provide any additional funding and our ownership interest may be diluted due to financings in which we do not participate. As of December 31, 2016, our ownership interest is approximately 6.5%, which reflects the effect of additional equity financings in which we did not participate. We maintain an option to purchase additional stock in Samsung Bioepis that would allow us to increase our ownership percentage up to 49.9%. The exercise of this optionis within our control and is based on paying for 49.9% of the total investment made by Samsung Biologics into Samsung Bioepis in excess of what we have already contributed under the agreement plus a rate that will represent their return on capital. If we do not exercise this option by a date in 2018 determined pursuant to the joint venture agreement, this option will expire and Samsung Biologics will have the right to purchase all of Samsung Bioepis' shares then held by us.

Samsung Biologics has the power to direct the activities of Samsung Bioepis which will most significantly and directly impact its economic performance. We account for this investment under the equity method of accounting as we maintain the ability to exercise significant influence over Samsung Bioepis through a presence on the entity's Board of Directors and our contractual relationship. Under the equity method, we recorded our original investment at cost and subsequently adjust the carrying value of our investment for our share of equity in the entity's income or losses according to our percentage of ownership. We recognize our share of the results of operations related to our investment in Samsung Bioepis one quarter in arrears when the results of the entity become available, which is reflected as equity in loss of investee, net of tax in our consolidated statements of income. During the years ended December 31, 2015 and 2014, we recognized a loss on our investment of $12.5 million and $15.1 million, respectively. During 2015, as our share of losses exceeded the carrying value of our investment, we suspended recognizing additional losses and will continue to do so unless we commit to providing additional funding.

매경이코노미. 2017.4.12.-18. 삼성바이오로직스 금감원 감리에 시끌시끌 "기업가치 뻥튀기" vs "국제기준 따랐을 뿐"

합작사 바이오젠 콜 옵션 행사를 가정해 삼성바이오로직스 지배력 없다고 판단. 종속회사에서 관계사로 회계처리하면 공정가치 5조원 반영해 이익 급증. 바이오젠 역시 "지배력 없다" 밝혀 이상한 형국… 결국 실적으로 입증해야

- 무리한 뻥튀기인가 글로벌 회계기준에 따른 정상적인 가치평가일까.

지난해 말 상장한 삼성바이오로직스가 금융감독원 '특별감리'를 받으면서 분식회계와 특혜 상장 의혹이 다시 도마 위에 올랐다. 이번 감리 결정은 심상정 정의당 의원을 비롯해 시민 단체들이 삼성바이오로직스 분식회계 의혹을 잇달아 제기하며 당국에 요청한 결과다. 다만 그때 그때 명칭이 다를 뿐, 사회적인 요청에 따라 시행하는 감리를 업계에선 '특별감리'라는 용어를 사용한 것도 같은 맥락이다.

삼성바이오로직스 측은 특별감리라는 용어 대신 제기된 의혹의 사실 관계 정도를 파악하는 '심사감리'라고 밝혀왔다. 외부감사를 맡은 회계법인까지 모두 조사하는 정밀감리는 아니라는 뜻이다. 기초적인 감리 결과, 별다른 문제가 발견되지 않으면 곧 바로 감리 절차는 종료된다. 정밀감리로 들어가면 결과가 나오기까지 1년 정도 걸린다. 금감원이 특별감리에 나선 건 시민단체 등이 제시한 근거가 어느 정도 타당하다고 판단해서다. 감리 결정에 지난 3월 21일 20만원까지 엿봤던 주가는 하루만에 17만 3000원까지 떨어지기도 했다.

분식회계 논란 왜 또 불거졌나
정치권 문제제기 금감원 받아들여

분식회계 논란은 2011년 4년 연속 적자를 내던 삼성바이오로직스가 <u>2015년 갑자기 1조 9,000억원의 순이익을 벌어들이는 초우량 기업으로 탈바꿈하며 시작됐다</u>. 삼성바이오로직스는 자회사인 삼성바이오에피스 지분가치를 4조 8,800억원대로 평가하며 회계상 4조 5,000억원에 달하는 투자이익이 생겼다. 혼순탁회계사(내가 만드는 복지국가 조세 재정팀장)는 "정상적으로 회계처리했다면 5년 연속 적자가 돼 상장이 순조롭지 않았을 것"이라고 주장했다.

이번 논란은 삼성물산, 제일모직 합병과 무관하지 않다는 후문이다. 삼성바이오로직스 기업가치가 뛰자 이 회사 지분 46%를 보유하던 제일모직 가치가 뛰었다. 삼성물산과 제일모직 합병 때 제일모직에 유리하게 합병비율(1대 0.35)이 매겨진 것도 이와 무관하지 않다는 주장이다. 당시 이재용 삼성전자 부회장 일가의 제일모직 지분(42.2%)은 삼성물산 지분(1.4%)보다 월등히 많았다. 때문에 제일모직 가치를 높이 평가받는 게 중요한 이슈였다.

얼핏 봐도 뭔가 꺼림칙한 회계처리가 어떻게 가능할까. 삼성바이오로직스는 나스닥 상장사인 다국적 기업 바이오젠(BIBB)과 손잡고, <u>바이오시밀러, 즉 특허 기간이 만료된 바이오의약품을 복제하는 사업</u>을 시작했다. 두 회사는 바이오에피스에 각각 2,805억원(85%)($250M)와 495억원(15%)을 출자했다.

바이오젠은 바이오에피스를 설립하며 삼성바이오로직스로부터 바이오에피스 지분을 49.9%까지 미리 정한 가격에 살 수 있는 콜옵션을 받았다. 2015년 결산을 맡았던 KPMG삼정회계법인은 바이오젠 콜 옵션 행사를 가정해 지분 증가율을 높게 계산했고,

삼성바이로직스의 바이오에피스에 대한 지배력을 상실할 수 있다고 판단했다.

회계처리도 달라졌다. 바이오에피스를 종속회사에서 관계회사로 바꾸고 연결재무제표 작성에서 배제시켰다. 삼성바이로직스가 바아오에피스 지분가치를 장부가액에서 공정가치로 평가할 수 있는 길이 열린 셈이다. 문제는 장부가액과 공정시장가액 차이가 크다는 점. 바이오에피스 장부가액이 2,900억원이었던 반면, 공정시장가액은 4조 8,800억원대로 늘어났다. 이 같은 회계처리에 따라 삼성바이오로직스는 1조 9,000억원대 순이익을 내는 기업으로 돌아섰다.

이 과정에서 두 가지 논란이 생겼다. 첫째, 삼성바이오에피스를 종속회사에서 관계회사로 전환하는 게 맞느냐는 것이다. 가장 중요한 기준은 바이오에피스를 '실질적으로' 누가 지배하느냐다. 바이오젠이 콜옵션을 행사한다고 해도 바이오로직스 지분은 49.9%에 그친다. 주식수로 따지면 삼성바이오로직스가 실질적인 지배력을 갖췄다고 판단할 소지가 남은 셈이다.

특이한 점은 삼성바이오로직스와 바이오젠 두 회사 모두 실질 지배력을 부인한다는 것. 바이오젠은 2016년 연례 보고서에서 다음과 같이 기술했다.

"Samsung Biologics has power to direct the activities of Samsung Bioepis, which will most significantly and directly impact its economic performance."

요약하면 바이오에피스에 대한 실질적인 지배력이 삼성바이오로직스에 있다는 뜻이다. 그러나 삼성바이오로직스 역시 회계법인 견해에 따라 실질지배력을 상실했다는 점을 강조한다.

둘째, 바이오에피스 가치를 5조원 가까이로 평가하는 게 합당하냐는 점이다. KPMG삼정회계법인은 바이오젠이 콜옵션을 행사할 가능성이 높다고 보고 국제회계기준에 따라 바이오에피스의 공정가치를 5조 2,700억원대로 평가했다. 그러나 글로벌 복제회사 최강자인 코헤르스(CHRS)의 2016년 매출은 1억 9,000만 달러에 시가총액이 현재 10억 달러 (1조 1,000억원) 안팎에 불과하다. 이를 고려하면 과대평가 얘기가 나오는 게 이상하지 않다. 또 삼성바이오로직스가 처리한 이연법인세 자산을 계산하면 기업가치는 더 떨어지는 게 맞다는 주장에 설득력이 있다.

삼성바이오로직스 입장은
무리하게 순익 높여야 할 이유 없어

삼성바이오로직스 역시 2015년 대규모 순이익 발생이 바이오에피스를 종속회사에서 관계회사로 전환한 결과라는 데 동의한다. 다만 그 과정은 국제회계기준을 따랐을 뿐 전혀 문제가 없다는 입장이다. 괜히 오해를 피하기 위해 평가 방식을 변경하지 않는 방안을 고민했으나 정해진 원칙대로 했다는 설명이다. 복수의 회계법인과 다섯 곳의 법무법인 검토를 거쳤다고도 덧붙였다. 무엇보다 2015년 반영된 일회성 순이익(영업외 이익)은 상장 요건이 아니라 무리해 이익을 높일 이유가 없다고 주장했다.

삼성바이오로직스 측은 "바이오에피스의 바이오시밀러 개발 성과가 가시화돼 합작사인 바이오젠 콜옵션은 실질적인 가치에 해당된다"며 "삼성바이오로직스가 바이오에피스에 대한 지배력이 있다고 보기 어렵다"고 밝혔다. 지분이 0.1% 많다고 해도 이사회 구성 등에 따라 지배력이 달라질 수 있어 주식 수만으로 평가하기도 어렵다는 주장이다. 때문에 "삼성바이오로직스나 바이오젠 모두 바이오에피스에 대한 실질적인 지배력을 확보하지 못했다고 보는 게 맞다"고 밝혔다. 더불어 "바이오젠이 콜옵션에 대한 가치를 반영하지 않은 이유는 미국 회계법 원칙에 따른 처리일 뿐"이라고 해명했다.

바이오에피스 가치가 지나치게 높게 평가됐다는 분석에 대해서도 반박한다. 바이오에피스 바이오시밀러인 엔브렐과 레미케이드가 한국과 유럽에서 제품 승인을 받았기 때문에 가치가 올라갔다는 것. 국내 최대 바이오시밀러 기업인 셀트리온, 코헤르스 평가와 비교해도 과하지 않다고 주장한다. 삼성물산과 제일모직 합병에 영향을 끼쳤다는 논란에 대해서는 "삼성물산 합병은 2015년 9월 1일 완료됐고, 삼성바이오로직스 상장은 2016년 11월이라 연관성이 없다"고 설명했다.

그러나 금감원 감리가 끝나기 전까지 시끄러운 상황은 변치 않을 듯 보인다. 일부 회계사들은 "실질 지배력에 대한 판단은 주식 수를 포함해 종합적으로 판단하는 게 맞지만 삼성바이오로직스가 지배력이 없다는 판단은 논란의 소지가 있다"고 주장했다. 이사회가 동수로 구성된다고 해도 여전히 삼성바이오로직스가 지배력을 보유할 수 있기 때문이다. 무엇보다 내부 상황을 가장 잘 알고 있는 바이오젠이 삼성바이오로직스가 실질적인 지배력이 있다고 밝힌 점이 그 방증이라는 얘기다.

"이연법인세 자산과 공정가치 산정액이 다른 것은 다른 방식의 회계처리 때문"이라는 주장 역시 설득력이 떨어진다는 의견이 적지 않다. 한 회계사는 "미래 영업수익 전망에 대한 판단이 두 회계처리 과정에서 확연히 달라진다. 바이오로직스 가치 산정 방법은 추정이 필요한 변수가 너무 많아 어떻게 해석하느냐에 따라 미래 가치가 너무 차이가 나는 게 문제"라고 말했다.

바이오젠은 공동 사업 초반에는 추가 투자의 가능성이 높지 않아서 지분을 가지고 있기는 하지만 소극적인 경영활동을 수행한 것이다. 그렇기 때문에 삼성바이오로직스가 경영권을 가지고 있다는 판단을 수행한 것이고 이러한 이유에서 삼성바이오로직스는 바이오에틱스를 연결재무제표 대상으로 종속회사로 회계처리하였다.

그러던 것이 바이오에픽스의 사업 전망이 좋아지면서 바이오젠의 콜옵션 행사 가능성이 높아지게 되었고 그러면서 삼성바이오로직스는 연결재무제표로 인한 종속회사가 아니고 관계회사로 회계처리 방법을 변경하게 된다.

바이오젠이 옵션을 행사한다고 해도 49.9%의 지분만을 확보할 수 있으며 그럼에도 삼성바이오로직스는 50.1%의 지분을 확보할 수 있는데 어떠한 이유에서 지배력을 상실할 수 있다고 본 것인가?

바이로젠이 삼성바이오로직스가 경영권을 갖고 있다고 했는데 삼성바이오로직스는 경영권이 없다고 하면 이 회사의 경영권은 과연 누가 가졌다는 것인가라는 의문이 제기될 수 있다.

위의 신문기사에서도 삼성바이오로직스는 50.1%, 바이오젠은 49.9%를 갖을 수 있고 이사회에서도 양쪽 이사수가 동일할 수 있다. 그럼에도 이러한 견제 구도 때문에 아무도 경영권을 가지고 있지 않고 경영권이 양분되어 있다고 삼성바이오로직스는 판단한 것이다.

실질지배력 기준이라는 것이 주주간의 비 조직화 정도(level of disorganization), 지배력을 행사하는 주주 이외의 주주들의 무관심(aparty of the remaining shareholders) 또는 과거에 주주들이 어느 정도 의결권을 행사하였는지 여부 등등의 단지 지분율에 근거한 정보 이외의 실질지배력(de facto control)정보에 의해서도 영향을 받게 된다.

구체적으로, (1) 주주간의 비조직화 정도(level of disorganization), (2) 지배력을 행사하는 주주 이외의 주주들의 무관심(aparty of the remaining shareholders), 이 부분은 K-IFRS 1110 문단 B42 (1) (다)에 녹여서 반영된 것으로 판단되

고(상대 투자자 측면을 고려한다면)

(3) 과거에 주주들이 어느정도 의결권을 행사하였는지 여부는 K-IFRS 1110 문단 B42 (4)에 반영된 것으로 판단된다.

K-IFRS 1110

B42   투자자의 의결권이 자신에게 힘을 부여하기에 충분한지 평가할 때, 투자자는 다음 사항을 포함하는 모든 사실과 상황을 고려한다.

(1) 투자자가 보유한 의결권의 상대적 규모와 다른 의결권 보유자의 주식 분산 정도. 다음 사항을 염두에 두어야 한다.

(다) 투표에서 투자자를 이기기 위해 함께 활동할 필요가 있는 당사자들이 많을수록, 투자자는 관련 활동을 지시하는 현재의 능력을 부여하는 권리를 가질 가능성이 높다.

(4) 과거 주주총회에서 의결된 양상을 포함하여, 결정해야 하는 시점에 투자자가 관련 활동을 지시하는 현재의 능력을 가지고 있는지를 나타내는 추가 사실과 상황

위에서도 기술되어 있듯이 50.1%의 지분율과 49.9%의 지분율의 차이로 인해서는 눈에 띌 정도의 지분율의 차이가 아니기 때문에 이사회가 동수로 구성될 수 있다. 그럼에도 불구하고, 지분율이라는 것은 가장 명확하게 의결권을 측정할 수 있는 대안이라는 것도 부정할 수 없으며 이사회 구성이 동수라고 하여도 이사회의 주도권에 있어서는 차이가 있을 수 있다.

실질지배력 기준에서도 과반수 또는 50%+1주의 주식으로 지배력을 정의하고 있는데 이사수가 동수라고 의결권이 없다고 주장할 수 있는 것인가?

50.1%와 49.9%의 지분의 차이도 주총에서 모든 주주권이 의결권으로 행사되는 경우가 아니라면 지분이 모든 지배력을 설명하는 것은 아니라는 주장도 일리가 있을 수 있으나 회사가 가지고 있는 주주권을 필요시 행사할 수 없다는 것은 이해하기 어렵다. 혹, 개인 주주의 주주권이라고 하면 사정에 의해서 의결권이 행사되지 않을 수도 있다. 단 50.1%를 가지게 될 수 있는 회사도, 49.9%를 가질 수 있는 회사도 절대적인(dominant) 지배권이 아니므로 모두 실질적인 지배력이 없다고 주장할 수는 있다.

chapter 56

리스회계

    리스 관련 회계기준이 변하면서 기업의 경영활동에도 지대한 영향을 미친다.

한국경제신문. 2017.4.5. 항공 해운 상장사 리스 빚 13조 폭탄

    2019년부터 항공기와 선박을 리스 방식으로 장기간 빌려 쓰는 국내 항공 해운회사(상장회사 기준)의 부채가 13조원 가량 급증할 것으로 분석됐다. 리스 자산과 부채를 모두 회계장부에 기재하도록 국제회계기준이 바뀌기 때문이다. 해당 기업의 부채비율이 크게 높아져 자금난을 겪을 가능성이 있다는 우려가 있다.

    한국회계기준원은 새 회계기준(IFRS16)이 도입되면 국내 2,000여 개 상장사 가운데 운용리스를 이용하는 187곳(2015년 말 연결재무제표 기준)이 13조 3,000억원 가량의 부채를 추가로 반영해야 하는 것으로 조사됐다고 4일 밝혔다. 늘어나는 부채금액의 95% 이상은 아시아나항공 현대상선 등 20여 개 기업에 집중될 것으로 분석됐다. 자본총계가 늘지 않는다면 이들 기업의 부채비율은 치솟는다. 항공기 운용리스 규모가 2조원이 넘는 아시아나 항공의 부채비율은 지난해 말 689%에서 2019년에는 886%로 200%포인트가량 높아진다.

    2019년 1월부터 적용될 새 리스회계처리 기준은 기업들이 생산 운용설비 리스계약을 할 때 관련 자산과 부채를 모두 재무상태표에 표시하도록 의무화했다.

    지금은 국제회계기준을 적용받는 기업이 리스 계약을 맺으면 리스 기간과 리스료 등에 따라 '금융리스'와 '운용리스'로 분류한 뒤 각각 다르게 회계처리를 한다.

    통상 리스 기간이 길고 리스료 총액이 리스 물건의 시가에 근접할수록 금융리스로 분류한다. 기업들은 금융리스에 대한 항공기나 선박 등 리스 물건을 자산과 부채로 재무상

태표에 동시에 기록한다. 이에 비해 운용리스는 해당 회계연도에 지급한 리스료만 손익계산서에 비용으로 반영한다.

이런 차이는 기업들이 부채비율을 낮추기 위해 자의적인 회계처리를 할 수 있다는 점에서 논란이 되고 있다.

발등에 불이 떨어진 기업들은 국내 항공 해운사들이다. 이들 기업은 항공기와 선박을 빌려 쓰면서 해당 자산 부채의 상당 부분을 재무상태표에 잡아두지 않아 리스 부채가 급격하게 늘어날 것이란 분석이 나온다.

아시아나항공은 지난해 말 기준 운용리스 규모가 2조 1,557억원, 제주항공은 4,361억원에 달한다. 해운사들은 '장기용선계약'을 중심으로 리스 부채가 수천억원 이상 늘어날 가능성이 있다고 업계는 우려하고 있다.

부채비율에 빨간불 켜진 주요 항공 해운사

	2015년	2016년
대한항공	867.59	1,178.12
아시아나항공	991.23	689.86
제주항공	106.08	120. 76
태웨이항공	238.05	257.15
현대상선	2,006.55	349.33
대한해운	166.60	252.14
흥아해운	357.39	397.97
인터지스	146.19	132.83

새로운 리스기준서가 적용되어도 리스자산이 계산됨으로 인한 감가상각비의 상승을 초래하지만 리스비용이 이자비용으로 영업외비용이므로 영업이익에는 영향을 미치지 않는다.

금융 관련 기준서인 IFRS 15번이 도입되는 2018년에 리스기준서인 IFRS 16번이 조기도입될 수 있다. 리스기준서에는 다음과 같이 기술되어 있다.

C1 이 기준서는 2019년 1월 1일 이후 최초로 시작되는 회계연도부터 적용한다. 기업회계기준서 제1115호 '고객과의 계약에서 생기는 수익'을 적용하는 기업은 이 기준서를 조기 적용할 수도 있다. 조기 적용하는 경우에는 그 사실을 공시한다.

chapter 57

공제회

감독기관의 규제의 영역 밖에 놓이는 기관들이 있다. 이에 대해서 기술한다.

한국경제신문. 2017.5.8. 금융위 "공제회 재무건전성 직접 감독할 것"

금융당국이 군인공제회 교직원공제회 경찰공제회 등 각종 공제기구의 재무건전성을 직접 관리 감독하는 방안을 추진한다. 공제 기구는 사실상 보험, 대출, 예금 등을 취급해 금융회사 역할을 하지만 그동안 금융당국의 관리 감독을 받지 않았다.

금융위원회 관계자는 7일 "금융위와 금융감독원 등 금융당국이 공제기구의 재무 건전성을 직접 들여다보는 내용의 보험업법 개정안을 마련했으며 이달 국회에 제출할 것"이라고 말했다.

공제회 공제조합 등 공제기구는 비슷한 직업 직군에 종사하는 사람들이 상부상조를 목적으로 구성한 조직이다. 지난해 말 기준 국내 공제기구는 76개다. 회원 또는 조합원의 출자금을 재원으로 회원 또는 조합원에게 보험, 연금, 대출 등의 금융서비스를 제공한다. 회원 또는 조합원이 대상이기 때문에 지금까지는 소관 부처의 관리 감독만을 받아 왔다. 금융위 관계자는 "공제기구의 규모가 커져 부실이 발생하면 전체 경제 및 금융시스템에 미치는 영향이 상당하다"며 "영국 독일 등 선진국처럼 금융당국이 공제기구의 건전성을 감독하는 것이 바람직하다"고 설명했다.

한국경제신문. 2017.5.8. 대출해 주고 보험 팔고 수십조씩 굴리는데…

한국교직원 공제회 운용자산은 30조원에 이른다, 군인공제회 운용자산도 9조원을 웃돈다. 금융위원회는 이처럼 공제 기구의 덩치가 커지면서 이른바 '시스템 리스크'도 동시에 커지고 있다고 보고 있다. 한 공제 기구의 부실이 전체 금융시장과 금융산업의 안전성을 해칠 우려가 높아지고 있다는 얘기다. 이 때문에 각 공제 기구는 이제부터라도 전문화된 금융당국의 관리 감독을 받아야 한다고 주장하고 있다.

- 사각에 놓인 공제기구 감독

공제기구는 사적 자치와 상호부조를 목적으로 설립된 조직이다. 지난해 말 기준 국내 공제 기구는 76개다. 대다수 공제 기구는 조합원 또는 회원이 낸 출자금을 활용해 보험 상품을 운용한다. 교직원공제회, 군인공제회, 새마을금고 공제 등 규모가 큰 공제 기구는 저축, 대출, 보증 등도 취급한다. 새마을금고 공제 등 일부 공제는 비조합원을 대상으로 금융상품도 판매한다.

금융위는 공제 기구가 이처럼 사실상 금융회사 업무를 하는데도 금융당국 관리에서 벗어난 것은 문제라고 보고 있다. 보험회사 등 금융회사는 금융위와 금융감독원이 정기적으로 재무실태, 건전성 위험 등을 점검하지만 이들 공제 기구는 관련 법령에 따라 주무부처 통제만 받는다.

교직원공제회는 교육부, 군인공제회는 국방부, 경찰공제회는 행정자치부, 수협공제는 해양수산부가 감독권을 행사하는 식이다. 금융위 관계자는 "대부분 공제 기구는 사실상 감독 사각지대에 있다"고 말했다.

금감원은 2013년 우체국 보험, 새마을금고 공제, 신협공제, 수협공제 등 네 곳에 민간 보험회사와 똑같은 건전성 규제를 적용하는 내용의 규정 개정안을 마련했다. 보험상품 판매와 관련해 지급여력비율(RBC), 책임준비금 적립 여부를 점검하고 매년 회계 결산 후 주요 경영실적을 금융당국에 제출하도록 했다. 하지만 이곳을 제외한 대다수 공제 기구에 대해선 금융당국이 관할부처에 감독 검사를 요청할 수 있는 법적 근거조차 없다.

- 부실 대비해 관리 감독하겠다.

이 같은 문제 인식에 따라 금융당국은 연내 보험업법 개정을 통해 모든 공제 조직의 재무건전성을 직접 들여다보는 방안을 추진하기로 했다. 개정안에는 '관할 부처와 협의를 거친 뒤 공제조직이 판매하는 보험 등 금융상품의 적정성은 물론 재무 건전성 지표를 금융당국이 직접 감독할 수 있는 내용이 담긴다.

금융당국 관계자는 "재무 건전성을 살릴 수 있는 전문성 있는 기관이 감독권을 행사할 필요가 있다"며 "영국 독일 등 선진국도 공제조직에는 일반 금융회사와 똑같은 감독 규제를 적용한다"고 설명했다. 이 관계자는 "공제조직 부실화로 대형 금융사고가 발생하면 결국 공적자금을 투입해야 한다"며 "사전에 부실 가능성을 점검하기 위해서라도 관리 감독을 강화할 필요가 있다"고 덧붙였다.

금융당국은 이달 보험업법 개정안을 국회에 제출, 가급적 빨리 법제화하는 방안을 추진하기로 했다. 하지만 계획대로 될지는 미지수다.

선제적으로 부실위험을 살피겠다는 금융당국의 생각과 달리 '사적 자치'라는 공제의 기본 원칙이 훼손될 것이냐는 반론이 벌써부터 나오고 있다. 금융계 관계자는 "국회 논의 과정에서 각 공제조합 및 관할부처의 반발이 상당할 것"이라며 "새 정부가 어떤 판단을 내리는지가 중요하다"고 말했다.

chapter 58

임플랜트

임플랜트업의 수익인식의 이슈가 회계업계의 화두로 제기된다.

매경이코노미. 2017.3.1.-2017.3.7. 오스템 임플란트 "업계 분식회계 만연" 논란

　최근 임플랜트 1위 회사 오스템 임플란트가 금감원 출입 기자들을 대상으로 경쟁사 덴티움이 고의적인 분식회계 혐의가 있다며 기자회견을 추진했다 취소하는 해프닝이 있어 눈길을 끈다. 기업공개를 앞두고 있는 덴티움이 분식회계 여부로 시끄러워지면 상장에 차질이 생길 수 있어 업계에선 예의 주시하고 있다. 사건의 핵심은 선수금 관행. 예를 들어 덴티움은 병원과 납품계약을 할 때 1억원이면 1억, 5,000만원이면 5,000만원을 납품계약으로 걸어둔 후 병원이 필요한 물품을 그때그때 보내주고 나머지 금액은 거래명세서에 거래 잔액으로 남겨 둬왔다고 한다. 이때 첫 납품 계약 금액을 모두 매출로 잡아 버린 데서 논란이 발생했다. 이번 연도에 계약했지만 병원에서 납품 계약금액만큼 다 주문하지 못하고 다음 연도로 이월하는 상황이 생겨도 덴티움은 이번 해 매출로 잡아 과다 매출 논란이 빚어진 것이다.

　덴티움 감리를 맡은 한국공인회계사회는 덴티움이 반품률을 지나치게 낮게 잡아 반품충당부채를 적게 책정하는 것은 '과실'이라고 지적이다. 덴티움도 이를 받아들여 감사보고서를 정정하고 반품충당부채를 90억원으로 늘리기로 했다.

　임플랜트 계약금은 선수금인데 업계는 매출로 인식하는 것으로 이는 발생주의 회계원칙에 어긋난다. 반품률을 지나치게 낮게 잡는 것도 수익/비용 대응의 원칙, 발생주의 원칙에 어긋나는 것이다.

한국경제신문. 2017.6.2. 디오<임플랜트 3위>, 과징금 지정감사 받는다.

금융당국이 임플랜트업계 매출 3위 디오에 과징금 및 감사인 지정 조치를 내릴 전망이다. 재고자산 관련 회계처리를 제대로 하지 않았다는 판단에서다.

금융위원회 증권선물위원회의 제재심의 자문기구인 감리위원회는 1일 이같이 심의하고 증선위에는 1일 증선위에 안건을 올리기로 했다. 10억원 미만의 과징금과 최장 2년의 감사인 지정 제재를 가한다는 내용이다. 과징금 및 지정 감사는 중급 과실에 해당한다.

금융감독원은 디오와 거래하는 치과와 의원 등 2,500여 곳의 장부를 수개월에 걸쳐 분석했다. 회계업계 관계자는 "디오가 재고부문에 대한 충당금을 적게 쌓는 등 회계처리를 부실하게 한 것으로 드러났다"며 "증선위가 감리위 의견을 바꾸는 경우가 거의 없어 오는 7일 열리는 증선위 회의에서 제재안이 확정될 가능성이 매우 높다"고 말했다.

임플랜트업계의 회계처리 문제는 앞서 업계 2위 덴티움의 상장 과정에서도 드러났다. 덴티움은 '제품을 출고하기 전에 먼저 받은 계약금(선수금)을 매출로 인식하는 분식회계를 저질렀다'는 업계 1위 오스템의 투서로 한국공인회계사회의 감리를 받았다.

감리 결과 당초 오스템이 주장한 매출 과대 계상에 대해서는 "혐의없음"으로 결론내렸다. 반품충당금을 적절 수준으로 쌓지 않은 것에 대해서만 '경고' 조치를 받아 덴티움은 주식시장에 데뷔할 수 있었다.

하지만 같은 업계에 두 가지 회계 처리 방식이 공존한다는 논란은 가시지 않고 있다. 오스템은 "반품충당금을 얼마나 설정했느냐가 아니라 앞당겨 인식한 매출을 차감하는 게 맞지 않냐"고 주장하며 정확한 기준 마련을 요구하고 있다.

오스템 관계자는 '덴티움 방식으로 매출을 인식해도 된다며 매출과 영업이익이 지금보다 훨씬 잘 나오는데 오스템이 똑같이 하지 않을 이유가 없다'고 말했다. 지난해 기준 영업이익률은 오스템 9%, 덴티움 24%, 디오 29%다.

이에 금융감독원은 조만간 오스템에 대한 감리에 착수하기로 결정했다. 업계 1위 기업의 재무제표까지 분석을 마쳐야 업계 특수성을 파악하고 어느 회계 처리 방식이 맞는지에 대한 명확한 감독 기준을 정립할 수 있다는 판단에서다.

증권선물위원회가 자문기구인 감리위원회의 제안을 바꾸는 경우가 거의 없다는 위의 신문기사는 사실이 아니다. 증권선물위원회는 의결기구이므로 자문기구인 감리위원회의 제안에 구속될 필요가 없다.

시사저널. 2017.11.28. 임플랜트 업체들 제각각 회계처리에 투자자들만 피해

이들 업체들 회계처리 방식은 선수금에서 큰 차이가 난다. 임플랜트 회사들은 일반적으로 고객인 치과에 3~4년 정도 장기간 사용할 제품을 한꺼번에 판매한다(패키지 방식). 여기에 계약금액이나 기간에 따라 차등화한 할인율을 부여한다. 치과는 할인을 받을 수 있어서 좋고, 임플랜트 회사는 장기고객을 확보할 수 있다는 장점이 있어 업체에 관행처럼 굳어졌다. 이 과정은 거래처를 통한 직접 수금이 아닌 금융기관을 통해 이뤄지는데, 치과는 제품을 구매하는 비용을 금융기관으로부터 차입하고, 이 대금을 임플랜트 회사가 금융기관을 통해 받는 방식이다. 여기서 임플랜트 회사가 판매대금을 받았으나 치과가 제품 출고를 요청하지 않은 미출고잔액을 선수금이라고 한다. 임플랜트사는 차후 제품을 출고해야 하는 의무가 발생하기 때문에 회계적으로 이는 부채로 인식된다.

실제 지난해 매출 대비 선수금 비율은 오스템이 47.9%로, 경쟁사인 디오(1.4%)와 덴티움(9.2%)을 크게 상회한다. 오스템의 경우 치과용 의자, 영상진단장치, 치과용 소프트웨어 등이 포함돼 있는데, 이를 제외한 순수 임플랜트 매출을 기준으로 하면 선수금 비율은 61.4%로 올라간다. 같은 업체에서 내놓은 수치치고는 차이가 두드러진다. 일반적으로 제품을 치과에 납품한 금액만 매출로 계상하면 선수금 비율이 높게 나타난다. 대다수 치과들이 보관 등의 이유로 계약의 일부 상품만 필요시 주문하는 경우가 많은 까닭이다.

다만 선수금을 쌓지 않고 매출로 계상하거나 다른 계정으로 분류하게 되면 선수금 비율이 낮게 나타날 수 있다. 문제는 선수금을 쌓지 않고 매출로 인식할 경우 업체별로 매출 규모가 달라지는 상황이 발생한다는 점이다. 한 임플랜트 업계 관계자는 "일부 임플랜트 업체는 계약과 동시에 제품의 출고와는 관계없이 계산서를 발행하는 방법으로 계약 금액의 전부 또는 대부분을 매출로 인식한다"며 "이 경우 판매 시점에 판매관리비를 반영하게 됨에 따라 당장 매출뿐만 아니라 영업이익률도 크게 높아지는 효과가 발생한다"고 밝혔다.

오스템은 납품 금액만 매출로 계상하는 방법으로 선수금을 측정한다. 반면 덴티움은 올해 제출한 투자설명서에서 금융기관으로부터 선수금 수령 시점에 '역구매금융 차입금'으로 분류해 처리한다고 밝혔다. 이로 인해 덴티움의 지난해 3분기 말 부채총액에서 차지하는 차입금 비중은 67% 수준으로 오스템(약 28%)보다 높다. 덴티움 관계자는 "계약 성격에 따라 선수금과 차입금으로 분류해 처리한다. 치과들이 결제 대금을 상환하지 못할 경우 회사가 대납해야 하는 경우가 있다. 이를 감안해 IFRS에 맞게 차입금으로 계상하고 있다. 여기에 6개월~1년 단기 계약의 영향이 덧붙여졌다"고 말했다. 금융감독원의 감리과정에서 밝혀진 내용에 따르면, 디오는 2012년부터 2016년 3분기까지는 패키지 계약을 맺은 후 즉시 매출로 인식해 왔다가 지난해 4분기부터 출고분만 매출로 잡고 있다.

- "투자자 보호 위해 명확한 회계 기준 필요"

만일 임플란트 회사의 회계처리 방식을 동일한 기준으로 적용하면 각 회사들의 매출과 영업이익 선수금은 기존 실적과 큰 차이가 난다. 우선 오스템의 지난해 실적을, 선수금을 매출로 인식하는 디오 방식(2012~2016 3분기)으로 회계처리할 경우, 매출이 1,576억원 늘어나 기존 3,446억원에서 5,022억원으로 급증한다. 영업이익도 946억원 증가해 기존 342억원이 아니라 1,288억원으로 재무제표에 나타내야 한다. 반면 선수금은 1,576억원 줄어 74억원만 회계장부에 올리면 된다. 이 경우 오스템과 디오 덴티움의 매출과 영업이익 격차는 크게 벌어지게 된다.

반대로 디오의 실적을 오스템과 같은 회계처리 방식을 적용하면 이 회사의 매출과 영업이익은 크게 줄어들게 된다. 오스템의 의료장비 판매까지 모두 포함한 선수금 비율 47.9%를 디오의 재무제표에 적용하면, 디오의 지난해 매출은 276억원 줄어 604억원으로 대폭 낮아진다. 선수금은 13억원에서 289억원으로 큰 폭으로 늘어나게 된다. 이처럼 업체 간 회계처리 방식이 다르면 투자자들에게 혼란을 초래할 여지가 크다. 업체 간 정확한 비교가 되지 않는 까닭이다. 왜곡되는 숫자 탓에 어느 회사가 업계에서 시장 경쟁력이 있는지, 성장하는 기업인지 등을 가려내기가 쉽지 않아지는 것이다. 임플랜트 업체들이 회계 처리 방식을 놓고 서로 대립각을 세우는 것도 이런 이유에서다.

또 제각각인 회계처리 방식은 분식회계 가능성을 높이는 요인으로도 작용한다. '해석의 차이'라는 점을 이용해 자사에 유리한 방식으로 회계 장부를 작성할 수 있기 때문이다. 지난 6월 디오는 반품된 제품을 매출로 인식하는 방법으로 매출액을 부풀려 증권선물위원회로부터 3억 870만원 과징금과 내년 회계연도 2018년 1월~12월 감사인 지정 징계를 받은 바 있다. 이에 전문가들은 업계 내에서 회계 처리 방식이 일치될 필요가 있다고 주장한다. 황세운 자본시장 연구원 연구실장은 "투자자들이 투자 판단을 할 때 비교는 필수적으로 선행된다. 하지만 같은 업계 내에서 다른 방식으로 재무제표를 작성하면 이런 비교가 무의미해져 잘못된 판단을 할 가능성이 높아진다"며 "투자자 보호를 위해선 업계 자체적으로 나서거나 회계법인들이 통일되고 명확한 기준을 세울 필요가 있다"고 말했다.

chapter 59

수익인식 기준서(IFRS15)

2018년부터 적용되는 수익인식 기준서가 우리의 경영환경에 적지 않은 영향을 미친다.

한국경제신문. 이창우. 2017.6.15. '부채비율' 대체할 재무지표 개발해야

당장 내년부터 적용될 수익인식(IFRS 1115호)으로 인해 기업의 부채비율이 업종에 따라서는 큰 폭으로 늘어날 전망이기 때문이다.

예를 들어 수익인식기준 변경으로 종전에 매출취소예상액의 매출총이익률만큼 순익으로 인식하던 반품충당부채를 앞으로는 <u>매출취소예상액만큼 총액으로 반품충당부채를 인식하고</u>, 상응하는 원가를 반품회수권(자산)으로 인식해 부채비율이 증가하게 된다.

KPMG 감사위원회 인터뷰

2017.1월

이제까지 아파트를 분양하는 건설회사는 아파트를 구매하는 자에게 받은 중도금을 재무제표에 수익으로 반영하였다. 그러나 새로운 기준에 의하면 중도금 등은 아파트의 소유권을 인도하기 전까지 수익으로 인식할 수 없게 된다. 건설사 입장에서는 기존까지 수익으로 인식하던 것을 수익으로 인식하지 못하기에 부채비율이 상승하고 당기순이익이 급감하는 등 변동성이 상당할 수밖에 없다. 건설업계는 이에 대한 대응을 면밀히 준비해야 할 것이고 (생략)

매일경제신문. 2017.7.27. 기업 금융기관 뒤흔들 IFRS15, 우린 준비됐나

보험기준서인 국제회계기준(IFRS)17에 대해선 관심이 급증했는데 기업수익인식 기준서인 IFRS15에는 유달리 조용하다. IFRS 17은 몇몇 보험회사에만 적용되는 기준이고, IFRS15는 모든 상장기업과 금융기관에 적용하는 기준서인데도 말이다. 적용 연도를 봐도 IFRS 17은 2021년에 도입되지만 IFRS 15는 2018년 1월 1일에 적용된다. 6개월밖에 남지 않았는데 우리는 모두 손을 놓은 채 무방비 상태다.

IFRS15에 대한 도입 현황이나 준비에 대한 통계 설문조차로 이뤄진 적이 없이 깜깜하다. 왜 이렇게 관심과 준비가 부족할까? 그중 가장 큰 이유는 IFRS 15라는 새로운 기준서가 과거의 기준서와 비교해 크게 차이가 없다고 생각하기 때문이다.

이는 큰 착각이다. 미국 코너그룹은 지난 5월을 기준으로 미국의 대형 상장기업에 대해 설문조사를 했다. 그 결과 새로운 기준서에 대한 분석을 마친 기업의 최소 12%는 이 기준서에 따라 매우 중요한 영향을 받는다고 한다. 예를 들어 미국 방위산업체 제너럴 다이내믹스의 경우 수익은 5.7%, 이익은 12.7% 감소하고, 부채는 12% 증가할 것이라고 한다. 같은 산업에 속해 있더라도 기업마다 영향의 정도가 다르다고 한다. 가령 다른 정보기술 기업들에 비해 마이크로소프트는 크게 영향을 받는다. 다른 기업들에 대한 영향이 작다고 자신의 기업에 영향이 작을 것이라고 속단해선 안 된다는 뜻이다.

또 다른 오해는 새로운 수익인식 기준서의 효과가 수익, 이익, 자산, 부채라는 회계 영역에만 국한돼 있다고 생각하는 것이다. IFRS 15의 영향은 단순히 회계에만 국한하지 않는다. 재무와 비재무, 심지어 영업 부문까지 영향을 받는다. 예를 들어 임직원의 성과급이 수익이나 이익에 연동돼 있다면 새로운 기준서에 따라서 변동되는 수익이나 이익은 현재와 미래의 성과급을 변화시킨다. 부채비율이 증가함으로써 차입 약정을 준수하지 못하게 돼 차입금을 조기 상환해야 할 수도 있다.

법인세나 부가세 납부금액이나 납부시점도 바뀐다. 이는 기업의 현금 흐름을 바꿔 자금수지 예산에 영향을 미친다. 또한 절세를 위한 이전가격 전략을 새로 수입해야 할 수도 있으며 제품 단위당 수익금액이 변동돼 반덤핑 관련 소송에 휘말릴 수도 있다.

민감한 정보가 공시됨에 따라 이에 대한 대비도 절실하다. IFRS15는 시장이나 고객의 유형, 계약의 유형 등 범주별 수익뿐 아니라 유의적인 지급 조건과 거래가격 등을 공시하도록 하고 있다. 제너럴 다이내믹스는 제품, 계약, 주요 고객 유형별로 수익을 구분해 공시하고 있다. 이는 정보이용자에게는 매우 중요한 정보지만 기업의 입장에서는 매우 민감한 정보다.

특히 IFRS15의 적절한 적용을 위해선 계약 조건을 재검토하고 법적 권리와 의무를 분석해 계약상 명시적 또는 암시적인 수행의무를 식별하고 개별 판매가격을 추정해야 한다. 단순히 분석만으로 끝나서는 안 된다. 적절한 수익이 인식되지 않는다고 하면 영업전략을 새로이 수립하거나 현재의 계약을 수정해야 한다. 이를 위해서는 내부 현업부서와의 소통과 도움이 필수적이다. 변호사와 회계사 등의 외부 전문가의 도움이 필요하다. 이에 더해 외부감사인과의 토의가 반드시 사전에 이뤄져야 한다는 것이다.

회계 처리 방법은 한 번 정하면 계속 사용해야 한다. 지금 충분한 분석 없이 잘못된 회계 처리 방법을 선택한다면 기업은 이것 때문에 고통받을 수 있다. 6개월도 남지 않았다.

매일경제신문. 2017.9.2. 새 회계기준 도입에 조선 건설 등 수주산업 비상

기업들의 수익 산정 관련 새로운 회계기준인 'IFRS15' 도입을 앞두고 한국회계기준원과 대형 회계법인 등 회계업계가 분주히 움직이고 있다. IFRS15는 당장 4개월 후인 내년 1월부터 의무 도입 되지만 대다수 기업들의 인식 부족으로 준비가 미흡하다는 지적이 나온다.

1일 삼일회계법인에 따르면 최근 회계기준원과 삼일회계법인, 삼정회계법인 등은 잇따라 IFRS15와 관련한 세미나를 개최하고 기업들을 상대로 새 회계기준 도입 시 미치는 업종별 영향과 대응 방향에 대해 설명했다. 이들은 IFRS15가 조선, 건설 등 수주산업은 물론 업종별로 기업의 수익 체계와 실적에 영향을 끼쳐 후폭풍이 예상된다고 경고했다.

회계기준원은 최근 개원 18주년 행사에서 'IFRS15 관련 수익 기준서 도입과 대응 방안'이라는 주제로 기념세미나를 열었다.

IFRS15와 현행 회계기준의 가장 큰 차이점은 '수익 인식 시점'이다. 현행 회계기준에선 고객에게 제품을 인도하는 시점이나 계약에 따른 진행 상황(공사 진행률을 따라)을 따져 수익을 인식하고 있다. 하지만 IFRS15가 도입되면 '자산의 통제권'이 고객에게 이전되는 시점에 수익을 인식하게 된다.

조선 건설업의 경우 과거에는 공시 진행률에 따라 수익 인식이 이뤄졌지만 IFRS15가 도입되면 '협력사의 매출 확약이 이뤄질 때'와 같은 조건이 충족될 때 매출을 인식할 수 있다. 고객에서 소유권이 넘어가는 시점에 수익을 인식하는 경우 단기적으로 조선 건설사 매출이 줄어 들 것이란 게 시장의 전망이다.

chapter 60

경영판단의 원칙

경영의 판단이 사법부의 판단에 의해서 재단될 수 있는지에 대해서 기술한다.

한국경제신문. 2016.8.31. '경영판단의 원칙' 또 인정받았다

결과적으로 회사에 손해를 끼쳤더라도 이사회를 거치는 등 합리적인 의사결정 절차를 밟았다면 업무상 배임 등으로 경영진에게 책임을 물을 수 없다는 '경영 판단의 원칙'이 또 한 번 법원에서 인정받았다.

수원지방법원 여주지원 민사1부(재판장 유영현)는 지난 24일 현대엘리베이터 2대 주주인 다국적업체 쉰들러홀딩AG가 현정은 현대그룹 회장 등을 상대로 제기한 주주대표소송에서 현 회장 측 손을 들어줬다. 현 회장을 포함한 회사 경영진 네 명이 파생금융상품 계약 등으로 현대엘리베이터에 7,800억원대 손해를 끼쳤지만 이사로서 임무를 위반한 불법 행위는 없었다는 판단이다.

승강기부문 세계 2위인 쉰들러는 2003년 현대그룹이 KCC와 현대엘리베이터 경영권을 놓고 맞붙었을 때 현대그룹의 '백기사'를 자처했다. 이후 끊임없이 현대엘리베이터 승강기 사업을 탐내다 이번 소송까지 냈다. 이번 소송은 경영 판단이 핵심 이슈였다. 현 회장 측이 현대상선 주가와 연계된 파생상품계약을 체결해 회사에 수천억 원의 손해를 입히고 담보를 제공한 행위, 현대종합연수원 주식을 취득한 행위 등이 도마에 올랐다. 경영 판단 여부를 둘러싼 법리 공방에 양측은 대학교수와 싱가포르 주재원까지 동원해 치열하게 다퉜다. 재판부는 "피고인들은 이 사건의 각 파생상품 계약 체결 행위 등이 회사의 최대 이익에 부합한다는 합리적 신뢰 하에 신의 성실에 따라 경영상의 판단을 한 것으로 보인다"고 밝혔다.

이번 소송은 쉰들러 측을 대리한 김앤장 법률사무소와 현대 측을 대리한 법무법인 광장 및 세종 연합군의 대형 로펌 간 자존심 대결이기도 했다. 광장과 세종은 준비서면을 함께 작성하는 '찰떡궁합'을 과시했다.

한국경제신문. 2017.9.13. 대법 "한화 편법 승계 없었다… 절차 주식 매각 가격 정당"

경영권 승계과정에서 승계자가 이익을 얻었다고 하더라도 이사회를 통한 절차적 정당성이 확보됐다면 이를 문제 삼을 수 없다는 취지의 대법원 판결이 나왔다. 김상조 공정거래위원장이 이끌었던 경제개혁연대가 "김승연 한화그룹 회장이 계열사 주식을 자녀에게 헐값에 팔아 경영권을 승계하게 했다"며 낸 손해배상 소송에서다. 경영권 승계 과정에서 이사회의 재량권을 폭넓게 인정한 판결이다.

• 7년 걸린 경영권 승계 소송 종지부

대법원 3부는 경제개혁연대와 한화 소액주주 2명이 김회장과 한화그룹 임직원을 상대로 낸 손해배상 소송에서 원고 패소한 원심을 12일 확정했다.

경제개혁연대 등은 2005년 한화 이사회가 ㈜ 한화가 보유하던 계열사(한화 S&C) 주식 40만 주를 김회사의 장남 동관 씨에게 전량 매각하자 "계열사 주식을 장남에게 저가로 넘겨 회사에 손해를 끼쳤다"며 손해배상 소송을 냈다. 당시 한화S&C의 주식 평가액과 실거래 차액인 894억원을 ㈜한화에 지급하라는 요구다. 앞서 김회장과 남모 대표 등은 이 사건과 관련해 배임 혐의로 검찰에 기소당했지만 모두 무죄확정을 받았다.

1심 재판부는 김 회장의 책임을 인정해 89억 6,680만원을 배상하라고 판결했다. 당시 재판부는 "경영권 승계 목적으로 주식을 장남인 동관 씨에게 매각하는 과정에서 자신이 지배하고 있는 한화 그룹 경영기획실을 통해 주식가치를 저가로 평가할 것을 지시하거나 이를 인용했으므로 한화에 손해를 입혔다"고 판단했다.

하지만 2심부터 판단이 달라졌다. 2심 재판부는 "가령 이사들이 모두 주식매매에 찬성했고, 동관 씨가 한화그룹 경영권을 승계하는 이익을 얻었다고 해도 이를 김 회장 본인의 이익이라고 보긴 어렵다"고 설명했다. 그러자 김상조 당시 경제개혁연대 소장은 "상법에는 아들 등 특수관계인에게 이득을 몰아준 것도 처벌하도록 돼 있다"며 대법원에 상고했다.

대법원의 판단도 2심과 같았다. 대법원은 이사회가 동관 씨에게 이득을 몰아주는 결정을 했더라도 충분한 정보를 수집 분석하고 정당한 절차를 거쳐 주식 매매를 승인했다면 이사들은 충실의무를 지킨 것으로 봐야 한다고 판단했다. 경영권 승계에 따른 이익은 이사회의 경영상의 판단 사항이라는 취지다. 또 주식 매매 자체도 부당히 저가로 평가한 것으로 보기 어렵다는 2심 판결을 받아 들였다. 대법원은 회계법인의 가치평가 과정과 결과가 부당하다고 할 수 없고, 주가 상승도 주식매매 뒤 사정에 따른 것이라고 봤다.

- 이사회의 경영 재량권 폭넓게 인정

법조계에서는 경영권 승계에 대한 이사회의 판단을 존중함으로써 기업의 자율경영권을 보장하는 판결이라는 평가가 나온다. 이사회에서 자기거래를 결의하거나 회사 기회를 이용한 것이라고 하더라도 '충분한 정보'와 '절차적 타당성'이라는 두 가지 기둥만 흔들리지 않으면 그 결과는 기업의 경영상 판단으로 볼 수 있다는 취지여서다.

이번 판결은 기업이 경영권 승계를 추진하는 과정에서 발생할 수 있는 '이익의 충돌'에 대한 분쟁에도 영향을 미칠 가능성이 제기된다. 승계를 위한 '1보 후퇴'가 기업의 '즉각 실현 가능한 이익'과 충돌할 때 승계를 택한 이사회 결정을 배임으로 볼 수 있느냐는 문제다. 한 대형 로펌 상법 전문 변호사는 "경영권 승계 결정을 모두 존중해야 한다고 적시한 건 아니지만 경영권 승계에 따른 이익 또는 손해는 이사회의 결정 사항이라는 취지로 의미가 큰 판결"이라고 설명했다.

한화S&C 소송 대법원 주요 쟁점별 판단 내용
- **이사의 자기거래 금지의무 위반**
  경제개혁연대: 김승연회장이 주도한 불법자기거래
  대법원: 이사회 승인 아래 이뤄져 적법 거래
- **이사의 회사기회 유용금지의무 위반**
  경제개혁연대: 주식 매매로 한화가 사업기회를 포기하고 이를 장남이 이용할 수 있게 함
  대법원판단: 이사회 승인 아래 이뤄졌고 의사결정 과정이 현저하게 불합리했다고 볼 만한 사정도 없음
- **주식매각의 목적**
  경제개혁연대: 경영권 승계 목적이 아니면 주식을 매각할 이유 없었음
  대법원: 출자총액제한 제도의 취지 등에 비춰 보면 주식을 매각할 합리적인 이유가 있었음

- 저가매각

경제개혁연대: 김승연회장이 저가 매각을 지시해 회사에 손해를 입힘

대법원: 회계법인의 가치평가 수행과정 및 결과가 부당하다고 할 수 없으며 주가 상승은 주식매매 후의 사정에 따른 것임

‘충분한 정보’와 ‘절차적 정당성’이 key word인 듯하다. 경영의사결정이 사법부의 판단의 대상이 된다는 것에 대해서 오래전부터 논란의 대상이었다. 물론, 이사회의 의사결정에 있어서 충분한 정보를 가지고 회의가 진행된 것인지에 대한 판단은 주관적인 판단이다. 사법부의 판단은 결과론적인 판단이 되기 쉽다. 예를 들어 투자의사결정이 실패로 귀착되었다고 하면 이를 사후적으로 재단할 때, 이사회가 어떠한 이유에서 이러한 의사결정을 수행하였는지를 결과론적으로 접근한다고 하면 이에 대해 적절히 답하기는 매우 어렵다. 의사결정을 수행할 당시의 정황에 따라서 결정이 진행된 것인데 이를 문제 삼는다고 하면 어느 정도 사업과 관련된 의사결정이 태생적으로 risk taking이라는 점을 부정하는 사법부의 판단일 수 있다.

chapter 61

해명공시

해명공시는 최근에 도입된 공시의 형태로서 어떠한 이슈가 있는지에 대해서 알아본다.

매일경제신문. 2016.7.6. 오너 사망여부도 공시 대상

거래소 "지배구조 등 경영활동에 영향 미칠 땐 기업이 알아서 공시해야"

앞으로 이건희 삼성전자 회장 사망설처럼 오너의 건강 이상이 최대주주 변경뿐 아니라 그룹 계열사 지배구조 같은 경영활동에 중대한 영향을 미친다고 판단될 경우 기업이 알아서 수시 공시를 해야 한다. 한국거래소가 지난 5월 도입된 중요 정보 포괄적 공시제도에 따라 회사 오너 사망도 지배구조 개편을 포함한 기업 경영활동에 중대한 영향을 미칠 수 있는 투자 정보 중 하나라는 판단을 내렸기 때문이다.

지난달 30일 한국거래소가 사상 처음으로 대기업 오너 사망설에 대해 조회공시를 요구한 것을 두고 대주주 건강 이상도 의무 공시 대상에 포함되는지 증권가에서 논란이 일었다. 결론부터 말하면 거래소 입장은 '지배구조 등에 영향을 미칠 수 있는 중요한 사안이라면 포괄적 공시 대상에 포함된다'는 쪽이다.

채현주 거래소 공시부장은 "오너 사망 등 건강 악화 자체가 의무공시 대상은 아니다"면서도 "이건희 회장 사망설은 최대주주 변경뿐 아니라 삼성그룹 계열사들의 지배구조에 영향을 미칠 수 있는 중요 정보이므로 수시 공시 대상에 포함되는 게 맞다"고 밝혔다. 그는 "앞으로는 유사 사례가 발생했을 때 기업이 자진해 해명공시를 하도록 유도하거나 (답변을 요구하는) 조회공시를 할 것"이라고 덧붙였다.

삼성전자가 자발적으로 "사실무근"이라고 해명공시를 하는 게 바람직했지만, 이렇게 하지 않았기 때문에 조회공시를 요청할 수밖에 없었다는 것이다.

하지만 삼성그룹 내부에서는 "과거에도 이건회 회장의 사망이나 건강 악화와 관련된 풍문이 여러 차례 돌았다"며 "앞으로 사망설이 돌 때마다 수시공시를 해야 하느냐"고 불만을 표시했다.

위의 신문기사에서는 해명공시라는 表現을 하였으나 지금도 자진공시제도가 있어서 기업이 공시하기로 희망하는 내용에 대해서는 구속됨이 없이 공시를 할 수 있어서 굳이 해명공시라는 형식을 빌지 않을 수도 있고 문제는 정보를 공유하려는 기업의 의지이다. 그러나 삼성이 대응하였듯이 기업이 모든 소문에 대해서 일일이 대응해야 하는지에 대해서는 의문이 있다.

한국경제신문. 2017.1.16. 지난해 '해명 공시' 120건… 1년 새 3배 증가

지난해 유가증권시장 상장사들의 전체 공시 건수가 늘어난 가운데 이 중 '해명 공시'가 큰 폭으로 증가했다. 기업 스스로 보도나 루머의 사실 여부를 적극적으로 알려 정보 투명성을 높이려고 노력한데 따른 결과라는 풀이다.

15일 한국거래소가 발표한 '2016년 유가증권시장 공시 실적'에 따르면 작년 해명 공시는 모두 120건으로 2015년 31건 대비 287% 늘었다.

그때그때 중요한 정보를 알리는 수시공시는 작년에 1만 1,419건으로 전년 대비 94건 (0.8%) 감소했다. 기업 부담을 줄이기 위해 종속회사 편입과 탈퇴, 감사 중도퇴임 등 의무공시를 위반한 불성실공시는 줄어든 추세다. 작년에 17건으로 전년 대비 32% 줄었다. 유가증권시장 상장사들의 전체 공시 건수는 1만 4,687건으로 전년(1만 4,614건)과 비슷했다.

코스닥 상장사의 공시 건수는 작년 1만 8,485건으로 전년보다 13.5% 늘었고, 불성실공시도 72건으로 2014년 이후 증가세를 나타냈다.

해명공시가 다른 공시와 차별화될 수 있는 것은 조회공시의 대상이 될 수 있는 내용과도 중복되기 때문이다.

chapter 62

한국항공우주(KAI)

한국항공우주의 분식회계 관련 논란에 대해서 기술한다.

매일경제신문. 2017.8.4. KAI 유탄 맞은 회계업계 '긴장'

14일 반기 검토의견 주목

방산업체 한국항공우주산업(KAI)에 대한 분식회계 의혹 '불똥'이 회계업계 1위 삼일회계법인 쪽으로 튀면서 업계가 바싹 긴장하고 있다. 검찰이 KAI 경영진 비리와 함께 수천억 원대 분식회계 혐의를 포착했다고 밝힌 가운데 KAI 외부감사인을 삼일이 맡고 있기 때문이다.

회계업계에선 이번 사태가 대우조선해양 분식회계 사건과 여러모로 닮은 만큼 또 다시 회계 신뢰도 하락으로 이어질까 노심초사하는 분위기다.

3일 KAI 주가는 전날보다 12% 하락한 3만 8,500원을 기록했다. KAI에 대한 검찰 압수 수색이 시작된 지난달 14일 이후 무려 33.2%나 급락했다. 이 기간 KAI 시가 총액 1조 8,619억원이 증발한 것이다.

이처럼 주가는 전날보다 12% 하락한 3만 8,500원을 기록했다. KAI에 대한 검찰 압수 수색이 시작된 지난달 14일 이후 무려 33.2%나 급락했다. 이 기간 KAI 시가 총액 1조 8,619억원이 증발한 것이다.

이처럼 주가가 급락한 것은 최근 검찰이 KAI의 회계처리 방식을 문제 삼았기 때문이다. 검찰에 따르면 KAI는 이라크에서 3조원 규모 공군기지 건설 공사를 따냈는데 이후 건설 대금이 회수되지 않았지만 회계 장부에는 정상적인 수익으로 인식됐다는 것이다.

이렇게 되면 그동안 KAI가 공시한 매출액이나 영업이익에 대한 신뢰도가 떨어진다. 검찰 조사가 사실로 드러날 경우 회계상 부실을 일거에 털어내는 '빅배스'를 단행해야 하기 때문에 대주주인 국책은행과 일반 주주들의 대규모 손실이 초래될 가능성이 있다.

KAI 사업보고서에 따르면 2013년 2조 163억원 규모이던 매출액은 작년 3조 1,007억원으로 3년 새 1조원 이상 늘었다. 영업이익은 같은 기간 1,257억원에서 3,149억원으로 2배 이상 증가했다. KAI의 올해 상반기 보고서를 검토 중인 삼일의 부담도 커지고 있다. KAI의 상반기 보고서는 오는 14일 공시될 예정이다.

삼일은 2009년부터 KAI 외부감사인을 맡아오고 있다. 지난해부터 KAI의 감사보고서에 포함된 재무제표에 대해 모두 '적정' 의견을 냈다.

매일경제신문. 2017.8.15. 분식 의혹 한국항공우주 재무제표 '적정'의견

분식회계 의혹을 받고 있는 한국항공우주산업(KAI)이 올해 상반기 재무제표에 대해 회계법인으로부터 '적정' 의견을 받았다. 14일 공시된 KAI의 반기보고서에 따르면 외부 감사를 맡은 삼일회계법인은 KAI의 상반기 재무제표에 대한 감사 의견으로 '적정'을 제시했다. 삼일 측은 "(회계 측면에서) 공정하게 표시하지 않은 사항이 발견되지 않았다"고 밝혔다.

다만 삼일 측의 이런 입장이 KAI가 분식회계를 하지 않았다는 것을 입증하는 것은 아니라는 시각도 있다. 회계업계의 한 관계자는 "KAI와 같은 수주산업은 공정 진행률에 따라 매출을 반영하기 때문에 일반 제조기업과는 다른 회계처리 방식을 이용한다"며 "1차 회계 책임이 기업에 있는 만큼 기업에서 마음 먹고 공정 진행률을 조작했다면 외부감사인이 이를 알기는 어려웠을 것"이라고 말했다. KAI는 현재 회계처리 방식을 바꿔 실적을 부풀렸다는 의혹에 따라 금융감독원의 정밀 감리를 받고 있다. 이에 앞서 검찰은 KAI가 2013년 이라크 경공격기 FA-50 수출 및 현지 공군기지 건설 등 총 3조원대 사업을 수주하면서 회계기준에 맞지 않게 이익을 선반영한 정황을 포착한 것으로 알려졌다.

한편 KAI는 이날 2013~2016년 회계연도 매출액과 영업이익을 정정 공시했다. KAI는 검찰 수사와 금감원 감리를 받는 과정에서 회계 투명성을 높이기 위해 하성용 전 사장 재직 시기 실적을 재점검해 정리했다. KAI의 지난 4년간 누계 매출은 10조 2,979억원으로 수정 전 대비 350억원 가량 감소하고, 누계 영업이익은 734억원 늘어났다. KAI는 그동안 건설 조선사와 유사한 방식으로 매출을 집계해 왔다. 협력업체에 대금(선급금)을 지급할 때 매출을 인식해 온 것. 그러다 이번에 협력업체 '사업 진행률'에 따라 매출을 인식하는 방법으로 변경했다. 그 결과 매출이 다소 감소했다. 누적 영업이익이 증가한 이

유도 그동안에는 수주산업 특성상 제품 개발은 진행하지 못할 위험 요소가 발견되면 영업이익으로 산정하지 않았기 때문이다.

KAI는 회계처리 방식을 변경함에 따라 올해 상반기 273억원의 영업 손실을 기록했다. 매출액은 1조 1,323억원, 당기순손실은 432억원이었다.

분식회계 논란에 휩싸인 탓에 최근 KAI 주가는 가파른 하락 곡선을 그렸다. 14일 유가증권시장에서 KAI 주가는 전 거래일 대비 4.53% 급락한 3만 6,900원에 거래를 마쳤다. KAI 주가는 지난 6월 8일 6만 4,700원까지 올라가다 불과 두 달여 만에 43% 빠졌다.

한국경제신문. 2017.8.16. KAI '적정' 감사의견 낸 삼일회계 "회계적 판단했을 뿐"

삼일회계법인이 분식회계 의혹으로 검찰 수사를 받고 있는 한국항공우주산업(KAI)의 감사의견(상반기 보고서)를 '적정'으로 내면서 그 배경에 관심이 쏠리고 있다. 삼일회계법인은 "회계적 판단을 했을 뿐"이라고 했다. 업계에서는 분식회계 사태의 불똥이 튀는 것을 사전에 차단하기 위해 강수를 둔 것이란 해석이 나온다.

KAI의 외부감사인인 삼일회계법인은 지난 14일 "회계기준 규정을 위반한 사항은 발견되지 않았다"며 상반기 재무제표 감사의견으로 '적정'을 제시했다. 삼일회계법인은 검찰 수사 여부와 관계없이 재무제표에 회계적 판단을 한 것이라고 설명했다. 2009년부터 KAI 외부 감사를 맡고 있는 이 회계법인은 이번 반기보고서까지 재무제표에 모두 '적정' 의견을 냈다.

분식회계 혐의로 금융감독원 감리와 검찰 수사를 받고 있는 KAI는 삼일회계법인의 '적정'의견으로 한시름을 덜게 됐지만 당국은 당황하는 분위기다. 과거 대우조선해양이 분식회계 혐의로 검찰 수사를 받자 감사를 맡은 회계법인이 자료 부족을 이유로 '한정' 의견을 낸 전례에 비춰 이번에도 '한정'의견이 나올 것이란 관측이 우세했기 때문이다.

일각에서는 검찰의 분식회계 수사 과정에서 감사인의 책임을 물을 가능성이 있다는 얘기가 흘러나오자 삼일회계법인이 강수로 대응한 것이란 해석을 내놓고 있다. 대우조선해양 분식회계 사건의 불똥이 회계법인으로 튀어 회계법인과 회계사들이 처벌받은 점이 영향을 미쳤다는 설명이다. 회계업계 관계자는 "회계법인이 관리 감독을 성실히 해야 하는 것은 당연하다"면서도 "분식회계 사건의 일차적 책임은 회계조작을 한 당사자가 지는 게 상식"이라고 업계 분위기를 전했다.

이번 삼일회계법인의 '적정' 의견 제시를 두고 수주산업 회계처리 방식을 둘러싼 논란은 계속될 전망이다. 수년간 비용과 수익을 추정에 의존하는 수주산업 특성 때문에 의도적인 분식회계가 아니어도 추정치와 실제 금액이 달라지는 일이 있을 수 있어서다. KAI는 전날 상반기 보고서를 공시하면서 2013~2016년 누적 매출을 350억원 과대 계상하고 영업이익은 734억원 과소 계상했다며 4년치 사업보고서를 지적했다. KAI가 국제회계기준에 맞춰 매출과 영업이익 인식 방법을 바꾸면서 매출은 줄고 이익은 늘었다.

업계 관계자는 "대우조선과 달리 적자를 숨기려 한 게 아니라 회계기준 변경으로 오히려 영업이익이 늘어난 만큼 두 기업은 다르게 봐야 한다"고 했다.

조선일보. 2017.8.16. 분식회계 불씨 남은 KAI, 수은까지 번지나

14일 KAI는 기존에 발표했던 2013~2016년의 매출, 영업이익 등을 모두 정정해 다시 발표했다. 여기에 대해 같은 날 삼일회계법인이 '회사의 재무상태를 적정하게 표시했다'는 의견을 밝혔다. '분식회계가 아니다'라는 KAI의 주장에 손을 들어준 것이다. 이로써 분식회계 의혹을 받던 KAI는 일단 한숨을 돌린 분위기다.

일부에선 '수치를 고쳤다는 것 자체가 지금까지의 회계 처리에 문제가 있었다는 것을 인정하는 것 아니냐'는 지적도 나온다. KAI는 1999년 당시 대우중공업, 삼성항공산업, 현대우주항공 등 세 회사의 항공 부문이 합쳐진, 군용기 제작 등을 하는 국내 최대 방산업체다. 지난해 매출은 2조 9,463억원, 영업이익은 3,201억원 수준이다.

KAI는 검찰 수사로 분식 회계 의혹이 제기된 지난 2일 '설립 이래 일관된 회계 기준을 적용했고, 실적 부풀리기를 위해 회계 기준을 변경한 바 없다'고 밝혔다. '해석의 차이일 뿐 분식 회계는 아니다'라는 뜻이다.

KAI는 그동안 협력업체에 일감을 주면서 대금을 먼저 지급했는데, 대금 지급 시점에 매출이 발생했다고 회계 장부에 반영했다. 이런 경우 한참 뒤 일어날 매출이 다소 앞당겨지는 효과가 생긴다. '기존 매출액 등을 고쳐서 발표한 것은 이런 점들을 바로잡은 것이고 분식 회계는 아니다'라는 게 KAI의 설명이다.

매경이코노미. 2017.8.16.-8.22. KAI 분식회계 의혹 진실은 "이익 선반영 원가 낮추기" vs "부정 없었다"

한국항공우주산업이 수천억원대 분식회계 논란에 휩싸였다. 검찰은 KAI가 2013년 이라크 경공격기 FA-50 수출과 현지 공군기지 건설 등 총 3조원대 사업을 수주하며 회계기

준에 맞지 않게 이익을 선반영한 정황을 포착한 것으로 알려졌다. 이에 따라 금융감독원
은 정밀감리에 들어갔고 주가는 큰 폭 하락했다. 외부감사를 맡아 '적정의견'을 내온 삼
일회계법인 측은 "실적을 부풀리기 위해 회계인식 방법을 변경한 적이 없다"는 의견을 밝
혀 진실게임 공방이 뜨거워졌다.

논란의 핵심은 지난해 대우조선해양 회계부정 사건 때도 이슈가 된 '수주산업' 회계처
리다. 조선 건설 방산 등 수주기업 회계는 일반 제조기업과 다르다. 이들 재무제표는 확
정 재무제표가 아니라 '추정' 재무제표를 사용한다. 이익이 나지 않아도 이익으로 회계처
리를 하는 방식으로 불법이 아니다.

이유가 있다. 일반 제조업체는 물건이 팔리는 만큼 곧장 매출을 잡으면 된다. 그러나
KAI 같은 방위산업체가 전투기를 제조하거나 조선소가 배를 만드는 프로젝트는 몇 년씩
걸린다. 일반 제조업체처럼 회계처리했다간 프로젝트가 끝날 때까지 매출이 '0원'이 된다.
반면 프로젝트가 끝나는 해는 조 단위 매출이 잡혀 재무제표가 들쑥날쑥해진다.

지나친 변동성을 줄이기 위해 수주기업은 '공정 진행률'에 따라 매출을 잡는다. 초대형
구조물이나 방산 제품은 얼마나 진행이 됐는지 현장에서 확인하고 회계장부에 반영하는
것이 사실상 불가능하다. 때문에 실제발생원가와 총 예정원가 비율로 공사 진행률을 따
지는 '투입법'이라는 방식을 활용한다.

예를 들어 수주 계약액(매출액) 1조원, 총 예정 원가 9,000억원까지 사업을 수주했다
고 치자. 공사에 투입된 실제 발생 원가가 2,000억원이라고 가정하면 공정 진행률은
22.2%다(2,000억원/9,000억원).

그런데 이 진행률을 조작하면 문제가 발생한다. 만약 총 예정원가를 6,000억원으로
줄이면 공사 진행률은 33.3%로 높아진다(2,000억원/6,000억원). 공사진행률이 높아진
만큼 회계장부에 매출 이익을 더 많이 반영할 수 있게 된다. 발주처로부터 대금이 들어
오지 않았더라도 공사 진행률만큼 장부상으로 이익으로 잡는다. 실적이 나쁜 기업이라면
이 같은 유혹에 빠지기 쉽다. 대우조선해양은 총 예정원가를 줄여 공사 진행률을 높이는
방식으로 회계부정을 저질렀다.

또 하나 살펴봐야 할 회계 항목이 '미청구공사'다. KAI 이라크 프로젝트에서 KAI와
발주처 간 진행률에 대해 의견 차이를 보일 수 있다. 예를 들어 KAI는 프로젝트가 50%
진행됐다고 판단하는데, 발주처가 40%밖에 진행되지 않았다면 40% 금액만 줄 수 있다.
이 경우 발주처가 인정한 40%만 매출로 잡고, 나머지 인정받지 못한 10% 금액은 <u>미청
구공사로 잡는다</u>. 미청구공사는 공사 진행률에 따라 매출액으로 인식했으나, 아직 발주

처에 청구하지 않은 공사대금을 말한다. 예상치 못한 사정으로 제작 기간이 길어지고 비용이 늘어나 진행률이 떨어진다면 미청구공사는 손실로 돌변할 위험이 도사린다.

KAI는 2012년 1,421억원이던 미청구공사 규모가 2014년 3,595억원, 2015년 8,774억원으로 3년 만에 6배 불어났다. 2012년 매출 대비 9%에 불과했던 미청구공사 금액은 2015년 30%로 늘었다. 실제로는 현금이 들어오지 않았는데 우선 매출로 잡은 미청구공사가 증가했다는 해석이 가능하다. 한 회계법인 임원은 "매출액 대비 미청구공사 규모가 크다면 손실 가능성이 높다는 의미로 실적을 부풀렸는지 의심해봐야 한다"고 지적했다.

현금흐름도 수상하다. KAI는 2014년 이라크로부터 7,000억원 규모의 바그다드 공항 기지 재건 사업을 따냈다. 검찰은 KAI가 이라크 측으로부터 대금을 받지 못해 공사비용을 미수금으로 처리해야 하는데도 이를 매출로 허위 기재했다고 판단한다. 2014년 수익은 1,111억원 흑자를 기록했는데, 영업활동 현금흐름은 1,135억원 마이너스였다는 게 근거다. 수주를 따내 이익이 발생했는데 현금이 들어오지 않았다는 건 이익이 가짜일 가능성을 보여준다. 과거 수조원대 사기대출 행각을 벌인 모뉴엘이 이 같은 방식으로 분식회계를 자행했다.

KAI가 더욱 의심받는 이유는 임직원들이 횡령 혐의를 받고 있어서다. 검찰은 지난 8월 1일 윤 모 전 한국항공우주 본부장에 대해 배임 수재 등 혐의로 구속영장을 청구했다. 8일엔 협력사 대표 황 모씨에게 수억원대 뒷돈을 챙긴 것으로 의심한다. 하청업체에 일감을 몰아주며 KAI에 200억원대 손실을 전가한 혐의로 공개 수배 중이다. 횡령(돈을 빼내고)과 분식회계(가짜 돈을 채워넣는)가 대체로 함께 진행됐다는 점을 감안하면 KAI 회계처리가 미심쩍을 수밖에 없다.

KAI와 삼일회계법인은 분식회계 의혹을 부인한다. KAI는 "1999년 설립 이래 일관된 기준을 적용해 회계처리했고 특정 시점에서 실적을 부풀리기 위해 회계인식 방법을 바꾼 적이 없다"며 "이라크 해외 사업 이익을 선반영하거나 부품 원가를 부풀려 인식한 바 없고 오히려 보수적으로 이익을 반영했다"고 밝혔다. 한 회계법인 관계자는 "KAI가 공사손실충당금을 1,000억원 이상 마련해놨다는 점은 공사 진행률 변화에 따른 손실을 대비하기 위한 조치로 보인다"며 "분식회계를 하려 했다면 이렇게 충당금을 쌓아주지 않았을 것"이라며 KAI측을 옹호했다.

2009년부터 KAI 외부감사를 맡아온 삼일회계법인은 지난해까지의 감사보고서에 포함된 재무제표에 대해 모두 '적정의견'을 내놨다. 한 회계법인 관계자는 "삼일회계법인 측에서 KAI와 짜고 수치를 조작했다면 명백한 분식회계라고 할 수 있겠지만 KAI가 맘먹고 공정 진행률을 왜곡한다면 고도의 기술이 필요한 프로젝트에서 회계법인이 이를 알아낼 방법은 없다"고 말했다. 앞서 대우조선해양 분식회계 사건은 안진회계법인 전 현직 회계사가 회계부정에 직접 관여했기 때문에 문제가 됐다. 이들 회계사는 지난 6월 열린 1심 재판에서 유죄 판결을 받았다.

삼일회계법인은 8월 14일 상반기 보고서에서 '의견거절'을 낼 가능성이 높은 것으로 알려졌다.

KAI 분식회계 논란으로 주가는 크게 떨어졌다. 지난 5월 6만 5,000원이었던 주가는 분식회계 가능성이 언급된 8월 4일, 3만 7,000원까지 떨어졌다. 일각에서는 상장 폐지 가능성을 거론했다. 검찰이 기소한 분식 회계나 횡령 배임 규모가 자기자본의 2.5%를 넘으면 주식은 거래가 정지된다. 지난해 말 KAI 자산총액은 2조 9,332억원이다. 따라서 검찰 기소 규모가 733억원을 넘으면 매매가 정지된다. 검찰은 KAI 분식회계 규모가 수천억원 대에 달할 것으로 보고 있어 매매 거래 정지가 유력하다. 매매 거래 정지 후 거래소는 기업심사위원회를 열어 KAI에 대한 상장 적격성 실질심사에 들어간다. 상장 적격성 실질심사는 검찰 기소 사실을 포함해 –기업 계속성 – 경영 투명성 – 공익 실현 – 투자자 보호 등을 종합적으로 고려해 진행한다.

다만, 증권업계에선 기업 규모나 방산산업의 중요성을 감안할 때 KAI가 상장 폐지될 확률은 높지 않은 것으로 본다. 증권가에서는 KAI 매매가 정지된다면 거래소 기업 심사위원회로부터 1년간의 경영 개선 기간을 받은 대우조선해양과 비슷한 경로를 걸을 것으로 본다.

다른 수치도 자의적일 수 있지만 총예정원가의 추정은 매우 임의적일 수 있다. 삼일은 위의 기사 내용과는 달리 적정의견을 표명했다.

매경이코노미. 2017.9.4. 의혹투성이 한국항공우주산업의 다음 항로는

KAI 미청구공사 추이

2012년말	1,421억원
2013년말	2,095억원
2014년말	3,643억원
2015년말	9,604억원

2016년말	5,366억원
2017년 6월	3,707억원

그렇다면 KAI의 미청구공사는 어떨까. 매출이 증가하면서 미청구공사 역시 증가하는 것이 일반적이다. 이 기간 매출은 1조 5,346억원에서 2조 9,000억원으로 증가했다. 그러나 매출 증가율에 비해 미청구공사 증가율이 상당히 가팔랐던 것이 사실이다. 특히 2015년 말에는 전년 말 대비 2.5배 가량 늘었다. 이 시기 미청구공사가 급증한 가장 큰 이유는 방위산업청의 대금지급 일정 조정 때문이었다. 정부기관인 방사청은 일반적으로 예상 상황에 따라 대금스케줄을 조정한다. 대금지급을 납품 이후로 하는 일부 계약도 미청구공사 증가에 작용했다. 이후 미청구공사는 크게 감소한다. 2016년에는 매출이 3조원을 돌파하며 증가했는데도 미청구공사는 5,366억원으로 줄었다. 그리고 올해 반기 말(6월 말) 기준 미청구공사는 3,707억원(공사손실, 공시지연위약, 하자보수 관련 충당금 반영 후 기준)으로 뚝 떨어졌다. 이 가운데 가장 안정적 거래처인 국내 정부기관, 즉 방위산업 청과의 거래에서 발생한 금액이 3,154억원이다. 삼일회계법인은 회사가 제출한 올해 반기 재무제표 등을 검토하면서 방사청의 지급 일정을 확인했다. 삼일 측이 내린 결론은 '채권 회수 가능성이 상당히 크다'는 것이다.

그럼에도 한 가지 짚어봐야 할 점은 있다. KAI는 수리온 1차 양산에서 25대, 2차 양산(2013년 12월~2017년 12월)에서 40대 등 총 65대를 육군에 납품했다. 3차 양산은 2016년 12월~2022년 12월까지다. 수리온 납품은 현재 중단된 상태다. 올해 부품 크랙 현상이 나타나 개선작업을 진행했다. 오는 9~10월 최종 심사를 통과해야 납품이 재개된다. KAI 미청구공사 중 수리온 2차에서 발생한 금액이 2,800억원, 3차가 1,000억원에 이른다. 수리온 납품이 재개돼야 미청구금액 회수가 더 신속하고 원활하게 진행될 수 있다는 이야기다.

미청구공사에 주목할 바에는 차라리 이라크 수출 프로젝트에서 발생한 청구채권(매출채권)을 살펴볼 필요가 있다는 의견이 있다. T-50 고등훈련기 프로젝트에서 발생한 4,426억원(매출채권 4,026억원+미청구채권 364억원)이다. 24개를 계약해 6대를 납품했다. KAI가 이라크 정부로부터 회수한 금액은 총누적매출액 1조 1,851억원 가운데 63%에 달하는 7,424억원이다. 계약 물량의 25% 밖에 납품하지 않았지만 회수한 금액은 63%다. 따라서 이라크와의 협상이 잘 안 풀려 KAI가 보유 중인 완성기 18대를 다른 거래처에 싸게 매각해도 채권잔액을 회수할 수 있다는 평가다.

• 흑자도산 가능성은 크지 않아

KAI가 가장 민감해 하는 부분 중 하나는 대규모 분식회계설이다. 지금까지 검찰 안팎에서 흘러 나온 이야기는 2013년 말부터 본격화 한 이라크 사업이 언급되고 있다. T-50 프로젝트에서 매출과 이익을 조기 인식해 부풀렸다는 혐의를 받고 있는 것으로 알려지고 있으나, 정확하지는 않다. 우선 지난 8월 중순 KAI가 2013~2016년 등 4개년치 재무제표를 수정한 정정 사업보고서를 공시했다는 점에 주목할 필요가 있다. 수정재무제표를 재감사한 삼일회계법인 측은 이에 대해 '적정' 감사의견을 부여했다. 애초 KAI가 공시한 4개년치 재무제표에 따른 누적 매출에 비해 수정재무제표상 누적 매출은 350억이 감소했지만 영업이익은 오히려 734억원 증가했다. KAI와 삼일 측에 따르면 협력 업체 외부계약에 대한 원가인식방법, 그리고 총계약원가의 추정 및 발생원가의 귀속시기 등을 수정했기 때문이다.

쉽게 설명하자면 이렇다. KAI가 항공기 완제품 수출 프로젝트를 수주했다고 하자. 이 가운데 엔진 등 일부 부품과 기자재 등을 협력 업체와 외부계약해 조달한 것이다. 우리는 흔히 협력업체라고 하면 중소 하청업체를 떠올리게 마련이다. 그런 회사도 많겠지만, KAI 협력업체 중에는 항공엔진을 제작하는 GE나 록히드마틴 등 글로벌 대형 업체도 있다. 이들은 사실상 갑이나 마찬가지다. GE로부터 항공엔진 10대를 100만원에 조달하기로 계약했다고 하자. 10대 조달대금은 KAI입장에서는 완제기 수출 프로젝트의 원가에 해당한다. KAI는 GE에 선급금으로 40만원, 중도금으로 30만원(15만원×2회), 잔금으로 30만원을 지급키로 했다. 지금까지 KAI가 선급금 40만원을 지급했다면 전액 당기의 투입원가에 산입했다. 따라서 이 금액만큼이 공사진행률에 작용했을 것이고, 결과적으로 당기 매출과 이익 증가에 기여했을 것이다. 중도금이나 잔금 지급시점에도 마찬가지로 지급시점에 전액 당기원가에 반영했다. 이번에 KAI는 이러한 외부 계약에서 발생한 원가 산정방식을 바꿨다. GE에 선급금으로 40만원을 지급했더라도 GE 측에 엔진 제작 진행률만큼에 해당하는 금액만 당기 원가로 반영했다. 예컨대 25% 작업이 됐다면 선급금 40만원 가운데 KAI는 10만원만 당기 원가에 반영하는 식이다. 사실 어차피 협력 업체에 줄 돈 다 줘야 한다면, 엎어치나 메치나 매 한가지다. 하지만 진행률을 따지는 것이 가장 정확하고 바람직한 것은 사실이다. 사업 초기에 선급금을 많이 지급하면서 전액 원가 반영한다면 초기의 매출이나 이익을 늘리는 효과는 있을 수 있기 때문이다.

그럼 KAI는 왜 애초부터 이렇게 하지 않았을까. 회계 업계 전문가들은 대형 협력 업체들이 진행률 관련 자료를 KAI 측에 제시하길 꺼렸을 가능성이 있다고 보고 있다. 글로벌 대형 업체들에게 KAI가 자료요구를 강제하기도 어려웠을 것이다. 금융감독원 감리와 분식회계설 확산 등에 대응하기 위해 KAI가 대형 협력 업체들에게 협조를 강력하게 요청했고, 관련 자료들을 모두 입수해 재무제표를 수정했을 가능성이 크다. 한편 국내 중소 협력업체들은 개별 진행률을 산정하고 관리할 만한 여력이 되지 않는 경우가 많았을 것이다. 하지만 KAI는 이번에 이들에 대해서도 매출 인식의 투명성 강화를 위해 원가산정방법을 진행률 기준으로 바꿔 수정재무제표에 반영했다.

그 다음으로 총계약원가 추정치의 변경이 있다. 이번에 물러난 하성용 사장이 취임한 첫 해 2013년 KAI는 매출 2조 163억원, 영업이익 1,245억원을 냈다고 공시했다. 그러나 이번에 정정공시하면서는 매출은 1조 9,832억원, 영업이익은 크게 줄어든 707억원으로 공시했다. 2013년 6월 하 사장 취임 이후 주요 프로젝트에 대한 총 예정원가 재검토에 돌입, 가능한 범위에서 프로젝트별 예정원가를 낮추는 작업을 진행한 것으로 알려졌다. 2014년 들어서는 반대로 움직였다. 주요 해외 사업에서 오히려 예정원가를 보수적으로, 즉 높게 산정했다. 이라크와 필리핀 등의 국가리스크를 반영한 조치였다. 이렇게 하면 사업 초기에는 이익 수준이 낮지만, 공사가 진행되면서 총예정원가가 하향 조정되면 이익이 증가할 가능성이 높다.

• 일부 임원의 자사 주식 매입 배경은

KAI 측은 이번에 이 같은 프로젝트들의 총 예정원가를 좀 더 정확하게 재추정해 변경했다. 그 결과 과거 4년치 누적 이익은 증가했다. 일각에서는 KAI의 흑자도산설까지 나돌고 있다. 해외 수주와 운전자금 조달 애로, 주가 하락 등이 지속될 경우 조만간 유동성 위기에 빠질 것이라는 주장이다. 그 가능성을 배제할 수는 없지만, 현재로서는 과도한 전망이다. KAI의 현재 현금 자산은 4,000억원 수준이다. 매달 영업활동에서 유입되는 현금은 1,000~3,000억원 사이다. 기업어음 발행분 3,500억원은 앞으로 매월 600억원, 오는 12월 1,100억원을 상환하면 되는데, 별 문제는 없어 보인다. 회사채의 경우 지난 8월 22일 2,000억원을 갚았고, 2019년과 2020년, 2022년 각 1,000~2,000억원을 상환해야 하는 일정이 있다. 급격한 충격이 닥치지 않는 한 일단 채무상환에 큰 문제가 발생할 것 같지는 않다. 현 시점에서 흑자도산을 거론하는 것은 성급한 것으로 보인다. 하지만 해외 수주가 꽉 막히고 수리온 등 국내 프로젝트 진행이 난항을 겪는다면 유동성 위기 가능성도 배제할 수 없다.

한국경제신문. 2017.9.15. 'KAI 분식회계' 증거인멸 직원 놓고

검 "죄 없다" 법 "죄 있다" 입장 뒤바뀐 이유

증거인멸죄: 자신이 다른 사람의 형사 징계 사건 관련 증거를 인멸 은닉 위조 변조하거나 이를 사용한 자에게 적용하는 혐의다. 5년 이하 징역 또는 700만원 이하 벌금에 처한다. 다만 다른 사람에게 증거인멸을 교사한 자는 그 내용이 자신과 관련된 것이라해도 처벌 받는다.

법 "자기 범죄 증거인멸은 죄 아냐"

검 "범죄와 무관… 증거인멸 인정"

한국항공우주산업 분식회계 의혹을 둘러싼 구속영장 기각 사태를 두고 검찰과 법원의 입장이 뒤바뀌는 아이러니한 상황이 벌어졌다. 검찰이 KAI 임원 고정익 개발사업 관리실장에 대한 증거인멸교사회 혐의 등으로 구속영장을 청구하고 법원이 지난 13일 이를 기각하는 과정에서도.

검찰은 박씨가 자신 또는 경영진의 증거를 인멸하기 위해 개발부서 직원들에게 문서 파쇄를 지시했다고 봤다. 그 과정에서 직원들은 박씨의 지시를 일방적으로 따르고 증거를 인멸했다는 게 검찰 시각이다. 증거인멸죄는 자신의 증거를 인멸할 때 적용되지 않는다. 다만 제3자에게 증거인멸을 지시했을 때는 처벌받기 때문에 박씨를 증거인멸교사죄로 구속해야 한다는 게 검찰 주장이다. 하지만 법원은 다르게 봤다. 강부영 서울중앙지법 영장담당판사는 "증거인멸 지시를 받은 사람이 자신의 형사사건에 관한 증거를 인멸한 것으로 볼 여지가 있어 타인의 형사사건에 관한 증거를 인멸했다는 점이 소명됐다고 보기 어렵다"고 기각 사유를 밝혔다.

박씨로부터 지시를 받은 직원도 분식회계와 관련된 혐의가 있다고 볼 수 있다는 것이다. 자신들의 혐의와 관련된 증거를 인멸했기 때문에 직원들에 대해 증거인멸죄를 적용할 수 없고 이를 교사한 의혹을 받는 박씨에게도 교사죄를 적용할 수 없다는 논리다. 검찰은 "인멸된 증거는 경영진과 회계담당자들의 분식회계에 대한 것"이라며 "분식회계로 처벌받을 가능성이 없는 개발부서 직원들에게 중요 서류를 세절하도록 교사한 것이므로 죄가 성립된다"고 반박했다.

검찰은 해당 직원에 대해 주된 혐의인 분식회계가 없다고 보고, 법원은 오히려 혐의자

라고 판단한 아이러니한 상황이다. 한 검찰 출신 변호사는 "박씨를 구속해 KAI 수사에
박차를 가하고자 택한 전략으로 보인다"며 "법원이 검찰의 속셈을 알고 판단했을 것"이
라고 설명했다.

chapter 63

핵심감사제도(KAM)

핵심감사제도 도입에 대한 공방이 뜨겁다. 우리에게 맞지 않는 제도를 도입하는 이유가 명확하지 않다는 주장도 있고, 감사가 너무 광범위하니 핵심적으로 점검해야 하는 내용에 대해서는 중점적인 감사가 수행되어야 한다는 주장이 대치된다.

한겨레신문. 2017.11.23. 이건희 회장 건강상태도 삼성전자 감사보고서에?

이에 따라 2019년 3월께 발표되는 삼성전자의 2018 회계연도 외부감사보고서에는 이 회사의 대주주인 이건희회장의 건강 상태에 대한 외부 감사인의 평가나 의견도 실릴 수 있게 된다. 손영채 금융위 공정시장과장은 한겨레와의 한 통화에서 "외부 감사인과 삼성전자의 감사기구가 이 회장의 건강 상태를 핵심 감사 항목으로 합의를 하게 되면 외부감사인이 감사보고서에 관련 내용을 실을 수 있다"고 말했다.

매일경제신문. 2017.11.24. 파업 특허만료 등 경영리스크 감사보고서에 꼼꼼하게 기록

자산규모

2조원 이상	150개사	2018년 사업보고서
1000억~2조원 미만	973개사	2019년 사업보고서
1000억 미만	835개사	2020년 사업보고서

감사인 역할이 왜곡된 재무제표 정정에 그치지 않고 기업 전반의 경영리스크를 평가 공시하는 데까지 확대되는 '핵심감사제'가 전체 상장사를 대상으로 도입된다. 자산 2조

원 이상 상장사는 내년부터, 2020년 사업보고서부터는 모든 상장사가 적용을 받는다. 금융위원회는 23일 이 같은 내용을 담은 '2017년 회계 개혁' 태스크포스 활동 중간 결과를 발표했다. TF는 10개 추진과제 중 ―핵심감사제 도입 ―상장회사 회계 담당자 실명제 운영 ― 감사인 지정제 개선 ―표준 감사 시간제 등 4건에 대해 논의했으며 이 중 핵심감사제 도입에 대한 논의를 완료했다.

핵심감사제란 감사인이 회사의 재무제표 또는 경영 전반에 핵심적으로 유의해야 할 사항을 중점 감사하고 구체적인 내용을 감사보고서 앞부분 별도 작성란에 기재한 것이다. 영국 등 유럽은 2015년부터 국제 감사기준에 따라 시행하고 있으며 우리나라는 같은 해 10월 조선 건설 등 수주 산업에 한해 핵심감사제를 도입한 바 있다.

핵심감사 항목의 예는 유동성 부족 등 부정적인 자금 동향, 거래처의 채무 또는 약정 불이행, 중요 자산 처분, 노조 파업, 특허 만료, 정부 규제 변화 등 계속 기업의 불확실성 관련 사항과 금융자산 공정가치 평가, 무형자산의 손상평가 등 추정 불확실성 리스크, 회계기준 개정에 따른 수익 인식 리스크 등이다.

주요 리스크에 대한 감사인의 통찰을 정보 이용자에게 전달할 뿐 아니라 기업에 해당 내용 공시를 적극 유도해야 한다. 외부감사의 품질을 높이기 위해 외부 감사 계획부터 감사보고서 발행까지 전 단계에 걸쳐 감사인과 내부 감사기구 간 커뮤니케이션을 의무 공식화했다. 감사인은 핵심 감사 항목 선정 시 반드시 내부감사기구와 논의하고 관련 내용은 서면으로 공식화해야 한다.

<u>감사보고서에서는 '지배기구(회사내 경영진을 감사하는 조직)는 기업 재무 보고 절차 감시에 책임이 있다'고 기재하는 등 경영진과 별개로 감사에 대한 책임 관계를 명확하게 하도록 했다.</u>

기업이 재무제표에 중요 경영리스크를 적정하게 공시했는지에 대한 감사인의 감사의무를 강화한다. 앞으로 기업의 존속에 의문을 제기할 수 있는 징후를 감사인이 발견한 경우 감사인은 회사의 소명을 듣고 계속기업의 불확실성이 없다고 판단하더라도 관련 징후 등을 기업이 제대로 공시했는지 평가하도록 의무화한다.

박정훈 금융위 자본시장국장은 "감사인이 과거 정보를 정확하게 판단하고 미래 위험이 있는지 판단해 기재하는 것"이라며 "적정 한정이라는 의견을 넘어 회사와 소통을 통해 미래 불확실성을 논의해 자본시장에 필요한 정보를 책임감 있게 주게 될 것"이라고 설명했다.

감사품질향상을 위한 표준감사시간제와 회계담당자 실명제도 도입한다. 먼저 표준감사시간제는 업종별로 최소 감사시간을 정해 충분한 감사가 진행될 수 있도록 유도하는 정책이다. 이를 위해 공인회계사회에 회계법인과 기업 등 이해관계자가 참여하는 '표준감사시간위원회'를 구성할 계획이다. 표준감사시간을 지키지 못한 감사에는 그 이유를 설명하고 자체 징계기준도 마련할 방침이다. 안영균공인회계사회 상근연구부회장은 "감사시간이 충분히 확보돼야 감사 품질이 올라간다"며 "표준감사시간은 감사 품질을 담보할 수 있는 제도"라고 강조했다.

아울러 상장회사 회계 담당자 실명제를 도입해 경영진이 분식회계 요구 등에 대한 회계 담당 임직원의 책임성 제고를 추진할 예정이다. 기존에는 내부회계관리제도 운영보고서상에 회계처리 담당 임직원의 성명과 직책만을 작성했으나 앞으로는 회계 관련 경력, 교육실적 등도 함께 작성해야 한다.

TF는 아직 논의되지 않은 6개 과제는 현재 실무 검토 중이며 연내 논의를 마무리한다는 계획이다.

회계개혁 10대 과제
　　-핵심감사제 도입
　　-회계 담당자 실명제
　　-감사인 지정제 개선
　　-표준 감사시간제 도입
　　-내부회계관리제도 개선
　　-회계산업 선진화 방안(인력 양성 포함)
　　-감리 프로세스 개선
　　-상장사 감사인 등록제
　　-회계부정, 과징금 등 제재 양형기준 마련
　　-유한회사 외부감사법 적용 및 공시 범위 설정

위의 기사에서 감사보고서에 "지배기구는 기업 재무 보고 절차 감시에 책임이 있음"을 명확하게 기재한다고 되어 있는데 현재는 "경영진 및 지배기구의 책임"으로 구분 없이 기재하고 있다.

외부감사인의 counter part로서의 기업 내 지배기구는 감사위원회여야 한다.

기업의 존속에 의문을 제기할 수 있는 징후를 감사인이 발견하는 경우에 감
사인은 회사의 소명을 듣고 계속 기업의 불확실성이 없다고 판단 close call
로 지칭
관련 징후 등을 기업이 제대로 공시했는지를 평가하도록 의무화
2015년 국제감사기준 개정에 따라 close call 관련 공시 내용에 대한 평가

비재무정보와 관련한 핵심감사항목 선정을 감사위원들의 일상에서 찾을
수 있을까 자문한다면, 찾을 수 있다고 본다. 대표적으로 제약업종을 예로 들
어보자. 요즘 약사법은 의약품의 안전성을 매우 강조하고 있다. 따라서 제약회
사들은 안전성, 유효성이 낮아진 의약품의 자발적인 회수를 고려할 수 있을
것이며, 혹은 의약품 특허권 만료 등으로 제약사 간 제네릭(복제약) 판매 경쟁
이 심화됨에 따른 예측 불가능한 매출하락도 대비할 필요가 있을 것이다. 앞
선 요소들이 일상 속에서 마주하게 되는 비재무정보 관련 핵심감사항목들이
며, 외부감사인은 감사위원회와 함께 이러한 핵심감사항목에 대해 토론하여,
합리적인 감사절차를 시행해야 할 것이다.

비재무정보 관련 핵심감사항목의 감사절차(예시: 제약업종의 업황 변동에 따른 반품 관련)

위험요소	가. 안전성, 유효성이 낮아진 의약품에 대한 반품 회계처리
감사절차	나. 바품충당부채설정 대상의 완전성 확인과 반품충당부채 재계산 검증 다. 제품별 반품집계의 정확성 확인 라. 추정반품률과 실제반품률간 유의적 차이가 발생한 제품에 대한 질문과 사유에 대한 확인

자료: 삼정회계법인(2018)

결언

1년간 계속되어 오던 저술을 마감하게 되어 매우 기쁘다. 연배 있는 중견 교수에게 무엇이 가장 의미가 있고 가치가 있는 일인지에 대해서는 항상 의문이 있다. 학술지의 논문은 독자가 연구자로 제한되어 있으며 review라는 힘든 과정을 거쳐야 한다. 사회 참여의 기회가 많아지면서 사회와 경제에 보탬이 되는 일을 해보고 싶다는 생각이 있는 동시에 연구자의 입장에서 계속적으로 생산적인 연구 활동을 하고 싶다.

응용학문이며 현실적용 학문인 경영학/회계학에서도 이론과 현실 간에는 간극이 있다.

저술은 고독한 과정이다. 공저자가 없으니 누가 작업을 재촉하지도 않고 자기 좋아서 하는 일이다. 이러한 회계 관련된 제도/정책 영역에 대해 저술활동을 하고 계신 분이 제한되어 있으니 누군가는 이 역할을 해야 한다는 사명감으로 시작한 일이 벌써 교과서가 아닌 서적으로 아홉 번째 저술을 하게 되었다.

저자가 학습하게 된 것을 누군가와 나누려는 과정으로 이해하면 된다. 정년을 7년 남겨 두고 있는데 교수 활동을 하는 동안 지적 호기심을 계속 갖고 싶다.

아내가 책을 출간할 때마다, 책 좀 그만 쓰라고 성화다. 누군가가 필요로 한다면 계속하고 싶다. 최근 어느 법대 교수님의 저서 목록을 본 적이 있다. 거의 30권에 이르는 방대한 저술 list였는데 큰 자극이 되었다.

삶에서 도전할 일이 있다는 것은 좋은 것이다. 지인 한분이 직장인을 위한 야간 수업에서 본인 저술의 내용이 강의에 사용하기에 매우 유용하다고 말씀을 전해 주셨다. 이 저술이 가치가 있다고 생각하시는 분이 계시는 한 소명감으로 이러한 일을 계속하고 싶다.

실무에 있는 대학 동기들을 만나게 되면 교수들은 주당 몇 시간 밖에 강의하지 않는데 나머지 많은 시간에 무엇들을 하고 지내는지에 대한 질문을 많이 받는다. 무엇인가 생산적이고 가치 있는 일을 계속하였으면 좋겠다.

이 모든 것이 가능하게 해 주신 학생, 동료 교수, 가족을 포함한 주변의 모든 분들께 진심으로 감사한다.

2018. 5
연세대학교 본관 앞의 봄꽃을 쳐다보면서

저자

참고문헌

경향신문. 2016.6.8. [홍기택 전 산업은행장 인터뷰] "대우조선 지원, 최경환·안종범·임
　종룡이 결정"

고창현·김혜성, 2017.3.23. 감사위원 선임 관련 법적 문제. 상장회사감사회 조찬 강연.

권재열. 2017. 외부 감사인의 책임－민사책임과 행정처분에 따른 책임을 중심으로－ 한
　국회계학회 세미나 자료.

김건식. 주석 상법: 회사법(4), 2014. 제5판

김유경. 2016.10. 회계투명성 향상을 위한 감사위원회 발전 방안. KB금융지주 감사위원
　교육 자료.

김유경. 2017.1.10. 경제 민주화를 위한 회계 투명성 제고 토론회. 토론 내용

김유경. 2017.9.21. Triangle of Collaboration, 제3회 Audit Committee Institute 세미나.
　삼정회계법인

김윤경. 2016. 사내유보금의 의미와 정책적 시사점. KERI Brief 16－00

김윤경. 2014.7.21. 사내유보금의 과세제도 도입의 문제점과 정책방향. KERI Brief

매경이코노미. 2016.7.6.－7.12 대우조선해양 부실 대출 놓고 은행권 갑론을박 다들 충
　당금 쌓는데 산은 수은 '모르쇠'

매경이코노미. 2017.8.16.－8.22. KAI 분식회계 의혹 진실은 "이익 선반영 원가 낮추기"
　vs "부정 없었다"

매경이코노미. 2017.9.4. 의혹투성이 한국항공우주산업의 다음 항로는.

매일경제신문. 2010.4.21. 회계법인 감사보고서 못 믿겠네. '적정의견' 반년새 '의견거절'
　로 뒤집기도.

매일경제신문. 2013.12.13. '부실감사' 공인회계사 첫 구속

매일경제신문. 2015.1.12. '불성실한 사외이사'도 분식회계 책임 있다.

매일경제신문. 2016.1.16. 국가초유 환난 벌어졌는데… 법원, 투명경영 강조하면 엄중잣대

매일경제신문. 2016.1.16. 효성 어쩌다 이렇게 됐나

매일경제신문. 2016.3.14. 삼성전자 현대차 한전 외국인 지분 많은 169사. 영어로 공시

매일경제신문. 2016.3.14. 거래소, 영문공시 잘하는 기업에 인센티브 왜?

매일경제신문. 2016.3.15. 최대주주 절반 지분 처분에 5개월새 주가 3분의 1 토막

매일경제신문. 2016.3.16. 외국기업 첫 패스트트랙… 상장심사 65일서 30일로 단축

매일경제신문. 2016.3.29. 카카오는 재벌… 네이버는 중견기업? 시대 뒤떨어진 대기업집
    단 지정 요건

매일경제신문. 2017.3.30. 삼일, 감사의견 '한정' 제출

매일경제신문. 2016.4.19. 상장사, CEO 승계 프로그램 마련을

매일경제신문. 2016.6.30. "임금 늘리도록 기업소득환류세제 개정"

매일경제신문. 2016.7.1. 야, 대기업 전 임원 사외이사 금지 추진

매일경제신문. 2016.7.4. 미청구공사 첫 집단소송 내달 열린다.

매일경제신문. 2016.7.4. IFRS발 회계대란… 반값 땡 처리 보험사 나왔다.

매일경제신문. 2016.7.4. 자본 40조 '생보 빅3' 부채 60조<지급준비금 40조＋미래 이익
    금 20조> 늘어 재무건전성 빨간불

매일경제신문. 2016.7.5. 기업 경영권 옥죄는 '김종인 상법' 발의

매일경제신문. 2016.7.5. 우리사주 소액주주 추천 1명씩 사외이사 선임 강제

매일경제신문. 2016.7.6. 오너 사망여부도 공시 대상

매일경제신문. 2016.7.11. 매경이 만난 사람

매일경제신문. 2016.7.16. 국민연금 "대우조선 손배소 확대할 수도"

매일경제신문, 2016.7.18. 회계법인 중간간부에도 분식 책임 묻는다.

매일경제신문. 2016.7.19. '허위공시' 중국원양자원 상장공시위에 불참 통보

매일경제신문. 2016.7.28. 금감원 해외 종속회사 급증… 회계감독 강화

매일경제신문. 2016.8.9. 상장사, 경영권 승계계획 공시해야

매일경제신문. 2016.8.16. 대우조선 '관리종목 추락' 피했다.

매일경제신문. 2016.8.17. 대우조선의 어두운 민낯

매일경제신문. 2016.8.24. "한번 찍히면 끝장" 공무원 겁주는 정책감사 최소화해야

매일경제신문. 2016. 8. 24. 한국서 하는 직무감찰 미 감사원 GAO는 안 해

매일경제신문. 2016.9.2. M&A 중개업무 규제 놓고 회계법인－증권사 '썰전'

매일경제신문. 2016.9.8. '비극의 전주곡' 회계보고서 <작년 삼정KPMG의 경영진단보고
    서>… 실사 부실했나 채권단 눈치봤나

매일경제신문. 2016.9.10. 매경 황영기－최중경, 회계법인 M&A 제한법 대리전

매일경제신문. 2016.9.22. 내년부터 그룹 지원 배제한 독자신용등급제 신설

매일경제신문. 2016.10.3. 한미약품 '올무티닙 쇼크'… 거래소, 내부자거래 조사

매일경제신문. 2016.10.6. 기술이전 '의무공시' 검토… 한미약품사태 재발 막는다

매일경제신문. 2016.10.8. '대손준비금' 자본 인정… 은행권 숙원 풀었다.

매일경제신문. 2016.10.11. 대우조선 회계사기 눈감아줬나 검, 안진회계 기소 검토

매일경제신문. 2016.10.17. 대우조선 감사 때 회계사기 공모혐의 안진회계법인 전현직
    임원 2명 검 소환

매일경제신문. 2016.10.17. 횡령해도 1년 후 공시… 투자자 우롱하는 기업들

매일경제신문. 2016.10.22. 상장사 늑장공시 사유

매일경제신문. 2016.10.27. 기술계약당일공시 의무화

매일경제신문. 2016.11.3. '대우조선 부실 감사' 회계법인 임원 구속

매일경제신문. 2016.11.15. 대우건설 3분기 '감사 의견 거절'

매일경제신문. 2016.11.16. 대우건설 '의견거절' 후폭풍… '제2대우조선' 되나

매일경제신문. 2016.11.18. 계약 정보 불충분할 땐 시가평가 안 해… 최악은 면해

매일경제신문. 2016.12.15. 회계꼼수 쓰다 제 발등찍은 손보사들

매일경제신문. 2016.12.19. 딜로이트안진 '감사부문 분리' 논란

매일경제신문. 2016.12.20. 은행 대손준비금 자기자본으로 인정

매일경제신문. 2016.12.20. 회계법인, 매수 자문도 못한다.

매일경제신문. 2016.12.24. 검, 대우조선 분식회계 관련 회계법인 대표 조사

매일경제신문. 2016.12.28. 검, 대우조선 부실감사 안진회계법인 기소

매일경제신문. 2017.1.3. 뻥튀기 목표주가 사라질까

매일경제신문. 2017.1.5. 금감원, 부실감사 첫 점검… 상장사 40%만 감사위 설치

매일경제신문. 2017.1.6. 현대건설 안진회계 금감원, 감리착수

매일경제신문. 2017.1.7. 당국, 현대건설 감리 착수 건설업 구조조정 촉발하나

매일경제신문. 2017.1.9. 금감원, 대우건설 미공개정보 유출 조사

매일경제신문. 2017.1.10. 증권사 목표주가 10건 중 8건은 '꽝'

매일경제신문. 2017.1.12. 금융당국 분식회계 징계, 골든타임은?

매일경제신문. 2017.1.13. 분식우려 기업, 회계법인 선임 못한다.

매일경제신문. 2017.1.19. 코스피 상장 훨씬 쉬어진다.

매일경제신문. 2017.1.20 낮아지는 코스피 상장 문턱

매일경제신문. 2017.1.31. 기업감사 독립성 강화 모범 운영 기준 만든다. 빅4 회계법인,
    4월 발표.

매일경제신문. 2017.2.3. 대우건설, 잠재부실 한번에 턴다

매일경제신문. 2017.2.3. "회계법인 감사정보 사전유출 꼼짝마"

매일경제신문. 2017.2.6. 아직도 대기업은 '슈퍼 갑' 회계법인은 병

매일경제신문. 2017.2.6. 미는 7개월 만에 회계제도 개혁 끝냈는데…

매일경제신문. 2017.2.10. 대우건설 '빅배스' 단행

매일경제신문. 2017.2.22. 영업정지 위기 딜로이트 안진 분식회계 고의성 여부가 관건

매일경제신문. 2017.2.23. 삼성 전 금융계열사 상근감사 없애기로

매일경제신문. 2017.2.23. 삼성, 금융계열사 상근감사 폐지키로

매일경제신문. 2017.3.2. 상장사 감사위 유명무실 10명 중 8명이 '회계문맹'

매일경제신문. 2017.3.6. 금감원, 상장사 감사위원회 깐깐히 본다.

매일경제신문. 2017.3.9. 유명무실 의결권 행사 지침… 기관참여 '0'

매일경제신문. 2017.3.10. 상장사 지배구조도 앞으로는 공시한다.

매일경제신문. 2017.3.18. 효성감사위원 재선임 부결

매일경제신문. 2017.3.21. 기업회계부정 막겠다더니 외부감사법 대선에 묻힐 판

매일경제신문. 2017.3.22. 대우조선 '한정' 가능성… 투자자 비상

매일경제신문. 2017.3.25. 안진회계법인 1년 업무정지 '중징계'

매일경제신문. 2017.3.30. "대우조선 존속 가능성 의문"

매일경제신문. 2017.4.8. 4위의 반란… EY한영, 기아차 회계감사 따내

매일경제신문. 2017.4.16. 검 "금융당국도 회계사기 인정" vs 안진 "소송 검토"

매일경제신문. 2017.5.16. 부실감사 안진회계법인 대법 "1억 8천만원 배상"

매일경제신문. 2017.5.22.미 10분의1 회계감사 수수료… 한 증시 발목

매일경제신문. 2017.6.10. 5조원대 대우조선 회계 사기 안진 회계사 3명 실형선고

매일경제신문. 2017.7.18. "회계법인은 을… 지정감사제 확대해야"

매일경제신문. 2017.7.24. "회사 미공개 정보로 투자말라" 거래소, 전 상장사에 '경고장'

매일경제신문. 한종수. 2017.7.27. 기업 금융기관 뒤흔들 IFRS15, 우린 준비됐나

매일경제신문. 2017.7.27. 외부감사 '시간당 보수' 되레 감소

매일경제신문. 2017.8.4. KAI 유탄 맞은 회계업계 '긴장'

매일경제신문. 2017.8.15. 분식의혹 한국항공우주 재무제표 '적정'의견

매일경제신문. 2017.8.25. 지배구조 자정 나선 삼성전자 내달 투명성 10대 지표 공개

매일경제신문. 2017.8.30. 국내 회계법인 수난시대. 감사수입 정체… 소송만 늘어

매일경제신문. 2017.9.2. 새 회계기준 도입에 조선 건설 등 수주산업 비상

매일경제신문. 2017.9.21. 상장사 감사할 회계법인 증선위가 의무 지정한다.

매일경제신문. 2017.9.22. 1,800개 상장사 회계감사 한곳서 7년 이상 못 받는다.

매일경제신문. 2017.10.4. 상장사 회계감사 시간 2배로 늘린다.

매일경제신문. 2017.10.11. 삼성전자 현대차, 투명성 보고서 나왔다.

매일경제신문. 2017.10.12. 지정감사제 도입 앞두고 금융위 회계계혁 TF발족

매일경제신문. 2017.11.7. "안진회계 선처를" 총대 맨 최중경

매일경제신문. 2017.11.10. KB금융노조 '월권' 제동 ISS "경영권 간섭 마라.

매일경제신문. 2017.11.24. 파업 특허만료 등 경영리스크 감사보고서에 꼼꼼하게 기록

매일경제신문. 2017.11.29. 유한회사 외부감사 의무화 내년 시행돼도 공개 "깜짝"

매일경제신문. 2017.12.1. 사외이사 감사 추천권 적극 행사

매일경제신문. 2017.12.2. "분식회계 막는 감사인 지정제 예외 대상 넓히면 개혁 물거품"

매일경제신문. 2017.12.14. 최흥식 "잡음 많은 CEO 승계 전면 검사"

매일경제신문. 2018.1.12. 한화, '대우조선 인수 무산' 1천억원대 보증금 돌려받는다.

매일경제신문. 2018.1.17. 구글 샤넬 한국법인, 회계감사 받을 듯

매일경제신문. 2018.4.14. 삼성전자 사외이사 독립성 높인다.

머니투데이. 2016.3.2. 삼성바이오로직스, 코스피 상장 길 열렸다

문화일보. 2013.6.18. 회계법인 부실감사 처벌 '예외 없다'

문화일보. 2016.7.14. 한화, 대우조선 인수 이행보증금 일부 환수 가능성

문화일보. 2016.10.7. 은행 대손준비금, 보통주 자본으로 인정

문화일보. 2017.1.12. 회계감사는 공공재… '자유수임제' 손봐야

문화일보. 2017.2.17. 딜로이트 안진 '영업정지설'에 회계업계 속앓이

문화일보. 2017.3.8. 새 회계기준 앞두고… 보험업계 '부채폭탄' 우려

문화일보. 2017.3.13. 근로자 이사제 도입 파장… 방만경영 노조권력화 불안감 노조 "경영 투명성 강화" 주장

문화일보. 2017.3.20. 대우조선 정상화 끼워 맞춘 엉터리 보고서 되풀이되나

문화일보. 2017.4.5. 국민연금, 대우조선 분식회계 손보 청구액 늘려

문화일보. 2017.10.31. 삼성전자 주주환원 정책 중심 자사수 매입 → 배당으로 이동

문화일보. 2017.11.9. 최종구 금융위원장 "상장사 지배구조 공시의무화 추진"

문화일보. 최준선. 2017.10.25. 문제투성이 '외감법' 시정 시급하다. 문화일보

박종성. 2017.1. 회계세미나 발표 자료. 한국공인회계사회.

비즈니스워치. 2016.7.13. 빅4 회계법인 2위 싸움 대 혼전

삼정회계법인. 2018. Depth Interview 2018 핵심감사제 도입과 감사위원회의 역할감사

위원회: 21 – 28. 저널 통권 제5호(삼정KPMG ACI)

서울중앙지방법원. 2016고합1357, 2017고합(병합). 제28형사부

손성규. 2007. 2. 감사의뢰인과 감사인간의 감사계약서와 관련된 이견: 이론과 현황 – 배상책임 및 면책에 관한 사항을 중심으로. 상장. 상장자료실. 한국상장회사협의회: 70 – 79.

손성규. 2006. 회계감사이론, 제도 및 적용. 박영사.

손성규. 2009. 수시공시이론, 제도 및 정책. 박영사.

손성규. 2012. 금융감독, 제도 및 정책 – 회계 규제를 중심으로. 박영사.

손성규. 2014. 회계환경, 제도 및 전략. 박영사.

손성규. 2016. 금융시장에서의 회계의 역할과 적용. 박영사.

손성규. 2017. 전략적 회계 의사결정. 박영사.

손성규. 2017.3.16. 회계감사품질과 값의 딜레마. 매일경제신문.

손성규·이호영·조은정·박현영, 공인회계사 적정선발 예정 인원에 관한 연구. 371 – 417: 회계저널. 2016.10.

손성규·조은정, 2017.6. 배당승인기관에 따른 배당수준의 차이: 개정상법 도입 효과를 중심으로. 한국회계학회 하계학술대회.

송창영. 2016.6.23. 기업과 감사인 그리고 투자자 – 분식회계 피해 책임, 어디까지 져야 하나… 조선비즈 회계감사 컨퍼런스.

시사저널 2017.11.28. 임플랜트 업체들 제각각 회계처리에 투자자들만 피해

연감흠·이호영·손성규. 2018. 기업지배구조의 모든 것. 클라우드나인

연합인포맥스. 2009.9.2. 증권사 RP 회계처리 변경으로 금리 상승 파고 넘는다.

오마이뉴스. 2003.5.2. 반칙을 이용한 경영권 사적이익

윤용희. 2017.1. 외부감사제도 개선 방안의 법적 검토. 법무법인 율촌

이충훈 변호사. 2017.1. 3. 사례를 통해서 본 분식결산과 감사 실패의 법률 위험. 회계선 진화포럼.

이코노미스트. 2017.10.2./10.9 감사원 정책 감사가 창의적 행정 저해

정유진. 유가증권 시장 상장회사의 대표이사 이사회 의장 분리 현황, 기업지배구조원 2016.1.

조선일보. 2015.7.20. 2조 부실 숨긴 대우조선… 지난 9년간 주인들은 낙하산 사장들이 었다.

조선일보. 2016.4.18. 한국 상장 중 기업들, 주가 띄운 뒤 툭하면 '먹튀'

조선일보. 2016.5.21. 내년부터 대기업 기준 5조서 10조로 높인다.

조선일보. 2016.7.9. 사외이사에 법적 책임만 묻는다면 분식회계 줄어들까. 최종학

조선일보. 2016.7.13. 툭하면 상폐 거짓 공시… 국내 상장 중국기업 '골치'

조선일보. 2016.8.17. 대우조선, 2분기에도 1조 2,209억원 순손실

조선일보. 2016.8.24. 한진중 1,900억대 부실회계

조선일보. 2016.10.3. 한미약품 늑장 공시 논란, "내부자 거래 가능성 조사"

조선일보. 2016.11.16. 안진 "대우건설 회계장부 못 믿겠다"

조선일보. 2017.2.6. 일, '감사위원 선임 방식' 달라… 유럽선 '근로자 경영 참여' 활발

조선일보. 2017.2.6. 재벌 권한 줄이려는 상법 개정안… 일부선 '헤지펀드 먹잇감 될 것'

조선일보. 2017.2.20. '미청구 공사'가 뭐기에… 건설사 희비 가르는 해외플랜트

조선일보. 2017.3.25. '대우조선 5조 분식회계' 안진에 신규 영업정지 1년

조선일보. 2017.3.29. '감사보고 지연' 대우조선, 코스피 200 퇴출되나

조선일보. 2017.3.30. 감사인의 '적정의견', 재무상태 좋다는 뜻 아냐

조선일보. 2017.4.5. 최저가 낙찰제 개선했다는 종합심사제… 원성 자자한 까닭

조선일보. 2017.4.11. 대우조선 부실 감사 회계법인 중징계

조선일보. 2017.6.19. 사내유보금 역대 최대지만 <30대 그룹 691조원>… 기업들 "사내
유보금＝현금"아닙니다.

조선일보. 2017.6.19. "사내유보금이란 용어가 오해 부추겨"

조선일보. 2017.7.14. '남은 이익 과세' 3년 연장… 기업 곳간 계속 연다

조선일보. 2017.8.1. 아파트 단지 감사 논독들이는 변협

조선일보. 2017.8.14. 상장기업 81곳 회사 생존 장담 못해

조선일보. 2017.8.16. 분식회계 불씨 남은 KAI, 수은까지 번지나

조선일보. 2017.9.4. "이해진은 총수"지정에… 네이버, 행정소송 검토

조선일보. 2017.10.24. 롯데타워 5개 지을 20조… 삼성전자, 올해 주주에 푼다

조선일보. 2017.11.18. 국민연금, KB노조 추천 이사 찬성 논란

조선일보. 2017.11.27.현금 쌓아두는 한국 기업? 중일이 더 심하네

조선일보. 2018.1.18. KB금융, 사외이사 꼴찌 바꿔 보고했다?

주간조선. 2016.11.28.－12.04. 감사원은 뭐했나.

중앙선데이. 2017.8.13.－14. 내부 고발에 귀 기울여야 하는 이유.

중앙선데이. 2017.11.12.－11.13 주가 폭락할 경우 손실 처리 기준 필요성

최문희. 2014.10. 회계감사인의 비례책임제도의 쟁점과 바람직한 운용방안*－ 개정 외감
법에 대한 비판적 고찰과 개선과제를 중심으로－, 저스티스.

파이낸셜 뉴스. 2016.11.7 미국의 시간당 평균 감사 수임료, 24만원, 한국 7~8만원, 이재

은 교수

한겨레신문. 2017.11.23. 이건희 회장 건강상태도 삼성전자 감사보고서에?

한국경제신문. 2005.10.31. 외부감사 맡은 회계법인이 컨설팅계약도 내부회계관리 '편법 수주' 논란

한국경제신문, 2006. 1.31. 모든 회계법인 금융사 감사 가능, 공정위, 경쟁 막는 규제 손질

한국경제신문. 2013.10.31. '상장법인 감사인 등록제' 무산되나

한국경제신문. 2014.1.27. 회계법인 '부실감사' 공포 작년 670억 규모 소송 당해

한국경제신문. 2014.3.5. 위기의 국민은… 경영권·감사권 '정면 충돌'

한국경제신문. 2014.9.1. 신제윤 "지정 감사인 전면 확대안 반대"

한국경제신문. 2015.11.7. 핵심감사제 도입해야 하나 맞장 토론

한국경제신문. 2016.2.17. '숨은 빚' <대출 약정 등 우발 채무> 많은 증권사에 옐로카드

한국경제신문. 2016.2.25. "수주산업 부실회계 막겠다"며 회계기준 개입 나선 금융위원회

한국경제신문. 2016.3.17. 보험 카드 증권사 대주주 적격성 심사 수시로 받아야 지배구조법 8월 시행

한국경제신문. 2016.3.24. 대기업집단 기준 8년째 '자산 5조'

한국경제신문. 2016.4.28. 서울시, 논란 많은 노동이사제 도입 강행

한국경제신문. 2016.5.4. '스튜어드십 코드 후원자' 자처하는 영 헤르메스 <헤지펀드운영사>

한국경제신문. 2016.5.25. '부실회계' 뒤늦게 시인하고 세금<법인세> 2,300억원 돌려받는 대우조선

한국경제신문. 2016.5.26. 보유주식 회계처리 변경으로 자본 확충 '매각가 띄우기' 논란 휩싸인 ING생명

한국경제신문. 2016.6.2. '감사 전 재무제표' 안 낸 상장사 금융당국, 100여 곳 무더기 적발 '감사인 지정' 등 제재 나설 것

한국경제신문. 2016.6.2. 공익법인 회계 표준기준 만든다.

한국경제신문. 2016.6.9. 두산밥캣 상장 길 열렸다.

한국경제신문. 2016.6.13. 대우조선 부실, 몰랐을까 숨겼을까. 이만우

한국경제신문. 2016.6.22. 대우조선 사외이사에겐 왜 책임 묻지 않나

한국경제신문. 2016.6.29. 여 "투자 않고 배당만 늘린 기업 실효세율 인상"

한국경제신문. 2016.7.1. 기업 사외이사 후보추천위 '사내인사 원천 배제' 논란

한국경제신문. 2016.7.5. '회계부정' 대우조선, 국민연금 발 줄소송 당하나

한국경제신문. 2016.7.8 분식회계 기업에 수백억 과징금 물린다

한국경제신문. 2016.7.9. 김종인 상법 개정안, 투기 자본의 이사회 장악 도울 수도

한국경제신문. 2016.7.12. '김종인표 상법' 오해와 인식부족의 산물

한국경제신문. 2016.7.13. 국민연금, 대우조선 손배소 결정

한국경제신문. 2016.7.15. 한화 '대우조선 계약금' 소송 승소

한국경제신문. 2016.7.15. "대우조선, 사외이사도 책임져라" 소액주주들, 손배소 추가제기

한국경제신문. 2016.7.19. 공무원 사학연금도 대우조선에 소송

한국경제신문. 2016.7.20. '적정' 의견 기업 중 20%는 '투자 유의'

한국경제신문. 2016.7.23. 미 기업들 "분기마다 내 놓는 실적 전망치 없애야"

한국경제신문. 2016.8.3. "임원 보수 공개도 연결기준으로" 여러 계열사서 급여 받는 오너 '비상'

한국경제신문. 2016,8.10. 삼일회계, 대우조선 반기 보고서 검토의견 '주목'

한국경제신문. 2016.8.11. 야당발 상법 개정안, 상장사 151곳 경영권 '위협'

한국경제신문. 2016.8.17. 대우조선, 완전자본잠식

한국경제신문. 2016.8.18. 회계법인 바뀌자, 깐깐한 잣대 들이대… 조선사 부실 커졌다

한국경제신문. 2016.8.31. '경영판단의 원칙' 또 인정받았다.

한국경제신문. 2016.9.10.대우조선 감사실폐지 '청와대 개입' 논란

한국경제신문. 2016.9.19. 대형 회계법인, 임직원 주식 보유 현황 조사

한국경제신문. 2016.10.7. 보험 새 회계기준(IFRS4) 적용 2년 유예 추진

한국경제신문. 2016.10.11. 'IFRS9' 예정대로 2018년 시행되면… 은행, 충당금 10조 더 쌓고 보험사는 주식 팔아야

한국경제신문. 2016.10.12. 줄줄 새는 노조비.. 회계 비리 막는다. 하태경 의원, 법안발의

한국경제신문. 2016.11.4. "최저 감사보수, 공정거래법 위반 안 해"

한국경제신문. 2016.11.15. 대우건설 3분기 보고서 외부감사인 '의견거절'

한국경제신문. 2016.11.16. 안진의 대우건설 '검토의견 거절' 일파만파

한국경제신문. 2016.11.17. 부채 회계의 '대반전'… 보험사 가용자본 오히려 10조 이상 증가

한국경제신문. 2016.12.1. '감사전 재무제표' 안 낸 상장사 100여 곳 무더기 제재 금융위, 3~5곳은 중징계

한국경제신문. 2016.12.19. 딜로이트안진, 둘로 쪼갠다

한국경제신문. 2016.12.21. 대형로펌 파트너 변호사들 잇단 이탈 왜?

한국경제신문. 2016.12.26. 자기자본의 0.5%만 횡령해도 내년 2월부터 지정감사

한국경제신문. 2016.12.28. 대우조선 분식회계 방조 혐의 안진회법인 존폐 '갈림길'

한국경제신문. 2017.1.4. 그룹 후광 뺀 '나홀로 신용등급' 첫 공개

한국경제신문. 2017.1.10. 막 오른 '상법개정 경쟁' 야 이어 새누리당도 "일부 손질 검토" "상법 개정보다 경영권 방어 장치 마련이 우선" 반론 쏟아져

한국경제신문. 2017.1.13. 시장 영향력 큰 상장사 분식회계 발생 우려 기업 회계법인 선임 마음대로 못한다.

한국경제신문. 2017.1.16. 지난해 '해명 공시' 120건… 1년 새 3배 증가

한국경제신문. 2017.1.18. 2.8조 혈세 들여 살려놨더니… 대우조선 또 분식회계 리스크

한국경제신문. 2017.1.21. ELS 투자자들, 도이치뱅크 상대 집단소송 승소

한국경제신문. 2017.1.24. IFRS9 도입 땐 대기업 여신도 '흔들'

한국경제신문. 2017.2.1. 신평사 공시의무 확대

한국경제신문. 2017.2.10. 대우건설 "부실 다 털었다"

한국경제신문. 2017.2.15. 대우조선 감사의견 '적정' 유력

한국경제신문. 2017.2.18. 미룰 수 없는 IFRS17… 보험사, 자본 쌓아라

한국경제신문. 2017.2.20. '수조원대 분식회계' 대우조선해양 부실감사 혐의

한국경제신문. 2017.2.25. 부실감사 최대 과징금이 고작 5억

한국경제신문. 2017.3.2. 미공개정보 이용 급증… 내부자가 절반 작년 불공정거래 적발 36% 늘어

한국경제신문. 2017.3.10. 딜로이트 안진 업무정지 불가

한국경제신문. 2017.3.14. 대우조선 '분식회계 제재' 금융위에 행정소송

한국경제신문. 2017.3.14. "근로자 이사제, 13개 산하기관에 도입하겠다"는 박원순 시장

한국경제신문. 2017.3.18. 국민연금의 '반란'.. 효성 감사위원 선출 부결

한국경제신문. 2017.3.20. 감사의견 '적정'기업도 투자주의보

한국경제신문. 2017.3.22. 한진중, 금감원 회계감리 받는다.

한국경제신문. 2017.3.25. 딜로이트 안진 1년 업무정지 '중징계'

한국경제신문. 2017.3.30. 대우조선 청산가치 5.6조

한국경제신문. 2017.3.30. 삼일회계 "대우조선 자금지원 불확실… 재무제표 못 믿어"

한국경제신문, 2017.3.31. '결별설' 일축한 딜로이트 안진에 220억 자금 지원

한국경제신문. 2017.3.31. 심사감리 '합격'한 삼성바이오로직스 다시 한 번 들여다보겠다는 금융당국

한국경제신문. 2017.4.5. 항공 해운 상장사 리스 빚 13조 폭탄

한국경제신문. 2017.4.18. 신규상장사, 첫해 감사인 금융당국이 지정

한국경제신문. 2017.4.20. 재무개선 '발등의 불' 현대해상, 동부화재, 후순위채 발행

한국경제신문. 2017.5.2. IFRS17시대… 보험의 틀이 바뀐다.

한국경제신문. 2017.5.2. 저축성보험 판매 고집 땐 20년 전 일 보험업계처럼 줄파산할 수도

한국경제신문. 2017.5.4. 보험업 판도 바꾸는 IFRS17

한국경제신문. 2017.5.4. 자본 건전성 '빨간불' 커진 토종 생보사들

한국경제신문. 2017.5.5. 목표 실제주가 괴리율 반드시 명시해야

한국경제신문. 2017.5.8. 금융위 "공제회 재무건전성 직접 감독할 것"

한국경제신문. 2017.5.8. 대출해 주고 보험 팔고 수십조씩 굴리는데..

한국경제신문. 2017.5.13. 벌써 5명… '노동이사제' 속도 내는 서울시

한국경제신문. 2017.5.18. "보험상품 회계처리 기간 따라 부채 수십조원 차이" 생보손보
　　사 'IFRS17' 놓고 충돌

한국경제신문. 2017.5.20. 회계전문가들 '외감법 개정안' 놓고 갑론을박

한국경제신문. 2017.6.2. 디오<임플랜트 3위>, 과징금 지정감사 받는다.

한국경제신문. 이창우. 2017.6.15. '부채비율' 대체할 재무지표 개발해야

한국경제신문. 2017.7.1. 3위로 밀려난 안진…대우조선 분식회계 여파

한국경제신문. 2017.7.11. "선수가 룰 만들고 심판까지 보나"

한국경제신문. 2017.8.10. "법인세 최고 세율 27%까지 인상" 참여연대 주장에 기업들 '황당'

한국경제신문. 2017.8.11. 안진회계 '업무 정지 1년' 불복 행정소송

한국경제신문. 2017.8.14. 딜로이트, 아시아 8개국 '원펌 체제'로 통합

한국경제신문. 2017.8.14. '존속여부 불투명한 기업' 4배 늘었다.

한국경제신문. 2017.8.16. KAI '적정' 감사의견 낸 삼일회계 "회계적 판단했을 뿐"

한국경제신문. 2017.8.30. 금융사 임직원 성과급 3년간 나눠서 받는다.

한국경제신문. 2017.9.4. 정부, 대기업집단 지정 기준 GDP 연동방식으로 완화 검토

한국경제신문. 2017.9.6. 특급 전관 시간당 100만원 받는다고?… 변호사 수임료 진실은

한국경제신문. 2017.9.13. 대법 "한화 편법 승계 없었다… 절차 주식 매각 가격 정당"

한국경제신문. 2017.9.13. 신지급여력제도 적용해봤더니… 보험사 '충격'

한국경제신문. 2017.9.15. 'KAI 분식회계' 증거인멸 직원 놓고 검 "죄 없다" 법 "죄 있다"
　　입장 뒤바뀐 이유

한국경제신문. 2017.9.27. '아파트 감사'에 눈길 돌리는 변호사들

한국경제신문. 2017.10.30. '회계사 30명 이상 돼야 감사인 등록' 유력

한국경제신문. 2017.11.1. 총수 부재 삼성전자 '주주 포퓰리즘'에 빠져드나

한국경제신문. 2017.11.2. 삼성전자발 주주환원 확산 기대감

한국경제신문. 2017.11.6 보직 선택에 해외연수까지 서울시 '근로자 이사 특혜

한국경제신문. 2017.11.6. 서울시가 벤치마킹한 독일서도 60년 넘도록 '비효율' 논란

한국경제신문. 2017.11.10. 최종구 금융위원장 "상장사 기업지배구조 공시 의무화"

한국경제신문. 2017.11.13. 금감원, 감사인 배정 방식 대폭 손질

한국경제신문. 2017.12.14. 회장 연임 문제 많아 '금융지주 손보겠다'는 금감원

한국경제신문. 이만우, 2017.12.22. 투명경영 가로막는 '사외이사 패싱.'

한국경제신문. 2017.12.28. 연기금 '단순투자' 공시해도 경영개입 가능… "연금 사회주의 우려"

한국경제신문. 2018.1.9. 내년 감사인 지정제 도입 앞두고 이현 서일 합병

한국경제신문. 2018.1.13. 토마토저축은 후순위채 피해자, 손배소 패소

한국경제신문. 2018.1.17. 구글 샤넬코리아 등 2020년부터 국내서 실적 공개 의무화

황인태·강선민. 2011.12.13. 기업의 사내유보와 현금성 자산, 어떻게 볼 것인가. 한국경제연구원

Financial Executive Survey Report. 2016.11. Audit Fee Survey Report

Forbes. 'The Dark Side of Whistle blowing'. 2005.3.14.

Kieso, Weygandt, Warfield, 2001. Intermediate Accounting, 10th edition. John Wiley & Sons, Inc

Palmrose, Z. 1997. "Auditor Litigation Research: Do the Merits Matter? An Assessment and Directions for Future Research." *Joural of Accounting and Public Policy*. pp. 355 − 78.

Ribstein, L. 2004. "Limited Liability of Professional Firms after Enron" *Journal of Corporation Law*, University of Iowa, Winter, pp. 427 − 47

Jose Rodriguez, J. 2016.6.24. Audit Committee Leading Global Practices and Implications. KPMG Audit Committee Institute Seminar

Ronen, J. Corporate Audits and How to Fix Them. 2010. *Journal of Economic Perspectives*. pp. 189 − 210.

YTN. 2016.4.19. "경영권 승계 공시 강화"… 재계는 난색

저자약력

손성규

경력
연세대학교 경영학과 졸업
University of California-Berkeley, MBA
Northwestern University, 회계학박사
뉴욕시립대학교 조교수
미국공인회계사
한국회계학회 상임간사
한국경영학회 상임이사
기획예산처 정부투자/산하기관 경영평가위원
University of Southern California, visiting scholar
한국전력 출자회사/발전자회사 평가위원
금융감독원 감리위원회 위원
한국회계학회 회계학연구 편집위원장
KT재무회계자문단위원
YBM시사닷컴 감사
롯데쇼핑 사외이사/감사위원
회계기준위원회 비상임위원
STX엔진 사외이사
한국거래소 유가증권시장 공시위원회 위원장
한국CFO협회 운영위원
한국회계학회 부회장
기획재정부 공공기관 국제회계기준 도입 자문단
금융위원회 증권선물위원회 비상임위원
국가보훈처 기금운영위원
국제중재재판소 expert witness
국가회계기준센터 자문위원
한국연구재단 전문위원
유니온스틸 사외이사/감사위원
삼일저명교수
서울보증보험 사외이사/감사위원장
KB생명보험 사외이사/감사위원장
한국지방재정공제회 지방회계통계센터 제도연구심의위원회 위원
연세대학교 기획실 정책부실장
연세대학교 재무처장
연세대학교 감사실장
연세대학교 상남경영원장
한국경영학회 이사
한국회계학회장
미국회계학회 Global Engagement Committee member
국회예산정책처 사업평가 포럼 자문위원
한국조세재정연구원, 국가회계재정통계센터 자문위원

제주항공 사외이사/감사위원장
하나로의료재단 감사
삼정회계법인 감사위원회 지원센터 자문교수

현

연세대학교 경영대학 교수
기업지배구조원, 기업지배구조위원회 위원
기업지배구조원, 등급위원회 위원장
서울의과학연구소(SCL)재단이사회 감사
한국공인회계사회 심의위원회 위원
현대건설기계 사외이사/감사위원장
삼성자산운용 사외이사/감사위원
한국경영학회 부회장

보고서/용역

기획재정부, 금융감독원, 한국공인회계사회. 코스닥증권시장, 상장회사협의회,
한국거래소, 한국회계기준원, 삼정회계법인, 아이에이취큐, 삼일회계법인, 금융위원회,
리인터내셔널법률사무소, 김앤장, 에머슨퍼시픽, 안진회계법인, 대우조선해양, 삼성바이오로직스,
법무법인 지평, 서울중앙지법 전문가 의견 등

저서

회계감사이론, 제도 및 적용. 박영사. 2006
수시공시이론, 제도 및 정책. 박영사. 2009
회계정보의 유용성. 권수영, 김문철, 최관, 한봉희와 공저. 신영사. 2판. 2010
금융감독, 제도 및 정책-회계 규제를 중심으로. 박영사. 2012
회계환경, 제도 및 전략. 박영사. 2014
금융시장에서의 회계의 역할과 적용. 박영사. 2016.1
전략적 회계 의사결정. 박영사. 2017.1.
회계원리. 이호영과 공저. 법문사. 14판. 2019
기업지배구조의 모든 것. 연강흠, 이호영과 공저. 클라우드나인. 2018.1
시사적인 회계이슈들. 박영사. 2018.5
회계문제의 대응과 해법. 박영사. 2019.5

논문

Journal of Accounting and Economics, 회계학연구, 회계저널, 회계·세무와 감사연구, 경영학연구,
증권학회지 외 다수.

수상

상경대학 우수업적 교수상
한국공인회계사회 최우수논문상
한국공인회계사회 우수논문상
한국경영학회 우수논문상
2008년 학술원 사회과학부문 우수도서 선정
2010년 학술원 사회과학부문 우수도서 선정
2013년 한국회계정보학회 최우수논문상
2013년 & 2014년 연세대학교 우수업적교수상(연구) 부문
2019년 대한민국학술원 우수도서 선정

시사적인 회계이슈들

초판발행	2018년 5월 20일
중판발행	2019년 11월 30일
지은이	손성규
펴낸이	안종만·안상준
편 집	전채린
기획/마케팅	송병민
표지디자인	조아라
제 작	우인도·고철민
펴낸곳	(주) 박영사
	서울특별시 종로구 새문안로3길 36, 1601
	등록 1959. 3. 11. 제300-1959-1호(倫)
전 화	02)733-6771
f a x	02)736-4818
e-mail	pys@pybook.co.kr
homepage	www.pybook.co.kr
ISBN	979-11-303-0578-3 93320

정 가   35,000원